READER'S DIGEST

DIE SCHÖNSTEN BÜCHER

FÜR JUNGE LESER

READER'S DIGEST

DIE SCHÖNSTEN BÜCHER

FÜR JUNGE LESER

Verlag DAS BESTE · Stuttgart – Zürich – Wien

ISBN 3 87070 051 3

Die Kurzfassungen in diesem Buch erscheinen mit Genehmigung der Verleger

207

PRINTED IN GERMANY

INHALT

Scarlet Pimpernel

Eine Kurzfassung des Romans
von BARONESS ORCZY

Nach der Übersetzung von Werner von Grünau
Illustrationen von Stanley Meltzoff

Deutsche Buchausgabe: „Scarlet Pimpernel Das scharlachrote Siegel"

Baroness Emmuska Orczy hat gern erzählt, daß die Geburtsstunde von „Scarlet Pimpernel“ in einer Londoner Untergrundbahnstation geschlagen habe. Als sie dort eines Tages wartete und sich Gedanken machte über die Serie, die sie für eine Zeitung schreiben sollte, sah sie einen Mann, dessen ganze Erscheinung ihr plötzlich die Figur des Scarlet Pimpernel eingab. Sie fuhr rasch nach Hause und begann zu schreiben. Der Fortsetzungsroman, der später auch als Buch erschien, war ein solcher Erfolg, daß die Autorin beim Thema blieb und bis zu zwei Büchern im Jahr über die Abenteuer des kühn-raffinierten Retters und seines ihm ergebenen Bundes geschrieben hat.

Baroness Orczy wurde 1863 in Ungarn geboren. Ihr Vater war Gutsbesitzer und auch ein guter Pianist, so wurde er Klavierlehrer, als er 1880 mit Frau und Tochter nach England ins Exil gehen mußte. Die junge Baroness traf ihren zukünftigen Gatten, Montagu Barstow, als sie beide auf der Kunstakademie studierten. Nach der Hochzeit zogen sie nach Paris und lebten im Quartier Latin bescheiden von den Einkünften des Malers Barstow, der später berühmt und erfolgreich wurde.

Und die Baroness hat erst spät ihr Schreibtalent entdeckt. Das war, nachdem das Paar ab 1898 wieder in England lebte, und das war ein Zufall: Die Tochter ihres Hauswirtes hatte einen Kurzgeschichtenwettbewerb gewonnen und ihre preisgekrönte Arbeit der Hausgemeinschaft vorgelesen. „Ich könnte eine bessere Geschichte schreiben“, erklärte die Orczy ihrem Mann, als sie wieder allein waren.

Die Französische Revolution hat viele Schriftsteller angeregt, doch von all den Helden, die sich in den Romanen über diese Epoche voll Idealismus und Grausamkeit tummeln, hat wohl keiner die Phantasie der Leser so beschäftigt wie der ritterliche, waghalsige Scarlet Pimpernel.

Paris: September 1792

EINE BRODELNDE, wogende, murrende Menschenmenge, Menschen nur dem Namen nach, denn für Auge und Ohr sind diese Geschöpfe nur wild und roh, von bösen Leidenschaften, Rachlust und Haß getrieben. Es ist kurz vor Sonnenuntergang, am westlichen Schlagbaum.

Fast den ganzen Tag hindurch hatte die Guillotine unermüdlich ihre furchtbare Arbeit getan, all das blaue Blut und all die alten Namen, deren sich Frankreich während der vergangenen Jahrhunderte gerühmt hatte, hatten dem Verlangen nach Freiheit und Brüderlichkeit ihren Tribut entrichten müssen. Das Blutbad hatte nur zu dieser abendlichen Stunde bereits ein Ende gefunden, weil kurz vor dem endgültigen Absperren der Schlagbäume für die Nacht dort noch andere, weit interessantere Dinge passierten.

Und so wälzte sich die Menge vom Grève-Platz zu den verschiedenen Schlagbäumen, um sich das dort gebotene Schauspiel, das so fesselnd und belustigend war, nicht entgehen zu lassen.

Tag für Tag konnte man seinen Spaß daran haben, denn diese *Aristos* waren solche Dummköpfe! Natürlich waren sie alle Verräter. Ihre Vorfahren hatten das Volk unterdrückt, es unter den roten Absätzen ihrer zierlichen Spangenschuhe zertreten, und nun hatte sich das Volk zum Herrscher Frankreichs aufgeworfen und seine ehemaligen Herren zermalmt, allerdings nicht unter seinen Absätzen, denn die meisten gingen damals barfuß, es hatte dazu ein weit wirkungsvolleres Mittel: die Guillotine.

Seit zweihundert Jahren hatte sich das Volk abrackern, hatte hungern und darben müssen, nur um einem sinnenfrohen Hof verschwenderischen Luxus zu ermöglichen. Nun aber mußten die Nachkommen jener Leute, die zum Glanz dieses Hofes beigetragen hatten, fliehen, wenn sie sich der Rache des Volkes entziehen wollten. Und sie versuchten zu fliehen, und das war ja gerade das Lustige an der ganzen Sache. An jedem Nachmittag, bevor die Tore geschlossen wurden und die Marktwagen die Mauern der Stadt verließen, unternahm irgendein wahnwitziger *Aristo* den Versuch, sich den Klauen des Komitees für Öffentliche Sicherheit zu entziehen. In den verschiedensten Verkleidungen bemühten sie sich, durch die Sperren zu kommen, die von den Bürgersoldaten der Republik streng bewacht wurden. Männer in Frauenkleidern, Frauen als Männer verkleidet, Kinder, in Bettlerlumpen gehüllt. Es gab sie in allen Rangstufen: ehemalige Grafen, Marquis und sogar Herzöge, die nach England oder in ein anderes, ebenso fluchwürdiges Land gelangen wollten. Dort würden sie versuchen, Stimmung gegen die glorreiche Revolution zu machen.

Fast immer aber wurden sie am Schlagbaum erwischt. Vor allem Sergeant Bibot am Westtor hatte eine äußerst empfindliche Nase und witterte einen Aristokraten auch noch in der vollkommensten Verkleidung. Es lohnte wirklich, sich dort eine Weile herumzutreiben und Zeuge zu werden, wie er einen dieser Adligen ertappte, der sich der Rache des Volkes entziehen wollte.

Die Menschen, die sich an diesem schönen Septembernachmittag an Bibots Tor versammelt hatten, warteten voller Spannung und Erregung. Der Blutdurst steigt in dem Maße, in dem man ihn zu befriedigen sucht; es gibt keine Sättigung. Die Menge hatte an diesem Tag schon hundert edle Köpfe unter der Guillotine fallen sehen und wollte sich vergewissern, daß auch am nächsten wieder hundert rollen würden.

Bibot saß dicht neben der Absperrung auf einem leeren Faß; eine kleine Abteilung von Bürger-Soldaten unterstand seinem Kommando. In letzter Zeit war es heiß hergegangen. Tag für Tag war ihm das Vergnügen zuteil geworden, einige flüchtige Royalisten zu entlarven und sie zurückzuschicken, damit ihnen das Komitee für Öffentliche Sicherheit den Prozeß machen konnte. Robespierre und Danton hatten Bibot wegen seines Eifers ihre Anerkennung ausgesprochen, und Bibot war stolz, daß er schon mindestens fünfzig Menschen zur Guillotine geschickt hatte.

An diesem Tag jedoch hatten alle Sergeanten an den Schlagbäumen besondere Befehle erhalten. In letzter Zeit war es einer größeren Anzahl von *Aristos* gelungen, aus Frankreich zu fliehen und England sicher zu erreichen. Seltsame Gerüchte gingen im Zusammenhang mit diesen gelungenen Fluchtversuchen um, die sich durch besondere Kühnheit auszeichneten. Sergeant Grospierre war zur Guillotine geschickt worden, weil er am Nordtor vor seiner Nase eine ganze Familie hatte durchschlüpfen lassen. Es wurde behauptet, diese Fluchtversuche würden von einer Gruppe von Engländern organisiert und von einem Mann angeführt, dessen Schneid und Kühnheit fast sagenhaft schienen. Sonderbare Geschichten waren zu hören, wie er und diese Adligen plötzlich unsichtbar wurden und dank offenbar übernatürlicher Kräfte durch die Tore entkamen.

Niemand hatte diese Engländer bisher zu Gesicht bekommen; von ihrem Anführer sprach man nur mit abergläubischem Erschauern. Das Komitee für Öffentliche Sicherheit bekam von geheimnisvoller Seite Zettel, die stets die kurze Mitteilung enthielten, daß die Bande lästiger Engländer wieder am Werk sei, und mit einem roten Symbol unterzeichnet waren – mit einer kleinen sternförmigen Blume, die man in England Scarlet Pimpernel nennt. Ein paar Stunden nach Empfang dieser unverschämten Mitteilung erfuhr dann das Komitee, daß sich wiederum eine Anzahl Royalisten auf dem Weg nach England befände, auf dem Weg in die Sicherheit.

An den Toren hatte man die Wachen verdoppelt, und den wachhabenden Sergeanten hatte man die Todesstrafe angedroht, während andererseits dem Mann, der den niemals faßbaren Scarlet Pimpernel aufgreifen würde, fünftausend Francs zugesagt worden waren. Alle waren der Meinung, dieser Mann würde Bibot sein, so kamen Tag um Tag die Leute zum Westtor, um dabeizusein, wenn er einen der flüchtigen Adligen verhaftete, der möglicherweise von jenem geheimnisvollen Engländer begleitet wäre.

„Pah!“ erklärte Bibot einem Korporal, der sein ganzes Vertrauen genoß, „Bürger Grospierre war ein Idiot. Hätte ich in der vorigen Woche am Nordtor gestanden ...“ Bürger Bibot spuckte auf den Boden, um seiner Verachtung Ausdruck zu geben.

„Wie ist das Ganze eigentlich vor sich gegangen, Bürger?" fragte der Korporal.

„Grospierre stand am Tor, hielt Wache, wie es sich gehört", begann Bibot gewichtig, während sich die Leute dichter um ihn zusammendrängten und gespannt lauschten. „Die Marktkarren fuhren hinaus; einer davon war mit Fässern beladen, und die Zügel hielt ein alter Mann. Grospierre hielt sich für sehr schlau; er warf einen Blick in die Fässer, jedenfalls in die meisten, und als er sah, daß sie leer waren, ließ er den Karren passieren."

Aus der Schar stieg verächtliches Gemurmel auf.

„Eine halbe Stunde später", fuhr der Sergeant fort, „erschien plötzlich ein Hauptmann mit einem Dutzend Soldaten. ‚Ist hier ein Karren durchgefahren?' fragte er außer Atem. ‚Ja', antwortete Grospierre, ‚vor kaum einer halben Stunde.' – ‚Und die Leute hast du entwischen lassen!' brüllte der Hauptmann zornig. ‚Auf dem Karren waren der ehemalige Herzog von Chalis und seine ganze Familie versteckt!' – ‚Was!' stieß Grospierre voller Entsetzen hervor. ‚Jawohl! Und der Kutscher war kein anderer als der verdammte Engländer, Scarlet Pimpernel!'"

Geschrei und laute Verwünschungen folgten dieser Schilderung. Bürger Grospierre hatte seine Unachtsamkeit auf der Guillotine büßen müssen, aber welch ein Dummkopf!

Bibot erzählte weiter: „ ‚Los, Leute, hinter ihnen her!' brüllte dann der Hauptmann. ‚Ihnen nach! Weit können sie noch nicht sein!' Und damit preschte er, gefolgt von seinen Soldaten, zum Tor hinaus."

„War ja schon zu spät!" riefen die Leute erregt.

„Hol der Teufel Grospierre! Wie kann einer so dumm sein!"

Diese erregten Bemerkungen schienen jedoch Bürger Bibot nur außerordentlich zu belustigen. Er lachte, bis ihm die Seiten weh taten. „Aber nein, aber nein", brachte er schließlich hervor, „die *Aristos* waren ja gar nicht auf dem Karren; und der Kutscher war auch nicht Scarlet Pimpernel!"

„Was?"

„Nein! Aber der Hauptmann von der Nationalgarde war dieser verfluchte Engländer, verkleidet natürlich, und jeder einzelne von seinen Soldaten war ein *Aristo*!"

Diesmal sagte keiner ein Wort; zweifellos hatten da übernatürliche Kräfte eingegriffen, dieser Engländer mußte doch wahrhaftig der Teufel selber sein.

Im Westen war die Sonne schon tief gesunken. Bibot bereitete sich schon darauf vor, die Tore zu schließen. „Beeilt euch!" rief er den Leuten in den Wagen zu.

Rund ein Dutzend Marktkarren war in einer Reihe aufgefahren, um die Stadt zu verlassen und Lebensmittel aus der Umgebung für den Markt am nächsten Morgen herbeizuschaffen. Die meisten Leute waren Bibot gut bekannt, da sie Tag für Tag zweimal das Tor passierten, wenn sie in die Stadt hinein- und wieder hinausfuhren, aber er untersuchte das Innere der Karren mit großer Aufmerksamkeit. Die Frauen, die diese Karren fuhren, verbrachten für gewöhnlich den Tag auf dem Grève-Platz unterhalb der Plattform, auf der sich die Guillotine erhob; sie strickten und schwätzten, während sie die Reihen von Schinderkarren mit den Opfern der Schreckensherrschaft beobachteten. Den Tag über hatte Bibot Wache auf dem Platz gehabt. Er erkannte die meisten alten Weiber wieder, sie wurden *tricoteuses* genannt und vertrieben sich mit ihrem Strickzeug die Zeit, während Kopf um Kopf unter der Klinge der Guillotine fiel.

„He, Mütterchen, was hast du denn da?" rief Bibot einer dieser scheußlichen Vogelscheuchen zu, die er schon früher am Tag mit ihrem Strickzeug und der Peitsche neben sich gesehen hatte. Sie hatte gerade eine Handvoll lockiger Haare am Peitschenstiel befestigt, Haare in allen Farben, und sie streichelte sie mit ihren kräftigen, knochigen Fingern, während sie Bibot anlachte.

„Ich habe mich mit dem Geliebten von Madame la Guillotine angefreundet", erklärte sie mit rauhem Lachen, „und diese Lokken hat er mir von den herabrollenden Köpfen abgeschnitten. Er hat mir noch ein paar mehr für morgen versprochen, aber ich weiß nicht, ob ich an meinem gewohnten Platz sitzen werde."

„Wieso denn nicht, Mütterchen?" fragte Bibot, der sich, obwohl er ein abgehärteter Soldat war, eines Schauers nicht erwehren konnte, als er dieses Weib mit seiner scheußlichen Trophäe betrachtete.

„Manche behaupten, mein Enkel hat die Pest", erklärte sie

und deutete mit dem Daumen in das Innere ihres Karrens. „Wenn's stimmt, wird man mich morgen nicht mehr nach Paris hereinlassen."

Kaum hatte sie das Wort Pest ausgesprochen, zog sich Bibot so weit wie möglich von ihr zurück. „Hol dich der Teufel!" murmelte er, während alle eilig von dem Wagen wegliefen.

Die alte Frau lachte auf. „Hol dich der Teufel, Bürger, denn du bist ein Feigling!" rief sie. „Pah! Das will ein Mann sein, der sich so sehr vor ein bißchen Krankheit fürchtet!"

„Verdammt! Die Pest!"

Alle fürchteten sie die furchtbare Krankheit, das einzige, was noch die Macht besaß, in diesen verrohten Geschöpfen Angst und Abscheu zu wecken.

„Mach, daß du mit deiner verseuchten Brut hinauskommst!" brüllte Bibot heiser.

Noch einmal lachte das Weib auf, machte eine verächtliche Handbewegung, trieb den mageren Gaul mit einem Peitschenschlag an und fuhr zum Tor hinaus.

Dieser Zwischenfall hatte den Leuten den ganzen Nachmittag verdorben. Eine Weile trieben sie sich noch schweigsam und verdrossen in der Umgebung des Schlagbaumes herum und betrachteten dabei einander argwöhnisch, als ob die Seuche bereits in ihrer Mitte lauerte. Plötzlich tauchte ein Hauptmann der Nationalgarde auf. Er war Bibot bekannt, und so brauchte er nicht zu befürchten, daß er sich als ein gerissener Engländer in Verkleidung entpuppen könnte.

„Ein Karren ..." schrie er außer Atem.

„Was für ein Karren?" fragte Bibot schroff.

„Von einem alten Weib gefahren ..."

„Von denen sind Dutzende hier durchgefahren."

„Ein altes Weib, das behauptet hat, ihr Enkel hätte die Pest?"

„Ja ..."

„Die hast du doch nicht etwa hinausfahren lassen?"

„Verdammt!" rief Bibot, dessen rote Wangen plötzlich vor Angst bleich geworden waren.

„Auf diesem Karren befand sich die ehemalige Gräfin de Tournay und ihre beiden Kinder, alle miteinander Verräter und zum Tod verurteilt."

„Und das Weib?“ murmelte Bibot, während ihm ein Schauer des Entsetzens, der auch bei ihm dem Aberglauben entsprang, über den Rücken lief.

„Ja, zum Donnerwetter!“ rief der Hauptmann, „es wird befürchtet, daß es dieser verfluchte Engländer selber war – Scarlet Pimpernel.“

Dover: „Fischersruh“

In der Küche hatte Sally alle Hände voll zu tun – Kochtöpfe und Pfannen standen in Reihen auf dem riesigen Herd, und der Bratspieß drehte sich langsam und wandte der Glut abwechselnd die verschiedenen Seiten einer saftigen Rindslende zu. Die beiden kleinen Küchenmädchen eilten umher, erhitzt und außer Atem. Sie hatten die Ärmel ihrer Baumwollkleider über die rundlichen Ellbogen hochgezogen und kicherten, sobald Miß Sally ihnen einen Augenblick den Rücken zukehrte. Und die alte Jemima, phlegmatisch und von behäbigem Körperbau, murrte vor sich hin, während sie gleichmäßig in dem Suppenkessel über dem Feuer rührte.

„Hallo, Sally! He, Sally!“ rief es fröhlich aus der Gaststube nebenan. Das Geklapper der Zinnkrüge, die ungeduldige Hände auf den Eichentischen tanzen ließen, begleitete die Rufe nach der drallen Wirtstochter. „Sollen wir denn die ganze Nacht auf das Bier warten?“

„Ich hatte gedacht, Vater würde ihnen das Bier bringen“, murmelte Sally, als Jemima eine Reihe von Zinnkrügen mit dem selbstgebrauten Bier füllte, für das „Fischersruh“ berühmt war. „Er weiß doch, wieviel wir hier zu tun haben.“

„Dein Vater ist viel zu sehr damit beschäftigt, mit Mr. Hempseed über Politik zu sprechen, als daß er sich um dich und die Küche Gedanken machte“, brummte Jemima.

Sally war vor einen kleinen Spiegel getreten und setzte sich ihre mit einer Krause gesäumte Haube so kokett wie möglich auf die dunklen Locken. Dann packte sie jeweils drei Krüge mit ihren kräftigen Händen an den Henkeln und trug sie lachend, noch ein wenig schimpfend und errötend in die Gaststube.

„Fischersruh" galt auch im Jahre des Heils 1792 als ein altes Haus, denn in der Gaststube waren die Balken und Sparren aus Eiche schon zu jener Zeit vom Alter geschwärzt – ebenso die Bänke mit ihren hohen Rückenlehnen und die langen glänzenden Tische zwischen ihnen. Daß der Wirt von „Fischersruh" in Dover ein wohlhabender Mann war, konnte auch dem oberflächlichsten Beobachter kaum entgehen. Das Zinn auf den schönen alten Anrichten, das Messing über dem riesigen Kamin, das glänzte wie Gold und Silber, und der rot geflieste Fußboden leuchtete ebenso hell wie die Geranien auf dem Fensterbrett – das bedeutete, daß er über genügend gutes Personal verfügte und mit dem beständigen Besuch von Gästen rechnen konnte.

Als Sally eintrat, wurde sie mit Zurufen und jubelndem Beifall begrüßt.

„Endlich kommt sie, unsere Sally! Ein Hoch auf unsere hübsche Sally!"

„Schon gut! Schon gut!" lachte Sally, als sie die frisch gefüllten Krüge auf dem Tisch absetzte. „Wozu all die Eile?" Doch ein junger Mann mit blondem, lockigem Haar und klaren blauen Augen nahm in besonderem Maße ihre Aufmerksamkeit in Anspruch.

Vor dem Kamin stand, die Beine weit gespreizt und eine lange Tonpfeife im Mund, der Wirt selber, der ehrenwerte Mr. Jellyband, Besitzer von „Fischersruh", wie sein Vater und sein Großvater es vor ihm gewesen waren. Behäbig in seinem Äußeren, jovial in seinem Auftreten und ein wenig kahlköpfig, war Mr. Jellyband ein typischer ländlicher John Bull. Er trug die rote Weste mit glänzenden Messingknöpfen, Kniehosen aus Kordsamt, graue Wollstrümpfe und Schnallenschuhe, die zu jener Zeit für jeden Gastwirt in England, der etwas auf sich hielt, charakteristisch waren – und während die hübsche, mutterlose Sally gut vier Paar Hände hätte gebrauchen können, um mit all der Arbeit fertig zu werden, die ihren wohlgeformten Schultern aufgebürdet wurde, erörterte Jellyband die Angelegenheiten der Nation mit denjenigen seiner Gäste, die bei ihm am höchsten in Ehren standen.

Meist waren es Fischer, die sich in Mr. Jellybands Gasthaus einfanden. Da aber jeden Tag die Postkutschen nach London von hier abfuhren, lernten auch alle Reisenden, die von der anderen Seite des Kanals kamen, Mr. Jellyband, seine französischen Weine und seine selbstgebrauten Biere kennen.

Es war gegen Ende September, und das Wetter, den ganzen Monat noch strahlend und heiß, war plötzlich umgeschlagen. Zwei Tage lang hatten heftige Regengüsse das südliche England unter Wasser gesetzt und ihr Bestes getan, alle Aussichten darauf zu verderben, daß die Äpfel und Birnen zu wirklich guten Früchten heranreiften. Auch jetzt noch trommelte der Regen gegen die bleigefaßten Scheiben und prasselte so heftig in den Schornstein hinein, daß das Holzfeuer im Kamin immer wieder aufzischte.

„Mein Gott! Haben Sie jemals einen so nassen September erlebt, Mr. Jellyband?“ fragte Mr. Hempseed.

Er saß auf einem der Sitze am Kamin, denn Mr. Hempseed war eine bedeutende Persönlichkeit in „Fischersruh“, wo Mr. Jellyband ihn sich stets als Gegner in politischen Gesprächen aussuchte.

„Nein“, erwiderte der Wirt gewichtig, „wüßte nicht, Mr. Hempseed, daß ich jemals ein solches Wetter erlebt habe. Aber was könnte man auch erwarten, Mr. Hempseed, ich meine, bei einer Regierung, wie wir sie jetzt haben?“

Mr. Hempseed schüttelte mit einem Anflug von Weisheit, in die sich sein tief wurzelndes Mißtrauen gegenüber dem britischen Klima und der britischen Regierung mischte, den Kopf. „Ich erwarte gar nichts, Mr. Jellyband, und es kommt auch nicht oft vor, daß ich mich beklage, nur wenn es einen so nassen September gibt und mir mein ganzes Obst verfault und verkommt...“

„Ganz richtig, Mr. Hempseed“, stimmte Jellyband zu, „und wie ich schon sagte, was könnte man auch erwarten? Sehen Sie sich nur all die französischen Teufel auf der anderen Seite des Kanals an, die ihren Adel hinmorden, während sich unsere Herren Pitt und Fox und Burke in den Haaren liegen. ‚Laßt sie doch morden!‘ sagt Mr. Pitt. ‚Legt ihnen das Handwerk!‘ sagt Mr. Burke.“

„Und laßt sie doch morden, sage ich, und soll sie der Teufel holen“, rief Mr. Hempseed mit Nachdruck, denn er brachte den politischen Ansichten seines Freundes Jellyband nur geringe Sympathie entgegen, „aber einen solchen Regen im September, den wollen wir nicht haben ..."

„Mein Gott! Mr. Harry, jetzt haben Sie mich aber erschreckt!"

Es war Sallys Pech, Pech auch für ihr Getändel mit dem jungen Harry Waite, daß sie diese Bemerkung gerade in dem Augenblick machte, als Mr. Hempseed Atem holte, um eines jener Zitate vom Stapel zu lassen, denen er seine Berühmtheit verdankte. Nun entlud sich der ganze Zorn ihres Vaters über ihrem hübschen Kopf.

„Was soll denn das, Sally!" rief er und versuchte dabei sein gutmütiges Gesicht in strenge Falten zu legen. „Hör auf, mit diesen jungen Burschen herumzualbern, und mach, daß du mit dem Abendessen für Lord Tony fertig wirst, denn wenn es nicht das Beste wird, was wir bieten können, und er nicht zufrieden ist, wirst du einiges erleben, das kann ich dir versichern."

Widerstrebend gehorchte Sally.

„Sie erwarten wohl heute abend besondere Gäste, Mr. Jellyband?" fragte einer der Gäste.

„Richtig! Erwarte ich", antwortete Jellyband. „Herzöge und Herzoginnen von der anderen Seite des Wassers, denen der Lord Tony und sein Freund, Sir Andrew Ffoulkes, und noch andere Adlige geholfen haben, den Klauen dieser Mörder, dieser Teufel, zu entkommen."

Das aber war für Mr. Hempseeds streitbares Gemüt zuviel. „Herr im Himmel!" rief er, „wozu denn das alles, frage ich mich? Ich halte nichts davon, sich in die Angelegenheiten anderer Leute einzumischen."

„Vielleicht, Mr. Hempseed", unterbrach ihn Jellyband mit scharfem Spott, „haben Sie sich mit einigen dieser französischen Lumpen angefreundet, die herübergekommen sein sollen, um uns Engländer dazu zu verleiten, uns mit ihren Mordtaten einverstanden zu erklären? Es gibt einen alten Freund von mir, Peppercorn, so aufrichtig und treu, wie man sich ihn nur wünschen kann. Und der hat sich mit einigen von diesen Froschfressern angefreundet, diesen unmoralischen, gotteslästerlichen ausländischen Spitzeln. Und was ist geschehen? Jetzt stellt sich

Peppercorn auf die Hinterbeine, redet von Revolution und Freiheit und brüllt: ‚Nieder mit den Aristokraten!'"

An einem Tisch hatten zwei Gäste – ihrer Kleidung nach zu schließen Herren der oberen Stände – ihr halb beendetes Dominospiel beiseite geschoben und schon seit einiger Zeit und offenbar sehr belustigt Mr. Jellyband zugehört.

„Sie scheinen der Meinung zu sein, mein guter Freund", sagte einer von ihnen ruhig, „daß diese Franzosen – ich glaube, Sie bezeichneten sie als Spitzel – äußerst gerissene Burschen sind, die Ihren Freund Mr. Peppercorn sozusagen überfahren haben. Wie haben sie das geschafft?"

„Großer Gott, Sir, ich nehme an, daß sie ihn dazu überredet haben. Diese Franzosen besitzen, wie ich gehört habe, eine große Begabung, manche Leute um den kleinen Finger zu wickeln."

„Hoffen wir also", erwiderte der Fremde, „daß es diesen gerissenen Spitzeln nicht gelingen wird, Sie in Ihren loyalen Ansichten zu erschüttern."

Das war für Mr. Jellyband zuviel. Er verlor seine bisherige Gelassenheit und brach in ein brüllendes Gelächter aus, bis ihm die Tränen in die Augen traten. „Das mir! Das muß man gehört haben! Ich würde mit einem dieser französischen Mörder nicht einmal ein Glas Bier trinken, und keine zehn Pferde könnten mich dazu bringen, meine Ansichten zu ändern."

„Richtig, mein guter Freund", stimmte ihm der Fremde fröhlich zu, „wie ich sehe, sind Sie viel zu gescheit und können es leicht mit zwanzig Franzosen aufnehmen. Darf ich auf Ihre Gesundheit trinken, wenn Sie mir die Ehre geben, diese Flasche Wein mit Ihnen zusammen zu leeren?"

„Sie sind wirklich sehr großzügig, Sir", antwortete Mr. Jellyband und wischte sich die Augen, „ich nehme Ihre Einladung sehr gern an."

Der Fremde goß die Becher wieder voll, und nachdem er den einen dem Wirt angeboten hatte, griff er selber nach dem anderen. „Als treue Engländer, die wir sind", sagte er, „können wir ruhig zugeben, daß dies das einzig Gute ist, was aus Frankreich zu uns kommt."

„Keiner von uns würde das leugnen, Sir", versicherte ihm der Wirt.

„Jetzt trinken wir auf den besten Wirt von ganz England, Mr. Jellyband", rief der Fremde mit lauter Stimme.

„Hipp, hipp, hurra!" schrien alle Anwesenden. Dann klatschten sie in die Hände und klapperten mit den Bechern.

Die Flüchtlinge

Die Stimmung in allen Teilen Englands richtete sich zu jener Zeit scharf gegen die Franzosen. Die Nachrichten von dem Land jenseits des Wassers versetzten jeden anständigen Engländer in Zorn und weckten in ihm das Verlangen, es diesen Mördern heimzuzahlen, die ihren König und seine ganze Familie gefangengesetzt hatten und nun stürmisch das Blut der ganzen Familie Bourbon forderten. Die täglichen Hinrichtungen von Dutzenden von Royalisten schienen nach der Rache des gesamten zivilisierten Europa zu schreien.

Und doch wagte niemand, sich da einzumischen. Burke hatte seine ganze Beredsamkeit in dem Versuch erschöpft, die britische Regierung dazu zu bringen, die revolutionäre Regierung in Frankreich zu bekämpfen. Aber Mr. Pitt war mit der für ihn charakteristischen Vorsicht der Meinung, England könne sich noch einen schweren, kostspieligen Krieg nicht leisten. Die Initiative müsse Österreich überlassen bleiben, dessen eigene Tochter Marie Antoinette, nun eine entthronte Königin, gefangensaß und von dem entfesselten Pöbel beleidigt wurde.

Was nun Mr. Jellyband und seine Landsleute betraf, so waren sie Royalisten und bis auf die Knochen antirevolutionär eingestellt, sie nahmen Mr. Pitt seine Vorsicht übel und verstanden natürlich nicht die diplomatischen Gründe, von denen sich dieser große Mann in seiner Politik leiten ließ.

Jetzt aber kam Sally erregt hereingestürzt. „Ich glaube, ich habe auf dem Hof das Pferd von Lord Antony gesehen, Vater!" rief sie, als sie durch die Gaststube lief. Aber inzwischen war die Tür von draußen bereits aufgestoßen worden, und im nächsten Augenblick schlang sich ein Arm in grobem Wollstoff, der vom heftigen Regen troff, um Sallys rundliche Hüften, während eine kräftige Stimme durch die Gaststube hallte.

„Richtig, Gott segne deine braunen Augen, denen nichts entgeht, meine hübsche Sally“, rief der Mann, der gerade eingetreten war, während sich der biedere Mr. Jellyband geschäftig vordrängte, wie es sich zum Empfang eines der beliebtesten Gäste seines Hauses geziemte.

„Ich muß wahrhaftig Einspruch erheben“, fügte Lord Antony hinzu, während er einen Kuß auf Sallys glühende Wange drückte, „aber jedesmal, wenn ich dich sehe, bist du hübscher geworden.“

Lord Antony Dewhurst war die ideale Erscheinung eines jungen englischen Gentlemans jener Zeit – er war hoch und gut gewachsen, hatte breite Schultern und ein offenes Gesicht. Der gute Sportsmann und lebhafte Gesellschafter war in den Salons von London oder in dörflichen Wirtshäusern ein gerngesehener Gast. In „Fischersruh“ kannten ihn alle, denn er reiste gern nach Frankreich hinüber und verbrachte stets auf dem Hin- oder Rückweg eine Nacht unter dem Dach von Mr. Jellyband.

Nachdem er Sally freigegeben hatte, nickte er Hempseed und den anderen zu und ging zum Kamin hinüber, um sich zu wärmen und seine Sachen zu trocknen. Dabei streifte er die beiden Fremden, die sich wieder ruhig ihrem Dominospiel zugewandt hatten, mit einem etwas argwöhnischen Blick; ein Ausdruck von Besorgnis überschattete sein junges Gesicht. Aber es dauerte nur einen Augenblick; schon im nächsten hatte er sich Mr. Hempseed zugewandt, der ihn respektvoll grüßte.

„Nun, Mr. Hempseed, was macht das Obst?“

„Schlecht, Eure Lordschaft, ganz schlecht“, antwortete Mr. Hempseed betrübt, „aber was kann man auch von einer Regierung erwarten, die diese Lumpen drüben in Frankreich begünstigt, die bereit sind, ihren König und ihren ganzen Adel zu ermorden?“

„Das Leben ist schon seltsam!“ antwortete Lord Antony. „Die würden gern alle umbringen, die in ihre Hände fallen. Aber heute abend kommen einige unserer Freunde hierher, die ihren Klauen entronnen sind.“

„Dank Ihnen, Eure Lordschaft, und Ihren Freunden, wie ich gehört habe“, sagte Mr. Jellyband.

Gleich legte sich Lord Antonys Hand warnend auf den Arm

des Wirtes. „Pst!“ stieß er hervor und blickte wieder zu den Fremden hinüber.

„Ach, beim Allerhöchsten, diese Leute sind in Ordnung, Eure Lordschaft“, meinte Jellyband. „Der Herr da drüben ist ein ebenso zuverlässiger und treuer Untertan unseres Königs Georg, wie Sie es auch sind. Er ist erst vor kurzem in Dover eingetroffen und hat die Absicht, sich in dieser Gegend geschäftlich zu betätigen.“

„Dann ist ja alles in bester Ordnung, wenn wir uns hier nur unter Freunden befinden“, antwortete Lord Antony. „Wohnt sonst niemand hier?“

„Niemand, Eure Lordschaft, und es wird auch niemand erwartet. Nur Sir Percy Blakeney und Lady Blakeney werden bald hier sein.“

„Lady Blakeney?“ fragte Lord Antony etwas verwundert.

„Ja, Eure Lordschaft. Sir Percys Kapitän Briggs war gerade hier. Er hat mir erzählt, daß der Bruder von Mylady heute auf der *Tagtraum*, Sir Percys Schoner, nach Frankreich übersetzt. Sir Percy und Lady Blakeney werden ihn bis hierher begleiten, um sich hier von ihm zu verabschieden. Das stört Sie doch nicht, Eure Lordschaft?“

„Nein, nein, nichts kann mich stören, es sei denn, das Essen wäre nicht das beste, das jemals hier serviert wurde. Meine Freunde werden müde und, wie ich hoffe, hungrig sein.“

„Da haben Sie nichts zu befürchten, Eure Lordschaft“, warf Sally ein, die die ganze Zeit über damit beschäftigt gewesen war, den Tisch mit hellen Zinnkrügen und blauem Porzellan zu decken. „Jetzt kommen sie, glaube ich“, rief sie aufgeregt, als Pferdegetrappel und das näherkommende Rattern von Rädern zu hören waren.

In der Gaststube herrschte nun großer Trubel. Alle waren neugierig und wollten Lord Antonys vornehme Freunde von der anderen Seite des Kanals sehen. Jellyband eilte hinaus, um seine feinen Gäste zu begrüßen. Nur die beiden Fremden in der Ecke blieben unbeteiligt.

Die Tür wurde weit aufgestoßen, und eine Gesellschaft von vier Personen – zwei Damen und zwei Herren – betrat die Gaststube.

„Willkommen! Willkommen im alten England!“ rief Lord Antony überschwenglich, während er mit ausgestreckten Händen auf die Angekommenen zuging.

„Ach, Sie sind wohl Lord Antony Dewhurst“, sagte eine der Damen mit starkem ausländischen Akzent.

„Zu Ihren Diensten, Madame“, antwortete er, küßte den beiden Damen die Hand, wandte sich dann den Männern zu und begrüßte sie herzlich.

Sally half bereits den Damen, die Reiseumhänge abzulegen, und beide drehten sich fröstelnd dem hellodernden Feuer im Kamin zu.

„Ach, Messieurs! Was soll ich sagen!“ rief die ältere der beiden Damen, während sie ihre schmalen Hände dem wärmenden Feuer näherte und voller Dankbarkeit erst Lord Antony und dann einen der beiden jüngeren Männer ihrer Begleitung anblickte, der gerade seinen schweren Umhang ablegte.

„Sie brauchen nichts weiter zu sagen, als daß Sie froh sind, in England zu sein, Gräfin“, antwortete Lord Antony, „und daß Sie unter Ihrer ermüdenden Reise nicht allzusehr gelitten haben.“

„Ja, wir sind nur zu froh, in England zu sein“, antwortete sie, während sich ihre Augen mit Tränen füllten. Ihre Stimme war melodisch und leise; ihr schönes, feines Gesicht unter der Fülle schneeweißen Haars, das nach der damaligen Mode hoch aufgetürmt war, spiegelte Würde und Leiden.

„Ich hoffe, daß Sir Andrew Ffoulkes Ihnen ein angenehmer Reisegefährte gewesen ist, Madame?“

„O ja, Sir Andrew war wirklich die Güte selber. Wie können meine Kinder und ich Ihnen jemals genügend Dank beweisen, meine Herren?“

Ihre Begleiterin, eine zierliche, mädchenhafte Gestalt, die durch Müdigkeit und Kummer rührend kindlich wirkte, hatte bisher geschwiegen, aber ihre großen braunen Augen waren voller Tränen und schauten mit unverhohlener Bewunderung zu Sir Andrew Ffoulkes auf. „Das ist also England“, sagte sie, als sie den offenen Kamin, die Balken aus Eichenholz und die Männer mit den freundlichen, rötlichen Gesichtern betrachtete.

„Nur ein kleiner Teil davon, Mademoiselle“, antwortete Sir

Andrew lächelnd, „aber ganz England steht zu Ihren Diensten."

Das junge Mädchen errötete, und sein Gesicht wurde von einem Lächeln erhellt. Es erwiderte nichts, und auch Sir Andrew schwieg, und doch verstanden diese beiden jungen Menschen einander, wie es junge Menschen seit Anfang der Welt getan haben.

Da erschien Sally in der Tür mit einer riesigen Terrine, aus der ein ungemein appetitanregender Duft aufstieg. „Bei meinem Leben, endlich etwas zu essen!" sagte Lord Antony fröhlich, während er der Gräfin galant seinen Arm bot.

In der Gaststube herrschte nun allgemeiner Aufbruch, denn Mr. Hempseed und die Fischer gingen weg, um den „feinen Leuten" den Platz zu räumen. Nur die beiden Fremden, noch immer in ihr Dominospiel vertieft, blieben und tranken ihren Wein.

Sally bediente voller Eifer, und der junge Graf de Tournay konnte seine Augen kaum von ihrem hübschen Gesicht abwenden. Er war kaum neunzehn Jahre alt, elegant und beinah stutzerhaft gekleidet, und kaum in England gelandet, war er offensichtlich bereit, die Schrecken der Revolution in den Freuden des englischen Lebens zu vergessen.

„Wenn dies England ist", sagte er, während er Sally weiter betrachtete, „bin ich zufrieden."

Der Bund des Scarlet Pimpernel

Als sie um den Tisch saßen, machten die fünf den Eindruck einer fröhlichen Gesellschaft. Die beiden Fremden in der Ecke schienen inzwischen ihr Spiel beendet zu haben; einer von ihnen erhob sich und ordnete, mit dem Rücken zur Tischrunde, sehr bedächtig seinen Mantel mit dem Schulterumhang und warf dabei rasch einen Blick um sich. Alle lachten und plauderten und waren vollauf mit sich selber beschäftigt. „Alles in Ordnung", murmelte er. Bei diesen Worten ließ sich sein Begleiter mit jener Gewandtheit, die langer Übung entspringt, auf die Knie sinken und war im nächsten Augenblick geräuschlos unter die Bank aus Eichenholz gekrochen. Dann ging der Fremde mit einem lauten „Gute Nacht" ruhig aus der Gaststube hinaus.

Keiner in der Tafelrunde hatte das seltsame Manöver beobachtet, aber als der Fremde die Tür hinter sich geschlossen hatte, stießen alle einen Seufzer der Erleichterung aus.

„Endlich allein!“ rief Lord Antony aufgeräumt.

Dann stand der junge Graf de Tournay, das Glas in der Hand, auf und sagte in gebrochenem Englisch: „Auf Seine Majestät, Georg III., König von England. Gott segne ihn für alle Gastfreundlichkeit, die er uns armen aus Frankreich Verbannten angedeihen läßt.“

„Auf Seine Majestät den König!“ riefen Lord Antony und Sir Andrew, als sie ihre Gläser erhoben.

„Und auf Seine Majestät, König Ludwig von Frankreich!“ fügte Sir Andrew ernst hinzu. „Möge Gott ihn beschützen und ihm den Sieg über seine Feinde verleihen.“

Alle erhoben sich und tranken schweigend.

„Und auf den Grafen de Tournay de Basserive“, rief Lord Antony. „Wir hoffen, ihn sehr bald in England begrüßen zu können.“

„Ach, Monsieur“, seufzte die Gräfin, als sie mit leicht zitternder Hand ihr Glas an die Lippen führte, „ich wage es kaum zu hoffen.“

„Man darf den Glauben nicht verlieren, Madame!“ mischte sich Sir Andrew Ffoulkes ein, „Sie müssen unbedingt auf Gott vertrauen, aber glauben Sie auch ein wenig an Ihre englischen Freunde, die sich geschworen haben, den Grafen heil über den Kanal zu bringen – so wie Sie heute.“

„Ja, gewiß, gewiß, Monsieur“, antwortete sie. „Ich habe das vollste Vertrauen zu Ihnen und Ihren Freunden. Aber mein Mann“, die Gräfin machte eine Pause, „befindet sich in tödlicher Gefahr... Niemals hätte ich ihn verlassen, wenn nicht... meine Kinder gewesen wären. Sie weigerten sich, ohne mich zu gehen. Und jetzt bin ich hier im schönen, freien England – und muß immer an ihn denken... Ach, ich hätte ihn nicht verlassen sollen...!“ Die arme Frau war völlig zusammengebrochen. Erschöpfung, Kummer und Erregung hatten endlich ihre strenge aristokratische Haltung zermürbt. Sie weinte still vor sich hin, während Suzanne zu ihr eilte und sie zu trösten versuchte.

„Was mich betrifft, Monsieur“, sagte Suzanne dann plötzlich, während sie Sir Andrew ansah, „so vertraue ich Ihnen blindlings, und ich weiß, daß Sie meinen geliebten Vater sicher nach England bringen werden.“ Sie hatte diese Worte mit solchem Vertrauen gesprochen, daß wie durch magische Kräfte die Tränen ihrer Mutter versiegten und alle lächelten.

„Wahrhaftig, Sie bringen mich in Verlegenheit, Mademoiselle“, erwiderte Sir Andrew. „Ich war doch nur das Werkzeug in den Händen unseres großen Anführers, der Ihre Flucht in die Wege geleitet und verwirklicht hat.“

„Ihr Anführer, Monsieur?“ rief die Gräfin erregt. „Natürlich, Sie müssen ja einen Anführer haben. Daß ich daran noch nicht gedacht habe! Aber sagen Sie mir, wer ist es? Ich und meine Kinder müssen ihm für alles danken, was er für uns getan hat.“

„Leider ist das unmöglich, Madame!“ erklärte nun Lord Antony. „Der Mann, der sich Scarlet Pimpernel nennt, arbeitet im Verborgenen und gibt sich nur seinen unmittelbaren Anhängern nach Ablegung eines feierlichen Eides persönlich zu erkennen.“

„Scarlet Pimpernel?“ rief Suzanne und lachte belustigt auf. „Was für ein komischer Name. Was ist denn Scarlet Pimpernel eigentlich, Monsieur?“ Sie sah Sir Andrew gespannt und neugierig an. Die Augen des jungen Mannes strahlten vor Begeisterung für seinen Anführer.

„Scarlet Pimpernel, Mademoiselle“, erklärte er, „ist der Name einer einfachen englischen Blume, die an Wegrändern blüht; aber es ist auch der Name, den sich einer der besten und tapfersten Männer der Welt ausgesucht hat, um sich dahinter zu verbergen, damit er um so sicherer der Aufgabe nachgehen kann, die er sich gestellt hat.“

„Richtig“, mischte sich hier der junge Graf ein, „ich habe schon von diesem Scarlet Pimpernel reden hören. Eine kleine rote Blume, nicht wahr? In Paris erzählt man sich, daß jedesmal, wenn ein Royalist nach England entkommt, der Öffentliche Ankläger, dieser Teufel, ein Stück Papier erhält, auf dem die kleine Blume mit scharlachroter Farbe gezeichnet ist. Stimmt das?“

„Ja, das stimmt“, versicherte ihm Lord Antony.

„Das alles klingt wie ein Märchen, Monsieur“, seufzte die Gräfin, „und ich kann es nicht begreifen. Sagen Sie mir: Warum riskiert Ihr Anführer, warum riskieren Sie alle Ihr Leben für französische Männer und Frauen, die Ihnen gar nichts bedeuten?"

„Ein Sport, Gräfin, ein Sport", versicherte ihr Lord Antony mit seiner heiteren, kräftigen Stimme. „Wir sind eine Nation von Sportlern, und es ist der schönste Sport, den ich bisher kennengelernt habe."

Aber die Gräfin schüttelte ungläubig den Kopf. Ihr erschien es unvorstellbar, daß diese jungen Männer, die alle reich und aus guter Familie waren, nur aus der Freude am Wagnis diese furchtbaren Gefahren auf sich nehmen sollten. Jeder, den man in Frankreich dabei erwischte, daß er Royalisten half, wurde hingerichtet, ohne Rücksicht auf seine Nationalität. Diese Schar junger Engländer hatte zum Tod verurteilte Opfer sozusagen vom Fuß der Guillotine entführt. Erschauernd rief sie sich die Ereignisse der letzten Tage wieder ins Gedächtnis.

Sie und ihr Mann hatten gewußt, daß man sie auf die Liste „verdächtiger Personen" gesetzt hatte, und das bedeutete, daß ihre Hinrichtung nur noch eine Frage von Tagen, vielleicht von Stunden war. Dann kam das geheimnisvolle Schreiben, unterzeichnet mit dem rätselhaften roten Symbol; die klaren, bestimmten Anweisungen; der Abschied vom Grafen; die Flucht mit ihren beiden Kindern im Planwagen; das entsetzliche Weib, das die Zügel hielt und das mit dieser abscheulichen Trophäe am Peitschenstiel wie ein böser Dämon aussah!

Als sie in einem Haufen von Rüben und Kohl unter dem Verdeck des Wagens verborgen war, während der Pöbel brüllte: „An die Laterne mit den Aristokraten!", hatte sie jeden Augenblick voller Angst damit gerechnet, daß sie und ihre Kinder vor Gericht gestellt und verurteilt werden würden. Aber diese jungen Engländer hatten unter der Leitung ihres geheimnisvollen Anführers ihr Leben aufs Spiel gesetzt. Und das alles nur aus Freude am Sport? Unmöglich!

Suzannes Augen erklärten Sir Andrew, daß sie überzeugt davon war, *er* auf jeden Fall habe seine Mitmenschen aus einem höheren Motiv gerettet. „Wie viele gehören Ihrem tapferen Bund an, Monsieur?" fragte sie schüchtern.

„Alles in allem zwanzig, Mademoiselle", antwortete er,

„einer, der befiehlt, und neunzehn, die gehorchen. Wir alle haben uns der gleichen Aufgabe verschrieben: die Unschuldigen zu retten."

„Möge Gott Sie alle schützen", sagte die Gräfin. „Ich kann es noch immer nicht fassen, alles ist wie ein Wunder! Daß Sie alle so viel für Ihre Mitmenschen tun! In Frankreich herrscht zur gleichen Zeit überall Verrat. Da war zum Beispiel eine Frau, Marguerite Saint-Just. Sie hat den Marquis de Saint-Cyr und seine ganze Familie dem furchtbaren Schreckenstribunal verraten."

„Marguerite Saint-Just?" rief Lord Antony, wobei er Sir Andrew mit einem raschen, besorgten Blick streifte. „Das muß doch..."

„Ja!" erwiderte die Gräfin, „bestimmt kennen Sie sie. Sie war eine der besten Schauspielerinnen an der Comédie Française und hat vor kurzem einen Engländer geheiratet. Sie werden sie sicher kennen."

„Sie kennen?" rief Lord Antony. „Ob ich Lady Blakeney kenne – die eleganteste Frau in London –, die Frau des reichsten Mannes in England? Natürlich kennen wir alle Lady Blakeney."

„Ich habe mit ihr zusammen die Klosterschule in Paris besucht", warf Suzanne ein, „ich habe Marguerite sehr gemocht und kann es nicht glauben, daß sie jemals etwas so Gemeines getan hat."

„Es erscheint unglaublich", meinte Sir Andrew. „Und Sie sagen, daß sie tatsächlich den Marquis de Saint-Cyr verraten hat? Da muß doch ein Irrtum vorliegen."

„Ein Irrtum ist völlig ausgeschlossen, Monsieur", fuhr die Gräfin kühl fort. „Marguerite Saint-Justs Bruder ist ein bekannter Republikaner. Es soll eine Familienfehde zwischen ihm und meinem Vetter, dem Marquis de Saint-Cyr, gegeben haben. Haben Sie von dieser Geschichte nichts gehört?"

„Es sind mir einige undeutliche Gerüchte zu Ohren gekommen, Madame, aber in England hat ihnen niemand Glauben schenken wollen. Sir Percy Blakeney nimmt eine hohe gesellschaftliche Stellung ein und ist der vertraute Freund des Prinzen von Wales. Lady Blakeney übt einen bestimmenden Einfluß auf die Gesellschaft und auf alles aus, was man in London tut oder nicht tut."

„Das mag wohl sein, Monsieur, aber ich bete zu Gott, daß ich, solange ich in diesem schönen Land bleibe, niemals Marguerite Saint-Just begegnen werde."

Die sprichwörtliche kalte Dusche schien die kleine Gesellschaft getroffen zu haben, die dort um den Tisch versammelt saß. Suzanne blickte traurig und schweigsam vor sich hin; Sir Andrew stocherte mit der Gabel in seinem Essen herum, während die Gräfin steif und unbeugsam auf ihrem Stuhl saß. Lord Antony sah äußerst betreten aus. „Wann erwarten Sie Sir Percy und Lady Blakeney?" gelang es ihm schließlich unbeobachtet dem Wirt zuzuflüstern.

„Jeden Augenblick, Eure Lordschaft", antwortete Jellyband flüsternd.

Noch während er sprach, war das Rattern eines Wagens zu hören, dann das Getrappel von Pferdehufen auf den holprigen Pflastersteinen, und schon stieß ein Stallbursche die Tür der Gaststube auf und kam hereingestürzt. „Sir Percy und Lady Blakeney!" rief er aus vollem Hals. „Sie kommen gerade an!"

Unter lautem Rufen, dem Geklirr der Pferdegeschirre und dem Klappern der Hufe war vor dem Eingang von „Fischersruh" eine prächtige Kutsche, die von vier herrlichen Füchsen gezogen wurde, zum Stehen gekommen.

Marguerite

DARAUFHIN hatte sich die freundliche Wirtsstube in den Schauplatz hoffnungsloser Verwirrung und beklemmenden Unbehagens verwandelt. Lord Antony war mit einem kräftigen Fluch von seinem Platz aufgesprungen und gab nun dem armen, kopflosen Jellyband eine Reihe wirrer Anweisungen.

„Um Himmels willen, Mann", beschwor ihn Seine Lordschaft, „versuchen Sie Lady Blakeney einen Augenblick draußen aufzuhalten, reden Sie mit ihr, bis sich die Damen zurückgezogen haben. Verflucht!" fügte er noch hinzu, „das kommt höchst ungelegen."

„Schnell, Sally! Die Kerzen!“ schrie Jellyband, während er ratlos hin und her lief.

Auch die Gräfin hatte sich erhoben; steif und aufrecht sagte sie immer wieder: „Ich will sie nicht sehen! Ich will sie nicht sehen!“

Dann war plötzlich eine ungemein liebliche Stimme mit einem leichten ausländischen Akzent über den allgemeinen Tumult hinweg zu vernehmen. „Brrrr! Ich bin naß wie ein Hering! Hat man jemals ein so elendes Klima erlebt?“

In der Gaststube hielten alle einen Augenblick inne. Sally stand mit den Kerzen an der gegenüberliegenden Tür, die zu den Schlafzimmern im oberen Stock führte, und die Gräfin war im Begriff, einen überstürzten Rückzug anzutreten; widerstrebend folgte Suzanne ihrer Mutter, während ihre Blicke bedauernd zur Tür schweiften, in der sie ihre ehemalige Schulkameradin zu erblicken hoffte.

„Suzanne, komm sofort mit!“ rief die Gräfin.

„Ach, Mama!“ flehte Suzanne.

Jellyband stieß die Tür auf, noch immer von der Hoffnung erfüllt, eine Katastrophe abzuwenden, die, wie er spürte, in der Luft lag. „Mylady ... hm ... Mylady!“ murmelte er und versuchte, unbeholfen im Weg stehend, die Gäste aufzuhalten.

„*Pardieu*, mein guter Mann“, rief Lady Blakeney ein wenig ungeduldig, „warum tanzen Sie herum wie ein Truthahn mit einem kranken Fuß? Lassen Sie mich doch endlich ans Feuer. Diese Kälte bringt mich noch um!“ Im nächsten Augenblick trat sie in die Gaststube.

Marguerite Blakeney war damals knapp fünfundzwanzig Jahre, und ihre Schönheit hatte ihren Höhepunkt erreicht. Sie war überdurchschnittlich groß, sie trat vollkommen sicher und in fabelhafter Haltung auf, und es ist nicht weiter verwunderlich, daß sogar die Gräfin einen Augenblick gegen ihren Willen bewundernd stehenblieb. Der große Hut warf einen leichten Schatten über die ebenmäßige Stirn mit dem Kranz kastanienbraunen Haars – das im Augenblick nicht gepudert war; der reizende Mund, die gerade, wohlgeformte Nase, das runde Kinn und der zarte Hals wurden durch das Samtkleid noch besonders hervorgehoben. Es betonte jede Linie der anmutigen Gestalt,

während eine kleine Hand den langen, mit Bändern verzierten Stock umfaßt hielt, der bei eleganten Damen gerade in Mode gekommen war.

Mit einem raschen Blick hatte Marguerite Blakeney alle in der Gaststube Anwesenden gemustert. Sie nickte Sir Andrew freundlich zu, während sie Lord Antony die Hand reichte. „Hallo! Lord Tony, nanu – was treiben denn Sie hier in Dover?“ fragte sie belustigt.

Ohne jedoch auf eine Antwort zu warten, wandte sie sich von ihm ab und sah die Gräfin und Suzanne an. Ihr ganzes Gesicht strahlte, als sie dem jungen Mädchen beide Arme entgegenstreckte. „Welche Überraschung! Ist das nicht meine kleine Suzanne? *Pardieu!* Wie kommt es, kleine Bürgerin, daß du in England bist? Und auch die Gräfin!“

Mit einer überschwenglichen Gebärde und ohne die geringste Verlegenheit ging sie auf die beiden zu. Lord Tony und Sir Andrew beobachteten den Auftritt mit großer Sorge. Sie waren sich des bitteren Hasses bewußt, mit dem Frankreichs alte Noblesse alle betrachtete, die zu ihrem Sturz beigetragen hatten. Armand Saint-Just, der Bruder der schönen Lady, war ein glühender Republikaner: Sein Streit mit der alten Familie Saint-Cyr – bei dem für einen Außenseiter Recht und Unrecht nicht zu durchschauen waren – hatte seinen Höhepunkt in der fast völligen Ausrottung dieser Familie gefunden. Und nun stand hier in England, Angesicht zu Angesicht mit diesen drei Flüchtlingen, ein Angehöriger jener republikanischen Familien, die den Thron gestürzt und den Adel entwurzelt hatten. Sie stand nun vor ihnen und streckte ihnen ihre Hand entgegen, als wolle sie durch diese Geste die Auseinandersetzungen und das Blutvergießen überbrücken.

„Suzanne, ich verbiete dir, mit dieser Frau zu sprechen!“ erklärte die Gräfin streng, während sie eine Hand auf den Arm ihrer Tochter legte. Sie hatte englisch gesprochen, damit alle sie verstehen konnten.

Marguerites bezauberndes Gesicht war so weiß wie das Fichu, das sie um den Hals geschlungen hatte, und ein sehr aufmerksamer Beobachter hätte bemerken können, daß die Hand, die den langen Stock hielt, sich verkrampfte und ein wenig zitterte.

Aber das ging vorüber; im nächsten Augenblick zog sie die schön geschwungenen Augenbrauen ein wenig hoch, die Lippen kräuselten sich in leichtem Spott, und die klaren blauen Augen blickten fest in die der unnahbaren Gräfin.

Mit einem leichten Schulterzucken rief sie: „Was ist in Sie gefahren, Bürgerin?“

„Wir sind jetzt in England, Madame“, entgegnete die Gräfin kühl, „und es steht mir frei, meiner Tochter zu verbieten, Ihnen in Freundschaft die Hand zu reichen. Komm jetzt, Suzanne.“ Ohne Marguerite Blakeney eines weiteren Blickes zu würdigen, jedoch mit einem tiefen altmodischen Knicks zu den beiden jungen Männern rauschte sie majestätisch aus dem Raum.

Einen Augenblick lang herrschte tiefe Stille in der alten Wirtsstube. Marguerite folgte mit harten, erbarmungslosen Augen der aufrechten Gestalt, wie sie zur Tür hinaus verschwand, aber als Suzanne gehorsam ihrer Mutter folgen wollte, wurde Lady Blakeneys Blick wehmütig. Suzanne sah das und war voller Herzlichkeit für die schöne Frau, die kaum älter war als sie selber. Sie wandte sich um, lief zu Marguerite zurück, schlang die Arme um sie und küßte sie zärtlich; dann erst folgte sie ihrer Mutter.

Suzannes impulsives Handeln hatte die unerfreuliche Situation gemildert. Marguerite hatte mit verstellter Liebenswürdigkeit den Damen eine Kußhand nachgeschickt. „Das wäre es also!“ rief sie fröhlich. „Nein, Sir Andrew, haben Sie jemals eine so unfreundliche Person gesehen?“

Sie raffte die Röcke und schritt, indem sie sich um einen besonders majestätischen Gang bemühte, auf den Kamin zu.

„Suzanne“, sagte sie und ahmte dabei die Stimme der Gräfin nach, „ich verbiete dir, mit dieser Frau zu sprechen!“

Das Lachen, das diese Spöttelei begleitete, klang vielleicht ein wenig gezwungen, aber die Nachahmung war so genau getroffen, daß die beiden jungen Männer sie mit einem kräftigen „Bravo!“ belohnten.

„Ach, Lady Blakeney!“ fügte Lord Tony hinzu, „wie sehr muß man Sie an der Comédie Française vermissen, und wie sehr müssen die Pariser Sir Percy hassen, daß er Sie entführt hat.“

„Mein Lieber“, entgegnete Marguerite und hob dabei ihre hübschen Schultern, „es ist überhaupt unmöglich, Sir Percy zu hassen; sein geistreicher Spott würde selbst die Gräfin entwaffnen.“

Der junge Graf, der es nicht für nötig gehalten hatte, seiner Mutter zu folgen, trat nun einen Schritt vor, bereit, für die Gräfin einzutreten. Aber bevor er ein ernstes Wort des Protestes äußern konnte, war von draußen ein albernes Lachen zu hören, und im nächsten Augenblick erschien eine ungewöhnlich große und äußerst aufwendig gekleidete Gestalt in der Tür.

Ein Dandy von 1792

Sir Percy Blakeney befand sich im Jahre des Heils 1792 noch immer um ein oder zwei Jahre auf der richtigen Seite der Dreißig. Überdurchschnittlich groß, sogar für einen Engländer, breitschultrig und kräftig gebaut, hätte man ihn ungewöhnlich gutaussehend nennen können, wäre nicht ein gewisser träger Ausdruck in seinen tiefliegenden blauen Augen und dies ewige Lachen gewesen, das seinen klar geschnittenen Mund fast entstellte.

Es war nun fast ein Jahr her, seitdem Sir Percy Blakeney die vornehme Gesellschaft von London und Bath dadurch in Erstaunen gesetzt hatte, daß er eine schöne, faszinierende und gescheite Französin als seine Frau mit nach Hause brachte. Ihm, dem schläfrigsten, langweiligsten und britischsten aller Briten, der je eine hübsche Frau zum Gähnen gebracht hatte, war es gelungen, einen Preis zu erlangen, bei dem er viele Rivalen gehabt hatte.

Marguerite Saint-Just hatte ihr erstes Debüt in Pariser Künstlerkreisen gerade in dem Augenblick gegeben, als der größte soziale Umsturz, den die Welt bis dahin gekannt hatte, in den Mauern von Paris stattfand. Kaum achtzehn, von der Natur mit Schönheit und Talent verschwenderisch ausgestattet und nur von ihrem Bruder hingebungsvoll behütet, hatte sie in ihrer reizenden Wohnung in der Rue de Richelieu bald einen erlesenen Kreis um sich versammelt, der ebenso geistreich wie exklusiv war – exklusiv allerdings nur in einer Hinsicht. Marguerite Saint-Just war überzeugte Republikanerin – Gleichheit der Geburt war ihr Wahlspruch. Die einzige Ungleichheit, die sie anerkannte, war die des Talents, und so blieb ihr Salon klugen Männern und begabten Frauen vorbehalten. Der Zugang zu ihm wurde als die Gewähr für eine künstlerische Laufbahn angesehen.

Dann heiratete eines schönen Tages Marguerite Saint-Just Sir Percy Blakeney, ohne vorher ihre Freunde davon in Kenntnis zu setzen, ohne Verlobungsessen oder andere Feierlichkeiten, wie sie eigentlich zu einer großen französischen Hochzeit gehören.

Wie es dem „verdammten Idioten" gelungen war, in diesem intellektuellen Kreis Eingang zu finden, der sich um „die klügste Frau Europas" versammelte, konnte niemand verstehen. Die Freunde konnten nur verächtlich lachen über die Vorstellung, Marguerite Saint-Just habe einen Idioten nur um des Geldes und des Titels willen geheiratet. Sie sahen in diesem seltsamen Schritt kein anderes Motiv als das äußerster Überspanntheit.

Was nun Sir Percy selber betraf, so war die Londoner Gesellschaft, berücksichtigte man seine geistige Begrenztheit, der Ansicht, er hätte klüger gehandelt, die irdischen Vorzüge einer weniger glänzenden und weniger geistreichen Frau zukommen zu lassen.

Bald nach Percys Geburt war seine Mutter geisteskrank geworden, und sein Vater, der verstorbene Sir Algernon Blakeney, hatte seine geliebte Frau ins Ausland gebracht, wo Percy erzogen wurde. Durch den Tod seiner Eltern, die kurz hintereinander starben, wurde er bald nach seiner Volljährigkeit unabhängig. Er war noch mehrere Jahre auf Reisen, bevor er seine schöne, junge französische Frau in sein Haus brachte.

Die vornehmen Kreise jener Zeit waren bereit, beide mit offenen Armen aufzunehmen. Sir Percy war reich, seine Frau war die Vollkommenheit selber, und der Prinz von Wales schätzte beide sehr. Innerhalb von sechs Monaten waren Sir Percys Fräcke das Tagesgespräch der Stadt, seine albernen Reden wurden überall zitiert, und alle wußten, daß er hoffnungslos dumm war. Was nun seine Heirat mit der „klügsten Frau Europas" betraf, so trat das Unvermeidliche sicher und schnell ein. Sir Percy wurde deshalb kein Mitleid zuteil, weil er keins zu verlangen schien – es sah so aus, als sei er sehr stolz auf seine kluge Frau und als mache es ihm sehr wenig aus, daß sie sich keinerlei Mühe gab, die gutmütige Verachtung zu verbergen, die sie offensichtlich ihm gegenüber empfand. In seinem schönen Haus in Richmond spielte er nur eine Nebenrolle; wobei sie mit der gleichen Anmut, mit der sie die intellektuellen Kreise von Paris bei sich empfangen hatte, nun dies Haus den Gästen öffnete.

Zweifellos war Sir Percy Blakeney ein gutaussehender Mann – wenn man den trägen, gelangweilten Ausdruck, der ihm zur Gewohnheit geworden war, nicht berücksichtigte. Immer war er tadellos gekleidet, und auch an jenem Nachmittag im September saß trotz der langen Reise in der Kutsche, trotz Regen und Schlamm sein Mantel untadelig auf seinen breiten Schultern, seine Hände wirkten fast weiblich weiß in den Manschettenrüschen aus feinster Mechelner Spitze, der extravagante Seidenrock mit der hoch angesetzten Taille, die Weste mit den breiten Aufschlägen und die enganliegenden gestreiften Kniehosen betonten seinen schlanken Wuchs.

Er kam in die altmodische Gaststube hineingeschlendert und schüttelte die Nässe von seinem Mantel; dann hob er ein goldumrandetes Lorgnon vor sein träges blaues Auge und musterte die Anwesenden, die plötzlich betreten schwiegen. „Wie geht's, Tony? Wie geht's, Ffoulkes?“ rief er, als er die beiden jungen Männer erkannte, und schüttelte ihnen die Hände. „Haben Sie jemals einen so elenden Tag erlebt?“ Als keiner antwortete, fragte er: „Warum steht ihr denn alle wie vom Donner gerührt da? Was ist los?“

„Nichts, was Ihren Gleichmut erschüttern könnte“, erwiderte Marguerite mit etwas gekünstelter Heiterkeit, „Ihre Frau wurde nur beleidigt.“

„Was Sie nicht sagen, meine Liebe!“ antwortete er gelassen. „Bei Gott, wer war der Draufgänger, der es gewagt hat, es mit Ihnen aufzunehmen?“

Der junge Graf war schnell ein paar Schritte vorgetreten. „Monsieur“, sagte er und verbeugte sich, „meine Mutter, die

Gräfin de Tournay de Basserive, hat Madame beleidigt, die, wie ich sehe, Ihre Gemahlin ist. Ich bin bereit, Ihnen die zwischen Männern von Ehre übliche Genugtuung zu geben.“

Der junge schlanke Mann richtete sich zu seiner vollen Größe auf. Er sah nun sehr feurig und hitzig aus, als er den fast zwei Meter großen Sir Percy Blakeney kühn musterte.

„Mein Gott, Sir Andrew“, rief Marguerite und ließ dabei ihr fröhliches, ansteckendes Lachen erklingen, „sehen Sie sich nur einmal dieses hübsche Bild an – der englische Puter und der französische Zwerghahn!“

Der Vergleich war sehr treffend. Der englische Puter blickte völlig verwirrt auf den schmächtigen, kleinen französischen Kampfhahn herab, der ihm da so drohend entgegentrat.

„Donnerwetter, Sir!“ brachte Sir Percy schließlich hervor, wobei er sein Lorgnon hob. „Wo, in Kuckucks Namen, haben denn Sie Englisch sprechen gelernt? Ich muß zugeben, daß ich das Französische nicht so beherrsche. Was?“

„Allerdings, dafür kann ich mich verbürgen!“ warf Marguerite ein. „Sir Percy hat einen britischen Akzent, den man mit dem Messer schneiden könnte.“

„Monsieur“, entgegnete der Graf, „ich fürchte, Sie haben mich nicht richtig verstanden. Ich biete Ihnen die zwischen Herren von Stand einzig mögliche Genugtuung.“

„Was, zum Teufel, soll das sein?“ fragte Sir Percy höflich.

„Meinen Degen, Monsieur. Ein Duell“, antwortete der Graf, der die Beherrschung zu verlieren begann.

Blakeney betrachtete durch seine halbgeschlossenen Lider schläfrig den gereizten kleinen Mann, der vor ihm stand, und verlor nicht eine Sekunde lang seine unerschütterliche gute Laune, sondern lachte und erklärte gelassen: „Ein Duell? Was für ein blutrünstiger junger Raufbold! Was mich betrifft, Sir, so trage ich niemals Duelle aus.“ Er setzte sich ruhig hin und streckte seine langen Beine aus. „Verdammt ungemütliche Sache, so ein Duell!“

Nun hatte der Graf zweifellos davon gehört, daß der Gesetzgeber in England den Brauch, sich zu duellieren, mit strenger Hand unterdrückt hatte. Trotzdem empfand er als Franzose, dessen Vorstellungen von Ehre auf ungeschriebenen Gesetzen beruhten, diese Haltung eines Herrn, der es geradezu ablehnte, sich einem Duell zu stellen, als eine Ungeheuerlichkeit. Er überlegte bereits verwirrt, ob er diesem langbeinigen Engländer ins Gesicht schlagen sollte, als sich Marguerite glücklicherweise einmischte.

„Darf ich Sie bitten, Lord Tony?“ fragte sie mit ihrer bezaubernden Stimme, „darf ich Sie bitten, hier den Friedensstifter zu spielen? Dieses Kind birst bald vor Zorn und könnte“, wie sie mit einem Anflug verächtlichen Spottes hinzufügte, „Sir Percy ein Leid antun.“

„Sir Percy hat recht, Graf“, mischte sich nun Lord Antony ein und legte dem jungen Franzosen beschwichtigend eine Hand auf die Schulter. „Es wäre recht unpassend, Ihre Karriere in England damit zu beginnen, daß Sie ihn zu einem Duell herausfordern.“

Der Graf zögerte noch einen Augenblick und erklärte dann mit einem leichten Schulterzucken und mit geziemender Würde: „Also gut, wenn Monsieur sich damit zufriedengibt, ich habe nichts dagegen einzuwenden. Sie, Mylord, sind unser Beschützer. Ich habe also unrecht gehandelt und ziehe mich hiermit zurück.“

„Richtig, tun Sie das!“ erwiderte Blakeney mit einem langen Seufzer. „Ziehen Sie sich zurück. Verdammt reizbarer kleiner Grünschnabel“, fügte er leise hinzu. „Hören Sie, Ffoulkes, wenn das ein typisches Muster der Waren ist, die Sie und Ihre Freunde von Frankreich herüberschaffen, so kann ich Ihnen nur einen Rat geben: Werfen Sie sie mitten auf dem Kanal über Bord, mein Freund, oder ich muß unseren alten Pitt aufsuchen und ihn dazu bewegen, Sie wegen Schmuggels in Ketten zu werfen.“

„Wahrhaftig, Sir Percy, Ihre Ritterlichkeit läßt Sie im Stich“, sagte Marguerite neckend. „Sie vergessen völlig, daß Sie selber einen solchen Warenposten aus Frankreich importiert haben.“

Langsam erhob sich Blakeney, verbeugte sich tief vor seiner Frau und sagte mit vollendeter Galanterie: „Ich hatte die erste Wahl auf dem Markt, Madame, und mein Geschmack ist unfehlbar.“ Dann rief er in einem ganz anderen Ton: „Darauf müssen wir was trinken, potztausend!“ Er klopfte kräftig auf den Tisch neben sich. „He! Jelly! Eine Terrine mit Punsch, heiß und stark, verstanden?“

„Nein, wir haben keine Zeit mehr, Sir Percy“, widersprach Marguerite. „Der Kapitän muß jeden Augenblick hier sein, und mein Bruder muß an Bord gehen, oder die *Tagtraum* verpaßt den Ebbestrom.“

„Ich glaube, Mylady“, sagte Jellyband respektvoll, „daß der junge Herr jetzt zusammen mit Sir Percys Kapitän naht.“

„Um so besser“, rief Blakeney, „dann kann Armand uns Gesellschaft leisten. Glauben Sie, Tony“, fügte er hinzu und nickte in Richtung des Grafen, „daß dieses Bürschchen uns bei einem Glas Gesellschaft leisten würde? Sagen Sie ihm, daß wir zum Zeichen der Versöhnung miteinander trinken wollen.“

„Sie sind eine so ausgelassene Gesellschaft“, warf Marguerite ein, „daß Sie mir bestimmt verzeihen werden, wenn ich mich in einem anderen Zimmer von meinem Bruder verabschiede.“

Es wäre unangebracht gewesen, dagegen etwas einzuwenden. Lady Blakeney war durch eine tiefe und wirklich rührende Liebe mit ihrem Bruder, Armand Saint-Just, verbunden. Er hatte einige Wochen in ihrem Haus in England verbracht und sollte nun in seine Heimat zurückkehren, um seinem Land zu dienen. Sir Percy machte keinen Versuch, seine Frau zurückzuhalten. Mit jener ein wenig gezierten Höflichkeit, die jede seiner Gesten charakterisierte, öffnete er ihr die Tür und machte ihr eine Verbeugung, während sie hinausschritt und ihm lediglich einen flüchtigen Blick gönnte. Nur Sir Andrew bemerkte den seltsamen Ausdruck tiefer Sehnsucht und hoffnungsloser Leidenschaft, mit dem Sir Percy seiner Frau nachblickte.

Armand Saint-Just

SOBALD Marguerite Blakeney aus der Gaststube herausgetreten war, seufzte sie tief auf, wie ein Mensch, der sich allzulang hatte beherrschen müssen. Sie unterdrückte nicht einmal ein paar Tränen, ging auf die Veranda und blickte aufs Meer hinaus. Es hatte zu regnen aufgehört, ein schnittiger Schoner mit weißen Segeln hob sich deutlich vom Meer ab. Es war die *Tagtraum*, die Armand Saint-Just nach Frankreich zurückbringen sollte, mitten in eine blutige Revolution.

In einiger Entfernung näherten sich zwei Gestalten dem Gasthaus. Einer, ein älterer Mann, hatte den schwankenden Gang, der den Seemann verriet; neben ihm ging ein schlanker junger Herr, der einen Mantel mit mehreren Schulterumhängen trug.

„Armand!" rief Marguerite, und sie lächelte glücklich durch die Tränen hindurch. Kurz darauf lagen Bruder und Schwester einander in den Armen. „Wieviel Zeit bleibt uns noch", fragte Lady Blakeney den Kapitän, „bevor Mr. Saint-Just an Bord gehen muß?"

„Wir sollten innerhalb der nächsten halben Stunde die Anker lichten, Mylady", antwortete der alte Mann und zupfte dabei an seinen grauen Haaren.

Marguerite legte den Arm in den ihres Bruders und ging mit ihm auf die Steilküste zu. „Noch eine halbe Stunde", sagte sie und blickte traurig aufs Meer hinaus, „und du wirst fern von mir sein, Armand. Ach, ich kann es gar nicht glauben, daß du abreist! Die letzten Tage, während Percy nicht da war und ich dich ganz für mich allein hatte, sind wie im Traum vergangen."

„Ich gehe ja nicht weit weg, meine Kleine", antwortete der junge Mann tröstend, „nur ein schmaler Kanal ist zu überqueren, dann noch ein paar Meilen Straße – ich kann also bald zurückkommen."

„Die Entfernung ist es ja nicht, Armand – aber dieses furchtbare Paris ... gerade jetzt ..." Sie waren inzwischen bis an den Rand des Felsens gelangt. Der sanfte Seewind wehte Marguerite das Haar aus dem Gesicht. „Sie gehen zu weit, Armand!" rief sie leidenschaftlich. „Du bist Republikaner, ich bin es ebenfalls ... uns verbindet die gleiche Begeisterung für Freiheit und Gleichheit ... aber sogar *du* mußt doch der Ansicht sein, daß sie zu weit gehen ..."

„Pst!" stieß Armand instinktiv hervor, während er rasch und besorgt um sich blickte.

„Da siehst du es! Du hältst es nicht einmal hier in England für sicher, von diesen Dingen zu sprechen." Sie drängte sich plötzlich an ihn. „Geh nicht, Armand!" flehte sie. „Geh nicht zurück. Was sollte ich tun, wenn ... wenn ..." Ihre Stimme erstickte in Schluchzen.

„Du wirst daran denken", entgegnete er sanft, „daß, wenn

Frankreich in Gefahr ist, es seinen Söhnen nicht zusteht, ihm den Rücken zu wenden."

Noch während er sprach, spielte wieder das bezaubernde Lächeln über ihr Gesicht, das zugleich von tiefer Trauer erfüllt war. „Ach, Armand! Vergiß nicht, daß ich nur dich habe... der... der mich liebt..."

„Nein, mein Liebling, Percy liebt dich..."

Ein Ausdruck seltsamer Verlorenheit lag in ihren Augen, als sie murmelte: „Früher wohl..."

„Marguerite", sagte Armand, „ich habe mit dir bisher nicht von diesen Dingen gesprochen; etwas schien mich immer davon abzuhalten. Aber jetzt habe ich das Gefühl, als könnte ich nicht abreisen, ohne dir vorher eine Frage gestellt zu haben. Weiß Sir Percy von der Rolle, die du bei der Verhaftung des Marquis de Saint-Cyr gespielt hast?"

Sie lachte auf. Es war ein trauriges und bitteres Lachen. „Du meinst, daß ich den Marquis dem Tribunal gemeldet habe, das ihn und seine ganze Familie schließlich zur Guillotine geschickt hat? Ja, das weiß er, ich habe es ihm nach unserer Heirat erzählt..."

„Hast du ihm auch von all den Umständen gesprochen, die dich von jeder Schuld freisprechen?"

„Es war zu spät, um noch von diesen Umständen zu sprechen; er hatte die Geschichte bereits von anderer Seite erfahren, und wie mir scheint, kam mein Geständnis zu spät. Ich konnte mich nicht so erniedrigen, daß ich versuchte, ihm das alles zu erklären, und jetzt habe ich die Genugtuung, zu wissen, daß mein Mann mir gegenüber die vollkommenste Verachtung, die sich nur denken läßt, empfindet." Sie sprach mit großer Erbitterung, und Armand Saint-Just begriff, daß er sehr ungeschickt einen Finger auf eine schmerzende Wunde gedrückt hatte.

„Aber Sir Percy hat dich doch geliebt, Marguerite", wiederholte er besänftigend.

„Mich geliebt? – Ach ja, Armand, eine Zeitlang habe ich es auch geglaubt, sonst hätte ich ihn nicht geheiratet. Er schien mich mit einer seltsam heftigen, alles andere ausschließenden Leidenschaft zu lieben, und sie traf mich mitten ins Herz. Ich hatte immer das Gefühl, es müsse etwas Himmlisches sein, blind, leidenschaftlich und so ausschließlich geliebt zu werden. Ich war bereit, ganz darauf einzugehen, Armand; ich hätte ihm unendliche Zärtlichkeit dafür geschenkt ..."

Sie seufzte auf, und in diesem Seufzer lag all ihre Enttäuschung. Armand hatte sie ausreden lassen. Es war entsetzlich, eine schöne junge Frau zu sehen, die noch immer fast an der Schwelle ihres Lebens stand und doch schon aller Hoffnungen und aller Illusionen beraubt war. Seine Schwester war ihm ein Rätsel. War es denkbar, daß, nachdem die Liebe ihres Mannes erloschen war, Marguerite ihn zu lieben begann? Er konnte dieses Thema nicht mit ihr besprechen. Allzugut kannte er jene Scheu, die hinter all ihrer Offenheit und Freimütigkeit lauerte.

Sie waren immer zusammen gewesen, denn ihre Eltern waren gestorben, als Armand noch ein Junge und Marguerite ein kleines Kind waren. Er war acht Jahre älter als sie und hatte sie während jener schönen Jahre in der Rue de Richelieu behütet und sie schließlich ihr neues Leben in England mit schlimmen Ahnungen beginnen sehen.

Seit ihrer Heirat war es sein erster Besuch in England, und nun reiste er ab, und Marguerite fürchtete um seine Sicherheit. Sie fühlte sich einsam und unglücklich, aber diese letzten traurig-süßen Augenblicke wollte sie nicht dadurch verderben, daß sie über sich selber redete. Sanft führte sie ihn an der Steilküste entlang und dann zum Strand hinunter.

Ein Abgesandter

Die „Tagtraum" hatte alle Segel gesetzt, und Marguerite Blakeney stand am Rand der Steilküste und blickte jenen weißen Segeln nach, die den einzigen Menschen, der sie wirklich liebte, ihr so eilig entführten. In kurzer Entfernung schimmerten gelblich die Lichter der Gaststube.

Sir Percy war so zartfühlend gewesen, sie allein zu lassen. Marguerite erkannte das an, sie bemühte sich überhaupt, ihm für die Rücksichtnahme, die er ihr entgegenbrachte, und für seine Großzügigkeit dankbar zu sein. Zuweilen versuchte sie sogar, der spöttischen, verbitterten Gedanken Herr zu werden, die sie – gegen ihren Willen – dazu trieben, ihm verletzende Dinge zu sagen. Ja! Oft wünschte sie sich, ihn fühlen zu lassen, daß auch sie ihn verachtete, daß auch sie vergessen hatte, wie sie ihn einst fast geliebt hatte. Diesen albernen Narren auch noch lieben! Pah! Und dennoch ...! Verschwommene liebliche Erinnerungen stellten sich ein: die Zeit, als er ihr so ergeben war und in jener Liebe eine Tiefe verborgen lag, die sie fasziniert hatte.

Dann schienen plötzlich diese Liebe, diese Ergebenheit völlig erloschen zu sein. Vierundzwanzig Stunden nach der einfachen Trauung in der alten Kirche von Saint-Roch waren der Marquis de Saint-Cyr und seine Familie zur Guillotine geschickt worden. Sie haßte den Marquis. Vor Jahren hatte ihr geliebter Armand Angèle de Saint-Cyr geliebt, aber Saint-Just war von niederem Stand, und der Marquis war von dem Stolz und den anmaßenden Vorurteilen seiner Klasse beherrscht. Eines Tages wagte Armand, dem Idol seiner Träume ein kleines Gedicht zu schikken – es war voller Verehrung, Feuer und Leidenschaft. In der nächsten Nacht wurde ihm von den Dienern des Marquis aufgelauert, und er wurde schändlich zusammengeschlagen.

Marguerite erinnerte sich sehr genau an alle diese Dinge. Sie dachte daran, wie sehr ihr Bruder in seinem Stolz gelitten haben mußte und welchen Kummer auch sie durch ihn und mit ihm gehabt hatte. Dann kam der Tag der Vergeltung. Armand und Marguerite hatten mit der Begeisterung ihrer Jahre die utopischen Lehren der Revolution übernommen, während der Marquis de Saint-Cyr und seine Familie zäh um die Erhaltung jener Privilegien kämpften, die sie im sozialen Gefüge über ihre Mitmenschen gestellt hatten. Marguerite, impulsiv, die Wirkung ihrer Worte nicht berechnend und noch immer von der schweren Beleidigung verletzt, die ihrem Bruder widerfahren war, hatte zufällig erfahren und weitererzählt, daß die Saint-Cyrs in verräterischem Briefwechsel mit Österreich standen.

Zu jener Zeit genügte eine Denunziation: Marguerites wenige bedenkenlose Worte sollten innerhalb von vierundzwanzig Stunden Früchte tragen. Der Marquis de Saint-Cyr wurde verhaftet. In seinem Schreibtisch fand man Briefe vom österreichischen Kaiser, in denen dieser zusicherte, Truppen gegen die Revolution zu senden. Saint-Cyr wurde wegen Hochverrates vor Gericht gestellt und zur Guillotine geschickt; seine Frau und sein Sohn mußten sein furchtbares Schicksal teilen.

Marguerite, die über die schrecklichen Folgen ihrer eigenen Gedankenlosigkeit entsetzt war, versuchte vergeblich, die Saint-Cyrs zu retten. Ihr eigener Kreis erklärte sie zur Heldin.

Als sie Sir Percy heiratete, legte sie ihm ein volles Geständnis ab, wobei sie sich auf seine blinde Liebe zu ihr verließ, die ihn bald vergessen lassen würde, was einem englischen Ohr so unerfreulich klingen mußte. Aber danach konnte sie nie wieder auch nur das schwächste Anzeichen jener Liebe bei ihm entdecken, von der sie geglaubt hatte, daß sie ihr ganz gehöre. Sie versuchte ihn zu reizen, indem sie ihren sprühenden Geist an seinem stumpfen Verstand rieb; sie bemühte sich, seine Eifersucht zu erregen – wenn es ihr schon nicht gelang, seine Liebe zu erwecken. Aber vergeblich, er blieb stets der gleiche: passiv, schläfrig, höflich. Sie besaß alles, was die Welt und ein reicher Mann einer schönen Frau nur geben können, und doch fühlte sie sich an diesem Abend, als nun die weißen Segel der *Tagtraum* schließlich verschwanden, einsamer als jemals zuvor.

Aufseufzend kehrte Marguerite Blakeney langsam zum Gasthaus zurück. Plötzlich wurde sie sich bewußt, wie verlassen und dunkel der Weg war, und sie beschleunigte ihre Schritte. Im nächsten Augenblick bemerkte sie einen Fremden, der eilig auf sie zukam. Als sie an ihm vorbeigehen wollte, blieb er stehen und sagte leise: „Bürgerin Saint-Just."

Marguerite stieß einen leisen Schrei des Erstaunens aus, als sie ihren Mädchennamen vernahm. Sie blickte den Fremden an und streckte ihm beide Hände entgegen. „Chauvelin!"

„In Person, Bürgerin, und zu Ihren Diensten", antwortete der Fremde und küßte ihr galant die Fingerspitzen.

Marguerite betrachtete mit offensichtlichem Vergnügen die nicht sehr anziehende kleine Gestalt vor sich. Chauvelin war damals bald vierzig Jahre alt – ein kluger, listig aussehender Mann mit einem seltsamen, fuchsähnlichen Ausdruck in den tiefliegenden Augen. Es war der gleiche Fremde, der vor ein paar Stunden Mr. Jellyband freundschaftlich bei einem Glas Wein Gesellschaft geleistet hatte.

„Chauvelin ... mein Freund ...“ rief Marguerite, nur zu glücklich, ein Gesicht zu sehen, das ihr jene Zeiten in der Rue de Richelieu in Erinnerung brachte. „Ich freue mich sehr, Sie zu sehen. Aber was, in aller Welt, treiben Sie denn hier in England?“

Sie setzte nun ihren Weg zum Wirtshaus fort; Chauvelin hatte sich umgedreht und ging neben ihr her. „Ich möchte Ihr hübsches Kompliment erwidern, schöne Frau“, sagte er. „Was ist mit Ihnen?“

„Mit mir?“ antwortete sie und zuckte die Schultern. „Ich langweile mich, mein Freund, das ist alles.“

Sie gelangten vor die Veranda des Gasthauses, aber Marguerite schien keine große Lust zu verspüren, hineinzugehen. Nach dem Unwetter war die Abendluft würzig und frisch; außerdem hatte sie einen Freund getroffen, der einen Hauch von Paris mit sich brachte. So blieb sie noch unter dem Vordach, während Chauvelin neben ihr stand und seine listigen hellen Augen auf das hübsche Gesicht richtete.

„Sie überraschen mich, Bürgerin“, sagte er ruhig, während er eine Prise Schnupftabak nahm.

„Wirklich?“ erwiderte sie unbekümmert. „Mein kleiner Chauvelin, ich hätte geglaubt, Sie mit Ihrem Scharfsinn würden sich denken können, daß eine Atmosphäre, die sich aus Nebel und Tugenden zusammensetzt, einer Marguerite Saint-Just niemals zusagen kann.“

„Ach was? Ist es denn tatsächlich so schlimm?“ fragte er mit gespielter Bestürzung. „Und das ein Jahr nach einer romantischen Liebesheirat ...!“

„Ja ...! Darin liegt ja gerade die Schwierigkeit.“

„Ach ...! Diese idyllische Torheit“, sagte Chauvelin mit leisem Spott, „hat also nicht einmal ... ein paar Wochen überdauert?“

„Idyllische Torheiten sind niemals von Dauer, Chauvelin. Sie befallen uns wie die Masern ... und lassen sich ebenso leicht heilen.“

Chauvelin nahm noch eine Prise Schnupftabak. „Kein Wunder“, meinte er galant, „daß einer der lebhaftesten Geister Europas von Langeweile geplagt wird.“ Seine Augen streiften

Marguerite mit einem raschen Blick. „Ich habe ein ganz ausgezeichnetes Rezept auch gegen die schlimmste Form der Langeweile, schöne Frau, es hat einen sehr plebejischen Namen: Arbeit!"

„Arbeit?"

Chauvelin sah Marguerite lange und forschend an, trat ein paar Schritte unter dem Vordach hervor und blickte sich rasch und wachsam um. Nachdem er sich davon überzeugt hatte, daß niemand in Hörweite war, kehrte er zu Marguerite zurück.

„Wären Sie bereit, Bürgerin, Frankreich einen Dienst zu erweisen?" fragte er ernst.

„Schau einer an", erwiderte sie leichthin, „wie streng Sie plötzlich aussehen ... Im übrigen weiß ich nicht, ob ich bereit wäre, es hinge davon ab, was für einen Dienst Frankreich von mir erwartet."

„Haben Sie von diesem Scarlet Pimpernel gehört, Bürgerin Saint-Just?" fragte Chauvelin unvermittelt.

„Mein Gott, wir reden von nichts anderem", erwiderte sie mit einem fröhlichen Lachen, „wir haben Hüte à la Scarlet Pimpernel; unsere Pferde werden Scarlet Pimpernel genannt; neulich gab es bei einem Essen beim Prinzen von Wales auch ein Soufflé à la Scarlet Pimpernel."

Chauvelin hatte sich nicht gerührt, während sie lustig drauflos plauderte. Er war weiterhin ernst, und seine klare, scharfe Stimme blieb leise, als er sagte: „Sie müssen sich wohl auch gesagt haben, Bürgerin, daß der Mensch, der sich hinter diesem seltsamen Pseudonym verbirgt, der erbittertste Feind unserer Republik Frankreich und von Männern wie Armand Saint-Just ist."

„Frankreich hat zur Zeit viele Feinde", antwortete sie.

„Aber Sie, Bürgerin, sollten bereit sein, Ihrem Land in einem Augenblick tödlicher Gefahr beizustehen."

„Mein Bruder Armand hat sein Leben Frankreich geweiht", erwiderte sie stolz, „was mich betrifft, so kann ich hier in England nichts unternehmen."

„Gerade hier in England", sagte er nun noch dringlicher, „können Sie als einzige uns helfen. Hören Sie mich an! Die republikanische Regierung hat mich als ihren Vertreter hierhergeschickt. Eine meiner Aufgaben besteht darin, so viel wie nur möglich über diesen Bund des Scarlet Pimpernel zu erfahren, der sich verschworen hat, unseren verfluchten Aristokraten zu helfen, die sich der gerechten Strafe entziehen wollen. Sie wissen ebensogut wie ich, Bürgerin, daß die Emigranten versuchen, sobald sie in England sind, die Allgemeinheit gegen die Republik aufzubringen. Innerhalb des letzten Monats ist es Dutzenden gelungen, den Kanal zu überqueren. Und jedesmal wurde ihre Flucht durchgeführt von dieser Gesellschaft junger englischer Taugenichtse, die unter der Führung eines Mannes stehen, dessen Einfallsreichtum genauso groß ist wie seine Persönlichkeit geheimnisvoll. Es muß sich um einen jungen Kerl aus der englischen Gesellschaft handeln, dessen bin ich sicher. Spüren Sie mir diesen Mann auf, Bürgerin, spüren Sie ihn für Frankreich auf."

Marguerite hatte, ohne ein Wort zu sagen, Chauvelins leidenschaftlicher Rede gelauscht. Schon seit längerer Zeit hatte der Gedanke an diesen kühnen Mann, der Hunderte von Leben vor einem entsetzlichen Schicksal errettet hatte, ihr Herz höher schlagen lassen. Sie brachte jenen hochmütigen französischen Aristokraten nur geringe Sympathie entgegen; aber so republikanisch sie im Grunde gesinnt war, verabscheute sie doch die Methoden, deren sich die junge Republik bediente, um sich durchzusetzen. Voller Entsetzen schrak sie zurück vor den Grausamkeiten der Schreckensherrschaft, die in den Septembergemetzeln ihren Höhepunkt gefunden hatten. Ihre Gedanken kreisten dann um Scarlet Pimpernel. Das war ein Mann, den sie hätte lieben können, alles an ihm sagte ihrer romantischen Phantasie zu: seine Persönlichkeit, seine Kraft, seine Kühnheit und vor allem jene Anonymität, die ihn wie mit einem Strahlenkranz geheimnisvollen Ruhms umgab.

„Suchen Sie ihn für Frankreich, Bürgerin!"

Chauvelins Stimme dicht an ihrem Ohr entriß sie ihren Träumen.

„Guter Mann" sagte sie nun wieder in ihrer burschikosen Ausdrucksweise, hinter der sie sich gern verbarg, „Sie sind wirklich erstaunlich. Wo in aller Welt soll ich denn nach ihm suchen?"

„Sie kommen doch überall hin, Bürgerin“, flüsterte ihr Chauvelin eindringlich zu. „Lady Blakeney ist der Mittelpunkt des gesellschaftlichen Lebens in London, wie man mir erzählt hat ... Sie sehen alles, Sie hören alles.“

„Nur langsam, mein Freund“, entgegnete Marguerite, „Sie scheinen zu vergessen, daß zwischen Lady Blakeney und dem, was Sie vorschlagen, die mächtige Gestalt eines Sir Percy Blakeney und eine lange Reihe von Vorfahren stehen. Und selbst wenn Sie wüßten, wer dieser Scarlet Pimpernel ist, könnten Sie doch nichts gegen ihn – einen Engländer – ausrichten!“

„Wir könnten ihn zunächst einmal auf die Guillotine schikken, um seinen Eifer zu kühlen“, entgegnete Chauvelin mit einem trockenen, rauhen Lachen. „Und sollte es deswegen diplomatische Verwicklungen geben, könnten wir uns noch immer – zerknirscht – bei der britischen Regierung entschuldigen.“

„Was Sie da vorschlagen, ist entsetzlich, Chauvelin.“ Sie wich vor ihm wie vor einem widerlichen Insekt zurück. „Wer dieser Mann auch sein mag, er ist tapfer und edel, und niemals würde ich meine Hand zu einer solchen Niederträchtigkeit hergeben.“

„Sie ziehen es also vor, von jedem französischen Aristokraten, der in dieses Land kommt, beleidigt zu werden?“

Chauvelin hatte, als er diesen spitzen Pfeil abschoß, sehr genau gezielt. Marguerites frische Wangen wurden ein wenig blasser, und sie biß sich auf die Unterlippe. „Darum geht es hier nicht“, erwiderte sie schließlich, „ich kann mich selber verteidigen, aber ich lehne es ab, für Sie – oder auch für Frankreich – schmutzige Geschäfte zu machen.“

Ohne Chauvelin noch eines Blickes zu würdigen, wandte ihm Marguerite Blakeney den Rücken und ging geradenwegs auf die Tür des Wirtshauses zu.

„Das ist doch nicht Ihr letztes Wort, Bürgerin“, rief Chauvelin ihr nach, als eine Flut von Licht aus dem Gang ihre elegante, schlanke Gestalt erhellte. „Ich hoffe, wir sehen uns in London wieder!“

„Wir sehen uns in London wieder“, antwortete sie und sprach nun über die Schulter hinweg mit ihm, „aber das ist mein letztes Wort.“

Sie stieß die Tür zur Gaststube auf und entschwand seinen

Blicken, aber er blieb noch eine Weile unter dem Vordach stehen und genehmigte sich eine Prise Schnupftabak. Er wirkte weder niedergeschlagen noch enttäuscht; im Gegenteil, ein befriedigtes Lächeln spielte um seine Lippen.

Der Überfall

Eine schöne Nacht war dem Regentag gefolgt. Die prächtige Kutsche, von vier der besten Vollblüter in ganz England gezogen, fuhr mit Sir Percy Blakeney, der die Zügel in seinen schmalen Händen hielt, auf dem Bock – neben ihm Lady Blakeney, in kostbare Pelze gehüllt – auf der Straße nach London. Eine Fahrt von fünfzig Meilen in der sternklaren Nacht lag vor ihnen! Sir Percy fuhr geschickt und sicher und besonders gern bei Nacht, Marguerite hatte schon bald diese Vorliebe übernommen.

In „Fischersruh“ löschte Mr. Jellyband die Lichter. Oben in den behaglichen Schlafzimmern hatte er vornehme Gäste: die Gräfin de Tournay mit Suzanne und ihrem Sohn, und zwei weitere Räume standen für Sir Andrew und Lord Antony zur Verfügung. Vorläufig saßen die beiden jungen Herren noch gemütlich in der Gaststube vor dem großen Kaminfeuer.

„Sagen Sie, Jelly, können wir uns hier eine halbe Stunde lang ungestört unterhalten?“ fragte Lord Tony, während sich der Wirt damit zu schaffen machte, Gläser und Krüge wegzuräumen.

„Ganz zu Ihren Diensten, Mylord. Ich lasse Ihnen Kerzen auf der Anrichte stehen, Ihre Zimmer sind bereit.“

„Gut, Jelly. Löschen Sie die Lampe, das Feuer gibt uns genügend Licht, und bringen Sie uns noch eine Flasche Wein.“

In der Gaststube war es nun ziemlich dunkel, bis auf das flackernde Licht der hell lodernden Holzscheite im Kamin.

„Hätten die Herren noch einen Wunsch?“ fragte Jellyband, als er mit der Flasche Wein und zwei Gläsern zurückkehrte, die er auf den Tisch stellte.

„Danke, das wäre alles!“ antwortete Lord Tony. „Gute Nacht, Jelly!“

„Gute Nacht, Mylord! Gute Nacht, Sir!“

Als Mr. Jellybands schwere Schritte auf dem Gang und auf der Treppe nicht mehr zu hören waren, schien das ganze Gasthaus in Schlaf gesunken zu sein. Eine Zeitlang war kein Laut zu vernehmen, außer dem Ticken der alten Standuhr und dem Knistern des brennenden Holzes.

„Auch diesmal alles wieder in Ordnung, Ffoulkes?" fragte Lord Antony schließlich.

Sir Andrew hatte sich seinen Träumereien hingegeben und dabei zweifellos ein liebliches Gesicht mit großen braunen Augen und einer Fülle dunkler Locken gesehen.

„Ja", antwortete er, noch immer in Gedanken, „alles in Ordnung!"

Lord Antony lachte befriedigt auf, während er sich ein Glas Wein eingoß. „Ich brauch wohl nicht zu fragen, ob Sie die Reise diesmal erfreulich fanden?"

„Nein, mein Freund, Sie brauchen nicht zu fragen", erwiderte Sir Andrew aufgeräumt.

„Dann werden wir auf ihre Gesundheit trinken", rief Lord Tony. „Sie ist ein nettes Ding, obwohl sie Französin ist. Möge Ihre Liebe blühen und gedeihen." Er leerte sein Glas bis auf den letzten Tropfen.

„Ich nehme an, daß Sie die nächste Reise unternehmen werden, Tony", sagte Sir Andrew und riß sich von seinen Gedanken los.

Die beiden jungen Männer rückten ihre Stühle dichter zusammen, und instinktiv sanken ihre Stimmen zu einem Flüstern herab.

„Ich habe Scarlet Pimpernel kurz allein in Calais gesprochen", sagte Sir Andrew. „Er ist zwei Tage vor uns nach England hinübergefahren. Er hat die Gruppe auf dem ganzen Weg von Paris her – Sie können es sich kaum vorstellen! – verkleidet als alte Marktfrau begleitet und hat selber den Planwagen kutschiert, in dem die Gräfin de Tournay, Mademoiselle Suzanne und der junge Graf unter Rüben und Kohl verborgen lagen. Diese hatten natürlich keine Ahnung, wer ihr Kutscher war. Er hat sie durch eine brüllende Menschenmenge gefahren, die schrie: ‚Nieder mit den Aristokraten!', und Scarlet Pimpernel in Umhang, Rock und mit einer Haube auf dem Kopf brüllte lauter als alle anderen: ‚Nieder mit den Aristokraten!‘ Dieser Mann ist das reine Wunder! Seine Kühnheit ist unvorstellbar, das muß ich schon sagen, und sie reißt ihn auch überall heraus. Am zweiten des nächsten Monats sollen Sie und Hastings sich mit ihm in Calais treffen. Das wäre also der nächste Dienstag."

„Ja."

„Diesmal ist natürlich der Graf de Tournay an der Reihe; eine gefährliche Aufgabe, denn der Graf ist zum Tod verurteilt. Saint-Just ist jetzt unterwegs, um sich mit ihm zu treffen – selbstverständlich verdächtigt bisher noch niemand Saint-Just, aber es wird eine schwierige Aufgabe sein und sogar den Erfindungsgeist unseres Anführers auf eine harte Probe stellen, die beiden aus dem Land hinauszuschaffen."

„Haben Sie irgendwelche besonderen Anweisungen für mich?" fragte Lord Tony.

„Ja! Die republikanische Regierung hat einen Abgesandten nach England geschickt, einen Mann mit Namen Chauvelin, der herausfinden will, wer unser Anführer ist, damit er ihn das nächstemal, wenn Scarlet Pimpernel seinen Fuß auf französischen Boden setzt, festnehmen lassen kann. Dieser Chauvelin hat ein ganzes Heer von Spitzeln mitgebracht, und bis es unserem Pimpernel gelungen ist, diese Gesellschaft unter die Lupe zu nehmen, sollen wir uns in diesen Angelegenheiten so selten wie nur möglich treffen und auf keinen Fall in der Öffentlichkeit. Wenn er mit uns sprechen will, wird er schon Mittel und Wege finden, es uns wissen zu lassen."

Die beiden jungen Männer beugten sich nun dichter zum Feuer vor, denn die Flammen waren erloschen, und nur die rote Glut der Asche warf etwas Licht in einem schmalen Halbkreis um den Kamin herum. Der übrige Raum lag in völliger Finsternis da. Sir Andrew hatte aus seiner Brieftasche ein Blatt genommen, das sie miteinander im rötlichen Schein der Glut zu entziffern versuchten. Sie waren so damit beschäftigt und so wertvoll war dieses Schriftstück, das von der Hand ihres bewunderten Anführers stammte, daß sie taub waren für die Laute um sie her, für das Ticken der Uhr und das leise Geraschel von etwas auf dem Boden. Unter einer der Bänke war eine Gestalt aufgetaucht; mit schlangenähnlichen Bewegungen kroch sie an die beiden jungen Männer heran.

„Diese Anweisungen sollen Sie lesen, sie sich Ihrem Gedächtnis einprägen und sie dann vernichten", erklärte Sir Andrew.

Er wollte seine Brieftasche gerade in seine Tasche zurückstecken, als ein kleines Stückchen Papier herausflatterte und zu Boden fiel. Lord Antony hob es auf. „Es ist von Scarlet Pimpernel", sagte er.

Beide beugten sich vor und versuchten die Schrift auf diesem kleinen Papierfetzen zu entziffern, auf den hastig ein paar Wörter gekritzelt waren, als plötzlich ein leises Geräusch, das vom Gang zu kommen schien, ihre Aufmerksamkeit erregte. „Was war das?" flüsterten beide. Lord Antony ging durch die Gaststube zur Tür, die er rasch aufriß. In diesem Augenblick erhielt er einen betäubenden Schlag zwischen die Augen, der ihn ein gutes Stück in den Raum zurücktaumeln ließ. Gleichzeitig war die geduckte Gestalt aufgesprungen, hatte sich von hinten auf Sir Andrew gestürzt und ihn zu Boden geworfen. Bevor einer von ihnen einen Schrei ausstoßen oder sich zur Wehr setzen konnte, wurden sie von zwei Männern gepackt. Rasch wurde ihnen ein Tuch vor den Mund gebunden, und sie wurden Rücken an Rücken an den Armen, Händen und Beinen aneinandergefesselt. Der eine der Männer hatte in der Zwischenzeit leise die Tür geschlossen; er trug eine Maske und stand jetzt regungslos da, während die anderen ihr Werk vollendeten.

„Alles in Ordnung, Bürger!" meldete einer, als er die Fesseln, die die beiden jungen Männer an jeder Bewegung hinderten, ein letztes Mal überprüfte.

„Gut", antwortete der Mann an der Tür. „Und jetzt durchsucht ihre Taschen und gebt mir alle Papiere, die ihr findet."

Dieser Befehl wurde sofort ausgeführt. Nachdem der Mann mit der Maske alle Papiere an sich genommen hatte, lauschte er eine Weile. Offenbar davon überzeugt, daß dieser heimtückische Überfall unbemerkt geblieben war, öffnete er die Tür. Die vier Männer hoben Sir Andrew und Lord Antony vom Boden auf und trugen ebenso geräuschlos, wie sie gekommen waren, die beiden gefesselten jungen Adligen aus dem Gasthaus und in die Finsternis hinaus.

In der Gaststube überflog der maskierte Anführer rasch die geraubten Papiere. „Alles in allem keine schlechte Tagesleistung“, murmelte er, während er ruhig seine Maske abnahm. Seine stechenden Augen funkelten im rötlichen Schein der Glut.

Er bemerkte den winzigen Papierfetzen, den zu lesen die beiden jungen Männer gerade noch die Zeit gefunden hatten. Aber ein Brief, der mit Armand Saint-Just unterzeichnet war, schien ihm eine ganz besondere Genugtuung zu bereiten.

„Also ist Armand Saint-Just doch ein Verräter“, murmelte er. „Und jetzt, meine schöne Marguerite Blakeney“, setzte er bösartig zwischen zusammengepreßten Zähnen hinzu, „werden Sie mir wohl doch helfen, Scarlet Pimpernel zu finden.“

In einer Loge der Oper

Es war der erste Gala-Abend im Covent-Garden-Theater in der Herbstsaison jenes denkwürdigen Jahres 1792. Eine strahlend elegante Gesellschaft drängte sich, Glucks „Orpheus und Eurydike“ zu hören. Nach dem prächtigen Finale des zweiten Aktes senkte sich der Vorhang, und die Zuschauer schienen gemeinsam einen langen Seufzer der Befriedigung auszustoßen, bevor Hunderten von mutwilligen und frivolen Zungen freier Lauf gelassen wurde. In den Orchesterlogen waren viele bekannte Gesichter zu sehen. Mr. Pitt, von Staatsgeschäften überlastet, hatte in dem musikalischen Genuß eine kurze Entspannung gefunden; der Prinz von Wales ging – jovial, rundlich, ein wenig derb in seinem Aussehen – von Loge zu Loge und besuchte seine engeren Freunde.

Eine interessante Erscheinung in Lord Grenvilles Loge zog ebenfalls die Aufmerksamkeit auf sich: ein kleiner Mann mit durchtriebenem, spöttischem Gesicht und tiefliegenden Augen, der das Publikum scharf beobachtete und in makelloses Schwarz gekleidet war – sein dunkles Haar frei von jedem Puder. Lord Grenville, Außenminister, behandelte ihn mit unverkennbarer, jedoch kühler Höflichkeit.

Hier und dort waren, verstreut unter den Schönheiten von zweifellos englischem Ursprung, ein paar ausländische Gesichter klar zu erkennen: Es waren die hochmütigen, aristokratischen Mienen der königstreuen Franzosen, die in England Zuflucht gefunden hatten. Unter ihnen befand sich auch die Gräfin de Tournay de Basserive, die ein Kleid aus schwarzer Seide trug, bei dem nur ein weißes Spitzentuch den Eindruck ein wenig abschwächte, sie trage Trauer. Lady Portarles neben ihr bemühte sich vergeblich, durch geistreiche Bemerkungen den traurigen Mund der Gräfin zum Lächeln zu bringen. Hinter ihr saßen Suzanne und der junge Graf, beide unter so vielen Fremden ein wenig verschüchtert.

„Ach, Lord Grenville", sagte Lady Portarles, als nach einem leisen Klopfen der Außenminister in der Tür der Loge erschien. „Sie hätten zu keinem geeigneteren Zeitpunkt kommen können. Ich habe die Gräfin de Tournay bei mir, die darauf brennt, die letzten Nachrichten aus Frankreich zu erfahren."

Der berühmte Diplomat trat näher, begrüßte die Damen und antwortete niedergeschlagen: „Sie könnten kaum schlimmer sein. Die Gemetzel gehen weiter, die Guillotine fordert hundert Opfer am Tag."

Die Gräfin lauschte wie gelähmt von Entsetzen. „Es ist schrecklich für mich, Monsieur", sagte sie, „hier im Theater zu sitzen, während sich mein Mann in so großer Gefahr befindet."

„Mein Gott, Madame", erwiderte die etwas plumpe Lady Portarles, „wenn Sie in einem Kloster säßen, würde Ihr Mann dadurch auch nicht in Sicherheit sein, und Ihre Kinder sind zu jung, als daß man sie durch vorzeitiges Trauern belasten dürfte."

Die Gräfin mußte durch ihre Tränen hindurch lächeln. Lady Portarles hatte ein goldenes Herz und verbarg echte Güte hinter etwas grobschlächtigen Manieren.

„Außerdem, Madame", fügte Lord Grenville hinzu, „hat sich nicht Scarlet Pimpernel dafür verbürgt, den Grafen wohlbehalten über den Kanal zu bringen?"

„Ja", antwortete die Gräfin. „Ich habe gestern Lord Hastings gesprochen ... und er hat mich erneut zu beruhigen versucht."

„Dann haben Sie nach meiner Überzeugung nichts zu befürchten. Schade", fügte der alte Diplomat mit einem Seufzer hinzu, „wäre ich nur ein paar Jahre jünger ..."

„Aber“, unterbrach ihn die offenherzige Lady Portarles, „Sie sind noch immer jung genug, um dieser französischen Vogelscheuche, die sich heute abend in Ihrer Loge sonnt, den Rücken zu kehren.“

„Das würde ich nur zu gern tun. Aber Monsieur Chauvelin ist der akkreditierte Vertreter seiner Regierung, und man hat es bisher noch nicht als ratsam angesehen“, sagte der Minister vorsichtig, „daß England die diplomatischen Beziehungen zu Frankreich abbricht.“

„Hol der Teufel die diplomatischen Beziehungen, Mylord! Dieser durchtriebene kleine Fuchs dort drüben ist nichts weiter als ein Spitzel, darauf würde ich wetten.“

Was Lord Grenville davon hielt, blieb unausgesprochen, denn soeben rauschte der Vorhang zum dritten Akt von „Orpheus und Eurydike“ hinauf. Lord Grenville verabschiedete sich hastig von den Damen und begab sich leise in seine Loge zurück.

Dort hatte Chauvelin die ganze Pause hindurch mit seiner ewigen Schnupftabaksdose in der Hand gesessen und mit seinen scharfen Augen eine Loge ihm gegenüber gemustert, die Marguerite Blakeney, begleitet von ihrem Mann, unter viel Gelächter und allgemeiner Neugier des Publikums betreten hatte. Sie sah unter ihrer Fülle kastanienbrauner Locken, die mit Puder nur leicht bestäubt und im Nacken mit einer großen schwarzen Schleife zusammengehalten waren, zauberhaft aus. Stets nach der letzten Laune der Mode gekleidet, hatte Marguerite als einzige unter den Damen an diesem Abend auf das gekreuzte Schultertuch und den Überwurf mit den breiten Aufschlägen verzichtet, die während der letzten zwei oder drei Jahre große Mode gewesen waren. Sie trug ein hochtailliertes, klassisch geschnittenes Kleid, wie es bald zur anerkannten Mode in allen Ländern Europas werden sollte. Es stand ihrer hohen, schlanken Gestalt ausgezeichnet. Bevor sie sich setzte, lehnte sie sich einen Augenblick aus der Loge hinaus, um alle, die sie kannte, zu mustern. Viele verneigten sich dabei vor ihr, und aus der königlichen Loge wurde ihr ein huldvoller Gruß zuteil.

So lange, wie die Konvention es verlangte, war Sir Percy neben ihr in der Loge stehengeblieben, war dann davongeschlendert und hatte Seiner Königlichen Hoheit und der Schar von

Bewunderern Platz gemacht, die in unaufhörlicher Folge hereinkamen, um der Königin der Mode ihre Aufwartung zu machen. Marguerite hatte ihren kleinen Hofstaat um sich versammelt, verabschiedete ihn dann aber wieder, da sie mit Gluck allein bleiben wollte.

Sie liebte Musik, und an diesem Abend fühlte sie sich von „Orpheus und Eurydike" verzaubert. Die Lebensfreude drückte sich deutlich in dem reizenden jungen Gesicht aus, funkelte in ihren lebhaften blauen Augen und ließ sie glücklich lächeln. Schließlich war sie ja erst fünfundzwanzig Jahre alt, wurde gefeiert, verwöhnt und verehrt. Und die *Tagtraum* war aus Calais zurückgekehrt und hatte ihr die Nachricht gebracht, daß ihr geliebter Bruder wohlbehalten gelandet sei und um ihretwillen vorsichtig sein werde.

Ein leises Klopfen an der Tür störte sie auf.

„Herein", sagte sie ein wenig ungeduldig, ohne sich zu dem Eindringling umzuwenden.

Chauvelin hatte bemerkt, daß sie allein war, und schlüpfte in die Loge. „Erlauben Sie mir ein Wort mit Ihnen, Bürgerin", sagte er leise.

Rasch wandte sich Marguerite um. „Mein Gott, haben Sie mich erschreckt!" sagte sie, „Ihre Anwesenheit kommt mir sehr ungelegen, denn ich möchte Gluck hören und habe keine Lust dazu, mich zu unterhalten."

„Aber dies ist die einzige Gelegenheit für mich", erwiderte er und zog dabei einen Stuhl so dicht heran, daß er ihr ins Ohr flüstern konnte, ohne in dem dunklen Hintergrund der Loge gesehen zu werden. „Lady Blakeney ist stets so sehr von ihrem Hofstaat umgeben, daß einer, der nur ein alter Freund ist, sehr geringe Aussichten hat."

„Ich bitte Sie!" entgegnete sie ungeduldig, „Sie müssen sich eine andere Gelegenheit suchen. Heute abend gehe ich nach der Oper zu Lord Grenvilles Ball. Wahrscheinlich werden auch Sie dort sein. Ich bin bereit, Ihnen dort fünf Minuten einzuräumen ..."

„Drei Minuten in der Abgeschiedenheit dieser Loge genügen mir vollauf", erwiderte er unerschütterlich, „und es wäre klug von Ihnen, mir zuzuhören, Bürgerin Saint-Just."

Instinktiv erschauerte Marguerite. Chauvelin hatte seine Stimme nicht über ein Flüstern hinaus erhoben, und doch lag in seinem Benehmen etwas, das ihr Blut in den Adern gerinnen ließ. „Soll das etwa eine Drohung sein, Bürger?" fragte sie schließlich.

„Nein, schöne Frau", antwortete er galant, „nur ein in die Luft geschossener Pfeil." Er hielt einen Augenblick inne, wie eine Katze, die eine Maus vorbeilaufen sieht und bereit zum Sprung ist. Dann sagte er ruhig: „Ihr Bruder, Saint-Just, ist in Gefahr."

Er konnte ihr Gesicht nur im Profil sehen, denn Marguerite schien die Bühne voller Interesse zu betrachten, aber er bemerkte die Verhärtung des Mundes, die jähe, fast regungslose Anspannung ihrer schönen Gestalt.

„Nun?" fragte sie schließlich mit gespielter Sorglosigkeit.

„Ich habe Nachrichten für Sie, die Sie, wie ich glaube, interessieren werden, aber erst möchte ich noch einiges erklären. Neulich, Bürgerin, habe ich Sie um ihre Hilfe gebeten ... Frankreich brauchte sie, aber Sie haben mir ihre Antwort erteilt ...."

„Zur Sache, ich bitte Sie, Bürger", sagte sie leichthin.

„Einen Augenblick, Bürgerin. Weniger als eine Stunde nachdem ich die Ehre hatte, Ihnen in Dover zu begegnen, sind mir einige Papiere in die Hände gefallen. Sie verrieten mir einen jener geschickt eingefädelten Pläne zur Flucht französischer Aristokraten – unter ihnen befindet sich auch der Verräter de Tournay. Das alles wurde wieder von jenem Mann organisiert, der sich in alles einmischt, von Scarlet Pimpernel. Lord Antony Dewhurst und Sir Andrew Ffoulkes hielten sich am gleichen Abend in „Fischersruh" auf. Sie waren meinen Spitzeln bereits als Angehörige dieses verfluchten Bundes bekannt. Als die beiden jungen Männer allein waren, haben meine Leute die beiden Abenteurer gefesselt, ihnen ihre Papiere abgenommen und sie mir gebracht. Die geben mir zwar Kenntnis von gewissen Machenschaften und reichen wohl aus, vorläufig das geplante Unternehmen zu vereiteln, aber ich bin mir über die Identität Scarlet Pimpernels noch immer nicht im klaren."

„Ach, mein Freund", sagte sie, „dann sind Sie ja noch genau dort, wo Sie vorher waren, nicht wahr? So können Sie mich wenigstens die letzte Strophe dieser Arie genießen lassen. Wirklich!“ fügte sie hinzu, während sie ostentativ ein Gähnen unterdrückte, „hätten Sie mir nicht von meinem Bruder gesprochen ...“

„Zu ihm komme ich jetzt, Bürgerin. Unter diesen Papieren befand sich auch ein Schreiben, das Ihr Bruder, Saint-Just, an Sir Andrew Ffoulkes gerichtet hatte. Aus diesem Brief geht hervor, daß er ein Helfer, wenn nicht sogar ein Mitglied des Scarlet-Pimpernel-Bundes ist.“

Endlich war der Schlag gefallen. Marguerite wußte, daß Chauvelin die Wahrheit gesprochen hatte; dieser Mann war zu blind der Sache ergeben, die er zu der seinen gemacht hatte, um zu durchsichtigen Lügen seine Zuflucht zu nehmen. Dieser Brief Armands – wie töricht, wie unvorsichtig Armand doch sein konnte! – befand sich in Chauvelins Händen, und Chauvelin würde diesen Brief aufheben, bis es ihm paßte, ihn gegen Armand zu verwenden. Dennoch wollte sie diesen Mann nicht merken lassen, daß sie ihn fürchtete.

„Aber guter Mann!“ sie blickte ihm gerade ins Gesicht. „Eine Intrige Ihrer Phantasie! Armand im Bündnis mit Scarlet Pimpernel! Armand eifrig damit beschäftigt, französischen Aristokraten zu helfen, die er so verachtet... wahrhaftig, diese Geschichte spricht sehr für Ihre Phantasie!“

„Ich möchte Ihnen eines völlig klarmachen, Bürgerin“, erwiderte Chauvelin, „Saint-Just ist so belastet, daß es keinerlei Hoffnung auf eine Begnadigung geben kann.“

In der Orchesterloge blieb es eine Weile völlig still. Marguerite saß hochaufgerichtet da und versuchte sich darüber klarzuwerden, was am besten zu tun sei. „Chauvelin“, sagte sie schließlich ganz ohne gespielte Überlegenheit, „wollen wir nicht versuchen, einander richtig zu verstehen? Sagen Sie mir: Es liegt Ihnen sehr viel daran, festzustellen, wer sich hinter dem Namen Scarlet Pimpernel verbirgt, nicht wahr? Sie möchten mich jetzt also zwingen, für Sie Spitzeldienste im Austausch für die Sicherheit meines Bruders zu leisten? – Ist das richtig?“

„Pfui! Zwei sehr häßliche Ausdrücke, Madame“, widersprach Chauvelin mit ausgesuchter Höflichkeit. „Meine Absicht ist es, daß Sie selber die Begnadigung Armand Saint-Justs erreichen, indem Sie Frankreich einen kleinen Dienst erweisen.“

„Worin bestünde er?"

„Sie sollen nur heute abend für mich die Augen aufmachen, Bürgerin", antwortete er mit Nachdruck. „Unter den Papieren, die bei Sir Andrew Ffoulkes gefunden wurden, befand sich auch eine kleine Mitteilung. Hier!" Er reichte ihr einen Papierfetzen.

Es war das gleiche Papier, das die beiden jungen Männer vor wenigen Tagen in dem Augenblick, als sie von Chauvelins Häschern überfallen wurden, gelesen hatten. Marguerite nahm den Zettel. Es waren nur ein paar Zeilen, die in einer offensichtlich verstellten Handschrift geschrieben waren:

> Vergessen Sie nicht, daß wir uns nicht öfter treffen dürfen, als unbedingt notwendig ist. Sie haben alle Ihre Anweisungen für den 2. Wenn Sie mich noch sprechen wollen, ich werde auf G.s Ball sein.

„Was hat das zu bedeuten?" fragte sie. „Dort unten in der Ecke ist ein Zeichen, eine kleine rote Blume ..."

„Richtig."

„Scarlet Pimpernel", murmelte sie erregt, „und G.s Ball bedeutet Lord Grenvilles Ball heute abend ..."

„So deute auch ich diese Mitteilung, Bürgerin", fuhr Chauvelin leise fort. „Lord Antony Dewhurst und Sir Andrew Ffoulkes wurden in ein einsames Haus an der Straße nach Dover getragen. Dort sind sie bis heute früh als meine Gefangenen geblieben. Aber da ich diesen Zettel gefunden hatte, war es meine Absicht, daß sie rechtzeitig nach London kamen, um an Lord Grenvilles Ball teilnehmen zu können. Deshalb fanden diese zwei Abenteurer heute morgen jedes Schloß geöffnet vor, ihre Aufseher waren verschwunden, und zwei gute Pferde standen fertig gesattelt im Hof. Ich habe sie noch nicht gesehen, aber wir können wohl mit einiger Sicherheit sagen, daß sie ihre Pferde erst angehalten haben, nachdem sie in London angelangt waren. Die beiden haben ihrem Anführer sehr viel zu sagen und heute abend die Gelegenheit, mit ihm zu sprechen. Sie sehen also, Bürgerin, wie einfach alles ist! Ich biete Ihnen eine Möglichkeit, Ihren geliebten Bruder vor den Folgen seiner eigenen Torheiten zu retten."

Marguerites Gesicht wurde sanft, und ihre Augen waren feucht. „Was verlangen Sie von mir, Chauvelin?“ sagte sie mit tränenerstickter Stimme. „In meiner gegenwärtigen Lage kann ich doch kaum etwas tun!“

„Doch, Bürgerin“, erwiderte er unnachgiebig, „als Lady Blakeney wird niemand Sie verdächtigen, und mit Ihrer Hilfe könnte es mir endlich gelingen, die Identität Scarlet Pimpernels herauszufinden. Sie werden nachher zum Ball gehen. Halten Sie dort die Augen für mich offen, Bürgerin. Beobachten Sie gut und horchen Sie überall. Merken Sie sich jeden, mit dem Sir Andrew oder Lord Antony sprechen wird. Stellen Sie fest, wer Scarlet Pimpernel ist, und ich gebe Ihnen das Wort Frankreichs dafür, daß Ihrem Bruder nichts geschehen wird.“

Marguerite fühlte sich in einem Netze gefangen, aus dem es keine Hoffnung auf Entrinnen gibt. Und doch hoffte sie noch – denn sie war eine Frau –, Zeit gewinnen zu können. „Würden Sie mir, Chauvelin“, sagte sie liebenswürdig, „Saint-Justs Brief geben, wenn ich verspreche, Ihnen in dieser Angelegenheit zu helfen?“

„Wenn Sie mir heute nacht eine nützliche Hilfe sind, Bürgerin“, erwiderte er mit einem spöttischen Lächeln, „werde ich Ihnen diesen Brief aushändigen ... morgen.“

„Es könnte sein, daß es mir nicht gelingt, Ihnen zu helfen, und wenn ich auch noch so bereit dazu wäre.“

„Das wäre allerdings entsetzlich“, antwortete er ruhig, „für Sie ... und für Saint-Just.“

Marguerite erschauerte. Sie fühlte, daß sie von diesem Mann keine Gnade erwarten konnte. Er war allmächtig und hielt das Leben ihres Bruders in der Hand. Trotz der drückenden Luft in der Oper fröstelte sie. Die Musik schien wie aus einem fernen Land zu ihr zu dringen, und ihre Gedanken wanderten zu jenem anderen Mann, der Anspruch auf ihr Vertrauen und ihre Zuneigung erheben konnte. Sie sehnte sich danach, Trost und Rat zu finden. Sir Percy Blakeney hatte sie früher geliebt; er war ihr Mann. Gewiß, er besaß nur wenig Verstand, aber dafür um so größere Körperkräfte. Wenn sie auf den richtigen Gedanken kam, wäre es ihnen gemeinsam möglich, den verschlagenen Diplomaten zu überlisten und die Geisel zu befreien, ohne das

Leben des Anführers jener heldenhaften Schar zu gefährden. Sir Percy schien eine Zuneigung zu Saint-Just gefaßt zu haben – sie war überzeugt davon, daß er ihr helfen könnte.

Ein leises Klopfen an der Tür entriß Marguerite ihren Gedanken. Es war der große, gutmütige Percy Blakeney, der nun mit einem halb verlegenen, halb törichten Lächeln, das ihr besonders auf die Nerven ging, die Loge betrat. „Äh ... Ihre Sänfte ist draußen, meine Liebe“, sagte er in seiner aufreizenden, affektierten Sprechweise, „wahrscheinlich werden Sie zu diesem verfluchten Ball gehen wollen ... Entschuldigen Sie mich – äh – Monsieur Chauvelin, ich hatte Sie nicht bemerkt ...“

Er streckte Chauvelin, der sich, als Sir Percy die Loge betrat, erhoben hatte, zwei schlanke, weiße Finger hin.

„Kommen Sie, meine Liebe?“

Marguerite seufzte, hüllte sich in Ihren Umhang und sagte: „Ich bin bereit.“ Damit nahm sie seinen Arm. An der Tür der Loge wandte sie sich um und blickte Chauvelin, der sich anschickte, dem Paar zu folgen, gerade ins Gesicht. „Also, auf Wiedersehen, Chauvelin“, sagte sie freundlich, „wir werden uns ja nachher auf Lord Grenvilles Ball treffen.“

Mit einem Lächeln nahm der Franzose eine leichte Prise Schnupftabak. Nachdem er sein Spitzenjabot abgestaubt hatte, rieb er sich zufrieden seine mageren, knochigen Hände.

Lord Grenvilles Ball

Der Ball, den Lord Grenville gab, war das größte gesellschaftliche Ereignis des Jahres. Jeder von Rang und Namen hatte sich bemüht, dabeizusein. Der Prinz von Wales hatte sein Erscheinen zugesagt. Lord Grenville selber hatte sich die beiden ersten Akte von „Orpheus und Eurydike“ angehört, bevor er sich darauf vorbereitete, seine Gäste zu empfangen. Um zehn Uhr – eine ungewöhnlich späte Zeit in jenen Jahren – waren die mit Palmen und Blumen prächtig geschmückten Empfangsräume des Außenministeriums fast überfüllt. Die zarten Klänge des Menuetts gaben eine leise Begleitung zu dem fröhlichen Geplauder der Gesellschaft.

In dem kleinen Salon, der im oberen Stockwerk der Treppe gegenüberlag, stand der Gastgeber, um seine Gäste zu empfangen. Berühmte Männer, schöne Frauen, Standespersonen aus allen europäischen Ländern waren bereits an ihm vorbeidefiliert, hatten ihre Verbeugungen und Knickse gemacht, um sich dann in den Ballsaal und in die Gesellschaftsräume zu begeben.

Nicht weit von Lord Grenville entfernt musterte Chauvelin die Menge. Sir Percy und Lady Blakeney waren noch nicht eingetroffen, und bei jedem Ankömmling richteten sich seine scharfen Augen rasch auf die Tür. In seinem makellosen schwarzen Anzug stand er etwas isoliert da; der Abgesandte der revolutionären Regierung Frankreichs konnte in England zu einer Zeit, in der die Nachrichten von den Septembermorden gerade über den Kanal gedrungen waren, nicht erwarten, sehr beliebt zu sein.

In seiner offiziellen Mission war er von seinen englischen Kollegen höflich empfangen worden, aber die Londoner Gesellschaft übersah ihn völlig. Chauvelin war jedoch nicht der Mann, sich darüber zu erbittern. Er war von einer blinden Begeisterung für die Sache der Revolution erfüllt, verachtete jede soziale Ungleichheit und war von einer heißen Liebe zu seinem Land besessen. Vor allem aber war er fest davon überzeugt, daß die französischen Adligen die erbittertsten Feinde Frankreichs waren, und er betrachtete jeden Aristokraten, dem es gelungen war, zu fliehen, nur als eine Beute, um die die Guillotine in nicht zu rechtfertigender Weise betrogen worden war. Kein Wunder also, daß jene geheimnisvolle Gestalt des Scarlet Pimpernel Chauvelins unversöhnlichen Haß auf sich gelenkt hatte.

Plötzlich entstand Bewegung im Treppenhaus. Alle Unterhaltung verstummte, als der Haushofmeister draußen verkündete: „Seine Königliche Hoheit, der Prinz von Wales, und Gefolge, Sir Percy Blakeney, Lady Blakeney."

Schnell ging Lord Grenville zur Tür, um seinen hohen Gast zu empfangen. Der Prinz von Wales in einer prächtigen Hoftracht aus lachsfarbenem, reichlich mit Gold verziertem Samt trat mit Marguerite Blakeney an seinem Arm ein; zu seiner Linken schritt Sir Percy in bronzefarbenem Satinfrack und elfenbeinweißen Hosen.

Nach ein paar konventionellen Worten ehrerbietiger Begrüßung sagte Lord Grenville zu seinem königlichen Gast: „Würden Eure Hoheit mir gestatten, Monsieur Chauvelin, den akkreditierten Vertreter der französischen Regierung, vorzustellen?“

Chauvelin hatte sich schon genähert und verneigte sich tief.

„Monsieur“, sagte seine Königliche Hoheit kühl, „wir wollen uns bemühen, nicht an die Regierung zu denken, die Sie geschickt hat, und in Ihnen nur unseren Gast sehen. Als solcher seien Sie willkommen, Monsieur.“

„Ach, mein kleiner Chauvelin!“ rief Marguerite mit unbekümmerter Heiterkeit und streckte ihm ihre Hand hin. „Monsieur und ich sind alte Bekannte, Königliche Hoheit.“

„Dann sind Sie uns allerdings doppelt willkommen, Monsieur“, sagte der Prinz diesmal sehr gnädig.

„Ich bitte um Erlaubnis, Eurer Königlichen Hoheit auch die Gräfin de Tournay de Basserive und ihre Familie vorstellen zu dürfen. Sie sind erst vor kurzem aus Frankreich gekommen“, mischte sich Lord Grenville ein.

„Aber unbedingt! – Dann gehören sie ja zu den vom Glück Begünstigten!“

Lord Grenville schaute sich nach der Gräfin um, die an der anderen Seite des Empfangssalons saß.

„Gott, steh mir bei!“ flüsterte Seine Königliche Hoheit Marguerite zu, sobald er die alte Dame erblickt hatte. „Sie sieht reichlich tugendhaft und traurig aus.“

„Wahrhaftig, Königliche Hoheit“, erwiderte sie mit einem Lächeln, „mit der Tugend ist es wie mit manchen wohlriechenden Pflanzen; sie duftet am stärksten, wenn sie zerstört wird.“

„Ach, die Tugend“, seufzte der Prinz, „ist für Ihr bezauberndes Geschlecht etwas höchst Unpassendes, Madame.“

„Madame la Comtesse de Tournay de Basserive“, sagte Lord Grenville, die Gräfin vorstellend.

„Es ist mir ein Vergnügen, Madame. Wie Sie wissen, ist mein königlicher Vater froh, alle Ihre Landsleute hier aufzunehmen, die Frankreich von seinen Küsten vertrieben hat.“

„Eure Königliche Hoheit sind sehr gütig“, antwortete die Gräfin mit geziemender Würde. Dann machte sie eine Hand-

bewegung auf ihre Tochter zu: „Suzanne, meine Tochter, Monseigneur“, sagte sie.

„Wie bezaubernd! Wirklich bezaubernd!“ sagte der Prinz. „Und nun erlauben Sie mir, Gräfin, Sie mit Lady Blakeney bekannt zu machen. Ich glaube, Sie werden einander viel zu sagen haben. Jede Landsmännin Lady Blakeneys ist uns um ihretwillen doppelt willkommen.“

Marguerites blaue Augen funkelten vor Vergnügen. Der Gräfin de Tournay, die sie kürzlich so beleidigt hatte, wurde hier in aller Öffentlichkeit eine Lehre zuteil. Und die Gräfin war in höfischer Etikette allzugut geschult, als daß sie auch nur im geringsten ihre Verlegenheit gezeigt hätte, als die beiden Damen nun voreinander einen Knicks machten.

Der Prinz hatte sich inzwischen an den jungen Graf gewandt. „Ich freue mich, Sie kennenzulernen, Graf“, sagte er. „Ich habe Ihren Vater in der Zeit, als er Gesandter in London war, gut gekannt.“

„Monseigneur!“ erwiderte der Graf. „Ich verdanke die Ehre dieser Begegnung unserm Beschützer Scarlet Pimpernel.“

„Pst!“ stieß der Prinz hastig hervor und deutete dabei auf Chauvelin, der nur wenig abseits stand.

„Nein, Monseigneur“, erklärte Chauvelin nun, und es klang wie eine unmittelbare Erwiderung auf die Warnung des Prinzen, „ich bitte Sie, diesen Herrn seine Dankbarkeit ruhig äußern zu lassen; der Name dieser interessanten roten Blume ist mir – und Frankreich – wohlbekannt.“

Der Prinz sah ihn einen Augenblick aufmerksam an. „Wahrhaftig, Monsieur“, rief er, „vielleicht wissen Sie mehr von unserem Nationalhelden als wir ... vielleicht wissen Sie zufällig sogar, wer er ist! Sie würden sich bei dem schönen Geschlecht sehr beliebt machen, wenn Sie die Neugier der Damen stillen könnten.“

„Monseigneur“, antwortete Chauvelin anzüglich, „in Frankreich geht das Gerücht, daß Eure Hoheit – wenn Eure Hoheit nur wollten – den genauesten Bericht über jene rätselhafte schlichte Blume geben könnten!“ Während seiner Worte hatte er Marguerite rasch und forschend angesehen; aber sie verriet keinerlei Bewegung.

„Nein, mein Lieber“, erwiderte der Prinz, „Die Angehörigen des Bundes bewahren eifersüchtig das Geheimnis ihres Anführers. Wir wissen nicht, ob er groß oder klein, blond oder dunkel, schön oder mißgestaltet ist; aber wir wissen, daß er der Tapferste auf der ganzen Welt ist, und wir alle sind ein wenig stolz, Monsieur, wenn wir uns vergegenwärtigen, daß er Engländer ist.“

„Monsieur Chauvelin“, erklärte nun Marguerite und sah den Franzosen fast voller Trotz an, „Seine Königliche Hoheit hätte noch hinzufügen sollen, daß wir Frauen ihn wie einen Helden aus alten Zeiten betrachten... wir tragen seine Blume als Schmuck... wir zittern um ihn, wenn er in Gefahr ist, und wir jubeln mit ihm in der Stunde des Sieges.“

Chauvelin verneigte sich nur gelassen; er spürte, daß die Worte beider dazu bestimmt waren, Abscheu oder Trotz auszudrücken. Den vergnügungssüchtigen untätigen Prinzen verachtete er; die schöne Frau hatte er fest in der Hand: Er konnte es sich leisten, zu schweigen und die weiteren Ereignisse abzuwarten.

Ein langgezogenes, joviales, albernes Lachen zerriß die Stille, die sich plötzlich über alle gesenkt hatte. „Und wir armen Ehemänner“, erklärte der prächtig gekleidete Sir Percy langsam und affektiert, „müssen es mitansehen, wie die Damen so einen verfluchten Schatten anbeten.“

Alle lachten – der Prinz lauter als alle anderen. Die Spannung war verflogen, und schon im nächsten Augenblick erklang überall heiteres Geplauder.

Ein Papierfetzen

Marguerite litt unendlich. Obwohl sie lachte und plauderte, obwohl sie mehr bewundert wurde als jede andere der anwesenden Frauen, kam es ihr vor, als sei sie zum Tod verurteilt. Ihre Nerven waren aufs äußerste gespannt, und diese Spannung war noch um ein Vielfaches während jener kurzen Stunde gestiegen, die sie in Gesellschaft ihres Mannes zwischen Oper und Ball verbracht hatte. Der Hoffnungsschimmer, sie könnte in ihm einen Freund und Berater finden, war verblaßt, sobald sie allein gewesen waren. Mit gutmütiger Verachtung hatte sie sich jetzt von dem Mann abgewendet, der ihr eine moralische Stütze hätte sein müssen.

Mehrere hohlköpfige junge Narren amüsierten sich in diesem Augenblick köstlich damit, einen plumpen Vers, den Sir Percy zum besten gegeben hatte, zu wiederholen. Wohin sie kam, begegnete sie diesen törichten Worten.

Wir suchen ihn hier, wir suchen ihn dort,
Der Franzmann sucht ihn an jedem Ort.
Ist er im Himmel? – Gar in der Höll'?
Dieser verfluchte, unfaßbare Pimpernel.

„Beim Binden einer Krawatte aus dem Ärmel geschüttelt", hatte Sir Percy der Clique seiner Bewunderer erklärt, und dies Bonmot machte sogleich die Runde durch die Empfangsräume. Der Prinz war entzückt. Er schwor, das Leben ohne Blakeney sei eine öde Wüste. Dann ergriff er ihn am Arm und führte ihn in eines der Spielzimmer, wo er ihn bei einem langen Hasardspiel festhielt.

Sir Percy, dessen Hauptinteresse sich bei Gesellschaften auf den Kartentisch zu konzentrieren pflegte, erlaubte gewöhnlich seiner Frau, soviel sie nur mochte, zu tanzen, zu flirten, sich zu amüsieren. Auch an diesem Abend hatte er die von vielen Bewunderern umgebene Marguerite sich selber überlassen. Sie wollte sich keine Zeit mehr zum Nachdenken nehmen. Sie war ein wenig eine Fatalistin und fühlte, daß die Ereignisse von selber Gestalt annehmen würden.

Im weiteren Verlauf des Abends erblickte sie Sir Andrew Ffoulkes und Lord Antony Dewhurst, die soeben erst eingetroffen waren und ein wenig abgehärmt und unruhig aussahen. Aber ihr höfisches Auftreten verriet in keiner Weise die Katastrophe, von der sie sich und ihren Anführer bedroht wußten. Ohne Zeit zu verlieren, ging Sir Andrew sofort auf Suzanne de Tournay zu.

Während sie die Menge in dem hellerleuchteten Ballsaal betrachtete, fühlte sich Marguerite von brennender Neugier erfüllt, diesen geheimnisvollen Scarlet Pimpernel kennenzulernen. Sie blickte in die aristokratischen normannischen Gesichter, in die kantigen Gesichter der blonden Sachsen, in die der freundlicheren, humorvolleren Kelten und fragte sich, welches jene Macht, jene Energie und jene Gewandtheit des Mannes verriet, der seinen Willen und seine Überlegenheit einer Reihe von Engländern aus den höchsten Kreisen, zu denen, wie das Gerücht wissen wollte, auch Seine Königliche Hoheit gehörte, aufgezwungen hatte.

Sir Andrew Ffoulkes? Gewiß nicht er, der nun mit seinen sanften blauen Augen Suzanne so sehnsüchtig nachblickte, als sie von ihrer strengen Mutter dem erfreulichen Zusammensein entrissen wurde. Marguerite beobachtete, wie er dann auf ein kleines Boudoir zuging, sich an den Türrahmen lehnte und unruhig um sich schaute.

Es gelang ihr, sich dem Kavalier, der ihr gerade den Hof machte, zu entziehen, sie schlängelte sich um die elegante Gesellschaft herum auf Sir Andrew zu. Warum, hätte sie nicht sagen können. Vielleicht fühlte sie sich von einem übermächtigen Schicksal getrieben, das so häufig über das Los der Menschen zu entscheiden scheint.

Plötzlich blieb sie stehen, sie meinte, ihr Herz höre auf zu schlagen: Sir Andrew stand noch immer in der gleichen lustlosen Haltung dort, aber Marguerite hatte deutlich gesehen, wie Lord Hastings – ein junger Geck und ein Freund ihres Mannes – schnell an ihm vorbeigegangen war und ihm etwas zugesteckt hatte. Marguerite verharrte noch einen Augenblick länger – es war nicht mehr als eine flüchtige Sekunde –, dann setzte sie ihren Weg durch den Saal fort, um Sir Andrew zu dem dahintergelegenen Boudoir zu folgen, in dem er verschwunden war.

Jetzt hatte Lady Blakeney zu existieren aufgehört. Nun gab es nur noch Marguerite Saint-Just; sie hatte alles vergessen, alles bis auf die Tatsache, daß Armand in Lebensgefahr war und Andrew Ffoulkes den Talisman in Händen halten mochte, der ihren Bruder retten konnte.

Als sie das Boudoir betrat, stand Sir Andrew mit dem Rücken zu ihr an einem Tisch mit einem schweren silbernen Leuchter drauf. Er hielt ein Stück Papier in der Hand und las.

Unbemerkt, denn ihr enganliegendes Kleid erzeugte auf dem dicken Teppich nicht das geringste Geräusch, trat Marguerite dicht hinter ihn. Sie wagte nicht zu atmen, bis sie ihr Ziel erreicht hatte. In diesem Augenblick drehte er sich um und bemerkte sie; sie fuhr sich mit der Hand über die Stirn und murmelte schwach: „Die Hitze drüben im Saal war entsetzlich ... ich fühlte mich nicht gut ... ach!" Sie schwankte, als könne sie jeden Augenblick fallen, und Sir Andrew, der schnell seine Überraschung verbarg und die kleine Mitteilung in seiner Hand zerknüllte, fand gerade noch Zeit, sie zu stützen.

„Ist Ihnen nicht wohl, Lady Blakeney?" fragte er sehr besorgt. „Darf ich ...?"

„Nein, es ist nichts weiter", unterbrach sie ihn hastig. „Einen Stuhl – schnell!"

Sie sank neben dem Tisch in einen Sessel, warf den Kopf zurück und schloß die Augen. „Es geht schon besser", flüsterte sie, noch immer schwach, „das Schwindelgefühl läßt nach. Sie brauchen sich nicht weiter um mich zu kümmern, Sir Andrew."

Aus dem Ballsaal kamen die lieblichen Melodien einer Gavotte, das Geraschel der kostbaren Kleider, die Stimmen und das Gelächter einer fröhlichen Gesellschaft wie eine seltsame Begleitung zu dem Drama, das sich hier abspielte. Sir Andrew hatte kein Wort mehr gesagt, doch in Marguerite wurde der sechste Sinn mächtig. Sie konnte nichts sehen, denn ihre Augen waren geschlossen, sie konnte nichts hören, denn das Geräusch aus dem Ballsaal erstickte das leise Geraschel des bedeutsamen kleinen Papiers, und trotzdem wußte sie, daß Sir Andrew in diesem Augenblick das Papier in die Flamme einer der Kerzen hielt. Genau in dem Augenblick, in dem es Feuer fing, schlug sie die Augen auf, hob eine Hand und hatte mit zwei zarten Fingern dem jungen Mann das brennende Stück Papier aus der Hand genommen. Dann blies sie die Flamme aus und hielt sich das Papier unter die Nase. „Wie aufmerksam von Ihnen, Sir Andrew", sagte sie leichthin, „bestimmt haben Sie es von Ihrer Großmutter gelernt, daß der Geruch verbrannten Papiers ein ausgezeichnetes Mittel gegen Schwindelgefühl ist."

Sie seufzte auf und hielt das Papier fest zwischen ihren beringten Fingern. Sir Andrew starrte sie nur an. Er war im

Augenblick zu benommen, um ganz zu erfassen, was geschehen war.

„Warum starren Sie mich so an?" rief Marguerite munter. „Ich versichere Ihnen, daß ich mich schon viel wohler fühle: Ihr Heilmittel hat sich als höchst wirkungsvoll erwiesen. In diesem Zimmer ist es angenehm kühl, außerdem sind die Klänge der Gavotte beruhigend."

Sie plauderte höchst unbekümmert und heiter, während sich Sir Andrew, zutiefst bestürzt, den Kopf zermarterte, wie er das Stück Papier so schnell wie möglich der Hand der schönen Frau entreißen könnte.

„Was ist? Noch immer in Träumen versunken?" fragte sie mit einem fröhlichen Lachen. „Sie sind höchst ungalant, Sir Andrew. Wenn ich es mir richtig überlege, schienen Sie mir überhaupt eher bestürzt als erfreut, als Sie mich sahen. Jetzt glaube ich doch, daß nicht etwa Sorge um mein Wohlbefinden Sie veranlaßt hat, dieses kleine Stück Papier zu verbrennen ... Ich möchte schwören, daß es der letzte grausame Brief Ihrer Angebeteten gewesen ist, den Sie hier vernichten wollten."

„Was immer er enthält, Lady Blakeney", erwiderte Sir Andrew, der allmählich seine Fassung zurückgewann, „dieses kleine Stück Papier gehört zweifellos mir und ..."

Ohne Rücksicht darauf, ob man sein Vorgehen einer Dame gegenüber als unpassend bezeichnen würde, hatte der junge Mann kühn nach dem Zettel gegriffen. Marguerites Reaktion war aber schneller. Sie trat rasch einen Schritt zurück und stieß dabei an den zierlichen Tisch, der mit dem schweren Silberleuchter krachend umstürzte.

Sie schrie auf, als sei sie erschrocken. „Die Kerzen, Sir Andrew – schnell!"

Der Schaden war nicht groß; ein paar Kerzen waren beim Sturz des Leuchters erloschen und hatten ein wenig Wachs über den kostbaren Teppich verspritzt. Sir Andrew hatte rasch und gewandt die Flammen erstickt und den Leuchter auf den Tisch zurückgestellt. Aber das hatte ihn ein paar Sekunden gekostet, und mehr als diese wenigen Sekunden hatte Marguerite nicht gebraucht, um einen raschen Blick auf das Papier zu werfen und sich seinen Inhalt einzuprägen – ein Dutzend Wörter in der gleichen verstellten Handschrift, die sie schon früher gesehen hatte, und das gleiche Symbol: ein sternförmiges Blümchen – mit roter Tinte gezeichnet.

Als Sir Andrew sie wieder anblickte, sah er in ihrem Gesicht nur Erschrecken über den kleinen, unerwarteten Unglücksfall und die Erleichterung über seinen glücklichen Ausgang, während der kleine, bedeutungsschwere Zettel zu Boden geflattert war. Der junge Mann hob ihn schnell auf.

„Schämen Sie sich, Sir Andrew“, sagte sie und schüttelte den Kopf, „schämen Sie sich, einen Sturm im Herzen einer empfänglichen Herzogin zu entfesseln, während Sie sich gleichzeitig um die Zuneigung meiner süßen kleinen Suzanne bemühen.“

„Würden Sie mir verzeihen, Lady Blakeney“, sagte Sir Andrew nun ebenso ruhig wie sie, „wenn ich in der interessanten Tätigkeit fortfahre, bei der Sie mich unterbrochen hatten?“

„Aber ich bitte Sie, Sir Andrew! Verbrennen Sie dieses Zeugnis der Liebe!“

Sir Andrew hatte das Papier bereits zu einem Fidibus zusammengedreht und hielt es an die Flamme einer Kerze, die nicht erloschen war. Das seltsame Lächeln auf dem Gesicht seines hübschen Gegenübers bemerkte er jedoch nicht, da er zu sehr mit seiner Zerstörungsarbeit beschäftigt war. Schon bald war das letzte verkohlte Stück zu Boden gefallen, und er zertrat es unter seinem Absatz.

„Und jetzt, Sir Andrew“, sagte Marguerite Blakeney mit einem überaus gewinnenden Lächeln, „würden Sie bitte die Eifersucht Ihrer Schönen herausfordern und mich bitten, das Menuett mit Ihnen zu tanzen?“

Pünktlich um ein Uhr

Die wenigen Worte, die Marguerite Blakeney auf dem halb verbrannten Stück Papier hatte lesen können, schienen vom Schicksal diktiert zu sein. „Breche morgen selber auf...“ Das hatte oben deutlich gestanden, was dann kam, war durch den Rauch der Kerze verwischt. Unten aber folgte noch ein Satz, der wie feurige Buchstaben vor ihrem geistigen Auge stand:

„Wenn Sie mich noch zu sprechen wünschen, ich werde pünktlich um ein Uhr im Speisesaal sein.“

Es war jetzt fast elf, die Zeiger der kostbaren Louis-XV.-Uhr bewegten sich mit aufreizender Schnelligkeit. In zwei Stunden mußte sie sich entscheiden, ob sie das Wissen, das sie mit so viel List erworben hatte, für sich behalten und ihren Bruder seinem Schicksal überlassen sollte oder ob sie ganz bewußt einen tapferen Mann verraten würde, der edel, opferbereit und vor allem nichtsahnend war. Es schien ihr entsetzlich, so etwas zu tun. Aber auch Armand war edel und tapfer und ahnte nichts.

All diese Gedanken jagten durch Marguerites Kopf, während sie mit einem Lächeln durch das anmutige Labyrinth des Menuetts schwebte. Sie merkte, daß Sir Andrews Befürchtungen völlig beschwichtigt waren. Sie war vollkommen selbstbeherrscht und während des Tanzes, dem letzten vor dem Diner, eine bessere Schauspielerin als jemals auf den Brettern der Comédie Française; aber damals hatte auch nicht das Leben eines geliebten Bruders von ihren schauspielerischen Leistungen abgehangen. Sie war zu klug, um ihre Rolle zu übertreiben; als der Tanz vorbei war, bat sie Sir Andrew, sie in das angrenzende Zimmer zu führen.

„Ich habe Seiner Königlichen Hoheit versprochen, mit ihm zusammen zum Diner hinunterzugehen“, sagte sie, „aber bevor wir scheiden, sagen Sie mir eins: Darf ich Sie zu meinem Wasserfest am Dienstag erwarten?“

„Ich bin nicht sicher, Lady Blakeney“, antwortete er ausweichend. „Vielleicht muß ich London morgen verlassen.“ Damit hatte er sie in den Raum geleitet, wo Seine Königliche Hoheit schon wartete.

„Madame, es ist angerichtet“, sagte der Prinz und bot Marguerite den Arm. „Die Göttin Fortuna hat mich während des Hasardspiels ständig so finster betrachtet, daß ich nun voller Zuversicht dem Lächeln der Göttin der Schönheit entgegenblicke.“

„Eure Hoheit hatten am Kartentisch kein Glück?“

„Kein Glück. Blakeney, nicht zufrieden damit, der reichste unter den Untertanen meines Vaters zu sein, hat auch da ein unvorstellbares Glück.“

Beim Essen war es äußerst fröhlich zugegangen. Alle Anwesenden erklärten, niemals zuvor sei Lady Blakeney entzükkender oder der „verdammte Idiot" Sir Percy amüsanter gewesen. Seine Königliche Hoheit hatte über dessen törichte und trotzdem komische, schlagkräftige Antworten gelacht, bis ihm die Tränen über die Wangen rollten. Sir Percys Knüttelvers „Wir suchen ihn hier, wir suchen ihn dort..." wurde zur Melodie eines englischen Volksliedes und zur Begleitung von Gläsern, mit denen laut auf den Tisch geklopft wurde, gesungen.

Marguerite befand sich in strahlender Laune, und bestimmt hatte niemand in diesem vollbesetzten Speisesaal auch nur etwas von dem furchtbaren Kampf geahnt, der in ihrem Herzen tobte. Unerbittlich tickte die Uhr. Es war längst Mitternacht vorbei. Bald würden zwei tapfere Männer gegeneinander ausgespielt werden – der geliebte Bruder und der unbekannte Held.

Nach dem Essen wurde erneut getanzt. Seine Königliche Hoheit war gegangen, und unter den älteren Gästen wurde allgemein von Aufbruch gesprochen; die jüngeren hingegen waren unermüdlich und hatten mit einer neuen Gavotte begonnen. Marguerite fühlte sich einem Tanz nicht gewachsen. Von einem Kabinettsminister begleitet, hatte sie wiederum das kleine Boudoir aufgesucht. Sie wußte, daß Chauvelin ihr irgendwo auflauerte, bereit, die erste Gelegenheit zu einem vertraulichen Gespräch zu ergreifen. Seine Augen waren den ihren für den Bruchteil einer Sekunde nach dem Menuett vor dem Diner begegnet, und sie wußte, daß der scharfsichtige Diplomat erraten hatte, sie habe ihre Aufgabe erfüllt.

Das Schicksal hatte es so gewollt, und Marguerite hatte sich gefügt. Armand mußte um jeden Preis gerettet werden, die Vorstellung, er könne auf der Guillotine sterben, war zu entsetzlich. Was den Fremden, den Helden betraf... das mußte das Schicksal entscheiden. Scarlet Pimpernel würde sich, gerissen wie er war, selber retten. Dies alles ging ihr durch den Kopf, während sie der witzigen Unterhaltung des Kabinettsministers lauschte. Plötzlich entdeckte sie Chauvelins spitzes Gesicht, das durch die mit Vorhängen umrahmte Tür lugte.

„Lord Fancourt", sagte Marguerite zu dem Minister, „würden Sie bitte sehen, ob mein Mann noch im Spielzimmer ist?

Und würden Sie ihm bitte, sollte es der Fall sein, ausrichten, ich sei sehr müde und wäre froh, wenn ich bald nach Hause könnte. Wir werden – wenn wir uns nicht beeilen – kaum vor Tagesanbruch in Richmond sein."

Kaum war Lord Fancourt gegangen, als auch schon Chauvelin in den Raum geschlichen kam. „Sie haben Nachrichten für mich?"

Obwohl ihre Wangen glühten, fror sie. „Nichts von Bedeutung", antwortete sie und blickte starr vor sich hin, „doch könnte es sich als eine Spur erweisen. Es ist mir gelungen, gleichgültig wie, Sir Andrew Ffoulkes dabei zu ertappen, wie er ein Stück Papier hier in diesem Zimmer an einer Kerze verbrannte. Dieses Papier habe ich etwa zwei Minuten lang in Händen gehalten und meine Augen etwa zehn Sekunden darauf werfen können."

„Lange genug, um den Inhalt zu erfahren?" fragte Chauvelin ruhig.

Sie nickte. „In der einen Ecke des Zettels war das übliche Symbol einer kleinen, sternförmigen Blume. Darüber zwei Zeilen, alles andere war von der Flamme geschwärzt. Die eine hieß: ‚Breche morgen selber auf', die andere: ‚Wenn Sie mich noch zu sprechen wünschen, ich werde pünktlich um ein Uhr im Speisesaal sein.'"

Chauvelin warf einen Blick auf die Uhr auf dem Kaminsims. „Dann habe ich noch viel Zeit", erklärte er gelassen.

„Was haben Sie vor?" Sie war blaß wie eine Statue, und in ihrem Kopf und in ihrem Herzen pochte es.

„Vorläufig nichts. Später kommt es dann darauf an, wen ich pünktlich um ein Uhr im Speisesaal sehen werde."

„Sie werden Scarlet Pimpernel sehen, aber Sie kennen ihn doch nicht."

„Nein, aber hinterher werde ich ihn kennen."

„Sir Andrew wird ihn gewarnt haben."

„Das glaube ich nicht. Nachdem Sie sich nach dem Menuett von ihm getrennt hatten, hat er Ihnen eine Weile nachgeblickt, und an seinen Augen habe ich erkannt, daß zwischen Ihnen etwas vorgefallen war. Es war doch nur natürlich, finden Sie nicht, wenn ich mir Gedanken darüber machte, worin dieses

‚Etwas' bestehen könnte. Ich habe daraufhin den jungen Herrn in ein lebhaftes Gespräch verwickelt, bis sich eine Dame von ihm zum Essen führen ließ."

„Und seitdem?"

„Während des Essens habe ich ihn nicht aus den Augen gelassen. Als wir wieder nach oben kamen, setzte ihm Lady Portarles mit ihren Fragen zu und warf die hübsche Suzanne de Tournay in die Debatte. Das wird mindestens noch eine Viertelstunde dauern, und jetzt ist es fünf Minuten vor eins."

Er ging zur Tür, wo er den Vorhang zurückschlug und Marguerite darauf aufmerksam machte, daß nicht weit von ihnen entfernt Sir Andrew Ffoulkes in ein Gespräch mit Lady Portarles vertieft war. „Ich glaube", erklärte er triumphierend, „daß ich damit rechnen kann, den Menschen, den ich suche, im Speisesaal zu finden."

„Es könnten ja auch mehrere sein."

„Wer immer pünktlich um ein Uhr dort eintrifft, wird von nun an von einem meiner Leute beschattet werden; von diesen werden einer oder vielleicht zwei dann morgen nach Frankreich reisen müssen. Auch ich, Mylady, werde morgen nach Frankreich abfahren. In den Papieren, die ich in Dover bei Sir Andrew Ffoulkes gefunden habe, ist die Rede von der Umgebung von Calais – von einem Gasthaus ‚Zur grauen Katze' und von der Hütte Père Blanchards irgendwo an der Küste. Das sind die Punkte, an denen dieser lästige Engländer Verräter wie de Tournay und andere verborgen hält und wo sie sich mit seinen Abgesandten treffen sollen. Wie es scheint, hat er jedoch beschlossen, diesmal auf seine Abgesandten zu verzichten, und möchte ‚morgen selber aufbrechen'. Eine der Personen, die ich also nachher im Speisesaal sehen werde, wird nach Calais reisen, und ich werde diesem Menschen folgen, bis ich ihn dort stellen kann, wo die flüchtigen Aristokraten ihn erwarten. Dieser Mann, Madame, wird derjenige sein, den ich schon seit fast einem Jahr gesucht habe: der geheimnisvolle Scarlet Pimpernel."

„Und Armand?" fragte sie flehend.

„Ich versichere Ihnen, daß ich Ihnen jenen unvorsichtigen Brief durch einen Sonderkurier schicken lasse, wenn ich und

Scarlet Pimpernel nach Frankreich abreisen. Ich tue noch mehr: An dem Tag, an dem ich dieses Engländers habhaft werde, wird Saint-Just wohlbehalten hier in England sein.“ Mit einer tiefen, schwungvollen Verbeugung und einem erneuten Blick auf die Uhr entfernte sich Chauvelin.

Marguerite hatte, wie sie sich in ihrem Sessel zurücklehnte, das Gefühl, sie könne über all den Lärm hinweg seinen katzenhaften Schritt die große Treppe hinuntergehen, ihn den Speisesaal erreichen und die Tür öffnen hören. Das Schicksal hatte entschieden und hatte sie um ihres Bruders willen, den sie liebte, etwas Abscheuliches tun lassen.

ALS CHAUVELIN den Speisesaal erreichte, war kein Mensch zu sehen. Halbgeleerte Gläser standen auf den Tischen umher, und Stühle waren zu zweit oder dritt einander zugewandt und erinnerten an vergnügte, lebhafte Unterhaltungen über die letzten Skandale. Da gab es auch Stühle, streng in einer Reihe, die sehr steif wirkten wie alte reiche Witwen. Chauvelin lächelte zufrieden, rieb sich die langen, mageren Hände und blickte sich in dem verlassenen Saal um, aus dem auch der letzte Lakai verschwunden war.

Er versuchte, in die allernächste Zukunft zu blicken. Wie würde dieser Mann aussehen, den er, er hatte es sich geschworen, auf die Guillotine bringen wollte? Alles an ihm war geheimnisvoll; seine Persönlichkeit, die er mit solcher List versteckte; seine Macht über neunzehn andere Engländer, die jedem seiner Befehle blindlings und voller Begeisterung zu gehorchen schienen; und vor allem seine bewunderungswürdige Kühnheit und Unverschämtheit, mit denen er seinen Feinden selbst in den Mauern von Paris Trotz bot. Chauvelin spürte eine seltsame Furcht in sich aufsteigen. Aber seine Pläne waren ja wohlüberlegt, und weil außer ihm niemand im Speisesaal war, würde es für ihn leicht sein, wenn binnen kurzem der rätselhafte Mann allein hier auftauchte.

Aber halt! Während sich der Abgesandte der französischen Regierung mit einem befriedigten Lächeln umsah, vernahm er den friedlichen, monotonen Atem von einem der Gäste Lord Grenvilles, der zweifellos gut gespeist hatte und sich nun eines tiefen Schlafes erfreute. Chauvelin blickte sich noch einmal um. Dort in der unbeleuchteten Ecke des Raumes lehnte in einem Sofa mit offenem Mund und geschlossenen Augen der prächtig gekleidete, langbeinige Gatte der klügsten Frau Europas.

Ein Lächeln, das fast mitleidig war, milderte für den Bruchteil einer Sekunde die harten Linien im Gesicht des Franzosen. Ganz offensichtlich würde der Schläfer Chauvelins Pläne, Scarlet Pimpernel zu fangen, nicht durchkreuzen. Wieder rieb er sich die Hände und ließ sich, Sir Percy Blakeneys Beispiel folgend, ebenfalls in der Ecke eines anderen Sofas nieder, schloß die Augen, öffnete den Mund, gab Laute friedlichen Atmens von sich und ... wartete!

Zweifel

Marguerite Blakeney ging niedergeschlagen in dem kleinen Boudoir auf und ab. In ihren Gedanken beschwor sie den Auftritt herauf, der sich möglicherweise in diesem Augenblick unten abspielte. Der verlassene Speisesaal, die schicksalhafte Stunde – Chauvelin auf der Lauer! – und dann pünktlich auf die Sekunde das Eintreten eines Mannes, Scarlet Pimpernels ...

„Sie müssen mich für sehr unhöflich halten, Mylady“, erklärte plötzlich eine Stimme dicht neben ihr. „Ich bin einigen Schwierigkeiten begegnet, als ich Ihren Auftrag erfüllen wollte, denn anfänglich habe ich Blakeney überall vergeblich gesucht. Schließlich habe ich ihn aber gefunden, und er hat mir gesagt, er würde sofort anspannen lassen.“

Marguerite hatte ihren Mann und ihre Nachricht an ihn völlig vergessen. „Ach“, sagte sie, „Sie haben meinem Mann meine Nachricht überbracht?“

„Ja, er war unten im Speisesaal und schlief fest.“

„Ich danke Ihnen sehr“, antwortete sie mechanisch und versuchte dabei, ihre Gedanken zu sammeln.

„Würden Sie mir, Mylady, die Ehre bei diesem Contredanse geben, bis Ihre Kutsche vorfährt?“ fragte Lord Fancourt.

„Nein, ich danke Ihnen sehr, aber – und Sie werden es mir bitte verzeihen – ich bin wirklich zu müde.“

Dieses lange Warten war unerträglich. Warum kam Chauvelin nicht, um ihr vom Ergebnis seiner Beobachtungen zu berichten.

Lord Fancourt war sehr aufmerksam, aber sie hörte kaum, was er sagte, und erstaunte ihn durch ihre unvermittelte Frage: „Haben Sie gesehen, Lord Fancourt, wer sich außer Sir Percy Blakeney im Speisesaal befand?"

„Nur der Abgesandte der französischen Regierung, Monsieur Chauvelin, der ebenfalls in tiefem Schlaf in einer anderen Ecke saß", antwortete er.

„Haben Sie bemerkt, wie spät es war, als Sie dort waren?"

„Etwa fünf oder zehn Minuten nach eins."

War es ein Mißerfolg für Chauvelin gewesen? Einen Augenblick lang stieg diese Möglichkeit als eine Hoffnung in ihr auf – die Hoffnung, Scarlet Pimpernel sei von Sir Andrew gewarnt worden, und Chauvelin sei es nicht gelungen, den Vogel zu fangen! Aber – was würde dann aus Armand?

„Soll ich sehen, ob Ihre Kutsche vorgefahren ist, Mylady?" fragte schließlich Lord Fancourt.

„Ach, ich danke Ihnen ... ich danke Ihnen ... ich fürchte, daß ich eine schlechte Gesellschafterin bin."

Sie wünschte nichts mehr, als ihn loszuwerden, denn sie hoffte, daß Chauvelin irgendwo auf der Lauer lag, um ihr allein zu berichten. Aber auch als Lord Fancourt sich entfernt hatte, tauchte Chauvelin nicht auf. Sie fühlte, daß Armands Leben auf dem Spiel stand ... sie fürchtete – jetzt von tiefer Angst erfüllt –, daß Chauvelin tatsächlich gescheitert war, und wußte, daß sie von ihm kein Erbarmen zu erwarten hatte.

Nach einer Weile kam Lord Grenville selber, um ihr zu sagen, ihr Wagen sei vorgefahren und Sir Percy warte bereits auf sie. Der Minister verabschiedete sich oben an der Treppe von der schönen Lady Blakeney. Dabei erblickte sie plötzlich Chauvelin; langsam kam er die Treppe herauf und rieb sich die schmalen Hände. Ein seltsamer Ausdruck lag auf seinem lebhaften Gesicht, und als seine scharfen Augen denen Marguerites begegneten, wurden sie spöttisch.

„Monsieur Chauvelin", sagte sie, als er stehenblieb, „mein Wagen steht draußen; darf ich Sie um Ihren Arm bitten?"

Galant bot er ihr seinen Arm und führte sie durch das Gedränge der aufbrechenden Gäste hinunter.

„Chauvelin“, stieß sie schließlich verzweifelt hervor, „ich muß wissen, was geschehen ist.“

„Was geschehen ist, meine Liebe?“ erwiderte er mit geheuchelter Verwunderung. „Wo denn, wann denn?“

„Sie spannen mich auf die Folter, Chauvelin. Was ist vorhin um ein Uhr im Speisesaal geschehen?“

„Ruhe und Frieden herrschten unumschränkt, schöne Frau; zu dieser Stunde habe ich in einer Ecke eines Sofas geschlafen – Sir Percy Blakeney in einer anderen.“

„Und es ist überhaupt niemand in den Saal gekommen?“

„Niemand.“

„Dann war es also ein Fehlschlag für Sie und für mich?“

„Ja! Es war ein Fehlschlag – vielleicht.“

„Aber Armand?“

„Ach, Armand Saint-Justs Schicksal hängt an einem Faden ...“

„Chauvelin, ich habe für Sie gearbeitet... vergessen Sie nicht ...“

„Ich vergesse mein Versprechen nicht“, antwortete er ruhig. „An dem Tag, da ich mich mit Scarlet Pimpernel auf französischem Boden treffe, wird sich Saint-Just in den Armen seiner reizenden Schwester befinden. Bestimmt werden Sie ebenso wie ich hoffen, daß Scarlet Pimpernel heute nach Calais aufbricht.“

Am Fuß der Treppe wurde sie sofort umringt. Niemals trat Lady Blakeney aus einem Haus und bestieg ihren Wagen, ohne von einem Schwarm von Verehrern ihrer Schönheit umgeben zu sein. Aber bevor sie sich endgültig von Chauvelin abwandte, streckte sie ihm ihre schmale Hand hin. „Geben Sie mir ein wenig Hoffnung, mein kleiner Chauvelin“, bat sie.

Mit vollkommener Höflichkeit beugte er sich über die kleine Hand in dem schwarzen Spitzenhandschuh. „Beten Sie zum Himmel, daß der Faden nicht reißt“, sagte er mit rätselhaftem Lächeln. Damit trat er zur Seite und überließ sie ihren Bewunderern.

Richmond

Einige Minuten später saß sie, in weiche Pelze gehüllt, neben Sir Percy Blakeney auf dem Bock seines prächtigen Wagens. Die vier schönen Braunen donnerten die Straße entlang. Schon bald blieben die Häuser Londons hinter ihnen zurück. Diese nächtlichen Fahrten nach Bällen und Abendgesellschaften waren für Marguerite eine Quelle immer neuen Vergnügens, und sie schätzte die ausgefallene Laune ihres Mannes, sie in ihr schönes Haus am Fluß zurückzubringen, anstatt in einem stickigen Haus in London zu bleiben. Es war keine lange Fahrt – manchmal, wenn die Braunen ausgeruht waren und Sir Percy ihnen die Zügel locker ließ, sogar kürzer als eine Stunde. In dieser Nacht schien er Zauberkräfte in seinen Fingern zu haben, und der Wagen flog förmlich dahin.

Wie üblich sprach Sir Percy nicht mit ihr. Ein- oder zweimal sah Marguerite ihn verstohlen an. Im Mondschein wirkte sein Gesicht ungewöhnlich ernst und erinnerte Marguerite schmerzlich an jene frohen Tage der ersten Liebe, bevor er sich als dieser untätige Einfaltspinsel entpuppt hatte.

Jetzt aber konnte sie den Ausdruck seiner blauen Augen nicht erkennen; sie sah nur das feste Kinn sich scharf abzeichnen, einen Winkel des kraftvollen Mundes und die gut ausgebildete Stirn; wahrhaftig, die Natur hatte Sir Percy ihr ganzes Wohlwollen geschenkt; und seine Fehler waren alle bei seiner armen, halb verrückten Mutter zu suchen. Marguerite hatte plötzlich tiefes Mitleid mit ihrem Mann. Die schwere Krise, die sie gerade durchlebt hatte, machte sie den Fehlern, den Schwächen anderer gegenüber nachsichtiger. Hätte ihr jemand noch vor einer Woche gesagt, sie würde einen tapferen, ahnungslosen Mann den Händen eines erbarmungslosen Feindes überantworten, hätte sie nur voller Spott lachen können. Der Marquis de Saint-Cyr hatte durch ein gedankenloses Wort von ihr sterben müssen. Aber in jenem Fall war sie moralisch unschuldig gewesen. Diesmal jedoch hatte sie etwas getan, das ganz offensichtlich niederträchtig war, und als sie nun den kräftigen Arm ihres Mannes neben sich spürte, wurde ihr auch bewußt, wieviel mehr er sie noch verachten würde, wenn er von ihrem Tun in dieser Nacht erführe.

In ihre Gedanken vertieft, hatte Marguerite die Fahrt als allzu kurz empfunden; mit Enttäuschung wurde ihr plötzlich bewußt, daß die Braunen schon durch das imposante Tor ihrer Besitzung hindurchgefahren waren. Sir Percy Blakeneys Haus am Fluß lag inmitten wunderbar angelegter Gärten. Seine alten, jetzt vom Mond beschienenen Mauern aus der Tudorzeit waren hinter dem weiten Rasen ein malerisches Bild. Große, uralte Bäume warfen kühle Schatten, und in dieser frühherbstlichen Nacht sah der Garten besonders idyllisch und friedlich aus.

Sir Percy hatte die vier Braunen unmittelbar vor dem Eingang zum Stehen gebracht, und trotz der späten Stunde war plötzlich eine Schar von Lakaien aufgetaucht, als hätte die Erde sie ausgespien. Er sprang leichtfüßig ab und half dann Marguerite. Einen Augenblick blieb sie noch stehen, bevor sie um das Haus herumging, auf den Rasen hinaustrat und träumerisch in die silbrig glänzende Landschaft blickte. Sie hörte ganz schwach das Spiel der Wellen vom Fluß her und den Hufschlag der Pferde, als diese zu den Ställen geführt wurden. Das Haus lag in tiefer Stille da. In zwei Zimmerfluchten, gerade oberhalb der Empfangsräume, brannten noch immer die Lichter; dort lagen ihre und seine Gemächer, durch die ganze Breite des Hauses getrennt – so weit voneinander entfernt, wie sie sich im Leben voneinander entfernt hatten. Unwillkürlich seufzte sie auf. Niemals zuvor hatte sie sich so einsam gefühlt, niemals zuvor sich so sehr nach Trost und Mitleid gesehnt. Sie wandte sich dem Haus zu und fragte sich, ob sie nach einer solchen Nacht Schlaf würde finden können.

Bevor sie jedoch die Terrasse erreichte, hörte sie feste Schritte auf dem Kies; und schon tauchte die Gestalt ihres Mannes vor ihr auf. Er trug noch seinen Fahrmantel, hatte ihn jedoch weit über die Schultern zurückgeschlagen und seine Hände wie gewohnt in den tiefen Taschen seiner Seidenhose versenkt; das elegante, bronze- und cremefarbene Gewand wirkte gegen den dunklen Hintergrund des Hauses seltsam gespenstisch und unwirklich. Offenbar hatte er sie nicht bemerkt, denn nachdem er einen Augenblick verweilt hatte, wandte er sich und ging geradenwegs auf die Terrasse zu.

„Sir Percy!"

Bei ihrem Anruf fuhr er zusammen und spähte in die Schatten, aus denen sie ihn angerufen hatte. Eilig trat sie in den Mondschein hinaus, und er sagte sogleich mit vollkommener Höflichkeit: „Zu Ihren Diensten, Madame!" Aber er hatte einen Fuß bereits auf der untersten Terrassenstufe, und seine ganze Haltung deutete an, daß er gehen wollte und nicht das geringste Verlangen nach einer Unterredung hatte.

„Die Luft ist angenehm kühl", sagte sie, „und der Garten einladend. Möchten Sie nicht eine Weile hierbleiben? Oder ist Ihnen meine Gesellschaft so widerwärtig?"

„Nein, Madame", erwiderte er gelassen, „aber da ich nicht der richtige Begleiter für Sie bin, verbürge ich mich dafür, daß Sie die Nachtluft ohne meine Gesellschaft noch angenehmer finden werden."

„Ich versichere Ihnen, Sir Percy", entgegnete sie hastig, „daß Sie sich irren. Die Entfremdung, die leider zwischen uns getreten ist, läßt sich nicht auf mich zurückführen."

„Bei Gott, da müssen Sie mir verzeihen, Madame", entgegnete er kühl, „aber ich habe schon immer ein äußerst kurzes Gedächtnis gehabt."

Ihre Augen wurden sanft, als sie ganz dicht, bis an die unterste Stufe der Terrassentreppe, auf ihn zutrat. „Ihr Gedächtnis ist äußerst kurz, Sir Percy? Wie muß es sich verändert haben! Ist es drei oder vier Jahre her, daß Sie mich auf Ihrer Reise in den Orient für eine Stunde in Paris gesehen haben? Als Sie dann zwei Jahre später zurückkehrten, hatten Sie mich noch immer nicht vergessen."

Wie schön war sie, wie sie dort im Mondlicht stand, den Pelzumhang locker auf den Schultern und die leuchtend blauen Augen ihm zugewandt. Einen Augenblick lang stand er unbeweglich da, nur seine Hand, mit der er sich an die Steinbrüstung der Terrasse lehnte, ballte sich zur Faust.

„Sie haben mich um meine Anwesenheit gebeten, Madame", sagte er eisig. „Ich gehe davon aus, daß es sich dabei nicht darum handelte, sich zärtlichen Erinnerungen hinzugeben."

Seine Stimme war gewiß kalt und unverbindlich; seine Haltung unbeugsam. Die Ehre der Frau hätte es gefordert, daß Marguerite mit der gleichen Kälte geantwortet hätte, also ohne jedes weitere Wort und nur mit einem kurzen Kopfnicken an ihm vorbeigeeilt wäre; aber ihr weiblicher Instinkt riet ihr, zu bleiben. Sie streckte die Hand nach ihm aus. Der große Mann neigte sich leicht vor, ergriff die äußersten Fingerspitzen und küßte sie nach höfischer Sitte.

„Ist es denn möglich, daß Liebe sterben kann?" rief sie mit jäher, unbeherrschter Heftigkeit. „Ich hatte gedacht, daß die Leidenschaft, die Sie für mich empfanden, ein Menschenleben lang dauern würde. Ist denn von dieser Liebe nichts mehr übrig, Percy... was helfen könnte... unsere traurige Entfremdung zu überbrücken?"

Während sie so zu ihm sprach, schien seine mächtige Gestalt noch mehr zu erstarren; der kräftige Mund verhärtete sich, und der Ausdruck seiner für gewöhnlich so gelangweilten blauen Augen wurde unbarmherzig abweisend. „Zu welchem Zweck, wenn ich fragen darf, Madame?" fragte er, und sein Ton war sehr bitter. „Mein träger Geist ist nicht imstande, die Ursachen der neuen Laune von Mylady zu begreifen. Wollen Sie mich wieder als liebeskranken Bittsteller zu Ihren Füßen sehen, damit Sie wie im vergangenen Jahr das Vergnügen haben, mich wie einen lästigen Schoßhund zur Seite zu stoßen?"

„Percy! Ich beschwöre Sie!" sagte sie, und ein Anflug von Zärtlichkeit klang in ihrer Stimme auf. „O ja, ich war eitel und leichtsinnig, Ihr Reichtum und Ihre Stellung lockten mich: Ich habe Sie in der Hoffnung geheiratet, daß Ihre große Liebe zu mir auch in mir Liebe wecken würde... aber leider...!"

Der Mond war tief hinter einer Wolkenwand versunken. Im Osten begann sanftes, graues Licht die Nacht zu verdrängen.

„Vierundzwanzig Stunden nach unserer Heirat, Madame, mußten der Marquis de Saint-Cyr und seine Familie auf der Guillotine ihr Leben lassen, und das allgemein verbreitete Gerücht drang bis zu mir, daß die Frau von Sir Percy Blakeney ihnen auf den Weg dorthin verholfen hat."

„Nein! Ich selber habe Ihnen berichtet, was an dieser entsetzlichen Geschichte wahr ist."

„Aber erst nachdem sie mir von Fremden erzählt worden war."

„Und ihnen glaubten Sie sofort", rief sie heftig, „ohne Beweise zu verlangen, ohne Fragen zu stellen – Sie glaubten, daß ich, die Sie mehr als ihr eigenes Leben zu lieben geschworen hatten, etwas so Niederträchtiges zu tun imstande wäre, wie diese *Fremden* Ihnen berichteten. Sie glaubten, ich hätte die Absicht gehabt, Ihnen die ganze Sache vorzuenthalten – und waren der Meinung, ich hätte, bevor ich Sie heiratete, mit Ihnen darüber sprechen sollen. Ich hätte Ihnen berichten können, daß ich bis zum Morgen unserer Hochzeit jede Verbindung, die ich besaß, spielen ließ, um Saint-Cyr und seine Familie zu retten. Jedoch versiegelte der Stolz meine Lippen, als Ihre Liebe zu sterben schien."

Ihre Stimme erstickte in Tränen. Sie hielt ein paar Augenblicke inne und versuchte ihre Fassung ein wenig zurückzugewinnen. Sie sah ihn flehend an, fast als sei er ihr Richter. Er hatte sie reden lassen, ohne eine Bemerkung zu machen, ohne ein Wort des Mitgefühls zu äußern. Das gutmütige Gesicht sah seltsam verändert aus, und Marguerite erkannte, so erregt sie auch war, daß ein Ausdruck tiefer Leidenschaft unter seinen schweren Lidern lag.

Blitzartig wurde ihr bewußt, daß sie sich während der vergangenen Monate geirrt hatte: Dieser Mann, der dort vor ihr stand, liebte sie genauso, wie er sie noch vor einem Jahr geliebt hatte; diese Leidenschaft mochte geschlummert haben, aber sie war noch ebenso stark, intensiv und überwältigend wie damals, als ihre Lippen den seinen zum erstenmal begegnet waren. Der Stolz hatte ihn von ihr ferngehalten, und als Frau wollte sie diese Liebe, die ihr einst gehört hatte, zurückgewinnen. Plötzlich glaubte sie, es könne im Leben nur noch ein einziges Glück für sie geben: noch einmal den Kuß dieses Mannes auf ihren Lippen zu spüren.

„Hören Sie sich meine Geschichte an, Sir Percy", sagte sie, und ihre Stimme klang jetzt leise und zärtlich, als sie ihm von ihrer Anhänglichkeit an Armand erzählte und davon, wie sie gelitten habe, als der vom Marquis de Saint-Cyr so gedemütigt worden war. „Als sich mir dann die Möglichkeit zur Rache bot", fuhr sie fort, „griff ich zu. Jedoch hatte ich nur die Absicht, diesen stolzen Marquis zu erniedrigen. Er hatte sich gegen sein eigenes Land verschworen. Durch Zufall erfuhr ich davon; ich sprach von der Sache, aber wie hätte ich ahnen können, wie alles ausgehen würde! Als mir klar wurde, was ich getan hatte, war es zu spät."

„Es ist ein wenig schwierig, Madame", sagte Sir Percy nach einem Augenblick des Schweigens, „die Vergangenheit wieder auferstehen zu lassen. Ich habe Ihnen gestanden, daß ich nur ein kurzes Gedächtnis habe, aber ganz sicher ist mir in Erinnerung geblieben, wie ich Sie zu der Zeit, als der Marquis starb, um eine Erklärung für diese Gerüchte gebeten habe. Ich meine, daß Sie mir damals *jede* Erklärung verweigerten und von meiner Liebe demütigenden Gehorsam verlangten, den zu leisten ich mich weigerte."

„Ich wollte Ihre Liebe zu mir auf die Probe stellen."

„Und um diese Liebe zu beweisen, verlangten Sie von mir, meine Ehre zu verscherzen. Ich sollte ohne Widerrede und ohne jede Frage jede Handlung meiner Herrin gutheißen. Mein Herz war erfüllt von Liebe und Leidenschaft, hätten Sie auch nur ein Wort gesagt – jede Erklärung, die von Ihnen kam, hätte ich blindlings geglaubt."

Sie brauchte sich jetzt nicht darüber zu beklagen, daß er kalt und gleichgültig sei; seine Stimme zitterte unter dem Ansturm einer Leidenschaft, die er nur mühsam beherrschen konnte.

„Ach! Dieser törichte Stolz!" sagte sie traurig. „Ich habe es bald bereut, aber da waren Sie schon verändert, da trugen Sie bereits diese Maske schläfriger Gleichgültigkeit, die Sie seitdem nicht mehr abgelegt haben, bis ... bis jetzt."

Sie war ihm nun so nah, daß ihr weiches, lockeres Haar im Wind seine Wange berührte, ihre Augen, in denen Tränen schimmerten, verwirrten ihn, und der Klang ihrer Stimme ließ sein Herz klopfen. Aber er wollte dem Zauber dieser Frau, die er so heiß geliebt und unter deren Händen sein Stolz so schmerzlich gelitten hatte, nicht erliegen. Er schloß die Augen, um dieses liebliche Gesicht nicht sehen zu müssen, und auch nicht diese schlanke Gestalt, die das schwache Licht des Morgengrauens zu umspielen begann.

„Nein, Madame, das ist keine Maske", erklärte er mit eisiger Stimme. „Ich habe Ihnen einmal geschworen, daß mein Leben Ihnen gehöre. Seit Monaten ist es nun Ihr Spielzeug ... es hat damit seinen Zweck erfüllt."

Jetzt aber wußte sie, daß gerade diese Kälte nichts weiter war als eine Maske. All die Unruhe, all das Leid, die sie in der vergangenen Nacht durchgemacht hatte, kamen ihr wieder zum Bewußtsein, nun aber von dem Gefühl begleitet, daß dieser Mann sie liebte und ihr helfen würde, die Last zu tragen. „Sir Percy, Sie haben vorhin von meiner neuen Laune gesprochen, nun ja, wenn Sie wollen, können wir es dabei lassen. Ich hatte mit Ihnen sprechen wollen ... weil ... weil ich in Schwierigkeiten bin ..."

„Bitte, Madame", erwiderte er, wobei seine Stimme ebenso zu zittern schien wie die ihre, „wie kann ich Ihnen dienen?"

„Percy! Armand befindet sich in tödlicher Gefahr. Ein Brief von ihm ... unüberlegt, ungestüm und an Sir Andrew Ffoulkes gerichtet, ist in die Hände eines Fanatikers gefallen. Armand ist hoffnungslos kompromittiert ... Vielleicht wird er morgen verhaftet ... danach die Guillotine ... falls nicht ... Es ist furchtbar ... und ich habe niemand, an den ich mich um Hilfe wenden könnte ... oder auch nur um Mitgefühl ..." Ihre ganze Unruhe, ihre Kämpfe und die entsetzliche Ungewißheit über Armands Schicksal überwältigten sie. Sie taumelte, und an das steinerne Geländer gelehnt, verbarg sie ihr Gesicht in den Händen und weinte bitterlich.

Als Armand Saint-Justs Name und die Gefahr, in der er stand, erwähnt wurden, war Sir Percys Gesicht um eine Schattierung bleicher geworden, und der Ausdruck hartnäckiger Entschlossenheit zeichnete sich stärker als jemals zuvor ab. Aber er sagte eine Weile gar nichts, sondern beobachtete sie nur, während sie von Schluchzen geschüttelt wurde.

„Und so beißt nun", erklärte er sarkastisch, „der blutrünstige Hund der Revolution in die gleichen Hände, die ihn gefüttert haben ...? Bei Gott, Madame", fügte er beschwichtigend hinzu, als Marguerite weiterhin schluchzte, „wollen Sie nicht Ihre Tränen trocknen? Ich habe es noch niemals ertragen können, eine schöne Frau weinen zu sehen, und ich ..."

Instinktiv streckte er die Arme aus, und im nächsten Augenblick hätte er sie fast ergriffen und an sich gezogen, um sie mit seinem eigenen Leben vor jedem Unheil zu bewahren ... Aber wieder einmal gewann der Stolz in ihm die Oberhand; mit ungeheurer Willensanstrengung riß er sich zurück und sagte: „Wollen Sie mir nicht anvertrauen, in welcher Weise mir die Ehre zuteil werden könnte, Ihnen zu dienen?"

Sie versuchte sich zu beherrschen, wandte ihm ihr tränenüberströmtes Gesicht zu und hielt ihm nochmals die Hand hin, die er mit der gleichen pflichtbewußten Galanterie küßte. Aber Marguerites Finger verweilten diesmal ein paar Sekunden länger als nötig in seiner Hand, weil sie fühlte, wie die spürbar zitterte und glühend heiß war, während sich seine Lippen kalt anfühlten.

„Können Sie nicht etwas für Armand tun?" bat sie flehend. „Sie haben bei Hof so großen Einfluß ... Sie haben dort so viele Freunde ..."

„Nein, Madame, wäre es nicht richtiger, wenn Sie sich den Einfluß Ihres französischen Freundes, Monsieur Chauvelin, zunutze machten? Der reicht, wenn ich mich nicht irre, bis zur republikanischen Regierung Frankreichs!"

„Ihn kann ich nicht bitten, Percy. Ach, wenn ich nur wagte, es Ihnen zu sagen ... aber ... aber ... er hat einen Preis für den Kopf meines Bruders verlangt, der ..."

Sie hätte alles in der Welt dafür gegeben, wenn sie den Mut aufgebracht hätte, ihm nun alles zu gestehen ... wie sie in dieser Nacht gelitten hatte und wie sie dem Zwang erlegen war. Aber Marguerite wagte es nicht, nicht jetzt, wo sie gerade wieder zu fühlen begann, daß er sie noch liebte. Es war möglich, daß er keinerlei Verständnis für ihre inneren Kämpfe aufbrachte.

Vielleicht erriet er, was ihr durch den Kopf ging. Und er wünschte sich sehnsüchtig jenes Vertrauen, das ihr törichter Stolz ihm vorenthielt. Als sie schwieg, seufzte er und sagte: „Also, Madame, da es Sie so bekümmert, wollen wir nicht davon reden ... Was nun Armand betrifft, bitte ich Sie, sich nicht zu ängstigen. Ich gebe Ihnen mein Wort, daß ihm nichts geschehen wird. Darf ich mich jetzt mit Ihrer Erlaubnis zurückziehen? Es wird immer später."

„Darf ich Ihnen wenigstens danken?“ fragte sie zärtlich.

„Das wäre verfrüht, Madame!“ erwiderte er ruhig. „Ich habe bis jetzt noch nichts getan. Es ist spät, und Sie müssen müde sein.“

Er trat zur Seite, um sie vorbeigehen zu lassen. Sie seufzte enttäuscht auf. Der Stolz hatte gesiegt, er stand zwischen ihnen als mächtige Schranke, und keiner war bereit, sie als erster niederzureißen. Er verneigte sich vor ihr, als sie ging.

Die lange Schleppe ihres Kleides fegte die welken Blätter von den Stufen, während sie zur Terrasse hinaufstieg. Die Morgenröte ließ die Rubine in ihrem Haar und auf ihren Armen auffunkeln. Vor den hohen Glastüren blieb sie noch einmal stehen, um ihn anzusehen. Entgegen aller Erwartung hoffte sie noch immer, er würde sie zurückrufen. Aber seine mächtige Gestalt war die Personifizierung unbeugsamen Stolzes. Wieder stiegen ihr Tränen in die Augen, sie wandte sich rasch ab, trat ins Haus und lief, so schnell sie konnte, zu ihren Gemächern hinauf.

Hätte sie sich nur noch einmal umgewandt, hätte sie etwas gesehen, das ihr geholfen hätte, ihre Leiden leichter zu ertragen. Endlich war der Stolz gewichen; er war nur noch ein grenzenlos, blind und leidenschaftlich verliebter Mann, und sobald ihre leichten Schritte im Innern des Hauses verklungen waren, kniete er auf den Stufen nieder und küßte alle die Stellen, auf die ihr kleiner Fuß getreten war, und das steinerne Geländer, auf dem ihre schmale Hand zuletzt geruht hatte.

Abschied

Als Marguerite in ihr Zimmer kam, erwartete ihre Zofe sie besorgt. „Mylady werden sehr müde sein“, sagte sie, und dabei fielen ihr selber die Augen fast zu. „Es ist nach fünf.“

„Ja, Louise, ich werde wohl nachher sehr müde sein“, antwortete Marguerite freundlich, „aber du bist es jetzt, gehe also sofort schlafen. Gib mir einen Schal und laß mich dann allein.“

Louise gehorchte ihr nur zu gern. Als sie gegangen war, zog Marguerite die Vorhänge zurück und stieß die Fenster auf. Der Garten und der Fluß, der unten vorbeifloß, waren vom ersten Licht des Morgens erfüllt. Der Rasen lag verlassen da, und Marguerite blickte auf die Terrasse hinunter, auf der sie vor wenigen Augenblicken versucht hatte, die Liebe eines Mannes zurückzugewinnen, die ihr einmal uneingeschränkt gehört hatte.

Wie seltsam das alles war! Sie liebte ihn. Wenn sie jetzt auf die letzten Monate der Mißverständnisse und der Einsamkeit zurückblickte, wurde ihr bewußt, daß sie ihn immer geliebt hatte; tief in ihrem Herzen hatte sie stets undeutlich gespürt, daß seine Torheiten und seine träge Gleichgültigkeit nichts weiter als eine Maske waren, hinter der sich der wahre Percy, kräftig und gefühlsstark, verbarg. Sie war entschlossen, jenes eigensinnige Herz zurückzuerobern; denn soviel stand fest: Für sie war ohne die Liebe dieses Mannes kein Glück mehr möglich.

Von ihren Gedanken und Empfindungen völlig in Anspruch genommen, hatte sie die Zeit verstreichen lassen und war dann in einen unruhigen Schlaf gesunken, als sie plötzlich durch eilige Schritte vor ihrer Tür aus Traum und Nachdenken gerissen wurde. Sie sprang auf und lauschte: Im Haus war es so still wie immer zu dieser Zeit; die Schritte hatten sich wieder entfernt. Durch ihre weit geöffneten Fenster flutete die Morgensonne herein und erfüllte den Raum mit Licht. Sie blickte zur Uhr, es war inzwischen halb sieben. Auf Zehenspitzen ging Marguerite durch das Zimmer und öffnete die Tür, um zu horchen. Kein Laut mehr – aber zu ihren Füßen sah sie etwas Weißes liegen, einen Brief. Ganz bestimmt hatte er, als sie heraufgekommen war, noch nicht dort gelegen.

Sie bückte sich, um ihn aufzuheben, und bemerkte grenzenlos verwundert, daß der Brief in der großen, geschäftsmäßig wirkenden Handschrift ihres Mannes an sie adressiert war. Sie riß den Umschlag auf und las:

Ein höchst unvorhergesehener Umstand zwingt mich, sofort nach Norden abzureisen. Ich bitte also Mylady um Verzeihung, daß ich nicht mehr die Ehre habe, mich von Ihnen zu verabschieden. Meine Geschäfte werden mich etwa eine Woche in Anspruch nehmen, so daß ich nicht das Vergnügen haben werde, am Wasserfest, das Mylady am Dienstag gibt, zugegen zu sein. Ich verbleibe, Mylady, als Ihr untertänigster und gehorsamster Diener Percy Blakeney

Marguerite mußte die wenigen Zeilen mehrmals lesen, bevor sie ihren Sinn völlig begriff. Eine Ahnung erfüllte sie, die sie nicht hätte erklären können.

Sir Percy hatte große Besitzungen im Norden, und schon oft war er allein hingefahren und eine Woche weggeblieben; aber es erschien ihr seltsam, daß sich zwischen fünf und sechs Uhr morgens Dinge ereignet haben sollten, die ihn gezwungen hätten, so überstürzt aufzubrechen. Ein unbeherrschbares Verlangen ergriff sie, ihren Mann noch einmal zu sehen, falls er nicht bereits aufgebrochen sein sollte. Sie eilte die Treppen hinab und durch die Eingangshalle zur Tür, die noch verriegelt war. Sie meinte, von draußen her das Scharren von Hufen zu hören. Mit flatternden Händen zog Marguerite einen der schweren und klemmenden Riegel nach dem anderen zurück, bis sie schließlich die Tür aufstoßen konnte.

Ihre Ohren hatten sie nicht getäuscht. Ein Stallbursche hielt zwei Pferde; das eine, Sultan, Sir Percys liebstes und schnellstes Pferd, war für eine Reise gesattelt. Im nächsten Augenblick kam um die Ecke des Hauses Sir Percy selber und ging rasch auf die Pferde zu. Er hatte sich umgezogen und trug eine wie üblich tadellos sitzende Jacke aus feinstem Tuch, hohe Lederstiefel und Reithosen.

Marguerite trat ein paar Schritte vor. Er sah auf und erblickte sie. Auf seiner Stirn erschien zwischen den Augen eine Falte.

„Sie verreisen?“ rief sie schnell. „Wohin?“

„Wie ich bereits die Ehre hatte, Mylady mitzuteilen, rufen mich heute früh unerwartete, dringende Geschäfte nach Norden“, antwortete er mit seiner wie gewöhnlich kühlen, näselnden Stimme.

„Aber ... Ihre Gäste morgen ... diese Angelegenheiten können doch nicht so dringend sein ... und Sie haben bis jetzt nichts davon erwähnt!“

„Meine Angelegenheiten, Madame, sind ebenso unerwartet wie dringend ... Darf ich daher um Ihre Erlaubnis bitten, jetzt aufzubrechen?“ Er versuchte rasch wegzukommen, während sie sich bemühte, ihn noch zurückzuhalten.

„Percy“, sagte sie, „wollen Sie mir nicht sagen, warum Sie

heute verreisen? Sie sind *nicht* auf Ihre Besitzungen gerufen worden. Das weiß ich. Bevor wir gestern zur Oper aufbrachen, waren keine Kuriere von dort gekommen, und als wir vom Ball zurückkehrten, erwartete Sie keinerlei Nachricht. Dahinter verbirgt sich ein Geheimnis und ..."

„Nein, keinerlei Geheimnis, Madame", erwiderte er mit einem Anflug von Ungeduld. „Meine Angelegenheiten haben etwas mit Armand zu tun. Wie Sie sagten, besitze ich einigen Einfluß, ich habe die Absicht, mich seiner zu bedienen, bevor es zu spät ist. Habe ich jetzt Ihre Genehmigung, aufbrechen zu dürfen?"

„Erlauben Sie mir wenigstens, Ihnen zu danken?"

„Nein, Madame", erwiderte er kühl. „Mein Leben steht in Ihren Diensten, und ich bin bereits mehr als belohnt."

„Und das meine gehört Ihnen, Sir Percy, wenn Sie es nur als Dank für das, was Sie für Armand tun, annehmen wollten", rief sie, als sie ihm impulsiv beide Hände entgegenstreckte. „Ich will Sie nicht länger zurückhalten ... aber meine Gedanken begleiten Sie. Leben Sie wohl!"

Wie reizend sie mit ihrem leuchtenden Haar, das ihr über die Schultern herabfiel, im morgendlichen Sonnenlicht aussah! Er verneigte sich tief und küßte ihre Hand.

„Sie werden daran denken?" fragte sie zärtlich.

„Ich werde immer daran denken, Madame, da es für mich eine Ehre ist, daß Sie meine Dienste in Anspruch nahmen."

Seine Worte waren kühl und formell, aber diesmal ließ sie sich nicht zurückstoßen. Sie fühlte, daß hinter der gleichgültigen Maske, die sein Stolz ihn noch immer zu tragen zwang, etwas anderes verborgen lag.

Wieder verneigte er sich vor ihr und schwang sich dann auf Sultans Rücken. Als er zum Tor hinausgaloppierte, winkte sie ihm nach. Eine Straßenbiegung entzog ihn bald ihren Blicken. Mit einem Seufzer, der fast beglückt klang, wandte sich Marguerite um und ging ins Haus. Sie war jetzt ganz beruhigt, denn nun würde alles gut werden: Sie würde ihren eigenen Stolz unterdrücken, ihm alles sagen und ihm in allem vertrauen.

Vor Chauvelin hatte sie keine Furcht mehr. Es war ihm nicht gelungen, festzustellen, wer Scarlet Pimpernel war, dessen war

sie ganz sicher. Um ein Uhr war niemand außer dem Franzosen und Percy im Speisesaal gewesen. Der unbekannte tapfere Held würde nicht in Chauvelins Falle gehen. Gewiß war Armand noch immer in Gefahr, aber Percy hatte sein Wort gegeben, daß ihm nichts geschehen würde. Als Marguerite ihren Mann davonreiten sah, war ihr die Möglichkeit, sein Unternehmen könne von Mißerfolg begleitet sein, nicht im entferntesten in den Sinn gekommen. Sie ging endlich zu Bett und fiel bald wie ein müdes Kind in einen friedlichen, traumlosen Schlaf.

Als Marguerite aufwachte, war der Tag schon weit fortgeschritten. Louise hatte ihr etwas frische Milch und eine Schale mit Obst gebracht. Während sie ihre Trauben aß, drängten sich die Gedanken in ihrem Kopf; die meisten jagten hinter der großen, aufrechten Gestalt ihres Mannes her. Als Antwort auf ihre stürmischen Fragen brachte ihr Louise die Nachricht, der Stallbursche sei mit Sultan zurückgekehrt, nachdem er Sir Percy nach London begleitet habe. Der Stallbursche meine, sein Herr sei im Begriff, an Bord seines Schoners zu gehen, der unterhalb von London Bridge vertäut liege.

Diese Nachricht verwunderte Marguerite ganz besonders. Wohin konnte sich Sir Percy gerade jetzt auf der *Tagtraum* begeben? Die Sache habe mit Armand zu tun, hatte er gesagt. Sir Percy besaß überall einflußreiche Freunde. Vielleicht segelte er nach Greenwich oder... Aber Marguerite gab es auf, Mutmaßungen anzustellen; alles würde sich bald aufklären.

Ein erholsamer Tag lag vor ihr. Sie erwartete den Besuch von Suzanne de Tournay. Ein bißchen boshaft hatte Marguerite in der vergangenen Nacht in Gegenwart des Prinzen von Wales der Gräfin ihre Bitte vorgetragen, Suzanne zu ihr zu schicken. Seine Königliche Hoheit hatte diesem Plan lebhaft zugestimmt und erklärt, er werde sich das Vergnügen nicht nehmen lassen, die beiden Damen im Lauf des Nachmittags zu besuchen. Die Gräfin hatte es nicht gewagt abzulehnen. Marguerite sehnte sich nach einer Plauderei über alte Schulzeiten; sie fühlte, daß ihr im Augenblick Suzannes Gesellschaft am liebsten war. Aber Suzanne war noch nicht gekommen, und Marguerite war nun im Begriff, nach unten zu gehen.

Sie blieb einen Augenblick oben an der schönen Eichentreppe stehen. Zu ihrer Linken lag die Zimmerflucht ihres Mannes, die sie so gut wie nie betrat. Es waren ein Schlafzimmer, ein Ankleide- und ein Empfangszimmer und schließlich ein kleines Arbeitszimmer, das, wenn Sir Percy es nicht benutzte, stets abgeschlossen war. Sein zuverlässiger Kammerdiener Frank hatte diesen Raum zu betreuen. Niemand durfte ihn jemals betreten. Marguerite hatte sich oft über die Geheimnistuerei, die sein privates Arbeitszimmer umgab, lustig gemacht. Lachend hatte sie erklärt, daß ein bequemer Armsessel für Sir Percys süßen Schlummer ohne Zweifel das charakteristischste Möbelstück sei.

An diesem klaren Oktobermorgen war Frank offensichtlich in den Zimmern seines Herrn beschäftigt, denn die meisten Türen standen offen – auch die des Arbeitszimmers. Eine brennende Neugier, in Sir Percys Allerheiligstes einen Blick zu werfen, packte Marguerite. Sie hoffte, der Kammerdiener sei gerade in den anderen Zimmern beschäftigt.

Auf Zehenspitzen durchquerte sie die Diele und blieb, wie Blaubarts Frau vor Erregung und Spannung ein wenig zitternd, einen Augenblick auf der Schwelle stehen. Die Tür stand angelehnt, zögernd stieß sie sie auf; alles blieb still. Frank war also nicht dort, und sie trat kühn ein. Sofort fiel ihr die strenge Einfachheit der Einrichtung auf: die dunklen, schweren Vorhänge, die massiven Eichenmöbel, die Karten an der Wand erinnerten in keiner Weise an den stutzerhaften Modekönig, als der Sir Percy Blakeney seiner Umwelt bekannt war. Dem Fenster gegenüber und ziemlich in der Mitte des Zimmers stand ein sehr geschäftsmäßig wirkender Schreibtisch. Links davon hing das lebensgroße Porträt einer Frau, das eine ausgezeichnete Arbeit und von Boucher signiert war. Es war Percys Mutter. Sie mußte eine sehr schöne Frau gewesen sein, und Marguerite überraschte die ungewöhnliche Ähnlichkeit zwischen Mutter und Sohn. Die gleiche breite Stirn, von dichtem, seidigem blonden Haar gekrönt; die gleichen tiefliegenden, ein wenig müden blauen Augen, in denen die gleiche verborgene Leidenschaft lag, die auch in Percys Gesicht vor seiner Ehe immer wieder aufgeleuchtet war und die Marguerite in der Morgendämmerung dieses Tages erneut bemerkt hatte.

Marguerite betrachtete forschend das Porträt und wandte sich dann dem Schreibtisch zu. Er war mit einer Fülle von Papieren bedeckt, es schienen Rechnungen und Quittungen zu sein, die alle ordentlich verschnürt und beschriftet waren. Seitdem sie dieses wohlaufgeräumte Zimmer betreten hatte, war sie so überrascht, daß dieser Beweis für die geschäftlichen Fähigkeiten ihres Mannes sie nur noch flüchtig erstaunen konnte. Es bestärkte sie jedoch in ihrer neugewonnenen Einsicht, daß seine Torheiten, sein stutzerhaftes Auftreten und sein albernes Gerede nicht nur eine Maske waren, sondern daß er auch ganz bewußt eine einstudierte Rolle spielte. Warum hatte er – doch offenbar ein ernster Mensch – den Wunsch, seinen Mitmenschen als Einfaltspinsel zu erscheinen? Vielleicht wollte er seine Liebe zu einer Frau verbergen, die ihn verachtete, aber ganz gewiß hätte sich ein solches Ziel doch mit geringeren Opfern erreichen lassen.

Eine namenlose Furcht bemächtigte sich ihrer. Mit Ausnahme des schönen Porträts von Boucher hingen keine Bilder an den Wänden, nur zwei Karten, die eine von der Nordküste Frankreichs und die andere von der Umgebung von Paris. Sie fragte sich, wozu Sir Percy diese wohl brauchte. Ihr Kopf begann zu schmerzen. Sie wollte dieses sonderbare Zimmer wieder verlassen. Sie wollte nicht, daß Frank sie dort anträfe, und wandte sich zur Tür. Dabei stieß ihr Fuß gegen einen kleinen Gegenstand, der neben dem Schreibtisch gelegen hatte und nun durch das Zimmer rollte. Sie hob ihn auf. Es war ein schwerer Siegelring, auf dem ein Wappenschild eingraviert war. Marguerite drehte ihn zwischen ihren Fingern und betrachtete das Wappen. Es stellte eine sternförmige Blume dar, die sie schon zweimal deutlich gesehen hatte: in der Oper und auf Lord Grenvilles Ball.

Scarlet Pimpernel

Wann genau der Zweifel Marguerite zum erstenmal gekommen war, konnte sie selber später nicht sagen. Den Ring fest mit der Hand umschließend, war sie aus dem Zimmer hinaus, die Treppe hinunter und in den Garten gelaufen, wo sie in völliger Einsamkeit den Ring genauer betrachten konnte.

Sie saß nun im Schatten eines Bergahorns und sah das einfache Wappenschild an, auf dem die kleine sternförmige Blume eingraviert war. Es war lächerlich! Hatten sich nicht viele in letzter Zeit den Spaß gemacht, sich mit diesem Symbol des geheimnisvollen Scarlet Pimpernel zu schmücken? Trug sie es nicht selber als Schmuck im Haar? Was war Besonderes daran, daß Sir Percy dieses Symbol für einen Siegelring gebrauchte? Welche Verbindung sollte es zwischen ihrem eleganten, stutzerhaften Mann und dem kühnen Verschwörer geben, der Franzosen unmittelbar vor den Augen der Führer einer blutrünstigen Revolution errettete?

Ihre Gedanken jagten sich. Sie sah nicht mehr, was um sie her vorging, und schrak zusammen, als eine frische junge Stimme ihren Namen rief.

„*Chérie – chérie!*" Suzanne kam mit vor Fröhlichkeit funkelnden Augen über den Rasen auf sie zugelaufen. Ihre braunen Haare wehten in der sanften Brise. „Man hat mir gesagt, du seist im Garten", sagte sie munter und warf sich dabei in Marguerites Arme, „so bin ich hinausgelaufen, um dich zu überraschen."

Marguerite, die den Ring hastig in den Falten ihres Busentuches verborgen hatte, bemühte sich, so fröhlich und unbekümmert zu wirken wie nur möglich. „Wie schön, dich einen ganzen Tag für mich allein zu haben. Du wirst dich doch nicht langweilen?"

„Langweilen! Marguerite, wie kannst du etwas so Böses sagen! Wieso denn? Als wir noch in dem lieben alten Kloster zusammen waren, freuten wir uns immer, wenn wir allein bleiben durften."

„Um uns gegenseitig unsere Geheimnisse zu erzählen."

Sie hatten sich eingehakt und wanderten im Garten umher.

„Wie schön du wohnst, Marguerite", rief Suzanne begeistert, „und wie glücklich du sein mußt!"

„Ach ja, ich sollte wohl glücklich sein, nicht wahr?" antwortete Marguerite mit einem sehnsüchtigen Seufzen.

„Wie traurig das klingt, Chérie... Aber jetzt, wo du verheiratet bist, wird dir wohl nichts mehr daran liegen, deine Geheimnisse mit mir auszutauschen."

„Jetzt hast du ein ganz besonders wichtiges Geheimnis, nicht wahr?“ rief Marguerite, „nein, du brauchst nicht rot zu werden! Er ist ein aufrichtiger, treuer Mann, einer, auf den man als Geliebten stolz sein kann und ... und als Gatten.“

„Es macht mich sehr stolz, dich so von ihm sprechen zu hören“, antwortete Suzanne leise. „Aber selbstverständlich ist, so lange Papa nicht in Sicherheit ist, an nichts weiter zu denken ...“

Marguerite schrak zusammen. Suzannes Vater! Der Graf de Tournay! Er war einer von denen, dessen Leben auf dem Spiel stand, falls es Chauvelin gelang, festzustellen, wer Scarlet Pimpernel wirklich war. Während Suzanne weiterplauderte, kehrte Marguerite in ihren Gedanken zu den Ereignissen der vergangenen Nacht zurück. Sie dachte an Armands Gefährdung, an Chauvelins Drohung und an ihr eigenes Vorgehen. Seitdem hatte sie von Chauvelin nichts mehr gehört. Sie hatte daraus geschlossen, daß er erfolglos geblieben war, und sich sogar um Armand keine Sorgen mehr gemacht, weil ihr Mann versprochen hatte, daß ihrem Bruder nichts zustoßen würde.

Plötzlich aber beschlich sie das Entsetzen darüber, was sie getan hatte. Sie erinnerte sich wieder daran, wie spöttisch und boshaft er ausgesehen hatte, als er sich nach dem Ball von ihr verabschiedete. Hatte er da bereits seine Pläne ausgearbeitet, um den kühnen Gegner in Frankreich auf frischer Tat zu ertappen und ihn unverzüglich auf die Guillotine zu schicken? Marguerites Hand umklammerte krampfhaft den Ring in ihrem Busentuch.

„Du hörst mir gar nicht richtig zu, Chérie“, rief Suzanne vorwurfsvoll.

„Doch, doch, ich höre dir zu“, versicherte ihr Marguerite und zwang sich zu einem Lächeln. „Dein Glück macht auch mich glücklich. Du brauchst nichts zu befürchten, es wird uns schon gelingen, deine Mutter günstig zu stimmen. Aber jetzt erzähl mir, wie lauten die letzten Nachrichten über deinen Vater?“

„Wir haben die allerbesten Nachrichten!“ rief Suzanne erfreut. „Lord Hastings hat heute Mama in aller Frühe aufgesucht und berichtet, daß wir ihn in weniger als vier Tagen hier in England erwarten können.“

„Wie schön", antwortete Marguerite, deren Augen sich wie im Fieber an Suzannes Lippen hefteten, als diese fortfuhr.

„Scarlet Pimpernel ist selbst unterwegs, um Papa zu retten. Heute morgen noch war er in London; morgen vielleicht wird er in Calais sein, wo er mit Papa zusammentreffen wird... und dann..."

Das war der Schlag, den sie erwartet hatte, obwohl sie während der letzten halben Stunde versucht hatte, sich selber zu täuschen. Er war nach Calais aufgebrochen, war heute früh in London gewesen... er... Scarlet Pimpernel... Percy Blakeney... ihr Mann... den sie gestern nacht an Chauvelin verraten hatte. Wie hatte sie nur so blind sein können! Jetzt wurde ihr plötzlich alles klar: die Rolle, die er spielte, um allen Sand in die Augen zu streuen, während er sein Leben für einige Unschuldige aufs Spiel setzte. Und das alles aus Uneigennützigkeit und Lust an der Gefahr.

Vielleicht hatte er, als sie heirateten, beabsichtigt, ihr von dieser Sache zu erzählen; dann aber war ihm die Geschichte mit dem Marquis de Saint-Cyr zu Ohren gekommen, und da hatte er sich von ihr abgewandt, zweifellos in dem Glauben, daß sie ihn und seine Kameraden verraten könnte. So hatte er sie, wie alle anderen, hinters Licht geführt. Die Maske des albernen Lebemanns war ausgezeichnet gewesen, und er hatte diese Rolle hervorragend gespielt. Noch gestern nacht hatte Chauvelin, als er in Lord Grenvilles Speisesaal ging, um dort den kühnen Scarlet Pimpernel zu suchen, nur den törichten Sir Percy Blakeney in tiefem Schlaf in der Ecke eines Sofas angetroffen. Oder hatte sein Scharfsinn doch das Geheimnis erraten? Hierin lag das furchtbare Rätsel. Hatte Marguerite Blakeney, indem sie einen namenlosen Fremden seinem Schicksal überantwortete, um ihren Bruder zu retten, ihren Mann in den Tod geschickt? Nein! Nein! Nein! Ganz gewiß würde das Schicksal nicht so zuschlagen.

„Aber was ist dir denn, Chérie?" fragte Suzanne nun besorgt, denn Marguerites Gesicht war aschfarben. „Bist du krank?"

„Nichts, nichts", murmelte sie wie im Traum, „warte einen Augenblick... laß mich nachdenken. Du hast gesagt, Scarlet Pimpernel sei heute aufgebrochen? Ich muß einen Augenblick allein sein, verstehst du?"

Suzanne spürte, wie erregt ihre Freundin war, und taktvoll versuchte sie gar nicht, in ihr Geheimnis einzudringen. Doch gerade als sie gehen wollte, kam ein Diener angelaufen. Er trug einen versiegelten Brief. Suzanne zögerte, sie sagte sich, daß vielleicht weitere schlimme Nachrichten die arme Marguerite erwarteten.

„Ein Bote hat ihn soeben gebracht, Mylady", sagte der Diener.

Marguerite nahm den Brief mechanisch entgegen und drehte ihn mit ihren zitternden Fingern hin und her. „Wer hat ihn geschickt?"

„Der Bote hat gesagt", antwortete der Diener, „Mylady würden schon verstehen, von wem er käme."

Marguerite riß den Umschlag auf. Sie hatte geahnt, was er enthielt: Es war der Brief, den Armand Saint-Just an Sir Andrew Ffoulkes geschrieben und mit dem Chauvelin sie erpreßt hatte. Er hatte sein Wort gehalten und das belastende Schreiben zurückgeschickt, denn inzwischen hatte er die Spur Scarlet Pimpernels gefunden.

Marguerite schwindelte, sie schwankte und wäre gestürzt, hätte Suzanne sie nicht gehalten. Mit großer Anstrengung hatte sie sich bald wieder in der Gewalt – es lag noch viel vor ihr.

„Führ den Boten zu mir", sagte sie zu dem Diener. Dann wandte sie sich an Suzanne: „Chérie, es tut mir so leid, daß ich dich nach Hause schicken muß. Sag bitte meiner Zofe, sie soll ein Reisekleid und einen Umhang für mich bereithalten."

„Um mich brauchst du dich wirklich nicht zu kümmern", antwortete Suzanne. „Meine Zofe und ich werden zusammen zurückfahren." Voller Herzlichkeit umarmte und küßte sie Marguerite. Dann lief sie über den Rasen zum Haus, erschrocken über den Kummer, der sich im Gesicht ihrer Freundin ausdrückte.

Kurz darauf kehrte der Diener zurück, begleitet von dem Boten.

„Wer hat dir diesen Brief gegeben?" fragte Marguerite.

„Ein Herr, Mylady", antwortete der Mann, „im Gasthaus, in der ‚Rose und Distel', gegenüber Charing Cross. Er hat gesagt, Sie wüßten Bescheid."

„Was machte er da?"

„Er wartete auf die Kutsche, Mylady, die er bestellt hatte. Nach allem, was sein Diener mir sagte, hatte er die Absicht, sich sogleich nach Dover zu begeben."

„Das genügt. Du kannst gehen." Dann wandte sie sich an den Diener: „Mein Wagen soll mit den vier schnellsten Pferden so rasch wie möglich vorfahren."

Der Diener und der Bote entfernten sich gleich. Marguerite blieb einen Augenblick allein auf dem Rasen. Sie hielt die Hände über der Brust ineinander verkrampft, ihre Lippen zitterten, als sie beharrlich wiederholte: „Was soll geschehen? Wo soll ich ihn finden? – Ach, mein Gott, leite mich richtig."

Sie hatte etwas Furchtbares getan. Wie hatte sie sich nur einreden können, daß ein Mann, der sie mit solcher Kraft lieben konnte, wie Percy Blakeney sie geliebt hatte, tatsächlich der geistlose Tor war, als den er sich ausgab? Jetzt aber war nicht die Zeit, bei der Vergangenheit zu verweilen. Durch ihre Blindheit hatte sie gesündigt; nun mußte sie es wiedergutmachen – durch umgehendes kluges Handeln.

Percy war nach Calais unterwegs, ohne zu ahnen, daß sein erbittertster Gegner ihm auf den Fersen war. Früh am Morgen hatte er von London Bridge abgelegt. Vorausgesetzt, daß er günstigen Wind hatte, würde er vierundzwanzig Stunden später in Frankreich ankommen.

Chauvelin anderseits fuhr mit dem Wagen nach Dover, wo er ein Schiff chartern mußte; wahrscheinlich würde er etwa zur gleichen Zeit in Calais eintreffen. War Percy erst einmal in Calais, würde er mit denen zusammentreffen, die sehnsüchtig den tapferen Scarlet Pimpernel erwarteten. Da Chauvelins Augen nun jede seiner Bewegungen verfolgten, würde Percy nicht nur sein eigenes Leben, sondern auch das des alten Grafen de Tournay und das von Armand, der mit Tournay zusammentreffen sollte, in Gefahr bringen.

Alle diese Menschenleben und das Leben ihres Mannes lagen nun in Marguerites Händen; sie mußte sie retten, falls Mut und Scharfsinn hier noch etwas auszurichten vermochten. Unglücklicherweise aber konnte sie dies nicht allein tun. War sie erst einmal in Calais, würde sie nicht wissen, wo sie ihren Mann finden sollte, während Chauvelin durch den Raub der Papiere in Dover den ganzen Plan in Händen hielt. Vor allem wollte sie Percy warnen. Inzwischen wußte sie genug über ihn und war sich klar, daß er niemals die Menschen im Stich lassen würde, die ihr Vertrauen in ihn setzten. Würde er jedoch gewarnt, konnte er seine Pläne ändern und trotz allem Erfolg haben. Ihre Augen verloren den starren Blick, sie leuchteten bei dem Gedanken, Percy so bald zu begegnen, mit ihm die Gefahren zu teilen, ihm vielleicht zu helfen und bis zum letzten Augenblick mit ihm zusammen zu sein – falls sie scheiterte.

Sie war bereit, zu handeln. Als erstes würde sie Sir Andrew Ffoulkes aufsuchen; er war Percys bester Freund, und Marguerite mußte mit Freude daran denken, mit welch blinder Begeisterung der junge Mann stets von seinem geheimnisumwitterten Anführer sprach. Er würde ihr helfen. Sie ging ruhig ins Haus.

Der Freund

Weniger als eine halbe Stunde später saß Marguerite in Gedanken versunken in dem Wagen, der sie rasch nach London brachte. Sie hatte noch einen Boten mit einem ehrerbietigen Entschuldigungsschreiben zu Seiner Königlichen Hoheit gesandt und um eine Verschiebung des hohen Besuchs gebeten. Dann hatte sie ihr Musselinkleid ausgezogen und es gegen ein dunkles Reisekleid und einen Umhang ausgetauscht, hatte sich mit Geld versehen und sich auf den Weg gemacht.

Sie versuchte nicht erst, sich durch irgendwelche Hoffnungen zu täuschen. Als Chauvelin ihr Armands belastenden Brief zurückgeschickt hatte, war er zweifellos fest davon überzeugt, daß Percy Blakeney der Mann war, dessen Tod er sich geschworen hatte. Wenn es ihm gelingen sollte, Scarlet Pimpernel in eine Falle zu locken, dann würde sein Tod ihr zuzuschreiben sein.

Sie hatte ihrem Kutscher befohlen, sie in die „Krone“ zu fahren; dort eingetroffen, gab sie ihm die Anweisung, die Pferde zu füttern und sie ausruhen zu lassen. Dann bestellte sie sich eine Sänfte und ließ sich in das Haus auf der Pall Mall tragen, wo Sir Andrew Ffoulkes wohnte. Sie wurde dort in ein kleines Speisezimmer geführt. Gleich darauf erschien Sir Andrew selber. Er war offensichtlich recht verwundert über seine Besucherin, denn er sah Marguerite, während er sich verbeugte, besorgt, ja sogar argwöhnisch an.

Nachdem Marguerite die Begrüßung des jungen Mannes erwidert hatte, begann sie sehr gefaßt: „Ich habe nicht die Absicht, Sir Andrew, wertvolle Zeit mit viel Reden zu vergeuden. Ihr Anführer und Kamerad, Scarlet Pimpernel ... mein Mann Percy Blakeney ... befindet sich in tödlicher Gefahr."

Hätte sie auch nur den geringsten Zweifel an der Richtigkeit ihrer Überlegungen gehegt, so hätten sich jetzt ihre Vermutungen bestätigt, denn Sir Andrew war völlig überrumpelt und sehr blaß geworden.

„Es ist dabei gleichgültig, Sir Andrew", fuhr sie ruhig fort, „wie ich das erfahren habe; Gott sei gedankt, daß ich es weiß und es vielleicht noch nicht zu spät ist, ihn zu retten. Leider kann ich das nicht ganz allein tun."

„Lady Blakeney", stammelte der junge Mann und versuchte sich zu sammeln, „ich ..."

„Wollen Sie mich bitte zuerst anhören", unterbrach sie ihn. „Als der Abgesandte der französischen Regierung Ihnen in jener Nacht in Dover Ihre Papiere abnahm, hat er darunter gewisse Pläne gefunden, wie die Rettung des Grafen de Tournay und anderer durchgeführt werden sollte. Scarlet Pimpernel – mein Mann – ist heute selber zu diesem Unternehmen aufgebrochen. Chauvelin weiß, daß Scarlet Pimpernel und Percy Blakeney identisch sind. Er wird ihm nach Calais folgen und ihn dort festnehmen. Sie kennen das Schicksal, das ihn von seiten der revolutionären Regierung Frankreichs erwartet. Keine Vorstellungen Englands – auch König Georgs selber – könnten ihn retten. Aber nicht nur das: Ihr Anführer wird auch ahnungslos das Versteck des Grafen und aller, die noch in diesem Augenblick ihre Hoffnungen auf ihn setzen, dem Gegner verraten."

Sie hatte leidenschaftslos und mit fester Stimme gesprochen. Ihre Absicht war, den jungen Mann dazu zu bringen, ihr zu vertrauen und ihr zu helfen, denn ohne ihn konnte sie nichts unternehmen. „Sie müssen wissen, daß ich die Wahrheit spreche,

Sir Andrew“, fuhr sie fort. „Percy ist nach Calais abgesegelt, und Chauvelin ist ihm auf der Spur. Er hat eine Kutsche nach Dover genommen und wird wahrscheinlich heute nacht den Kanal überqueren. Was wird Ihrer Ansicht nach dann geschehen?“

Der junge Mann schwieg.

„Percy wird an seinem Bestimmungsort eintreffen. Er wird de Tournay und die anderen aufsuchen – unter ihnen befindet sich auch mein Bruder –, ohne zu wissen, daß die schärfsten Augen der Welt ihn auf Schritt und Tritt verfolgen. Die Falle wird hinter ihm zuschnappen, und er wird sein Leben unter der Guillotine beenden.“

Noch immer schwieg Sir Andrew.

„Sie trauen mir nicht“, rief sie leidenschaftlich. „Ach, mein Gott! Sehen Sie nicht, wie ernst ich es meine?“ Sie packte den jungen Mann plötzlich an den Schultern und zwang ihn, ihr gerade in die Augen zu blicken. „Sagen Sie doch, sehe ich denn aus wie eine Frau, die zum Schlimmsten fähig wäre, das es auf dieser Erde gibt – nämlich ihren Mann zu verraten?“

„Gott behüte mich davor, Lady Blakeney“, sagte der junge Mann schließlich, „daß ich Ihnen so niederträchtige Motive zutraute, aber würden Sie mir bitte erklären, wer Monsieur Chauvelin zu dem Wissen verhalf, das er Ihrer Ansicht nach besitzt?“

„Ich“, antwortete sie ruhig. „Ich war es – ich will Sie da nicht belügen, denn ich möchte, daß Sie mir voll und ganz vertrauen. Aber da hatte ich keine Ahnung – wie sollte ich? –, wer sich hinter Scarlet Pimpernel verbarg, und das Leben meines Bruders sollte meine Belohnung sein, wenn ich Erfolg hatte.“

„Erfolg darin, Chauvelin bei der Suche nach Scarlet Pimpernel zu helfen?“

Sie nickte. „Armand ist für mich mehr als ein Bruder, und … und … wie hätte ich das ahnen können? … Aber wir vergeuden Zeit, Sir Andrew. Jede Sekunde ist kostbar. Mein Mann ist in Gefahr, helfen Sie mir, ihn zu retten.“

Sir Andrew war in einer sehr heiklen Situation. Seinem Anführer hatte er einen Eid abgelegt, der ihn zum Gehorsam und zur Geheimhaltung verpflichtete; und doch meinte es die Frau, die ihn nun bat, ihr zu vertrauen, sicherlich aufrichtig.

„Lady Blakeney“, erklärte er schließlich, „Gott weiß, Sie haben mich in große Bestürzung versetzt, so daß ich mich fragen muß, wo meine Pflichten liegen. Sagen Sie mir, was Sie von mir erwarten! Wir sind neunzehn Männer, die bereit sind, ihr Leben für Scarlet Pimpernel hinzugeben, sollte er in Gefahr sein.“

„Im Augenblick sind keine Menschenleben erforderlich, mein Freund“, sagte sie, „aber ich muß wissen, wo ich ihn finden kann.“ Ihre Augen füllten sich mit Tränen. „Ich habe Ihnen meine Schuld eingestanden; muß ich auch noch meine Schwäche gestehen – zwischen meinem Mann und mir ist es zu einer Entfremdung gekommen, weil er mir nicht mehr vertraut hat und ich zu blind war, ihn zu verstehen. Aber Sie werden mir einräumen, daß das Tuch, das er mir vor die Augen gebunden hat, sehr dick war. Nun ist es mir plötzlich von den Augen gefallen. Selbst wenn Sie mir nicht helfen wollen, Sir Andrew, werde ich trotzdem versuchen, meinen Mann zu retten.

Aber ich könnte zu spät eintreffen, und für Sie bliebe dann nichts mehr als ein Leben voller Reue und für mich ein gebrochenes Herz.“

„Lady Blakeney“, entgegnete der junge Mann, „Sie können unmöglich in dieser Situation allein nach Calais reisen. Wenn Sie wirklich selber gehen wollen, dürfen Sie über mich verfügen. Ich erwarte Ihre Befehle.“

„Dann hören Sie. Mein Wagen steht bereit, um mich nach Dover zu bringen. Sie folgen mir, so schnell Pferde nur laufen können. Bei Anbruch der Nacht treffen wir uns in ‚Fischersruh‘. Chauvelin wird diesen Gasthof meiden, da er dort bekannt ist. Ich nehme Ihre Begleitung nach Calais nur zu gern an. Wir werden einen Schoner chartern und in der Nacht den Kanal überqueren. Falls Sie damit einverstanden sind, würden Sie als mein Lakai verkleidet – glaube ich – vor Entdeckung sicher sein.“

„Ich stehe völlig in Ihren Diensten, Madame“, erwiderte der junge Mann. „Ich vertraue auf Gott, daß Sie die *Tagtraum* sichten, bevor wir nach Calais gelangen. Mit Chauvelin auf den Fersen ist jeder Schritt, den Scarlet Pimpernel auf französischem Boden macht, gefährlich.“

„Möge Gott uns beistehen, Sir Andrew. Nun aber leben Sie wohl. Heute abend treffen wir uns in Dover.“

Er küßte ihr die Hand und geleitete sie zur Sänfte. Eine Viertelstunde später war sie wieder in der „Krone", wo ihr Wagen und ihre Pferde bereitstanden und auf sie warteten. Gleich darauf donnerten sie durch die Londoner Straßen hinaus auf die Chaussee nach Dover.

Stunden der Spannung

Erst spät am Abend war Marguerite im Gasthaus „Fischersruh". Sie hatte die ganze Strecke in weniger als acht Stunden zurückgelegt, weil sie wiederholt die Pferde gewechselt hatte. Lady Blakeneys Ankunft, allein und zu so ungewöhnlicher Stunde, verursachte beträchtliche Aufregung. Sally sprang eilig aus dem Bett, und Mr. Jellyband gab sich größte Mühe, für die Behaglichkeit seiner hohen Besucherin zu sorgen. Beide waren zu sehr mit den Gepflogenheiten eines guten Gasthauses vertraut, als daß sie sich auch nur die geringste Überraschung hätten anmerken lassen.

In aller Eile zündete Mr. Jellyband erneut die Lampe an, entfachte das Feuer im Kamin der Gaststube zu einem prasselnden, gemütlichen Lodern und rückte einen Sessel heran, in den sich Marguerite dankbar sinken ließ.

„Werden Mylady die Nacht über bleiben?" fragte Sally.

„Nein", antwortete Marguerite, „ich werde keinen anderen Raum als diesen hier brauchen, vorausgesetzt, daß ich ihn ein paar Stunden für mich allein haben kann."

„Er steht Ihnen zur Verfügung", erwiderte Jellyband.

„Ich werde bei der ersten Ebbe auslaufen", erklärte Marguerite, „und in dem ersten Schoner, den ich erhalten kann. Aber mein Kutscher und meine Leute werden die Nacht über hierbleiben, wahrscheinlich sogar noch ein paar Tage länger, und ich hoffe, daß Sie sie gut betreuen werden."

„Selbstverständlich, Mylady. Soll Sally Mylady etwas zu Essen auftragen?"

„Ja, ich bitte darum. Bringen Sie mir ein kaltes Abendbrot, und sobald Sir Andrew Ffoulkes eintrifft, führen Sie ihn hier herein."

„Jawohl, Mylady."

Jellybands Gesicht drückte nun gegen seinen Willen tiefste Besorgnis aus. Er hegte Sir Percy Blakeney gegenüber die größte Hochachtung und sah es keineswegs gern, daß dessen Frau mit Sir Andrew durchbrannte. Jedoch würde Lady Blakeney für die Unterbringung gut zahlen, und alles andere ging ihn nichts an. Sally trug ein einfaches Mahl auf und zog sich dann mit einem respektvollen Knicks zurück, wobei sie sich fragte, warum Lady Blakeney so ernst aussah, wenn sie sich doch von ihrem Geliebten entführen lassen wollte.

Für Marguerite begann eine Zeit ermüdenden Wartens. Sie wußte, daß Sir Andrew, der sich zunächst einmal die Kleidung eines Lakaien hatte besorgen müssen, Dover erst in ein oder zwei Stunden erreichen konnte. Chauvelin war ihnen voraus. Ob er das Glück gehabt hatte, bereits ein Schiff zu chartern, und nun unterwegs nach Frankreich war? Dieser Gedanke war entsetzlich. Sollte alles bereits zu spät sein?

Die Einsamkeit in diesem Zimmer überwältigte sie, und Marguerite brauchte ihren ganzen Willen, um während dieser entnervenden, langsam vorübergehenden Mitternachtsstunden nicht den Mut zu verlieren. Der schöne Oktobertag hatte sich in eine stürmische kalte Nacht verwandelt, und sie war froh über das lodernde Feuer im Kamin. Je später es wurde, desto schlimmer wurde das Wetter, und das Aufschlagen der mächtigen Brecher an dem Admiralty Pier drang, obwohl noch ein gutes Stück vom Gasthof entfernt, wie gedämpfter Donner bis zu ihr. Dazu rüttelte der Wind an den bleigefaßten Fenstern und den schweren Türen des alten Hauses und heulte im großen Schornstein.

Eine plötzliche Unruhe draußen vor dem Eingang riß sie aus ihren Überlegungen. Es war Sir Andrew Ffoulkes, denn sie hörte, wie ihn Mr. Jellyband willkommen hieß. Einen Augenblick lang mußte auch Marguerite daran denken, wie seltsam ihre Lage war: allein zu dieser Stunde und offensichtlich mit einem jungen Kavalier verabredet, der in Verkleidung erschien! Dieser Kontrast zwischen dem Ernst ihres Vorhabens und den Überlegungen, die der ehrenwerte Mr. Jellyband wohl anstellte, war so groß, daß zum erstenmal seit Stunden ein Lächeln um ihren Mund spielte, und als dann Sir Andrew in seiner Lakaientracht die Gaststube betrat, brachte sie es fertig, ihn mit einem fröhlichen Lachen zu begrüßen. „Wahrhaftig, Herr Lakai", rief sie, „ich bin mit Ihrem Aussehen zufrieden!"

Jellyband war gefolgt, die Verkleidung des jungen Kavaliers hatte seinen schlimmsten Verdacht bestätigt. Ohne ein Lächeln entkorkte er die Flasche Wein, stellte die Stühle zurecht und hatte offenbar die Absicht, zu warten.

„Ich danke Ihnen, mein lieber Freund", sagte Marguerite, die noch immer bei dem Gedanken lächeln mußte, was dieser Mann wohl denken mochte. „Wir werden nichts mehr brauchen; und das ist für all die Mühe, die Sie sich unseretwegen haben machen müssen." Sie reichte Jellyband einige Goldstücke.

„Einen Augenblick, Lady Blakeney", mischte sich nun Sir Andrew ein, als sich Jellyband gerade zurückziehen wollte, „leider werden wir die Gastfreundschaft unseres lieben Jelly noch in höherem Maß in Anspruch nehmen. Ich bedaure, es sagen zu müssen, aber wir können heute nacht nicht übersetzen. Es geht ein böser Sturm, uns genau entgegen, und bevor er nicht abflaut, können wir unmöglich auslaufen."

Tödliche Blässe überzog Marguerites Gesicht. „Aber wir müssen aufbrechen! Wir müssen!" wiederholte sie mit seltsamer Halsstarrigkeit. „Können Sie denn nicht eine andere Möglichkeit finden?"

„Ich bin bereits am Hafen gewesen", antwortete er. „Es ist völlig unmöglich, das haben mir alle Seeleute versichert. Nicht einer", fügte er hinzu und sah dabei Marguerite vielsagend an, „*nicht einer* könnte heute nacht aus Dover auslaufen."

Marguerite hatte sofort verstanden. *Nicht einer*, das galt für Chauvelin wie für sie. Sie nickte Jellyband freundlich zu. „Dann muß ich mich wohl damit abfinden", sagte sie zu ihm. „Hätten Sie ein Zimmer für mich?"

„Aber gewiß, Mylady. Und auch für Sir Andrew steht eins zur Verfügung."

„Das ist fein, mein lieber Jelly", rief Sir Andrew gutgelaunt und schlug dem Wirt kräftig auf den Rücken. „Schließen Sie die beiden Zimmer auf und lassen Sie die Kerzen hier auf der Anrichte. Sie brauchen wegen der seltsamen Umstände unseres Kommens nicht besorgt zu sein", fuhr er fort, denn er hatte gewiß die Zweifel des biedern Wirtes erraten. „Sir Percy Blakeney wird Sie doppelt entlohnen, wenn Sie gut für Lady Blakeneys Ruhe und Bequemlichkeit sorgen."

Jellybands rötliches Gesicht strahlte auf, als Sir Percy erwähnt wurde. „Ich werde sofort für alles sorgen, Sir", rief er voller Bereitwilligkeit.

„Nun erzählen Sie", rief Marguerite gespannt, sobald Jellyband den Raum verlassen hatte, „erzählen Sie mir alles, was Sie an Neuigkeiten mitbringen."

„Da gibt es nicht viel zu erzählen, Lady Blakeney", antwortete der junge Mann. „Der Sturm macht es jedem Schiff unmöglich, aus Dover auszulaufen. Doch Chauvelin ist in der gleichen Notlage. Die Seeleute, mit denen ich gesprochen habe, versicherten mir alle, daß schon seit mehreren Stunden kein Schoner mehr Dover verlassen habe; ich habe auch erfahren, daß heute nachmittag ein Fremder mit einer Kutsche eingetroffen ist, der sich nach den Möglichkeiten einer Überfahrt nach Frankreich erkundigt hat."

„Dann befindet sich also Chauvelin noch immer in Dover?"

„Zweifellos."

Sir Andrew gelang es schließlich, Marguerite dazu zu bewegen, ein wenig zu essen und etwas Wein zu trinken. Er machte sie fast glücklich, indem er ihr von den kühnen Ausbrüchen erzählte, zu denen Scarlet Pimpernel einigen armen französischen Flüchtlingen verholfen hatte. Und als er das Entkommen der Gräfin de Tournay und ihrer Kinder und Percy als abscheuliches Marktweib mit schmutziger Haube und zerzaustem grauen Haar schilderte, lachte sie sogar. So verging eine Stunde. Marguerite fragte sich, wo Percy nun sein mochte. Die *Tagtraum* war ein gutgebautes, seetüchtiges Schiff. Vielleicht war es auch gar nicht aufs offene Meer hinausgefahren, sondern lag ruhig in Gravesend vor Anker. Zudem galt Briggs als ein erfahrener Seemann, sie hatten also den Sturm nicht zu fürchten.

Erst lange nach Mitternacht zog sich Marguerite nach oben zurück. Wie sie befürchtet hatte, mied der Schlaf beharrlich ihre Augen. Während dieser langen Stunden hing sie den trübsten Gedanken nach.

Calais

AUCH DIE quälendste Nacht, auch der längste Tag sind einmal zu Ende. Marguerite stand schon früh auf, von ungestümer Erregung erfüllt und darauf brennend, ihre Reise anzutreten. Sie war entsetzt bei der Vorstellung, es könnten sich weitere Schwierigkeiten ergeben.

Als sie nach unten kam, traf sie Sir Andrew Ffoulkes in der Gaststube an. Er war schon zum Admiralty Pier gegangen und hatte dort feststellen müssen, daß kein Schiff auslaufen konnte. Der Sturm hatte seinen Höhepunkt erreicht, und sie würden noch zehn oder zwölf Stunden bis zur nächsten Ebbe warten müssen, bevor die Abfahrt möglich wurde.

Wie sie diesen Tag in Dover verbracht hatten, konnte Marguerite später nicht mehr sagen. Sie und Sir Andrew warteten Stunde um Stunde, und es blieb ihnen nichts zu tun, als nachzudenken, zu planen und die Hoffnung nicht aufzugeben. Es gab nur einen beglückenden Augenblick, als nämlich Sir Andrew wieder von einem Gang zum Pier zurückkam und Marguerite mitteilen konnte, er habe einen schnellen Schoner gechartert, dessen Kapitän bereit sei abzulegen, sobald die Ebbe es erlaube.

Von da ab erschienen ihnen die Stunden weniger bedrückend. Schließlich legte sich der Sturm, und um fünf Uhr nachmittags ging Marguerite tief verschleiert und von Sir Andrew Ffoulkes gefolgt, der als ihr Lakai das Gepäck trug, zum Pier hinunter. Erst einmal an Bord, belebte sie die frische Seeluft; die Brise war gerade stark genug, um die Segel der *Schaumkrone* zu blähen, als sie auf das offene Meer hinaussteuerte. Dem Unwetter folgte ein prächtiger Sonnenuntergang, und als Marguerite die weiße Steilküste von Dover langsam in der Ferne versinken sah, erfüllte sie neue Hoffnung. Allmählich tauchte auch die graue Küste Frankreichs aus den abendlichen Nebeln auf.

Kurz nach Einbruch der Dunkelheit landete Marguerite an der französischen Küste. Sie war in jenes Land zurückgekehrt, wo gegenwärtig Männer ihre Mitmenschen zu Hunderten hinschlachten ließen. Sogar diese entlegene Stadt an der Küste verriet die Revolution, die in fast dreihundert Kilometer Entfernung in Paris brodelte. Die Männer trugen rote Mützen, an denen links die Kokarde in den Farben der Trikolore angesteckt war. Marguerite bemerkte, daß ihre Landsleute, anstatt wie sonst zu lachen und vergnügt zu sein, ohne Unterschied einen Ausdruck verschlagenen Mißtrauens zeigten.

In diesen Zeiten bespitzelte jeder den anderen: Auch das harmloseste Wort, im Scherz gesprochen, konnte jederzeit als Verrat am Volk ausgelegt werden. Alle beobachteten Marguerite, als sie und Sir Andrew an Land gingen, und murmelten: „Verdammte Aristokraten!" oder: „Verfluchte Engländer!" Im übrigen reizte ihre Gegenwart nicht weiter zu kritischen Bemerkungen, denn sogar zu jener Zeit waren englische Kaufleute oft an dieser Küste zu sehen. Marguerite jedoch fragte sich, wie die hohe, kräftige Gestalt ihres Mannes sich unauffällig in Calais bewegen konnte; sie hätte gern gewußt, welche Verkleidung er angelegt hatte.

Sir Andrew führte sie quer durch die Stadt, nach Kap Gris-Nez zu. Die Straßen waren eng, gewunden, und es stank nach altem Fisch und dumpfen Kellern. Während des Unwetters der letzten Nacht hatte es heftig geregnet, und hin und wieder versank Marguerite knöcheltief im Schlamm. Aber sie beachtete diese kleinen Unannehmlichkeiten nicht. „Vielleicht treffen wir Blakeney in der ‚Grauen Katze'", hatte Sir Andrew gesagt. So eilte sie dahin, als sei der Weg ein ebener Teppich.

Schließlich waren sie da. Sir Andrew hatte sich in der Dunkelheit ohne weiteres zurechtgefunden und niemand nach dem Weg gefragt. „Zur grauen Katze" war offenbar ein kleines Gasthaus am Stadtrand von Calais, es lag an der Straße nach Gris-Nez und in einiger Entfernung von der Küste, denn das Rauschen des Meeres schien von weither zu kommen.

Sir Andrew klopfte an die Tür, und Marguerite hörte von drinnen unterdrückte Verwünschungen und schlurfende Schritte auf die Tür zu. Diese wurde aufgerissen, und Marguerite sah sich auf der Schwelle des schäbigsten, baufälligsten Raums, den sie jemals in ihrem Leben erblickt hatte. Die Tapete hing, soweit vorhanden, in Fetzen von den Wänden herab; bei den meisten Stühlen waren die Rückenlehnen zerbrochen, andere hatten keine Sitze; die Ecke eines Tisches war mit einem Reisigbündel abgestützt, denn das vierte Bein fehlte. Oben an einer Wand gab es eine Luke, die mit einem blau-weiß karierten, zerfetzten Vorhang verhangen war. Zu diesem Boden führte eine Stiege. An einer anderen schmutzigen Wand standen über der zerrissenen Tapete in Abständen die mit Kreide geschriebenen Worte: „Freiheit – Gleichheit – Brüderlichkeit". Die Spelunke war von einer stinkenden Öllampe erhellt, die von einem der Deckenbalken herabhing. Alles sah so verwahrlost, so schmutzig und abstoßend aus, daß Marguerite die Schwelle kaum zu überschreiten wagte.

Sir Andrew hingegen war ohne zu zögern eingetreten. „Englische Reisende, Bürger!" rief er unbekümmert auf französisch.

Der Mann, der die Tür geöffnet hatte und aller Wahrscheinlichkeit nach der Wirt der „Grauen Katze" war, sah wie ein älterer kräftiger Bauer aus. Er trug einen schmutzigen blauen Kittel, schwere Holzpantinen, abgetragene blaue Hosen und die unvermeidliche rote Mütze mit der blauweißroten Kokarde. Er betrachtete die beiden Reisenden mit einigem Mißtrauen, murmelte sein „Verfluchte Engländer!" und spuckte auf den Boden. Aber trotzdem ging er zur Seite, um sie eintreten zu lassen, zweifellos in dem Bewußtsein, daß die gleichen verfluchten Engländer seine Taschen stets gut gefüllt hatten.

„Ach mein Gott!" stieß Marguerite hervor, als sie den Raum betrat und sich dabei ihr Taschentuch an die Nase hielt. „Was für ein entsetzliches Loch! Sind Sie auch wirklich sicher, daß dies der richtige Ort ist?"

„Bestimmt! Das ist der richtige Ort", antwortete der junge Mann, während er mit seinem Taschentuch einen Stuhl für Marguerite abstaubte, damit sie sich setzen konnte. „Aber ich kann Ihnen schwören, daß ich niemals eine scheußlichere Höhle gesehen habe."

Der Wirt der „Grauen Katze" – Brogard war sein Name – beachtete seine Gäste nun nicht weiter; es geziemte sich für einen freien Bürger nicht, Unterwürfigkeit irgendeinem Menschen gegenüber zu zeigen.

Am Kamin saß die in Lumpen gehüllte Gestalt einer Frau. Sie murmelte vor sich hin und rührte das Gebräu im Suppenkessel.

„He, mein Freund“, sagte Sir Andrew, „wir hätten gern etwas zu Abend gegessen... Die Bürgerin dort“, fuhr er fort und deutete dabei auf das in sich zusammengesunkene Lumpenbündel am Kamin, „kocht da eine köstliche Suppe, und meine Herrin hat schon seit mehreren Stunden nichts mehr zu essen bekommen.“

„Verdammte Aristokraten!“ brummte Brogard und spuckte nochmals auf den Boden. Dann schlurfte er langsam zu einer Anrichte, holte aus dieser eine alte Suppenterrine aus Zinn hervor und reichte sie seiner besseren Hälfte, die die Terrine mit Suppe zu füllen begann. Marguerite beobachtete all diese Vorbereitungen voller Entsetzen.

„Man kann wohl sagen, daß unser Wirt und unsere Wirtin nicht gerade sehr angenehme Leute sind“, meinte Sir Andrew, als er den Ausdruck in Marguerites Gesicht bemerkte, „aber ich glaube, daß Sie die Suppe als eßbar und den Wein als gut bezeichnen werden; diese Menschen suhlen sich zwar im Schmutz, aber im allgemeinen leben sie gut.“

„Aber ich bitte Sie, Sir Andrew“, antwortete sie freundlich, „um mich müssen Sie sich keine Sorge machen. Meine Gedanken richten sich auf etwas ganz anderes als aufs Abendessen.“

Brogard brachte eine Flasche Wein und etwas Brot, während Marguerite sich bemühte, nachdem sie ihren Stuhl an den Tisch herangerückt hatte, so zu tun, als äße sie ein wenig. Sir Andrew stand, wie es ihm in seiner Rolle als Lakai zukam, hinter ihrem Stuhl.

„Madame, ich bitte Sie“, sagte er, als er sah, daß Marguerite nicht imstande war, etwas zu essen, „ich bitte Sie, versuchen Sie, etwas zu sich zu nehmen – vergessen Sie nicht, daß Sie noch Ihre ganze Kraft brauchen.“

Die Suppe war gewiß nicht schlecht; sie roch und schmeckte gut. Marguerite hätte sie vielleicht auch genossen, wäre nicht diese abscheuliche Umgebung gewesen.

„Ich sehe es aber nicht gern, Sir Andrew“, sagte sie, „daß Sie stehen. Sie brauchen so sehr wie ich eine Stärkung. Dieser Mensch wird, wenn Sie sich an diesem Mahl beteiligen, das so aussieht wie ein Abendessen, glauben, daß ich eine exzentrische Engländerin sei, die mit ihrem Lakai durchgebrannt ist.“

„Hol der Teufel diesen Kerl!“ sagte Sir Andrew und setzte sich, während Brogard,seine stinkende Pfeife rauchend, am Tisch lehnte und auf die beiden verfluchten Engländer hochnäsig herabblickte.

„Um Himmels willen“, mahnte Marguerite hastig, „versuchen Sie ja diesen Menschen bei guter Laune zu halten, damit er die Fragen beantwortet, die wir ihm stellen müssen.“

„Ich will wirklich mein Bestes tun, aber lieber würde ich ihn aufknüpfen, als ihn fragen. He, mein Freund!“ sagte er freundlich auf französisch, „sehen Sie hier viele englische Reisende?“

Brogard zog an seiner Pfeife, paffte und erwiderte schließlich: „Ja – hin und wieder!“

„Aha!“ meinte Sir Andrew leichthin. „Englische Reisende wissen halt immer, wo sie guten Wein bekommen, nicht wahr, mein Freund? Und nun sagen Sie mir, meine Herrin möchte gern wissen, ob Sie zufällig einen guten Freund von ihr hier gesehen haben, einen großen Engländer, den seine Geschäfte häufig nach Calais führen.“

Marguerite versuchte Brogard nicht anzusehen, damit sie ihm nicht die tiefe Unruhe verriete, mit der sie seine Antwort erwartete. Brogard nahm sich Zeit und erklärte dann sehr langsam: „Großer Engländer? – Heute? – Ja.“ Er nahm Sir Andrews Hut von einem in der Nähe stehenden Stuhl, setzte ihn sich auf, zupfte an seinem schmutzigen Kittel und versuchte in einer Pantomime darzustellen, daß der Betreffende sehr elegante Kleider getragen habe. „Verfluchter Aristokrat“, knurrte er leise, „dieser große Engländer!“

„Das war bestimmt Sir Percy“, flüsterte Marguerite, „und nicht einmal verkleidet!“ Trotz ihrer tiefen Besorgnis lächelte sie bei dem Gedanken, wie er mit einer Jacke nach der letzten Mode und mit einer makellosen Spitzenkrause sich den schlimmsten Gefahren aussetzte. „Rasch, Sir Andrew“, sagte sie, „fragen Sie den Mann, wann er weggegangen ist.“

„Ach ja, mein Freund“, fuhr Sir Andrew zu Brogard gewandt fort, „der große Engländer, den Sie gesehen haben, war gewiß der Freund meiner Herrin. Und Sie sagen, er sei weggegangen?“

„Er ist weggegangen ... ja ... aber er kommt wieder ... hierher ... er hat ein Abendessen bestellt ...“

Sir Andrew legte rasch seine Hand warnend auf Marguerites Arm; ihre unbeherrschte Freude hätte sie verraten können.

„Wo ist er jetzt? Wissen Sie das?“ fragte sie Brogard.

„Er wollte sich ein Pferd und einen Karren besorgen“, antwortete der Wirt.

„Wann ist er gegangen?“

Aber Brogard hatte offensichtlich genug von dieser Fragerei. „Ich weiß nicht“, antwortete er verdrießlich. „Ich habe schon genug gesagt! Diese Aristokraten!“ Damit schlurfte Brogard aus dem Raum hinaus – die Frau kam mit ihm – und knallte hinter sich die Tür zu.

Hoffnung

Nur die Ruhe bewahren, Madame!“ sagte Sir Andrew. „Ich glaube, wir überlassen ihn lieber sich selber. Mehr werden wir aus ihm nicht herausholen.“

„Was macht mir das noch aus“, erwiderte sie leichthin, „wo ich jetzt weiß, daß meinem Mann nichts zugestoßen ist und ich ihn bald sehen werde.“

„Still!“ mahnte er beunruhigt, „in Frankreich haben heute sogar die Wände Ohren.“

Er erhob sich, ging durch den schmutzigen Raum und lauschte aufmerksam an der Tür, durch die Brogard verschwunden war. Er stieg auch die wackelige Stiege hinauf, um sich zu vergewissern, daß sich dort keine Spitzel verborgen hielten.

„Sind wir wirklich allein, mein Herr Lakai?“ rief Marguerite fröhlich, als sich der junge Mann wieder neben sie setzte. „Aber ich bitte Sie! Sie machen ja ein so niedergeschlagenes Gesicht! Dabei könnte ich vor Freude tanzen. Bestimmt gibt es doch keinen Grund zu Befürchtungen mehr. Mein Mann wird vielleicht schon innerhalb der nächsten halben Stunde unter diesem Dach sein, und Chauvelin ist noch nicht eingetroffen.“

„Das, Madame, befürchte ich, wissen wir noch nicht. Ich habe bisher nicht davon gesprochen, um Sie nicht zu beunruhigen. Keine fünf Minuten vor unserer Einschiffung habe ich ihn in Dover gesehen. Er war als Pfarrer verkleidet und verhandelte wegen eines Schiffes, das ihn schnell nach Calais bringen sollte. Es muß weniger als eine Stunde nach unserer Abreise Segel gesetzt haben."

Marguerite sah nun nicht mehr unbesorgt aus. Die furchtbare Gefahr, in der sich Percy befand, wurde ihr plötzlich mit entsetzlicher Klarheit bewußt. Chauvelin war dicht auf seinen Fersen, hier in Calais, ein Wort von ihm, und man würde Percy aufspüren und ihn auf die Guillotine bringen. Armand Saint-Just, der Graf de Tournay und andere flüchtige Royalisten sollten sich an diesem Tag, dem 2. Oktober, mit zwei Abgesandten Scarlet Pimpernels an einem Ort treffen, der als Père Blanchards Hütte bezeichnet wurde. Armand, dessen Beziehungen zu Scarlet Pimpernel seinen Landsleuten noch unbekannt waren, hatte England erst vor gut einer Woche verlassen. Er wollte die Flüchtlinge zu diesem sicheren Platz führen. Sie würden sich dort zur verabredeten Zeit einfinden, ohne zu ahnen, in welcher Gefahr ihr Retter schwebte.

Marguerite wußte auch, daß es bereits zu spät gewesen war, den Flüchtlingen neue Anweisungen zu senden, als Sir Percy erfahren hatte, daß Chauvelin seine Pläne geraubt hatte. Er wollte keinen seiner jüngeren Kameraden der Gefahr fast sicherer Verhaftung ausliefern, daher seine hastige Mitteilung auf Lord Grenvilles Ball – „Breche morgen selber auf..." Nachdem nun seine Identität bekannt war, würden sich Chauvelins Leute an seine Fersen heften, bis zu jener Hütte. Dort würde die Falle hinter allen zuschnappen.

Nur eine Stunde stand ihnen zur Verfügung, die sie ihrem Feind voraushatten und in der Marguerite Percy überreden mußte, sein tollkühnes Unternehmen aufzugeben. „Wir sind Chauvelin eine Stunde voraus, und Percy muß jeden Augenblick kommen", sagte sie. „Wir werden mitten auf dem Kanal sein, bevor Chauvelin klar wird, daß wir ihm entwischt sind."

Sir Andrew schüttelte nur traurig den Kopf. „Lady Blakeney, während Sie Ihre rosigen Pläne entwickeln, vergessen Sie den wichtigsten Faktor! Glauben Sie etwa, daß Blakeney Calais verlassen würde, ohne zuvor das vollbracht zu haben, was er sich zum Ziel gesetzt hat? Da ist noch der Graf de Tournay und Saint-Just... und die anderen..."

„Mein Bruder!“ rief sie und seufzte voller Angst auf. „Gott helfe mir, aber ich hatte sie alle vergessen.“ Mit dem großartigen Egoismus einer Frau, die von ganzem Herzen liebt, hatte sie nur noch Gedanken für ihren Mann gehabt.

„Sir Percy Blakeney wäre nicht der verehrte Anführer einer ganzen Reihe von Engländern“, erklärte Sir Andrew stolz, „wenn er jene im Stich ließe, die sich auf ihn verlassen haben. Es ist einfach unvorstellbar, daß er sein Wort brechen könnte!“

Eine Weile blieb es still. Marguerite hatte ihr Gesicht in den Händen verborgen. Der junge Mann sagte nichts; er hatte großes Mitleid mit der schönen Frau.

„Ja, Sir Andrew“, antwortete Marguerite schließlich und bemühte sich dabei, ihre Tränen zu unterdrücken, „Sie haben recht, und ich müßte ja selber vor Scham vergehen, wenn ich versuchte, ihn von seiner Pflicht abzuhalten. Möge Gott ihm die Kraft und die Fähigkeit verleihen“, fügte sie mit leidenschaftlicher Entschlossenheit hinzu, „seine Verfolger zu überlisten. Aber wir sollten meiner Ansicht nach keine Zeit verlieren. Ich glaube noch immer, es ist für ihn von größter Bedeutung, zu erfahren, daß Chauvelin hinter ihm her ist.“

„Zweifellos. Sobald er sich dieser Gefahr bewußt ist, wird er vorsichtiger vorgehen. Sein Scharfsinn ist in solchen Situationen wirklich bewundernswert.“

„Was würden Sie also von einem kleinen Erkundungszug halten, während ich hier auf ihn warte? Vielleicht können Sie Percys Spur finden und so wertvolle Zeit gewinnen.“

„Aber dies ist ein so übles Loch, in dem Sie warten müssen.“

„Das macht mir nichts aus! – Aber Sie könnten unseren mürrischen Wirt fragen, ob er mich in einem anderen Zimmer warten ließe, wo ich vor den neugierigen Augen eines zufälligen Besuchers verborgen wäre. Geben Sie ihm etwas Geld, damit er mich auf jeden Fall benachrichtigt, wenn der große Engländer wieder zurück ist.“

Sir Andrew gehorchte ihr ohne jedes weitere Wort. Er ging an die Tür zum Nebenzimmer und klopfte an. „He! Freund Brogard!“ rief er laut. „Die Dame wünscht, sich eine Weile allein auszuruhen. Können Sie ihr ein anderes Zimmer zur Verfügung stellen?“

Er nahm etwas Geld aus seiner Tasche und ließ es vielsagend in der Hand klimpern. Brogard hatte mit der gewohnten Verdrießlichkeit die Tür geöffnet, beim Anblick des Goldes jedoch nahm er die Pfeife aus dem Mund, schlurfte in die Gaststube hinein und deutete zu der Bodenluke. „Da oben kann sie warten“, brummte er, „ich habe kein anderes Zimmer.“

„Es könnte nicht besser sein“, sagte Marguerite auf englisch; sie war sich sofort über die Vorteile im klaren, die ihr ein solches Versteck bieten würde. „Geben Sie ihm das Geld, Sir Andrew; ich kann von dort alles beobachten, ohne selber gesehen zu werden.“

„Darf ich Sie eindringlich darum bitten, Lady Blakeney“, sagte Sir Andrew, „sich auf keinen Fall Sir Percy zu erkennen zu geben, solange Sie sich nicht vergewissert haben, daß Sie mit ihm allein sind.“

„Das kann ich Ihnen wahrhaftig versichern“, erklärte sie. „Ich werde das Leben meines Mannes nicht in Gefahr bringen und auch nicht seine Pläne.“

„Verlieren Sie also nicht den Mut“, sagte Sir Andrew. „Wenn ich Blakeney nicht in der nächsten halben Stunde begegne, komme ich zurück, in der Hoffnung, ihn hier anzutreffen.“

„Ja. Chauvelin kann unmöglich vor dieser Zeit hier sein. Hoffen wir, daß Sie oder ich bis dahin Percy gesprochen haben. Alles Gute, mein Freund!“

Leichtfüßig kletterte sie die Holzstiege hinauf, die zum Boden führte. Sir Andrew blickte ihr nach, bis sie den Vorhang zuzog, und stellte fest, daß es ein ausgezeichneter Platz war, um andere zu beobachten. Er hatte Brogard gut bezahlt; der mürrische Alte hatte keinen Anlaß, sie zu verraten. An der Tür drehte sich Sir Andrew noch einmal um und blickte hinauf. Durch den zerrissenen Vorhang lugte Marguerites hübsches Gesicht lächelnd zu ihm hinab. Er trat in die Nacht hinaus.

Der Pfarrer

Die nächste Viertelstunde verstrich rasch. Unten hatte sich Brogard eine Weile damit zu schaffen gemacht, den Tisch für den nächsten Gast zu decken. Offensichtlich brachte Brogard dem Engländer einen gewissen Respekt entgegen, da er sogar etwas hervorholte, das wie ein Tischtuch aussah; und als er feststellte, daß es voller Löcher war, gab er sich die größte Mühe, es so hinzulegen, daß die meisten Löcher nicht zu sehen waren. Dann nahm er eine Serviette, die ebenso alt und zerrissen war, und wischte mit ihr die Gläser, Löffel und Teller ab. Nachdem der Tisch gedeckt war, betrachtete ihn – so dürftig auch alles aussah – Brogard mit offensichtlicher Genugtuung. Er staubte einen der Stühle mit einem Zipfel seines Kittels ab, warf ein Bündel Reisig auf das Feuer und verließ mit schleppenden Schritten den Raum.

Marguerite blieb nun ihren Gedanken überlassen. Sie hatte ihren Reiseumhang auf dem Stroh ausgebreitet, und da es frisches Stroh war, saß sie dort oben recht bequem. Sie war fast glücklich, weil ja bald Percy kommen würde und sie dann miteinander allein sein würden. Sie würde die Stiege hinabsteigen, und er würde sie in seine Arme nehmen, und sie wollte ihn spüren lassen, daß sie für ihn und mit ihm in den Tod gehen könnte.

Was aber wird dann geschehen? Sie konnte es sich auch nicht im entferntesten vorstellen. Natürlich hatte Sir Andrew recht: Percy würde durchführen, was er sich vorgenommen hatte. Sie konnte nichts weiter ausrichten, als ihn zu mahnen, vorsichtig zu sein, und ihn seinem gewagten Unternehmen überlassen. Schrecklich würde für sie dann das Warten sein, während er vielleicht seinem Tod entgegenging. Aber sogar das erschien ihr weniger schrecklich zu ertragen als der Gedanke, daß er niemals erfahren sollte, wie sehr sie ihn geliebt hatte – das bliebe ihr auf jeden Fall erspart.

Plötzlich hörte sie Schritte, die näher kamen. Ihr Herz schlug heftiger. War es Percy? Nein, sie unterschied zwei verschiedene Schritte! Die Tür wurde kräftig aufgestoßen, und eine rauhe, befehlsgewohnte Stimme brüllte: „He! Bürger Brogard! Hallo!“

Marguerite konnte die Ankömmlinge nicht sehen, aber durch ein Loch im Vorhang einen Teil des Raumes überblicken. Sie hörte Brogards schlurfende Schritte; mitten im Zimmer, innerhalb von Marguerites Gesichtskreis, blieb er stehen, sah die Ankömmlinge noch verächtlicher an als seine anderen Gäste und murmelte: „Verdammte Soutane!"

Einer der beiden Männer trat nun mit einem raschen Schritt auf Brogard zu. Er trug, wie bei den französischen Pfarrern üblich, eine Soutane, einen breitkrempigen Hut und Schnallenschuhe, aber als er jetzt dem Wirt gegenüberstand, schlug er seine Soutane einen Augenblick zurück und ließ die blauweißrote Schärpe des Beamten der Republik sehen.

Brogards verächtliche Haltung verwandelte sich sofort in kriecherische Unterwürfigkeit.

Marguerites Herz schien plötzlich stehenzubleiben. Das Gesicht des Pfarrers konnte sie nicht erkennen, denn es war von dem Hut überschattet, aber die mageren, knöcherigen Hände, die leichtgebeugte Gestalt und die ganze Haltung des Mannes waren ihr bekannt! Es war Chauvelin! Die furchtbare Enttäuschung und die Angst vor dem, was bevorstand, stürzten sie in einen Taumel der Verwirrung.

„Einen Teller Suppe und eine Flasche Wein!" befahl Chauvelin Brogard, „und dann mach, daß du hinauskommst."

Wortlos gehorchte Brogard. Chauvelin setzte sich an den Tisch, der für den Engländer gedeckt war, und der Wirt schöpfte die Suppe in den Teller und goß ihm Wein ein. Der Mann, der mit Chauvelin zusammen eingetreten war und den Marguerite nicht sehen konnte, war dicht neben der Tür stehengeblieben. Brogard zog sich eilig in das hintere Zimmer zurück, und Chauvelin machte nun dem Mann ein Zeichen, näher zu treten. In ihm erkannte Marguerite sofort Desgas, Chauvelins Sekretär, den sie in früheren Zeiten in Paris oft gesehen hatte. Eine Sekunde lang befürchtete sie, Chauvelin könnte Desgas den Befehl geben, das ganze Haus zu durchsuchen; was geschehen würde, wenn man sie entdeckte, war kaum vorstellbar. Glücklicherweise jedoch schien er sich nicht allzusehr vor Spitzeln zu fürchten, sondern größeren Wert darauf zu legen, schnell mit seinem Sekretär zu sprechen.

„Der englische Schoner?“ fragte er.

„Bei Sonnenuntergang hat man ihn aus den Augen verloren, Bürger“, antwortete Desgas, „aber da lag er auf westlichem Kurs, auf Kap Gris-Nez zu.“

„Aha, schön!“ murmelte Chauvelin. „Und nun zu Hauptmann Jutley! Was hat er gesagt?“

„Er hat mir versichert, daß alle Befehle, die Sie ihm in der vergangenen Woche geschickt haben, aufs genaueste befolgt wurden. Seitdem sind alle Straßen Tag und Nacht überwacht und auch der Strand und die Steilküste aufs strengste durchgekämmt worden.“

„Weiß er, wo Père Blanchards Hütte ist?“

„Nein, Bürger, keiner scheint eine Hütte dieses Namens zu kennen. Es gibt eine Unzahl von Fischerhütten an der ganzen Küste.“

„Gehen Sie sofort zu Hauptmann Jutley. Sagen Sie ihm, er soll die verschiedenen Patrouillen noch verstärken; insbesondere die am Strand – verstanden?“

Chauvelin sagte nur das Notwendigste, aber jedes seiner Worte empfand Marguerite als einen Todesstoß für ihre teuersten Hoffnungen.

„Die Männer“, fuhr er fort, „sollen streng auf jeden Fremden achten, der die Straße oder den Strand entlanggeht, reitet oder fährt, besonders auf einen großen Fremden, der wahrscheinlich verkleidet sein wird; seine Größe aber kann er nicht so leicht verbergen, es sei denn, daß er gebeugt geht. Sobald unsere Leute einen Fremden erblicken, sollen zwei ihn nicht mehr aus den Augen lassen. Der Mann, der den Fremden aus den Augen verliert, wird für seine Nachlässigkeit mit seinem Leben zahlen; aber einer der Männer hat sofort hierher zu reiten und mir zu berichten. Ist das klar?“

„Absolut klar, Bürger.“

„Ausgezeichnet. Jetzt suchen Sie sofort Jutley auf. Warten Sie, bis die Verstärkungen für den Patrouillendienst in Marsch gesetzt sind, und dann lassen Sie sich vom Hauptmann ein halbes Dutzend Soldaten geben, und führen Sie die her. In zehn Minuten können Sie wieder hier sein. Gehen Sie jetzt!“

Desgas grüßte und ging zur Tür.

Während Marguerite, vor Entsetzen wie gelähmt, Chauvelins Anweisungen belauschte, wurde ihr der ganze Plan zur Ergreifung Scarlet Pimpernels erschreckend klar. Chauvelin hatte die Absicht, die Flüchtlinge in ihrem Unterschlupf in falscher Sicherheit zu wiegen, bis Percy sie aufsuchte. Dann sollte er umzingelt und auf frischer Tat ertappt werden, wie er Royalisten, Verrätern an der Republik, half. So konnte die britische Regierung nicht zu seinen Gunsten vorstellig werden. Da er sich mit den Feinden der französischen Regierung verschworen hatte, besaß Frankreich das Recht, ihn zum Tode zu verurteilen.

Desgas wollte gehen, doch Chauvelin rief ihn noch einmal zurück. Marguerite konnte sein Gesicht sehen, als er sich umwandte, um mit Desgas zu sprechen. In diesem Augenblick zeigte es eine solche Bösartigkeit, daß Marguerites letzte Hoffnung verschwand, denn sie fühlte, von diesem Mann war keine Gnade zu erwarten.

„Ich habe noch eins vergessen", erklärte Chauvelin, während er sich seine Hände mit einem Ausdruck satanischer Genugtuung rieb. „Der Fremde könnte sich zur Wehr setzen. Auf keinen Fall wird geschossen, es sei denn in äußerster Not. Ich will diesen großen Ausländer lebendig einfangen ... falls möglich."

Marguerite hatte das Gefühl, als ob alles, was sie bisher erlitten hatte, im Vergleich zu diesem nichts gewesen sei. Chauvelin hatte genau geplant: Jede Straße wurde bewacht, jede Ecke im Auge behalten, und in der einsamen Hütte irgendwo an der Küste wartete eine kleine Schar von Flüchtlingen auf ihren Retter – und führte ihn damit in den Tod. Und sie, seine Frau, die ihn liebte, konnte ihm nicht mehr helfen.

Chauvelin saß nun am Tisch; er hatte seinen Hut abgenommen, und Marguerite konnte sein hageres Profil sehen, während er sich über sein dürftiges Abendessen beugte.

Während sie ihn noch beobachtete, traf plötzlich ein Laut ihr Ohr, bei dem ihr Herz fast erstarrte. Und doch war er nicht dazu bestimmt, einen Menschen mit Entsetzen zu erfüllen, denn es war nichts weiter als eine muntere, frische Stimme, die kräftig sang: *„God save the King!"*

Der Adler und der Euchs

Marguerite hatte das Gefühl, ihr Leben sei zum Stillstand gekommen. In dem Sänger hatte sie ihren Mann erkannt. Chauvelin warf einen raschen Blick zur Tür, ergriff dann eilig seinen breitkrempigen Hut und drückte ihn sich auf den Kopf.

Die Stimme kam näher; einen kurzen Atemzug lang packte Marguerite das ungestüme Verlangen, die Stiege hinabzustürzen und den fröhlichen Sänger zu bewegen, um sein Leben zu laufen, solange es noch nicht zu spät sei. Gerade noch rechtzeitig aber drängte sie diese Aufwallung zurück. Chauvelin würde sie aufhalten, bevor sie noch die Tür erreicht hätte. Außerdem hatte sie keine Ahnung, ob er in Rufweite Soldaten hatte auf Posten ziehen lassen. Ihr impulsives Handeln könnte also sehr wohl das Todesurteil für ihren Mann bedeuten.

„Lang zu herrschen über uns, Gott beschütze unsern König“, sang die Stimme noch fröhlicher als zuvor. Im nächsten Augenblick wurde die Tür aufgestoßen, und es herrschte tödliche Stille.

Marguerite konnte die Tür nicht sehen; sie hielt den Atem an und versuchte, sich vorzustellen, was nun geschah.

Percy hatte beim Eintreten natürlich sofort den Pfarrer gesehen; er zögerte weniger als fünf Sekunden. Dann sah Marguerite seine hohe Gestalt die Stube durchqueren, während er gutgelaunt ausrief: „Hallo! Wo ist denn Brogard, dieser Narr?“

Wie gewöhnlich war sein Äußeres vollkommen, und er hob sein Lorgnon mit der bei ihm üblichen gezierten Handbewegung. Sir Percy Blakeney hätte ebensogut auf dem Weg zu einem Gartenfest sein können, anstatt sich bewußt kopfüber und kaltblütig in eine Falle zu stürzen, die sein gefährlichster Feind ihm gestellt hatte. Einen Augenblick blieb er mitten im Raum stehen, trat dann ruhig an den Tisch, klopfte dem Pfarrer jovial auf den Rücken und sagte mit näselnder Stimme: „Hol’s der Teufel ... Monsieur Chauvelin ... das muß ich schon sagen, ich hätte niemals geglaubt, Ihnen hier zu begegnen!“

Chauvelin, der gerade einen Löffel Suppe zum Mund geführt hatte, wäre daran fast erstickt. Er lief hochrot an, und ein hef-

tiger Hustenanfall bewahrte den verschlagenen Abgesandten Frankreichs davor, die größte Überraschung zu verraten, die er jemals empfunden hatte. Dieses kühne Auftreten hatte ihn für den Augenblick überrumpelt. Blakeney hatte zweifellos erkannt, daß er, Chauvelin, unvorsichtigerweise das Wirtshaus nicht mit Soldaten umstellt hatte, und schien bereits zu wissen, wie er dieses unerwartete Zusammentreffen zu seinem Vorteil wenden könnte.

Marguerite hatte sich noch nicht gerührt. Still zu sitzen und diese beiden Männer zu beobachten, war eine furchtbare Geduldsprobe für sie. Sie wußte, daß Percy, wenn er jetzt die „Graue Katze“ verließe, nicht weit kommen konnte, ohne von einem der Leute des Hauptmanns Jutley gesehen zu werden. Bliebe er aber, würde Desgas mit dem halben Dutzend Soldaten zurückkehren, die Chauvelin angefordert hatte.

Die zwei bildeten einen eigenartigen Gegensatz, und es war Chauvelin, der etwas Angst verriet. Marguerite wußte, daß Chauvelin bereitwillig gefährliche Begegnungen um der Sache willen, die ihm am Herzen lag, auf sich genommen hätte. Er befürchtete nur, daß der kühne Engländer, wenn er ihn niederschlug, die Chancen für sein Entkommen verdoppelte. Es war durchaus denkbar, daß es seinen, Chauvelins, Untergebenen nicht gelingen würde, Scarlet Pimpernel zu fangen, wenn sie nicht von ihm geführt würden.

Offenbar aber hatte er im Augenblick nichts zu befürchten. Blakeney klopfte ihm nochmals freundlich den Rücken, wobei er sein albernstes Lachen zum besten gab. „Es tut mir so verdammt leid ... verdammt leid ... ich habe Sie offenbar beim Essen der Suppe gestört ... ist auch eine furchtbare, eine scheußliche Sache, so eine Suppe ... bei Gott! Einer von meinen Freunden ist einmal daran gestorben ... erstickt ... an einem Löffel Suppe.“

Dann lächelte er Chauvelin gutmütig von oben her an. „Hol's der Teufel!“ fuhr er fort, nachdem sich der andere ein wenig erholt hatte. „Ist das nicht ein entsetzliches Loch? Aber Sie gestatten wohl“, fügte er entschuldigend hinzu, als er sich auf einen Stuhl am Tisch setzte und die Suppenterrine zu sich heranzog. „Brogard, dieser alte Esel, scheint zu schlafen.“

Es stand noch ein zweiter Teller auf dem Tisch, und so nahm er sich in aller Ruhe Suppe und schenkte sich ein Glas Wein ein. Chauvelin hatte sich wieder gefaßt, und er sagte freundlich: „Ich bin hocherfreut, Sie zu sehen, Sir Percy. Sie müssen mich entschuldigen, aber ich glaubte Sie auf der anderen Seite des Kanals. Diese Überraschung hat mir fast den Atem verschlagen."

„Nun ja!" rief Sir Percy mit einem Lächeln, „aber nur fast!" Ruhig aß er seine Suppe, als sei er nur nach Calais gekommen, um in Gesellschaft seines Erzfeindes in dieser schmutzigen Spelunke zu speisen.

Marguerite fragte sich, warum Percy den kleinen Franzosen nicht niederschlug, denn von Zeit zu Zeit schienen seine Augen gefährlich aufzufunkeln, wenn sie auf Chauvelins schmächtiger Gestalt ruhten. Aber dieser Mann, der schon so viele kühne Unternehmungen durchgeführt hatte, war zu weitblickend, um unnötige Risiken auf sich zu nehmen. Während er nun aß und plauderte, überlegte und plante er; und oben auf dem Boden zermarterte sich Lady Blakeney inzwischen den Kopf, was sie unternehmen sollte.

„Ich habe nicht gewußt", meinte Blakeney liebenswürdig, „daß Sie einem geistlichen Orden angehören."

„Ich ... hm ... ich ...", stammelte Chauvelin.

„Sie hätte ich aber trotzdem überall erkannt", fuhr Sir Percy fort, während er sich noch ein Glas Wein einschenkte, „obwohl natürlich die Perücke und der Hut Sie ein wenig verändert haben. Aber ... ich hoffe nur, Sie nehmen es mir nicht übel, daß ich das gesagt habe ...? Schlechtes Benehmen, solche Bemerkungen ... ich hoffe, Sie verübeln es mir nicht?"

„Nein, nein, keineswegs ... Hm! Wie geht es Lady Blakeney?" fuhr Chauvelin fort, in dem Bemühen, das Thema zu wechseln.

Ohne sich stören zu lassen, aß Blakeney seine Suppe zu Ende, leerte das Glas Wein und blickte sich dann, wie es Marguerite schien, rasch in der Gaststube um. „Danke, es geht ihr gut", antwortete er schließlich kühl. Es folgte eine Pause, in der sich die beiden Gegner offenbar gegenseitig musterten. Marguerite konnte Percy fast voll ins Gesicht blicken, und sie genoß diese

Augenblicke, die jeder Frau viel bedeuten, wenn sie den Mann betrachten darf, den sie liebt. In seinen blauen Augen und hinter dem törichten Lächeln konnte sie nun die Kraft, die Energie und Intelligenz Scarlet Pimpernels so deutlich erkennen.

Chauvelin, der seine Ungeduld hinter höflichen Manieren verbarg, warf einen raschen Blick auf seine Uhr. Desgas würde nicht mehr lang auf sich warten lassen; noch zwei oder drei Minuten, und dieser unverschämte Engländer würde von einem halben Dutzend Soldaten bewacht werden.

„Sie sind unterwegs nach Paris, Sir Percy?“ fragte er sorglos.

„Um Himmels willen, nein“, antwortete Blakeney und lachte auf. „Nur bis Lille... Scheußlich unbehaglicher Ort, dies Paris, jedenfalls im Augenblick...“

„Aber doch nicht für einen Engländer wie Sie, Sir Percy“, entgegnete Chauvelin spöttisch, „für einen Mann, der sich für die Konflikte, die dort ausgetragen werden, nicht interessiert.“

„Ganz richtig, es ist eine Sache, die mich nichts angeht. Sie scheinen es eilig zu haben, Sir“, fügte er hinzu, als Chauvelin erneut auf seine Uhr blickte. „Vielleicht eine Verabredung... ich möchte Sie nur bitten, keine Rücksicht auf mich zu nehmen...“

Er stand vom Tisch auf und zog einen Stuhl an den Kamin heran. „Aber, lieber Himmel, Sir“, fuhr er fort, als Chauvelin nun schon zum drittenmal einen Blick auf seine Uhr warf, „Ihre Uhr wird nicht schneller gehen, auch wenn Sie sie noch so oft herausholen. Erwarten Sie vielleicht einen Freund?“

„Allerdings – einen Freund.“

„Doch wohl keine Dame, Herr Pfarrer!“ lachte Blakeney auf. „Ganz gewiß wird die heilige Kirche etwas Derartiges doch nicht zulassen?... Was? Aber setzen Sie sich doch hier ans Feuer... es wird verflucht kalt.“

Er versetzte den Scheiten mit dem Absatz seines Stiefels einen Tritt, wodurch sie hoch aufloderten. Offensichtlich war er sich über die ihm drohende Gefahr völlig im unklaren. Er zog noch einen Stuhl an das Feuer heran, und Chauvelin, der seine Ungeduld kaum noch zu zügeln vermochte, setzte sich neben ihn vor den Kamin, jedoch so, daß er die Tür im Auge behalten konnte. Desgas war nun schon fast eine Viertelstunde verschwunden. Marguerite wußte, daß Chauvelin, sobald Desgas einträfe, alle anderen Pläne, die er mit den Flüchtlingen hatte, zunächst aufgeben und sofort diesen verwegenen Scarlet Pimpernel gefangennehmen würde.

„Monsieur Chauvelin", sagte dieser nun leichthin, „erzählen Sie mir bitte, ist Ihre Freundin hübsch? Aber ich brauche das wohl gar nicht erst zu fragen."

Chauvelin hatte ihm nicht zugehört, denn er konzentrierte sich ganz auf die Tür, durch die Desgas eintreten mußte. Auch Marguerite achtete fast nur auf diese Tür, denn in der Stille der Nacht hatte sie plötzlich das Geräusch dumpfer Schritte vernommen.

Es konnte sich nur um Desgas und seine Leute handeln. Noch drei Minuten, und sie würden da sein! Am liebsten hätte sie aufgeschrien, aber sie wagte es nicht; während sie auf die näherkommenden Schritte der Soldaten lauschte, verfolgte sie jede Bewegung von Percy. Er stand jetzt am Tisch, auf dem sich noch die Reste des Abendessens befanden. Er hatte Chauvelin den Rücken zugewandt und plauderte in seiner affektierten Art drauflos, jedoch hatte er aus der Tasche seine Schnupftabaksdose geholt, die er plötzlich mit dem Inhalt des Pfefferschälchens füllte. Dann wandte er sich wieder mit einem albernen Lachen Chauvelin zu: „Hatten Sie etwas gesagt, Sir?"

Chauvelin war viel zu sehr damit beschäftigt gewesen, auf die Laute draußen zu horchen, um zu bemerken, was sein Gegner inzwischen getan hatte. „Nein", antwortete er, „das heißt – was hatten Sie gerade gesagt, Sir Percy?"

„Ich sagte gerade", erwiderte Blakeney und trat zu Chauvelin an den Kamin, „daß der Händler am Piccadilly mir diesmal einen so guten Schnupftabak verkauft hat, wie ich ihn noch niemals gekostet habe. Würden Sie mir die Ehre geben, Herr Pfarrer?"

Er war unbekümmert auf Chauvelin zugetreten und hielt seinem Erzfeind die Schnupftabaksdose hin.

Chauvelin, der in seinem Leben schon so manches erlebt hatte, hätte sich dies niemals träumen lassen. Die Augen zu der Tür gewandt, durch das unbekümmerte Benehmen des Engländers in falsche Sicherheit gewiegt, nahm er eine Prise aus der Dose.

Nur der, der zufällig einmal eine Prise Pfeffer kräftig eingeatmet hat, kann sich auch nur die geringste Vorstellung von dem Zustand machen, in den ein solches Schnupfen einen Menschen versetzen kann. Chauvelin hatte das Gefühl, daß sein Kopf platzte, und ein Nieser nach dem anderen schien ihn fast zu ersticken; für den Augenblick war er blind, taub und völlig benommen, und während dieser Zeit nahm Blakeney in aller Ruhe seinen Hut, legte etwas Geld auf den Tisch und verließ gelassen die Gaststube.

Der Jude

Marguerite brauchte einige Zeit, um ihrer Verwirrung Herr zu werden; der letzte Teil dieser kurzen Episode hatte sich in weniger als einer Minute abgespielt, und Desgas und seine Soldaten mochten noch immer etwa zweihundert Schritt entfernt sein. Als ihr bewußt wurde, was geschehen war, überkam sie ein seltsames Gefühl der Freude und gleichzeitig tiefer Verwunderung. Alles hatte sich so reibungslos abgespielt. Chauvelin war noch immer völlig hilflos, während sein gewandter Gegner ihm in aller Ruhe entkommen war.

Blakeney wollte offensichtlich versuchen, zu den Flüchtlingen in Père Blanchards Hütte zu gelangen. Aber alle Straßen und der Strand wurden überwacht, wie weit konnte er da schon in seinem prachtvollen Anzug kommen? Jetzt machte sie sich entsetzliche Vorwürfe, daß sie nicht zu ihm hinuntergestiegen und ihm dies warnend gesagt hatte.

Vor der Tür befahl Desgas seinen Leuten „Halt!“

Chauvelin hatte sich inzwischen etwas erholt und sich, wenn auch mühsam, erhoben. Er stürzte zur Tür, riß sie auf, und bevor noch sein Sekretär ein Wort sagen konnte, stieß er zwischen zwei Niesern hervor: „Der große Fremde – schnell! – hat keiner von euch ihn gesehen?“

„Wo, Bürger?“ fragte Desgas verwundert.

„Hier, Mensch! Durch diese Tür! Gerade eben!“

„Wir haben nichts beobachtet, Bürger! Der Mond ist noch nicht aufgegangen und ...“

„Und Sie kommen genau fünf Minuten zu spät, mein Freund", rief Chauvelin, vor Zorn bebend.

Desgas wurde ein wenig blaß. „Er kann nicht weit kommen, Bürger. Hauptmann Jutley hat vierzig Mann zur Verstärkung der Patrouillen eingesetzt; zwanzig davon sind zum Strand hinuntergegangen. Kein Fremder hat also ungesehen den Strand betreten oder ein Boot erreichen können."

„Um so besser. Verstehen sich diese Leute auf ihren Dienst?"

„Sie haben klare Befehle erhalten, Bürger. Sie sollen – so heimlich wie möglich – jeden Fremden beschatten, den sie sehen."

„Auf keinen Fall aber soll man einen solchen Mann festnehmen", rief Chauvelin hitzig. „Wir müssen diesen Scarlet Pimpernel jetzt zur Hütte Père Blanchards gehen lassen. Dort wird er umstellt und gefangengenommen."

„Den Leuten ist das klar, Bürger. Ich hätte noch eine Nachricht für Sie. Vor etwa einer dreiviertel Stunde hat ein großer Engländer ein langes Gespräch mit einem Juden geführt, der Reuben heißt. Es ging um ein Pferd und einen Karren, die der große Engländer zu mieten wünschte. Sie sollten um elf Uhr für ihn bereitstehen."

„Elf Uhr ist schon vorbei. Wo wohnt dieser Reuben?"

„Nur ein paar Minuten von hier."

„Schicken Sie einen Ihrer Leute hin, um festzustellen, ob der Fremde mit Reubens Karren weggefahren ist."

„Sofort, Bürger."

Desgas entfernte sich. Nicht ein Wort dieses Gesprächs zwischen ihm und Chauvelin war Marguerite entgangen, und jedes dieser Worte erfüllte ihr Herz mit furchtbaren Ahnungen. Chauvelin ging gereizt in der Gaststube hin und her und wurde offensichtlich von Ungeduld verzehrt.

Etwa fünf Minuten später kam Desgas wieder. Mit schlurfenden Schritten folgte ihm in einem fleckigen, zerschlissenen Kaftan ein älterer Jude. Sein rotes Haar, das er mit Korkenzieherlocken an den Schläfen trug, war stark mit Grau durchsetzt, und eine Schmutzschicht auf Wangen und Kinn verlieh ihm ein abstoßendes Aussehen. Er hatte die typische gebeugte Haltung, die sein unterdrücktes Volk sich zugelegt hatte, bevor Gleichheit und Freiheit in Glaubensdingen heraufdämmerten.

Chauvelin machte dem Mann ein Zeichen, respektvoll Abstand zu wahren. Die drei Männer standen im Schein der Öllampe, und Marguerite konnte sie deutlich sehen.

„Ist das der Mann?" fragte Chauvelin.

„Nein, Bürger", erwiderte Desgas. „Reuben war nicht zu finden, aber dieser Mann scheint etwas zu wissen, was er wohl gegen eine Vergütung berichten würde."

Der Jude blieb geduldig stehen, auf einen dicken Knotenstock gestützt. Sein speckiger, breitrandiger Hut warf einen tiefen Schatten über sein Gesicht.

„Der Bürger hat mir soeben gesagt", erklärte Chauvelin in herrischem Ton, „daß Sie etwas über den großen Engländer wissen, den ich gern treffen möchte."

„Jawohl, Exzellenz", antwortete der Jude, „ich und Reuben Goldstein sind einem großen Engländer auf der Straße begegnet. Heute abend und nicht weit von hier. Er wollte wissen, ob er ein Pferd und einen Karren mieten könnte, um zu einem Ort zu fahren, den er heute nacht noch erreichen wollte."

„Was haben Sie zu ihm gesagt?"

„Nichts habe ich zu ihm gesagt", antwortete der Jude beleidigt. „Reuben Goldstein, dieser verfluchte Verräter, hat mir die Worte aus dem Mund genommen, Exzellenz, und dem reichen Engländer seine halbverhungerte Mähre und seinen klapprigen Karren angeboten."

„Und was hat der Engländer getan?"

„Er hat Reuben Goldstein angehört, Exzellenz, und eine Handvoll Gold hervorgeholt, die er diesem Nachkommen des Beelzebub zeigte. Er hat ihm gesagt, das alles gehöre ihm, wenn Pferd und Karren um elf Uhr für ihn bereitständen."

„Und selbstverständlich standen dann auch Pferd und Karren bereit? Sind sie aufgebrochen?"

„Ja, vor etwa fünf Minuten. Mich hat die Torheit dieses Ausländers geärgert. Er hätte wissen müssen, daß Reubens Gaul völlig unbrauchbar ist. Habe ich ihm nicht ein dutzendmal versichert, daß mein Pferd und mein Karren ihn schneller und bequemer befördern würden als Reubens knochige Schindmähre!"

„Wissen Sie zufällig, welchen Weg mein Freund in Reuben Goldsteins Karren eingeschlagen hat?"

Nachdenklich rieb sich der Jude sein Kinn. Marguerites Herz klopfte heftig, besorgt sah sie, wie er seine Hand langsam in seine Tasche steckte und ein paar Silbermünzen hervorholte. Er betrachtete sie nachdenklich und bemerkte dann mit leiser Stimme: „Der große Ausländer hat mir zwanzig Francs gegeben, damit ich nichts verriete."

Chauvelin zuckte ungeduldig die Schultern, holte ein paar Goldstücke aus seiner Tasche, ließ sie in der offenen Hand liegen und klimperte mit ihnen. „Habe ich hier genug in meiner Hand, um Ihre Zunge zu lockern?"

Die Augen des Mannes streiften mit einem schnellen Blick das Gold. „Was wünschen Exzellenz zu wissen?"

„Ob Ihr Pferd und Ihr Karren mich dorthin bringen können, wo ich den großen Fremden, der in Reuben Goldsteins Karren weggefahren ist, finden kann?"

„Mein Pferd und mein Karren können Euer Gnaden dorthin bringen, wenn es Euer Gnaden beliebt."

„Zu einer Stelle mit Namen: Père Blanchards Hütte?"

„Haben das Euer Gnaden erraten?" rief der Alte erstaunt.

„Kennen Sie die Stelle? Welche Straße führt dorthin?"

„Die Straße nach Saint-Martin, Euer Gnaden, und dann ein Fußweg von der Straße zur Küste."

Chauvelin warf ohne ein weiteres Wort die Goldmünzen dem Juden vor die Füße, der niederkniete und sie einsammelte. Als er sich wieder aufgerichtet hatte, fragte Chauvelin: „Wie lange dauert's, bis wir abfahren können?"

„Pferd und Wagen stehen bereit, Euer Gnaden. Gleich um die Ecke. Ich bin überzeugt, daß wir keine zwei Meilen von hier diesen gerissenen Reuben, seinen Gaul, seinen zusammengebrochenen Karren mit dem großen Ausländer antreffen werden."

„Wenn Sie mich hintergangen haben", erklärte Chauvelin nun, „werde ich zweien meiner kräftigsten Soldaten befehlen, Ihnen eine solche Tracht Prügel zu verabreichen, daß Ihr Atem Ihren häßlichen Körper vielleicht für immer verläßt. Aber wenn wir meinen Freund, den großen Engländer, finden, auf der Straße oder in Père Blanchards Hütte, bekommen Sie noch zehn Goldstücke. Sind Sie mit dem Handel einverstanden?"

Der Jude rieb sich nachdenklich das Kinn. Er warf einen Blick auf das Geld in seiner Hand und sah dann sein strenges Gegenüber an. Nach einer kleinen Pause sagte er fest entschlossen: „Ich bin einverstanden."

„Dann warten Sie draußen", befahl Chauvelin.

Der Alte verbeugte sich unterwürfig und schlurfte hinaus. Chauvelin schien zufrieden zu sein. „Meine Jacke und meine Stiefel!" rief er Desgas zu.

Desgas ging zur Tür, und bald darauf trat ein Soldat mit Chauvelins Jacke, Stiefeln und Hut ein. Er zog seine Soutane aus, unter der er enganliegende Reithosen und eine Tuchweste trug, und zog sich sein neues Kostüm an.

„Und Sie, Bürger", sagte er zu Desgas, „gehen inzwischen so schnell wie möglich zu Hauptmann Jutley und lassen sich von ihm noch ein Dutzend Leute geben. Diese führen Sie die Straße nach Saint-Martin entlang, wo Sie, wie ich annehme, den Karren, auf dem ich sitze, schnell einholen werden. Es wird in Père Blanchards Hütte heiß hergehen. Dort gibt's den entscheidenden Zug in unserm Spiel, und wir werden es mit einer Bande zum äußersten entschlossener Männer zu tun haben. Aber wir werden mindestens fünf Mann gegen einen sein. Sie können mit Ihren Leuten dem Karren folgen. Der Engländer ist vor uns und wird sich kaum umblicken."

Während er kurz und bündig seine Anweisungen gab, hatte er sich umgezogen. Er trug nun wieder seine gewohnte schwarze Kleidung.

„Ich werde Ihnen einen interessanten Gefangenen zu übergeben haben", sagte er mit einem leisen Lachen, als er mit Desgas zur Tür ging. „Wir werden ihn nicht gleich umbringen, was, Freund Desgas? Suchen Sie sich Ihre Leute gut aus. Wir müssen sehen, wie Scarlet Pimpernel einschrumpft und zittert, was? ... bevor wir ihm schließlich ..." Er machte eine vielsagende Handbewegung und stieß dabei ein leises, bösartiges Lachen aus, das Marguerites Herz mit tiefem Entsetzen erfüllte. „Suchen Sie sich Ihre Leute gut aus, Bürger Desgas", sagte er noch einmal, während er mit seinem Sekretär hinausging.

Auf der Fährte

Marguerite zögerte auch nicht einen Augenblick. Die letzten Geräusche vor der „Grauen Katze“ waren verklungen. Sie hatte gehört, wie Desgas seinen Leuten Befehle gab und dann zum Fort aufbrach, um sich Verstärkung zu holen. Später hörte sie die Stimme des Juden, dann das Rattern von Rädern, als der klapprige Karren die Straße entlangrumpelte. Im Wirtshaus blieb alles still. Brogard und seine Frau hatten in tiefer Furcht vor Chauvelin kein Lebenszeichen mehr von sich gegeben. Marguerite wartete noch etwas und stieg dann leise die Stufen herunter, hüllte sich in ihren Umhang und schlüpfte zur Tür hinaus.

So begab sie sich auf die letzte Etappe ihres Unternehmens: allein, bei Nacht und zu Fuß. Das halbverhungerte Pferd des Juden konnte nicht sehr schnell gehen. Obwohl Marguerite ziemlich erschöpft war, wußte sie daher, daß sie leicht Schritt halten konnte. Die Straße zog sich in einiger Entfernung vom Meer durch das Land und war von Gebüsch und krüppligen Bäumen begleitet, durch die unaufhörlich der Wind ging.

Glücklicherweise zeigte der Mond keine Neigung, zwischen den Wolken hervorzukommen, und Marguerite, die sich dicht an das Gebüsch hielt, war vor Blicken recht gut geschützt.

Die Luft war frisch und von einem salzigen Hauch durchweht; nach der Zeit erzwungener Untätigkeit in der stinkenden Kneipe hätte Marguerite diese herbstliche Nacht und das ferne Dröhnen der Wellen genossen, aber ihr Herz war von Vorahnungen und schmerzlicher Sehnsucht allzusehr bedrückt. Schon lagen die wenigen trüben Lichter von Calais weit hinter ihr, und an dieser Straße war nichts zu sehen, was auf eine menschliche Siedlung gedeutet hätte. Zu ihrer Rechten zog sich der Saum der Steilküste hin, und vor ihr war das Knarren der Räder, die einen erbarmungslosen Feind seinem Triumph entgegenführten.

Chauvelin, der im Fuhrwerk des Juden gerüttelt und geschüttelt wurde, konnte sich angenehmen Gedanken hingeben. Die Verhaftung dieses wagemutigen Verschwörers würde das schönste Blatt im Siegerkranz des Bürgers Chauvelin sein.

Die magere Mähre des Juden schleppte sich jedoch mühsam dahin. „Ist es noch weit bis zu dem Fußweg?“ fragte Chauvelin von Zeit zu Zeit.

„Nicht sehr weit, Euer Gnaden“, lautete immer gleichbleibend die Antwort.

„Aber bisher sind wir Ihrem Freund und meinem noch nicht begegnet, die doch hier längst in den Trümmern ihres Fahrzeugs liegen sollten“, meinte Chauvelin mit scharfem Spott.

„Nur Geduld, Exzellenz, sie sind vor uns. Ich kann die Spuren des Karrens erkennen, auf dem dieser Sohn der Amalekiter hockt. Achtung! Was war das?“ stieß der Jude plötzlich hervor.

Durch die tiefe Stille konnten sie deutlich Hufgetrappel auf der aufgeweichten Straße vernehmen.

„Halten Sie einen Augenblick an, ich möchte mal horchen“, befahl Chauvelin.

Auch Marguerite hatte das Geräusch galoppierender Pferde gehört. Schon seit einiger Zeit war sie besonders wachsam, da sie daran dachte, daß Desgas und sein Trupp sie bald überholen müßten, aber dieses Getrappel näherte sich aus der entgegengesetzten Richtung. Sie zitterte am ganzen Körper. Hatte man den großen Fremden entdeckt?

Es gelang ihr, sich in der Dunkelheit nah an den stehenden Karren heranzuschleichen, und so hörte sie die eilig hervorgestoßenen Losungsworte: „Freiheit, Gleichheit, Brüderlichkeit!“ Und dann Chauvelins hastige Frage: „Was gibt es Neues?“

Zwei Männer zu Pferd hatten neben dem Fuhrwerk angehalten. Und nun vernahm Marguerite in einiger Entfernung hinter sich das regelmäßige Stampfen einer heranmarschierenden Schar von Männern: Desgas und seine Leute.

„Haben Sie den Fremden gesehen?“ fragte Chauvelin gespannt die Reiter.

„Nein, Bürger. Aber drei Kilometer von hier entfernt sind wir auf eine Hütte gestoßen, die aussah, als ob darin ein Fischer seine Netze aufbewahrte. Zunächst dachten wir, es gebe dort nichts Verdächtiges, bis wir Rauch durch eine Öffnung auf der einen Seite herausdringen sahen. Ich stieg ab und kroch dicht heran. Sie war zwar leer, aber in der einen Ecke der Hütte glomm ein Holzkohlenfeuer. Wir beschlossen, daß meine Kameraden mit ihren Pferden in Deckung gehen sollten, während ich auf Wache bliebe."

„Haben Sie nun etwas beobachtet?"

„Etwa eine halbe Stunde später vernahm ich Stimmen, da gingen zwei Männer oben auf der Steilküste entlang. Der eine war jung, der andere schon ziemlich alt."

Marguerites Herz blieb fast stehen. War der junge Mann etwa Armand? Und der alte Tournay?

„Die beiden Männer gingen in die Hütte", fuhr der Soldat fort, „und da habe ich mich näher herangeschlichen. Die Hütte ist grob zusammengezimmert, so konnte ich Fetzen ihres Gesprächs aufschnappen."

„Ja? Was haben Sie gehört?"

„Der alte Mann hat den jüngeren gefragt, ob er sicher sei, daß dies der richtige Ort sei. ‚O ja', antwortete er, ‚das ist bestimmt die richtige Stelle. Hier ist der Plan, den er mir vor meiner Abreise aus London gegeben hat. Wir sollten uns genau daran halten, falls ich keine gegenteiligen Anweisungen erhielte.'"

„Ja – und was weiter?" fragte Chauvelin ungeduldig.

„Wir waren sechs, die diesen Teil des Strandes abpatrouillierten. Vier blieben dort zurück und beobachteten die Hütte, während ich und mein Kamerad sofort zurückritten, um zu berichten."

„Es ist kein Augenblick mehr zu verlieren. Die Hütte ist also drei Kilometer entfernt. Können Sie sie wiederfinden?"

„Ich werde den Weg finden, Bürger", erklärte der Soldat mit Bestimmtheit.

„Dann kommen Sie. Lassen Sie Ihren Kameraden die beiden Pferde nach Calais zurückbringen. Sie brauchen Ihres nicht mehr. Gehen Sie neben dem Karren her und sagen Sie dem Juden, wie er fahren soll."

Während Chauvelin noch sprach, rückten Desgas und seine Leute schnell heran. Marguerite schien plötzlich nicht einmal mehr leiden zu können. Ihr Herz, ihre Nerven und ihr Geist waren wie betäubt nach all den Stunden unaufhörlicher Sorgen, die ihren Höhepunkt fanden. Es gab jetzt absolut keine Hoffnung mehr. Drei Kilometer von dieser Stelle entfernt, warteten die Flüchtlinge auf ihren mutigen Retter. Er würde bald zu ihnen stoßen; dann würden zwei Dutzend Männer, unter der Führung eines Mannes, den Haß anspornte, die kleine Schar von Flüchtlingen und ihren Anführer umzingeln und alle gefangennehmen. Armand würde, wie Chauvelin ihr versprochen hatte, wieder zu ihr zurückkehren, aber Percy, ihr Mann, würde in die Hände eines unbarmherzigen Feindes fallen.

Desgas schloß sich mit seinen Leuten dem Karren an, und alle zogen langsam die dunkle Straße entlang, auch Marguerite, nachdem sie ein bißchen gewartet hatte.

Père Blanchards Hütte

Wie in einem bösen Traum ging Marguerite weiter. Voller Verzweiflung blickte sie sich in der Dunkelheit um und fragte sich, aus welcher Richtung ihr Mann wohl auftauchen würde, um in die Todesfalle zu gehen. Ihre Füße schmerzten. Ihre Knie zitterten von den körperlichen Strapazen. Seit Tagen lebte sie in einem Aufruhr aller ihrer Gefühle; seit drei Nächten hatte sie keine richtige Ruhe mehr gefunden; jetzt war sie bereits zwei Stunden unterwegs, und dennoch ließ ihre Entschlossenheit sie nicht einen Augenblick im Stich.

Plötzlich war es still, der Karren mußte angehalten haben und die Soldaten stehengeblieben sein. Zweifellos zweigte dort der Pfad ab, der zur Steilküste und zur Hütte führte, denn Chauvelin und Desgas waren scharf nach rechts eingebogen. Der Jude wartete mit seinem Karren und dem Pferd auf der Straße.

Mit äußerster Vorsicht hielt sich Marguerite ebenfalls immer weiter nach rechts, sie mußte dabei auf Händen und Knien durch niedriges Gestrüpp kriechen. An den dürren Zweigen zerkratzte sie sich Gesicht und Hände, ihr war es nur wichtig, alles zu hören, ohne selber gesehen oder gehört zu werden. Der Fußpfad war dann von einer niedrigen Hecke gesäumt, hinter der ein trockener Graben verlief, in dem hartes Gras wuchs. Dort konnte sich Marguerite verstecken; sie blieb allen Blicken verborgen, und doch gelang es ihr, bis auf drei Schritt an Chauvelin heranzukommen, der seinen Leuten gerade Befehle gab. Ihr waren vielleicht noch geringe Möglichkeiten geblieben, Percy zu nützen, indem sie die Pläne des Feindes Wort für Wort mitanhörte.

„Und jetzt“, sagte Chauvelin, „wo liegt Père Blanchards Hütte?“

„Ungefähr achthundert Meter von hier entfernt, noch an diesem Pfad“, erklärte der Soldat, der die Gruppe die letzte Zeit über geführt hatte, „und etwa auf halbem Weg die Steilküste hinunter.“

„Gut. Sie werden uns führen. Bevor wir jedoch hinuntersteigen, schleichen Sie sich so leise wie möglich an die Hütte heran und stellen fest, ob die royalistischen Verräter dort sind. Verstanden?“

„Verstanden, Bürger.“

„Und nun hören Sie mir alle genau zu“, fuhr Chauvelin eindringlich fort. „Sie, Bürger, werden sich also an die Hütte heranschleichen und hineinspähen. Ist ein Engländer dort mit den Verrätern zusammen, ein Mann, der überdurchschnittlich groß ist oder der sich krumm hält, als wollte er dadurch seine Größe verbergen, dann geben Sie Ihren Kameraden durch einen scharfen Pfiff ein Zeichen. Und Sie alle umzingeln dann rasch die Hütte und stürzen hinein; jeder von Ihnen packt einen der Männer, bevor sie Zeit gefunden haben, nach ihren Waffen zu greifen; setzt sich einer zur Wehr, dann schießen Sie auf Beine oder Arme, aber unter keinen Umständen dürfen Sie den großen Mann töten. Er ist wahrscheinlich sehr stark, und um ihn zu überwältigen, werden vier oder fünf Mann von Ihnen nötig sein.“

Es folgte eine kleine Pause, dann fuhr Chauvelin fort: „Wenn die royalistischen Verräter noch immer allein sind, dann verständigen Sie Ihre Kameraden, und Sie alle verstecken sich hinter Steinen und Felsen und warten dort auf den großen Engländer. Erst wenn er in der Hütte ist, stürmen Sie vor. Aber vergessen Sie nicht, Sie müssen leise sein, denn auf keinen Fall sollen diese Royalisten Verdacht schöpfen – das Abfeuern einer Pistole, ein Schrei oder ein Ruf von Ihnen würde vielleicht genügen, um den großen Engländer zu warnen. Und", fügte er mit Nachdruck hinzu, „heute nacht ist es Ihre Pflicht, diesen Mann gefangenzunehmen."

„Ihre Befehle werden befolgt werden, Bürger."

„Dann gehen Sie jetzt so leise wie möglich voran, ich komme nach."

„Was ist mit dem Juden, Bürger?" fragte Desgas, als die Soldaten schweigend und wie Schatten auf dem schmalen Pfad weggingen.

„Richtig! Den habe ich ganz vergessen", antwortete Chauvelin und wandte sich um. „He, Sie ... wie Sie auch immer heißen."

„Benjamin Rosenbaum, wenn es Euer Gnaden beliebt", erwiderte er demütig.

„Es beliebt mir nicht, Ihre Stimme zu hören, aber es beliebt mir, Ihnen gewisse Befehle zu geben, die Sie besser befolgen sollten. Sie sollen mit Ihrem Pferd und Ihrem Karren bis zu unserer Rückkehr hier warten. Sie dürfen auf keinen Fall das geringste Geräusch machen, und wenn ich Sie hier nicht wieder antreffe, versichere ich Ihnen feierlich, daß ich Sie finden werde. Früher oder später wird Sie die Strafe bestimmt ereilen. Haben Sie mich verstanden?"

„Ich habe Euer Gnaden verstanden", versicherte der Jude, „und ich schwöre bei Abraham, Isaak und Jakob, daß ich Euer Gnaden aufs Wort gehorchen werde; aber ich bin ein armer alter Mann; meine Nerven sind nicht mehr so stark wie die eines jungen Soldaten. Falls nächtliche Räuber auf dieser einsamen Straße herumschleichen sollten, könnte ich vor Angst aufschreien oder davonlaufen! Und soll eine furchtbare Strafe über mein armes altes Haupt kommen, nur weil ich nicht anders kann?"

Der Jude schien wirklich in großer Not; er zitterte von Kopf bis Fuß. Er sprach die Wahrheit: Ohne es zu wollen, konnte er aus Angst schreien und so den gefährlichen Scarlet Pimpernel warnen.

Chauvelin dachte einen Augenblick nach. „Na schön, Sie Feigling", erklärte er schließlich, „dann schlurfen Sie schon besser hinter uns her. Wir brauchen Sie, um die Verwundeten zurückzufahren. Bürger Desgas, binden Sie dem Kerl mit diesem Taschentuch noch fest den Mund zu."

Chauvelin reichte Desgas ein großes Taschentuch, und Benjamin Rosenbaum ließ sich ohne Widerstand knebeln; offensichtlich zog er diese Unbequemlichkeit der Einsamkeit auf der dunklen Straße nach Saint-Martin vor. Dann gingen die drei Männer hintereinander den Weg entlang.

Marguerite war nicht eins von Chauvelins herrischen Worten entgangen. Im Augenblick blieb ihr nichts weiter übrig, als ihm und den Soldaten zu folgen. Sie fürchtete, sich zu verirren, sonst wäre sie vorausgeeilt, hätte die Holzhütte gesucht und käme vielleicht noch gerade rechtzeitig, um die Flüchtlinge und ihren Retter zu warnen.

Eine Sekunde lang durchzuckte sie der Gedanke, die gellenden Schreie auszustoßen, die Chauvelin so sehr zu fürchten schien. Vielleicht wäre das eine Warnung für Scarlet Pimpernel und seine Freunde gewesen, und sie hätten noch fliehen können. Jedoch konnte sich ein solcher Versuch als voreilig erweisen, und dann bliebe ihr keine Möglichkeit mehr, einen zweiten zu unternehmen.

Wie ein Gespenst eilte sie lautlos hinter der Hecke dahin; sie hatte ihre Schuhe ausgezogen, und ihre Strümpfe waren völlig zerfetzt. Aber der Wille, zu ihrem Mann zu gelangen, erstickte jedes Gefühl körperlichen Schmerzes. Plötzlich blieb sie stehen und duckte sich noch tiefer in den Schatten der Hecke. Der Mond, der sich bisher als ihr Freund erwiesen und sich hinter einer Wolkenbank verborgen gehalten hatte, stieg nun in aller Pracht herauf und übergoß die wilde, einsame Landschaft mit seinem Licht. Keine zweihundert Meter entfernt zog sich der Rand der Steilküste hin, und darunter, sich bis zum freien England erstreckend, rollte das Meer heran. Marguerite sah auf das silbern glänzende Wasser, und ihr Herz schien sich zu entspannen, und ihre Augen füllten sich mit Tränen: Keine drei Kilometer entfernt lag wartend ein schlanker Schoner. Marguerite erriet es eher, als daß sie das Schiff erkannt hätte. Es war die *Tagtraum,* Percys Schoner, und die hellen Segel, die im Mondschein schimmerten, schienen Marguerite eine Botschaft voller Zuversicht und Hoffnung zu schicken, an die sie dennoch nicht zu glauben wagte. Wie ein wunderschöner weißer Vogel wartete die Yacht auf ihren Herrn, um mit ihm davonzufliegen.

Der Anblick des Schoners schien Lady Blakeney, so erschöpft und niedergeschlagen sie auch war, fast übermenschliche Kräfte zu verleihen, wie dies in hoffnungslosen Situationen zuweilen geschieht. Dort vor ihr zog sich der Rand der Steilküste hin, und ein Stück unterhalb davon lag die Hütte, aus der ihr Mann schon bald zu seinem Tod geführt würde. Aber der Mond stand nun klar am Himmel, und sie konnte den Weg deutlich vor sich sehen. Sie würde auch die Hütte erkennen, darauf zulaufen und alle warnen.

Hinter der Hecke taumelte sie in dem dürren, dichten Gras des Grabens weiter. Sie mußte schnell vorwärtsgekommen sein und Chauvelin und Desgas überholt haben, denn plötzlich gelangte sie an den Steilabfall und hörte die Schritte der anderen deutlich ein Stück hinter sich. Sie blickte die zerklüftete Klippe hinab – der Abstieg würde an dieser nicht allzu steilen Stelle leicht sein – und entdeckte zu ihrer Linken in etwa halber Höhe einen grob gezimmerten Holzbau, durch dessen Ritzen ein schwaches rotes Licht schimmerte. Ohne Zögern machte sie sich an den Abstieg, kroch von Felsblock zu Felsblock und kümmerte sich nicht um den Feind in ihrem Rücken, auch nicht um die Soldaten, die offenbar alle in Deckung gegangen waren, da der große Engländer noch nicht erschienen war. Sie rannte, stolperte, halb benommen, und stürzte plötzlich wegen einer Spalte oder einer schlüpfrigen Steinplatte, rappelte sich sofort wieder auf und lief weiter. Nun aber merkte sie, daß schnelle Schritte ihr dicht auf den Fersen waren. Im nächsten Augenblick hatte eine Hand ihren Rock gepackt. Sie lag auf den Knien, und eine Hand wand ihr ein Tuch um den Mund, um sie am Schreien zu hindern.

Halb von Sinnen vor Verzweiflung, blickte sie hilflos um sich. Dicht vor sich sah sie nun ein Paar scharfer, stechender Augen. Sie lag im Schatten eines großen Felsblocks; Chauvelin konnte ihre Züge nicht erkennen, aber er tastete mit seinen mageren, weißen Fingern über ihr Gesicht hin.

„Eine Frau!“ flüsterte er. „Bei allen Heiligen! Ich frage mich nur...“ Nach Sekunden tödlicher Stille stieß er ein langes, leises, seltsames Kichern aus, während Marguerite voller Widerwillen wieder seine knöchrigen Finger über ihr Gesicht kriechen spürte. „Du lieber Himmel!" flüsterte er affektiert, „das ist wahrhaftig eine reizende Überraschung." Marguerite fühlte, wie Chauvelin ihre zu jedem Widerstand unfähige Hand an seine spöttischen Lippen führte.

Es war wirklich eine groteske Situation, jedoch gleichzeitig auch voller Tragik: Die erschöpfte Frau, deren Mut nun gebrochen war, mußte auf den Knien liegend die banalen Höflichkeiten ihres Todfeindes über sich ergehen lassen. Von dem festen Tuch um ihren Mund halb erstickt, hatte sie nicht mehr die Kraft, sich zu rühren oder auch nur den geringsten Laut von sich zu geben. Plötzlich fühlte sie sich hochgehoben, ein Paar starker Arme trug sie auf jenes schwache rote Licht zu, das sie wie das letzte Aufglimmen einer Hoffnung betrachtet hatte.

Einige Sekunden lang verlor sie jedes Gefühl für Zeit und Raum. Als sie wieder zu sich kam, saß sie auf einem Männermantel, mit dem Rücken an einen Felsbrocken gelehnt. Der Mond hatte sich erneut hinter ein paar Wolken verborgen, und die Dunkelheit schien nun um so tiefer. Etwa siebzig Meter unterhalb von ihr rauschte das Meer, das schwache Schimmern des rötlichen Lichts konnte sie nirgends mehr erkennen.

Das Ende des Unternehmens war wohl gekommen; sie schloß es aus den ganz in ihrer Nähe hastig geflüsterten Worten.

„Vier Männer sind jetzt in der Hütte, Bürger; sie scheinen auf etwas zu warten."

„Wie spät?"

„Fast zwei."

„Die Flut?"

„Hat kräftig eingesetzt."

„Der Schoner?"

„Offensichtlich ein Engländer, der ein paar Kilometer draußen liegt. Aber wir können sein Beiboot nicht sehen."

„Sind unsere Leute in Deckung gegangen, und werden sie nichts verpatzen?"

„Bis der große Engländer kommt, werden sie sich nicht rühren; dann werden sie die Hütte umzingeln und die fünf Mann überwältigen."

„Gut so. Und die Frau?“

„Wohl noch immer bewußtlos. Sie liegt dicht neben Ihnen, Bürger!“

„Der Jude?“

„Er ist geknebelt, und wir haben ihm Arme und Beine gefesselt.“

„Gut. Dann schleichen Sie sich dicht an die Hütte heran und überlassen es mir, auf die Dame aufzupassen.“

Marguerite hörte, wie Desgas über die Felsen wegschlich. Dann spürte sie, wie warme, magere, krallenähnliche Finger ihre Hände umschlossen und sie in einem stählernen Griff festhielten.

„Bevor dieses Taschentuch von Ihrem hübschen Mund entfernt wird, Mylady“, flüsterte Chauvelin dicht an ihrem Ohr, „halte ich es für richtig, Ihnen eine kleine Warnung zukommen zu lassen. Was mir die Ehre eingebracht hat, daß eine so bezaubernde Gefährtin mir über den Kanal gefolgt ist, vermag ich mir selbstverständlich nicht vorzustellen. Aber ich bin ziemlich überzeugt davon, daß der erste Laut, der Ihren hübschen Lippen entschlüpfte, sobald der grausame Knebel Ihnen abgenommen würde, eine Warnung für den listigen Engländer wäre, der mir solche Scherereien gemacht hat.“

Er hielt einen Augenblick inne, während sich der stählerne Griff noch fester um ihr Handgelenk zu schließen schien. Dann fuhr er in dem gleichen hastigen Flüstern fort: „Wenn ich mich nicht täusche, hält sich dort drüben in der Hütte Ihr Bruder, Armand Saint-Just, mit dem Verräter de Tournay und noch zwei anderen Männern auf. Sie warten auf die Ankunft Scarlet Pimpernels. Falls Sie schreien, falls es hier zu einem Handgemenge kommt, falls Schüsse fallen, ist es mehr als wahrscheinlich, daß dieselben langen Beine, die dieses blumennamige Rätsel hierhergebracht haben, es ebenso schnell wieder an einen sicheren Ort tragen werden. Damit wäre das Ziel meiner langen Reise nach hier nicht erreicht. Auf der anderen Seite liegt es ganz bei Ihnen, ob es Ihrem Bruder heute nacht freistehen wird, Sie nach irgendeinem für ihn sicheren Ort zu begleiten.“

Marguerite konnte keinen Laut hervorbringen, aber zweifellos hatte ihre Hand mit Zustimmung auf seinen letzten Vorschlag reagiert, denn Chauvelin fuhr sogleich fort: „Um Armands Sicherheit zu gewährleisten, verlange ich von Ihnen nur etwas sehr Einfaches, meine Liebe. Sie sollen an dieser Stelle bleiben, ohne einen Laut von sich zu geben, bis ich Ihnen zu sprechen erlaube. Ach, ich glaube schon, daß Sie mir gehorchen werden", fügte er hinzu, denn Marguerites Körper schien sich zu verkrampfen, als wollte sie damit sein Ansinnen ablehnen, „denn wenn Sie nur einen Laut von sich geben oder den Versuch machen, sich von hier zu entfernen, werden meine Leute Saint-Just, de Tournay und ihre beiden Freunde ergreifen und sie hier vor Ihren Augen erschießen."

Marguerite hatte den Worten ihres Feindes mit ständig steigender Furcht gelauscht. Ihr war nicht genügend Kraft geblieben, um die ganze Grausamkeit dieses „Entweder-Oder" zu erfassen. Es bedeutete, daß sie sich still verhalten und zulassen sollte, wie ihr Mann, den sie liebte, ahnungslos in seinen Tod hineinlief, oder daß sie durch den Versuch, ihm ein warnendes Wort zuzurufen, das Signal für die Ermordung ihres eigenen Bruders und dreier anderer Männer geben würde.

„Madame", fügte Chauvelin liebenswürdig hinzu, „Sie kann hier doch nur Saint-Just interessieren, und für seine Sicherheit brauchen Sie nichts weiter zu tun, als dort zu bleiben, wo Sie jetzt sind, und sich still zu verhalten. Meine Leute haben strengen Befehl, ihn in jeder Weise zu schonen. Was nun den rätselhaften Scarlet Pimpernel angeht, was hat er Ihnen zu bedeuten? Und nun, Madame, lassen Sie mich Ihnen dieses unerfreuliche Tuch von Ihrem hübschen Mund nehmen. Wie Sie sehen, möchte ich Sie bei der Wahl, die Sie zu treffen haben, keinerlei Zwang unterwerfen."

Chauvelin entfernte das Taschentuch. Sie schrie nicht; ihr war keine Kraft mehr geblieben, irgend etwas zu unternehmen. Sie konnte sich mit dumpf pochenden Schläfen und gefühllos vor Schmerz nur mit Mühe aufrecht halten und mußte sich zum Nachdenken zwingen. Die Minuten vergingen, und die ganze Situation erschien ihr immer unwirklicher. Es war doch unmöglich, daß sie, Marguerite Blakeney, die Königin der Londoner Gesellschaft, tatsächlich an dieser Stelle des einsamen Strandes saß – mitten in der Nacht und neben sich ihren Todfeind. Und

es war doch wohl nicht möglich, daß kaum ein paar hundert Schritt von ihr entfernt vielleicht der Mensch, der ihr jetzt mit jedem Augenblick immer teurer wurde, seinem Verderben entgegenging.

Warum warnte sie ihn nicht durch laute Schreie, damit er umkehrte? Dieser satanische Mensch neben ihr kannte sich in der menschlichen Natur – in der Natur der Frau – aus. Er hatte sich ihre Gefühle zunutze gemacht. Sie konnte dieses Signal nicht geben – denn sie war dazu zu schwach –, und sie war eine Frau. Wie konnte sie ganz bewußt den Befehl geben, daß Armand vor ihren Augen erschossen würde?

Auf einmal war nicht weit entfernt eine fröhliche, kräftige Stimme zu vernehmen, die „God save the King!" hinausschmetterte.

Der Schoner

Marguerite blieb fast das Herz stehen. Sie fühlte mehr, als daß sie es hörte, wie sich die Soldaten auf den Kampf vorbereiteten.

Die Stimme kam näher; in der Weite der einsamen Klippen, zu deren Füßen das Meer dumpf rauschte, war es unmöglich, festzustellen, wie weit sie entfernt war und in welcher Richtung sich der fröhliche Sänger bewegte, der in seinem Lied Gott beschwor, seinen König zu beschützen, während er sich selber in tödlicher Gefahr befand. Die Stimme wurde immer lauter.

Deutlich hörte Marguerite das Spannen des Hahnes von Desgas' Pistole neben sich.

Nein! Nein! Lieber Gott im Himmel! Das durfte nicht sein! Sollte Armands Blut über ihr Haupt kommen! Aber Blakeney, den sie liebte, sollte um jeden Preis gerettet werden.

Mit einem wilden Aufschrei sprang sie auf und stürzte um den Felsen herum, an dem sie gelehnt hatte, zur Hütte herunter, warf sich gegen die Wand und schlug auf die mit geballten Fäusten wie rasend ein, während sie schrie: „Armand! Armand! Um Gottes willen, schieß! Dein Retter ist nah! Er kommt! Er ist verraten worden!"

Sie wurde von hinten gepackt und zu Boden geworfen. Blutend lag sie da, noch immer halb schluchzend und halb schreiend: „Percy, um Himmels willen, flieh! Warum schießt du nicht, Armand?“

„Bring doch einer von euch diese Frau zum Schweigen!“ zischte Chauvelin.

Es wurde ihr etwas über das Gesicht geworfen; sie konnte kaum noch atmen und mußte verstummen. Auch der kühne Sänger war verstummt, zweifellos durch Marguerites erregte Schreie gewarnt. Die Männer waren aufgesprungen, denn jetzt brauchten sie sich nicht mehr still zu verhalten.

„Hinein, Leute!“ rief Chauvelin hastig. „Laßt keinen aus dieser Hütte lebend entkommen!“

Wieder war der Mond zwischen den Wolken aufgetaucht und breitete schimmerndes, silbernes Licht aus. Die Tür zur Hütte stand halb offen; einer der Soldaten stieß sie noch weiter auf, innen warf die Glut der Holzkohle nur einen trüben rötlichen Schein. Die Soldaten blieben in der Tür stehen. Chauvelin, der sich auf einen verzweifelten Widerstand der vier Flüchtlinge vorbereitet hatte, war im Augenblick vor Überraschung wie gelähmt, als er die Soldaten dort wie Posten auf Wache stehen sah, während aus der Hütte nicht der geringste Laut zu vernehmen war.

Mit einer schlimmen Ahnung trat auch er zur Tür, sah in das trübe Licht hinein und fragte hastig: „Was hat das alles zu bedeuten?“

„Ich glaube, Bürger, daß niemand mehr da ist“, antwortete einer der Soldaten gelassen.

„Sie haben doch nicht etwa diese vier Männer entwischen lassen?“ donnerte Chauvelin. „Ich habe Ihnen befohlen, keinen lebendig laufen zu lassen! – Schnell, ihnen nach!“

Die Männer stürzten den felsigen Abhang zum Strand hinunter.

„Sie und Ihre Leute werden mit ihrem Leben für das verpatzte Unternehmen zahlen müssen“, rief Chauvelin dem Sergeanten gereizt zu.

„Sie haben uns befohlen zu warten, Bürger, bis der große Engländer käme und sich mit den vier Männern in der Hütte träfe. Aber niemand ist gekommen“, entgegnete der Sergeant mürrisch.

„Aber eben, als die Frau schrie, habe ich Ihnen befohlen, hineinzustürzen und niemand entkommen zu lassen.“

„Bürger, die vier Männer, die vorher dort drin waren, sind schon seit einiger Zeit verschwunden, glaube ich.“

„Glauben Sie! – Sie? ...“, Chauvelin erstickte fast an seinem Zorn. „Und Sie haben sie entwischen lassen ...“

„Sie haben uns unter Androhung der Todesstrafe befohlen, Ihre Befehle genauestens zu befolgen“, widersprach der Sergeant. „Ich habe die Männer einige Minuten, nachdem wir uns versteckt hatten, aus der Hütte kriechen hören. Das war lange bevor die Frau aufgeschrien hat.“

„Achtung!“ stieß Desgas plötzlich hervor.

In einiger Entfernung war Schußwechsel zu hören. Chauvelin versuchte zu erkennen, was unten am Strand geschah, aber der Mond verbarg sich wieder einmal hinter einer Wolkenbank, und so konnte er nichts sehen. „Einer von Ihnen geht jetzt in die Hütte und macht Licht“, brachte er schließlich mühsam hervor.

Gleichgültig gehorchte der Sergeant: Er trat an die Holzkohlenglut und zündete die kleine Laterne an, die er an seinem Koppel trug. Als er zurückkam, sagte er: „Sie sind die Küste geradeaus hinuntergestiegen, aber dann hinter einigen Felsbrocken verschwunden.“

„Still! Was war das?“

Die drei Männer horchten angespannt. Von weit her waren leise die Schläge von etwa sechs Rudern zu vernehmen.

„Das Beiboot des Schoners!“ Das war alles, was Chauvelin entmutigt herausbrachte.

Offensichtlich war es Armand Saint-Just und seinen drei Gefährten gelungen, an der Steilküste entlangzuschleichen, während die disziplinierten Soldaten mit blindem Gehorsam Chauvelins Befehle auf das genaueste befolgt hatten – nämlich auf den großen Engländer zu warten, der die eigentliche Beute war. Die Flüchtlinge hatten sicher eine der Landzungen erreicht, die an dieser Küste in Abständen ins Meer hinausragen; dahinter mußte das Boot der *Tagtraum* sie erwartet haben; jetzt waren sie in Sicherheit.

Von See her war nun das dumpfe Dröhnen eines Geschützes zu hören.

„Der Schoner, Bürger“, sagte Desgas ruhig, „er sticht in See.“

Es bedurfte der ganzen Energie und Geistesgegenwart Chauvelins, sich nun nicht zu einem nutzlosen Wutanfall hinreißen zu lassen. Es konnte kein Zweifel daran sein, daß es dem verfluchten Briten wieder einmal gelungen war, ihn völlig zu überspielen. Wie es ihm geglückt war, die Hütte zu erreichen, ohne von einem der Soldaten gesehen zu werden, überstieg Chauvelins Vorstellungsvermögen. Daß er vor ihnen an der Steilküste angelangt war, schien zwar völlig klar, aber wie er den ganzen Weg von Calais auf Reuben Goldsteins Karren hatte zurücklegen können, ohne von den verschiedenen Patrouillen gesehen zu werden, ließ sich unmöglich erklären. Es sah wirklich so aus, als ob der kühne Scarlet Pimpernel von einer mächtigen Schicksalsgöttin beschützt wurde.

Aber Chauvelin und seine Männer hatten alle die verfluchte Stimme „God save the King“ singen hören, und das war volle dreißig Minuten nachdem sie um die Hütte herum in Deckung gegangen waren; in dieser Zeit mußten die vier Flüchtlinge die Landzunge erreicht haben; die nächste Landzunge aber lag fast zwei Kilometer von der Hütte entfernt. Wohin war der Sänger verschwunden? Er konnte diese Strecke an der felsigen Küste entlang nicht in fünf Minuten zurückgelegt haben; und nur fünf Minuten waren zwischen seinem Singen und dem Platschen der Ruder draußen auf dem Meer verstrichen. Er mußte also zurückgeblieben sein und sich irgendwo zwischen den Felsen verborgen halten. Chauvelins Hoffnung erwachte noch einmal, gerade als einer der Männer, die sich langsam die Felsküste wieder hinaufarbeiteten, vor ihn trat.

„Wir kamen zu spät, Bürger“, erklärte der Soldat, „das Boot war schon ein gutes Stück draußen auf See. Wir haben hinterhergeschossen, aber das hat natürlich nichts mehr genützt. Es muß einige Minuten, bevor die Frau zu schreien begann, abgelegt haben.“

Einige Minuten bevor die Frau zu schreien begann! Dann war Scarlet Pimpernel also jetzt irgendwo in der Nähe der Küste. Alle Straßen wurden scharf überwacht, es war noch nicht alles verloren. „Bringen Sie das Licht hier herein!" befahl Chauvelin und betrat die Hütte.

Der Sergeant kam mit seiner Laterne, und mit einem raschen Blick registrierte Chauvelin alles in dem kleinen Raum: ein Holzkohlenbecken, das noch den Rest verglimmender Glut enthielt, ein paar Schemel, die Geräte des Fischers und seine Netze, die in einem Haufen in einer Ecke lagen, und neben ihnen etwas Kleines, Weißes. Es war ein zusammengeknülltes Stück Papier, von den Flüchtlingen offensichtlich vergessen. „Heben Sie das mal auf und lesen Sie es mir vor, Sergeant", sagte Chauvelin schroff.

Der Soldat nahm den Zettel und begann, die hastig hingekritzelten Wörter zu entziffern:

Ich kann nicht zu Ihnen gelangen, ohne Ihr Leben aufs Spiel zu setzen. Sobald Sie dies erhalten haben, warten Sie zwei Minuten, dann schleichen Sie einer nach dem anderen aus der Hütte, wenden sich scharf nach links und kriechen vorsichtig den Steilhang hinunter. Halten Sie sich die ganze Zeit über nach links, bis Sie den ersten Felsen erreichen, den Sie ins Meer hinausragen sehen – das Boot liegt dahinter in der Bucht und wartet. Stoßen Sie einen langen Pfiff aus, dann wird es herankommen. Meine Leute werden Sie zum Schoner hinausrudern. Sobald Sie sich an Bord der *Tagtraum* befinden, schicken Sie das Boot zu mir zurück, und sagen Sie meinen Leuten, daß ich mich an der Bucht befinden werde, die auf gleicher Höhe wie die ‚Graue Katze' in der Nähe von Calais liegt. Meine Leute kennen sie. Sie sollen mich in sicherer Entfernung draußen auf See erwarten, bis sie das übliche Signal hören.

„Dann ist da noch eine Unterschrift, Bürger", fügte der Sergeant hinzu.

Ein Satz in diesem bedeutungsvollen Gekritzel hatte sich Chauvelin besonders eingeprägt: „Daß ich mich an der Bucht befinden werde, die auf gleicher Höhe wie die ‚Graue Katze' in der Nähe von Calais liegt."

„Wer von Ihnen kennt die Küste gut?" schrie er seinen Leuten zu, die sich nun wieder um die Hütte herum versammelt hatten.

„Ich, Bürger“, antwortete einer von ihnen. „Ich bin in Calais geboren und kenne jeden Stein an dieser Küste.“

„Gibt es eine Bucht geradeaus von der ‚Grauen Katze‘?“

„Ja, die gibt es, Bürger. Ich kenne sie gut.“

„Der Engländer hofft diese Bucht erreichen zu können. Er kennt nicht jeden Stein an dieser Küste, er wird vielleicht einen Umweg machen. Auf jeden Fall ist es nicht aussichtslos, ihn doch noch zu erwischen. Tausend Francs für jeden Mann, dem es gelingt, vor diesem langbeinigen Engländer jene Bucht zu erreichen.“

„Ich kenne einen Abkürzungsweg über die Steilküste!“ rief der Soldat und stürzte mit einem wilden Aufschrei davon, die anderen ihm natürlich dicht auf den Fersen.

Desgas stand nah bei Chauvelin und wartete weitere Befehle ab, während zwei Soldaten neben Marguerite knieten, die regungslos am Boden lag. Chauvelin streifte seinen Sekretär mit einem Blick, der seine Gereiztheit verriet. Sein so sorgsam durchdachter Plan war gescheitert, alles weitere war zumindest problematisch; noch immer hatte Scarlet Pimpernel alle Aussicht, sich Chauvelin durch Flucht zu entziehen. Dieser war von einem blinden Zorn erfüllt und wollte den an jemandem auslassen.

Die Soldaten hielten Marguerite fest an den Boden gedrückt, obwohl die Arme nicht den geringsten Widerstand leistete. Sie lag in tiefer Ohnmacht, hatte dunkle Ringe unter den Augen, ihr Haar hing ihr zerzaust und feucht in die Stirn, und ihre verzerrten Lippen zeigten, wie erschöpft sie war. Die elegante Lady Blakeney war nun nur noch eine bedauernswerte Frau, die jeden hätte rühren können, nur nicht ihren rachsüchtigen Feind.

„Es ist sinnlos, eine Frau, die schon halbtot ist, bewachen zu wollen“, rief er den Soldaten voller Gehässigkeit zu, „wenn Sie schon fünf Männer, die äußerst lebendig waren, haben entwischen lassen.“

Gehorsam erhoben sich die Soldaten.

„Wo ist eigentlich der Jude?“ fragte Chauvelin.

„Hier in der Nähe, Bürger“, antwortete Desgas.

Ein klägliches Stöhnen drang bis zu Chauvelins Ohren. Er folgte seinem Sekretär, der ihm zur anderen Seite der Hütte vorausging, wo der Unglückliche mit gefesselten Beinen und geknebeltem Mund wie ein Bündel Elend lag. Im Mondschein wirkte sein verängstigtes Gesicht wie das eines Gespenstes, seine Augen waren weit aufgerissen, und er zitterte am ganzen Körper. Der Strick, mit dem man ihn um Schultern und Arme gefesselt hatte, war offensichtlich verrutscht, denn er lag nur lose um seinen Körper, aber er hatte nicht den geringsten Versuch unternommen, sich von der Stelle, wo Desgas ihn hatte fesseln lassen, wegzubewegen.

„Führen Sie diesen elenden Feigling mal her!“ befahl Chauvelin.

Er war sehr gereizt und bösartig und wollte an dem da seine schlechte Laune auslassen. Nachdem die beiden Soldaten den unglücklichen alten Mann in das volle Licht des Mondes gezerrt hatten, fragte er mit beißendem Spott: „Ich nehme an, daß Sie ein gutes Gedächtnis für Handelsgeschäfte haben, nicht wahr?“

„Ja, Euer Gnaden“, stammelte der Mann.

„Dann entsinnen Sie sich also auch der Abmachung, die wir in Calais getroffen haben, als Sie mir zusagten, Sie würden Goldstein und meinen Freund, den großen Fremden, überholen, nicht wahr?“

„Ja ... ja ... Euer Gnaden!“

„Wie lautete unsere Abmachung?“ Der arme Mann brachte offensichtlich kein Wort heraus. „Mir bleibt wohl nichts anderes übrig“, fuhr Chauvelin spöttisch fort, „als Ihrem Gedächtnis ein wenig aufzuhelfen. Wir hatten abgemacht, daß Sie, wenn wir meinen Freund, den großen Fremden, überholen sollten, zehn Goldstücke bekommen sollten.“

Ein leises Ächzen entrang sich den Lippen des Juden.

„Aber“, fügte Chauvelin nun mit besonderer Betonung jedes Wortes hinzu, „wenn Sie Ihr Versprechen nicht hielten, sollten Sie eine gute Tracht Prügel verpaßt bekommen.“

„Euer Gnaden ...“, brachte der Alte flehend hervor.

„Sie haben Ihren Teil unserer Abmachung nicht eingehalten, aber ich bin bereit, mich an meine Zusagen zu halten.“ Chauvelin wandte sich zu den Soldaten um. „Ihre Koppelschlösser für diesen verdammten Kerl!“

Als die Soldaten gehorsam ihre schweren Koppel lösten, brach der Jude in ein jämmerliches Gebrüll aus.

„Ich glaube mich auf Sie verlassen zu können, Bürger Soldaten“, rief Chauvelin mit einem boshaften Lachen, „daß Sie diesem alten Lügner die beste Tracht Prügel verabfolgen, die er jemals gekriegt hat. Nur – bringen Sie ihn nicht um“, fügte er sarkastisch hinzu.

„Sie können sich auf uns verlassen, Bürger“, antworteten die Soldaten.

„Sobald dieser elende Feigling seine Strafe bekommen hat“, sagte Chauvelin zu Desgas, „kann uns einer der Männer mit dem Karren nach Calais fahren. Der Jude und die Frau können gegenseitig füreinander sorgen“, fügte er roh hinzu. „Am Morgen werden wir sie durch irgend jemand holen lassen. In ihrem gegenwärtigen Zustand würden sie, wenn sie wegliefen, nicht weit kommen.“

Chauvelin hatte noch nicht alle Hoffnung aufgegeben. Jedoch war er sich nun seiner Sache nicht mehr so sicher. Der Engländer hatte durch seinen Wagemut schon einmal seine Pläne durchkreuzt, und die holzköpfige Sturheit seiner Soldaten und die Einmischung einer Frau hatten ihm die Trümpfe aus der Hand geschlagen. Die Schreie des Juden hinter ihm, der nun seine Strafe erhielt, taten seinem Herzen, das von rachsüchtiger Bosheit überquoll, wohl.

Er wandte sich um und warf einen letzten Blick auf diesen einsamen Küstenstreifen, wo die Hütte stand, die der Schauplatz der größten Niederlage geworden war, die jemals ein führendes Mitglied des Wohlfahrtsausschusses erlitten hatte. An einen Felsen gelehnt, lag Marguerite Blakeney noch immer bewußtlos da, während einige Schritte weiter zwei kräftige Soldaten der Republik ihre dicken Lederkoppel auf den Rücken des unglücklichen Juden niederhageln ließen. Das Geheul Benjamin Rosenbaums hätte Tote erwecken können.

„Das genügt!“ rief Chauvelin, als das Klagen schwächer wurde. „Umbringen wollen wir ihn nicht.“

Gehorsam schnallten die Soldaten ihre Koppel wieder um.

„Laßt ihn da liegen“, sagte Chauvelin, „und geht jetzt schnell zum Karren zurück. Ich komme gleich nach.“

Er ging zu Marguerite und blickte in ihr Gesicht. Sie war wieder zum Bewußtsein gekommen und machte schwache Versuche, sich aufzurichten. Ihre Augen richteten sich mit einem Ausdruck des Mitleids und des Grausens auf den Juden, und dann erblickte sie Chauvelin. Er beugte sich zu ihr hinab und führte ihre eiskalte Hand an seine Lippen.

„Ich bedaure es sehr, Madame", sagte er in außerordentlich verbindlichem Ton, „daß Umstände, die außerhalb meiner Einflußsphäre liegen, mich zwingen, Sie einstweilen hier zurückzulassen. Jedoch unser Freund Benjamin, im Augenblick zwar ein wenig mitgenommen, wird sich als tapferer Beschützer Ihrer Schönheit erweisen. Daran zweifle ich nicht einen Augenblick. Bei Tagesanbruch werde ich Ihnen eine Eskorte schicken."

Marguerite brachte lediglich die Kraft auf, Ihr Gesicht abzuwenden. Ihr Herz wurde von grausamer Angst zerrissen. Sobald sie das Bewußtsein wiedererlangt hatte, war auch ein furchtbarer Gedanke in ihr erwacht: Was war aus Percy geworden? – Was aus Armand?

„Ich muß Sie nun verlassen", fuhr Chauvelin fort. „Au revoir, Madame."

Mit einem letzten ironischen Lächeln, einer letzten spöttischen Verbeugung entschwand er den Pfad entlang in den Fußstapfen der Soldaten, gefolgt von Desgas.

Die Flucht

Es war ganz still, und Marguerite, die mit dem Ohr am Boden lag, konnte den sich entfernenden Schritten folgen, bis die Männer auf die Straße eingebogen waren. Nach einer Weile vernahm sie dann auch den schwachen Widerhall der Karrenräder. Wie lange sie so lag, wußte sie nicht. Die Weite der einsamen Küste umgab sie wie eine Traumlandschaft. Aber nur die unaufhörliche, unerträgliche Qual der Ungewißheit zeichnete sich klar in ihrem Bewußtsein ab.

Sie wußte nicht, ob Percy sich zu diesem Zeitpunkt in den Händen der Soldaten der Republik befand. Und sie wußte auch nicht, ob Armands lebloser Körper nicht dort drüben in der Hütte lag, während Percy entkommen war, nur um zu erfahren, daß seine Frau diese Bluthunde geführt und so den Mord an

Armand und seinen Freunden ermöglicht hatte. Ihre Erschöpfung war so groß, daß sie hoffte, für alle Zeit dort liegenbleiben zu dürfen.

Plötzlich durchbrach ein Laut, zweifellos der seltsamste, den diese einsame Küste Frankreichs jemals gehört hatte, die tiefe Stille. So seltsam, daß Marguerite schon glaubte, das Nahen des Todes spiele ihren schon halb benommenen Sinnen einen unheimlichen Streich.

Es war der Laut eines guten, soliden, absolut englischen „Verdammt!"

Die Möwen in ihren Nestern erwachten und blickten sich erstaunt um, eine Eule stieß ihr nächtliches Geheul aus, und die hohen Klippen schienen über diese dort noch niemals vernommene Gotteslästerung erstarrt.

Marguerite stützte sich auf den Händen auf und horchte und schaute mit aller Intensität, um herauszubekommen, was dieser höchst irdische Ruf zu bedeuten hatte. Da vernahm sie ihn wieder, und diesmal stand ihr das Herz fast still. Sie blickte um sich, denn sie wagte es nicht, ihren Ohren zu trauen.

„Hol's der Teufel! Hätten diese verdammten Kerle nur nicht ganz so hart zugeschlagen!"

Jetzt war es unverkennbar. Nur ein einziges Paar britischer Lippen konnte diese Worte in einem so schläfrigen, affektierten Tonfall gesprochen haben.

„Verdammt!" erklang es mit Nachdruck. „Windelweich haben sie mich geschlagen!"

Im nächsten Augenblick war Marguerite auf ihren Beinen. Wieder hörte sie die echt britischen Verwünschungen, die mit dem Geflüster aus dem Paradies auch nicht das geringste zu tun hatten. Erregt ließ sie ihre Blicke über die Klippen, die einsame Hütte wandern. Irgendwo dort oberhalb oder unterhalb von ihr und noch ihren sehnsüchtigen Augen verborgen mußte der Mann sein, dem diese geliebte Stimme gehörte.

„Percy! Percy!" schrie sie, zwischen Hoffnung und Verzweiflung schwankend. „Hier bin ich! Komm zu mir! Wo bist du? Percy! Percy ...!"

„Ganz schön und gut, mich so zu rufen, meine Liebe", sagte die gleiche Stimme, „aber hol's der Teufel, diese verdammten

Froschfresser haben mich zusammengebunden wie eine Gans am Spieß. Ich komme hier nicht weg."

Noch immer hatte Marguerite nicht begriffen, woher die Stimme kam, so näselnd und ihr so teuer, aber nun mit einem ungewohnten Anklang von Schwäche. Niemand war zu sehen ... außer neben jenem Felsen ... Großer Gott! ... Der Jude! ... Hatte sie den Verstand verloren oder träumte sie?

Er hatte seinen Rücken dem bleichen Mondlicht zugewandt, hockte halb geduckt da und versuchte vergeblich, sich mit seinen gefesselten Beinen zu erheben. Marguerite lief auf ihn zu, umschloß sein Gesicht mit beiden Händen ... und blickte in ein Paar blaue, gutmütige und sogar ein wenig belustigte Augen, die ihr aus der unheimlichen Maske des Juden entgegensahen.

„Percy ... Percy! ... Mein Mann!" flüsterte sie vor Glück fast sprachlos. „Gott sei Dank! Gott sei Dank!"

„Ach, meine Liebe", erwiderte er, „die Danksagungen lassen wir für später, aber glaubst du, du könntest vielleicht diese verfluchten Stricke lösen?"

Ihre Finger waren taub und kraftlos, aber sie arbeitete mit den Zähnen weiter, während ihre Tränen auf seine gefesselten Hände fielen.

„Verdammt noch mal", stieß er hervor, „ich möchte wohl wissen, ob sich jemals ein Engländer von so einem verdammten Ausländer hat verprügeln lassen, ohne den Versuch zu machen, mit gleicher Münze heimzuzahlen."

Ganz offensichtlich war er von dem körperlichen Schmerz völlig erschöpft, und als der letzte Strick nachgab, brach er neben dem Felsen zusammen. Hilflos blickte sich Marguerite um. „Könnte man hier nur einen Tropfen Wasser finden!" rief sie verzweifelt, als sie merkte, daß er wohl in Ohnmacht fallen würde.

„Nein, meine Liebe", murmelte er mit einem Lächeln, „ich würde einen Tropfen guten französischen Cognacs vorziehen. Wenn du tief in die Tasche dieses schmutzigen Kaftans greifst, wirst du meine Reiseflasche finden ..."

Nachdem er einen kräftigen Schluck genommen hatte, bewog er auch Marguerite dazu, etwas zu trinken.

„So, jetzt fühle ich mich schon wohler! Ach, kleine Frau!"

rief er mit einem Seufzer der Befriedigung. „Ist das nicht eine seltsame Aufmachung, in der sich Sir Percy Blakeney von seiner Gattin auffinden läßt! Wahrhaftig! Ich muß ziemlich abstoßend aussehen. Diese Löckchen allerdings ...“

Lachend riß er sich die entstellende Perücke herunter und streckte seine langen Beine, die nach all den Stunden, die er in gebeugter Haltung verbracht hatte, verkrampft waren. Dann neigte er sich vor und blickte lange und forschend in die blauen Augen seiner Frau.

„Percy“, flüsterte sie und errötete, „wenn du wüßtest ...“

„Ich weiß es, meine Kleine ... ich weiß alles“, sagte er besänftigend.

„Und kannst du mir jemals verzeihen?“

„Ich habe nicht zu verzeihen; deine Tapferkeit, deine Hingabe, die ich, leider, so wenig verdiente, haben die unglückliche Episode beim Ball mehr als nur wiedergutgemacht.“

„Dann hast du es gewußt“, flüsterte sie, „du hast es die ganze Zeit gewußt?“

„Ja!“ antwortete er zärtlich, „ich habe es gewußt ... die ganze Zeit. Aber, bei Gott, hätte ich nur geahnt, was für ein tapferes Herz du hast, Marguerite, hätte ich dir vertraut, dann hättest du die furchtbaren Strapazen der letzten Stunden nicht durchzumachen brauchen.“

Sie saßen nebeneinander an den Felsen gelehnt, und er hatte seinen schmerzenden Kopf an ihre Schulter gelegt. Jetzt verdiente sie wirklich die Bezeichnung: „Glücklichste Frau Europas“.

„Es ist so, wie wenn ein Blinder einen Lahmen führt, mein Liebling, nicht wahr?“ sagte er mit seinem alten, gutmütigen Lächeln. „Aber ich weiß wirklich nicht, was mehr gelitten hat: meine Schultern oder deine kleinen Füße.“ Er beugte sich nieder, um ihre Füße zu küssen, die durch die Löcher ihrer Strümpfe schimmerten.

Plötzlich rief sie, von jähem Schrecken und Gewissensbissen gepackt: „Aber Armand ...“

„Um Armand brauchst du dich nicht zu sorgen“, erwiderte er. „Der befindet sich jetzt mit de Tournay und den anderen auf der *Tagtraum.*“

„Aber wie?“ stieß sie hervor. „Das verstehe ich nicht.“

„Dabei ist es ziemlich einfach. Als ich feststellte, daß dieser gemeine Chauvelin sich wie ein Blutegel an mich heften wollte, hielt ich es für das beste, ihn mitzunehmen, da ich ihn nicht abschütteln konnte. Irgendwie mußte ich zu Armand und zu den anderen gelangen, und die Straßen wurden ja alle von Patrouillen überwacht. Ich wußte, daß Chauvelin, nachdem ich ihm in der ‚Grauen Katze‘ aus den Fingern entwischte, mir hier auflauern würde. Ich wollte ihn im Auge behalten, und ein britischer Kopf kann es mit einem französischen noch immer aufnehmen.“

Tatsächlich hatte sich dieser Kopf sogar als sehr viel gescheiter erwiesen, und Marguerite war voller Freude, als er ihr berichtete, wie er die Flüchtlinge Chauvelin unmittelbar vor der Nase weggeschnappt hatte.

„Ich wußte“, fuhr er fröhlich fort, „daß ich als der alte Jude nicht erkannt werden würde. Ich war früh am Abend Reuben Goldstein in Calais begegnet. Gegen ein paar Goldmünzen rüstete er mich mit dieser Aufmachung aus und verpflichtete sich, völlig unterzutauchen, während er mir seinen Karren und sein Pferd lieh.“

„Aber wenn Chauvelin dich erkannt hätte“, warf sie erregt ein.

„Dann wäre das Spiel gewiß zu Ende gewesen“, erwiderte er ruhig. „Aber es blieb mir gar nichts anderes übrig, als dieses Risiko einzugehen. Ich habe inzwischen die menschliche Natur recht genau kennengelernt, und als ich hörte, wie Chauvelin den Soldaten seine Befehle gab, rechnete ich mit deren blindem Gehorsam. Chauvelin hatte ihnen befohlen, sich nicht zu rühren, bis der große Engländer auftauchte. Desgas hatte mich in unmittelbarer Nähe der Hütte zu Boden geworfen; die Soldaten beachteten den Juden nicht. Es gelang mir, meine Hände aus den Stricken, mit denen der Kerl mich gefesselt hatte, zu befreien. Ich habe stets Papier und Bleistift bei mir, und so kritzelte ich schnell ein paar wichtige Anweisungen auf einen Zettel. Dann kroch ich bis zur Hütte, wo ich meinen kleinen Zettel durch einen Spalt in einer der Wände hineinwarf und wartete. Auf diesem Zettel hatte ich die Flüchtlinge aufgefordert, die

Hütte lautlos zu verlassen, die Steilküste hinabzuschleichen und sich links zu halten, bis sie an die erste Bucht gelangten. Dort sollten sie ein bestimmtes Signal geben, und das Beiboot der *Tagtraum* würde sie aufnehmen. Sie gehorchten blindlings. Die Soldaten, die sie gesehen haben, gehorchten Chauvelins Anweisungen ebenso genau. Ich wartete fast eine halbe Stunde; als ich dann annehmen konnte, daß die Flüchtlinge in Sicherheit waren, gab ich das Signal, das einen solchen Tumult auslöste."

Das war die ganze Geschichte. Sie schien so einfach, und Marguerite konnte sich nicht genug tun, diesen Scharfsinn, diese grenzenlose Kühnheit zu bewundern, die zum Erfolg eines gewagten Unternehmens beigetragen hatten.

„Aber diese Rohlinge haben dich geschlagen", sagte sie empört.

„Das war nicht zu vermeiden", antwortete er. „Ich mußte doch in der Nähe meiner kleinen Frau bleiben."

Marguerite lächelte. Es war so schön, in seiner Nähe zu sein, seine muntere Stimme zu hören und das Aufblitzen in seinen Augen zu sehen. Plötzlich jedoch fuhr sie zusammen. Über ihrem Platz hatte sie einen kräftigen Schritt vernommen, und ein Stein war von der Kante des Abhangs bis zum Strand hinuntergerollt.

„Was ist das?" flüsterte sie entsetzt.

„Nichts weiter", murmelte er mit einem beruhigenden Lachen, „nur eine Kleinigkeit, die du vergessen hattest ... mein Freund, Ffoulkes ..."

„Sir Andrew!" rief sie.

Sie hatte tatsächlich nicht mehr an den ergebenen Freund und Gefährten gedacht, der ihr während all der Stunden der Sorge und des Leids zur Seite gestanden hatte. Nun fiel er ihr wieder ein – wenn auch mit Reue.

„Du hattest ihn ganz vergessen, nicht wahr?" sagte Sir Percy vergnügt. „Glücklicherweise bin ich ihm in der Nähe der ‚Grauen Katze' begegnet, bevor ich mich mit meinem Freund Chauvelin zu dem interessanten Abendessen setzte ... Ich habe ihm einen sehr langen Umweg hierher angegeben, den Chauvelins Leute niemals überwachen würden. Er sollte etwa jetzt, wenn wir für ihn bereit wären, hier eintreffen. Vorher konnte ich ihn nicht brauchen, nun kommt er genau zur rechten Zeit an. Er wird für die hübsche Suzanne einen hervorragenden und sehr methodischen Mann abgeben."

In der Zwischenzeit hatte sich Sir Andrew Ffoulkes den Steilhang hinabgearbeitet. „Blakeney?" fragte er schließlich vorsichtig, „Blakeney! Sind Sie da?"

Im nächsten Augenblick kam er um den Felsen herum, an dem Sir Percy und Marguerite lehnten, und als er die sonderbare Gestalt in dem langen Kaftan des Juden vor sich sah, blieb er bestürzt stehen. Aber schon hatte sich Blakeney erhoben.

„Ich bin es, mein Freund", sagte er, „obwohl ich in dieser verdammten Aufmachung wie eine Vogelscheuche aussehe."

„Donnerwetter!" stieß Sir Andrew mit grenzenloser Verwunderung hervor, als er seinen Freund erkannte. „Aber bei allen ..." Der junge Mann hatte Marguerite erblickt und unterdrückte den groben Fluch, der ihm beim Anblick des eleganten Sir Percy in dieser schmutzigen Verkleidung auf die Lippen kam.

„Ja!" sagte Blakeney ruhig. „Bei allen ... ganz richtig! Mein Freund, ich hatte noch gar nicht die Zeit, Sie zu fragen, was Sie eigentlich in Frankreich zu suchen haben? Ungehorsam? Was? Warten Sie nur, bis meine Schultern mich weniger schmerzen, dann sollen Sie, bei Gott, Ihre Strafe erhalten."

„Kleine Fische! Ich werde es zu ertragen wissen", erwiderte Sir Andrew erleichtert, „da ich sehe, daß Sie noch am Leben sind, um mir meine Strafe zu verpassen ... Wäre es Ihnen denn lieber gewesen, wenn ich es zugelassen hätte, daß Lady Blakeney diese Reise allein unternahm?"

„Nachdem Sie nun hier sind, Ffoulkes", sagte Sir Percy plötzlich sehr ernst, „dürfen wir keine Zeit mehr verlieren: Chauvelin, dieser Lump, könnte jemand ausschicken, um nach uns zu suchen."

Als Chauvelin erwähnt wurde, stieg die alte Angst in Marguerite auf. „Wie können wir denn nur zurück?" stieß sie hervor. „Auf den Straßen zwischen hier und Calais wimmelt es von Soldaten und ..."

„Wir gehen ja auch gar nicht nach Calais zurück", antwortete er, „sondern nur auf die andere Seite vom Kap Gris-Nez, eine halbe Meile von hier entfernt. Dort erwartet uns das Beiboot der *Tagtraum.*"

„Das Beiboot der *Tagtraum?*"

„Ja", erklärte er ihr mit einem zufriedenen Lachen, „noch ein kleiner Trick von mir. Ich hätte dir noch erzählen müssen, daß ich, als ich diesen Zettel in die Hütte schob, noch einen für Armand hinzufügte, den er dort zurücklassen sollte und durch den Chauvelin und seine Leute so schnell wie möglich zur ‚Grauen Katze' zurückgelockt werden sollten, um mich dort zu suchen. Der erste kleine Zettel enthielt meine richtigen Anweisungen und den Befehl für den alten Briggs, auf Westkurs zu gehen. Sobald er außer Sichtweite von Calais wäre, sollte er das Beiboot in eine kleine Bucht schicken, die er und ich gerade jenseits vom Gris-Nez kennen. Dort werden die Leute Ausschau halten – und so werden wir schon sicher an Bord sein, während Chauvelin und seine Leute mit großer Aufmerksamkeit jene Bucht beobachten werden, die unterhalb der ‚Grauen Katze' liegt."

„Bis auf die andere Seite vom Gris-Nez? Aber... ich kann nicht mehr gehen, Percy", stöhnte sie.

„Ich werde dich tragen, Liebling", sagte er nur. „Du weißt doch, der Blinde, der den Lahmen führt."

Auch Sir Andrew war gern dazu bereit, aber Sir Percy wollte seine Frau nur noch seinen eigenen Armen anvertrauen.

„Wenn ihr beide sicher an Bord der *Tagtraum* seid", sagte er zu seinem jungen Kameraden, „bin ich an der Reihe, mich auszuruhen."

Seine Arme schlossen sich um Marguerite und hoben sie sanft hoch. Seine Schultern mußten sehr wund sein, aber die Muskeln dieses Mannes schienen aus Stahl zu sein, und seine Energie war fast unerschöpflich. Es war ein ermüdender Weg, dieser knappe Kilometer über das Geröll unterhalb der Steilküste, aber nicht einen Augenblick ließen seine Kräfte nach. Mit festen Schritten ging er weiter, während sie das freundliche Gesicht mit den gutmütigen blauen Augen betrachtete und ihm vieles ins Ohr flüsterte, was ihm diesen mühevollen Weg verkürzte und den Schmerz in seinen Muskeln linderte.

Im Osten stieg das Licht der Morgenröte herauf, als sie endlich die Bucht jenseits vom Gris-Nez erreichten. Das Beiboot lag da und kam auf ein Signal von Sir Percy heran, und zwei kräftige britische Seeleute hatten die Ehre, Mylady ins Boot zu tragen.

Eine halbe Stunde später befanden sie sich an Bord der *Tagtraum*. Armand Saint-Just und die anderen Flüchtlinge warteten voller Spannung auf das Kommen ihres tapferen Retters; er wollte sich aber ihre Dankesworte nicht anhören, sondern verschwand so schnell wie möglich in seiner Kabine, und ließ Marguerite glücklich in den Armen ihres Bruder zurück.

An Bord der *Tagtraum* war alles mit jenem außergewöhnlichen Luxus eingerichtet, der Sir Percy Blakeney so viel bedeutete. Bis sie in Dover an Land gingen, hatte er Zeit genug gefunden, eines der prächtigen Gewänder anzuziehen, die er so liebte. Die größte Schwierigkeit war, Marguerite mit einem Paar Schuhe auszustatten, und deshalb war die Freude des kleinen Schiffsjungen groß, als Mylady feststellte, daß sie in seinem besten Paar ihren Fuß auf englischen Boden setzen konnte.

Alles andere ist Schweigen – Schweigen und Freude für jene, die soviel Leiden hatten erdulden müssen und zuletzt noch ein großes, dauerhaftes Glück hatten finden können.

Es steht jedoch fest, daß bei der glänzenden Hochzeit von Sir Andrew Ffoulkes mit Mademoiselle Suzanne de Tournay de Basserive, ein Fest, bei dem Seine Königliche Hoheit, der Prinz von Wales, und die gesamte vornehme Gesellschaft anwesend waren, die schönste Frau fraglos Lady Blakeney war, während die Gewänder, die Sir Percy Blakeney zu diesem Anlaß trug, auf viele Tage hinaus das Gespräch der Jeunesse dorée Londons bildeten.

Es ist gleichfalls eine Tatsache, daß Monsieur Chauvelin, der beglaubigte Abgesandte der Französischen Republik, weder bei diesem Fest noch bei irgendeiner anderen Gesellschaft in London nach jenem denkwürdigen Abend bei Lord Grenville gesehen wurde.

DER LETZTE MOHIKANER

DER LETZTE

Eine Kurzfassung des Buches
von James Fenimore Cooper

Illustrationen
von Tom Lovell

MOHIKANER

Nach der von Inge Schneider bearbeiteten
Übersetzung von Richard Zoozmann

„Der letzte Mohikaner", eine der bekanntesten Abenteuergeschichten, die es überhaupt gibt, spielt im oberen Teil des Staates New York, nah der kanadischen Grenze, und in einer Zeit, in der Amerika noch nicht unabhängig war, sich die Kolonialmächte bekriegten und gefährliche und schlechte Wege die Siedlungen miteinander verbanden. Auf solcher Strecke reiten vom Fort Edward aus zwei hübsche Halbschwestern, Cora und Alice Munro, mit dem jungen Major Duncan Heyward in ein anderes noch von englischen Truppen gehaltenes Fort. Als Führer ist der Indianer Magua bei ihnen. Im dichten Wald begegnen sie Falkenauge, dem berühmten Kundschafter. Er und seine indianischen Freunde versuchen, den Reisenden zu helfen, als man ihnen auflauert. So beginnt eine Folge atemberaubender Abenteuer.

James Fenimore Cooper (1789–1851) schrieb noch vier andere Bücher, in denen Falkenauge vorkommt: „Der Wildtöter", „Der Pfadfinder", „Die Ansiedler" und „Die Prärie". Alle sind unter dem Titel „Lederstrumpf" zusammengefaßt. Cooper hat selbst in der Gegend gelebt, die er so gut beschreibt. Er war noch klein, als sein Vater, der Richter war, Cooperstown im Staate New York gründete. Damals war es dort schon sicher, auch wuchs James in einem wohlhabenden Elternhaus auf. Er studierte in Yale, diente in der Marine der Vereinigten Staaten, heiratete und führte dann das Leben eines Landedelmannes. Es wird erzählt, daß er mit dreißig Jahren plötzlich einen Roman, den er las, in die Ecke geworfen und gesagt habe, er würde gern ein besseres Buch schreiben, und das könne er auch.

Es begann ein ertragreiches Schaffen: Cooper hat fünfzig Werke geschrieben, vor allem Romane und sozialkritische Schriften. Eine solch wuchernde Produktion hat ihre Fehler, und Mark Twain hat auch ärgerlich festgestellt, daß Cooper von den neunzehn Regeln der Literatur achtzehn gebrochen habe. Doch Victor Hugo hat ihn gelobt, und Joseph Conrad hat ihn „einen meiner Lehrmeister" genannt. So groß die Kontroverse sein mag, Coopers Platz in der Weltliteratur ist unangefochten. – Es gibt entstellende Bearbeitungen der Lederstrumpf-Erzählungen, unserer Kurzfassung liegt eine Übersetzung der Originalausgabe zugrunde.

Erstes Kapitel

Das besondere an den amerikanischen Kolonialkriegen war, daß, bevor sich die feindlichen Heere mörderisch aufeinanderstürzen konnten, erst einmal die Wildnis selbst mit ihren Mühen und Gefahren bezwungen werden mußte. Weite und anscheinend undurchdringliche Wälder trennten die feindlichen Besitzungen Frankreichs und Englands. Also mußten sich der abgehärtete Kolonist und der militärisch ausgebildete Europäer, der an seiner Seite kämpfte, oft monatelang mit der Überquerung reißender Ströme oder zerklüfteter Gebirgspässe abmühen, um Gelegenheit zu haben, ihren Mut in einem kriegerischeren Kampf zu zeigen.

Vielleicht kann kein Gebiet ein lebendigeres Bild der rauhen Kriegführung jener Zeiten geben als das Land zwischen den Quellflüssen des Hudsons und den nahen Seen.

Die Vorteile, die hier die Natur für die Bewegungen der Kämpfenden bot, waren zu augenfällig, um nicht genützt zu werden. Der langgestreckte Champlain-See reichte von der kanadischen Grenze tief in die Provinz New York hinein und war für die Franzosen eine natürliche Straße durch die Hälfte des Landstriches, den sie behaupten mußten, um ihre Feinde zu schlagen.

Nah von seinem südlichen Ende war er mit einem anderen See verbunden, der ein so klares Wasser hatte, daß die Jesuitenmissionare damit getauft und den See „Saint Sacrement“ oder „Heiliger See“ genannt haben. Die weniger eifrigen Engländer verliehen ihm den Namen ihres regierenden Fürsten, er hieß also „Lake George“. Beide Völker waren sich darin einig, den Indianern ihr Recht auf seine ursprüngliche Bezeichnung, „Horican“, zu rauben. Eingebettet im Gebirge, reichte der Heilige See, indem er sich um unzählige Inseln wand, rund dreißig Meilen weiter nach Süden. Und an dem Punkt begann der Weg über eine Hochfläche, auf dem damals die Abenteurer den Hudson erreicht haben.

Die Franzosen übersahen die Vorteile dieser Landschaft nicht, und so war sie blutiger Schauplatz der Schlachten um die Herrschaft in den Kolonien. An strategisch wichtigen Punkten entlang der Heerstraße entstanden – wenn der Sieg errungen war oder die Notwendigkeit es forderte – Forts, die genommen und zurückerobert, geschleift und wieder neu erbaut wurden. Die Künste des Friedens waren in dieser unglücklichen Gegend unbekannt, ihre Wälder durchzogen Menschen, in ihren Lichtungen und Tälern ertönte kriegerische Musik, und das Echo der Berge warf das Lachen oder den Todesschrei manches ritterlichen Jünglings zurück.

An diesen Orten voll Kampf und Blutvergießen haben sich die Ereignisse zugetragen, die hier erzählt werden sollen. Es war 1757, im dritten Jahr des Krieges, den England und Frankreich um den Besitz eines Landes führten, das glücklicherweise keinem auf die Dauer zuteil wurde.

Die Unfähigkeit seiner Heerführer und die Unentschlossenheit in den Kanzleien des Mutterlandes hatten Großbritannien von stolzer Höhe herabgestürzt. Nur eine Handvoll Franzosen und Indianer hatten vor kurzem ein auserlesenes englisches Heer schimpflich in die Flucht geschlagen, wodurch eine weite Grenzstrecke schutzlos dalag. Die bestürzten Kolonisten, die sich an zahllose Gemetzel vor noch gar nicht langer Zeit allzu deutlich erinnerten, glaubten nun, das Geheul der Wilden mische sich in jeden Windstoß, der vom Westen kam, und selbst die Standhaftesten begannen zu glauben, daß der Ausgang des Kampfes zwischen Frankreich und England zweifelhaft sei.

Als daher im Fort Edward am Hudson, dem Ausgangspunkt der erwähnten Strecke, die Nachricht eintraf, daß der französische General Montcalm mit einem Heer, „zahllos wie das Laub an den Bäumen“, den Champlain-See heraufkomme, wurde diese Botschaft eher mit zaghafter Friedfertigkeit als mit unerschütterlicher Vorfreude auf den Kampf aufgenommen. Die Nachricht war an einem Sommerabend durch einen indianischen Läufer eingetroffen, durch den auch Oberst Munro, der Befehlshaber des Forts William Henry am Südufer des Heiligen Sees, um schleunige und kräftige Verstärkung bitten ließ.

Die Entfernung zwischen diesen beiden Punkten betrug weniger als fünfzehn Meilen, und der rauhe Pfad, der ursprünglich ihre Verbindungslinie bildete, war für Wagen erweitert worden, so daß der Weg von einem Korps leicht zwischen dem Auf- und Untergang der Sommersonne zurückgelegt werden konnte. Munro, schottischer Veteran, lag im Fort William Henry mit nur einem Regiment, also weniger als tausend Mann, einer Besatzung, die in der Tat zu schwach war, um Montcalm widerstehen zu können. Im Fort Edward lag dagegen General Webb, der die Heere des Königs in den Nordprovinzen befehligte, mit mehr als fünftausend Mann.

Bald erging aus dem Quartier des Oberbefehlshabers die Order, ein auserlesenes Detachement von fünfzehnhundert Mann habe mit Tagesanbruch nach dem Fort William Henry abzugehen, und die nächsten paar Stunden wurden die erforderlichen Vorbereitungen getroffen.

Am folgenden Tag, als die Morgendämmerung die gezackten Umrisse einiger in der Nähe stehenden hohen Tannen am blassen, wolkenlosen östlichen Himmel abzuzeichnen begann, wurde der Schlaf des Heeres durch das Wirbeln der Trommeln unterbrochen. In einem Augenblick war das ganze Lager in Bewegung. Auch der kleinste Soldat stand auf, um den Abmarsch seiner Kameraden zu verfolgen, und ehe das graue Zwielicht den Sonnenstrahlen gewichen war, schwenkte das Hauptkorps der Streiter in eine Kolonne und verließ das Lager in bewährter militärischer Haltung, bis der Wald die lebendige Masse zu verschlingen schien.

Die Töne der Kolonne erreichten die Zurückgebliebenen nicht mehr, da war noch eine andere Abreise zu sehen. Vor einem Blockhaus von ungewöhnlichem Umfang stand ein halbes Dutzend Pferde, von denen zwei, nach ihrem Sattelzeug zu urteilen, für Damen von Rang bestimmt waren, wie man sie sonst nicht in dieser Wildnis zu treffen gewohnt war. Ein drittes Pferd trug das Geschirr eines Stabsoffiziers, während die anderen offenbar für die Diener mit einfachen Decken und Reisetaschen versehen waren. In ehrerbietiger Entfernung von dieser Gruppe standen einige Müßiggänger, die teils die Rasse und den Wuchs des feurigen Schlachtrosses bewunderten, teils mit einfältiger Neugier diese Vorbereitungen betrachteten. Zwischen den Zuschauern waren zwei Männer, die sich beträchtlich von den anderen unterschieden.

Der eine stützte den Ellbogen auf den Sattel einer niedrigen mageren Mähre, während auf der andern Seite des erbärmlichen Tieres friedlich ein Füllen graste. Das Äußere dieses Menschen machte einen höchst ungünstigen Eindruck. Er hatte zwar alle Gebeine und Gelenke, aber keine Spur von Ebenmaß. Sein Kopf war groß, seine Schultern schmal, seine Arme lang und schlotternd, seine Hände dagegen klein und fast zart, seine Beine und Schenkel dünn, aber außerordentlich lang. Ein himmelblauer Rock mit kurzen, breiten Schößen und niedrigem Kragen gab den langen, dünnen Hals und die noch längeren, dünneren Beine den schlimmsten Bemerkungen Übelwollender preis. Seine enganliegenden gelben Nankinghosen waren an den Knien mit breiten Schleifen weißer Bänder befestigt. Aus einer seiner Westentaschen sah ein Instrument hervor, das man in solcher Umgebung leicht für ein unheilbringendes, unbekanntes Kriegsgerät hätte halten können. So klein es war, so hatte es doch die Neugier der meisten Europäer im Lager erregt, obgleich viele damit nicht nur ohne Furcht, sondern wie mit etwas Bekanntem hantierten. Ein großer, dreieckiger Hut, wie ihn die Geistlichen trugen, ruhte über dem Ganzen und verlieh einem gutmütigen, etwas leeren Gesicht Würde.

Die zweite bemerkenswerte Person war der abseits stehende indianische Läufer, der die unwillkommene Nachricht am vorigen Abend ins Lager gebracht hatte. Obgleich er ruhig dastand und die Aufregung umher nicht zu beachten schien, lag doch in seiner Ruhe mürrische Grimmigkeit. Er trug Messer und Tomahawk, aber sein Aussehen war nicht ganz das eines Kriegers. In seiner Erscheinung sprach sich eher eine gewisse Nachlässigkeit aus. Die Farben auf seinem nach Kriegerart bemalten Gesicht waren ineinandergeflossen und machten seine dunklen Gesichtszüge noch wilder und abstoßender. Nur seine Augen, die gleich feurigen Sternen unter finsteren Wolken hervorblitzten, waren in ihrer natürlichen Wildheit zu schauen, unaufhörlich in Bewegung, mal vorsichtig forschend, mal verächtlich blickend.

Eine allgemeine Bewegung ging durch die Menge, als ein junger Mann in der Uniform eines Majors zwei Damen, die sich, nach ihrem Anzug zu urteilen, den Anstrengungen einer Reise in den Wäldern unterziehen wollten, zu den Pferden führte. Die jüngere zeigte ein blendend weißes Gesicht, schönes Goldhaar und hellblaue Augen, als die Morgenluft ihren grünen Hutschleier beiseite wehte. Das Rot, das noch am östlichen Himmel verweilte, war nicht zarter als die Blüte ihrer Wangen und der anbrechende Tag nicht lieblicher als das seelenvolle Lächeln gegen den Jüngling, der ihr in den Sattel half. Bei der anderen Dame – es schien, daß der Offizier auch ihr alle Aufmerksamkeiten zukommen ließ – war die Gestalt von gleichem Ebenmaß, aber doch voller und ausgebildeter als die ihrer Begleiterin.

Die Damen saßen kaum zu Pferde, als sich ihr Begleiter in den Sattel seines Schlachtrosses schwang. Alle drei verbeugten sich gegen General Webb, der ihren Abgang höflich auf der Schwelle seiner Wohnung erwartete, und ritten ihrer Dienerschaft voraus nach dem nördlichen Eingang der Verschanzungen. Anfangs verhielt sich jeder schweigsam, bis der jüngeren Dame ein leichter Ausruf entfuhr, als der indianische Läufer unerwartet an ihr vorüberglitt und vor ihnen auf der Heerstraße dahineilte. Obgleich diese überraschende Erscheinung des Indianers der anderen keinen Laut entlockte, so folgten doch ihre schwarzen Augen den geschmeidigen Bewegungen des Wilden. Die Haare dieser Dame waren glänzend schwarz, wie Rabengefieder. Ihre Gesichtsfarbe war nicht braun, schien aber durch die Farbe des pulsierenden Blutes gleichsam nachgedunkelt. Das Gesicht konnte ungemein regelmäßig, würdevoll und ausnehmend schön genannt werden.

Die andere Dame hatte sich schnell von dem leichten Schreck erholt, und über ihre eigene Schwäche lachend, fragte sie scherzend den jungen Offizier, der an ihrer Seite ritt: „Sind solche Gespenster häufig in diesen Wäldern, Heyward, oder wurde dieses Schauspiel eigens für Cora und mich veranstaltet?“

„Der Indianer dort ist ein Läufer unseres Heeres“, versetzte er. „Er hat sich erboten, uns auf einem nur wenig bekannten

Pfade schneller und folglich angenehmer zum See zu bringen, als wenn wir den langsamen Bewegungen der Truppe und ihren schwerfälligen Gepäckwagen folgten."

„Der Mensch gefällt mir nicht", sprach die Dame schaudernd. „Sie kennen ihn doch genau, Duncan, sonst würden Sie sich nicht so unbedenklich seiner Führung anvertrauen?"

„Sagen Sie lieber, Alice, ich würde Sie ihm nicht anvertrauen. Ich kenne ihn und bin mir seiner sicher. Man sagt, er sei Kanadier – und doch diente er unsern Freunden, den Mohawks, einem Stamm der Mengwe. Er wurde, wie ich gehört habe, durch einen seltsamen Vorfall zu uns gebracht, bei dem Ihr Vater beteiligt war und wobei der Wilde hart behandelt wurde – aber ich vergaß die Geschichte, genug, er ist jetzt unser Freund."

Der Indianer war stehengeblieben. Als sie zu der Stelle kamen, wo er wartete, wies er in ein Dickicht an der Seite der Heerstraße, und es wurde ein schmaler, verwachsener Pfad sichtbar.

„Dahin geht unser Weg, Alice", sagte Heyward mit gedämpfter Stimme, „zeigen Sie kein Mißtrauen, oder Sie locken selbst die Gefahr herbei, die Sie zu fürchten scheinen."

„Cora, was meinst du?" fragte die Jüngere. „Würden wir mit den Truppen nicht doch sicherer reisen, obgleich ihre Gegenwart vielleicht lästig wäre?"

„Weil Sie mit den Gebräuchen der Wilden zuwenig bekannt sind, Alice, wissen Sie nicht, wo die Gefahr am größten ist", fiel Heyward ein. „Gibt es hierherum überhaupt Wilde, was keineswegs wahrscheinlich ist, da unsere Kundschafter überall umherstreifen, so werden sie sicherlich die Kolonne umzingeln wollen, weil es dort am meisten zu skalpieren gibt. Der Weg des Detachements ist bekannt, während der unsrige noch ein Geheimnis ist, weil wir uns erst vor einer Stunde entschlossen haben, ihn zu benützen."

„Sollen wir dem Mann mißtrauen, weil seine Sitten nicht unsere sind und seine Haut dunkel ist?" fragte Cora kaltblütig.

Alice zögerte nicht länger; sie gab ihrem Narragansett* einen tüchtigen Schlag mit der Reitgerte, und folgte als erste dem Läu-

* Kleine ausdauernde Pferderasse aus dem Staate Rhode Island.

fer den dunkeln, verschlungenen Pfad entlang. Der junge Mann bahnte dann eifrig einen Weg für Cora. Die Dienerschaft mußte vorher ihre Weisungen von dem Führer erhalten haben, denn sie folgte auf der Heerstraße der Kolonne, um nicht zuviel Spuren im Dickicht zu hinterlassen, falls die kanadischen Wilden dort in der Nähe lagerten.

Mehrere Minuten lang erlaubte der Weg keine weitere Unterhaltung. Jetzt aber gelangten sie aus dem breiten Saume des Unterholzes, das sich die Heerstraße entlang erstreckte, unter das hohe und dunkle Bogendach der Waldbäume. Hier schlugen die sicheren Tiere einen schnellen Paß ein. Der junge Mann hatte sich umgewandt, um mit der schwarzäugigen Cora zu sprechen, als ihn entfernte Hufschläge, die hinter ihnen über die Wurzeln des holperigen Weges daherstampften, veranlaßten, sein Pferd anzuhalten. Auch seine Begleiterinnen zogen die Zügel an.

In wenigen Augenblicken sah man ein Füllen gleich einem Damhirsch durch die geraden Fichtenstämme schlüpfen und gleich darauf den Mann mit dem mißförmigen Körper zum Vorschein kommen, der sein mageres Tier zu so viel Eile antrieb, wie es eben ertragen konnte. Aber trotz der gespornten Ferse gegen die Seite seiner Stute war doch der stärkste Lauf, in den er sie bringen konnte, ein leichter Galopp mit den Hinterbeinen, in den die vorderen nur in zweifelhaften Momenten mit einstimmten.

Die Wolken auf Heywards offener und männlicher Stirn verschwanden, und seine Lippen kräuselte ein leichtes Lächeln, als der Fremde sein Pferd zügelte. „Suchen Sie jemand?“ fragte Heyward.

Der Angekommene fächelte sich mit seinem Hut Luft ins Gesicht und antwortete: „Ich höre, Sie reiten nach William Henry, und da ich ebendahin reise, so schloß ich, gute Gesellschaft würde den Wünschen beider Parteien entgegenkommen.“

„Wenn Sie nach dem See reisen“, versetzte Heyward, „dann sind Sie nicht auf dem rechten Wege; die Straße liegt wenigstens eine halbe Meile hinter uns.“

„So ist es“, erwiderte der Fremde, durch den kalten Empfang nicht entmutigt. „Ich habe mich im Fort Edward eine ganze Woche aufgehalten, und es ist nicht klug von Leuten meines

Berufes, sich mit denen, die sie zu unterrichten haben, zu gemein zu machen: Deshalb folge ich nicht dem Heereszug; zudem glaube ich, daß ein Mann Ihres Standes am besten zu reisen weiß."

„Ein äußerst willkürlicher Entschluß!" rief Heyward, unentschlossen, ob er seinem steigenden Ärger Luft machen oder dem Sprecher ins Gesicht lachen sollte. „Aber Sie reden vom Unterrichten und von Beruf; sind Sie dem Provinzialkorps beigegeben als Lehrer in der edlen Kunst der Verteidigung und des Angriffs? Oder sind Sie vielleicht einer, der Linien und Winkel zieht und vorgibt, die Mathematik auszulegen?"

Der Fremde sah den Frager einen Augenblick verwundert an, dann aber löste er jede Spur von Selbstzufriedenheit in einen Ausdruck der Demut auf und antwortete: „Von Angriff ist keine Rede, und zu verteidigen brauche ich mich nicht. Ihre Anspielungen auf Linien und Winkel verstehe ich nicht. Ich mach auf keine höhere Gabe Anspruch als auf eine geringe Einsicht in die glorreiche Kunst des Bittens und Danksagens, wie sie beim Psalmensingen dem Himmel dargebracht wird."

„Der Mann ist offenbar Meister des Gesangs", rief die belustigte Alice, „und ich nehme ihn unter meine spezielle Protektion. Nein, weg mit diesen Stirnrunzeln, Heyward, lassen Sie ihn in unserm Gefolge reisen. Wenn er ‚Musik in seiner Seele hat', so wollen wir ihn nicht lieblos aus unserer Gesellschaft verweisen." Sie deutete mit der Reitgerte bittend nach dem Pfade hin, während sich beider Augen in einem Blick begegneten, den der junge Mann gern verlängert hätte; dann gab er ihrem begütigenden Einfluß nach, ließ sein Tier die Sporen fühlen und war in wenigen Sätzen an Coras Seite, die langsam dem schweigenden Führer gefolgt war.

„Es freut mich, Euch zu treffen, Freund", fuhr Alice fort und winkte den Fremden neben sich, während sie ihren Narragansett wieder in den Paßgang brachte. „Parteiische Verwandte haben mich beinahe überredet, daß ich bei einem Duett nicht übel anstehen könnte, und wir erheitern uns den Weg, wenn wir unserer Lieblingsneigung etwas nachgeben."

„Nichts dürfte dem Gemüt jetzt so wohltun wie eine solche Vereinigung", erwiderte der Meister des Gesanges. „Aber vier

Stimmen sind erforderlich, um eine Melodie zu vervollkommnen. Allen Anzeichen nach besitzen Sie einen sanften und vollen Sopran, ich kann einen vollen Tenor auf die höchste Note führen, aber es fehlt uns noch ein Alt und ein Baß! Der königliche Offizier dort könnte den Baß gut übernehmen, wenn ich nach dem Klang seiner Stimme im Gespräch schließen darf."

Lächelnd entgegnete das Mädchen: „Wenn Major Heyward auch bei Gelegenheit solch tiefe Töne anstimmen kann, so glauben Sie mir, daß sich seine natürliche Stimme mehr zu einem weichen Tenor als für jenen Baß eignet, den Sie gehört haben. Ich fürchte außerdem, daß er es mehr mit den weltlichen Liedern des Soldatenlebens hält."

„Die Stimme ist dem Menschen zum Gebrauch, nicht zum Mißbrauch gegeben. Glücklicherweise darf ich sagen, daß ich nur die Gedanken des Königs von Israel selbst äußere, wie sie in der 1744 zu Boston herausgegebenen Ausgabe der Psalmen, Hymnen und geistlichen Gesänge des Alten und Neuen Testaments aufgeführt sind."

Daraufhin zog der Fremde ein Buch aus der Tasche, setzte eine in Eisen gefaßte Brille auf die Nase, öffnete das Buch, führte ohne weitere Einleitung das unbekannte Instrument an den Mund und brachte damit einen hohen, schrillen Ton hervor, dem er eine Oktave niedriger mit seiner eigenen Stimme folgte. Und nun begann er in vollen, süßen und melodischen Tönen zu singen.

Eine solche Unterbrechung der Stille des einsamen Waldes konnte nicht verfehlen, sich denen, die nur eine kleine Strecke vorauszogen, bemerkbar zu machen. Der Indianer murmelte einige Worte in gebrochenem Englisch zu Heyward, der darauf dem Sänger gebot, aufzuhören.

„Obgleich wir nicht in Gefahr sind, so rät uns schon die Klugheit, durch diese Wildnis in möglichster Stille zu reisen."

„Sie haben mir den Zauber meiner Träumerei zerstört", versetzte das schelmische Mädchen, „als Sie mit Ihrem Baß einfielen, Duncan."

„Ich weiß nicht, was Sie meinen Baß nennen", entgegnete Heyward gekränkt, „aber so viel weiß ich, daß Ihre und Coras Sicherheit mir viel teurer ist als ein ganzes Orchester, das Händel spielt.“ Er schwieg, kehrte plötzlich seine Augen zum Dikkicht und heftete sie dann auf ihren Führer, der in ungestörter Gravität den Schritt hielt. Der junge Mann lächelte über sich selbst, denn er glaubte, er habe eine glänzende Waldbeere für die glühenden Augäpfel eines herumstreichenden Wilden gehalten.

Major Heywards Versehen lag aber nur darin, daß er sich durch seinen Stolz von weiterer Nachforschung abhalten ließ. Der Zug war noch nicht lang vorüber, als die Zweige des Gebüsches vorsichtig auseinandergebogen wurden und ein Menschengesicht, so trotzig und furchtbar, wie es wilde Kunst nur machen konnte, den Reisenden nachblickte. Ein Frohlocken schoß über die dunkel bemalten Gesichtszüge. Arglos ritten die Schlachtopfer weiter; den lichten und anmutigen Gestalten der Frauen, die zwischen den Bäumen dahinschwebten, folgte durch die Krümmungen des Weges die männliche Gestalt Heywards und diesem die unförmige Person des Singmeisters.

Zweites Kapitel

Während der arglose Heyward und seine Begleiter tiefer in den Wald eindringen, in dem sich solch verräterische Gestalten aufhielten, richten wir unser Augenmerk auf einen wenige Meilen weiter westlich gelegenen Ort.

Am selben Tag saßen zwei Männer am Ufer eines kleinen Stromes, ungefähr eine Wegstunde von General Webbs Hauptquartier, dem Fort Edward, entfernt. Das weite Laubdach des Waldes dehnte sich bis zum Rande des Flusses aus und warf einen tiefen Schatten auf seine dunklen Fluten. Die Strahlen der Sonne wurden schwächer, und die übermäßige Hitze des Tages begann sich zu mildern. Aber immer noch herrschte in dieser Einsamkeit jene Stille, die die drückende Schwüle einer amerikanischen Julilandschaft charakterisiert. Sie wurde nur von den leisen Stimmen der Männer, dem gelegentlichen müden Picken eines Spechts oder dem unharmonischen Schrei eines bunten Hähers unterbrochen.

Während einer dieser müßigen Wanderer die rote Haut und

den wilden Aufzug eines Eingeborenen der Wälder hatte, zeigte der andere die hellere, wenngleich sonnverbrannte Farbe eines Mannes europäischer Abstammung. Der eine saß auf dem Ende eines bemoosten Baumstammes. Sein beinahe nackter Leib zeigte in weißen und schwarzen Linien die schauerliche Zeichnung eines Totengerippes. Sein kahl geschorener Kopf wies außer der wohlbekannten Skalplocke als einzigen Putz eine Adlerfeder auf, die über seinen Kopf weg auf die linke Schulter herunterhing. Die gewölbte Brust, die vollgeformten Glieder und die ernste Haltung dieses Kriegers schienen anzudeuten, daß er sich in der Vollkraft seines Lebens befand.

Der Weiße war muskulös, aber eher mager als voll, wie einer, der seit seiner frühesten Jugend Mühsal und Anstrengungen zu ertragen hatte. Er trug ein grünes Jagdhemd mit Fransen und eine Sommermütze von geschorenem Fell. Seine Mokassins waren nach Art der Eingeborenen verziert, während unter dem Jagdrock ein Paar bocklederner Gamaschen sichtbar wurden. Ein Messer, eine Jagdtasche und ein Pulverhorn vervollständigten seine Ausrüstung, und eine Büchse von großer Länge lehnte neben ihm an einem jungen Baum. Das Auge des Jägers oder Kundschafters war schnell, scharf und unruhig und rollte, während er sprach, in alle Richtungen, als ob er die plötzliche Annäherung eines Feindes fürchte. Trotz dieser Anzeichen gewohnten Mißtrauens verriet sein Gesicht keine Tücke, ja es trug sogar im Augenblick das Gepräge offener Redlichkeit. Er redete in der Sprache der Delawaren, die alle Stämme der Lenni-Lenapen kannten, jenes „unvermischten Volkes“, das einst das Land zwischen dem Hudson und dem Potomac bewohnte.

„Der schlimmste Feind, den ich habe, muß mir zugestehen, daß ich ein echter Weißer bin“, sagte er, indem er auf die verwitterte Farbe seiner sehnigen Hand blickte. „Aber ich habe keine Vorurteile, und ich gestehe gern, daß mein Volk manche Wege geht, die ich als ehrlicher Mann nicht gutheißen kann. Aber jedes Ding hat zwei Seiten: So frage ich dich, Chingachgook, was begab sich, als unsere Väter sich zuerst getroffen haben?“

Der Indianer saß eine Minute stumm da, dann antwortete er feierlich: „Höre, Falkenauge, und dein Ohr soll keine Lüge trinken. So haben meine Väter gesagt und die Mohikaner getan. Wir kamen von dem Ort, wo sich die Sonne nachts verbirgt, über große Flächen, wo die Büffel leben, bis wir mit den Alligewis zusammenstießen und der Boden sich von ihrem Blut rötete. Bis zu den Gestaden des Salzsees war keiner mehr, der es mit uns aufgenommen hätte. In einiger Entfernung lebten die Maquas. Wir sagten, das Land sollte unser sein, von dem Flusse an, den ihr Hudson nennt, bis zu einem Flusse zwanzig Tagereisen sommerwärts. Das Land, das wir als Krieger eroberten, behaupteten wir als Männer. Wir trieben die Maquas* in die Wälder zu den Bären. Sie zogen keinen Fisch aus dem großen See: Wir warfen ihnen die Gräten zu."

„All das habe ich gehört und glaub es", sagte der Weiße, der Nathanael Bumppo hieß, von den Indianern aber Falkenauge genannt wurde, „doch das war lange, bevor die Engländer ins Land kamen."

„Damals wuchs eine Fichte da, wo jetzt dieser Kastanienbaum steht. Die ersten Bleichgesichter, die zu uns kamen, sprachen kein Englisch. Sie kamen in einem großen Kanu, als meine Väter den Tomahawk begraben und mit den roten Männern um sie her Frieden gemacht hatten. Damals, Falkenauge", fuhr er fort, indem er seine Bewegung nur dadurch kundgab, daß er seine Stimme zu jenen tiefen Kehltönen herabsinken ließ, die seine Sprache oft so musikalisch machten, „damals waren wir ein Volk, und wir waren glücklich. Der Salzsee gab uns seine Fische, der Wald sein Wild und die Luft ihre Vögel. Wir nahmen Weiber, die uns Kinder gebaren, wir beteten den Großen Geist an und hielten uns die Maquas vom Leibe."

„Weißt du etwas von deiner eigenen Familie zu jener Zeit?" fragte Falkenauge. „Da du gewiß ihre Eigenschaften geerbt hast, müssen deine Väter brave Krieger und weise Männer beim Versammlungsfeuer gewesen sein."

„Mein Stamm ist der Ahnherr von Nationen. Das Blut von Häuptlingen rollt in meinen Adern. Die Holländer landeten und gaben meinem Volk das Feuerwasser; sie tranken und wähnten in ihrer Torheit, sie hätten den Großen Geist gefunden.

* Die Indianerstämme haben sich gegenseitig verschiedene Namen gegeben. Mingo und Maqua sind Ausdrücke der Verachtung.

Dann mußten sie von ihrem Lande scheiden. Schritt um Schritt wurden sie zurückgetrieben von den Gestaden, bis ich, der ich ein Häuptling und Sagamore* bin, die Sonne nie anders als durch die Bäume habe scheinen sehen; und noch nie hab ich die Gräber meiner Väter besucht."

„Gräber bringen das Gemüt in feierliche Stimmung", bemerkte der Kundschafter, angerührt vom Leid seines Begleiters. „Aber wo ist dein Geschlecht, das vor so vielen Sommern zu seinen Verwandten im Delawarenland gekommen ist?"

„Wo sind die Blüten jener Sommer! – Abgefallen, eine nach der andern: Denn alle von meiner Familie sind in das Land der Geister hinübergegangen. Ich stehe oben auf dem Berg und muß ins Tal hinab; und wenn Unkas meinen Fußstapfen folgt, so ist keiner mehr übrig vom Blut der Sagamoren: Denn mein Knabe ist der letzte Mohikaner."

„Unkas ist da", sprach eine sanfte Stimme, „wer fragt nach Unkas?" Der Weiße fuhr bei dieser plötzlichen Unterbrechung mit seinem Messer aus der ledernen Scheide und faßte unwillkürlich nach seiner Büchse; der Indianer aber saß ruhig da, ohne den Kopf nach dem unerwarteten Ankömmling umzuwenden.

Im nächsten Augenblick schritt ein junger Krieger zwischen ihnen durch und setzte sich an das Ufer des Stromes. Chingachgook richtete seine Augen langsam auf seinen Sohn und fragte: „Wagen die Maquas die Spuren ihrer Mokassins diesen Wäldern einzudrücken?"

„Ich war ihnen auf der Fährte", antwortete der junge Indianer, „und weiß, daß ihrer so viele sind wie Finger an meinen Händen; aber sie liegen wie Feiglinge verborgen."

„Die Diebe sind auf der Lauer nach Skalpen und nach Beute?" sprach Falkenauge. „Der rührige Franzmann Montcalm hat sie geschickt. Er nennt sie Irokesen."

„Genug!" versetzte Chingachgook, sein funkelndes Auge nach der untergehenden Sonne gerichtet; „sie sollen vertrieben werden wie das Wild aus den Büschen. Falkenauge, wir wollen zu Nacht essen und morgen den Maquas zeigen, daß wir Männer sind."

„Ich bin zum einen wie zum andern bereit; aber um zu essen, braucht man ein Wild – sprich vom Teufel, und er ist nicht

* Älterer, würdiger Mann, Führer und Ratgeber bei den Indianern.

weit von dir; da bewegt sich das stärkste Geweih, das ich dieses Jahr gesehen habe, hinter den Büschen den Hügel hinab. Nun, Unkas“, fuhr er halb flüsternd fort, „ich wette mein Horn, dreimal mit Pulver gefüllt, gegen eine Elle Wampum*, daß ich ihn zwischen den Augen und näher dem rechten als dem linken Auge nehme.“

Er richtete sein Gewehr und war im Begriff, eine Probe seiner Geschicklichkeit abzulegen, als der ältere Krieger mit der Hand nach der Waffe fuhr und sagte: „Falkenauge! Hast du Lust, mit den Maquas zu fechten?“

„Diese Indianer kennen die Wälder im Schlaf!“ versetzte der Kundschafter, indem er seine Büchse sinken ließ wie einer, der seinen Irrtum einsieht. „Ich muß den Bock deinem Pfeil überlassen, Unkas, oder wir töten das Tier, nur um die Diebe, die Maquas, damit zu füttern.“

Unkas warf sich zu Boden und näherte sich mit vorsichtigen Bewegungen dem Tier. Im nächsten Augenblick schwirrte der Bogen, und der verwundete Rehbock stürzte aus seinem Versteck ans Flußufer. Unkas sprang an seine Seite und stach ihm das Messer durch die Kehle. Das Tier fiel und rötete das Wasser mit seinem Blute.

„Das nenn ich Indianergeschick“, sprach Falkenauge. „Ein schöner Anblick.“

„Hugh!“ rief Chingachgook und wandte sich um wie ein Hund, der die Fährte eines Wildes wittert.

„Bei Gott, was hörst du, Chingachgook?“ fragte Falkenauge. „Für meine Ohren sind die Wälder stumm.“

Der Indianer bückte sich und legte ein Ohr auf die Erde. „Pferde weißer Männer kommen. Falkenauge, es sind deine Brüder, sprich mit ihnen.“

„Das will ich“, versetzte der Jäger, „aber ich seh nichts, noch hör ich einen Laut – ja, ja, es sind Pferdetritte.“

Ein Pfad, wie ihn das Wild bildet, führte an die Stelle, wo der weiße Mann und seine roten Genossen haltgemacht hatten. Auf diesem Wege kamen die Reisenden langsam auf den Jäger zu.

„Wer da?“ rief Falkenauge.

* In Strängen aufgereihte Muschelscheibchen, das Geld der Indianer.

„Gläubige Christen und Freunde des Königs“, antwortete der vorderste Reiter. Es war Duncan Heyward.

„Habt Ihr Euch verirrt?“ fragte ihn der Jäger.

„So ist’s. Wißt Ihr, wie weit es nach Fort William Henry ist?“

„Wetter!“ rief der Kundschafter lachend, „Ihr seid weit von der Fährte. William Henry, Mann! Wenn Ihr ein Freund des Königs seid, so tätet Ihr besser daran, am Flusse entlang nach Edward zu gehen und Eure Sache Webb vorzulegen.“

Ehe Heyward auf diesen unerwarteten Vorschlag etwas erwidern konnte, sprengte der Singmeister durch das nahe Gebüsch. „Wie weit mögen wir also von Fort Edward sein?“ fragte er. „Den Platz, nach dem Ihr uns weist, verließen wir diesen Morgen, und unser Ziel ist die Quelle des Sees.“

„Dann müßt Ihr Eure Augen früher als den Weg verloren haben: Der Weg über die Hochfläche ist gute zwei Ruten breit ausgehauen.“

„Wir wollen uns jetzt nicht darüber streiten“, versetzte Heyward lächelnd, „es ist genug, wenn ich Euch sage, daß wir uns einem indianischen Führer anvertrauten, der uns einen näheren Weg führen wollte.“

„Ein Indianer in den Wäldern verirrt!“ sprach der Kundschafter, bedenklich den Kopf schüttelnd, „wenn die Sonne brennt und das Moos an jedem Baume ihm sagen muß, wo Norden ist! Ist er ein Mohawk?“

„Nicht von Geburt, obgleich er in diesen Stamm aufgenommen ist; er ist einer von denen, die Ihr Huronen nennt.“

„Hugh!“ riefen die zwei Begleiter des Kundschafters und sprangen überrascht auf. Ihre Teilnahme hatte jetzt offenbar über ihre Zurückhaltung gesiegt.

„Ein Hurone!“ wiederholte der Kundschafter, noch einmal voll Mißtrauen den Kopf schüttelnd, „dies ist ein diebisches Geschlecht, und ich frage nicht viel danach, von wem er aufgenommen wurde. Das sind alles Mingos, die durch List und Tücke die edlen Delawaren und Mohikaner zu Weibern gemacht haben. Da Ihr Euch der Sorge eines Huronen anvertraut habt, wundert es mich nur, daß Euch nicht noch mehr Unheil widerfahren ist.“

„Genug davon“, sprach Heyward ungeduldig, „ich will nicht den Charakter eines Mannes untersuchen, den ich kenne. Wie weit sind wir vom Fort Edward entfernt?“

„Das kommt wohl darauf an, wer Euer Führer ist.“

„Ich wünsche keinen Streit mit Euch, mein Freund“, bemerkte Heyward in höflicherem Ton, „wenn Ihr mir die Entfernung von Fort Edward sagt und mich dahin führt, so soll Eure Bemühung nicht unbelohnt bleiben.“

„Und wenn ich das tue, wer bürgt mir dafür, daß ich keinen Feind, einen Spion Montcalms, führe?“

„Wenn Ihr beim Heere dient, von dem Ihr gewiß ein Kundschafter seid, so solltet Ihr das sechzigste Regiment kennen.“

„Das sechzigste Regiment! Ihr könnt mir wenig von den Königlichen Amerikanern erzählen, was ich nicht schon weiß, obgleich ich ein Jagdhemd und keinen Scharlachrock trage.“

„Gut, dann kennt Ihr vielleicht auch den jüngsten Major des Regiments, der die Kompanien im Fort William Henry befehligt.“

„Ja, ich habe gehört, daß ein sehr reicher junger Mann aus einer Provinz weit im Süden diesen Posten erhalten hat. Er ist zu jung für einen solchen Rang, wo er über Männern steht, und doch sagen sie, er sei ein geschickter Soldat und ein ritterlicher Herr.“

„Was er auch sein mag, er spricht jetzt mit Euch.“

Der Kundschafter betrachtete Heyward erstaunt, lüpfte dann seine Mütze und antwortete in einem minder freien, obgleich noch immer argwöhnischen Tone: „Ich habe gehört, daß eine Abteilung diesen Morgen aus dem Lager nach dem Ufer des Sees abgehen sollte.“

„Da habt Ihr recht gehört, ich wählte einen kürzeren Weg, wobei ich mich auf den erwähnten Indianer verließ.“

„Und er täuschte Euch und lief davon.“

„Keines von beiden, wie ich glaube, wenigstens das letztere nicht: denn er ist in meinem Gefolge.“

„Ich möchte mir diesen Menschen ein bißchen näher ansehen. Wenn es ein echter Irokese ist, so erkenn ich ihn an seinem Spitzbubengesicht und an seiner Gesichtsfarbe“, sprach der Kundschafter, indem er an Heywards Pferd vorbeischritt und den Weg hinter des Singmeisters Stute betrat, deren Füllen den Stillstand benützte, um an der Mutter zu saugen. Nachdem er das Gebüsch beiseite gebogen hatte, traf er einige Schritte weiter auf die Frauen, die das Ergebnis der Besprechung ängstlich erwarteten. Hinter diesen lehnte der Läufer an einem Baum. Er ließ zwar die genaue Prüfung des Kundschafters mit unveränderter Miene über sich ergehen, aber sein Blick war finster und wild. Bald verließ ihn der Jäger und kehrte zu Heyward zurück. „Ein Mingo ist und bleibt ein Mingo, und nichts kann ihn ändern. Wenn wir allein wären, so könnt ich Euch selbst den Weg nach Fort Edward in einer Stunde zeigen, aber mit den Damen in Eurem Gefolge ist es unmöglich."

„Warum? Sie sind zwar ermüdet, aber für einen Ritt von ein paar Meilen noch kräftig genug."

„Es ist unmöglich!" wiederholte Falkenauge, „ich möchte keine Meile in Gesellschaft dieses Läufers nach Einbruch der Dunkelheit in diesen Wäldern machen. Sie sind voll von lauernden Irokesen, und Euer Mingo weiß nur zu gut, wo er sie zu finden hat."

„So seht Ihr die Sache an?" sprach Heyward, indem er sich im Sattel vorneigte und die Stimme senkte. „Ich gestehe, ich war auch nicht ohne Argwohn, obgleich ich ihn wegen meiner Begleiterinnen zu verbergen suchte."

„Ich wußte gleich, daß er ein Betrüger ist, als ich ihn anblickte!" versetzte der Kundschafter. „Der Dieb lehnt am Fuß des jungen Baums, den Ihr über die Büsche weg sehen könnt, sein rechtes Bein steht in einer Richtung mit dem Stamm, und", hier griff er nach seiner Büchse, „ich kann ihn von meinem Standpunkt aus zwischen dem Knöchel und dem Knie nehmen, daß ihm für wenigstens einen Monat das Herumstreichen in den Wäldern vergeht. Ging ich zu ihm zurück, so würde der Schlaukopf etwas wittern und durch die Bäume entschlüpfen."

„Das geht nicht. Er kann unschuldig sein. Und doch, wenn ich gewiß wüßte, daß er ein Verräter –"

„Auf die Schurkerei eines Irokesen darf man mit Sicherheit rechnen", sprach der Kundschafter, indem er seine Büchse hob.

„Halt!" unterbrach ihn Heyward, „es geht nicht – wir müssen uns etwas anderes ausdenken."

Der Jäger sann einen Augenblick nach und machte dann seinen zwei roten Begleitern Zeichen. Sie sprachen leise miteinander. Dann legten sie ihre Gewehre weg, wandten sich entgegengesetzten Seiten des Pfades zu und verschwanden mit vorsichtigen Bewegungen im Dickicht.

„Jetzt geht zurück“, sprach der Jäger nun zu Heyward, „und haltet den Teufelsbalg mit Reden hin; die Mohikaner werden ihn fangen, ohne ihm die Schminke zu verderben.“

„Nein“, sprach Heyward stolz, „ich will ihn selbst fassen.“

„Pah! Wer in den Wäldern mit den Eingeborenen zu tun hat, muß indianische Kniffe gebrauchen, wenn er etwas ausrichten will. Geht denn, sprecht vertraulich mit dem Bösewicht und tut, als ob Ihr ihn für Euern treuesten Freund auf Erden hieltet.“

Heyward behagte die Rolle, die er zu spielen hatte, nicht. Die Sonne war jedoch schon untergegangen, und die düstere Farbe der Wälder erinnerte ihn ernstlich daran, daß die Stunde, die die Wilden gewöhnlich für ihre grausamsten Akte wählten, schnell heranrückte. So spornte er sein Pferd und hielt gleich darauf vor dem trotzigen Läufer, der immer noch an den Baum gelehnt stand.

„Du siehst, Magua“, sprach er mit unbefangener Miene, „daß die Nacht hereinbricht und daß wir William Henry noch nicht näher sind. Zum Glück aber sind wir auf einen Jäger gestoßen. Er ist mit den Wäldern vertraut und verspricht, uns zu einem Platze zu führen, wo wir bis zum Morgen ruhen können.“

Der Indianer heftete seine funkelnden Augen auf Heyward und fragte in seinem gebrochenen Englisch: „Ist er allein?“

„Allein!“ wiederholte zögernd Heyward, dem Täuschung noch zu neu war, als daß er nicht etwas verlegen geworden wäre. „Oh! gewiß nicht allein, Magua: Du weißt ja, daß wir bei ihm sind.“

„Dann kann Le Renard Subtil gehen“, versetzte der Läufer, indem er ungerührt eine kleine Reisetasche zu seinen Füßen aufhob, „und die Bleichgesichter werden nur Leute ihrer eigenen Farbe sehen.“

„Gehen? Wen nennst du Le Renard – den schlauen Fuchs?“

„Diesen Namen haben seine kanadischen Väter Magua gegeben“, antwortete der Läufer mit stolzer Miene.

„Und was will Le Renard Subtil dem Befehlshaber von Fort William Henry von seinen Töchtern melden? Wird er es wagen, dem Schotten zu sagen, daß er seine Kinder ohne Führer gelassen habe, obgleich Magua versprach, ihnen einer zu sein?"

„Der Graukopf hat eine laute Stimme und einen langen Arm, aber wird Le Renard ihn in den Wäldern hören oder fühlen?"

„Genug, Magua", sprach Heyward, „warum sollen bittere Worte zwischen uns gewechselt werden? Munro hat dir für deine Dienste ein Geschenk versprochen. So laß deine müden Glieder ausruhen, öffne deine Reisetasche und iß. Wir haben nur noch wenige Minuten übrig. Wenn die Frauen Erfrischungen zu sich genommen haben, gehen wir weiter."

„Bleichgesichter machen sich zu Hunden ihrer Frauen", murmelte der Indianer in seiner Muttersprache.

„Was sagst du, Renard?"

„Le Subtil sagt, es ist gut."

Der Indianer begann zu essen, jedoch nicht ohne vorsichtig um sich zu blicken. Dann ließ er seine Hand vom Munde sinken, und Heyward, der ihn wachsam beobachtete, fühlte, daß jetzt gehandelt werden mußte. Er warf sein Bein über den Sattel und stieg ab, entschlossen, sich seines verräterischen Begleiters zu bemächtigen. Um jedoch seine Absicht nicht zu verraten, behielt er immer noch den Anschein der Vertraulichkeit.

„Le Renard Subtil ißt nicht", sagte er. „Sein Korn ist nicht gut geröstet, es scheint zu trocken. Ich will sehen, vielleicht findet sich etwas unter meinem Vorrat, was ihm besser mundet."

Magua hielt die Reisetasche hin, um ihm zuvorzukommen. Er litt es, daß sich ihre Hände berührten, ohne die geringste Aufregung zu zeigen. Kaum fühlte er aber, daß sich Heywards Finger leicht über seinen nackten Arm hinbewegten, so schlug er die Hand des jungen Mannes nach oben, stieß einen durchdringenden Schrei aus und tauchte mit einem einzigen Sprung in das Dickicht. Im nächsten Augenblick erschien Chingachgook, um ihn zu verfolgen. Eine Sekunde später folgte Unkas' Ruf, und die Wälder wurden von einem Feuerstrahl erleuchtet, den ein scharfer Knall von des Jägers Büchse begleitete.

Drittes Kapitel

Die plötzliche Flucht seines Führers und das wilde Geschrei der Verfolger versetzten Heyward einen Augenblick lang in ein untätiges Staunen. Bald aber bedachte er, wie wichtig es sei, sich des Flüchtlings zu versichern, und drang in das nahe Gebüsch. Er hatte noch keine hundert Schritte zurückgelegt, als er die drei Waldbewohner schon zurückkehren sah. „Warum so bald den Mut verloren?" rief er, „wir können des Schurken noch habhaft werden. Wir sind nicht sicher, solang er auf freiem Fuße ist."

„Wollt Ihr den Wind mit einer Wolke jagen?" fragte der Kundschafter. „Ich hörte den Teufelskerl über das trockene Laub hinschlüpfen wie eine Natter und schoß nach ihm, es war aber nichts! Doch seht diesen Ast an, seine Blätter sind rot."

„Es ist Blut von Le Subtil! Er ist verwundet und fällt vielleicht!"

„Nein, nein", entgegnete der Kundschafter, „ich streifte wohl nur die Haut, und der Bursche hüpft dafür um so länger."

„Wir sind aber vier kräftige Männer gegen einen Verwundeten!"

„Ist 's Leben Euch verleidet?" unterbrach ihn Falkenauge. „Der rote Teufel dort würd Euch unter die Tomahawks seiner Gesellen bringen, bevor Ihr Euch noch an der Jagd erhitzt hättet. Es war unbesonnen von mir, die Flinte so nahe an einem Hinterhalt abzufeuern. Aber die Versuchung war zu groß! Kommt, Freunde, wir müssen unsere Stellung so verändern, daß sie jeden listigen Mingo auf eine falsche Fährte bringt, sonst trocknen morgen um diese Stunde unsere Skalpe vor Montcalms Lager im Wind!"

Diese schauderhafte Erklärung erinnerte Heyward an die Verantwortung, die er hatte. „Was ist zu tun?" fragte er, seine Hilflosigkeit peinlich empfindend, „verlaßt mich nicht, um Gottes willen! Bleibt, um die zu verteidigen, die unter meinem Geleite stehen, und bestimmt, womit ich euch belohnen soll!"

Seine Begleiter berieten sich in indianischer Sprache. Ungeduldig über den Verzug, trat Heyward zu der Gruppe, um sein

Anerbieten im Hinblick auf die Belohnung noch bestimmter auszudrücken, als Falkenauge, mit der Hand eine Bewegung machend, als gäbe er in einem strittigen Punkte nach, sich umwandte und zu ihm sagte: „Unkas hat recht! Es wäre unmenschlich, so harmlose Geschöpfe ihrem Schicksal zu überlassen, selbst wenn dadurch unser Zufluchtsort für immer aufs Spiel gesetzt würde. Wenn Ihr diese zarten Blumen aus der Gewalt der schlimmsten aller Schlangen retten wollt, Major, so habt Ihr keine Zeit zu verlieren."

„Wie könnt Ihr an einem solchen Wunsche zweifeln!" erwiderte Heyward. „Hab ich mich nicht bereits erboten –"

„Richtet Euer Gebet an den Himmel, der allein kann uns Weisheit geben, die Arglist dieser Teufel zuschanden zu machen", unterbrach ihn ruhig der Kundschafter, „aber verschont uns mit Euren Geldangeboten; Ihr lebt vielleicht nicht lange genug, um sie zu erfüllen, und ich nicht, um sie anzunehmen. Diese Mohikaner und ich – wir wollen tun, was Menschengedanken ersinnen können, und zwar ohne Hoffnung auf andere Belohnung als solche, die Gott immer rechtschaffenem Handeln zuteil werden läßt. Zuerst aber müßt Ihr zweierlei versprechen, sowohl in Eurem Namen als auch für Eure Freunde."

„Redet!"

„Das erste ist, euch stiller zu verhalten als die ruhenden Wälder hier, mag auch geschehen, was da will; das zweite, den Ort, wohin wir euch bringen, für immer geheimzuhalten."

„Ich will mein Äußerstes tun, diese beiden Bedingungen zu erfüllen."

„So folgt mir schnell, denn wir verlieren kostbare Augenblicke."

Heyward machte die ängstlichen Frauen in kurzen Worten mit den Bedingungen ihres neuen Führers bekannt. Darauf ließen sie sich von den Pferden helfen und begaben sich eilig an den Rand des Wassers hinab, wo der Kundschafter den Rest der Gesellschaft versammelt hatte.

„Was tun wir mit diesen stummen Geschöpfen?" murmelte Falkenauge und schaute auf die Pferde. „Es wäre Zeitverlust, ihnen die Kehle durchzuschneiden und sie in den Fluß zu werfen; sie aber hierlassen hieße den Mingos sagen, daß sie ihre Eigentümer nicht weit davon zu suchen haben. Chingachgook! Was rührt sich da im Gebüsch?"

„Das Füllen!"

„Das wenigstens muß sterben", murmelte der Kundschafter. „Unkas, deine Pfeile!"

„Halt!" rief der Singmeister. „Verschont mein Füllen! Es ist der artige Sprößling einer treuen Mutter und wird wissentlich keinen Schaden tun."

„Wenn Menschen um das nackte Leben kämpfen, das Gott ihnen gegeben hat", sprach der Kundschafter ernst, „so ist ihnen der andere nicht mehr als die Bestien des Waldes. Den Pfeil aufgelegt, Unkas, und gut gezielt, wir haben keine Zeit, einen zweiten zu versenden!"

Seine Stimme war noch zu hören, als das verwundete Füllen schon auf die Knie niederstürzte. Chingachgook stieß es blitzschnell in den Fluß.

Dieser Akt scheinbarer Grausamkeit machte auf die Gemüter der Reisenden einen furchtbaren Eindruck, als wäre er ein schreckliches Zeichen kommenden Unheils. Die Schwestern schauderten und drängten sich fester aneinander. Die Indianer aber führten die Pferde in den Fluß und gingen dann stromaufwärts. Mittlerweile zog der Kundschafter ein Kanu aus Baumrinde aus einem Versteck unter niedrigem Gebüsch hervor und bedeutete den Frauen, einzusteigen. Dann befahl er Heyward auf die andere Seite des Fahrzeugs, und so brachten sie es watend stromaufwärts, während der niedergeschlagene Besitzer des toten Füllens folgte. Der Kundschafter vermied selbst in der dichter werdenden Dunkelheit Felsblöcke oder tiefere Stellen mit einer Gewandtheit, die seine Kenntnis des Weges bekundete. Gelegentlich hielt er an und horchte mit gespannter Aufmerksamkeit. Wenn er sich überzeugt hatte, daß alles ruhig war, schritt er vorsichtig weiter. Schließlich erreichten sie eine Stelle im Fluß, wo Heyward da, wo das höhere Ufer einen tiefen Schatten warf, eine Gruppe schwarzer Gegenstände gewahrte. Er richtete die Aufmerksamkeit seines Begleiters darauf.

„Richtig", versetzte Falkenauge ruhig, „die Indianer haben die Tiere mit instinktiver Vorsicht untergebracht. Das Wasser läßt keine Spur zurück, und selbst ein Eulenauge würde in der Finsternis einer solchen Höhle nichts entdecken."

Die ganze Gesellschaft hatte sich inzwischen versammelt. Der Fluß war hier zwischen hohe und zackige Felsen eingezwängt, die von großen Bäumen überragt wurden, deren Wipfel sich dunkel an den gestirnten Himmel malten.

Der Kundschafter hieß seine Schützlinge, sich in das vordere Ende des Kanus zu setzen, während er sich in das hintere stellte und, als die beiden Indianer sich zurückgezogen hatten, sein Ruder gegen einen Felsen stemmte und die gebrechliche Barke mit einem kräftigen Stoß mitten in die stürmische Strömung trieb. Mehrere Minuten war der Kampf mit dem ungestümen Fluß ernst und zweifelhaft. Die Reisenden starrten in fieberhafter Spannung auf die schäumenden Wogen. Vorn und scheinbar in geringer Entfernung schien das Wasser zum Himmel emporgetürmt und stürzte von da in Höhlen, aus denen sich unheimliche Töne vernehmen ließen. Oft glaubten sie, das wirbelnde Wasser stürze sie in unvermeidliches Verderben – doch jedesmal stemmte die Meisterhand des Steuermanns den Bug des Kanus der Strömung entgegen. Und gerade als Alice ihre Augen vor Entsetzen geschlossen hatte, weil sie glaubte, von dem Strudel am Fuße des Wasserfalls verschlungen zu werden, blieb das Kanu an der Seite eines flachen Felsens stehen.

„Wo sind wir?" fragte Heyward.

„Ihr seid am Fuße des Glenn", versetzte der andere mit lauter Stimme, beim Brausen des Wasserfalls hatte er keinen Lauscher zu befürchten; „das nächste ist jetzt, festen Fußes auszusteigen. Da, tretet alle auf den Felsen, und ich will die Mohikaner mit dem Wildbret bringen."

Als der letzte Fuß den Felsen berührte, verschwand das Kanu in der undurchdringlichen Finsternis, die jetzt über dem Fluß lag. Verlassen von ihrem Führer, zögerten die Reisenden, denn sie fürchteten, ein Fehltritt stürze sie in eine der tiefen Höhlen. Bald waren sie jedoch von ihrer Ungewißheit befreit. Unterstützt von den Eingeborenen, schoß das Kanu schon wieder durch die Wirbel zurück und lag zur Seite des flachen Felsens.

„So, nun haben wir Bollwerk, Besatzung und Proviant!" rief Heyward in munterer Laune. „Aber, mein wachsamer Freund, könnt Ihr etwas von Euren Irokesen auf dem Lande drüben sehen?"

„Einen Indianer pflegt man eher zu fühlen, als daß man ihn sieht", antwortete der Kundschafter, stieg den Felsen hinan und warf den Rehbock nachlässig hin. „Aber wir haben gewiß Zeit genug, uns Steaks herauszuschneiden."

Dann nahm der Kundschafter einige Gerätschaften zusammen und verschwand mit den Mohikanern in der finsteren Wand eines senkrechten Felsens, der sich einige Fuß vom Ufer entfernt erhob.

Gedämpfte Männerstimmen ließen sich jetzt vernehmen, als ob sie aus der Erde kämen, und ein plötzlicher Lichtstrahl enthüllte das Geheimnis des Ortes.

Am äußersten Ende einer engen, tiefen Höhle im Felsen saß der Kundschafter, einen Fichtenbrand in der Hand. Der Schein der Flamme fiel auf sein wettergegerbtes Gesicht und auf seinen Jagdanzug und verlieh seiner Gestalt den Anschein romantischer Wildheit. Seine Züge verrieten im flackernden Licht einmal wachsame Unerschrockenheit und dann wieder scheinbar ungetrübte Arglosigkeit. Neben ihm stand Unkas. Die anmutige, schlanke Gestalt war mit einem fransenbesetzten Jagdhemd bedeckt, seine schwarzen Augen blickten furchtlos; man sah seine hohen stolzen Züge mit all den schönen Proportionen eines edlen Hauptes, das bis auf die Skalplocke kahlgeschoren war. Zum ersten Male hatten die Reisenden Gelegenheit, ihre beiden indianischen Begleiter genau zu betrachten, und alle fühlten sich von der Bürde des Zweifels befreit, als sie die stolzen und entschlossenen Züge des jungen Kriegers sahen. Sogar Heyward äußerte unverhohlen seine Bewunderung.

„Ich könnte ruhig schlafen, Duncan", flüsterte ihm Alice zu, „wenn ich einen so furchtlosen, hochgesinnten Jüngling zu meiner Schildwache hätte."

„Hoffen wir denn, daß er sich als wackrer und beständiger Freund erweist", antwortete er.

Sie wurden von dem Kundschafter unterbrochen, der sie bat, in die Höhle zu treten. „Das Feuer fängt an aufzuflammen", fuhr er fort, als sie seiner Aufforderung folgten, „und könnte den Mingos zu unserm Verderben leuchten. Unkas, laß den Vorhang herab. Das ist freilich kein Essen, wie es ein Major der Königlichen Amerikaner zu erwarten berechtigt ist; aber hier haben wir eine Masse Salz, und das Fleisch ist bald gebraten. Da sind außerdem frische Sassafraszweige für die Damen, um darauf zu sitzen."

„Sind wir ganz sicher in dieser Höhle?" fragte Heyward. „Ist kein Überfall zu befürchten?"

Eine gespenstische Gestalt schritt aus der Finsternis und nahm einen Fichtenbrand aus dem Feuer. Alice stieß einen schwachen Angstruf aus, und selbst Cora sprang auf, aber es war nur Chingachgook, der einen zweiten Vorhang aufhob und zeigte, daß die Höhle noch einen Ausgang hatte. Dieser führte durch eine enge Spalte im Fels in eine andere Höhle.

„So alte Füchse wie Chingachgook und ich lassen sich nicht leicht in einem Bau mit einem Ausgang fangen", bemerkte Falkenauge lachend. „Wir sind nahe bei der Stelle, wo die Vorsehung die Wasserfälle zuerst hingeführt hat, wo sie aber durchaus nicht mehr bleiben wollten. Der Felsen war auf beiden Seiten weicher, und so ließ das Wasser die Mitte des Flusses trocken liegen und bohrte diese zwei kleinen Höhlen zu Verstecken für uns aus."

„Aha, wir sind auf einer Insel!"

„Freilich, zu beiden Seiten haben wir Wasserfälle und oben und unten den Fluß."

Der Kundschafter hatte seine Küchengeschäfte nicht eingestellt, und nach seinen Erklärungen richteten jetzt alle ihre Aufmerksamkeit auf ihr Abendessen.

Das Mahl war für die ermüdete Gesellschaft sehr erquickend. Unkas bediente die Damen und verrichtete kleine Dienste mit einer Mischung von Würde und Ängstlichkeit, die Heyward sehr belustigte. Er wußte nämlich, daß die indianischen Sitten einem Krieger verboten, sich zu einem häuslichen Geschäft, besonders zugunsten der Weiber, herabzulassen. Da ihnen die Gastfreundschaft jedoch heilig war, wurde diese Abweichung von der Manneswürde stillschweigend hingenommen.

Ein stiller Beobachter hätte gesehen, daß die Dienste des jungen Häuptlings nicht ganz unparteiisch waren: Wenn er Alice die Kürbisflasche mit süßem Wasser reichte, das Wildbret auf einem geschnitzten Teller mit aller Höflichkeit darbot, so bekamen seine dunklen Augen einen sanften Ausdruck und ruhten auf ihrem ausdrucksvollen Gesicht, auch wenn er ihrer Schwester die gleichen Dienste tat. Ein- oder zweimal sah er sich veranlaßt, englisch zu sprechen, zwar gebrochen und mangelhaft, aber durch seine tiefe Kehlstimme so mild und wohlklingend, daß beide Damen mit Bewunderung und Erstaunen auf ihn blickten. Und diese Höflichkeitsbezeigungen ließen eine gegenseitige Zutraulichkeit wachsen.

„Kommt, Freund“, sprach Falkenauge nach einer Weile zu dem Sänger und zog ein Fäßchen unter einem Haufen Laub hervor. „Versucht einmal dieses Sprossenbier, es spült Euch alle Gedanken an das Füllen hinweg. Ich trinke auf bessere Freundschaft und hoffe, daß das bißchen Pferdefleisch keinen Groll gegen mich zurücklassen wird. Wie nennt Ihr Euch?“

„Gamut, David Gamut“, antwortete der Singmeister, indem er sich anschickte, einen großen Becher Bier auszutrinken.

„Ein sehr guter Name! Ich bin ein Bewunderer von Namen, obgleich die christlichen Gebräuche alle hinter den Sitten der Wilden zurückstehen müssen. Die feigste Memme, die ich kennenlernte, hieß Kühn. Bei dem Indianer ist's Gewissenssache: Wie er sich nennt, so ist er auch – nicht als ob Chingachgook, was Große Schlange bedeutet, wirklich eine Schlange wäre, sondern daß er sich auf die menschliche Natur versteht, schweigt und seine Feinde trifft, wenn sie es am wenigsten vermuten. Was ist Euer Beruf?“

„Ich bin ein unwürdiger Lehrer in der Kunst, die Psalmen abzusingen. Ich erteile den Kindern der Connecticuter Landwehr Unterricht im Singen.“

„Da könntet Ihr eine bessere Beschäftigung finden. Die jungen Hunde stöbern schon zuviel lachend und singend durch die Wälder. Versteht Ihr Euch aufs Fechten, und handhabt Ihr die Büchse?“

„Gott sei Dank, noch nie hatte ich Gelegenheit, mit Mordinstrumenten umzugehen.“

„Ihr habt ein Paar Beine, die einen langen Weg verkürzen dürften! Ihr reist, denk ich mir, oft mit Nachrichten zum General.“

„Nie; ich folge keinem anderen als meinem hohen Berufe, und der ist, Unterricht in der heiligen Musik zu erteilen."

„Ein seltsamer Beruf!" murmelte Falkenauge. „Aber Ihr werdet schon Talent dafür haben. Laßt uns also hören, was Ihr zu bieten habt. Es wird eine freundliche Art sein, gute Nacht zu sagen: denn es ist Zeit, daß die Damen für eine harte, lange Tour am frühen Morgen Kräfte sammeln."

„Mit höchster Freude stimm ich ein", versetzte David, indem er sein geliebtes Büchlein hervorzog und Alice darbot.

Alice lächelte und errötete. Es wurde eine Hymne aufgeschlagen, und nachdem David den Ton angegeben hatte, begann er das Kirchenlied, in das Alice und Cora einfielen.

Die Weise war feierlich und langsam. Die Indianer horchten mit einer Aufmerksamkeit, als ob sie in Stein verwandelt wären. Die harten Züge des Kundschafters, der, sein Kinn auf die Hand gestützt, mit dem Ausdruck kalter Gleichgültigkeit dagesessen hatte, wurden allmählich milder. Und als nun Vers auf Vers folgten, kehrten seine Gedanken in die Knabenjahre zurück, wo er in den Siedlungen der Kolonisten ähnliche Lobgesänge vernommen hatte.

Die Sänger hielten eben einen tiefen, dahinsterbenden Akkord, da ließ sich draußen ein Schrei vernehmen, der nicht menschlichen, ja nicht einmal irdischen Ursprungs zu sein schien. Er durchdrang die Höhle und ließ alle Herzen stillestehen. Ihm folgte eine tiefe Stille.

„Was ist das?" flüsterte Alice nach einigen Augenblicken schrecklicher Ungewißheit.

„Was ist das?" wiederholte Heyward laut.

Weder Falkenauge noch die Indianer gaben eine Antwort. Sie zeigten selbst großes Erstaunen und horchten, als erwarteten sie, daß sich der Laut wiederholte. Endlich unterhielten sie sich in der Delawarensprache, und Unkas verließ durch die innere Öffnung vorsichtig die Höhle.

Als er fort war, sagte der Kundschafter: „Was es ist, kann keiner von uns sagen, obgleich zwei von uns die Wälder mehr als dreißig Jahre durchzogen haben. Ich glaubte, es gäbe keinen Schrei von Tier oder Indianer, den mein Ohr nicht schon vernommen hätte."

„War es denn nicht das Kriegsgeschrei, mit dem man Feinde einschüchtert?“ fragte Cora.

„Nein, nein, das Geschrei schien übermenschlich. Nun, Unkas“, fragte er den jungen Häuptling, der wieder in die Höhle trat, „was gibt's?“ Die Antwort in delawarischer Sprache war kurz und scheinbar entschieden. „Draußen ist nichts zu sehen“, fuhr Falkenauge fort, indem er ärgerlich den Kopf schüttelte. „Geht in die andere Höhle und schlaft euch aus. Lang, ehe die Sonne aufgeht, müssen wir auf den Beinen sein.“

Cora ging mit gutem Beispiel voran, und die furchtsame Alice folgte ihr. Heyward ging auch und nahm einen brennenden Ast mit, der ein düsteres Licht in ihr enges „Gemach“ warf. „Zuerst wollen wir einmal die Sicherheit unserer Festung untersuchen“, sagte er und näherte sich einem Ausgang an der Rückwand der Höhle, der, wie die anderen, durch eine dicke Decke verborgen war. Er schob sie beiseite und sah einen Arm des Flusses gerade unter seinen Füßen fließen. „Die Natur hat auf dieser Seite ein unüberwindliches Bollwerk gebildet“, fuhr er fort, „und da Sie wissen, daß zuverlässige Männer auf der Vorderseite Wache halten, so seh ich nicht ein, warum der Rat unseres Gastfreundes nicht befolgt werden sollte. Ich bin gewiß, Cora wird mir beistimmen, daß der Schlaf Ihnen beiden höchst notwendig ist.“

„Cora wird die Richtigkeit Ihrer Ansicht zugeben, aber sie kann sie nicht in Anwendung bringen“, entgegnete die ältere Schwester, die sich neben Alice auf ihr Lager aus Sassafras niedergelassen hatte. „Es gibt noch andere Dinge, die uns den Schlaf verscheuchen. Fragen Sie sich selbst, Heyward, können sich Töchter die Angst des Vaters aus dem Sinne schlagen, der nicht weiß, wo seine Kinder in dieser Wildnis umherirren?“

„Er ist Soldat und weiß, was einem in den Wäldern alles begegnen kann.“

„Aber er ist Vater, und die Natur verleugnet ihre Rechte nie.“

„Wie nachsichtig er immer gegen uns gewesen ist!“ seufzte Alice. „Es war selbstsüchtig von uns, Schwester, daß wir unter solchen Gefahren auf unserem Besuch bestanden.“

„Als er von Ihrer Ankunft im Fort Edward hörte“, sprach Heyward freundlich, „sagte er zu mir: ‚Der Mut meiner Cora treibt sie, Duncan, ich will nicht dawider sein.‘“

„Und sprach er nicht auch von mir, Heyward?“ fragte Alice ein wenig eifersüchtig. „Gewiß hat er seine kleine Elsie nicht ganz vergessen.“

„Das wäre unmöglich“, versetzte der junge Mann, „er gebrauchte tausend Koseworte. Einmal sagte er –“

Duncan sprach nicht weiter, denn während seine Blicke auf Alice ruhten, die mit Innigkeit seine Worte zu erhaschen suchte, erfüllte derselbe gräßliche Schrei die Luft und machte ihn verstummen. Schließlich hob sich die Decke, und der Kundschafter stand in der Öffnung, er wirkte nicht mehr so selbstsicher, ihn schien eine unbekannte Gefahr zu beschäftigen, gegen die seine List und Erfahrung nicht ausreichen mochten.

Viertes Kapitel

Es hiesse eine Warnung mißachten“, sagte Falkenauge, „wenn wir länger in diesem Versteck blieben, während im Wald solche Schreie ertönen. Die Frauen mögen hierbleiben, aber die Mohikaner und ich wollen auf dem Felsen Wache halten, wo uns ein Major vom sechzigsten Regiment gewiß gern Gesellschaft leisten wird.“

„Geht voran, mein Freund, ich folge Euch“, erwiderte Heyward und hob seine Pistolen auf.

Sie traten alle aus der Höhle. Der Mond war aufgegangen, und sein Licht schimmerte hier und da auf dem Gewässer. Der Teil des Felsens aber, wo sie standen, lag noch im Schatten. Außer den tosenden Wassern war kein Laut zu hören.

„Hier ist nichts zu sehen als das Dunkel und die Stille einer schönen Nacht“, flüsterte Duncan. „Wie sehr würden wir in jedem anderen Augenblick eine solche Szene bewundern.“

„Horch!“ unterbrach ihn Alice. Noch einmal erscholl derselbe Laut, als ob er aus dem Flußbett käme und sich aus den engen Klüften der Klippen durch die Wälder dahinsterbend fortbewege.

„Kann einer“, fragte Falkenauge, „einem solchen Ton einen Namen geben? Ich für mein Teil glaube, daß er nicht der Erde angehört.“

„Mir ist der Ton recht wohl bekannt“, sprach Duncan, „oft hab ich ihn auf dem Schlachtfeld gehört. Es ist der schreckliche Angstschrei eines Pferdes im Todeskampf. Mein Pferd ist entweder in den Krallen von Raubtieren, oder es sieht eine Gefahr. Der Ton konnte mich täuschen, solange ich in der Höhle war, aber hier in freier Luft erkenne ich ihn gut.“

„Ich kann Euern Worten nicht widersprechen, denn ich verstehe mich wenig auf Pferde“, antwortete der Kundschafter. „Die Wölfe schwärmen wohl am Ufer umher. Unkas, fahr mit dem Kanu hinunter und wirf einen Feuerbrand unter das Pack, sonst haben wir morgen keine Pferde mehr.“

Der junge Eingeborene war schon ans Wasser hinabgestiegen, um seinem Befehl zu folgen, als vom Ufer ein langes Geheul erscholl, das sich schnell in die Tiefen des Waldes entfernte, die Raubtiere hatten ihre Beute im Stich gelassen. Unkas kam eilig zurück.

„Es ging uns wie den Jägern, die ihre Himmelsrichtung verloren hatten“, sprach Falkenauge. „Jetzt fangen wir wieder an, die Kennzeichen unseres Weges zu gewahren. Setzt euch in den Schatten, und laßt uns den Willen des Herrn erwarten.“

Die Eingeborenen setzten sich daraufhin so, daß sie beide Ufer überschauen konnten, während sie selbst der Beobachtung entzogen waren. Heyward holte ein Bündel Sassafras aus der Höhle, legte es in die Felsspalte, die die Höhlen trennte, und hieß die Schwestern sich darauf niederlassen. Sie waren nun vor jederlei Geschoß geschützt. Er stellte sich in ihre Nähe, während David, dem Beispiel des Kundschafters folgend, sich so in den Felsen unterbrachte, daß seine unförmigen Gliedmaßen nicht mehr zu sehen waren.

So vergingen mehrere Stunden. Der Mond erreichte seinen Zenit und goß sein mildes Licht auf die lieblichen Gesichter der Schwestern, die einander in den Armen entschlummert waren. Duncan suchte für sein eigenes Haupt ein Lager auf dem Felsen. David begann Töne von sich zu geben, die seine zarten Ohren in wacheren Augenblicken arg verletzt haben würden. Kurz, alle, außer Falkenauge und den Mohikanern, versanken in Schlaf. Unbeweglich, wie der Fels selbst, lagen sie da, während ihre Augen unablässig schweiften, bis der Mond untergegangen war und ein blasser Lichtstreif über den Wipfeln der Bäume den Anbruch des Tages verkündete. Jetzt rührte sich Falkenauge zum erstenmal. Er kroch zu Duncan und rüttelte ihn.

„Es ist Zeit, aufzubrechen", flüsterte er, „weckt Eure Frauen und steigt ins Kanu. Seid still, aber flink."

Duncan hob sogleich den Schal, der die Mädchen zudeckte, und Alice flüsterte mit ihrer zarten Stimme: „Nein, nein, lieber Vater, wir sind nicht verlassen, Duncan ist bei uns!"

„Ja, holde Unschuld", flüsterte der Jüngling, „Duncan ist hier, und solange er lebt, wird er dich beschützen. – Cora! Alice, auf! Die Stunde zum Aufbruch ist da!"

Die Worte waren kaum gesagt, als sich ein entsetzliches, gellendes Geheul erhob, als ob alle Dämonen der Hölle die Luft um sich her erfüllten. Das Geschrei kam aus keiner besonderen Richtung, erfüllte aber ringsum die Wälder. David erhob sich, indem er sich mit beiden Händen die Ohren zuhielt: „Ist die Hölle los, daß man solchen Heidenlärm vernimmt?"

Helle Blitze von einem Dutzend Büchsen folgten dieser unvorsichtigen Bloßstellung seiner Person und streckten den Singmeister besinnungslos auf den Felsen nieder.

Die Mohikaner erwiderten kühn das Entsetzen erregende Triumphgeschrei ihrer Feinde, das diese über Gamuts Fall erhoben. Die Blitze der Büchsen folgten jetzt schnell und ununterbrochen; aber beide Parteien waren zu erfahren, um auch nur ein Glied dem feindlichen Ziele bloßzustellen. Doch da brüllte eine gefürchtete Waffe los, und ein wildes Geheul verkündete, daß Falkenauges Büchse ihr Opfer gefunden hatte. Bei diesem kleinen Verlust zogen sich die Angreifenden sofort zurück, und alles ward allmählich wieder still.

Duncan benützte die günstige Gelegenheit, zu Gamut zu eilen und ihn in die schmale Felsspalte zu tragen, die die Schwestern beschirmte. Eine Minute später war die ganze Truppe hier in Sicherheit.

„Der arme Schelm hat seinen Skalp gerettet", sprach Falkenauge, „aber es ist ein Beweis, daß ein Mensch mit einer zu langen Zunge auf die Welt kommen kann. Es war eine Tollheit, auf einem nackten Felsen den wütenden Wilden sechs Fuß Fleisch und Blut zu zeigen."

„Ist er nicht tot?“ fragte Cora mit schwacher Stimme.

„Nein, nein! Wenn er eine Weile geschlummert hat, wird er wieder zu sich kommen“, antwortete Falkenauge. „Bring ihn rein, Unkas, und leg ihn auf den Sassafras.“

„Ihr glaubt also, daß sich der Angriff wiederholen wird?“ fragte Heyward.

„Wird ein hungriger Wolf von einem Maulvoll satt? Sie haben einen Mann verloren, und es ist ihre Art, sich bei einem Verlust zurückzuziehen. Aber wir werden sie bald wieder zu spüren kriegen. Ich glaube, es sind mindestens vierzig. Unsere Hoffnung kann nur sein, den Felsen so lange zu halten, bis uns Munro Hilfe schickt, und hoffentlich bald.“

„Sie hören, Cora, was wir zu erwarten haben“, sprach Duncan, „und daß nun alles von der Besorgnis und der Erfahrung Ihres Vaters abhängt. So kommen Sie mit Alice in die Höhle, wo Sie vor den Büchsen unserer Feinde sicher sind und unserem unglücklichen Kameraden Hilfe leisten können.“

Die Schwestern folgten ihm in die äußere Höhle, wo David durch Seufzer Zeichen seines zurückkehrenden Bewußtseins gab. Dann verließ Duncan die Schwestern und begab sich zum Kundschafter und seinen Genossen.

Die Indianer hatten sich auf ihre Posten in die Felsspalten gelegt, wo sie alle Zugänge zum Fuß der Wasserfälle beherrschten. Mitten auf der kleinen Insel bildeten ein paar kurze und verkrüppelte Fichten ein Dickicht. Hier versteckten sich Falkenauge und Duncan. Über ihnen erhob sich ein kahler, runder Felsen, an dessen beiden Seiten das Wasser in den Abgrund stürzte. Nun, da es Tag war, konnte man in die Wälder sehen und Einzelheiten unter dem Laubdach der dunklen Fichten und Gebüsche unterscheiden.

Eine lange und ungeduldige Wache folgte, und Duncan gab sich schon der Hoffnung hin, daß sie ihre Feinde wirklich zurückgetrieben hätten, als Falkenauge flüsterte: „Pst. Seht nach dem Wasser dort oben, gerade wo sich's über den Felsen stürzt! Die satanischen Wagehälse sind den Fall heruntergeschwommen und haben die Vorderseite der Insel schon erreicht! Pst, ruhig, Freund! Oder das Haar ist von Eurem Schädel weg, eh Ihr Euch's verseht!“

Heyward streckte den Kopf aus seinem Versteck und sah, was er mit Recht für ein Wunder von Geschick und Kühnheit hielt. Der Fluß hatte die Kante des weichen Felsens so weit abgespült, daß sein Absatz nicht so senkrecht und abschüssig war, wie es bei Wasserfällen gewöhnlich ist. Bis an die Spitze des Eilandes hatte sich ein Teil der Feinde herangewagt. Kaum hatte Falkenauge zu sprechen aufgehört, als vier Köpfe über ein paar Stämmen Treibholz auftauchten, die an die nackten Felsen angeschwemmt worden waren.

„Schüttet frisches Pulver auf die Zündpfannen Eurer Pistolen“, sagte Falkenauge, „und haltet Euch zum Handgemenge bereit.“ Er steckte einen Finger in den Mund und tat einen langen, schrillen Pfiff. Einen Augenblick später kam Unkas zu ihnen herangekrochen. Für Heyward war es ein Augenblick ungeduldiger Erwartung, der Kundschafter aber hielt seinem jüngeren Kampfgenossen in aller Ruhe eine Vorlesung über den vorsichtigen Gebrauch der Feuerwaffe.

„Unter allen Waffen“, begann er, „ist die Büchse mit dem langen gezogenen Lauf die gefährlichste. Sie braucht aber einen starken Arm, ein scharfes Auge, um alle ihre Schönheiten zu zeigen. Die Büchsenmacher verstehen sich nur schlecht auf ihr Handwerk, wenn sie ihre kurzen Vogelflinten –“

Er wurde durch ein leises „Hugh“ von Unkas unterbrochen.

„Ich sehe sie, Junge!“ fuhr Falkenauge fort. „Sie sammeln sich zum Angriff. Nun, laß sie nur!“

In diesem Augenblick sprangen die vier Wilden hinter dem Treibholz hervor. Heyward empfand eine brennende Begierde, ihnen entgegenzustürzen, aber er wurde durch Unkas' und des Kundschafters Ruhe zurückgehalten. Als nun ihre Feinde über die Felsen auf sie zurannten, erhob sich Falkenauges Büchse langsam unter dem Gestrüpp und entlud ihren Inhalt. Der erste Indianer machte einen Sprung wie ein angeschossener Hirsch und stürzte kopfüber hin.

„Jetzt, Unkas!“ rief der Kundschafter und zog sein langes Messer, „nimm den letzten dieser heulenden Satane; die anderen zwei sind uns gewiß!“

Unkas tat, wie ihm befohlen wurde, und nur noch zwei Feinde blieben übrig. Heyward hatte Falkenauge eine seiner

Pistolen gegeben, und sie stürzten zusammen ihren Feinden entgegen. Gleichzeitig gaben sie Feuer, aber beide ohne Erfolg.

„Das wußt ich“, brummte der Kundschafter ärgerlich und warf die verachtete kleine Waffe den Wasserfall hinab. „Kommt, ihr blutgierigen Höllenhunde!“

Kaum hatte er diese Worte gesprochen, so war er mit einem baumlangen Wilden im Kampf. Im selben Augenblick wurde Duncan von dem zweiten angegriffen und war im Nu mit ihm im Handgemenge. Mit gleicher Gewandtheit hatten Falkenauge und sein Gegner einander die hochgehobene, mit dem tödlichen Messer bewaffnete Hand aufgefangen. Endlich gelang es dem Weißen, den Eingeborenen zu bezwingen. Er konnte seine Hand dem Griff des Feindes entreißen, und er stieß ihm die scharfe Waffe durch die nackte Brust ins Herz.

Inzwischen war Heywards schwacher Degen bei dem ersten Angriff zerbrochen. Glücklicherweise gelang es ihm bald, seinen Gegner zu entwaffnen. Doch nun entstand ein wildes Ringen, wer von beiden den anderen in den Abgrund hinabstürzen könne. Einmal war der eine dem Rande näher und dann wieder der andere. Da fühlte Heyward den Griff des anderen an seiner Kehle und sah das triumphierende Grinsen des Wilden. Er fühlte, wie sein Körper einer unwiderstehlichen Kraft zu unterliegen begann, und der junge Mann empfand die Todesangst eines solchen Augenblicks in ihrer ganzen Furchtbarkeit. In dieser höchsten Gefahr fuhr plötzlich eine dunkle Hand und ein glänzendes Messer zwischen ihn und den Gegner. Der Indianer ließ los, als das Blut in vollen Strömen um die durchschnittenen Sehnen seines Handgelenks floß. Unkas' rettender Arm riß Duncan zurück, während sein Gegner mit verzweifelten Zügen in den Abgrund stürzte.

„Ins Versteck!“ schrie Falkenauge, der soeben seinen Gegner abgefertigt hatte, „ins Versteck, wenn euch euer Leben lieb ist! Die Arbeit ist nur halb getan!“ Der junge Mohikaner eilte, von Duncan gefolgt, zurück in den Schutz der Felsen und Sträucher.

Die Eingeborenen am Ufer, die dem Kampf unbeteiligt hatten zusehen müssen, weil sie mit einem Schuß dem Freund wie dem Feind gefährlich werden konnten, erhoben nun ein stürmisches Geheul und schossen ihre Büchsen ab.

Stete, besonnene Erwiderung gab die Büchse Chingachgooks, der seinen Posten behauptet hatte. Die Minuten vergingen, während von den Angreifenden bald ganze Salven, bald vereinzelte Schüsse kamen. Obgleich der Fels, die Bäume und die Sträucher rings um die Belagerten an hundert Stellen zerschossen und zerrissen waren, so war doch das Versteck so sicher, daß David bis jetzt in der kleinen Truppe der einzige Verwundete war.

„Laß sie ihr Pulver verknallen", sprach der Kundschafter, während Kugel auf Kugel an ihm vorbeipfiff. „Aber Unkas, Junge, du verschwendest ja nur Pulver, wenn du stark lädst: Eine Büchse, die stößt, schießt nie eine sichere Kugel!"

„Ich kann nicht zugeben, daß Ihr Unkas tadelt", versetzte Duncan, „er hat mir soeben das Leben gerettet und sich damit einen zum Freund gemacht, den man nie daran zu erinnern haben wird, was er ihm schuldig ist!"

Unkas erhob sich etwas, um Heywards dargebotene Hand zu drücken. Falkenauge, der diesen Ausbruch jugendlicher Gefühle kalt, aber nicht unfreundlich mit angesehen hatte, erwiderte: „Das Leben des anderen ist etwas sehr Wichtiges für Freunde in der Wildnis. Ich darf wohl sagen, daß ich Unkas schon mehrere Male diesen Dienst geleistet habe, und erinnere mich gut, daß auch er zu fünf verschiedenen Malen zwischen mir und dem Tod gestanden hat. Dreimal im Kampf mit den Mingos, einmal, da wir über den Horican gingen und –"

„Diese Kugel war besser gezielt als die andern!" rief Duncan, indem er vor einem Geschoß zurückfuhr, das neben ihm an den Felsen klatschte.

Unkas' Büchse richtete die Augen der anderen auf eine mächtige Eiche am rechten Ufer des Flusses, die ihre oberen Äste über den Strom neigte. In ihrem Laubwerk hatte sich ein Wilder eingenistet, teilweise gedeckt vom Stamm des Baumes.

„Diese Satanskerls werden noch den Himmel ersteigen, um uns zugrunde zu richten", sprach Falkenauge. „Halt ihn in Schach, Junge, bis ich meinen Wildtöter schußbereit habe und wir ihm sein Blei von beiden Seiten heimzahlen können."

Unkas wartete, bis der Kundschafter das Signal gab. Die Büchsen blitzten, Blätter der Eiche flogen, die gefährliche Büchse fiel vom Baum herab, und nach wenigen Minuten vergeblicher

Anstrengung zeigte sich die Gestalt des Wilden, wie er einen knorrigen Ast des Baumes verzweifelt umklammert hielt.

„Gebt ihm – um Gottes willen! Gebt ihm noch eine Kugel!" rief Duncan, starr vor Grauen, und wandte das Gesicht von diesem entsetzlichen Todeskampf ab.

„Kein Korn!" rief Falkenauge. „Sein Tod ist gewiß, und wir müssen das Pulver sparen. Es gilt ihren oder unsern Skalpen!"

Von diesem Augenblick an verstummte das Geheul in den Wäldern wieder, das Feuer hörte auf, und aller Augen, der Freunde wie der Feinde, waren auf den Unglücklichen gerichtet, der zwischen Himmel und Erde schwebte. Dreimal hob der Kundschafter die Büchse, und dreimal ließ er sie wieder sinken. Da ließ der Hurone eine Hand los. Man sah, wie er einen Augenblick lang in der Luft umhergriff. Ein Schuß aus Falkenauges Büchse, schnell wie der Blitz, die Glieder des Opfers zogen sich krampfhaft zusammen, und wie ein Bleiklumpen stürzte die Leiche in die schäumenden Wasser.

Die Mohikaner starrten einander schweigend an. Ein einziger Schrei erscholl aus dem Wald, und alles war wieder still. Falkenauge aber schüttelte den Kopf. „Es war die letzte Ladung in meinem Horn; das hieße, wie ein Knabe gehandelt! Ob er nun tot oder lebendig auf den Felsen fiel? Mit dem Fühlen wär's bald vorbei gewesen. Unkas, Junge, geh hinab ins Kanu und bring das große Horn; es ist alles Pulver, das wir noch haben, und wir brauchen's bis auf das letzte Korn."

Der junge Mohikaner gehorchte, doch stieß er kurz danach einen durchdringenden Schrei aus. Die ganze Gruppe, auch die Schwestern und der verwundete David, rannte ihm nach, und ein einziger Blick zeigte ihnen das Unglück.

In einiger Entfernung vom Felsen sah man ihre kleine Barke dahintreiben, die von einer verborgenen Kraft gelenkt schien. „Es ist zu spät, es ist zu spät!" rief Falkenauge. „Der Schurke hat die Strömung gewonnen, und hätten wir auch Pulver, so könnte ihn die Kugel kaum schneller jagen, als er jetzt forttreibt!"

Der Hurone hob den Kopf über das Kanu, winkte schadenfroh und stieß einen Siegesschrei aus, der durch gellendes Geheul und höhnendes Gelächter aus den Wäldern beantwortet wurde.

„Ihr habt gut lachen, ihr Höllenkinder!“ rief der Kundschafter, die nutzlose Büchse nachlässig zu seinen Füßen legend. „Die drei besten Flinten in diesen Wäldern sind jetzt nicht mehr wert als drei Wollkrautstengel.“

„Was wird nun aus uns werden?“ fragte Duncan.

Falkenauge fuhr sich statt einer Antwort auf bezeichnende Weise mit dem Finger um den Schädel.

„Gewiß steht es um uns doch nicht so schlecht“, rief der junge Mann, „die Huronen sind noch nicht hier; wir können uns ihrer Landung widersetzen.“

„Womit?“ fragte kaltblütig der Kundschafter. „Mit Unkas' Pfeilen oder mit Weibertränen? Nein, nein. Ich weiß, es ist hart zu sterben! Aber laßt uns diese Eingeborenen lehren, daß weißes Blut so frei wie rotes fließen kann, wenn die Stunde gekommen ist.“

„Warum denn sterben?“ fragte da Cora und trat näher. „Der Weg ist nach beiden Seiten offen. Flieht in die Wälder! Geht, wackere Männer, wir verdanken euch schon zuviel!“

„Da kennt Ihr die List der Irokesen wenig, Fräulein, wenn Ihr glaubt, daß sie uns den Weg in die Wälder offengelassen haben“, versetzte Falkenauge, fügte jedoch hinzu: „Die Strömung würde uns freilich bald aus dem Bereich ihrer Büchsen bringen.“

„So versucht es mit dem Fluß! Warum noch säumen?“

„Warum?“ wiederholte der Kundschafter stolz, „weil es einem Manne besser geziemt, im Frieden mit sich selbst zu sterben, als von bösem Gewissen gepeinigt zu leben! Welche Antwort sollten wir Munro geben, wenn er uns fragte, wie wir seine Kinder verlassen hätten?“

„Geht und sagt ihm, daß Ihr sie mit dem Auftrag verlassen hättet, ihnen eilig zu Hilfe zu kommen“, versetzte Cora mit edlem Eifer, „daß die Huronen sie in die Wildnis geschleppt hätten, daß sie aber noch gerettet werden könnten. Und wenn sein Beistand zu spät kommt, so hinterbringt ihm“, fuhr sie mit beinahe versagender Stimme fort, „die Liebe und die letzten Gebete seiner Töchter.“

Als sie geendet hatte, stützte der Kundschafter das Kinn auf die Hände und war lange Zeit in tiefes Nachdenken über den

Vorschlag versunken. „Es liegt Vernunft in Ihren Worten!“ brachte er endlich hervor. „Chingachgook! Unkas! Hört ihr die Worte des schwarzäugigen Mädchens?“

Er sprach jetzt in delawarischer Sprache mit seinen Genossen. Der ältere Mohikaner hörte ihm mit feierlichem Ernst zu. Nach kurzem Zögern gab er durch einen Wink mit der Hand seine Zustimmung. Dann schritt er schweigend auf die Ecke des Felsens zu, die vom Ufer aus am wenigsten gesehen werden konnte, warf sich ins Wasser und war bald entschwunden.

Der Kundschafter schied erst nach einigen Worten mit Cora: „Weisheit“, sprach er, „wird der Jugend wie dem Alter gegeben, und was Ihr gesprochen habt, ist weise. Wenn man Euch in die Wälder führt, so knickt die Zweige an den Büschen, und macht Eure Spuren so stark, wie Ihr könnt. Und wenn sie sterbliche Augen entdecken können, so verlaßt Euch drauf, daß Ihr einen Freund habt, der Euch bis ans Ende der Erde folgen wird.“

Er schüttelte Cora liebevoll die Hand, hob seine Büchse auf, betrachtete sie einen Augenblick traurig, legte sie vorsichtig hin und ging dann an die Stelle hinab, wo Chingachgook soeben verschwunden war. Das Wasser schloß sich über ihm, und er war gleichfalls verschwunden.

Aller Augen waren jetzt auf Unkas gerichtet. Cora zauderte einen Augenblick und sprach dann: „Ist es nicht Zeit, daß du deinen Freunden folgst?“

„Unkas bleibt“, antwortete der Häuptling ruhig.

„Um die Möglichkeit unserer Rettung zu vereiteln! Geh, edler, junger Mann“, fuhr Cora fort und senkte die Augen unter dem Blick des Mohikaners, war sich aber ihres Einflusses auf ihn irgendwie bewußt, „geh zu meinem Vater und sei der vertrauteste meiner Boten. Sag ihm, er solle dir die Geldmittel anvertrauen, um die Freiheit seiner Töchter zu erkaufen. Geh! Es ist mein Wunsch, meine Bitte, daß du gehst!“

Der Blick des jungen Häuptlings wurde traurig, aber er zögerte nicht länger. Geräuschlos schritt er über den Felsen, sprang in den unruhigen Strom und entschwand ihren Augen. Dann wandte sich Cora mit bebenden Lippen zu Heyward.

„Ich habe Ihre Fertigkeit im Schwimmen rühmen hören, Duncan“, sprach sie. „Folgen Sie dem weisen Beispiel.“

„Ist das die Treue, die Cora Munro von ihrem Beschützer fordert?“ fragte der junge Mann mit traurigem, beinahe bitterem Lächeln.

„Es ist keine Zeit für eitle Gedanken“, antwortete sie. „Für uns können Sie jetzt nichts mehr tun, aber für andere kann Ihr Leben noch von Bedeutung sein.“

Er antwortete nicht, aber seine Augen fielen auf die schöne Gestalt Alicens, die mit kindlicher Hingebung an seinem Arm hing.

„Bedenken Sie“, fuhr Cora fort, „daß das Schlimmste, was wir erleiden können, der Tod ist, ein Zoll, den wir alle entrichten müssen.“

„Es gibt Übel, die schlimmer sind als der Tod“, entgegnete Duncan heiser, „und vielleicht kann sie einer abwenden, der bereit ist, für Sie zu sterben.“

Cora drang nicht weiter in ihn, sie verhüllte ihr Gesicht mit ihrem Schal und zog Alice hinter sich her in die Höhle.

„Die Huronen lassen sich nicht sehen“, sprach Duncan zu David, der sich von dem Schuß noch nicht ganz erholt hatte, „wir wollen uns in der Höhle verbergen und das übrige der Vorsehung überlassen.“

David lächelte traurig und trat, auf den Arm seines Begleiters gestützt, in den engen Eingang der Höhle. Duncan ergriff einen Haufen Sassafraszweige und verteilte sie so vor dem Eingang, daß keine Spur einer Öffnung mehr zu sehen war. Im Innern hängte er die Decken davor, die die Waldbewohner zurückgelassen hatten. Das hintere Ende der Höhle war nun völlig dunkel, und nur durch das vordere kam aus der engen Schlucht, durch die in der Tiefe ein Arm des Flusses rauschte, spärliches Licht.

„Sie, Cora“, sprach er, mit diesen Vorkehrungen beschäftigt, „brauchen keine Ermutigung; Ihre Seelenstärke hilft Ihnen. Aber können wir nicht die Tränen der Weinenden trocknen, die zitternd an Ihrem Busen liegt?“

„Ich bin ja ruhig, Duncan“, sagte Alice und trocknete ihre Tränen. „In diesem Versteck sind wir sicher, und wir wollen unsere Hoffnung auf die edelmütigen Männer setzen, die schon so viel für uns gewagt haben.“

„Jetzt spricht unsere sanfte Alice wie eine Tochter Munros!" sagte Heyward und drückte ihr die Hand. „Zwei solche Muster von Mut vor sich, müssen einen Mann zum Helden machen!" Er setzte sich dann in die Mitte der Höhle und umklammerte die einzige ihm noch gebliebene Pistole. „Wenn die Huronen kommen, so sollen sie unsere Position nicht so leicht nehmen, wie sie meinen."

Es folgte eine tiefe, lange Stille. Da eine Minute nach der andern ohne Störung verging, begann sich langsam das wohltuende Gefühl der Hoffnung auszubreiten. Dieses wurde jedoch grausam zerstört, als sich draußen plötzlich ein Geheul erhob. „Wir sind verloren!" rief Alice und warf sich Cora in die Arme. „Noch nicht, noch nicht", entgegnete Heyward. „Das Geschrei kam von der Mitte der Insel und wurde durch den Anblick der toten Indianer hervorgerufen. Es bleibt noch immer Hoffnung."

So schwach die Aussicht auf Rettung war, so blieben Duncans Worte doch nicht ohne Wirkung: Die Schwestern erwarteten nun das Kommende stillschweigend. Stimmen erschollen von einem Ende der Insel zum anderen, und bald waren sie auch vom bloßen Felsen über den Höhlen zu vernehmen. Ein Triumphgeheul erscholl an der Stelle, wo der Weiße seine Büchse zurückgelassen hatte. Unter dem Kauderwelsch der indianischen Dialekte, das man jetzt deutlich vernahm, ließen sich Wörter im Dialekte Kanadas unterscheiden. Viele Stimmen riefen gleichzeitig: „La Longue Carabine!", einen Namen, den, wie sich Heyward wohl erinnerte, die Feinde einem berühmten Kundschafter des englischen Lagers gegeben hatten. So erfuhr er also, wer ihr Begleiter gewesen war.

„La Longue Carabine! La Longue Carabine!" ging es von Mund zu Mund, bis sich die ganze Bande um die Siegestrophäe versammelt hatte. Nach einer Beratung trennten sie sich wieder und erfüllten die Luft mit dem Namen eines Feindes, dessen Leiche sie, wie Heyward aus ihren Worten schloß, in einer Spalte des Felsens zu finden hofften.

„Jetzt", flüsterte er den zitternden Schwestern zu. „Wenn sie jetzt das Versteck nicht entdecken, sind wir geborgen! Auf jeden Fall können wir gewiß sein, daß unsere Freunde entkommen sind und daß wir in wenigen Stunden auf Hilfe hoffen dürfen."

Einige bange Minuten folgten. Mehr als einmal konnte Heyward hören, wie die Indianer an dem Sassafras streiften, so daß die Blätter rauschten. Schließlich gaben die Zweige ein wenig nach, eine Ecke des wollenen Vorhangs sank, und ein schwacher Lichtstrahl drang ins Innere der Höhle. Cora drückte Alice ans Herz, und Heyward sprang auf und stellte sich vor die Schwestern. Während er diese Bewegung machte, kehrten die Indianer zur Mitte der Insel zurück. Hier verriet ein Klagegeheul, daß sie sich um die Leichen ihrer gefallenen Kameraden versammelt hatten.

Nun erst wagte Duncan die Augen nach seinen Begleitern zu wenden. „Sie sind fort, Cora!“ flüsterte er. „Alice, wir sind gerettet!“

„Dem Himmel sei Dank!“ rief die jüngere Schwester und entwand sich den Armen Coras. Ihre Augen strahlten in Dankbarkeit. Doch da wurde sie offenbar erneut von Grauen gepackt; die Augen erstarrten und schienen sich vor Entsetzen zu weiten, während ihre Finger zitternd vorwärts wiesen. Heyward schaute in die angedeutete Richtung und sah am andern Ausgang der Höhle die boshaften, wilden und grimmigen Züge von Le Renard Subtil!

In diesem Augenblick der Überraschung verließ Heyward seine Selbstbeherrschung nicht. In dem Gesichte des Indianers las er, daß seine Augen noch nicht imstande waren, das Dämmerlicht in der Tiefe der Höhle zu durchdringen. Er hob seine Pistole und gab Feuer. Die Höhle erdröhnte wie beim Ausbruch eines Vulkans, aber als sich der Rauch verzogen hatte und Heyward zum Ausgang rannte, sah er die dunkle Gestalt um die Ecke davonschleichen.

Im nächsten Augenblick erhob der verräterische Führer ein lautes Geschrei, das von allen Indianern mit Geheul beantwortet wurde. Die schreienden Rothäute stürzten auf das Versteck zu, zerstörten die schwache Barriere und drangen von beiden Enden in die Höhle. Die vier wurden ans Tageslicht geschleppt und standen jetzt von der ganzen Bande triumphierender Huronen umgeben.

Fünftes Kapitel

Als Duncan den ersten Schock überwunden hatte, beobachtete er die Indianer genau. Gegen ihre sonstigen Sitten hatten sie sich weder an den zitternden Schwestern noch an David und ihm selbst vergriffen. Zwar betasteten einige die reichen Verzierungen seiner Uniform, und ihre gierigen Augen drückten den Wunsch nach dem Besitz dieser Kleinigkeiten aus, doch die gebieterische Stimme des Häuptlings hemmte die aufgehobenen Hände und überzeugte Heyward, daß man mit ihnen etwas Besonderes im Sinn hatte.

Einige Krieger durchsuchten immer noch die Höhlen. Nicht imstande, weitere Opfer aufzufinden, nahten sie sich ihren männlichen Gefangenen, indem sie den Namen La Longue Carabine mit Ungestüm aussprachen. Duncan stellte sich, als ob er nicht verstünde, während dem Singmeister eine völlige Unkenntnis der französischen Sprache den Versuch einer solchen Täuschung ersparte. Weil Duncan befürchtete, durch zu hartnäckiges Schweigen seine Sieger zu reizen, sah er sich schließlich nach Magua um, der seine Antworten verdolmetschen konnte.

Le Renard stand in einiger Entfernung von den Gefangenen so ruhig und zufrieden da, daß Duncan sich zuerst mit Schrecken abwandte und schwieg. Doch dann bezähmte er seinen Widerwillen und redete seinen Feind an: „Le Renard Subtil ist ein zu großer Krieger, als daß er einem unbewaffneten Mann nicht erklären sollte, was seine Besieger sagen."

„Sie fragen nach dem Jäger, der Pfade durch die Wälder kennt", antwortete Magua in gebrochenem Englisch und legte mit einem bösen Lächeln die Hand auf ein Bündel Blätter, womit eine Wunde an seiner Schulter umbunden war. „La Longue Carabine! Seine Büchse ist gut und sein Auge nie geschlossen; aber gleich dem kurzen Gewehr des weißen Häuptlings Heyward vermag sie nichts gegen das Leben von Le Subtil."

„Le Renard ist zu tapfer, um der im Kriege erhaltenen Wunden oder der Hände, die sie schlugen, zu gedenken."

„War es Krieg, als der ermüdete Indianer ruhte, um sein

Korn zu essen? Wer füllte die Gebüsche mit den kriechenden Feinden? Wessen Zunge war Frieden und sein Herz voll Arglist?"

Heyward wagte nicht, dem Ankläger seinen eigenen Verrat vorzuwerfen, und schwieg. Aber der Ruf „La Longue Carabine" erneuerte sich, sobald die Wilden bemerkten, daß die Unterhaltung abgebrochen war.

„Ihr hört", sprach Magua gleichmütig, „die roten Huronen rufen nach dem Leben der Langen Büchse, oder sie nehmen das Blut derer, die ihn verborgen halten!"

„Er ist fort – entronnen; er ist zu weit fort, als daß sie ihn erreichen könnten."

Renard lächelte boshaft. „Ist er ein Vogel, hat er Schwingen? Oder ein Fisch und kann schwimmen? Der weiße Häuptling hält die Huronen für Toren?"

„Obgleich kein Fisch, kann die Lange Büchse doch schwimmen. Er schwamm den Strom hinab, als die Augen der Huronen hinter einer Wolke waren."

„Und warum blieb der weiße Häuptling hier?" fragte der ungläubige Indianer. „Ist er ein Stein, der zu Boden sinkt?"

„Der weiße Mann glaubt, daß nur Memmen ihre Weiber im Stiche lassen", entgegnete der junge Mann gereizt.

Magua murmelte einige unverständliche Worte und fuhr fort: „Können die Delawaren so gut schwimmen wie in den Büschen kriechen? Wo ist Le Gros Serpent?"

Duncan sah aus dieser kanadischen Benennung, daß seine Begleiter den Feinden gut bekannt waren, und antwortete zögernd: „Auch die Große Schlange ist mit dem Strom hinab."

„Und Le Cerf Agile?"

„Ich weiß nicht, wen Ihr den Flinken Hirsch nennt", antwortete Duncan, um Zeit zu gewinnen.

„Unkas", antwortete Magua. „‚Flinker Hirsch' sagt der weiße Mann, wenn er den jungen Mohikaner ruft. Le Cerf Agile ist der Sohn von Le Serpent. Hat er sich in den Fluß gestürzt, den Wäldern zu?"

„Ja, auch er ist den Fluß hinab."

Magua machte die andern Indianer mit dem Inhalt des Gesprochenen bekannt. Daraufhin erhoben sie ein furchtbares Geschrei. Die einen rannten wie Rasende zum Fluß und spuckten das Wasser an, um ihre Entrüstung über den Verrat auszudrükken, den es an ihnen begangen hatte. Einer oder zwei machten ihren Gefühlen in drohenden Gebärden Luft. Duncan wußte um seine Ohnmacht und versuchte, seine Begleiterinnen durch die Versicherung zu ermutigen, daß die Drohungen der Indianer gewöhnlich schlimmer als ihre Handlungen seien.

Der riesige Häuptling versammelte nun seine Krieger zu einer Beratung. Sie war kurz, und einige Indianer gingen bald weg. Sie kamen mit dem gestohlenen Kanu zurück und ließen es ins Wasser. Dann winkte der Häuptling den Gefangenen, ins Kanu zu steigen.

Da Widerstand unmöglich war, schritt Heyward voran ins Kanu, wo er sich mit den beiden Schwestern und David niederließ. Als der Lotse seinen Platz eingenommen hatte, sprang die ganze Rotte in den Fluß, das Schifflein glitt auf der Strömung dahin, und in wenigen Augenblicken befanden sich die Gefangenen auf dem südlichen Ufer.

Hier wurden die Pferde, deren Panik vergangene Nacht zur Entdeckung der Reisenden durch die Indianer geführt hatte, aus dem Dickicht herbeigeholt. Der Häuptling bestieg Heywards Pferd, zog mit dem größten Teil seiner Leute quer durch den Fluß und verschwand in den Wäldern Richtung George-See. Die Gefangenen überließ er der Obhut von sechs Wilden, an deren Spitze Le Renard Subtil stand.

Duncan betrachtete diese Bewegungen mit erneuter Besorgnis. Aus der ungewöhnlichen Schonung der Wilden hatte er geschlossen, daß er Montcalm als Gefangener ausgeliefert werden sollte. Nun aber blieb nichts anderes zu erwarten, als daß sie in der Gewalt der Indianer bleiben müßten. Um über ihr Schicksal Gewißheit zu erhalten, wandte er sich an seinen früheren Führer und sprach so freundlich wie nur möglich: „Ich wünsche, mit Magua Worte zu sprechen, die nur ein so großer Häuptling hören darf."

Der Indianer antwortete verächtlich: „Sprich! Die Bäume haben keine Ohren!"

„Le Renard Subtil hat sich des ehrenvollen Namens, den ihm seine kanadischen Väter gaben, würdig erwiesen", fing Heyward an. „Ich erkenne seine Weisheit und werde ihrer gedenken, wenn die Stunde seiner Belohnung kommt. Ja, Renard hat gezeigt, daß er ein großer Häuptling ist, der weiß, wie er seine Feinde hintergehen kann."

„Was hat Renard getan?" fragte ihn der Indianer kalt.

„Wie? Hat er nicht, als er sah, daß die Wälder mit lauernden Feindeshaufen angefüllt waren, absichtlich den Pfad verloren, um die Augen der Huronen zu täuschen? Gab er nicht vor, daß er zu seinem Stamm, der ihn so mißhandelt und wie einen Hund von seinen Wigwams vertrieben hatte, zurückkehren wolle? Und als wir seine Absicht erkannten, standen wir ihm nicht bei, indem wir ein falsches Gesicht machten, um die Huronen auf die Meinung zu bringen, der weiße Mann glaube, daß sein Freund sein Feind geworden sei? Ist nicht alles das wahr? Und als Le Subtil die Augen seiner Nation verschlossen hatte, ließen sie ihn da nicht auf der Südseite des Flusses mit ihren Gefangenen, während sie törichterweise nach dem Norden gingen? Gedenkt er jetzt nicht, wie ein Fuchs seine Schritte rückwärts zu wenden, um dem reichen, grauköpfigen Schotten seine Töchter wieder zuzuführen? Ja, Magua, ich sehe jetzt alles und habe schon darüber nachgedacht, wie soviel Weisheit und Ehrlichkeit zu belohnen sein wird. Erst einmal wird der Befehlshaber von William Henry ihn für einen solchen Dienst belohnen, wie es eines so großen Hauptes würdig ist. Maguas Horn wird Pulver die Fülle haben, und Dollars wird er so viel in seiner Tasche tragen, wie Kiesel am Horican liegen. Was mich betrifft, so will ich das Feuerwasser vor Maguas Wigwam schneller fließen lassen, als der brausende Hudson strömt."

Duncan sah, daß der Indianer unschlüssig war, und wollte eben die Belohnungen wieder aufzählen, als Magua mit ausdrucksvollen Gebärden sprach: „Genug, was Renard tut, wird sich zeigen. Geh und halte den Mund geschlossen!"

Als Heyward bemerkte, daß sich seine Augen unruhig auf den Rest der Gesellschaft richteten, wich er zurück, um nicht den Anschein eines verdächtigen Einverständnisses mit ihrem Führer zu erwecken. Magua trat auf die verbliebenen zwei Pferde zu, die seine Kameraden gesattelt hatten, und winkte Heyward, den Schwestern hinaufzuhelfen.

Als alles bereit war, gab Magua das Zeichen zum Aufbruch

und trat selbst als Führer an die Spitze. Ihm folgte David, der anfing, sich seiner mißlichen Lage bewußt zu werden. Die Schwestern ritten hinter ihm, und neben ihnen ging Heyward, während die Indianer die Seiten deckten und den Zug in unermüdlicher Wachsamkeit schlossen.

So zogen sie in anhaltendem Stillschweigen fort. Ihr Weg ging nach Süden, der Richtung, in der das Fort William Henry lag, beinahe entgegengesetzt. Heyward konnte nicht glauben, daß seine lockenden Angebote so bald vergessen worden waren. Aber Meile auf Meile wurde in diesen endlosen Wäldern zurückgelegt, und noch war kein Ende ihrer Reise abzusehen. Cora erinnerte sich an die Weisungen des scheidenden Kundschafters und streckte, sooft sich Gelegenheit bot, ihre Hand aus, um Zweige abzuknicken. Aber als sie den Zweig eines großen Sumachbaumes abbrach, wurde sie von einem ihrer Führer beobachtet; er zerbrach die übrigen Zweige, um den Anschein zu erwecken, ein Wild sei dort durchgebrochen, und legte dann seine Hand mit einem so bedeutungsvollen Blick auf den Tomahawk, daß er diesen verstohlenen Merkmalen ihres Zuges für immer ein Ende machte.

Magua wandte sich selten nach seinen Begleitern um. Ohne einen andern Führer als die Sonne verfolgte er seinen Weg mit instinktiver Sicherheit. Es schien, als ob ihm Ermüdung völlig unbekannt wäre. Schließlich stieg er einen Hügel hinan, der so steil war, daß die Schwestern, um zu folgen, absteigen mußten. Als sie den Gipfel erreicht hatten, befanden sie sich auf einer Fläche, auf der nur wenige Bäume standen. Unter einen davon hatte sich Magua bereits niedergeworfen, um zu ruhen. Die Narragansetts ließ man weiden, und Duncan, der nicht mehr auf Befreiung hoffte, war nur darauf bedacht, seine schwächeren Begleiterinnen zu trösten.

Trotz ihres eiligen Marsches hatte einer der Indianer Gelegenheit gefunden, ein verirrtes Hirschkalb mit einem Pfeil zu erlegen. Ohne Hilfe der Kochkunst schickte er sich sogleich mit seinen Genossen an, diese schwerverdauliche Speise hinunterzuschlingen. Magua allein saß da, ohne an dem widerlichen Mahle teilzunehmen, und schien in tiefes Nachdenken versunken. Diese Enthaltsamkeit, so auffallend bei einem Indianer, zog Heywards Aufmerksamkeit auf sich, und er ging, wie von ungefähr, auf die Stelle zu, wo Le Renard saß.

„Hat Magua die Sonne nicht lange genug im Gesicht gehabt, um aller Gefahr von den Kanadiern entronnen zu sein?“ fragte er, als ob er über das gute Einverständnis zwischen ihnen nicht länger im Zweifel wäre, „und wird der Häuptling von William Henry nicht mehr erfreut sein, wenn er seine Töchter wiedersieht, ehe noch eine zweite Nacht vergangen sein wird?“

„Lieben die Bleichgesichter ihre Kinder weniger am Morgen als am Abend?“ fragte der Indianer kalt.

„Keineswegs“, erwiderte Heyward, „die Zärtlichkeit eines weißen Vaters für sein Kind darf nie ersterben.“

„Und ist das Herz des weißköpfigen Häuptlings so sanft zu seinen Kindern?“

„Du hast den Graukopf vor der Front seiner Krieger gesehen, Magua; aber ich habe erlebt, wie seine Augen in Tränen schwammen, wenn er von seinen Kindern sprach.“ Heyward schwieg, denn er konnte sich den Ausdruck boshafter Freude nicht erklären, der sich blitzschnell über die schwärzlichen Züge des aufmerksamen Indianers verbreitete.

„Geh!“ sprach der Hurone, und er bannte in einem Augenblick diesen beunruhigenden Ausdruck auf seinem Gesicht. „Geh und sage der schwarzlockigen Tochter, daß Magua sie sprechen will. Der Vater wird nicht vergessen, was die Tochter verspricht.“

Duncan, der in dieser Rede den Wunsch nach einem weiteren Unterpfand erblickte, ging zögernd zu Cora zurück.

„Sie müssen freigebig mit Angeboten von Pulver und Decken sein“, sagte er, als er sie zu Magua führte. „Bedenken Sie, Cora, daß von Ihrer Geistesgegenwart Ihr Leben und das Alices abhängt! Aber still! Da ist der Indianer. Magua, die Lady, mit der du zu sprechen gewünscht, steht vor dir.“

Der Indianer erhob sich nur langsam und gab Heyward mit der Hand ein Zeichen, sich zurückzuziehen. Cora wartete, bis er sich entfernt hatte, und sprach dann mit aller Würde ihres Geschlechts: „Was will Le Renard der Tochter Munros sagen?“

„Hör!“ antwortete der Indianer, seine Hand fest auf ihren Arm legend, eine Bewegung, die Cora ebenso entschieden wie ruhig zurückwies. „Magua ward als Häuptling und Krieger unter den roten Huronen an den Seen geboren; er sah die Sonnen von zwanzig Sommern, ehe er ein Bleichgesicht erblickte, und er war glücklich! Dann kamen die kanadischen Väter und lehrten ihn das Feuerwasser trinken, und er wurde ein Bösewicht. Die Huronen trieben ihn von den Gräbern seiner Väter zu den Ufern der Seen in die Arme seiner Feinde. Der Häuptling, der ein geborener Hurone war, wurde endlich ein Krieger unter den Mohawks!"

„Ich habe früher so etwas gehört!" sagte Cora, als sie bemerkte, daß er schwieg, um seine Erregung zu unterdrücken.

„Ist es Le Renards Schuld, daß sein Haupt nicht aus einem Felsen geschaffen war? Wer gab ihm das Feuerwasser? Wer machte ihn zu einem Bösewicht? Das Volk deiner Farbe tat es!"

„Und ich bin verantwortlich dafür, daß es unbesonnene, schlechte Menschen gibt, deren Gesichtsfarbe der meinen gleicht?" fragte Cora ruhig. „Was habe ich also bei deinem Unglück zu tun?"

„Höre", wiederholte der Indianer, „als seine englischen und französischen Väter das Beil aus der Erde gruben, zog Le Renard mit den Mohawks gegen seine eigene Nation. Der alte Häuptling am Horican, dein Vater, war der große Anführer unserer Kriegspartei. Er sprach zu den Mohawks: Tut dies und tut jenes, und fand Gehorsam. Er machte ein Gesetz, daß, wenn ein Indianer Feuerwasser trinke, es nicht vergessen werden sollte. Magua öffnete töricht den Mund, und das Feuergetränk führte ihn in Munros Hütte. Was tat der Graukopf? Seine Tochter soll es sagen!"

„Er vergaß seine Worte nicht, übte Gerechtigkeit und bestrafte den Schuldigen", sprach das kühne Mädchen.

„Gerechtigkeit!" wiederholte der Indianer, während er den grimmigsten Seitenblick auf sie warf. „Ist das Gerechtigkeit, wenn man das Übel schafft und dann dafür bestraft? Magua war es nicht selbst: Das Feuerwasser sprach und handelte für ihn! Aber Munro glaubte es nicht. Der Huronenhäuptling ward vor allen Bleichgesichtern gebunden und durchgepeitscht."

Cora schwieg, denn sie wußte nicht, wie sie diese unkluge Strenge ihres Vaters rechtfertigen sollte.

„Sieh!“ fuhr Magua fort, während er den leichten Kaliko, der seine bemalte Brust bedeckte, beiseite riß, „hier sind Narben von Messern und Kugeln – dieser mag sich ein Krieger rühmen; aber der Graukopf hat Spuren auf dem Rücken des Huronenhäuptlings hinterlassen, die er, wie eine Squaw, unter dieser bemalten Leinwand der Weißen verbergen muß.“

„Wenn mein Vater dir unrecht tat, so zeige ihm, wie ein Indianer vergeben kann, und bring ihm seine Töchter zurück. Du hast von Major Heyward gehört –“

Magua schüttelte den Kopf und verbot ihr, die Angebote zu wiederholen, die er so sehr verachtete.

„Was willst du also haben?“ fuhr Cora nach einer peinvollen Pause fort, dabei drängte sich ihr immer mehr die Überzeugung auf, daß der zu leichtgläubige Duncan von dem Wilden grausam getäuscht worden sei.

„Was ein Hurone liebt – Gutes für Gutes, Böses für Böses!“

„So willst du denn das Unrecht, das Munro dir zugefügt hat, an seinen hilflosen Töchtern rächen? Wäre es nicht männlicher, du trätest ihm vors Angesicht und verschafftest dir als Krieger Genugtuung?“

Der Wilde entgegnete mit boshaftem Gelächter: „Warum sollte Le Renard unter die Musketen seiner Krieger gehen, wenn er den Geist des Graukopfs in seinen Händen hat?“

„Nenne deine Absicht, Magua“, sprach Cora, alle ihre Kräfte aufbietend, um ruhig zu bleiben. „Gibt es kein Mittel, dein Herz zu erweichen? Laß wenigstens meine zarte Schwester los und schütte alle Bosheit über mich aus! Der Verlust beider Töchter würde den alten Mann ins Grab bringen, und welche Genugtuung hätte dann Le Renard?“

„Höre!“ sprach der Indianer wieder, „die lichten Augen können zurückkehren, wenn das schwarzlockige Mädchen bei dem Großen Geist schwören will, nicht zu lügen.“

„Was muß ich versprechen?“ fragte Cora, die immer noch durch ihre weibliche Würde eine geheime Gewalt über den wilden Eingeborenen behauptete.

„Als Magua sein Volk verließ, wurde sein Weib einem andern Häuptling gegeben; er hat sich jetzt Freunde unter den Huronen gemacht und will zu seinem Stamm an die Ufer des großen

Sees zurückkehren. Die Tochter des englischen Häuptlings soll mit ihm gehen und für immer in seinem Wigwam leben."

So empörend auch ein solcher Vorschlag für Cora sein mußte, so behielt sie doch Selbstbeherrschung genug, um ihm zu antworten: „Und welches Vergnügen würde Magua daran finden, seine Hütte mit einem Weib zu teilen, das er nicht liebt, das einer Nation und Farbe angehört, die von der seinen verschieden ist? Es wäre besser, er nähme Munros Geld und kaufte mit seinen Gaben das Herz eines Huronenmädchens."

Der Indianer gab ihr fast eine Minute lang keine Antwort, heftete aber seine wilden Blicke in einer so seltsamen Weise auf Coras Antlitz, daß sie vor Scham ihre Augen sinken ließ. Als sie zusammenschrak, antwortete Magua im Tone ärgster Bosheit: „Als die Hiebe den Rücken des Huronen geißelten, wußte er schon, wo er ein Weib finden müßte, die seine Schmerzen büßen sollte. Die Tochter Munros sollte sein Wasser schöpfen und sein Kornfeld hacken. Der Leib des Graukopfes sollte zwischen seinen Kanonen schlafen, sein Herz aber nahe von Le Subtils Messer liegen!"

„Ungeheuer!" rief Cora, hingerissen von dem Gefühl empörter Kindesliebe, „nur ein Teufel konnte solche Rache entsinnen! Aber du überschätzt deine Gewalt! Du sollst finden, daß du wirklich Munros Herz unter deinen Händen hast und daß es deiner Bosheit hohnsprechen wird!"

Magua verließ sie sogleich und trat auf seine Gesellen zu. Heyward eilte dem aufgeregten Mädchen entgegen und befragte es über das Ergebnis der Unterredung. Da sie aber Alices Angst nicht vergrößern wollte, wich sie einer Antwort aus und verriet bloß durch ihre bleichen Züge, daß sie nichts ausgerichtet habe.

Als Magua die Rotte lungernder Wilder erreicht hatte, begann er, sie mit so viel Würde anzureden, daß sie sich mit den Zeichen ehrfurchtsvoller Aufmerksamkeit erhoben. Die Gefangenen konnten nur aus den bedeutungsvollen Gebärden, mit denen der Indianer seine Beredsamkeit unterstrich, auf den Inhalt seiner Worte schließen. Er beschrieb den Glenn-Wasserfall, sprach den Namen La Longue Carabine aus, wie er auch den Tod des Kriegers schilderte, der von der alten Eiche geschossen worden war. Dann deutete er plötzlich auf Heyward und erhob seine Stimme zu furchtbarer Kraft. Es war klar, daß er Rache forderte.

Seine Stimme verhallte unter Rachegeschrei, als die ganze Rotte aufsprang und mit hocherhobenen Tomahawks auf die Gefangenen losstürzte. Heyward warf sich zwischen die Schwestern und die Feinde. Dieser unerwartete Widerstand gab Magua Zeit, dazwischenzutreten und seine Kameraden aufzufordern, die Qual ihrer Schlachtopfer zu verlängern. Sein Vorschlag wurde mit Beifallrufen aufgenommen und ausgeführt. Zwei kräftige Krieger warfen sich über Heyward her, während ein dritter sich des Singmeisters bemächtigte. Nach einem verzweiflungsvollen Kampf wurde Heyward an den Stamm eines jungen Baumes gebunden. Zu seiner Rechten war Cora, zu seiner Linken Alice, beide gleich ihm und David an einen Baum gefesselt.

Die Huronen schickten sich an, ihre Rachsucht mit raffinierter Grausamkeit zu befriedigen. Einige suchten Äste, um den Holzstoß zu errichten, einer schnitzte Splitter von einer Fichte, um sie brennend den Gefangenen ins Fleisch zu stoßen, während andere die Wipfel von zwei jungen Bäumen zur Erde bogen, um Heyward mit den Armen dranzubinden und dann zurückschnellen zu lassen. Während die minder raffinierten Ungeheuer der Bande diese wohlbekannten und gräßlichen Mittel der Marter vorbereiteten, trat Magua zu Cora. „Nun!“ rief er, „was sagt die Tochter Munros? Ihr Haupt ist zu gut, um ein Kissen in dem Wigwam Le Renards zu finden. Wird sie's besser haben, wenn es, ein Spielball der Wölfe, um diesen Hügel rollt?“

„Was will dieses Ungeheuer?“ fragte Heyward erstaunt.

„Nichts!“ war ihre feste Antwort. „Er ist ein Wilder und weiß nicht, was er tut. Laßt uns mit unserm letzten Atem Buße und Verzeihung für ihn erflehen!“

„Verzeihung!“ echote der wilde Hurone, denn er mißverstand in seiner Wut den Sinn der Worte. „Sprich, soll ich die mit den gelben Locken ihrem Vater senden, und willst du Magua zu den großen Seen folgen, um sein Wasser zu tragen und ihn mit Korn zu nähren?“ Er zeigte höhnisch auf Alice. „Sieh! Das Kind weint! Sie ist noch zu jung zum Sterben!“

Cora konnte nicht widerstehen, auf die jugendliche Schwester zu schauen, in deren Augen sie einem flehenden Blick begegnete. „Was sagt er, liebste Cora?“ fragte Alice zitternd. „Sprach er davon, mich zu unserm Vater zurückzusenden?“

Einige Augenblicke ruhten die Augen der älteren Schwester auf der jüngeren. Endlich sprach sie: „Alice, der Hurone bietet uns beiden das Leben an – ja, mehr noch als dies; er will sogar Duncan unseren Freunden zurückgeben, wenn ich diesen eigensinnigen Stolz beuge und mich dazu entschließe –“ Ihre Stimme stockte.

„Sprich weiter!“ rief Alice, „zu was, teuerste Cora? Oh, daß das Anerbieten mir gemacht würde, euch zu retten, Duncan zu befreien, wie freudig könnte ich sterben!“

„Sterben!“ wiederholte Cora mit fester Stimme, „das wäre leicht! Er wollte von mir haben“, fuhr sie fort, „daß ich ihm in die Wildnis folge, kurz, daß ich sein Weib werde! Sprich denn, Alice! Darf man das Leben um solchen Preis erkaufen?“

Heyward und Cora horchten mit der gespanntesten Aufmerksamkeit, aber keine Antwort erfolgte. Es schien, als sei die zarte und gefühlvolle Alice in sich zusammengesunken. Ihre Finger bewegten sich in leichten Zuckungen, ihr Haupt war auf ihren Busen gesunken. Nach wenigen Augenblicken begann jedoch ihr Haupt sich langsam mit dem Zeichen tiefster Mißbilligung zu bewegen, und sie fand die Kraft zu murmeln: „Nein! Nein! Besser, wir sterben, wie wir gelebt haben – zusammen.“

„So stirb!“ schrie Magua und warf seinen Tomahawk gegen die Sprecherin. Er war wütend über diesen unerwarteten Beweis der Festigkeit vom schwächsten der Gefangenen. Die Axt schwirrte durch die Luft, durchschnitt einige von Alices flatternden Locken und fuhr über ihrem Kopf in den Baum. Dieser Anblick brachte Duncan zur Verzweiflung. Mit gewaltsamer Anstrengung sprengte er seine Fesseln und stürzte auf einen andern Wilden, der eben einen zweiten Streich führen wollte. Sie fielen zu Boden. Der nackte Leib seines Gegners bot Heyward keinen Halt; der Hurone entschlüpfte ihm, fuhr ihm mit einem Knie auf die Brust und drückte ihn nieder. Schon sah Duncan das Messer in der Luft blitzen, als ein zischender Laut an ihm vorbeifuhr und der Knall einer Büchse ertönte. Er fühlte sich von der Last, die ihn niedergedrückt hatte, befreit und sah, wie der grimmige Ausdruck in seines Gegners Miene starr wurde. Der Indianer sank tot neben ihm auf die dürren Blätter nieder.

Sechstes Kapitel

Wie zu Stein erstarrt standen die Huronen bei diesem plötzlichen Eintritt des Todes in ihre Reihen. Als sie aber der verderbenbringenden Sicherheit eines Schusses gedachten, der sich sein feindliches Ziel mit soviel Gefahr für den Freund gewählt hatte, ertönte der Ruf: „La Longue Carabine" aus aller Munde, und ein wildes Geheul ließ sich hören. Das Geschrei wurde aus einem kleinen Dickicht erwidert, wo die Unvorsichtigen ihre Waffen aufgestellt hatten, und im nächsten Augenblick stürzte Falkenauge, zu ungeduldig, die wiedergewonnene Büchse zu laden, auf sie zu, die Waffe als Knüppel schwingend. So kühn und rasch aber auch die Bewegungen des Kundschafters waren, so überholte ihn doch die kräftige Gestalt eines Wilden, der mit unglaublicher Kühnheit an ihm vorbei mitten unter die Huronen neben Cora sprang und einen Tomahawk schwang und ein blitzendes Messer zückte. Schneller, als der Gedanke diesen unerwarteten Bewegungen folgen konnte, glitt in der unheilbringenden Rüstung des Todes eine dritte Gestalt an Coras andere Seite. Die wilden Quäler schraken vor diesen kriegerischen Eindringlingen zurück und stießen die wohlbekannten Namen: „Le Cerf Agile! Le Gros Serpent!" aus.

Aber der Führer der Huronen war nicht so bald außer Fassung gebracht. Mit einem Blick überschaute er die Art des Angriffs, zückte sein langes Messer und stürzte mit lautem Geheul auf Chingachgook los. Das war das Signal zum allgemeinen Kampf. Keiner hatte Feuerwaffen, und der Streit mußte Hand gegen Hand entschieden werden.

Unkas stürzte sich, das Kampfgeschrei erwidernd, auf einen Feind und zerschmetterte ihm mit dem Tomahawk den Schädel. Heyward zerrte Maguas Waffe aus dem jungen Baum und eilte zum Streit herbei. Außer David, der noch gebunden war, wählte sich jeder seinen Mann unter den Gegnern. Angriff und Streiche folgten einander mit der Wucht eines Wirbelwindes. Falkenauge schlug seinen Feind mit einem Schwung seines Gewehres zu Boden. Heyward schleuderte, zu hitzig, um zu warten, bis er seinem Gegner nahe genug war, den Tomahawk auf ihn ab. Er traf den Indianer, den er sich ausersehen, an der Stirn und hemmte für einen Augenblick dessen Angriff. Ermutigt durch diesen geringen Vorteil, sprang der ungestüme junge Mann mit unbewehrten Händen auf seinen Feind los. Einen Augenblick später schon mußte er sich der verzweifelten Messerstöße des Huronen erwehren. Unfähig, einem so behenden Gegner länger zu widerstehen, umfaßte er ihn mit seinen Armen, und es gelang ihm, dem Feind mit eisernem Griff die Hände fest an den Leib zu drücken; aber diese Anstrengung war zu stark, als daß sie ihn nicht bald erschöpft hätte. In dieser äußersten Gefahr ertönte eine Stimme neben ihm: „Vernichtet die Schufte! Keinen Pardon den verfluchten Mingos!"

Im nächsten Augenblick fiel der Kolben von Falkenauges Büchse auf den nackten Kopf des Huronen, der sogleich bewegungslos aus Duncans Armen niedersank.

Als Unkas seinen Feind niedergeschmettert hatte, sah er sich um wie ein hungriger Löwe, einen zweiten zu suchen. Der einzige Hurone, der beim ersten Angriff ohne Gegenmann geblieben war, hatte eine Weile unentschlossen dagestanden und dann mit teuflischer Bosheit versucht, das unterbrochene Werk der Rache zu vollenden. Mit Siegesgeschrei sprang er auf die wehrlose Cora zu und schleuderte als furchtbaren Vorboten seines Kommens einen scharfen Tomahawk nach ihr. Der streifte ihre Schulter, durchschnitt die Weiden, die sie gefesselt hielten, und ließ ihr Freiheit zu entfliehen. Cora entschlüpfte dem Griff des Wilden, warf sich, um die eigene Sicherheit unbesorgt, auf Alice und versuchte, die Weiden zu lösen, die jene noch festhielten. Der Hurone griff Cora an den üppigen Locken und riß sie auf die Knie nieder. Hierauf wand er sich die reiche Fülle der Haare um die Hand, hielt sie mit ausgestrecktem Arm empor und schwang ein Messer um das schöngeformte Haupt seines Schlachtopfers, während er ein höhnisches und frohlockendes Gelächter erhob.

Im selben Moment sah Unkas diese entsetzliche Szene. Emporspringend schoß er durch die Luft und stürzte gleich einer Kugel auf die Brust seines Feindes herab. Die Heftigkeit des Aufpralls warf den jungen Mohikaner samt dem Feind zur Erde. Beide sprangen zugleich wieder auf, fochten, gaben sich blutende Wunden. Aber der Kampf war bald entschieden: Der Tomahawk Heywards und die Büchse Falkenauges fielen in demselben Augenblick auf den Schädel des Huronen, als Unkas' Messer sein Herz erreichte.

Jetzt kämpften nur noch Le Renard Subtil und Le Gros Serpent miteinander. Als sie handgemein wurden, verging einige Zeit damit, daß sie den schnellen und kräftigen Hieben, mit denen jeder den anderen treffen wollte, gegenseitig auswichen. Plötzlich umfaßten sie sich und fielen zu Boden. Als nun im allgemeinen Ruhe eingetreten war, war die Stelle, wo die Kämpfer lagen, nur an einer Wolke von Staub und Blättern zu erkennen, die sich vom Mittelpunkt der kleinen Ebene, wie durch einen Wirbelwind getrieben, an den Rand bewegte. Heyward und seine Genossen stürzten ihr nach, aber der totenähnliche Körper des Mohikaners und der düstere des Huronen wechselten vor ihren Augen in so schneller und verworrener Folge, daß sie nicht wußten, wohin sie ihre hilfreichen Streiche führen sollten. Zwar gab es Augenblicke, wo die grimmigen Augen Maguas durch den Staubwirbel funkelten. Ehe jedoch eine feindliche Hand auf sein Haupt herabsinken konnte, war schon an seiner Stelle das finstere Gesicht Chingachgooks sichtbar. Der Kampf hatte sich bereits bis an den Rand der Ebene hingezogen, da gelang es dem Mohikaner schließlich, seinem Gegner einen gewaltigen Stoß mit dem Messer zu versetzen; Magua ließ ihn los und sank regungslos, wie es schien ohne Leben, zurück. Sein Gegner sprang auf die Füße und ließ den Wald von Siegesgeschrei ertönen.

„Sieg den Mohikanern!" rief Falkenauge, während er noch einmal sein Gewehr erhob.

In dem Augenblick aber, da die verderbliche Waffe herabfuhr, rollte sich der geschmeidige Hurone schnell über den Rand des Hügels, fiel auf die Füße und verschwand mit einem einzigen Sprung im Dickicht. Die Delawaren stießen einen Ruf der Verwunderung aus und folgten ihm eilig, als ein schriller Schrei des Kundschafters sie auf den Gipfel des Hügels zurückrief. „Laßt ihn gehen. Es ist nur ein Mann ohne Büchse oder Bogen und hat manche gute Meile zu seinen französischen Kameraden. So gleicht er einer Klapperschlange ohne Giftzähne und kann geraume Zeit kein Unheil anrichten. Sieh, Unkas", fuhr er in delawarischer Sprache fort, „dein Vater hält bereits seine Skalpernte. Es ist Zeit, nach den Vagabunden zu sehen, sonst entspringt uns wieder einer durch die Wälder."

Mit diesen Worten hielt der ehrliche, aber unversöhnliche Kundschafter seinen Rundgang bei den Toten und stieß ihnen sein langes Messer in die leblose Brust. Der ältere Mohikaner war ihm jedoch zuvorgekommen und hatte allen den widerstandslosen Häuptern bereits die Sinnbilder des Sieges abgezogen. Unkas aber eilte, seine Sitte verleugnend, mit Heyward den Mädchen zu Hilfe und befreite schnell Alice von ihren Fesseln. Sie schluchzte laut, ihre Augen aber strahlten in wiedererwachter Hoffnung.

„Wir sind gerettet! Wir sind gerettet!" sprach sie leise, „und auch du, Cora, meine Schwester, und Duncan!" fuhr sie fort, indem sie mit einem unbeschreiblichen Lächeln der Unschuld auf den Jüngling schaute, „auch unser tapferer, edelmütiger Duncan ist ohne Verletzung der Gefahr entronnen!"

Heyward schämte sich nicht, über diesen Anblick Tränen zu vergießen, und Unkas stand, mit Blut bedeckt vom Kampfe, als anscheinend ungerührter Zuschauer da, aber mit Augen, die ihre Wildheit verloren hatten und vor Mitgefühl leuchteten.

Falkenauge befreite inzwischen David von den Banden, die er bis zu diesem Augenblick mit musterhafter Geduld getragen hatte. „Jetzt!" rief der Kundschafter, „jetzt seid Ihr wieder Herr Eurer Glieder, obgleich Ihr im Gebrauche derselben nicht viel Verstand zeigt. Wenn Euch der Rat eines Mannes, der den größten Teil seines Lebens in der Wildnis zugebracht hat, nicht verdrießt, so wäre es folgender: Verkauft das kleine Pfeifinstrument an den ersten besten Narren, den Ihr trefft, und kauft mit dem Geld eine brauchbare Waffe."

„Freund", antwortete David und streckte seine Hand gegen Falkenauge aus, „ich danke dir. Daß ich nicht teil am Kampfe nahm, geschah nicht so sehr aus Abneigung als vielmehr wegen der Bande, in die mich die Heiden gelegt. Tapfer und flink, des Christenlobes würdig hast du dich erwiesen."

„Das ist nicht der Rede wert", erwiderte der Kundschafter, ein gut Teil milder gestimmt gegen den Mann des Gesangs, der so unzweideutig seiner Dankbarkeit Worte geliehen hatte. „Ich hab meinen alten Kameraden, den Wildtöter, wieder", fügte er hinzu, während er mit der Hand an den Kolben seiner Büchse schlug, „und das ist allein schon ein Sieg. Die Irokesen sind schlau, aber das war ein dummer Streich, daß sie die Büchsen so weit aus der Hand legten."

Falkenauge lud seine Waffe und ging weg, um die eroberten Waffen der Huronen zu sammeln und in Augenschein zu nehmen. Als sie die Beute untereinander verteilt hatten, kündigte der Kundschafter an, daß sie aufbrechen müßten. Gestützt auf Heyward und den jungen Mohikaner, stiegen die Schwestern den steilen Abhang des Hügels hinab. Am Fuße desselben fanden sie ihre Narragansetts, die an den Gebüschen weideten; sie bestiegen sie und folgten ihrem Führer.

Heyward schritt an Falkenauges Seite, um nach den Umständen zu fragen, die zu ihrer rechtzeitigen Rettung geführt hatten. „Wie kam es, daß wir Euch so bald wiedersahen, mein edelmütiger Freund, und ohne Hilfe der Garnison?"

„Wären wir zum Fort Edward gegangen, wären wir zu spät gekommen, um eure Skalpe zu retten", antwortete der Kundschafter. „So blieben wir am Ufer des Hudson im Hinterhalt, um die Bewegungen der Huronen zu beobachten."

„Ihr saht, wie sie uns gefangennahmen?"

„Wir hörten es", war die Antwort. „Aber als ihr landetet, mußten wir wie Schlangen kriechen und verloren euch gänzlich aus den Augen."

„Dann war es fast ein Wunder, daß Ihr den rechten Weg einschlugt; denn die Huronen teilten sich, und jeder Haufen hatte seine Pferde."

„Ja, beinahe hätten wir die Fährte verloren, wenn Unkas nicht gewesen wäre. Er war kühn genug zu behaupten", fuhr Falkenauge fort, während er seine Augen nicht ohne Neugier auf die Pferdchen der Ladies heftete, „daß die von den Frauen gerittenen Tiere beide Füße auf einer Seite zu gleicher Zeit zur

Erde setzten, was doch dem Gang aller vierfüßigen Bestien, die ich kenne, widerstreitet, dem des Bären ausgenommen."

„Das ist der Vorzug dieser Tiere! Sie kommen von den Ufern der Narragansettbai bei Providence und sind berühmt wegen ihrer besonderen Gangart."

„Mag sein", sagte Falkenauge, „ich weiß mehr über das Wild und den Biber als über lasttragende Tiere. Doch der Gang dieser Tiere sei, wie er will, Unkas hatte sich die Bewegung gemerkt, und ihre Spur führte uns an den eingeknickten Busch. Ein äußerer Zweig war aufwärts gebogen, wie eine Lady die Blume vom Stengel bricht, alles andere aber zerrissen und niedergebrochen, als ob die starke Hand eines Mannes daran gezerrt hätte. So schloß ich denn, daß das schlaue Otterngezücht das Knicken des Zweiges bemerkt und dann auch die übrigen zerbrochen hatte, um uns glauben zu machen, ein Rehbock habe an den Zweigen sein Geweih versucht."

„Euer Scharfblick täuschte Euch nicht!"

Die ganze Gesellschaft zog jetzt gegen Norden. Der Jäger schien den Weg mit einer Art Instinkt zu wählen und hielt niemals an, um mit sich zu Rate zu gehen. Ein schneller Blick auf den Lauf der zahlreichen Gewässer reichte hin, ihm Gewißheit zu geben, daß er auf dem rechten Wege sei. Mittlerweile begann der Wald seine Farbe zu wechseln, das lebhafte Grün verlor sich in das dunklere Licht, das den Einbruch der Nacht zu verkünden pflegt.

Falkenauge deutete auf den Himmel und sagte: „Dies ist das Zeichen für den Menschen, die Nahrung und Ruhe zu suchen, deren er bedarf. Unsere Nachtruhe wird jedoch bald vorüber sein: Mit dem Mond müssen wir wieder aufbrechen und weiterziehen. Ich erinnere mich, hier gegen die Maquas gekämpft zu haben, in dem ersten Krieg, in dem ich Menschenblut vergoß. Wir errichteten ein Blockhaus, um dieses Rabengezücht von unsern Skalpen fernzuhalten. Wenn meine Merkzeichen mich nicht täuschen, so finden wir's weiter zur Linken."

Ohne eine Äußerung abzuwarten, trat der rüstige Kundschafter unbedenklich in ein dichtes Gehölz. Nachdem er sich einige hundert Schritte weit durch das Unterholz durchgearbeitet hatte, gelangte er auf einer offenen Stelle zu einem niedrigen

Rasenhügel, auf dem das verfallene Blockhaus stand. Die Schwestern stiegen munter vom Pferd und schickten sich an, in der Abendkühle auszuruhen.

Nicht weit von der Hütte gab es eine Quelle. Sie war bald von Blättern gereinigt und ergoß nun ihren reinen Kristall den grünen Hügel herab. Sie machten ein Feuer und kochten und aßen die Lebensmittelreste, die sie den Huronen abgenommen hatten. In eine Ecke des Gebäudes wurden dann weiche Zweige und dürres Laub als Ruhelager für die Schwestern ausgebreitet. Cora und Alice dankten dem Himmel für die zuteil gewordene Gnade, legten sich auf das duftende Lager und sanken trotz aller Besorgnisse bald in jenen Schlummer, den die Natur so gebieterisch forderte.

Duncan schickte sich an, die Nacht vor der Ruine zu durchwachen. Er lehnte seinen Rücken an die Stämme des Blockhauses, und eine Zeitlang hielt er auch seine Sinne munter; als sich aber die melancholischen Töne eines Ziegenmelkers mit dem klagenden Geschrei einer Eule mischten, sank sein Kopf auf die Schulter, und endlich verfiel er in tiefen Schlaf. Er träumte, er sei ein Ritter alter Zeit, der seine mitternächtliche Wache vor dem Zelt einer befreiten Prinzessin halte, deren Gunst er durch einen solchen Beweis der Aufopferung zu gewinnen hoffe.

Wie lange er in diesem Zustand gelegen hatte, wußte er nicht, als ihn ein leichter Schlag auf die Schulter weckte. Aufgeschreckt durch diese Mahnung, sprang er auf.

„Freund“, sagte die leise Stimme Chingachgooks, „Mond kommt, Zeit zum Aufbruch, wenn Schlaf die Augen des Franzmanns schließt!“

„Du hast recht, ich bereite meine Begleiterinnen für den Marsch vor.“

„Wir sind wach, Duncan“, sprach Alice mit ihrer sanften Silberstimme, „und fühlen uns nach einem so erquickenden Schlafe zur eiligsten Reise gestärkt.“

Falkenauge gab Heyward ein Zeichen, die Pferde vorzuführen und den Schwestern in den Sattel zu helfen. Sobald das geschehen war, schritten sie wieder in die düstere Tiefe des Waldes. Der Kundschafter nahm seinen Platz an der Spitze des Zuges ein, mehr als einmal hielt er jedoch, um mit den Mohikanern zu Rate zu gehen; dabei wies er zum Mond und untersuchte die Rinden der Bäume. In diesen kurzen Pausen war es, als ob hier ein weites Land in ewigem Schlaf begraben liege, nicht der geringste Laut ließ sich im Wald hören.

Der Mond war bereits hinter eine Masse schwarzer, über dem westlichen Horizont hängender Wolken gesunken, als sie auf eine sandige, aber bewaldete Fläche gelangten. Hier schien der Kundschafter wieder zu Hause zu sein: Er verfolgte seinen Weg sicher und schnell. Der Pfad wurde bald unebener, und die Reisenden sahen sich von beiden Seiten immer enger von Bergen eingeschlossen. Plötzlich hielt Falkenauge, wartete, bis die ganze Reisegesellschaft beisammen war, und sagte: „Wer kann sagen, ob nicht hinter jenen stillen Bäumen und öden Bergen ein Heer lagert?"

„Sind wir denn so nahe beim Fort William Henry?" fragte Heyward.

„Wann und wie wir ihm nahen sollen, das ist jetzt die Frage. Wir sind offenbar in die Vorpostenlinie der Franzosen geraten, und es scheint auch, daß die das Fort ganz eingeschlossen haben. Da durchzukommen ist eine kitzlige Sache."

„Und nur wenig Zeit bleibt uns dazu!" fügte Heyward hinzu, während er auf die Dunstmasse blickte, die den niedergehenden Mond verbarg.

„Und nur wenig Zeit dazu!" wiederholte der Kundschafter. „Die Sache läßt sich nur mit Hilfe der Vorsehung auf zweierlei Weise angreifen."

„Nennt sie schnell!"

„Die eine wäre, wir schickten die Mohikaner voraus, eine Bahn durch die Schildwachen zu brechen, und wir zögen über deren Leichen in das Fort ein."

„Das geht nicht!" unterbrach Heyward, „ein Soldat könnte sich vielleicht so durchschlagen, aber nicht in solcher Begleitung."

„Es wäre allerdings ein blutiger Pfad, auf dem die zarten Füße gehen müßten", erwiderte der Kundschafter, „aber ich glaubte, ihn nennen zu müssen. Im andern Fall müssen wir wieder zurück und heraus aus dem Bereich ihrer Wachen. Wir wenden uns sodann nach Westen, gehen auf die Berge und versuchen, von dort aus am Seeufer entlang ins Fort zu kommen."

„Tun wir das, und zwar augenblicklich!“ versetzte Duncan.

Falkenauge gab das Zeichen zum Aufbruch und wandte sich westwärts gegen die Berge. Bald begannen sie einen steilen Abhang hinanzuklimmen, auf einem Pfad, der sich zwischen Felsen und Bäumen hinwand. Die dichte Finsternis, die gewöhnlich dem nahenden Tag vorangeht, begann sich zu zerstreuen, und als sie aus dem Gehölz verkrüppelter Bäume auf den Gipfel traten, begrüßte sie der Morgen, seinen rötlichen Glanz über die grünen Fichten auf der anderen Seite des Horicantales ergießend.

Der Kundschafter ließ die Schwestern absteigen, nahm den ermüdeten Tieren Zaum und Sattel ab und ließ sie frei. „Geht“, sagte er, „sucht euer Futter, wo die Natur es euch gibt.“

„Bedürfen wir ihrer nicht weiter?“ fragte Heyward.

„Seht mit eigenen Augen und urteilt“, antwortete der Kundschafter und trat an den östlichen Rand des Berges. „Wenn es so leicht wäre, in das Herz des Menschen zu blicken, wie man von diesem Punkt aus erspähen kann, was in Montcalms Lager vorgeht, so gäb es wenig Heuchler.“

Als die Reisenden den Rand des Absturzes erreichten, sahen sie mit einem Blick, daß der Kundschafter nicht unrecht gehabt hatte. Der Berg, auf dem sie standen, erhob sich vielleicht tausend Fuß und glich einem ungeheuern Kegel. Unmittelbar unter ihren Füßen beschrieb das Südufer des Horican einen großen Halbkreis von einem Berg zum andern und bildete ein weites Gestade. An beiden Bergreihen hin, die den See begrenzten, stiegen Dunstwolken in Schneckenwindungen von den unbewohnten Wäldern empor oder trieben langsam an den Abhängen hinab, um sich mit dem Nebel der Niederungen zu verbinden. Am westlichen Ufer lagen die ausgedehnten Erdwälle von Fort William Henry. Zwei der Hauptbastionen schienen aus dem Wasser, das ihren Fuß bespülte, aufzutauchen, während ein tiefer Graben die anderen Seiten und Winkel verteidigte. Das Land war rings um die Festungswerke auf eine beträchtliche Strecke der Bäume beraubt. Aus den Wäldern aber, ein wenig weiter gegen Süden, stiegen zahlreiche Rauchsäulen auf, die Heyward zeigten, wie nahe der Feind lag. Aber das Schauspiel, das sich weiter oben am Westufer des Sees darbot, nahm vor allem die Aufmerksamkeit des jungen Soldaten in Anspruch. Auf einem Streifen Landes sah man weiße Zelte und Kriegswerkzeuge für ein Lager von zehntausend Mann. Vorne waren Batterien aufgestellt, und während die Zuschauer herabblickten, erscholl bereits der Donner einer Artilleriesalve aus dem Tal herauf und tönte von Echo zu Echo durch die Berge hin.

„Da unten fängt's gerade an zu tagen", sagte der Kundschafter, „und die Wachenden wollen die Schläfer wecken. Wir kommen um ein paar Stunden zu spät. Seht!" rief er aus, die Aufmerksamkeit Coras unwillkürlich auf das Quartier ihres Vaters richtend, „wie dieser Schuß die Steine aus dem Haus des Kommandanten schlug!"

„Ich sterbe beim Anblick einer Gefahr, die ich nicht teilen kann!" sprach die besorgte Tochter. „Laßt uns zu Montcalm gehen und ihn bitten, uns einzulassen: Er wagt es nicht, dem Kind die Bitte zu versagen."

„Montcalm hat die Wälder mit seinen Irokesen überschwemmt. Ihr würdet schwerlich noch mit einem Haar auf dem Kopf in das Zelt des Franzmanns kommen!" entgegnete der derbe Jäger. „Ha! da wird's bald mit ihrem Feuern ein Ende haben: Dort kommt ein Nebel, der den Tag zur Nacht machen muß. Jetzt, wenn Ihr's Euch getraut und mir folgen wollt, will ich's versuchen."

„Wir sind bereit", antwortete Cora mutig.

Der Kundschafter wandte sich mit einem Lächeln zu ihr um: „Ich wollt, ich hätte tausend Mann, die den Tod so wenig fürchten wie Ihr. Aber voran!" fuhr er fort, „der Nebel kommt so schnell, daß wir ihn kaum noch auf der Ebene treffen, um unsern Zug zu decken."

Er winkte ihnen mit der Hand, ihm zu folgen, und eilte den steilen Abhang hinab. Der von ihm eingeschlagene Weg brachte sie bald an den Waldrand auf der Ebene, von dort war es über das freigeschlagene Gelände eine halbe Meile zum westlichen Wall des Forts. Hier warteten sie, bis der Nebel die ganze Ebene in seinen dichten Mantel eingehüllt hatte.

„Folgt mir rasch", drängte dann Falkenauge, „sonst verläßt uns der Nebel mitten auf dem Wege, und man schießt von beiden Heeren auf uns."

Heyward trat zwischen die beiden Schwestern, um ihre Schritte zu beschleunigen, wobei er die halb sichtbare Gestalt ihres Führers im Auge behielt. Bald zeigte sich, daß Falkenauge die Stärke des Nebels nicht überschätzt hatte; denn kaum waren sie sechzig Schritte weit, als sie ihre verschiedenen Reisegefährten in dem Dunste nicht mehr zu unterscheiden vermochten.

Heyward glaubte, sie hätten wohl den halben Weg zurückgelegt, als sie plötzlich aus kurzer Entfernung mit dem schrecklichen Ruf „Qui va là?“ begrüßt wurden.

„Vorwärts!“ flüsterte der Kundschafter, der Französisch nicht verstand. Der Zuruf wurde jedoch von einem Dutzend Stimmen in drohendem Ton wiederholt.

„Ich“, rief Duncan französisch, indem er die Schwestern mit sich fortzog.

„Dummkopf! – Welcher Ich? –“

„Ein Freund Frankreichs!“

„Du scheinst mir eher ein Feind von Frankreich! Halt! Kameraden, Feuer!“ rief der Franzose.

Der Nebel wurde vom Knall von fünfzig Musketen erschüttert. Zum Glück hatten sie falsch gezielt, aber der Befehl zur Verfolgung war nur zu gut vernehmbar.

„Wir kriegen das ganze Heer auf den Hals“, sprach Duncan, „voran, Freund, wenn Euch Euer und unser Leben lieb ist.“

Der Kundschafter lief weiter. Geschrei, Flüche und Flintenschüsse folgten einander und, wie es schien, von allen Seiten. Plötzlich erleuchtete ein starker Feuerstrahl die Szene, der Nebel stieg in dichten Wallungen empor, mehrere Kanonenschüsse flogen über die Ebene.

„Das ist vom Fort!“ rief Falkenauge und blieb stehen, obwohl die Verfolger ihnen offenbar dicht auf den Fersen waren.

„Keinen Pardon den Schuften!“ rief ein eifriger, im Nebel nicht auszumachender Franzose, welcher die Bewegungen der Feinde zu leiten schien.

„Steht fest und bereit, meine Tapferen vom sechzigsten Regiment“, rief plötzlich eine Stimme über ihnen, „wartet, bis ihr die Feinde seht; feuert tief und fegt über den Wall!“

„Vater! Vater!“ rief eine durchdringende Stimme aus dem Nebel, „ich bin's! Alice, deine Elsie!“

„Halt!“ schrie der Sprecher. „Das sind meine Kinder. Das Ausfalltor geöffnet! Hinaus, ihr Sechziger, hinaus! Tut keinen Schuß, ihr könntet meine Lämmer töten! Treibt die französischen Hunde mit den Bajonetten fort!“

Duncan hörte das Knarren des Tores, eilte in die Richtung des Geräusches und stieß auf eine lange Reihe dunkelrot uniformierter Krieger, die nach außen eilten. Er erkannte sie als sein eigenes Bataillon der Königlichen Amerikaner, flog an ihre Spitze und entfernte bald jegliche Spur von Verfolgern vor den Festungswerken.

Einen Augenblick hatten Cora und Alice zitternd und verwirrt dagestanden, als Duncan sie so unerwartet verließ; aber ehe sie auch nur einen Gedanken fassen konnten, stürzte ein Offizier von fast riesenhafter Gestalt, dessen Locken die Jahre und der Dienst gebleicht hatten, mitten aus dem Nebel auf sie zu und drückte sie an seine Brust, während große Tränen über sein bleiches und tiefgefurchtes Antlitz rollten. „Ich danke dir, Herr!“ rief er in seinem eigentümlichen schottischen Akzent. „Laß Gefahr kommen, welche da wolle, dein Knecht ist vorbereitet!“

Siebentes Kapitel

HEYWARD war mit den Schwestern früh am zweiten Tag der Belagerung angekommen. Die nächsten Tage verflossen unter den Entbehrungen, der Verwirrung und den Gefahren der Belagerung, welche ein Feind, dessen Macht Munro nicht den gehörigen Widerstand leisten konnte, aufs lebhafteste betrieb. Durch das gute Beispiel ihrer Führer hatten die Eingeschlossenen Mut gefaßt und ihren alten Ruf mit Eifer behauptet, aber der Gegner war zu mächtig.

Am fünften Tag der Belagerung war über die Hälfte der Geschütze ausgefallen, die Mauern hatten große Lücken, und die Verpflegung begann knapp zu werden. Montcalm befehligte über zwanzigtausend Mann, Munro dagegen standen mit den aus Fort Edward gekommenen Soldaten nur zweitausenddreihundert Mann zur Verfügung. Der schottische Veteran hatte zwar weitere Verstärkung angefordert, aber es schien, als ob General Webb, der mit seiner Armee am Hudson lag, seine in Not geratenen Brüder einfach vergessen hätte. An diesem fünften Tag der Belagerung war nachmittags ein kurzer Waffenstillstand geschlossen worden, Heyward hatte Montcalm gesprochen, und dieser hatte ihm eine Botschaft für Munro gegeben.

Zurück im Fort, begab sich Duncan sofort in das Quartier seines Befehlshabers. Er fand Munro allein mit seinen Töchtern. Alice saß auf seinem Knie, und Cora saß neben ihnen und betrachtete ihre jüngere Schwester mit mütterlicher Zärtlichkeit. Es war, als ob sie den kurzen Waffenstillstand benutzen wollten, um sich ein wenig dem Glück des Familienlebens hinzugeben, wobei die Töchter und der Veteran ihre Sorgen vergaßen. Duncan, der unangemeldet eingetreten war, blieb einige Augenblicke ein unbemerkter und entzückter Zuschauer. Bald aber erblickten die lebhaften Augen Alices seine Gestalt in einem Spiegel, sie sprang errötend von ihres Vaters Knie und rief mit lauter Stimme: „Major Heyward!“

„Was ist mit dem Jungen?“ fragte ihr Vater. „Hat ein bißchen mit dem Franzmann geschwatzt. Entfernt euch, ihr Bagage! Hat der Soldat nicht Beschwerden genug, muß er auch noch das Lager voll solcher Schwätzerinnen haben?“

Alice folgte lächelnd ihrer Schwester. Munro schritt einige Augenblicke im Zimmer auf und nieder, als ob er in tiefes Nachdenken versunken sei. Endlich erhob er seine Augen, die im Ausdruck väterlicher Zärtlichkeit erglänzten, und rief: „Es sind ein paar köstliche Mädchen, Heyward, auf die sich ein Vater was zugute tun darf.“

„Sie wollen gewiß nicht meine Meinung über Ihre Töchter kennenlernen, Oberst Munro?“

„Wahr, Junge, ja“, unterbrach ihn der Alte. „Sie wollten mir Ihr Herz am Tage Ihrer Ankunft eröffnen, und ich glaubte, es zieme sich für einen alten Soldaten nicht, von Hochzeit zu sprechen, wenn sich die Feinde seines Königs als ungebetene Gäste bei dem Fest einfinden könnten! Aber es war unrecht von mir, Duncan! Ich bin jetzt bereit, zu vernehmen, was Sie mir zu sagen haben.“

„Soviel Freude mir Ihre Versicherung macht, teuerster Herr, so habe ich Ihnen jetzt eine Botschaft von Montcalm –“

„Laßt den Franzmann zum Teufel gehen!“ rief der ungestüme Veteran. „Er ist noch nicht Herr vom Fort und soll es auch nie werden, sofern Webb seine Schuldigkeit tut. Nein, Sir, dem Himmel sei Dank, wir sind noch nicht so in der Klemme, daß Munro nicht einen Augenblick seinen häuslichen Angelegenheiten widmen könnte. Ihre Mutter war das einzige Kind meines Busenfreundes, Duncan, und ich will Sie jetzt anhören, wenn auch alle Ritter des Ludwigsordens vor dem Ausfalltor stünden.“

Heyward, der wahrnahm, daß sein Oberer ein boshaftes Vergnügen daran fand, die Botschaft des französischen Generals verächtlich zu machen, wollte dieser Aufwallung keine Nahrung geben und erwiderte deshalb mit so viel Gleichgültigkeit, wie er hier annehmen konnte: „Mein Verlangen, Sir, ging, wie Sie wissen, so weit, mich Ihren Sohn nennen zu dürfen.“

„Ja, Junge! Aber haben Sie sich ebenso verständlich bei meiner Tochter ausgesprochen?“

„Bei meiner Ehre, nein“, rief Duncan, „es hieße, ein mir geschenktes Vertrauen mißbraucht haben, hätte ich meine besondere Lage zu einem solchen Zweck benutzt!“

„Sie haben als Ehrenmann gehandelt, Major Heyward. Aber Cora Munro ist ein zu verständiges Mädchen, als daß sie der Leitung selbst eines Vaters bedürfte.“

„Cora!“

„Ja – Cora! Wir sprechen von Ihrer Bewerbung um Miß Munros Hand, nicht wahr, Sir?“

„Ich – ich – ich glaube, ihren Namen nicht genannt zu haben“, stotterte Duncan.

„Und wen wollten Sie denn heiraten, daß Sie meiner Zustimmung bedürfen?“ fragte der alte Soldat verletzt.

„Sie haben eine zweite nicht minder liebenswürdige Tochter!“

„Alice!“ rief der Vater überrascht.

„Sie war der Gegenstand meiner Wünsche, Sir.“

Der junge Mann wartete schweigend. Mehrere Minuten lang ging Munro im Zimmer auf und nieder; seine Gesichtsmuskeln arbeiteten krampfhaft. Endlich blieb er vor Heyward stehen, heftete seine Augen fest auf ihn und sprach: „Duncan Heyward, ich habe Sie wegen des Mannes geliebt, dessen Blut in Ihren Adern fließt, ich habe Sie um Ihrer eigenen guten Eigenschaften willen geliebt und habe Sie geliebt, weil ich dachte, Sie würden mein Kind glücklich machen. Aber alle diese Liebe würde sich in Haß verwandeln, wüßte ich, daß das, was ich fürchte, wahr ist."

„Gott wolle verhüten, daß ich das geringste tun oder denken sollte, was einen Wechsel herbeiführen könnte!" rief der junge Mann.

Munro schien besänftigt, und er fuhr in milderem Tone fort: „Sie wollen mein Sohn werden, Duncan, und kennen die Geschichte dessen nicht, den Sie Vater zu nennen wünschen. Setzen Sie sich, junger Mann, ich will Ihnen mit wenigen Worten mein Herz öffnen."

Montcalms Botschaft war jetzt sowohl von dem, der sie überbringen, als auch von dem, der sie anhören sollte, vollkommen vergessen. Jeder nahm einen Stuhl, und Munro begann. „Sie wissen bereits, Major Heyward, daß meine Familie alt und ehrenvoll ist, obgleich mit Gütern nicht begünstigt. Ich war ungefähr in Ihrem Alter, als ich mich Alice Graham verpflichtete; sie war das einzige Kind eines vermögenden benachbarten Gutsherrn. Allein ihr Vater war nicht für die Verbindung. Ich tat daher, was jeder Mann von Ehre getan hätte, ich gab dem Mädchen sein Wort zurück und verließ das Land im Dienste meines Königs. Ich hatte schon an vielen Orten Blut vergossen, als mich mein Dienst nach den Westindischen Inseln rief. Hier wollte mein Schicksal, daß ich mit einem Mädchen bekannt wurde, die bald mein Weib und Coras Mutter wurde. Sie war die Tochter eines Mannes von Stand auf jenen Inseln, dessen Gattin das Unglück hatte, wenn Sie so wollen, in einem entfernten Grad von jener unglücklichen Menschenklasse abzustammen, die zu so schändlicher Sklaverei verurteilt ist. Major Heyward, Sie selbst sind im Süden geboren, wo diese unglücklichen Geschöpfe als eine niedrigere Menschenklasse betrachtet werden."

„Das ist schrecklicherweise nur zu wahr, Sir", sprach Duncan, so verlegen, daß er seine Augen zu Boden zu senken gezwungen war.

„Und Sie werfen deshalb einen Tadel auf mein Kind? Sie verschmähen es, das Blut der Heyward mit dem Blut eines so verachteten, wenn auch noch so liebenswürdigen und tugendhaften Mädchens zu vermischen?"

„Der Himmel behüte mich vor einem Vorurteil, das meiner Vernunft so unwürdig wäre!" erwiderte Duncan. „Die Anmut, die Schönheit, der Zauber Ihrer jüngeren Tochter, Oberst Munro, werden meine Beweggründe hinlänglich erklären, ohne mich einer solchen Ungerechtigkeit schuldig erscheinen zu lassen."

„Sie haben recht, Sir", versetzte der alte Mann wieder in sanftmütigem Ton, „das Mädchen ist das Bild ihrer Mutter in jenem Alter. Als mich der Tod meines Weibes beraubte, kehrte ich nach Schottland zurück, und – werden Sie es glauben, Duncan! – der leidende Engel, Miß Graham, war zwanzig lange Jahre ehelos verblieben, und da nun alle Schwierigkeiten beseitigt waren, nahm sie mich zu ihrem Gatten."

„Und wurde Alices Mutter?"

„Ja", antwortete der alte Mann, „und teuer bezahlte sie das kostbare Geschenk, das sie mir hinterließ. Doch sie ist eine Heilige im Himmel, Sir. Ich besaß sie bloß ein Jahr, ein kurzes Glück für ein Weib, das ihre Jugend in hoffnungsloser Sehnsucht hatte dahinschwinden sehen."

Im stummen Kummer des alten Mannes lag etwas so Überwältigendes, daß Heyward kein Wort des Trostes an ihn zu richten wagte. Munro schien Duncans Gegenwart vergessen zu haben. Endlich, als sei er plötzlich wieder zu Besinnung gelangt, stand er auf, ging einmal durchs Zimmer und fragte: „Haben Sie mir keine Botschaft von dem Marquis von Montcalm zu überbringen, Major Heyward?"

Jetzt fuhr Duncan auf und begann sogleich, sich des halb vergessenen Auftrags zu entledigen. „Montcalm behauptet, einen Brief von General Webb an Sie abgefangen zu haben, und bittet, mit Ihnen über das Schreiben sprechen zu können."

„Er wünscht, mit Munro zu sprechen! Meiner Treu, Sir, ich habe große Lust, ihm die Unterredung zu gewähren, und sollt es nur sein, um ihm zu zeigen, wie fest wir ihm ins Auge sehen."

Duncan, der es für höchst wichtig hielt, möglichst bald den Inhalt des Briefs – falls es ihn gab – zu erfahren, unterstützte ihn darin.

„Ich will den Franzosen sprechen, und das ohne Aufschub. Gehen Sie, Major Heyward, und schicken Sie einen Boten, um dem Marquis zu melden, wer kommt. Wir folgen mit einer kleinen Bedeckung."

Einige Minuten später verließen der Veteran und sein jüngerer Gefährte, von der Bedeckung begleitet, die Festung. Kaum waren sie einige hundert Schritt marschiert, als der französische General mit einem kleinen Trupp Soldaten aus den Batterien der Belagerer hervorkam. In dem Augenblick, da Munro des weißen Federbusches, der von Montcalms Hut wehte, ansichtig wurde, flüsterte er Duncan zu: „Sagen Sie den Jungen, sie sollen Flinten und Säbel wohl bei der Hand behalten; denn man ist bei einem Diener dieser Louis niemals sicher. Dabei wollen wir aber die Stirn von Männern zeigen, die sich in tiefer Sicherheit glauben. Verstehen Sie mich, Major Heyward?"

Ein Zeichen mit der Trommel unterbrach sie und wurde sogleich von ihrer Seite beantwortet. Dann hielten die feindlichen Parteien und ließen eine Ordonnanz mit einer weißen Fahne vortreten. Montcalm trat mit leichtem, gewandtem Schritt auf den Veteranen zu und entblößte sein Haupt, wobei sein weißer Federbusch beinahe den Boden berührte. War das Äußere Munros männlicher und ehrfurchtgebietender, so fehlte ihm die leichte, einschmeichelnde Artigkeit des Franzosen. Beide betrachteten sich eine Weile mit neugierigen Augen; sodann unterbrach Montcalm, wie es sein höherer Rang und die Art der Unterhandlung mit sich brachte, das Schweigen. Er redete französisch; Duncan dolmetschte für Munro.

„Ich freue mich, Monsieur, daß Sie uns das Vergnügen Ihrer Gegenwart zuteil werden lassen", sagte Montcalm. „Ich habe um diese Zusammenkunft gebeten, weil ich glaube, Sie würden sich überzeugen lassen, bereits alles getan zu haben, was für die Ehre Ihres Fürsten notwendig war, und jetzt auf die Stimme der Menschlichkeit hören. Ich werde stets Zeugnis von dem tapferen Widerstand geben, der so lange fortgesetzt wurde, wie noch Hoffnung vorhanden war."

Als dies Munro mitgeteilt wurde, antwortete er mit Würde. „Sosehr ich ein solches Zeugnis von Monsieur de Montcalm zu schätzen weiß, so wird es mir doch noch wertvoller sein, wenn ich es besser verdient haben werde."

Der französische General lächelte, als ihm diese Antwort übersetzt wurde, und bemerkte: „Was man erprobtem Mut so gerne gewährt, dürfte nutzloser Hartnäckigkeit verweigert werden. Monsieur belieben, mein Lager anzusehen und meine Truppen zu zählen?"

„Ich weiß, daß der König von Frankreich gut bestückt ist", erwiderte der unerschütterliche Schotte, sobald Duncan die Übersetzung beendet hatte, „aber mein königlicher Gebieter hat ebenso viele und ebenso getreue Truppen."

„Die aber zum Glück für uns nicht zur Stelle sind", entgegnete Montcalm. „Diese Berge hier machen es uns sehr bequem, Ihre Werke zu rekognoszieren, und ich kenne vielleicht Ihren schwachen Zustand so gut wie Sie selbst."

„Fragen Sie den französischen General, ob seineFerngläser bis an den Hudson reichen!" sprach Munro mit Stolz, „und ob er weiß, wann und wo Webbs Heer erwartet werden darf."

„General Webb mag sein eigener Dolmetscher sein", versetzte Montcalm und hielt mit diesen Worten Munro einen offenen Brief hin: „Hier ist der Brief, den wir abgefangen haben. Sie werden daraus ersehen, mein Herr, daß seine Bewegungen meinem Heer nicht viel in den Weg legen werden."

Der Veteran ergriff das dargebotene Papier. Während er las, wich der Ausdruck soldatischen Stolzes in seinem Gesicht dem tiefsten Kummers. Das Papier entfiel seiner Hand, und das Haupt sank ihm auf die Brust wie einem Mann, dessen Hoffnungen ein Schlag vernichtet hat. Duncan hob den Brief auf, und ohne die Freiheit, die er sich nahm, zu entschuldigen, warf er einen Blick auf dessen grausamen Inhalt. Nicht nur, daß ihr gemeinsamer Vorgesetzter sie nicht zum Widerstand ermunterte, er riet ihnen sogar selbst, sich unverzüglich zu ergeben, wobei er mit dürren Worten als Grund anführte, es sei ihm durchaus unmöglich, ihnen auch nur einen einzigen Mann zu Hilfe zu senden.

„Hier findet keine Täuschung statt!" rief Duncan, während

er den Brief sorgfältig untersuchte. „Er trägt unzweifelhaft Webbs Siegel."

„Der Mann hat mich verraten!" rief Munro, „Er hat mein Haus entehrt und Schmach über meine grauen Haare gebracht!"

„Sagen Sie das nicht!" rief Duncan, „noch sind wir Herren des Forts und unserer Ehre. Wir wollen unser Leben um einen Preis verkaufen, der selbst unsern Feinden zu teuer erscheinen soll!"

„Sohn, ich danke dir!" rief der alte Mann, der wie aus einer Betäubung erwachte. „Mit einemmal hast du Munro zu seiner Pflicht zurückgerufen. Wir wollen heim und unsere Gräber hinter jenen Bollwerken graben!"

„Messieurs", sprach der Franzose, „Sie kennen Montcalm wenig, wenn Sie ihn für fähig halten, diesen Brief zur Demütigung tapferer Soldaten benutzen zu wollen. Hören Sie meine Bedingungen, ehe Sie mich verlassen."

„Was sagt der Franzose?" fragte der Veteran finster. „Macht er sich ein Verdienst daraus, einen Kundschafter mit einem Zettel aus dem Hauptquartier aufgefangen zu haben?"

Duncan erklärte ihm, was Montcalm gesagt hatte.

„Monsieur de Montcalm, wir sind bereit, Sie anzuhören", fügte Munro hinzu, als Duncan geendet hatte.

„Das Fort zu behaupten ist jetzt unmöglich", sprach sein hochsinniger Gegner, „das Interesse Frankreichs fordert, daß es zerstört werde; was aber Sie selbst und Ihre wackeren Kameraden betrifft, so soll Ihnen kein Vorrecht, das dem Soldaten teuer ist, verweigert bleiben."

„Unsere Fahnen?" fragte Heyward.

„Nehmen Sie nach England, um sie Ihrem König zu zeigen."

„Unsere Waffen?"

„Sie sollen Ihnen bleiben, niemand kann sie besser führen."

„Unser Auszug, die Übergabe des Platzes?"

„Alles soll auf die ehrenvollste Weise für Sie vor sich gehen."

Duncan wandte sich jetzt an seinen Kommandanten, um ihm diese Punkte mitzuteilen. Der Greis hörte ihn mit Erstaunen an. „Gehen Sie, Duncan", sprach er, „gehen Sie mit diesem Marquis und bringen Sie alles in Ordnung! Zwei Dinge habe ich in meinem Alter erlebt, die ich nie für möglich gehalten hätte: Ein Engländer ist so feige, seinem Waffenbruder Hilfe zu versagen, und ein Franzose hat zu viel Ehrgefühl, um seinen Vorteil nicht zu nutzen.“ Mit diesen Worten ließ er sein Haupt wieder auf die Brust sinken, kehrte zum Fort zurück und überließ es Duncan, die Bedingungen der Kapitulation festzusetzen.

Bald wurde öffentlich bekanntgemacht, daß Munro eine Kapitulation unterzeichnet habe, laut deren der Platz mit dem anbrechenden Morgen dem Feind übergeben werden, die Besatzung aber ihre Waffen, ihre Fahnen und ihr Gepäck, folglich nach militärischen Begriffen ihre Ehre behalten sollte. Und doch waren in dieser Nacht, der Nacht des 9. August 1757, die Besiegten niedergeschlagen, während die Sieger triumphierten.

Am andern Morgen erfüllten durchdringende Klänge französischer Kriegsmusik das Tal, und die Strahlen der frühen Sonne tauchten Montcalms angetretenes Heer in glitzerndes Licht.

Ein ganz anderes Bild zeigte sich im Fort der Angloamerikaner. Hier herrschte emsiges Treiben vor traurigem Aufbruch. Finster dreinschauende Soldaten schulterten ungeladene Gewehre und traten an, als wollten sie sich für eine Schmach rächen. Weiber und Kinder rannten hin und her, einige trugen klägliche Habseligkeiten, andere wiederum suchten ihre Männer oder Väter, die sie beschützen sollten.

Munro erschien festen Antlitzes, aber doch bedrückt in der Mitte seiner schweigenden Truppen. Duncan eilte an seine Seite, um ihm seine Dienste anzubieten.

„Meine Töchter!“ war der kurze, aber bedeutungsvolle Bescheid.

„Gott des Himmels! Sind noch keine Vorkehrungen für sie getroffen?“

„Heute bin ich bloß Soldat, Major Heyward!“ sprach der Veteran. „Alle, die Sie hier sehen, wollen ebenso meine Kinder sein!“

Duncan hatte genug gehört. Ohne einen Augenblick zu verlieren, eilte er zur Wohnung des Kommandanten. Er fand die

Schwestern auf der Schwelle zur Abreise bereit, umgeben von einem Haufen weinender Weiber. Cora hatte nichts von ihrer Festigkeit verloren, obwohl ihre Wangen blaß waren. Alices Augen aber waren entzündet und verrieten, daß sie lange und bitterlich geweint hatte. Beide empfingen den jungen Mann mit unverhohlener Freude.

„Das Fort ist verloren", sprach Cora mit melancholischem Lächeln, „aber unser guter Name ist, darauf traue ich, nicht verloren!"

„Er steht glänzender da als je! Aber teuerste Miß Munro, es ist Zeit, daß Sie für sich selbst sorgen. Militärische Sitte – Stolz – verlangen, daß Ihr Vater und ich eine kleine Weile an der Spitze der Truppen ziehen. Darum werde ich einen geeigneten Beschützer für Sie suchen."

„Es ist keiner nötig", versetzte Cora, „wer wird es wagen, uns zu einer Zeit wie dieser zu beleidigen oder zu beschimpfen? Aber hören Sie, der Zufall hat uns bereits einen Freund gesandt, wo wir ihn am nötigsten haben."

Duncan horchte und verstand sogleich, was sie meinte. Die Töne heiligen Gesangs trafen sein Ohr und führten ihn in das Zimmer eines nahen Gebäudes. Hier fand er David. Duncan wartete, bis der Gesang zu Ende war, und teilte ihm in wenigen Worten seine Wünsche mit.

„Recht gerne", sprach der Singmeister, „es will sich ziemen, daß wir, die wir so viele Gefahren geteilt haben, auch in Frieden zusammen reisen. Ich will sie begleiten."

„Die Diener ihres Haushalts werden Euch behilflich sein. Es ist möglich, daß Indianer oder Streifzüge der Feinde ihnen etwas anhaben wollen. Ihr verweist sie dann nur auf die Bedingungen der Übergabe und droht ihnen, die Sache Montcalm zu berichten. Ein Wort wird genügen."

„Wenn nicht, so hab ich hier etwas, das seine Wirkung tut", versetzte David, nach seinem Buche greifend. „Hier stehen Worte, die, mit gehörigem Nachdruck und im richtigen Zeitmaß gesprochen, den unbändigsten Sinn zähmen müssen." Dann begann er zu singen: „Warum toben die Heiden so wütend?"

„Genug!" sprach Heyward, seine musikalische Standrede unterbrechend, „es ist Zeit, daß jeder seiner Pflicht nachgehe."

Gamut stimmte ein, und sie suchten die beiden Schwestern auf. Cora empfing ihren neuen, etwas sonderbaren Beschützer mit Artigkeit, und selbst Alices blasse Züge hellten sich auf, als sie Heyward für seine Fürsorge dankte. Duncan versicherte, er habe getan, was die Umstände erlaubten, und, wie er glaube, genug für ihre Sicherheit, da keine wirkliche Gefahr vorhanden sei. Heiter sprach er von seinem Plan, wieder mit ihnen zusammenzutreffen, sobald er die Vorhut einige Meilen in Richtung Hudson geführt habe, und nahm dann Abschied.

Schon geriet die englische Kolonne in Bewegung. Die Schwestern erschraken bei dem Trommelschlag, und dann wurden sie die weißen Uniformen der französischen Grenadiere gewahr, die die Tore des Forts bereits in Besitz genommen hatten. In diesem Augenblick schien plötzlich eine ungeheure Wolke an ihren Häuptern vorüberzuziehen, und sie erblickten über sich die weiten Falten der Standarte von Frankreich.

„Laßt uns gehen!“ sprach Cora, „das ist kein guter Aufenthalt mehr für die Kinder eines englischen Offiziers.“

Alice hing sich an den Arm ihrer Schwester, und zusammen verließen sie das Fort, umringt von den anderen Frauen. Da alle Wagen und Lasttiere für Kranke und Verwundete in Anspruch genommen waren, hatte Cora beschlossen, mit ihrer Schwester lieber die Beschwerden eines Fußmarsches zu teilen. Alles war jetzt in Bewegung: die Schwachen und Verwundeten stöhnend, ihre Kameraden verdrießlich und die Weiber und Kinder von Schrecken ergriffen, ohne zu wissen, warum.

Als der verworrene Haufe auf die offene Ebene gelangte, war die ganze Szene allen sichtbar. In einiger Entfernung zur Rechten stand das französische Heer unter Waffen – schweigende Beobachter der Besiegten. Die Engländer, im ganzen beinahe dreitausend Mann stark, zogen langsam über die Ebene zu einem Sammelplatz, der an der Stelle am Rand der Ebene in den Wald geschlagen worden war, wo die Straße zum Hudson in den Wald führte. Um den weiten Saum der Wälder hing eine finstere Wolke von Wilden, die den Marsch ihrer Feinde beobachteten. Einige hatten sich sogar unter die Kolonnen der Besiegten gemischt. Der Vortrab, von Heyward angeführt, verschwand allmählich, als Coras Aufmerksamkeit auf einen Trupp von Nachzüglern gerichtet wurde. Als der Weiberhaufen herannahte, zog die bunte Farbe eines Schals die Augen eines Huronen auf sich. Er kam herbei, um sich desselben zu bemächtigen. Die Frau hüllte, mehr aus Schrecken als aus Liebe zu dem Kleidungsstück, ihr Kind in den gefährdeten Schmuck und drückte beide fester an die Brust. Cora wollte eben sprechen und dem Weib raten, die Kleinigkeit dem Wilden zu überlassen, als der das schreiende Kind aus ihren Armen riß. Die Mutter stürzte verzweifelt auf ihn zu, um ihr Kind zurückzufordern. Der Indianer lächelte grimmig und streckte eine Hand aus, um seine Bereitwilligkeit zu einem Tausche anzudeuten, während er mit der andern das Kind an den Füßen um den Kopf schwang, als wolle er dadurch das Lösegeld steigern.

„Hier – hier – da – alles – alles!" rief die Mutter und riß sich mit zitternden, ungeschickten Fingern die leichteren Kleidungsstücke vom Leib, „nimm alles, nur gib mir mein Kind wieder!"

Der Wilde verschmähte die wertlosen Lappen, und sein tückisches Lächeln ging in einen Ausdruck der Wut über; er zerschmetterte dem Kind den Kopf an einem Felsen und warf das noch zuckende Kleine der Mutter vor die Füße. Einen Augenblick stand die Arme regungslos und blickte wild auf das entstellte Wesen, das sich eben erst noch an ihren Busen geschmiegt; dann erhob sie Augen und Gesicht gen Himmel, als flehe sie Gott an, den ruchlosen Verbrecher zu verderben. Die Sünde eines solchen Gebets blieb ihr erspart: Wütend und durch den Anblick des Blutes aufgeregt, spaltete ihr der Hurone mit seinem Tomahawk den Schädel. Die Mutter sank zu Boden und griff im Tode noch nach ihrem Kinde.

In diesem gefahrvollen Augenblick sah Cora Magua. Er legte beide Hände an den Mund und ließ ein furchtbares Kriegsgeschrei ertönen. Die zerstreuten Indianer fuhren bei dem Ruf auf, und plötzlich erscholl durch die Ebene und die Baumwipfel des Waldes ein so schreckliches Geheul, wie es selten aus Menschenlippen vernommen wurde. Dann brachen mehr als zweitausend Wilde aus dem Wald und jagten über die Ebene. Wir verweilen nicht bei den Greuelszenen, die jetzt erfolgten. Überall war der Tod, und Widerstand diente nur dazu, die Wut der

Mörder noch mehr zu entflammen. Die Truppen warfen sich schnell in dichte Reihen zusammen, um die Angreifer durch eine geschlossene Schlachtordnung abzuschrecken, aber nur zu viele Soldaten ließen sich von den Wilden die ungeladenen Flinten aus den Händen reißen.

Zehn Minuten, für sie eine unendlich lange Zeit, mochten die Schwestern, erstarrt vor Entsetzen und hilflos, dagestanden haben. Als der erste Streich gefallen war, hatten sich ihre Begleiterinnen laut kreischend um sie zusammengedrängt und jede Flucht verhindert. Von allen Seiten hörte man Geschrei, Gestöhn und Flüche.

In diesem Augenblick erblickte Alice ihren Vater, der über die Ebene in Richtung des französischen Lagers dahineilte. Er war, keine Gefahr achtend, auf dem Weg zu Montcalm, um die Begleitung, die er sich ausbedungen hatte, die aber auf sich warten ließ, zu verlangen. „Vater! – Vater! – wir sind hier!" schrie sie, als er in geringer Entfernung an ihnen vorübereilte. „Komm zu uns, Vater, oder wir sterben!"

Der Hilferuf wurde wiederholt, aber er blieb unbeantwortet. Einmal hielt der alte Mann inne und horchte, aber Alice war besinnungslos zu Boden gesunken, und Cora kniete ihr zur Seite. Munro ging getäuscht und kopfschüttelnd weiter, nichts als die hohen Pflichten seiner Stellung im Auge.

„Lady", sprach Gamut, der, so hilf- und nutzlos er auch war, nicht davon träumte, seine Schutzbefohlenen zu verlassen, „das ist kein Ort, wo Christen verweilen können. Auf! Laßt uns fliehen!"

„Geh", sprach Cora, immer noch ihre besinnungslose Schwester anstarrend, „rette dich! Mir kannst du nicht mehr helfen!"

Einen Augenblick schaute er noch auf die dunkeln Gestalten, die rings um ihn her ihr Höllenwerk vollbrachten. „Wenn der jüdische Hirtenknabe durch den Klang seiner Harfe Sauls bösen Geist bezwingen konnte, so wird es nicht am unrechten Orte sein", sprach er, „wenn ich hier die Macht der heiligen Musik versuche."

Seine Stimme zur höchsten Höhe erhebend, begann er einen so mächtigen Gesang, daß er selbst in dem Getümmel des blutigen Schlachtfelds zu hören war. Einige Wilde stürzten eben heran, um die unbeschützten Schwestern ihres Schmuckes zu berauben; als sie aber diese seltsame und unbewegliche Gestalt erblickten, blieben sie horchend stehen. Ihr Staunen ging bald in Bewunderung über, und offen ihren Beifall über die Standhaftigkeit ausdrückend, womit der weiße Krieger sein Totenlied sang, wandten sie sich ab, um andere, weniger mutige Schlachtopfer zu suchen.

Getäuscht durch diesen ersten Erfolg, verdoppelte David seine Anstrengung, um die Kraft dieses, wie er glaubte, heiligen Einflusses zu erhöhen. Die ungewohnten Laute drangen aber zu Magua, der einen Freudenschrei ausstieß, als er seine alten Gefangenen wieder in seiner Gewalt erblickte.

„Komm!" rief er, seine Hand auf Coras Kleid legend, „der Wigwam des Huronen ist noch leer. Ist er nicht besser als dieser Ort?"

„Ungeheuer! Dein Geist hat diese Szene herbeigeführt!"

„Magua ist ein großer Häuptling!" erwiderte der frohlokkende Wilde, „will das schwarze Haar zu seinem Stamme gehen?"

„Nimmermehr! Führe deinen Streich, wenn du willst, und vollende deine Rache!"

Er zögerte einen Augenblick; dann aber nahm er rasch die leichte und anscheinend leblose Gestalt Alices in seine Arme und enteilte dem Wald zu.

„Halt!" schrie Cora und folgte ihm nach. „Laß das Kind! Elender! Was willst du mit ihr?"

Aber Magua war taub für ihre Stimme oder kannte vielmehr seine Macht und war entschlossen, von ihr Gebrauch zu machen.

„Haltet – Lady – haltet!" rief Gamut Cora nach. „Der heilige Zauber beginnt zu wirken, und bald werdet Ihr diesen schrecklichen Aufruhr gestillt sehen!"

Da er sah, daß man nicht auf ihn hörte, folgte der treue David der trostlosen Schwester, seine Stimme wieder zu einem heiligen Gesang erhebend und mit seinen langen Armen als Begleitung die Luft durchfurchend. So eilten sie über die Ebene hin, mitten durch Fliehende, Verwundete und Tote, bis Magua in den Wald trat, wo er die Narragansetts fand, die die Reisenden verlassen hatten; jetzt bewachte sie ein Hurone, dessen Züge

ebenso wild und boshaft waren wie die seinen. Er setzte Alice auf eines der Pferde und winkte Cora, das andere zu besteigen.

Trotz des Abscheus, den die Gegenwart Maguas in ihr erregte, fühlte sie sich erleichtert, daß sie dem gräßlichen Schauspiel auf der Ebene entronnen war. Sie nahm ihren Sitz ein und streckte ihrer Schwester die Arme mit einem bittenden Ausdruck der Liebe entgegen, dessen Gewalt sich sogar der Hurone nicht entziehen konnte. Er brachte Alice auf dasselbe Pferd, auf dem Cora saß, ergriff den Zügel und drang in die Tiefe des Waldes. Als David merkte, daß man ihn allein ließ, als einen, den es nicht einmal verlohne zu verderben, warf er eines seiner langen Beine über den Sattel des zurückgelassenen Pferdes und folgte ihnen. So entschwanden sie in wenigen Augenblicken von der barbarischen Szene, die als das „Massaker vom Fort William Henry“ in die Kolonialgeschichte Amerikas eingegangen ist.

Achtes Kapitel

Der dritte Tag nach der Übergabe des Forts ging zu Ende. Die Sieger waren abgezogen, ihr Lager war nun verlassen, und die Festung lag in rauchenden Trümmern.

Selbst in der Witterung war ein grauenhafter Wechsel eingetreten. Die Sonne hatte ihre wärmenden Strahlen hinter einer undurchdringlichen Dunstmasse verborgen, und Hunderte lebloser menschlicher Gestalten, die die glühende Hitze des Augustes geschwärzt hatte, erstarrten in einem Wind, der dem November vorausgeeilt schien. Grüne ungestüme Fluten des Horican peitschten seine Ufer.

Die Ebene sah aus, als ob ein verzehrender Blitzstrahl darüber hingefahren wäre, obwohl hier und da dunkelgrüne Büsche in der Verödung standen. Durch diese Landschaft blies der Wind ungleich: Bald strich er dicht über dem Boden hin, als wolle er sein dumpfes Stöhnen in das kalte Ohr der Toten flüstern; bald erhob er sich in ein schrilles, klägliches Pfeifen und fuhr mit einem Ungestüm in die Wälder, das die Luft mit abgerissenen Blättern und Zweigen erfüllte.

Zum erstenmal seit dem Verschwinden der Urheber jener

Greueltaten wagten es wieder menschliche Wesen, dem schrecklichen Ort zu nahen. Etwa eine Stunde vor Sonnenuntergang sah man fünf Männer aus dem Waldpfad, der zum Hudson führt, vorsichtig hervortreten. Die leichte Gestalt eines Indianerjünglings schritt den andern voran und stieg auf jeden kleinen Hügel, um zu spähen. Einer unter ihnen, ebenfalls ein Indianer, hielt sich etwas beiseite und heftete seine Augen unverwandt auf den Saum der Wälder. Die drei andern waren Weiße, aber für die Wildnis gekleidet.

Es waren die Mohikaner mit ihrem weißen Freund, dem Kundschafter, nebst Munro und Heyward. Als Unkas die Mitte der Ebene erreicht hatte, stieß er einen Schrei aus, der die Gefährten sogleich an seine Seite rief. Der junge Krieger stand vor einer Gruppe von Frauenleichen. So abschreckend auch die Aufgabe war, so eilten sowohl Munro als auch Heyward hinzu und suchten nach Spuren der Vermißten. Der Vater und der Liebende fanden in dem Ergebnis ihrer Nachforschung eine momentane Erleichterung, obgleich sie sich nun aufs neue zu den Qualen einer Ungewißheit verurteilt sahen.

In nachdenkliches Schweigen versunken, standen sie vor den Toten, als der Kundschafter herbeikam und sagte: „Ich habe mehr als ein grauenvolles Schlachtfeld gesehen, aber nie habe ich die Hand des Teufels so sichtbar im Spiele gefunden wie hier! So viel will ich sagen – wenn diese Mingos mir wieder in Schußweite kommen, so gibt es eine Büchse, die ihre Schuldigkeit tut. Was sagst du dazu, Chingachgook?"

Ein Rachestrahl blitzte über die finsteren Züge des Mohikanerhäuptlings, er lockerte sein Messer in der Scheide. Unkas hatte sich indessen auf die Zehenspitzen gestellt, aufmerksam geradeaus geblickt und war dann weggerannt. Einen Augenblick darauf holte er von einem Gebüsch ein Stückchen grünen Stoff, das er nun wie im Triumphe schwang. Die Bewegung und sein Schrei riefen sogleich die andern herbei.

„Mein Kind", rief Munro ungestüm, „gebt mir mein Kind!"

„Unkas will's versuchen", war die kurze und bewegende Antwort.

Diese einfache Zusage wurde von dem Vater nicht beachtet. Er ergriff das Stoffstückchen, preßte es krampfhaft in der Hand, während sich seine stieren Blicke auf die Büsche ringsumher hefteten.

„Hier sind keine Toten!“ sprach Heyward, „der Sturm scheint nicht diesen Weg genommen zu haben.“

„Das ist klar“, bemerkte der Kundschafter, „aber entweder sie selbst oder diejenigen, die sie entführten, sind durch dieses Gebüsch gedrungen. Unkas, wir wollen nach ihrer Spur forschen: Es ist mir oft, als ob für ein Indianerauge selbst der Kolibri Merkzeichen in der Luft zurücklassen müßte.“

Der Mohikaner stürzte auf diese Bemerkung hin fort. Chingachgook hatte inzwischen eine Öffnung im niedrigen Unterholz untersucht. Er richtete sich nun auf und deutete auf die Erde.

„Hier ist die deutliche Spur eines Männerfußes!“ rief Heyward. „Er ist an diese Pfütze getreten. Sie sind Gefangene!“

„Besser, als wenn man sie in der Wildnis hätte Hungers sterben lassen!“ versetzte der Kundschafter. „Und ich wollte fünfzig Biberfelle wetten, daß die Mohikaner und ich innerhalb eines Monats in den Wigwams ihrer Entführer sind! Unkas, sieh, was du aus dem Mokassin machen kannst; denn ein Mokassin ist's offenbar und kein Schuh!“

Der junge Mohikaner bückte sich über die Spur und untersuchte sie. „Le Renard Subtil!“

„Ha, wieder der schleichende Teufel!“ Der Kundschafter bückte sich. „Du hast recht, Junge; hier ist die Spur, die wir so oft gesehen haben, als wir damals das Geziefer vom Glenn aus verfolgten. Hier sind also das Mädchen mit dem schwarzen Haar und Magua vorbeigekommen.“

„Und Alice nicht?“ fragte Heyward.

„Von ihr haben wir noch keine Spuren entdeckt“, antwortete der Kundschafter. „Aber was sehe ich dort an dem Dornbusch.“ Er hob den Fund in die Höhe und lachte. „Das ist das Schießgewehr des Sängers! Unkas, such mal die Spuren eines Schuhs, der lang genug ist, um ein sechs Fuß zwei Zoll hohes schlotterndes Menschengestell tragen zu können. Richte dein Auge auf das dürre Laub! Ich will die Büsche untersuchen, während dein Vater die Nase dicht auf den Boden halten wird. Vorwärts, Freunde! Die Sonne sinkt hinter die Berge.“

Sie waren eine kleine Strecke vorwärtsgeschritten, als die Indianer hielten und mit großer Aufmerksamkeit die Erde betrachteten.

„Sie haben den kleinen Fuß gefunden!“ rief der Kundschafter aus. „Was gibt es hier? Holla, da haben wir die einseitigen Pferdchen wieder! Jetzt ist alles klar und hell wie der Nordstern um Mitternacht. Ja, hier sind sie aufgestiegen. Dort warteten die Tiere, und hier führt die breite Fährte in vollem Trab nach Kanada!“

„Aber immer noch sind keine Spuren von Alice vorhanden“, sagte Duncan.

„Wenn nicht das schimmernde Spielzeug, das Unkas grad vom Boden aufgehoben hat, eine ist. Bring es her, Junge!“

Heyward erkannte mit dem Gedächtnis eines Liebenden sogleich das Geschmeide, das Alice an dem verhängnisvollen Morgen um den Nacken trug.

„Nun, dann wollen wir es der rechtmäßigen Besitzerin bringen“, bemerkte Falkenauge, „und, wie ich zu sagen pflege, die beiden Enden eines langen Weges zusammenfügen – denn diesmal haben wir den St.-Lorenz-Strom oder sogar die Großen Seen vor uns.“

„Dann haben wir um so mehr Grund, unseren Marsch nicht zu verzögern“, versetzte Heyward. „Laßt uns weiterziehen!“

„Nein, wir wollen zurück und heute nacht unser Feuer in den Ruinen des alten Forts anzünden und am Morgen frisch und gestärkt das Werk wie Männer beginnen und nicht wie plaudernde Weiber und unbesonnene Knaben. Wir fahren dann, um Zeit zu sparen, mit dem Kanu auf dem Horican so weit wie möglich nach Norden und nehmen dort die Spur wieder auf.“

Heyward sah an dem Benehmen des Kundschafters, daß jeder Einspruch vergeblich wäre. Und da Munro in jenen Zustand von Teilnahmslosigkeit zurückgesunken war, aus dem er seit den letzten überwältigenden Unglücksfällen kaum aufgerüttelt werden konnte, nahm er den Veteran beim Arm und folgte den Schritten der Indianer und des Kundschafters, die bereits den Rückweg auf die Ebene zu eingeschlagen hatten.

Nach einem frugalen Mahl aus gedörrtem Bärenfleisch schliefen sie schließlich in den Ruinen des Forts ein.

Am Abend des folgenden Tages hatten sie die vorgenommene Strecke auf dem Horican zurückgelegt und waren an dem unfruchtbaren und rauhen Land gelandet, das die dem Champlain-See zinsbaren Flüsse von denen des Hudson und des St.-Lorenz-Stromes trennt. Da jedoch Falkenauge und die Mohikaner diese Wildnis oft durchstreift hatten, so bedachten sie sich nicht lange, in ihre Tiefen zu dringen. Sie rasteten kurz, versteckten ihr Kanu und setzten dann für mehrere Stunden, von einem Stern geleitet oder dem Lauf eines Waldbaches folgend, ihren mühsamen Weg fort. Schließlich gebot der Kundschafter Halt. Nach einer kurzen Beratung mit den Indianern wurden ein Feuer angezündet und die gewöhnlichen Vorkehrungen getroffen, den Rest der Nacht an diesem Orte zuzubringen.

Die Sonne hatte die Nebel zerstreut und goß ein starkes und helles Licht in den Wald, als die Reisenden ihre Wanderung wieder begannen. Nachdem sie einige Meilen zurückgelegt hatten, wurde Falkenauge, der voranging, bedächtiger und wachsamer. Er blieb oft stehen, um die Bäume zu untersuchen, und ging über keinen Bach, ohne die Schnelligkeit und Farbe seines Wassers zu beobachten. Er holte häufig die Meinung Chingachgooks ein. Während dieser Besprechungen bemerkte Heyward, daß Unkas stets ein ruhiger und stillschweigender Zuhörer war. Er fühlte sich stark versucht, den jungen Häuptling über seine Ansicht von ihren Fortschritten zu befragen; aber die Haltung des Eingeborenen ließ ihn glauben, daß auch er dem Scharfsinn der Älteren unbedingt vertraue. Zuletzt erklärte der Kundschafter: „Irren ist menschlich, und möglicherweise haben wir nicht den rechten Weg eingeschlagen.“

„Wir wollen zurück und mit schärferen Blicken suchen“, rief Duncan. „Hat Unkas in solcher Not keinen Rat zu erteilen?“

Der junge Mohikaner warf einen Blick auf seinen Vater, schwieg aber weiter. Chingachgook hatte es bemerkt und winkte ihm mit der Hand, er solle sprechen. Kaum war die Erlaubnis erteilt, so lief er eine kleine Anhöhe hinauf und blieb frohlockend über einer Spur frisch aufgewühlter Erde stehen, die von dem Tritt eines schweren Tieres herzurühren schien.

„Das ist die Spur!“ rief der Kundschafter, der Unkas gefolgt war. „Der Junge ist schnell von Blick für sein Alter!“

„Es ist sonderbar“, murmelte Duncan, „daß er seine Entdeckung so lange verschwiegen hat.“

„Es wäre noch mehr zu verwundern gewesen, wenn er unaufgefordert gesprochen hätte. Nein, nein, ein Junge bei euch Weißen mag sich einbilden, er sei gescheiter als sein Vater; aber hier, wo es auf Erfahrung ankommt, lernt der junge Indianer den Wert der Jahre schätzen und achtet sie demgemäß.“

„Seht!“ sprach Unkas und deutete nach Norden und Süden auf die deutlichen Zeichen einer starken Fährte, „das schwarze Haar ist hier dem Frost zugegangen.“

„Kein Spürhund hat je eine schönere Fährte gefunden“, versetzte der Kundschafter, plötzlich vorwärtseilend, „der Himmel ist uns günstig, und wir brauchen jetzt die Nase nicht mehr auf die Erde zu halten.“

Die Aufgeräumtheit des Kundschafters verfehlte nicht, auch den andern neue Hoffnung mitzuteilen. Ihr Vorgehen geschah überaus schnell und mit einer Zuversichtlichkeit, die ein Reisender auf der Landstraße hätte haben können. Nachdem sie gegen die Mitte des Nachmittags in eine Niederung gestiegen waren, durch die ein kleiner Bach dahineilte, kamen sie unerwartet an eine Stelle, wo Le Renards Zug offenbar haltgemacht hatte. Halbverzehrte Feuerbrände lagen um eine Quelle, und die Bäume trugen Spuren der Pferde, die sie abgeweidet hatten. Während aber die Erde rundum zertreten war und Fußstapfen von Menschen und Tieren im ganzen Umkreis des Platzes deutlich hervortraten, schien hier mit einem Male alle Spur zu verschwinden. Nur der Fährte der Narragansetts konnte Unkas nachgehen; als er wiederkam, führte er die beiden Pferdchen. Ihre zerbrochenen Sättel sahen aus, als wären sie mehrere Tage sich selbst überlassen umhergelaufen.

„Worauf deutet das hin?“ fragte Duncan erbleichend.

„Daß wir mit unsrer Reise zu einem schnellen Ende gekommen sind und uns in Feindesland befinden“, versetzte der Kundschafter. „Die Mädchen brauchen keine Pferde mehr, um mithalten zu können. Wir sind in die Nähe ihres Lagers gekommen. Wir müssen jetzt den Pfad aufspüren, auf dem sie sich dorthin begeben haben.“

Falkenauge und die Mohikaner gingen ans Werk. Ein Kreis

von einigen hundert Fuß wurde um den Platz gezogen, und jeder nahm sich einen Teil davon. Die Forschung führte jedoch zu keinem Resultat. Schließlich überdämmte Unkas den kleinen Bach, der jener Quelle entsprang, mit Erde und lenkte so seinen Lauf in ein anderes Bett. Sobald sein schmaler Grund trocken lag, bückte er sich mit scharfem Blick darauf nieder. Ein Ruf ausgelassener Freude kündigte sogleich den Erfolg des jungen Kriegers an. Alle umstanden die Stelle, wo Unkas auf die Spur eines Mokassins deutete.

„Der Junge wird seinem Volke Ehre machen", sprach Falkenauge und betrachtete die Fährte mit Bewunderung, „ja, und den Huronen ein Dorn im Auge sein."

Der ganze Zug brach jetzt auf und verfolgte den Lauf des Baches. Das Wasser floß bald wieder in sein altes Bett, aber sie behielten den Boden auf beiden Seiten stets im Auge, überzeugt, daß unten im Wasser die Fährte fortgehe. Mehr als eine halbe Meile waren sie gegangen, als der Bach um den Fuß eines großen Felsens rieselte. Hier hielten sie, um sich zu vergewissern, daß die Huronen an dieser Stelle das Wasser nicht verlassen hatten.

Und wohl ihnen, daß sie das nicht unterließen. Der junge Krieger fand bald die Spur eines Indianerfußes auf einem Büschel Moos. Der Richtung dieses Eindrucks folgend, trat er in das nahe Dickicht und fand eine Spur, so frisch und deutlich wie jene, die sie vor der Quelle gefunden hatten. Ein Ruf verkündete den andern seine Entdeckung.

„Gehen wir weiter?" fragte Heyward.

„Gemach, gemach! Wir kennen jetzt unsern Weg; es wird aber gut sein, wenn wir alles genau untersuchen. Hier haben wir Abdrücke von zwei kleinen Füßen. Es ist erstaunlich, daß menschliche Wesen auf so kleinen Gliedern gehen können."

„Die zarten Glieder meiner Töchter sind diesen Mühseligkeiten nicht gewachsen", sagte Munro, der die leichten Fußtritte seiner Kinder mit väterlicher Zärtlichkeit betrachtete. „Wir werden ihre verschmachtenden Gestalten in dieser Wüste finden."

„Das habt Ihr eigentlich nicht zu befürchten", versetzte der Kundschafter, langsam den Kopf schüttelnd. „Seht, die Ferse berührte kaum den Boden, und hier hat die mit dem dunkeln Haar einen kleinen Sprung über Wurzeln gemacht. Nein, nein;

hier war keine von ihnen dem Verschmachten nahe. Der Sänger aber fängt nun an, müde Beine zu kriegen, das sieht man an der Fährte da. Hier, seht ihr, ist er ausgeglitten. Ja, ja, einer, der immer nur seine Kehle schult, kriegt keine kräftigen Beine."

Beruhigt durch seine Beweisführung, nahm die Gesellschaft ein rasches Mahl ein. Nach dem Essen eilten sie weiter. Ehe jedoch eine Stunde verging, hielt Falkenauge an. „Ich wittere die Huronen", sagte er zu den Mohikanern, „dort, zwischen den Baumwipfeln wird es licht, wir kommen ihnen nahe. Sagamore, nimm du den Hügel hier zur Rechten, und Unkas geht links den Bach entlang, während ich die Spur verfolge. Wenn es was gibt, so wird dreimal wie eine Krähe gekrächzt. Ich habe eben eine gesehen – auch ein Zeichen, daß wir an ein Lager kommen."

Die Indianer entfernten sich, jeder nach seiner Seite hin, während Falkenauge mit den beiden Offizieren weiter vorwärtsschritt. Heyward wies er bald an, zu einem Dickicht am Rand des Waldes zu schleichen und zu warten, bis er komme; denn er wollte einige verdächtige Zeichen untersuchen. Duncan gehorchte und fand sich bald an einem Punkt, der ihm eine Aussicht bot, die ihm ungewöhnlich und neu erschien.

Die Bäume waren viele Morgen weit gefällt, und die Glut eines milden Sommerabends lag auf der Lichtung, in schönem Kontrast mit der dunkleren Färbung des Waldes. In geringer Entfernung von der Stelle, wo Duncan stand, hatte sich der Bach zu einem kleinen See erweitert, der den größten Teil der Niederung zwischen den Bergen einnahm und aus diesem weiten Becken in einem so regelmäßigen und sanften Wasserfalle abfloß, daß man das Werk von Menschenhänden zu erblicken glaubte. Hunderte von Wohnungen aus Erde standen an dem Rand des Sees und selbst noch im Wasser. Die Dächer, zum Schutze gegen das Unwetter eigenartig gerundet, zeugten von Sorgfalt und Umsicht. Kurz, das ganze Dorf oder die kleine Stadt war niedlicher und mit mehr Kunstaufwand gebaut, als die Weißen bei den Indianern gewöhnlich vorauszusetzen pflegen. Der Ort wirkte menschenleer. Doch jetzt schauten mehrere schwarze Köpfe aus den Wohnungen hervor, und der Platz schien plötzlich von Wesen belebt, die schnell von Versteck zu

Versteck eilten. Beunruhigt durch diese verdächtigen und unerklärlichen Bewegungen, war Duncan im Begriff, das Krähensignal zu geben, als ein nahes Rauschen der Blätter seine Augen in eine andere Richtung zog.

Der junge Mann fuhr zurück, als er einige hundert Schritte vor sich einen fremden Indianer erblickte. Der Eingeborene schien, wie er, beschäftigt, die niedrigen Hütten des Dorfes zu beschauen. Unter der Maske einer grotesken Malerei waren seine Gesichtszüge unmöglich zu erkennen. Sein Kopf war, wie gewöhnlich, geschoren bis auf die Skalplocke, von der drei oder vier verwitterte Falkenfedern lose herabhingen. Ein zerrissener Kalikomantel umgab seinen Leib, während der untere Teil seiner Bekleidung aus einem schlichten Hemde bestand. Das Aussehen des Individuums war verwahrlost und elend.

Duncan war noch immer mit der neugierigen Betrachtung seines Nachbars beschäftigt, als der Kundschafter vorsichtig an seine Seite schlich. „Ihr seht, wir haben ihre Niederlassungen erreicht", flüsterte ihm der junge Mann zu, „und hier ist einer der Wilden."

Falkenauge fuhr auf, als er den Fremden gewahrte. „Der Schelm ist kein Hurone", sprach er. „Könnt Ihr sehen, wo er seine Waffen abgelegt hat?"

„Er scheint unbewaffnet. Wenn er nicht seine Gefährten, die sich dort unten am Wasser ducken, in Alarm bringt, so haben wir nur wenig von ihm zu fürchten."

Der Kundschafter sah Heyward mit unverhohlenem Erstaunen an; dann öffnete er den Mund weit und brach in ein herzliches, doch leises Lachen aus. „Gefährten, die am Wasser herumschleichen!" wiederholte er. „Das hat man davon, wenn man seine Jugend in der Schule verbringt. Der Schelm hat jedoch lange Beine, und wir dürfen ihm nicht ganz trauen. Ich werde durch das Gebüsch schleichen und ihn lebendig fangen."

Gleich darauf verbargen ihn die Blätter. Dann gewahrte Duncan ihn wieder; er kroch gerade auf den Indianer zu. Als er nur noch einige Schritte von ihm entfernt war, richtete sich Falkenauge still und langsam auf. In diesem Augenblick fielen mehrere laute Schläge ins Wasser, und Duncan wandte seine Augen gerade noch zur Zeit, um hundert schwarze Gestalten zusammen in das kleine Gewässer plumpsen zu sehen. Er griff nach seiner Büchse, und seine Blicke richteten sich wieder auf den nahen Indianer. Statt über den Lärm zu stutzen, streckte der Wilde den Hals vor, als ob er die Bewegungen um den See mit einfältiger Neugierde betrachtete. Mittlerweile schwebte Falkenauges Hand über ihm, sank aber wieder, und ihr Eigentümer überließ sich von neuem einem langen, leisen Ausbruch von Heiterkeit. Endlich gab er, statt sein Schlachtopfer an der Kehle zu packen, ihm einen leichten Schlag auf die Schulter und rief laut: „Wie, Freund, habt Ihr vor, die Biber singen zu lehren?"

Der Leser wird sich Heywards Überraschung vorstellen können. Seine lauernden Indianer waren plötzlich in vierfüßige Tiere umgewandelt und ein verdächtiger Feind in seinen erprobten Freund, David Gamut!

Der junge Mann sprang aus seinem Versteck hervor und eilte auf die beiden zu. Falkenauges lustige Laune ließ sich nicht so leicht unterdrücken. Ohne weiteres drehte er Gamut herum und versicherte mehr als einmal, die Wahl seines Kostüms mache den Huronen alle Ehre; dann ergriff er des Gefährten Hand und drückte sie mit einer Kraft, die David Tränen aus den Augen preßte.

„So wart Ihr also wirklich im Begriff, unter den Bibern eine Singschule aufzutun, nicht wahr?" fragte er. „Die gelehrigen Teufel haben den Handel schon halb raus, sie schlagen mit ihren Schwänzen den Takt, wie Ihr eben gehört habt. Was aber das Singen betrifft – sie sind stumm. Was haltet Ihr von einem Gesang wie diesem?"

Das Krächzen einer Krähe ertönte in der Luft. „Seht", fuhr der Kundschafter lachend fort, während er auf die anderen deutete, die auf das Signal herbeikamen, „das heiß ich Musik, die Saft und Kraft hat! Sie bringt zwei gute Büchsen an meine Seite. Doch wir sehen, daß Ihr gesund und wohlbehalten seid, nun sagt uns, was aus den Mädchen geworden ist."

„Sie sind in der Gefangenschaft", sprach David, „und, wenn auch im Geiste sehr betrübt, körperlich völlig wohlbehalten und sicher."

„Gott segne Euch für diese Worte!" rief der zitternde Munro,

„so erhalt ich denn meine Kinder so unverletzt und engelrein wieder, wie ich sie verloren habe!“

„Ich glaube nicht, daß ihre Befreiung so nahe ist“, entgegnete David zweifelnd. „Der Anführer dieser Wilden ist von einem bösen Geist besessen. Tag und Nacht habe ich's bei ihm versucht, aber weder Töne noch Worte scheinen seine Seele zu rühren.“

„Wo ist der Schurke?“ unterbrach ihn der Kundschafter ungestüm.

„Er jagt heute mit seinen jungen Leuten den Elch. Übrigens, das ältere Mädchen ist zu einem benachbarten Volk gebracht worden, dessen Wohnungen dort hinter jenen schwarzen Felsengipfeln liegen; die jüngere aber muß bei den Weibern der Huronen bleiben, deren Hütten nur zwei kurze Meilen von hier auf einem Tafelland stehen.“

„Alice, meine sanfte Alice!“ rief Heyward mit gedämpfter Stimme, „du hast sogar den Trost verloren, bei deiner Schwester zu sein.“

„Gewiß. Aber alle Aufrichtung, die das Gebet und Lobgesänge dem niedergebeugten Geist geben können, ist ihr zuteil geworden, obgleich ich bekennen muß, daß das Mädchen öfter weint als lächelt. Aber es gab manche liebliche Momente, in denen die Wilden erstaunt aufhorchten, wenn wir unsere Stimmen zum Himmel erhoben.“

„Und warum läßt man Euch so unbewacht umhergehen?“

David gab seinen Zügen einen Ausdruck bescheidener Demut. „Wenig Ruhm gebührt einem Wurm, wie ich bin. Aber wenn auch die Macht des Psalmengesangs auf jenem schrecklichen Blutfeld unterbrochen worden ist, so hat er doch auf die Gemüter der Heiden seinen Einfluß wiedergewonnen, und ich darf gehen und kommen, wie ich will.“

Der Kundschafter lachte, berührte bedeutungsvoll seine Stirn und meinte: „Die Indianer tun einem Verwirrten nie etwas zuleide. Hier, Freund! Ich wollte mit Eurem Tutinstrument ein Feuer anzünden; da Ihr es aber hochhaltet, so nehmt und pfeift wieder nach Herzenslust!“

Gamut empfing seine Pfeife mit einem lebhaften Ausdruck von Freude. Nachdem er das Instrument geprüft hatte und endlich überzeugt war, daß keiner seiner Klänge verloren sei, mußte er weitere Fragen über die Schwestern beantworten. Seine Erzählung war einfach. Magua hatte den Weg längs der Westseite des Horican in Richtung Kanada, also Norden, eingeschlagen. Da er die Pfade kannte und wußte, daß keine unmittelbare Gefahr der Verfolgung drohte, drangen sie nur langsam und ohne alle Ermüdung vor. David kannte weder Namen noch Eigenschaften des Stammes, zu dem Cora gebracht worden war. Er wußte bloß, daß er einen freundlichen, wenn auch behutsamen Verkehr mit den Huronen unterhielt.

„Sahet Ihr die Form ihrer Messer? Waren sie englischen oder französischen Ursprungs?" fragte der Kundschafter.

„Meine Gedanken waren nicht auf solche Eitelkeiten gerichtet, sondern bloß auf Trost für die beiden Mädchen bedacht."

„Die Zeit könnte kommen, wo Ihr das Messer eines Wilden für kein so verächtliches Ding ansehen werdet", versetzte der Kundschafter. „Könnt Ihr etwas von ihren Totems sagen?"

„Ich weiß nicht, was das ist. Wenn das aber die seltsamen Bilder sind, die sie sich aufmalen, so habe ich eines gesehen. Es glich einer Landschildkröte."

„Hugh!" riefen die Mohikaner, während der Kundschafter den Kopf schüttelte. Dann sprach der Vater in der Mundart der Delawaren. Seine Gebärden waren ausdrucksvoll und mitunter energisch. Einmal hob er seinen Arm hoch empor, und als er ihn wieder sinken ließ, schoben sich die Falten seines leichten Mantels beiseite, und ein Finger blieb auf der Brust ruhen. Duncans Augen folgten der Bewegung, und er gewahrte, daß das eben erwähnte Tier in blauer Farbe schön, wenn auch nur in schwachen Umrissen, auf seine Brust gemalt war. Alles, was er von der gewaltsamen Trennung der Delawaren je gehört hatte, kam Duncan wieder ins Gedächtnis, als der Kundschafter, der sich von seinem roten Freund abwandte, sagte: „Wir sind auf etwas gekommen, das uns nützlich oder schädlich werden kann. Der Sagamore hier stammt aus dem edlen Blut der Delawaren und ist der große Häuptling ihrer Schildkröten! Daß einige aus diesem Geschlecht unter dem Volk sind, von dem der Sänger erzählt, ist klar. Aber es ist ein gefährlicher Weg, den wir betreten; denn ein Freund, der sein Gesicht von Euch abgewandt hat, ist oft blutdürstiger als ein Feind, der auf Euern Skalp ausgeht."

„Erklärt", bat Duncan.

„Es ist ein langer, trauriger Verlauf, an den ich nicht gern denke, denn es läßt sich nicht leugnen, daß das Übel vornehmlich von Weißen angerichtet wurde; und das Ende vom Lied war, daß der Bruder gegen den Bruder den Tomahawk erhob und der Mingo mit dem Delawaren auf einem Pfade wandelte!"

„So vermutet Ihr denn, daß es ein Teil jenes Volkes ist, bei dem sich Cora gegenwärtig befindet?"

Der Kundschafter nickte bejahend, obgleich er wenig geneigt schien, die Erörterung fortzuspinnen. Der ungeduldige Duncan entwarf jetzt hastig mehrere tollkühne Vorschläge, die Befreiung der Schwestern zu versuchen. Der Kundschafter wartete, bis sich die Hitze des Liebhabers ein wenig gelegt hatte, und wußte ihn dann aber von der Torheit vorschnellen Handelns zu überzeugen.

„Es wäre am besten", fügte er hinzu, „wir ließen diesen Mann wieder zu ihnen gehen, damit er in ihrem Lager bleibt und den Mädchen Kunde von unserer Annäherung bringt, bis wir ihn wieder durch ein Signal zu weiteren Beratungen rufen. Ihr kennt doch das Pfeifen des Ziegenmelkers?"

„Ein unterhaltender Vogel", antwortete David, „und hat einen sanften Ton, obwohl sein Takt zu regellos ist."

„Nun gut", sagte der Kundschafter, „sein Pfeifen soll Euer Signal sein. Merkt's Euch denn, wenn Ihr den Ruf dreimal hört, so kommt Ihr in die Büsche, wo ..."

„Halt!" unterbrach ihn Heyward, „ich will ihn begleiten."

„Seid Ihr müde, die Sonne auf- und untergehen zu sehen?"

„David ist ein lebendiger Beweis, daß die Huronen nicht immer unbarmherzig sind."

„Ja, aber David kann seine Kehle benutzen, und kein anderer Mensch, der bei Sinnen ist, wird sie so mißbrauchen."

„Auch ich kann den Narren spielen, wenn es gilt, sie, die ich liebe, zu befreien. Macht keine Einwände mehr: Ich bin entschlossen. Ihr habt die Mittel, mich zu verkleiden; wandelt mich um, bemalt mich, wie es Euch beliebt, kurz, macht einen andern Mann aus mir – einen Narren!"

Falkenauge sah den jungen Mann mit Erstaunen an. „Für einen, wie ich bin, ziemt es sich nicht –"

„Hört mich an", unterbrach ihn Duncan, „Ihr habt gehört, daß die Indianer von zwei verschiedenen Stämmen sind. Bei einem, den Ihr für einen Zweig der Delawaren haltet, ist sie, die Ihr Schwarzhaar nennet, die andere und jüngere der Ladies befindet sich bei unsern erklärten Feinden, den Huronen. Meiner Jugend und meinem Rang kommt es zu, das letzte Abenteuer zu bestehen. Während Ihr also mit Euern Freunden über die Befreiung der einen Schwester unterhandelt, will ich die andere erlösen oder sterben!"

Es lag vielleicht in diesem Gedanken etwas, das Falkenauges eigener kühner Natur zusagte. Seine Stimmung schlug plötzlich um. „Kommt", sprach er wohlwollend lächelnd. „Chingachgook hat viele Farben. Setzt Euch da auf den Baumstamm, und ich wette, er macht einen Narren aus Euch."

Duncan gehorchte, und der Mohikaner zog mit großer Gewandtheit jene phantastischen Schattenlinien, die die Wilden als ein Zeichen fröhlicher und scherzhafter Gemütsstimmung zu betrachten pflegen. Kurz, er schuf einen Narren. Solche Erscheinungen waren bei den Indianern nicht ungewöhnlich, und da Duncan bereits durch seine Kleidung zur Genüge unkenntlich war, durfte man mit einigem Grund annehmen, er werde sich bei seiner Kenntnis des Französischen für einen Gaukler von Ticonderoga ausgeben dürfen, der unter den verbündeten und befreundeten Stämmen umherschwärmt.

Als er bemalt war, führte ihn der Kundschafter beiseite und bezeichnete den Ort, wo sie sich treffen wollten, und teilte ihm mit, daß er den Oberst unter dem Schutz Chingachgooks an einem sicheren Orte unterbringen wolle, während er und Unkas unter dem Volksstamm, den sie für delawarisch hielten, Nachforschungen anstellen wollten. Nachdem er ihm seinen Rat erteilt hatte, sprach er mit einer Wärme des Gefühls, die Duncan tief bewegte:

„Und nun segne Euch Gott! Ihr habt einen Mut gezeigt, wie ich ihn liebe: Er ist das Angebinde der Jugend, aber mehr noch eines kühnen Herzens."

Duncan schüttelte seinem würdigen Gefährten die Hand und

gab, seine freundlichen Wünsche erwidernd, David das Zeichen zum Aufbruch. Falkenauge sah dem jungen Mann mehrere Augenblicke mit unverhohlener Bewunderung nach, schüttelte dann bedenklich das Haupt, wandte sich und begab sich mit seinen Begleitern in den Schutz des Waldes.

Neuntes Kapitel

Binnen einer halben Stunde kamen Duncan und David zu einer Lichtung, wo sie im schwindenden Tageslicht fünfzig bis sechzig Wohnstellen, ganz roh aus Baumstämmen, Zweigen und Erde gebaut, erblickten. Als die beiden Männer kühn auf die Hütten zugingen, drängten sich etwa ein Dutzend Krieger durch die Tür der ihnen am nächsten gelegenen Behausung und erwarteten sie mit ernsten Gesichtern.

David schritt mit Festigkeit in eben jene Hütte hinein. Sie war das Hauptgebäude des Dorfes, in dem der Stamm seine Versammlungen und Beratungen abhielt. Während Duncan zwischen den dunklen und mächtigen Gestalten der Wilden hindurchging, konnte er nur mit Mühe die notwendige Unbefangenheit behaupten; er meisterte aber seine Gefühle und trat in die Mitte der Hütte. Nach dem Beispiel Gamuts nahm auch er ein Bündel wohlriechenden Buschwerks von einem Haufen und ließ sich schweigend darauf nieder.

Sobald die Ankömmlinge vorbeigeschritten waren, verließen die Krieger den Eingang, stellten sich um sie her und warteten. Endlich trat einer, dessen Haare sich bereits mit Grau zu mengen begannen, aus dem Dunkel eines Winkels hervor und sprach. Da er aber in der Mundart der Huronen redete, so blieben seine Worte Heyward unverständlich, schienen aber Artigkeit auszudrücken. Duncan deutete durch eine Gebärde an, daß er nicht zu antworten vermöge. „Spricht keiner meiner Brüder französisch oder englisch?“ fragte er in der ersteren Sprache.

Die Frage blieb unbeantwortet.

„Es wäre mir leid“, fuhr Duncan langsam und in dem einfachsten Französisch fort, „wenn ich glauben müßte, daß keiner in dieser weisen und tapferen Nation die Sprache des großen Monarchen verstehe."

Eine lange Pause erfolgte, keine Bewegung eines Gliedes, kein Ausdruck eines Auges ließ die Wirkung erraten, die seine Bemerkung hervorgebracht hatte. Endlich antwortete derselbe Krieger, der sich vorher an ihn gewandt hatte, mit der trockenen Frage in kanadischer Mundart: „Wenn unser großer Vater mit seinem Volke spricht, geschieht es in der Sprache der Huronen?"

„Er kennt keinen Unterschied bei seinen Kindern, mag die Farbe ihrer Haut rot, schwarz oder weiß sein", antwortete Duncan ausweichend, „obgleich er besonderes Wohlgefallen an den Huronen hat! Er hält sie für sehr tapfer. Seht, er hat mich, da mir die Kunst, Kranke zu heilen, eigen ist, geheißen, zu seinen Kindern, den roten Huronen, zu gehen, um zu fragen, ob welche krank seien."

Eine zweite Pause folgte dieser Ankündigung des Berufs, den sich Duncan gegeben hatte. Aller Augen hefteten sich auf ihn.

„Bemalen die kunstfertigen Männer in Kanada sich die Haut?" fragte der erste Sprecher kaltblütig weiter, „sie rühmen sich doch sonst ihres blassen Gesichtes!"

„Wenn ein Indianerhäuptling zu seinen weißen Vätern kommt", versetzte Duncan mit großer Festigkeit, „so legt er seine Büffelkleidung ab, um das Hemd zu nehmen, das ihm angeboten wird. Meine Brüder haben mir diese Farben gegeben."

Ein halblautes Gemurmel des Beifalls verkündete, daß diese Artigkeit für den Stamm günstig aufgenommen wurde. Der ältere Häuptling machte eine Gebärde der Zufriedenheit, und Duncan atmete wieder freier. Er hatte sich bereits auf eine einfache und glaubhafte Erzählung zur Stütze seines angeblichen Berufes vorbereitet. Schon bewegten sich seine Lippen, da erschollen dumpfe, aber schreckliche Laute aus dem Wald, denen unmittelbar ein helltönendes, schrilles Geschrei folgte.

Diese plötzliche und furchtbare Unterbrechung schreckte Duncan von seinem Sitz auf. Im selben Augenblick verließen alle Krieger die Hütte, und Geschrei erfüllte die Luft. In dem Durcheinander wurde Duncan von David getrennt. Unfähig, sich länger zu beherrschen, eilte auch der Jüngling aus der Hütte und fand sich plötzlich in einem Haufen lärmender Indianer.

Anfangs war er wie betäubt von dem Aufruhr, aber der Himmel gab noch hinreichendes Licht, um eine Reihe von Kriegern aus dem Wald hervortreten und langsam den Wohnungen näher kommen zu sehen. Einer trug eine kurze Stange, an der mehrere menschliche Skalpe aufgehängt waren. Die erschütternden Töne, die Duncan gehört, waren also das, was die Weißen Todesschreie nennen, und jeder Schrei sollte dem Stamm das Schicksal eines Feindes verkünden.

Etwa hundert Schritte vor den Hütten machten die neu angekommenen Krieger halt, und einer von ihnen rief laut etwas aus, das mit Verzückung aufgenommen wurde. Die Krieger zogen ihre Messer und bildeten, sie emporschwingend, zwei Reihen zu einer Gasse, die bis zu den Hütten führte. Die Squaws ergriffen Keulen, Äxte oder die erste beste Waffe, die sich ihren Händen darbot. Selbst die Kinder rissen ihren Vätern die Tomahawks aus dem Gürtel und schlichen sich in die Reihen.

Große Haufen Gestrüpp lagen in der Lichtung verstreut umher, und eine alte Squaw war beschäftigt, so viele anzuzünden, wie zur Beleuchtung der kommenden Szene erforderlich waren. Die Flammen schlugen empor; sie waren mächtiger als der scheidende Tag und ließen das Treiben als fesselndes Gemälde erscheinen. Die neu angekommenen Krieger waren am weitesten entfernt, im Vordergrund aber standen zwei Männer, die offenbar in dem nun beginnenden Schauspiel die Hauptrollen zu spielen hatten. Während der eine in fester Haltung aufrecht stand, bereit, sich seinem Schicksal als Held zu unterwerfen, senkte der andere sein Haupt, als wäre er von Schrecken gelähmt.

Duncan näherte sich den Reihen der Huronen und atmete kaum, so gespannt war sein Interesse an dem Schauspiel. Jetzt ertönte das Signalgeschrei, und die Stille, die vorangegangen war, wurde durch einen Ausbruch von Geheul unterbrochen. Das mutlose Schlachtopfer blieb regungslos stehen, der andere aber sprang mit der Gewandtheit eines Hirsches davon. Als er die feindlichen Linien erreichte, wandte er sich um, setzte über die Köpfe einer Reihe von Kindern und gewann die äußere, sichere Seite der furchtbaren Kriegerreihe. Dieser List folgten hundertstimmige Verwünschungen, und die Menge stob wild auseinander.

Einen Augenblick schien es, als ob der Flüchtling den Wald erreichen würde, aber der ganze Schwarm seiner Verfolger warf sich ihm entgegen. Sich umwendend, schoß er pfeilschnell über ein hoch auflodernes Feuer und erschien wieder auf der entgegengesetzten Seite der Lichtung. Aber auch hier traf er auf einige der älteren Huronen, die ihn abermals zurücktrieben.

Man konnte nichts unterscheiden als eine dunkle Masse menschlicher Gestalten, die sich in einem verworrenen Getümmel stießen und durcheinanderdrängten. Arme, blitzende Messer und furchtbare Keulen ließen sich erkennen, aber die Streiche wurden augenscheinlich nur aufs Geratewohl geführt. Duncan sah hin und wieder eine leichte Gestalt, die in verzweifeltem Sprung durch die Luft schoß, plötzlich aber wälzte sich die Menge auf die Stelle zu, wo Duncan selber stand. Als er nach dem Gefangenen Umschau hielt, sah er ihn ruhig gegen einen kleinen bemalten Pfosten vor dem Tor der Haupthütte lehnen.

Duncan folgte dem Haufen, der unmutig und düster auf den Versammlungsraum zuging. Der Fremde hielt mit einem Arm den Pfosten umschlungen und atmete schwer. Er war jetzt durch eine heilige Sitte geschützt, bis der Stamm in voller Versammlung sein Schicksal beraten und entschieden hatte. Wenn man aus der Stimmung derer, die den Platz umgaben, Schlüsse ziehen durfte, so war das Ergebnis leicht vorauszusehen.

Kein Schimpfwort gab es in der Huronensprache, das die enttäuschten Weiber nicht gegen den Fremden ausgestoßen hätten. Sie verhöhnten ihn mit bitterem Spott. „Höre mich, Delaware", schrie eine Alte, und sie schnippte mit den Fingern, „deine Nation ist ein Geschlecht von Weibern; die Hacke schickt sich besser für eure Hände als die Büchse. Die Huronenmädchen sollen dir Weiberröcke machen, und wir wollen nach einem Manne für dich sehen."

Ein wildes Gelächter folgte diesem Angriff. Doch der Fremde schien nicht die leiseste Kenntnis von den Anwesenden zu nehmen, außer wenn sein stolzes Auge zu den dunklen Gestalten der Krieger rollte, die – finstere Beobachter der Szene – im Hintergrund auf und nieder schritten. Dabei wandte er sein Antlitz dem Lichte zu, und Duncan war es vergönnt, einige Blicke mit Unkas' durchdringenden Augen zu wechseln.

Atemlos vor Erstaunen, wich Heyward diesem Blick aus, zitternd, das Verderben des Freundes zu beschleunigen. Doch diese Furcht war für den Augenblick nicht notwendig. Jetzt drängte sich ein Krieger durch die Menge, nahm Unkas beim Arm und führte ihn zum Versammlungsraum. Alle Häuptlinge und die meisten Krieger folgten, und Heyward fand Mittel, sich unter ihnen mit einzudrängen.

Die älteren und höheren Häuptlinge nahmen den mittleren Teil des Gemaches ein, hell beleuchtet von blendendem Fackellicht, während sich die untergeordneten Krieger im Hintergrund sammelten. Mitten im Kreise, unmittelbar unter einer Öffnung, durch die ein paar Sterne flimmerten, stand Unkas, ruhig, erhaben, gefaßt. Seine Hoheit und Würde verfehlten ihren Eindruck auf die Sieger nicht: Ihre Blicke wandten sich mit einem Ausdruck auf ihn, der von Bewunderung zeugte.

Anders das Individuum, das Duncan vor dem verzweifelten Reihenlauf neben seinem Freunde hatte stehen sehen und das auch in die Hütte eingetreten war. Heyward benutzte die erste Gelegenheit, ihm ins Gesicht zu schauen, in der geheimen Besorgnis, noch einen Bekannten zu erkennen; allein es war ein Fremder, und er trug, was Duncan noch unerklärlicher schien, alle Merkmale eines Huronenkriegers. Statt jedoch unter seinen Stamm zu treten, setzte er sich beiseite und duckte sich in eine demütige Stellung.

Als jeder den ihm zukommenden Platz eingenommen hatte und allgemeine Stille eingetreten war, begann der Häuptling mit grauen Haaren, den wir bereits erwähnt haben, in der Sprache der Lenni-Lenapen: „Delaware“, sprach er, „obgleich aus einer Nation von Weibern, hast du dich doch als ein Mann erprobt. Gerne würd ich dir Nahrung geben, aber wer mit einem Huronen ißt, muß sein Freund werden. Ruhe bis zur Morgensonne. Zwei meiner jungen Krieger verfolgen deinen Begleiter, wenn sie zurück sind, werden unsere weisen Männer zu dir sagen: Leb oder stirb!“

„Hat ein Hurone keine Ohren?“ rief Unkas verächtlich aus. „Zweimal hat der Delaware, seit er euer Gefangener ist, den Knall einer Büchse gehört, die er wohl kennt. Eure jungen Männer kehren nicht mehr zurück!“

Eine kurze und düstere Pause folgte dieser kühnen Behauptung. Doch dann erwiderte der Häuptling: „Wenn die Lenapen so geschickt sind, warum ist einer ihrer tapfersten Krieger hier?"

„Er folgte den Fußtapfen eines fliehenden Feiglings und fiel in eine Schlinge. Auch der schlaue Biber kann gefangen werden."

Während Unkas so sprach, deutete er mit dem Finger auf den einsamen Huronen. Indessen redeten die älteren Häuptlinge in der Mitte untereinander. Abermals trat eine lange, feierliche Stille ein. Sie wurde endlich von einem betagten Häuptling unterbrochen. Er ging an der unbeweglichen Gestalt des Mohikaners vorbei und stellte sich in würdevoller Haltung vor den Schuldigen. „Schwankendes Rohr!" sprach er, „obgleich der Große Geist dich gefällig für das Auge geschaffen hat, so wäre es doch besser, du wärest nicht geboren worden. Deine Zunge ist laut in dem Dorf, aber stumm in der Schlacht. Die Feinde kennen die Gestalt deines Rückens, haben aber nie die Farbe deiner Augen gesehen. Dein Name wird in deinem Stamme nie wieder genannt werden – er ist bereits vergessen."

Während der Häuptling langsam diese Worte sprach, erhob der Schuldige aus Achtung vor dem Rang und den Jahren des andern sein Antlitz. Scham, Schrecken und Stolz kämpften in seinen Zügen. Er stand auf, entblößte seine Brust und blickte fest auf das scharfe, blinkende Messer, das sein unerbittlicher Richter bereits emporhielt. Als die Waffe ihm langsam ins Herz drang, lächelte er sogar, bevor er schwer aufs Gesicht fiel.

Als die schaudernden Zuschauer gleich aufgeschreckten Geistern aus dem Haus eilten, legte sich eine Hand auf Duncans Arm, und Unkas' leise Stimme flüsterte ihm ins Ohr: „Die Huronen sind Hunde. Vor dem Anblick des Blutes eines Feigen erzittert ein Krieger nicht. Das graue Haupt und der Sagamore sind in Sicherheit, und Falkenauges Büchse schläft nicht. Geh – wir sind uns jetzt fremd. Es ist genug!"

Heyward hätte gerne noch mehr gehört, aber ein sanfter Druck des Freundes schob ihn zur Tür. Die erlöschenden Feuer auf der Lichtung warfen ein düsteres Licht auf die dunkeln Gestalten, die schweigend hin und her schritten. Duncan wanderte, unbefragt und unbeachtet, an den Wohnungen entlang, bemüht, eine Spur von der aufzufinden, für die er sich in solche Gefahr begeben hatte. Endlich gab er seine Nachforschungen auf, die so fruchtlos blieben, und kehrte zur Beratungshütte zurück. Dort fand er, daß die Aufregung bereits geschwunden war. Die Leiche des Feiglings war weggetragen worden. Die Krieger hatten sich wieder versammelt und rauchten ruhig ihre Pfeifen.

Als Duncan seinen Sitz einnahm, genügte ein flüchtiger Blick, um festzustellen, daß Unkas an seinem Platz geblieben, David aber nicht wieder erschienen war. Jener war keiner andern Bewachung unterworfen als den aufmerksamen Blicken von zwei jungen Huronen. Heyward hätte gerne in schweigendem Nachsinnen verharrt, aber ein älterer Krieger, der französisch sprach, wandte sich an ihn. „Unser großer Vater in Kanada vergißt also seine Kinder nicht", sagte der Häuptling, „ich danke ihm. Ein böser Geist lebt in meiner Tochter. Kann der kundige Fremde ihn hinwegschrecken?"

Heyward antwortete in geheimnisvollem Ton: „Die Geister sind verschieden: Die einen weichen der Macht der Weisheit, die andern sind zu mächtig für sie."

„Mein Bruder ist ein großer Arzt", sprach der Wilde, „will er es versuchen?"

Eine Gebärde der Zustimmung war die Antwort. Der Hurone wollte gerade aufbrechen, als die mächtige Gestalt eines Kriegers das Licht des Torwegs verdunkelte, schweigend durch die Gruppe hinschritt und sich neben Duncan setzte. Der warf einen Blick auf seinen Nachbar, und ein Schauder überlief ihn, als er sich in so unmittelbarer Berührung mit Magua fand.

Die plötzliche Rückkehr dieses arglistigen und gefürchteten Häuptlings ließ den Huronen seinen Abgang aufschieben. Mehrere Pfeifen, die bereits ausgelöscht waren, wurden wieder angezündet, während der neue Ankömmling, ohne ein Wort zu sprechen, seinen Tomahawk aus dem Gürtel zog, den Kopf am oberen Ende der Waffe füllte und die Dünste des Krautes durch den hohlen Schaft mit einer Gleichgültigkeit einsog, als wäre er nicht zwei Tage auf einer anstrengenden Jagd gewesen. Zehn Minuten mochten auf diese Weise verflossen sein, und sämtliche Krieger waren in eine weiße Rauchwolke eingehüllt, ehe einer von ihnen sprach: „Willkommen! Hat mein Freund den Elch gefunden?"

„Die jungen Krieger schwanken unter ihrer Last“, versetzte Magua.

Eine Stille der Zufriedenheit folgte, bis sich einer der Häuptlinge an Magua wandte: „Delawaren sind um unser Dorf geschlichen. Einer von ihnen ist gefangen worden.“

„Haben meine jungen Krieger seinen Skalp genommen?“

„Seine Beine waren gut, obgleich sein Arm besser für die Hacke als für den Tomahawk taugt“, erwiderte der andere, auf den Mohikaner deutend.

Statt weibische Neugierde zu verraten, rauchte Magua weiter. Erst nach einer geraumen Weile schüttete er die Asche aus seiner Pfeife und stand auf, um zum erstenmal einen Blick auf den Gefangenen zu werfen. Fast eine Minute standen diese kühnen, unbeugsamen Geister einander gegenüber, sich fest in die Augen schauend, und keiner schlug den Blick vor dem stolzen Ausdruck des Gegners nieder. Maguas Miene nahm allmählich einen Ausdruck wilder Freude an, er atmete tief auf und rief dann: „Le Cerf Agile!“

Alle Krieger sprangen auf, und der verhaßte und doch geachtete Name ward aus aller Munde wiederholt und ertönte selbst über die Grenzen der Hütte hinaus. Unkas genoß diesen Triumph, begnügte sich aber, ihn nur durch ein ruhiges Lächeln auszudrücken – ein Zeichen der Verachtung. Magua gewahrte diesen Ausdruck, erhob seinen Arm und schüttelte ihn gegen den Gefangenen, während er ausrief: „Mohikaner, du stirbst!“

„Die heilenden Wasser bringen die toten Huronen nie mehr zum Leben“, erwiderte Unkas. „Die rollenden Wogen bespülen ihre Gebeine.“

Die letzte Anspielung schlug tief. Magua reckte den Arm aus und ließ seiner Beredsamkeit freien Lauf. Er erzählte von neuem die Ereignisse bei dem Angriff auf der Glenn-Insel. „Sollen die Gebeine meiner jungen Krieger ungerächt bleiben?“ schloß er. „Ihr wißt es, nein! So sterbe denn dieser Delaware!“

Die Wirkung seiner Rede war nicht zu verkennen. Ein Krieger, ein Mann mit wilder, unbändiger Miene, sprang auf und schwang, ein dämonisches Geheul erhebend, eine kleine hellgeschliffene Streitaxt, die im Fackellicht erglänzte, über seinem Haupt. Es war, als ob ein blitzender Strahl seiner Hand entschösse. Doch Maguas Arm schnellte vor, um den Tomahawk aus dem Ziel zu bringen. Die schnelle Bewegung des Häuptlings kam nicht ganz zu spät. Die Waffe durchschnitt die Kriegsfeder auf der Skalplocke des jungen Mohikaners und fuhr durch die schwache Wandung der Hütte.

Unkas stand ruhig da, seinem Feinde fest ins Auge blickend. Marmor konnte nicht kälter, unbeweglicher sein als der Ausdruck, womit er diesem plötzlichen, rachsüchtigen Angriff begegnete.

„Nein“, sprach Magua, nachdem er sich überzeugt hatte, daß der Gefangene unverletzt war, „die Sonne muß seine Schande beleuchten. Die Squaws sollen sehen, wie sein Fleisch zittert, oder unsre Rache ist nur ein Knabenspiel. Geht, bringt ihn an einen Ort, wo Schweigen herrscht. Wir wollen sehen, ob ein Delaware in der Nacht schlafen kann und am andern Morgen sterben.“

Die jungen Krieger, die den Gefangenen zu bewachen hatten, wanden Bastriemen um seine Arme und führten ihn unter unheimlicher Stille aus der Hütte. Seinen Mantel über der Brust faltend, verließ auch Magua den Raum.

Als die Krieger ihre Sitze wieder einnahmen und rauchten, machte der Häuptling, der sich Duncans Hilfe erbeten hatte, dem vermeintlichen Arzt ein Zeichen zu folgen, und während Duncan durch die Rauchwolken schritt, war er in mehr als einer Hinsicht froh, bald die reine Luft eines kühlen Sommerabends atmen zu dürfen.

Statt den Weg zwischen den Hütten zu nehmen, wandte sich sein Begleiter dem Fuß eines nahen Berges zu, der über den derzeitigen Wohnsitz der Huronen emporragte. Ein schmaler Pfad im Unterholz lag vor ihnen. Das Feuer in der Lichtung leuchtete ihnen und erhöhte den wilden Charakter der rauhen Landschaft. Sie wollten gerade eine Grasfläche durchschreiten, da erhielt das Feuer neue Nahrung, und das Licht der mächtigen Flamme drang selbst bis zu jener entfernten Stelle. Es fiel auf die weiße Oberfläche des Berges und strahlte auf ein dunkles, geheimnisvoll aussehendes Wesen zurück, das sich unerwartet auf ihrem Weg erhob.

Der Indianer zögerte, als sei er unschlüssig. Duncan erkannte das Tier an der unruhigen und schwankenden Haltung als einen Bären. Obgleich er wild brummte, gab er doch kein Zeichen von Feindseligkeit. Der Hurone schien schließlich von den friedlichen Absichten des seltsamen Eindringlings überzeugt zu sein, denn er ging nun ruhig seinen Weg.

Duncan, der wußte, daß dieses Tier unter den Indianern oft als Haustier gefunden wird, folgte dem Beispiel seines Begleiters. Sie kamen unangefochten vorbei, aber Heyward konnte nicht umhin, sich vorsichtig umzusehen. Seine Unruhe verminderte sich in keiner Weise, als er bemerkte, wie das Tier ihnen auf dem Fuße folgte. Er wollte eben sprechen, doch da schob der Indianer eine Tür von Rinde beiseite und trat in eine Höhle im Innern des Berges.

Duncan folgte ihm und wollte die leichte Tür hastig hinter sich schließen, als er sie seiner Hand von dem Tier entrissen fühlte, dessen zottige Gestalt nun den Eingang verdunkelte. Sie befanden sich jetzt in dem engen und langen Gang einer Felsenspalte, wo jede Umkehr, ohne auf das Tier zu stoßen, unmöglich war. In dieser Not das Beste wählend, eilte der junge Mann vorwärts zu seinem Führer. Der Bär brummte dicht auf seinen Fersen, und ein- oder zweimal legten sich ihm seine ungeheuren Tatzen auf den Rücken.

Wie lange Heywards Nerven diese so außerordentliche Lage ausgehalten haben würden, läßt sich schwer entscheiden, doch glücklicherweise kamen der Indianer und er nun in eine geräumige Höhle, die auf rohe Weise in verschiedene Gemächer geteilt worden war. Hierher hatten die Huronen ihre meisten Besitztümer von Wert gebracht; und hierher war, wie sich jetzt zeigte, auch die kranke Frau geschafft worden, in dem Glauben, ihrem übernatürlichen Quälgeist werde es schwerer fallen, durch die Steinwände zu dringen. Das Gemach, in das Duncan mit seinem Führer zuerst eintrat, war ausschließlich der Bequemlichkeit der Kranken gewidmet. Er näherte sich ihrem Lager, das von Weibern umgeben war, in deren Mitte Heyward zu seiner Überraschung den vermißten Freund David entdeckte.

Ein einziger Blick überzeugte den vorgeblichen Arzt, daß die Kranke der Hilfe seiner Heilkunst bereits entrückt sei. Sie lag in einer Art Lähmung und schien ihre Leiden nicht zu empfinden. Heyward war es keineswegs unlieb, daß er seine Gaukeleien an einem so kranken Wesen üben sollte, und er begann eben seine Gedanken zu sammeln, als er merkte, daß ein anderer seiner Geschicklichkeit zuvorkommen und die Gewalt der Musik erproben wollte.

Gamut zog einen Ton aus seiner Pfeife und begann eine Hymne. Man ließ ihn zu Ende singen, da die Indianer seine vermeintliche Geistesschwäche schonten. Die letzte hinsterbende Kadenz klang eben in Duncans Ohren, da fuhr er erschreckt beiseite; denn er hörte dieselben Strophen hinter sich mit einer Stimme, die nur halb menschlich wie aus einem Grab herauftönte, wiederholen. Er sah sich um und erblickte das zottige Untier in einem schattigen Winkel der Höhle, wo es seinen Leib rastlos hin und her wiegte und mit dumpfem Brummen Laute, wenn nicht Worte wiederholte, die mit der Melodie des Sängers eine entfernte Ähnlichkeit hatten.

Die Wirkung eines so unerwarteten Echos auf David läßt sich leichter denken als beschreiben. Er öffnete die Augen weit, als ob er an ihnen zweifelte. Er hatte Heyward wichtige Mitteilungen zu machen, konnte aber nur noch laut rufen: „Sie erwartet Euch! Sie ist in der Nähe!“, bevor er zur Höhle hinausrannte.

Zehntes Kapitel

Es lag eine seltsame Mischung von Komischem und Feierlichem in dieser Szene. Das Tier setzte seine wiegenden Bewegungen fort, obgleich sein possierlicher Versuch, Davids Melodie nachzuahmen, aufhörte. Der Häuptling war an das Lager der Kranken getreten. Er winkte die Frauen hinweg, deutete auf seine bewußtlos daliegende Tochter und sprach: „Jetzt zeige mein Bruder seine Kunst!“

So unumwunden aufgefordert, schickte Heyward sich an, eine Beschwörungsweise anzustimmen, als sein Versuch durch ein wildes Gebrumm des Vierfüßlers unterbrochen wurde. Dreimal erneuerte er seine Bemühungen, und ebensooft stieß er auf denselben unerklärlichen Widerstand.

„Die Meister der Kunst sind eifersüchtig", bemerkte der Hurone, „ich gehe. Bruder, meine Tochter ist das Weib eines meiner wackersten jungen Krieger; nimm dich ihrer an! Ruhig!" fügte er hinzu, dem ergrimmten Tiere Stille befehlend: „Ich gehe."

Duncan fand sich jetzt in dieser öden Behausung mit der hilflosen Kranken und dem grimmigen, gefährlichen Untier allein. Das lauschte mit dem Scharfsinn, der den Bären eigen ist, auf die Bewegungen des Indianers, watschelte auf Duncan zu und setzte sich aufrecht vor ihn hin.

Der junge Mann sah sich ängstlich nach einer Waffe um, mit der er dem Angriff Widerstand leisten könnte, den er nun erwartete. Das Tier schien jedoch seine Laune plötzlich geändert zu haben. Statt unzufrieden fortzubrummen, schüttelte es gewaltig seinen zottigen Pelz, wie von einem seltsamen, inneren Krampf ergriffen. Mit seinen ungeheuren, schwerfälligen Tatzen kraulte es täppisch an der grinsenden Schnauze; und während Heyward seinen Bewegungen mit Wachsamkeit folgte, fiel der grimmige Kopf auf die eine Seite, und das Gesicht des Kundschafters erschien, der auf seine eigentümliche Weise in ein heiteres Lachen ausbrach.

„Pst!" sprach der Weidmann, Heywards Ausruf der Überraschung hindernd, „die Schelme sind noch nah und jeder Laut, der nicht zu Eurer Zauberei paßte, brächte sie zurück!"

„Erklärt mir erst den Zweck dieser Mummerei und warum Ihr ein so verzweifeltes Abenteuer gewagt habt!"

„Ich will Euch alles in guter Ordnung erzählen. Als wir uns trennten, brachte ich den Kommandanten mit dem Sagamoren in ein altes Biberquartier, dann gingen Unkas und ich in das andere Lager. Habt Ihr den Jungen gesehen?"

„Zu meinem großen Leidwesen! – Er ist gefangen und verurteilt, mit Sonnenaufgang zu sterben!"

„Ich fürchtete, daß es so mit ihm kommen würde!" sagte der Kundschafter. „Sein Mißgeschick ist der eigentliche Grund meines Hierseins: Denn es wäre eine Schande, einen solchen Jungen in den Händen der Huronen zu lassen – ein seltenes Fest wär es für die Schurken, wenn sie den Springenden Elch und das Lange Gewehr, wie sie mich heißen, an einen Pfahl binden könnten!"

„Bleibt bei Eurer Erzählung!“ sprach der ungeduldige Heyward. „Wir wissen nicht, wann die Huronen wiederkommen.“

„Fürchtet nichts! Ein Beschwörer muß seine Zeit haben. Wir werden so wenig unterbrochen wie ein Missionar am Beginn einer zweistündigen Rede. Nun gut – Unkas und ich stießen auf eine Bande dieser Schelme; und einer der Huronen war eine Memme und brachte ihn fliehend in einen Hinterhalt. Nachdem ich einen oder zwei erschossen hatte, kam ich nahe genug an ihre Hütten heran. Was konnte mir das Glück Besseres bescheren, als daß es mich an eine Stelle führte, wo einer der berühmtesten Beschwörer sich aufputzte. Ein Schlag auf den Kopf machte dem Schelm für eine Weile die Beine steif. Ich hängte ihn dann zwischen zwei jungen Bäumen auf, zog ihm seinen Putz vom Leibe und übernahm selbst die Bärenrolle. Aber wir haben noch alles vor uns. Wo ist das Mädchen?“

„Das weiß der Himmel; ich habe jede Hütte im Dorfe durchforscht, ohne die geringste Spur von ihr zu entdecken.“

„Ihr hörtet doch den Sänger beim Fortgehen sagen: ‚Sie ist hier und erwartet Euch!‘ Nun, hier sind Wände genug, und ein Bär muß klettern können; ich will mal hinüberspionieren.“ Der Kundschafter kletterte unter beständigem Nachahmen der linkischen Bewegungen eines Bären die Scheidewand hinauf. Sobald er ihre Höhe erreicht hatte, winkte er Heyward zu schweigen und glitt herab.

„Sie ist hier!“ flüsterte er, „und durch diese Tür könnt Ihr zu ihr kommen. Gern hätte ich ein Wort des Trostes zu dem betrübten Kind gesprochen, aber der Anblick eines solchen Ungeheuers hätte ihren Verstand gefährdet. Übrigens – Major, Ihr seid in Eurer Malerei eben auch nicht der Einladendste.“

Duncan, der bereits hastig vorgeeilt war, zog sich wieder zurück. „Seh ich denn wirklich so abstoßend aus?“ fragte er.

„Ich weiß eine Zeit, als Ihr besser in die Augen fielet“, versetzte Falkenauge trocken. „Seht“, fügte er hinzu, auf eine Stelle weisend, wo das Wasser aus einem Felsen rieselte, „da werdet Ihr leicht des Sagamoren Tünche los, und wenn Ihr zurückkommt, will ich meine Kunst an einem neuen Schmuck versuchen. Es ist gewöhnlich bei einem Beschwörer, daß er die Malerei wechselt.“

Der Weidmann hatte noch nicht ausgesprochen, als Duncan sich bereits das Wasser zunutze machte. Im Augenblick war jeder Zug verwischt. So zum Besuch bei seiner Geliebten vorbereitet, verschwand er durch die bezeichnete Tür.

Von einem entfernt flimmernden Licht geleitet, trat er in den Hafen seiner Hoffnungen ein. Das war nur eine andere Abteilung der Höhle mit Beute aus dem Fort William Henry. Mitten unter diesem Chaos fand er sie, die er suchte, bleich, ängstlich, erschrocken, aber voller Liebreiz.

„Duncan!" rief sie mit zitternder Stimme.

„Alice!" antwortete er und sprang sorglos über Kistchen, Waffen und Hausgeräte hinweg, bis er an ihrer Seite stand.

„Ich wußte, daß Sie mich nie verlassen würden", sprach sie, zu ihm aufblickend, während eine flüchtige Röte über ihr Antlitz lief.

Duncan, der sah, daß sie zitterte, nötigte sie sanft zum Sitzen und erzählte ihr, was wir bereits zu schildern hatten. „Und jetzt, Alice", fügte er hinzu, „werden Sie sehen, wieviel wir noch von Ihnen erwarten müssen. Mit Hilfe unseres Freundes, des Kundschafters, könnte es möglich werden, uns den Händen dieses wilden Volkes zu entziehen. Sie werden aber alle Ihre Stärke aufbieten müssen: Bedenken Sie, daß Sie den Armen Ihres ehrwürdigen Vaters zueilen und wie sehr sein und Ihr Glück von Ihren Anstrengungen abhängt."

„Kann ich anders für einen Vater handeln, der so viel für mich getan hat?"

„Und auch für mich", fiel der Jüngling ein, ihre Hand, die er zwischen den seinen hielt, sanft drückend. „Unglück, sagt man, sei das mächtigste aller Bande; was wir gemeinschaftlich um Ihretwillen erduldet haben, ließ nur wenig zwischen Ihrem Vater und mir dunkel."

„Und meine teuerste Cora, Duncan, gewiß ist Cora nicht vergessen worden?"

„Nicht vergessen! Nein."

„Sie spricht immer von Ihnen als von ihrem teuersten Freund."

„Mit Freude darf ich sie dafür halten", versetzte Duncan hastig, „aber mit Ihnen, Alice, darf ich nach Ihres Vaters Er-

laubnis noch auf ein näheres, teureres Band hoffen." Alice wandte ihr Gesicht einen Augenblick beiseite, einer ihrem Geschlecht so natürlichen Empfindung nachgebend.

„Heyward", sprach sie, „geben Sie mir die heilige Gegenwart und die Einwilligung meines Vaters, bevor Sie weiter in mich dringen."

Der Jüngling war im Begriff zu antworten, als ihn ein leichter Schlag auf die Schulter unterbrach. Er sprang auf, wandte sich um, und seine Blicke fielen auf die dunkle Gestalt und das boshafte Gesicht Maguas.

Der Wilde lachte kehlig auf, betrachtete beide Gefangene eine Weile, trat dann beiseite und schob ein Stück Holz vor eine andere, zweite Tür, durch die Duncan nicht gekommen war. Dieser begriff jetzt die Art des Überfalls, und da er sich ohne Waffen unrettbar verloren glaubte, zog er Alice an seine Brust. „Hurone, tue, was du kannst!" rief er. „Ich verachte dich wie deine Rache!"

„Wird der weiße Mann auch am Pfahl so sprechen?" fragte Magua mit einem Hohnlächeln. „Le Renard Subtil wird seine jungen Leute herbeiholen, damit sie sehen, wie standhaft ein Bleichgesicht Martern verlachen kann."

Er wandte sich ab und war im Begriff, sich durch den Gang, durch den Duncan gekommen war, zu entfernen, als ein Brummen ihn etwas zögern ließ. Die Gestalt des Bären erschien jetzt unter der Tür. Magua betrachtete ihn scharf. Über den gewöhnlichen Aberglauben seines Stammes weit erhaben, unterschied er bald die wohlbekannte Maske des Beschwörers und wollte in kalter Verachtung an ihm vorübergehen. Doch ein lauteres und drohenderes Brummen veranlaßte ihn, wieder stillzustehen.

„Narr!" rief der Häuptling, „geh, spiele mit Kindern und Weibern."

Noch einmal versuchte er, an dem vermeintlichen Scharlatan vorbeizukommen. Plötzlich aber streckte das Tier seine Arme aus und umschloß ihn mit einer Gewalt, die sich selbst mit der des weltberühmten Riesenbären hätte messen dürfen. Duncan war allen Bewegungen mit atemloser Erwartung gefolgt. Jetzt löste er geistesgegenwärtig einen Riemen aus Bocksleder von einem Bündel, stürzte auf Magua zu und umschnürte ihm Arme,

Beine und Füße zwanzigfach mit den Riemen. Als der furchtbare Hurone so ganz und gar gefesselt war, ließ der Kundschafter los, und Duncan legte seinen Feind, der völlig hilflos war, auf den Rücken.

Während dieser plötzlichen Operation hatte Magua nicht den leisesten Ruf von sich gegeben, obwohl er sich aus Leibeskräften sträubte. Als aber Falkenauge die zottigen Bärenkinnbacken beiseite schob und sein eigenes, finsteres und rauhes Antlitz zeigte, stieß der Hurone einen Schrei aus.

„Ja, nun bist du wieder deiner Zunge mächtig!" sprach der unerschütterte Sieger, „damit du sie aber nicht zu unserem Verderben gebrauchst, muß ich dir den Mund zustopfen."

Sofort knebelte er den Indianer.

„Kommt mit dem Mädchen", sagte er dann, „wir müssen versuchen, in den Wald zu gelangen!"

„Es ist unmöglich!" entgegnete Duncan, „die Furcht hat sie gepackt. Alice, meine süße Alice, raffe dich auf! – Es ist umsonst. Sie hört uns, ist aber nicht imstande zu folgen. Geht, edler Freund! Rettet Euch und überlaßt mich meinem Schicksal!"

„Jedes Unglück gibt eine Lehre!" erwiderte der Kundschafter. „Da, wickelt sie in diese Indianerkleidung. Jetzt nehmt sie in die Arme und folgt."

Duncan gehorchte eifrig, nahm Alice in die Arme und folgte dem Kundschafter. Sie fanden die kranke Frau, wie sie sie verlassen hatten, ganz allein und schritten schnell dem Ausgang zu. Als sie sich der Rindentür näherten, verkündete ihnen ein Gemurmel von Stimmen, daß die Freunde und Verwandten der Kranken draußen versammelt waren.

„Wenn ich meine Lippen öffne, um zu sprechen", flüsterte Falkenauge, „so wird den Schelmen mein Englisch verraten, daß ein Feind unter ihnen ist. Ihr müßt daher Euer Kauderwelsch preisgeben, Major, müßt sagen, daß wir den bösen Geist in die Höhle eingeschlossen haben und die Frau in die Wälder nehmen wollen, um stärkende Wurzeln für sie zu finden. Nehmt all Eure Schlauheit zusammen."

Der Kundschafter stieß kühn die Rindentür auf und verließ den Ort, die Bärenrolle spielend. Duncan ging dicht auf seinen

Fersen und fand sich alsbald mitten in einem ängstlichen Haufen.

„Hat mein Bruder den bösen Geist ausgetrieben?“ fragte der Vater der Kranken. „Was hat er in seinen Armen?“

„Dein Kind!“ sprach Duncan feierlich. „Die Krankheit ist von ihr gewichen und ist in den Felsen eingeschlossen. Ich trage sie eine Strecke weit fort und will sie dann gegen künftige Anfälle stärken. Sie soll in dem Wigwam des jungen Mannes sein, wenn die Sonne wiederkehrt!“

Als der Vater die Worte in die Huronensprache übertragen hatte, erhob sich ein Murmeln des Wohlgefallens. Der Häuptling winkte Duncan mit der Hand, weiterzugehen, und sprach: „Geh – ich will in die Höhle und mit dem bösen Geiste kämpfen.“

„Ist mein Bruder von Sinnen?“ rief Duncan aus. „Er wird der Krankheit begegnen, und sie wird in ihn selbst fahren. Oder er treibt sie heraus, und sie wird seine Tochter in die Wälder jagen. Nein – meine Kinder mögen draußen warten und, wenn der Geist erscheint, ihn mit Keulen niederschlagen.“

Diese Warnung hatte den erwünschten Erfolg. Statt in die Höhle zu treten, zogen der Vater und die andern ihre Tomahawks und hielten sich bereit. In diesem günstigen Augenblick verschwanden die vorgeblichen Beschwörer.

Falkenauge schlug einen Pfad ein, der am wenigsten beobachtet werden konnte, und hielt sich am Rand des Dorfes. Alice lebte unter dem erfrischenden Einfluß der freien Luft wieder auf. Als Falkenauge sich jedoch in gehöriger Entfernung von den Hütten befand, machte er halt und sprach:

„Dieser Pfad führt Euch zum Bach. Folgt seinem nördlichen Ufer, bis Ihr zu einem Wasserfall kommt; dann steigt auf den Berg zur Rechten, und Ihr werdet die Feuer des andern Volkes erblicken. Dahin müßt Ihr gehen und um Schutz bitten; wenn es echte Delawaren sind, so seid Ihr geborgen. Mit dem zarten Geschöpfe weiter zu entfliehen ist jetzt unmöglich. Die Huronen würden unsrer Fährte folgen und Herren unsrer Skalpe sein. Geht, und die Vorsehung schirme Euch!“

„Und Ihr?“ fragte Heyward. „Wir trennen uns doch nicht hier?“

„Die Huronen haben den Stolz der Delawaren, den letzten aus dem hohen Blut der Mohikaner, in ihrer Gewalt", entgegnete der Kundschafter. „Ich geh und sehe, was für ihn geschehen kann. Wird der junge Sagamore an den Pfahl geführt, dann sollen die Indianer sehen, wie auch ein Mann von unverfälschtem Blute sterben kann."

Unterstützt von Alice, beschwor Heyward den Freund, einen Entschluß aufzugeben, bei dem sich so viel Gefahr und so wenig Hoffnung auf Erfolg voraussehen ließ. Der Kundschafter hörte sie aufmerksam an, schloß aber ihre Erörterung, indem er sagte: „Ich habe sagen hören, es gebe in der Jugend ein Gefühl, das den Mann fester an das Weib kette als den Vater an den Sohn. Das mag sein. Ich war selten dort, wo Frauen meiner Farbe weilen. Ihr habt Euer Leben aufs Spiel gesetzt, um dieses zarte Geschöpf zu retten. Was aber mich betrifft, so habe ich in manchem blutigen Scharmützel an Unkas' Seite gekämpft, und solange ich den Knall seiner Büchse mit dem einen Ohr und die des Sagamoren mit dem anderen hören konnte, wußte ich, daß kein Feind mir im Rücken war. Winter und Sommer, Tag und Nacht haben wir gemeinsam die Wildnis durchstreift. Und ehe man soll sagen können, Unkas sei den Martern übergeben worden, während ich in der Nähe war, eher soll Treu und Glauben von der Erde weichen und mein Wildtöter so harmlos werden wie die tutende Waffe des Sängers."

Dann wünschte er dem besorgten Duncan und Alice eine sichere Reise zu dem Dorf der Delawaren und schritt zu den Hütten zurück. Als er sich ihnen näherte, ließ er kein Zeichen, ob günstig oder drohend, unbeachtet. Eine halb vollendete Hütte stand etwas vor den übrigen; ein schwaches Licht schimmerte durch die Ritzen. Hierher lenkte er seine Schritte, wie ein kluger Heerführer erst die Außenwerke seines Feindes untersucht. Er kroch an eine kleine Öffnung, durch die er das Innere überblicken konnte.

Die Hütte war David Gamuts Zufluchtsort. Er saß auf einem Bündel Sträucher bei einem kleinen Feuer, das Haupt nachdenklich auf einen Arm gestützt. Sein Kostüm hatte außer der neulich erwähnten keine weitere Veränderung erlitten; nur hatte er seinen Kahlkopf mit einem dreieckigen Biberhut bedeckt.

Falkenauge trat jetzt durch die niedere Türe ein, gerade vor Gamut hin, und ließ sich auf die Hinterbeine nieder. Sie sahen einander nahezu eine Minute lang an. Dann tappte David nach seiner Pfeife und erhob sich. „Finsteres, geheimnisvolles Ungeheuer!“ rief er, mit zitternden Händen nach seinem Büchlein mit den Psalmen-Übersetzungen suchend. „Ich weiß nicht, was du begehrst, verfolgst du aber den demütigsten Diener des Tempels, so höre die Sprache des Jünglings aus Israel und bereue!“

Der Bär schüttelte seinen zottigen Körper und erwiderte: „Steckt Euer Pfeifeninstrument ein und lehrt Eure Kehle Bescheidenheit! Fünf Worte einfaches Englisch sind jetzt geradesoviel wert wie stundenlanges Schreien!“

„Wer bist du?“ fragte David, nach Atem schnappend.

„Ein Mensch wie Ihr. Kommt, kommt“, fuhr Falkenauge fort, sein ehrliches Gesicht enthüllend, um das wankende Vertrauen seines Gefährten zu festigen. „Aber jetzt an die Arbeit!“

„Zuerst erzählt mir von dem Mädchen und dem jungen Mann, der sie mutig aufgesucht hat“, unterbrach ihn David.

„Ja, die sind glücklich vor den Tomahawks gerettet. Könnt Ihr mich aber auf Unkas’ Fährte bringen?“

„Der junge Mann ist in Banden, und ich fürchte sehr, sein Tod ist beschlossen!“

„Kein Wort mehr! Führt mich zu ihm!“ versetzte Falkenauge, und die beiden verließen sogleich die Hütte.

Wir wiederholen nicht die Anweisungen, die der Kundschafter David gab, als sie zu der Hütte gingen, in der Unkas gefangen war. Die Hütte stand in der Mitte des Dorfes. Nur vier oder fünf Wilde hielten sich vor der Tür auf. Als sie Gamut mit einem Begleiter in der wohlbekannten Maske ihres angesehensten Beschwörers erblickten, machten sie ohne Widerrede Platz, hatten aber, wie es schien, keine Lust, sich zu entfernen. Da der Kundschafter ganz unfähig war, mit den Huronen zu reden, so mußte er die Unterhaltung David allein überlassen, der aber dem empfangenen Unterricht alle Ehre machte.

„Die Delawaren sind Weiber!“ rief er, an den Wilden sich wendend, der ein wenig Englisch verstand. „Wünscht mein Bruder zu hören, wie Le Cerf Agile um den Weiberrock bittet? – Will er ihn am Pfahl vor den Huronen weinen sehen?“

Ein entschieden beifälliges „Hugh“ bewies, mit welcher Freude der Wilde Zeuge einer solchen Darlegung sein würde.

„So laßt ihn beiseite treten, und der weise Mann wird den Hund anblasen! Sag es meinen Brüdern!“

Der Hurone erklärte seinen Kameraden Davids Absicht. Sie zogen sich ein wenig vom Eingang zurück und winkten dem vermeintlichen Beschwörer einzutreten. Der Bär aber brummte.

„Der kundige Mann fürchtet, sein Atem möchte seine Brüder treffen und auch ihnen den Mut nehmen“, fuhr David fort. „Sie müssen weiter entfernt stehen.“

Die Huronen, die ein solches Mißgeschick für den schwersten Schlag hielten, der sie treffen konnte, zogen sich allesamt zurück. Jetzt schritt der Bär, als wäre er beruhigt, langsam hinein.

Die erlöschende Glut eines Feuers beleuchtete das Innere. Unkas lag in einem entfernten Winkel, an Händen und Füßen mit starken Banden festgeschnürt.

„Schneide seine Fesseln entzwei!“ gebot Falkenauge David.

Der Sänger tat, wie er angewiesen wurde, und Unkas erhob sich. Im selben Augenblick warf Falkenauge sein zottiges Gewand ab, zog ein langes, blitzendes Messer hervor und gab es Unkas in die Hand.

„Wir wollen jetzt zu den Schildkröten gehen“, sprach Unkas. „Sie sind die Kinder meiner Großväter.“

„Ja, Junge“, sprach der Kundschafter. „Was aber fangen wir mit den Mingos vor der Türe an?“

„Die Huronen“, sagte Unkas verächtlich, „laufen wie Schnekken. Die Delawaren überholen den Hirsch.“

„Ja, in deinen Worten ist Wahrheit, und ich zweifle nicht, daß du in einem Lauf die ganze Nation hinter dir ließest. Aber die Gaben des weißen Mannes liegen mehr in seinen Armen als in den Beinen. So gut als einer will ich jedem Huronen das Hirn einschlagen; wenn's aber einen Wettlauf gilt, kann ich mich nicht messen mit den Schelmen.“ Unkas, der sich bereits dem Eingang genähert hatte, blieb stehen. „Bei alledem ist es unvernünftig“, fuhr Falkenauge fort, „einen Mann von den Gaben des andern abhängig zu machen. So wirst du besser tun, Unkas, wenn du den Lauf beginnst, indes ich die Haut wieder anlege und mich auf die List verlasse.“

Der junge Mohikaner schlug ruhig die Arme übereinander.

„Warum zögerst du?" sprach der Kundschafter. „Ich habe genug Zeit vor mir, da die Schelme doch zuerst dich jagen werden."

„Unkas bleibt", war seine ruhige Antwort.

„Ja, Junge", erwiderte Falkenauge, Unkas' Hand drückend. „Es hätte mehr einem Mingo als einem Mohikaner gleichgesehen, wenn du mich verlassen hättest. Aber ich dachte, ich wollte dir's anbieten, da ich weiß, daß die Jugend am Leben hängt. Nun, was sich im Krieg nicht durch offenen Mut ausrichten läßt, muß durch Umschweife geschehen. Leg die Bärenhaut an, ich zweifle nicht, daß du vielleicht so gut wie ich den Bären spielen kannst."

Während Unkas sich verkleidete, wandte sich Falkenauge an David. „Nun Freund, ein Kleidertausch wird Euch lieb sein. Da, nehmt mein Jagdhemd und meine Mütze und gebt mir Eure Decke und Euren Hut dafür. Auch Euer Buch und Eure Brille müßt Ihr mir anvertrauen, und treffen wir uns je in besseren Zeiten wieder, so sollt Ihr alles zurückerhalten und meinen besten Dank obendrein."

David überließ ihm bereitwillig diese verschiedenen Dinge. Falkenauge bedurfte nur kurzer Zeit, die erborgten Kleider anzulegen, und als seine rastlosen Augen hinter den Gläsern verborgen waren und der dreieckige Biberhut sein Haupt überragte, konnte er beim Sternenlicht wohl für den Sänger gelten.

Falkenauge wandte sich noch einmal an David. „Die größte Gefahr wird Euch in dem Augenblick drohen, wenn die Wilden finden, daß sie betrogen sind. Euer Geisteszustand jedoch schützt Euch. Wenn Ihr bleibt, so müßt Ihr Euch hier in den Schatten setzen und Unkas' Rolle übernehmen, bis die schlauen Indianer den Betrug entdecken. So wählt denn selbst, ob Ihr einen Lauf mitmachen oder hierbleiben wollt!"

„Ich will an der Stelle des Delawaren hierbleiben", antwortete David entschlossen. „Tapfer und edelmütig hat er für mich gekämpft; so viel und noch mehr will ich für ihn tun."

„Ihr habt wie ein Mann gesprochen. Drückt den Kopf herab und zieht die Beine ein. Schweigt, solange Ihr könnt; und wenn Ihr sprecht, so wär es am klügsten, sogleich einen Eurer lauten

Gesänge anzustimmen: Das wird die Indianer daran erinnern, daß Ihr nicht zurechnungsfähig seid. Ihr könnt dann mit gutem Grund erwarten, in Eurem Bett zu sterben. Wenn sie Euch aber den Skalp abziehen, so verlaßt Euch darauf, daß Unkas und ich Euch rächen, wie es treuen Freunden ziemt."

„Halt!" sprach David. „Ich bin ein unwürdiger Nachfolger dessen, der nie den Grundsatz der Rache predigte. Sollte ich fallen, so bringt kein Opfer; verzeiht vielmehr meinen Verderbern; und wenn ihr überhaupt an sie denkt, so sei es nur im Gebet um Erleuchtung ihres Geistes."

Der Kundschafter zögerte und schien in Nachdenken versunken. „Das ist ein Grundsatz", sprach er, „nicht wie man ihn in den Wäldern hat, und doch edel und sehr beherzigenswert. Nun, Gott segne Euch, Freund."

Mit diesen Worten schüttelte der Kundschafter David herzlich die Hand. Danach verließ er, von dem neuen Darsteller des Bären begleitet, die Hütte. Sobald er sich unter den Augen der Huronen befand, richtete er seine hohe Gestalt nach der unbeholfenen Weise Davids empor, reckte seinen Arm aus, als ob er den Takt angeben wollte, und begann eine Art Nachahmung seines Psalmgesangs. Zum Glück für den Erfolg dieses Versuchs hatte er es mit Ohren zu tun, die an den Wohlklang süßer Töne wenig gewöhnt waren, sonst wäre dieses klägliche Beginnen unfehlbar entdeckt worden. Sie mußten nahe an der dunklen Gruppe der Wilden vorbei, und als sie bei den Feinden waren, streckte der Hurone, der englisch sprach, den Arm aus und hielt den vermeintlichen Singmeister an.

„Der Hund von Delaware", sprach er, sich vorwärtslehnend, „fürchtet er sich? Werden die Huronen Seufzer von ihm hören?"

Ein so entsetzlich natürliches Brummen aber erscholl in diesem Augenblick aus dem Bärenrachen, daß der junge Indianer seinen Mann losließ und beiseite fuhr. Falkenauge benutzte in der Furcht, daß seine Stimme ihn den Feinden verraten könne, die Unterbrechung zu einer neuen musikalischen Produktion. Der kleine Indianerhaufe zog sich geschlossen zurück und ließ den vermeintlichen Beschwörer mit seinem begeisterten Gehilfen weiterziehen. Die beiden Abenteurer hatten schon das Dorf hinter sich und näherten sich rasch dem Wald, da ließ sich aus der

Hütte, in der Unkas bewacht worden war, ein lautes, anhaltendes Geschrei vernehmen.

Im nächsten Augenblick erfüllte ein vielstimmiges Geheul die Lüfte und lief durch das ganze Dorf. Unkas warf seine Haut ab und schritt weiter. Falkenauge glitt voran. „Jetzt mögen die Teufelskinder unsere Fährte finden!“ sagte er, indem er seinen Wildtöter und eine andere Waffe unter einem Busch hervorzog. „Zwei wenigstens laufen dem Tod in die Arme.“

Gleich Jägern, die des Wildes harren, ihre Gewehre niederhaltend, eilten sie fort und waren bald in der Dunkelheit des Waldes verschwunden.

Die Ungeduld der Wilden, die um Unkas' Gefängnishütte geschlendert waren, hatte ihre Furcht vor dem Hauch des Beschwörers überwunden. Vorsichtig stahlen sie sich an eine Spalte heran, durch die der schwache Schein des Feuers flimmerte. Mehrere Minuten hielten sie Davids Gestalt für die ihres Gefangenen, aber dann wandte David den Kopf um und ließ sein mildes Antlitz statt der stolzen Züge ihres Gefangenen sehen. Sie stürzten in die Hütte, und David glaubte, sein Stündlein sei gekommen. Er erhob in einer lauten, leidenschaftlichen Weise seine Stimme und suchte sich den Übergang in die andre Welt durch das Absingen eines Leichengesanges zu versüßen. Die Indianer wurden dadurch an seine Geistesschwäche erinnert, stürzten an die freie Luft und brachten das ganze Dorf auf die Beine.

Kaum war das Lärmgeschrei ausgestoßen, als schon zweihundert Huronen auf den Beinen und zum Kampf bereit waren, sie scharten sich um die Versammlungshütte und warteten auf Befehle.

Mittlerweile durchsuchten junge Krieger die Lichtung ringsum. Sie kamen bald mit dem unglücklichen Beschwörer zurück, den der Kundschafter in solche Not gebracht hatte. Als er seine Geschichte berichtet hatte, trat der Vater der kranken Frau vor und erzählte, was er wußte.

Zehn der weisesten Häuptlinge wurden ausersehen, eine Untersuchung vorzunehmen. In der Höhle angelangt, fanden sie die Frau an demselben Ort, obwohl mehrere Anwesende gesehen haben wollten, wie sie der vermeintliche Arzt in die Wälder getragen habe. Bestürzt durch diesen Widerspruch mit seiner Erzählung, trat der Häuptling an das Lager und warf einen ungläubigen Blick auf die Züge seiner Tochter. Sie war tot.

Er faßte sich und sagte: „Das Weib meines jungen Mannes hat uns verlassen! Der Große Geist zürnt mit seinen Kindern."

Die traurige Kunde wurde in feierlicher Stille aufgenommen. Nach einer kurzen Pause schickte sich einer der älteren Indianer zum Sprechen an, als ein dunkel aussehender Körper aus dem anstoßenden Gemach rollte. Alle wichen zurück, bis der Gegenstand sich aufrichtete und die verzerrten, grimmigen Züge Maguas sichtbar wurden.

Mehrere Messer wurden gezogen, um ihn zu befreien, und der älteste Häuptling nahm das Wort: „Mein Freund hat einen Feind gefunden. Ist er in der Nähe, daß die Huronen Rache nehmen können?"

„Laßt den Delawaren sterben!" rief Magua.

„Der Mohikaner ist schnellfüßig und springt weit!" erwiderte der Alte, „aber meine jungen Männer sind auf seiner Fährte."

„Laßt uns zu meinem Volk gehen", sprach Magua mit Würde. „Sie warten auf uns."

Seine Gefährten willigten schweigend ein, und der ganze Haufe kehrte zur Ratshütte zurück. Als sie sich niedergelassen hatten, stand Magua auf und gab ohne Rückhalt seinen Bericht. Die ganze Täuschung, die Duncan und Falkenauge unternommen, lag jetzt klar vor Augen; und es war offenkundig, daß der ganze Stamm empörend und schimpflich irregeführt worden war. Der erste Gegenstand der Überlegung waren nun Mittel zur Rache.

Eine weitere Schar Krieger wurde den Flüchtlingen nachgesendet, und die Häuptlinge schickten sich zu ernsthafter Beratung an. Erst als alle andern sich geäußert hatten, sprach auch Magua seine Ansicht aus. Besonderes Gewicht erhielt sie durch den Umstand, daß indessen einige der Läufer zurückgekehrt waren und berichteten, ihre Feinde hätten nach den Zeichen der Spur ohne alle Zweifel im Lager der Delawaren Schutz gesucht.

Nach Maguas Plan sollte eine Abordnung der Huronen den Delawaren einen Freundschaftsbesuch abstatten und dabei die Gefangenen heimlich entführen.

Einstimmig übertrug der Stamm Magua die Leitung des Unternehmens. Er hatte den Grund wiedergewonnen, den er in der Gunst seiner Landsleute verloren gehabt hatte. Er warf daher das Gehabe eines Beraters ab und nahm Würde und Autorität an.

Kundschafter mußten das Lager der Delawaren untersuchen; die Krieger wurden in ihre Wohnungen entlassen, und die Weiber und Kinder erhielten den Befehl, sich zurückzuziehen. Dann suchte auch Magua seine Hütte auf, wo er noch über seinen Plänen brütete. Lange ehe der Tag graute, trat ein Krieger nach dem andern in seine Hütte, bis zwanzig versammelt waren. Jeder trug seine Büchse und das übrige Zubehör des Krieges, obgleich ihre Bemalung einen friedlichen Charakter zeigte.

Jetzt erhob sich Magua, gab das Zeichen zum Aufbruch und trat selbst an die Spitze. Sie folgten ihm nach Indianerart, einer hinter dem andern.

Elftes Kapitel

Der Stamm oder vielmehr Halbstamm der Delawaren, dessen gegenwärtiger Lagerplatz so nahe bei dem Wohnort der Huronen war, konnte ungefähr die gleiche Anzahl Krieger versammeln wie jene. Gleich ihren Nachbarn waren sie Montcalm auf das Gebiet der englischen Krone gefolgt, obgleich sie es mit der bei den Eingeborenen so häufigen geheimnisvollen Zurückhaltung gut fanden, ihren Beistand gerade da zu versagen, wo er am willkommensten gewesen wäre. Die Franzosen vermuteten damals, daß der Stamm von einer schmerzlichen Erinnerung an jene Tage geleitet worden war, als die Irokesen oder Maquas sie überredet hatten, die Waffen niederzulegen, und daß sie nun nicht mehr mit ihren alten Herren verkehren wollten. Der Stamm selbst hatte sich begnügt, Montcalm mit indianischer Kürze zu verkünden, ihre Streitäxte seien stumpf und es bedürfe Zeit, sie wieder zu schärfen. Der staatskluge Befehlshaber hielt es für geratener, nachzugeben, um einen untätigen Freund zu behalten, statt ihn durch übel angewandte Strenge zum offenen Feinde zu machen.

An dem Morgen nach den im vorigen Kapitel geschilderten Ereignissen beschien die über dem Delawarenlager aufgehende Sonne ein geschäftiges Volk, das von den gewöhnlichen Aufgaben eines Vormittags in Anspruch genommen war. Die Weiber rannten von Hütte zu Hütte, die einen ihren Morgenimbiß bereitend, die meisten aber immer wieder innehaltend, um mit ihren Freundinnen zu plappern. Die Krieger standen untätig in Gruppen beisammen und sprachen wie Männer, die ihre Meinung gehörig erwogen haben. Hier und da prüfte ein Krieger seine Waffen. Und gelegentlich hefteten sich die Augen einer ganzen Gruppe auf eine große Hütte mitten im Dorf.

Da erschien plötzlich am Ende des Felsengrundes, der die Fläche des Dorfes bildete, die Gestalt eines Mannes. Er war unbewaffnet, und seine Bemalung milderte eher den natürlichen Ausdruck seiner strengen Züge, als ihn zu erhöhen. Sobald er von den Delawaren gesehen werden konnte, blieb er stehen und machte ein Zeichen der Freundschaft, indem er den Arm gen Himmel emporwarf und dann bedeutungsvoll auf die Brust sinken ließ.

Die Bewohner des Dorfes erwiderten seinen Gruß mit einem leisen Gemurmel des Willkomms, die dunkle Gestalt trat würdevoll mitten in den Umkreis der Hütten. Als er die Gruppe der angesehensten Häuptlinge erreicht hatte, hielt er inne, und die Delawaren erkannten nun in der rüstigen, hohen Gestalt vor ihnen den wohlbekannten Huronenhäuptling Le Renard Subtil.

Der Empfang war ernst, schweigsam, gemessen.

„Der weise Hurone ist willkommen“, begann der Hauptsprecher der Delawaren in der Sprache der Maquas. „Er ist gekommen, Succotash* mit seinen Brüdern von den Seen zu essen.“

„Er ist gekommen“, wiederholte Magua, sein Haupt mit der Würde eines morgenländischen Fürsten neigend. Die beiden Krieger traten, von drei oder vier älteren Männern begleitet, in die Hütte des Delawaren.

Während eines mäßigen Mahles spann sich die Unterhaltung äußerst vorsichtig fort und berührte nur die Ereignisse der Elchjagd, auf der Magua vor kurzem war. Nachdem die Eßlust be-

* Ein Gericht aus gequetschtem Korn und Bohnen.

friedigt war und die Squaws die hölzernen Teller und Kürbisflaschen entfernt hatten, fragte Magua: „Macht meine Gefangene meinen Brüdern Beschwerde?“

„Sie ist willkommen.“

„Der Pfad zwischen den Huronen und den Delawaren ist kurz; sendet sie an meine Squaws, wenn sie meinem Bruder lästig fällt.“

„Sie ist willkommen“, erwiderte der Häuptling der Delawaren mit größerem Nachdruck.

Magua blieb einige Minuten still, anscheinend unberührt von dieser deutlichen Absage. Dann suchte er einen anderen Boden zu gewinnen. „Ich habe meinem Bruder Geschenke gebracht. Seine Nation wollte nicht auf den Kriegspfad gehen, weil sie es nicht für geeignet hielt; aber ihre Freunde erinnerten sich, wo sie wohnte.“ Er stand auf und breitete vor seinen Gastgebern die Geschenke aus, hauptsächlich Schmuckwaren von geringem Wert, die den erschlagenen Frauen vom Fort William Henry abgenommen worden waren. Während er das Wertvollere den zwei ausgezeichneten Häuptlingen übergab, von denen einer sein Gastgeber war, würzte er seine Gaben an die Geringeren mit so treffenden Schmeichelreden, daß auch sie sich nicht beklagen durften.

Dieser Kunstgriff blieb nicht ohne Resultate. Der Ernst der Delawaren ging in einen Ausdruck von Herzlichkeit über, und Maguas Gastgeber wiederholte seine Willkommensworte.

„Die Huronen lieben ihre Freunde, die Delawaren“, versetzte Magua. „Warum sollten sie nicht? Die Rothäute sollten Freunde sein und mit offenen Augen auf die weißen Männer schauen. Hat mein Bruder keine Spione in den Wäldern aufgespürt?“

Der Delaware, dessen Name Hartherz bedeutete, eine Benennung, die die Franzosen mit Le Cœur Dur übersetzt hatten, antwortete unumwunden: „Fremde Mokassins sind um mein Lager gewesen; ihre Spur reichte bis an meine Hütten.“

„Hat mein Bruder die Hunde hinausgejagt?“ fragte Magua.

„Das ging nicht an. Der Fremde ist den Kindern der Lenapen stets willkommen.“

„Der Fremde, aber nicht der Spion! Die Yankees haben ihre Kundschafter ausgesendet. Sie sind in meinen Wigwams gewesen, haben aber keinen Willkomm gefunden. Dann flohen sie zu den Delawaren – ‚denn', sagen sie, ‚die Delawaren sind unsre Freunde; ihre Gemüter sind unserem Kanadavater entfremdet!'"

Diese Wendung traf ins Herz und wurde, wie Magua beabsichtigt hatte, mit Bestürzung aufgenommen. „Mein Kanadavater blicke in mein Gesicht", sprach Le Cœur Dur, „er wird keinen Wechsel darin finden. Es ist wahr, meine jungen Krieger gingen nicht auf dem Kriegspfad; sie hatten Träume, die es ihnen verwehrten. Aber sie lieben und verehren den großen weißen Häuptling."

„Wird er so denken, wenn er hört, daß sein größter Feind in dem Lager seiner Kinder genährt wird? Wenn man ihm erzählt, daß ein blutdürstiger Yankee, der so viele seiner Freunde erschlagen hat, bei den Delawaren aus und ein geht? – Mein großer Kanadavater ist kein Tor!"

„Wer ist der Todfeind meines großen Vaters?"

„La Longue Carabine!"

Die Delawarenkrieger schraken bei dem wohlbekannten Namen auf und verrieten durch ihr Erstaunen, daß sie jetzt erst erfuhren, daß ein so berühmter Feind Frankreichs sich in ihrer Gewalt befinde.

„Was meint mein Bruder?" fragte Le Cœur Dur.

„Ein Hurone lügt nie!" entgegnete Magua kalt. „Wenn die Delawaren ihre Gefangenen zählen, so werden sie einen finden, dessen Haut weder rot noch blaß ist."

Eine lange Pause des Nachdenkens folgte. Der Häuptling beriet abseits mit seinen Gefährten, und Boten wurden ausgesandt, um noch andere ehrenvolle Männer des Stammes herbeizuholen. Die anschließende Beratung war kurz. Als sie geendet hatten, verkündete eine allgemeine Bewegung, daß ihr unmittelbar eine feierliche und förmliche Versammlung des ganzen Stammes folgen würde.

Es mochte etwa eine halbe Stunde vergangen sein, als alle Stammesmitglieder, einschließlich der Frauen und Kinder, auf dem Dorfplatz versammelt waren. Und als die Sonne über die ringsum stehenden Bäume stieg, schien sie auf eine ernste, aufmerksame Menge, die mehr als tausend Häupter zählte.

Die übliche Stille, die jeder ernsten Versammlung vorausging, trat ein. Kein Laut der Ungeduld war zu hören, auch nicht vom kleinsten Jungen. Endlich ließ sich ein dumpfes Gemurmel vernehmen, wie es geeignet ist, eine größere Volksmenge aufzuregen, und der ganze Stamm erhob sich. Alsbald öffnete sich die Tür einer Hütte, drei Männer traten heraus und nahten sich langsam dem Platz der Beratung. Sie waren alle betagt, aber der eine in ihrer Mitte, der sich auf seine Gefährten stützte, war über hundert Jahre alt. Sein dunkles, runzelvolles Gesicht bildete einen seltsamen Kontrast zu langen, weißen Locken, die über seine Schultern fielen. Seine Bekleidung bestand aus den schönsten Fellen, und seine Brust war überdeckt mit Münzen, zum Teil von massivem Silber, einige sogar von Gold, Geschenke von verschiedenen christlichen Herrschern. Er trug Armbänder und Spangen um die Knöchel der Füße aus demselben Metall. Sein Haupt umschloß eine Art Diadem von Silber, mit blinkendem Zierat geschmückt, aus dem drei schwarzglänzende Straußenfedern niederwallten.

Sobald sich die erste freudige Aufregung über das unerwartete Erscheinen dieses verehrten Mannes ein wenig gelegt hatte, hörte man den Namen „Tamenund“ von Mund zu Mund flüstern. Der Ruhm dieses weisen und gerechten Delawarenhäuptlings hat seinen Namen sogar, mit geringer Veränderung, als den vermeintlichen Schutzheiligen St. Tammany eines großen Reiches bis auf die weißen Usurpatoren seines alten Gebiets gebracht.

Er schritt, auf seine ehrwürdigen Begleiter gestützt, der erhöhten Stelle zu, wo er sich unter seinem Volke niederließ. Die angesehensten Häuptlinge traten vor den Patriarchen und legten ehrerbietig seine Hände auf ihre Häupter, als wollten sie seinen Segen erbitten. Die jüngeren Männer durften nur sein Kleid berühren. Sobald dieser Tribut der Zuneigung und Ehrfurcht dargebracht war, traten die Häuptlinge wieder auf ihre Plätze zurück. Dann verließen einige junge Krieger die Versammlung. In wenigen Minuten erschienen sie wieder und geleiteten die Fremden, die die Ursache aller dieser feierlichen Vorbereitungen waren, zu dem Gericht.

Die erste unter den Gefangenen war Cora, die ihren Arm in

den Alices geschlungen hatte. Dicht an ihrer Seite stand Heyward, ein wenig hinter ihm Falkenauge. Unkas war nicht bei ihnen.

Als die Stille wiederhergestellt war, erhob sich einer der bejahrten Häuptlinge, die an der Seite des Patriarchen saßen, und fragte in sehr verständlichem Englisch: „Welcher von meinen Gefangenen ist La Longue Carabine?“

Weder Duncan noch der Kundschafter antworteten. Der Major aber ließ seine Augen über die schweigsame Versammlung laufen und fuhr einen Schritt zurück, als er auf Maguas boshaftes Angesicht traf. Er sah mit einem Male, daß der tückische Wilde seine Hand hier mit im Spiele hatte, und war entschlossen, der Ausführung seiner verderblichen Pläne jedes Hindernis in den Weg zu legen und seinen unschätzbaren Freund zu schirmen, welche Gefahr auch auf ihn fallen möchte. „Gebt uns Waffen“, forderte er stolz, „und laßt uns in jene Wälder dort gehen. Unsere Taten sollen für uns sprechen.“

„Das ist der Krieger, dessen Name unsere Ohren erfüllt hat!“ sprach der Häuptling. „Was hat den weißen Mann in das Lager der Delawaren geführt?“

„Meine Not. Ich kam um Nahrung, Obdach und Freunde.“

„Das kann nicht sein, die Wälder sind voll von Wild. Das Haupt eines Kriegers bedarf keines anderen Obdachs als des Himmels, und die Delawaren sind die Feinde und nicht die Freunde der Yankees. Geh – dein Mund hat gesprochen, aber dein Herz hat geschwiegen.“

Duncan, ein wenig verlegen, wie er fortfahren sollte, schwieg. Der Kundschafter aber, der aufmerksam die ganze Zeit über zugehört hatte, trat mutig hervor und sagte: „Daß ich auf den Ruf La Longue Carabine nicht antwortete, hatte seinen Grund nicht in Scham oder Furcht, denn ich gestehe den Mingos nicht das Recht zu, mir einen unrichtigen Namen zu geben. Ich bin der Mann, der von seiner Verwandtschaft den Namen Nathanael erhalten hat, den Ehrennamen Falkenauge von den Delawaren und den Irokesen Lange Büchse zu betiteln sich erlaubt haben.“

Die Augen aller Anwesenden, die bisher auf Duncan geruht hatten, wandten sich nun auf den neuen Prätendenten für jene ausgezeichnete Benennung. Es fiel keineswegs auf, daß sich zwei Individuen fanden, die eine so hohe Ehre anzusprechen Miene machten, denn Betrüger waren unter den Eingeborenen, wenn auch selten, so doch nicht unbekannt. Aber dennoch war es wesentlich für den gerechten Sinn der Delawaren, hier jeden Irrtum zu zerstören.

„Mein Bruder hat gesagt, eine Schlange sei in mein Lager gekrochen", sprach der Häuptling zu Magua. „Welchen meinte er damit?"

Der Hurone deutete auf den Kundschafter, schwieg aber.

„Will ein weiser Delaware einem kläffenden Wolf Glauben schenken?" rief Duncan, noch mehr überzeugt von den schlimmen Absichten seines alten Feindes. „Ein Hund lügt niemals; wann aber hat man einen Wolf die Wahrheit sprechen hören?"

Die Augen Maguas sprühten Feuer; aber schnell besann er sich, wie notwendig es sei, Geistesgegenwart zu behaupten, und sprach verächtlich: „Gebt den Gefangenen Gewehre, und laßt sie zeigen, welcher der Mann ist."

Die Freunde erhielten alsbald ihre Waffen mit der Weisung, nach einem irdenen Gefäß zu schießen, das zufällig etwas über sechzig Schritte von der Stelle, wo sie standen, auf einem Baumstamm lag.

Heyward lächelte innerlich über den Gedanken eines Wettkampfes mit dem Kundschafter. Er hob aber seine Büchse mit größter Achtsamkeit und feuerte. Die Kugel zerriß das Holz wenige Zoll weit von dem Gefäß, und ein allgemeiner Ruf des Beifalls verkündete, daß man den Schuß als einen Beweis von großer Geschicklichkeit ansehe. Selbst Falkenauge nickte mit dem Kopf, als wolle er sagen, es sei besser gegangen, als er erwartet habe. Statt sich aber zu dem Wettstreit mit dem glücklichen Schützen fertigzumachen, lehnte er sich auf seine Büchse, als sei er gänzlich in Gedanken versunken. Aus diesen Träumereien wurde er von einem der jungen Indianer aufgestört, der berührte seine Schulter und sprach in gebrochenem Englisch: „Kann das Blaßgesicht besser machen?"

„Ja, Hurone!" rief der Kundschafter, erhob seine kurze Büchse mit der Rechten und schwang sie gegen Magua. Dann lachte er laut und ließ das Gewehr in die ausgestreckte linke

Hand fallen. Der Schuß ging von selbst los, scheinbar durch die Erschütterung, trieb die zerschmetterten Stücke des Gefäßes in die Luft und streute sie nach allen Seiten. Beinahe in demselben Augenblick hörte man das Rasseln der Büchse, die der Kundschafter verächtlich zu Boden warf.

Der erste Eindruck eines so außerordentlichen Auftrittes war Bewunderung. Dann lief ein leises Gemurmel durch die Menge. Während einige dieser Geschicklichkeit ihren Beifall zollten, war der bei weitem größere Teil des Stammes geneigt zu glauben, der Schuß danke seinen Erfolg nur dem Zufall. Heyward zögerte nicht, diese Meinung zu bestätigen. „Es war Zufall!“ rief er. „Niemand kann schießen, ohne zu zielen.“

„Zufall!“ echote der gereizte Weidmann, der sich nun einmal in den Kopf gesetzt hatte, die Identität seiner Person um jeden Preis zu behaupten, und bei dem alle geheimen Winke Heywards, die Täuschung zu begünstigen, gänzlich verloren waren. „Ihr seht die Kürbisflasche dort an dem Baume hängen, Major; wenn Ihr ein Schütze seid, so schießt Ihr einmal die Schale ein!“

Die Kürbisflasche war eines jener kleinen Gefäße, deren sich die Indianer bedienen, und hing an einem Riemen von einem Ast einer kleinen Fichte herab, volle hundert Schritt entfernt. Hätte Duncans Leben von dem Ausgang abgehangen, er hätte nicht sorgfältiger zielen können. Er gab Feuer, und drei oder vier junge Indianer, die bei dem Knalle vorgesprungen waren, verkündeten jubelnd, die Kugel stecke dicht neben dem eigentlichen Ziel in dem Baum. Die Krieger erhoben allesamt ein Freudengeschrei und wandten dann ihre Augen auf den Kontrahenten.

„Das reicht hin für die Königlichen Amerikaner!“ sprach Falkenauge. „Aber hätte mein Gewehr oft nur so weit die rechte Linie verfehlt, so würde mancher Marder, dessen Pelz jetzt den Muff einer Dame ziert, noch in den Wäldern sein.“

Der Kundschafter hatte unter dem Sprechen die Büchse gespannt und hob jetzt die Mündung langsam in die Höhe. Als sie gänzlich waagerecht lag, ruhte sie einen Augenblick, ohne im geringsten zu zittern oder die Lage zu ändern, als ob Mann und Büchse in Stein gehauen wären. Während dieses Stillstands entlud sich ihr Inhalt in einem hellen Feuerstrom. Abermals sprangen die jungen Indianer vor, doch ihre enttäuschten Blicke verkündeten, daß keine Spuren der Kugel zu sehen waren.

„Geh!“ sprach der alte Häuptling zu dem Kundschafter im Ton tiefer Mißbilligung, „du bist ein Wolf in der Haut eines Hundes.“

„Narren!“ versetzte Falkenauge. „Wenn ihr die Kugel eines Scharfschützen finden wollt, müßt ihr in dem Ziel, nicht außerhalb des Zieles suchen.“

Die jungen Indianer verstanden sogleich und rissen den Kürbis vom Baum herab und hielten ihn unter ausgelassenem Jubelgeschrei in die Höhe, indem sie auf ein Loch im Boden zeigten, das die Kugel, durch die Öffnung dringend, geschlagen hatte. Bei dieser unerwarteten Aufklärung brach ein stürmisches Beifallrufen aus dem Munde aller Krieger. Es entschied die Frage und gab Falkenauge den Besitz seines gefährlichen Ruhmes wieder.

„Warum wolltest du meine Ohren stopfen?“ fragte der alte Häuptling Duncan. „Sind die Delawaren Toren, daß sie nicht imstande sein sollen, den jungen Panther von der Katze zu unterscheiden? Bruder“, fügte er hinzu, seine Augen auf Magua lenkend, „die Delawaren hören.“

So aufgefordert, seine Absicht zu erklären, erhob sich der Hurone und schritt mit großer Würde in die Mitte des Kreises, wo er den Gefangenen gerade gegenüberstand. Dann sprach er in der Sprache Kanadas, die, wie er wohl wußte, von den meisten seiner Zuhörer verstanden wurde. „Der Geist, der die Menschen schuf, färbte sie auf verschiedene Weise“, begann er. „Die einen sind schwärzer als der Bär. Diese, so bestimmte er, sollten Sklaven sein, und er gebot ihnen, gleich dem Biber, immerwährende Arbeit. Wenn der Südwind weht, mögt ihr sie stöhnen hören. Andere schuf er mit Gesichtern, blässer als der Hermelin in den Wäldern. Diese hieß er Krämer werden, Hunde gegen ihre Weiber und Wölfe gegen ihre Sklaven. Diesem Volk gab er Junge, zahlloser als die Blätter der Bäume, und eine Freßlust, die Erde zu verschlingen, und eine Gefräßigkeit, die es krank macht. Gott gab ihm genug, und doch will es alles haben. So sind die Bleichgesichter.

Noch andere schuf der Große Geist mit Häuten, glänzender

und röter als die Sonne dort“, fuhr Magua fort, „und die bildete er nach seinem eigenen Sinn. Er gab ihnen dies Eiland, bedeckt mit Bäumen und voll des Wildes. Die Sonne und der Regen reiften ihre Früchte, und der Schnee kam, sie Dankbarkeit zu lehren. Sie waren tapfer, sie waren gerecht, sie waren glücklich.“ Hier machte der Redner eine Pause und blickte um sich, und überall traf er auf Augen.

„Wenn der Große Geist seinen roten Kindern verschiedene Sprachen gab“, sprach er nun in gedämpftem, melancholischem Tone, „so war es, damit alle Tiere sie verstehen möchten. Die einen wies er auf die Schneegefilde zu ihrem Vetter, dem Bären; andere zu dem Untergang der Sonne, auf den Weg zu den glücklichen Jagdgründen. Seinen Größten und Geliebtesten aber gab er die sandigen Küstenflächen des Salzsees. Kennen meine Brüder den Namen dieses begünstigten Volkes?“

„Es waren die Lenapen!“ riefen zwanzig Stimmen hastig.

„Es waren die Lenni-Lenapen!“ erwiderte Magua, das Haupt wie aus Ehrfurcht vor ihrer ehemaligen Größe beugend. „Doch warum sollte ich, ein Hurone, einem weisen Volke seine eigenen Überlieferungen erzählen? Warum es erinnern an seine alte Größe, seinen Ruhm, sein Glück, seine Verluste, seine Niederlagen! Ist nicht einer unter ihnen, der alles mit angesehen hat?“

Als der Sprecher plötzlich verstummte, wandten sich alle Augen auf den ehrwürdigen Tamenund. Seit er sich gesetzt hatte, hatte er kaum ein Lebenszeichen von sich gegeben. Er saß, von Schwäche niedergedrückt, mit geschlossenen Augen da. Doch wie der schlaue Hurone seine Nation beim Namen nannte, öffneten sich die Augenlider des alten Mannes. Er machte jetzt eine Anstrengung aufzustehen, und unterstützt von seinen beiden Freunden, erhob er sich. „Wer ruft die Kinder der Lenapen auf?“ sprach er in tiefem Kehlton. „Wer spricht von Dingen, die vergangen sind? Wird nicht das Ei zum Wurm, der Wurm zur Fliege, die dann zugrunde geht? Warum von Gütern sprechen, die verloren sind? Lieber dem Manitu danken für das, was geblieben ist.“

„Ein Hurone hat gesprochen“, sagte Magua, der Erhebung näher tretend, auf der der andere stand, „ein Freund von Tamenund.“

„Ein Freund!“ wiederholte der Weise, dessen Braue sich finster zusammenzog. „Sind die Mingos Herren der Erde? Was führt einen Huronen hierher?“

„Gerechtigkeit. Seine Gefangenen sind bei seinen Brüdern, und er kommt wegen seines Eigentums.“

Tamenund wandte sein Haupt zu einem der Alten, die ihn unterstützten, und ließ sich mit kurzen Worten berichten. Dann faßte er den Bittenden ins Auge und sprach zögernd mit leiser Stimme: „Gerechtigkeit ist das Gesetz des großen Manitu. Meine Kinder, gebt dem Fremden zu essen. Dann, Hurone, nimm, was dein ist, und entferne dich!“

Nach diesem Urteilsspruch ließ sich der Patriarch nieder und schloß die Augen wieder, als hätte er größeres Gefallen an den Bildern seiner eigenen Erfahrung als an den Gegenständen der Außenwelt. Gegen einen solchen Ausspruch sich zu widersetzen, wagte kein Delaware. Vier oder fünf jüngere Krieger traten hinter Heyward und den Kundschafter und umschlangen ihre Arme mit Riemen, daß sie beide gefesselt waren.

Magua warf einen Blick des Triumphes auf die Gefangenen, und da er die Männer außerstande sah, Widerstand zu leisten, wandte er sich der zu, auf deren Besitz er den größten Wert legte. Cora begegnete seinem Blick so ruhig und fest, daß seine Entschlossenheit zu wanken begann. Seines früheren Kunstgriffs gedenkend, nahm er Alice aus den Armen des Kriegers, an den sie sich lehnte, bedeutete Heyward, ihm zu folgen, und winkte der ihn umgebenden Menge, ihm einen Weg zu öffnen.

Statt den anderen Gefangenen jedoch zu folgen, wie Magua erwartet hatte, stürzte Cora vor den Patriarchen, erhob ihre Stimme und rief: „Gerechter, ehrwürdiger Delaware, an deine Weisheit und Macht wenden wir uns um Gande! Sei taub gegen jenes arglistige Ungeheuer, das deine Ohren mit Falschheit vergiftet. Du, der du lange gelebt und die Übel der Welt kennengelernt hast, solltest das Elend der Unglücklichen zu mildern wissen!“

Die Augen des alten Mannes öffneten sich schwerfällig und bewegten sich langsam zu Cora und blieben endlich fest auf ihr ruhen. Auf die Knie geworfen und mit ineinandergeschlungenen, auf die Brust gedrückten Händen, blickte sie mit einer

Art heiliger Ehrfurcht auf das verwelkte, aber majestätische Antlitz des Greises. Allmählich veränderte sich die Leere in Tamenunds Zügen und ging in Bewunderung über. Ohne Hilfe sich erhebend, fragte er mit einer Stimme, deren Festigkeit seine Zuhörer in Erstaunen setzte: „Wer bist du?“

„Ein Weib – von einem verhaßten Geschlechte, wenn du willst –, eine Yankee, aber ein Wesen, das dir nie etwas zuleide getan hat und das dich um Beistand anfleht. Sag mir, ist Tamenund Vater?“

Mit einem wohlwollenden Lächeln blickte der Greis auf sie herab und antwortete: „Vater einer Nation.“

„Für mich selbst erbitte ich nichts. Wie bei dir und den Deinigen, ehrwürdiger Häuptling“, fuhr sie fort, das Haupt tief gesenkt, bis ihre glühenden Wangen von der Fülle glänzend schwarzer Locken beinahe bedeckt wurden, „ist der Fluch meiner Vorfahren schwer auf mich gefallen. Aber dort ist eine, die nie zuvor des Himmels Ungunst gekannt hat. Sie ist die Tochter eines alten, schwachen Mannes, dessen Tage ihrem Ende nahe sind. Sie ist zu gut, ein Opfer jenes Schurken zu werden!“

„Ich weiß, die Bleichgesichter sind ein stolzes und hungriges Geschlecht. Ich weiß, daß sie behaupten, der Gemeinste ihrer Farbe sei besser als die höchsten Häuptlinge der roten Männer. Aber sie mögen nicht zu laut vor Manitus Angesicht prahlen! Bei Sonnenaufgang kamen sie ins Land, sie könnten es bei Sonnenuntergang wieder verlassen müssen.“

„So ist es“, sprach Cora mit einem tiefen Seufzer und erhob ihr Gesicht. „Doch auch einer von deinem eigenen Volke ist da, der noch nicht vor dich gebracht worden ist; ehe du den Huronen im Triumphe fortziehen lässest, höre ihn!“

Als Tamenund zweifelnd um sich blickte, sprach einer seiner Begleiter: „Es ist eine Schlange – eine Rothaut im Solde der Yankees. Wir behalten ihn für die Marter.“

„Laßt ihn kommen!“ sprach der Weise.

Noch einmal sank Tamenund auf seinen Sitz zurück, und es herrschte eine tiefe Stille, bis Unkas in den Kreis der Versammelten geführt wurde.

Auch wie sich alle Augen ihm zuwandten, blieb der junge Mohikaner vollkommen selbstbeherrscht. Er warf einen bedächtigen Blick um sich, bis sein stolzes Auge auf Tamenund fiel und ruhen blieb, als ob alle anderen Gegenstände vergessen wären. Dann trat er mit geräuschlosem Schritt zu dem erhöhten Stuhl des Weisen. Hier stand er unbeachtet, bis einer der Häuptlinge Tamenund von seiner Gegenwart in Kenntnis setzte.

„In welcher Sprache spricht der Gefangene?" fragte der Patriarch, ohne die Augen aufzuschlagen.

„In der seiner Väter, in der Sprache der Delawaren."

Auf diese unerwartete Äußerung lief ein gedämpftes, wildes Murren durch die Menge, dem Brummen des Löwen gleich – ein furchtbares Vorzeichen ihres Zorns. Der Weise fuhr mit der Hand über die Augen, als wolle er ihnen einen so schmachvollen Anblick fernhalten, und sagte: „Ein Delaware! Ich habe erlebt, daß die Stämme der Lenapen von ihren Feuern vertrieben und gleich zersprengten Rudeln Wildes zerstreut wurden. Ich habe die Äxte eines fremden Volkes die Wälder in den Tälern fällen sehen! Aber noch nie zuvor hab ich gefunden, daß ein Delaware so niederträchtig war, einer giftigen Schlange gleich in die Lager seiner Nation zu kriechen."

Zwanzig Messer blitzten in der Luft, und ebenso viele Krieger sprangen auf, aber ein Wink eines der Häuptlinge unterdrückte den Ausbruch ihrer Wut, zumal Tamenund andeutete, daß er wieder sprechen wolle. „Delaware", begann er, „wenig verdienst du deinen Namen. Mein Volk hat seit vielen Wintern keinen hellen Sonnenschein gesehen, und der Krieger, der seinen Stamm verläßt, wenn Wolken ihn verhüllen, ist ein doppelter Verräter. Manitus Gesetz ist gerecht. Er ist euer, meine Kinder, verfahrt mit ihm nach Gerechtigkeit."

Kein Glied hatte sich bewegt, bis die letzte Silbe dieses Urteils Tamenunds Lippen entflohen war. Jetzt aber erscholl ein Rachegeschrei aus dem Mund der ganzen Nation. Mitten unter diesem langanhaltenden, wilden Geheul verkündete ein Häuptling mit lauter Stimme, der Gefangene sei verurteilt, die schreckliche Feuerfolter zu erleiden. Der Kreis löste sich auf, und frohlockende Rufe mischten sich in den Tumult der Vorbereitungen. Heyward rang wild mit seinen Bewachern; Falkenauge begann mit besonderem Ernst um sich zu blicken, und Cora warf sich noch einmal dem Patriarchen zu Füßen.

Unkas allein blieb gelassen. Und als die Quäler nahten, erwartete er sie in fester, aufrechter Haltung. Einer zerrte ihm sein Jagdhemd vom Leibe und stürzte dann auf sein widerstandsloses Schlachtopfer, um es an den Pfahl zu führen. In dem Augenblick öffnete sich der Mund des Delawaren vor Erstaunen. Langsam erhob er seine Hand und wies mit dem Finger auf die Brust des Gefangenen. Seine Begleiter drängten sich verwundert um ihn, und aller Augen waren auf die Gestalt einer kleinen Schildkröte geheftet, die in glänzend blauer Farbe auf die Brust des Gefangenen tätowiert war.

Ruhig lächelnd genoß Unkas einen Augenblick seinen Triumph. Dann wies er die Menge mit einer stolzen Bewegung seines Armes zurück, trat mit der Würde eines Königs vor das Volk und sprach mit einer Stimme, die das laut werdende Gemurmel der Bewunderung übertönte: „Männer der Lenni-Lenapen! Mein Geschlecht trägt die Erde! Euer schwacher Stamm steht auf meinem Rückenschild!* Welches Feuer, von einem Delawaren angezündet, würde das Kind meiner Väter verbrennen?“ Und er deutete mit Stolz auf seine Brust. „Das Blut aus einem solchen Born müßte eure Flammen ersticken. Mein Geschlecht ist der Ahnherr von Nationen!“

„Wer bist du?“ fragte Tamenund und erhob sich.

„Unkas, der Sohn Chingachgooks!“ antwortete der Gefangene und beugte sein Haupt ehrerbietig vor dem Rang und den Jahren des andern, „ein Sohn der Großen Unamis, der Schildkröte!“

„Tamenunds Stunde ist nahe!“ rief der Weise. „Ich danke dem Manitu, daß einer hier ist, meinen Platz an dem Versammlungsfeuer einzunehmen. Unkas, das Kind des Unkas, ist gefunden! Laßt die Augen des sterbenden Adlers in die aufgehende Sonne blicken!“ Der Jüngling trat leichten, aber stolzen Schrittes auf die Erhöhung, wo er der ganzen Menge sichtbar wurde. Tamenund hielt ihn auf Armeslänge und nahm jeden Zug des schönen Antlitzes in sich auf.

„Ist Tamenund ein Knabe?“ rief der Patriarch schließlich. „Habe ich von so manchem Winter geträumt? Geträumt, daß

* Anspielung auf den Glauben, daß die Erde auf dem Rücken einer riesigen Schildkröte ruhe.

mein Volk gleich dem flutenden Sand zerstreut worden ist? Tamenunds Arm ist welk wie der Ast einer abgestorbenen Eiche, und doch steht Unkas vor ihm wie damals, als sie zum Kampf mit den Bleichgesichtern zogen! Unkas, der Panther seines Stammes, der älteste Sohn der Lenapen, der weiseste Sagamore der Mohikaner! Sagt mir, ihr Delawaren, hat Tamenund hundert Winter lang geschlafen?"

Die tiefe Stille, die diesen Worten folgte, verkündete, mit welch ehrerbietiger Scheu die Mitteilung des Patriarchen von seinem Volk aufgenommen wurde. Unkas, der ihm mit der Zärtlichkeit und Verehrung eines Lieblingskindes ins Antlitz sah, war sich seiner hohen Stellung bewußt und erwiderte: „Vier Krieger seines Geschlechts haben gelebt und sind gestorben, seit Tamenunds Freund Unkas sein Volk in die Schlacht führte. Das Blut der Schildkröte rann in den Adern vieler Häuptlinge; sie sind aber in die Erde zurückgekehrt, außer Chingachgook und seinem Sohn."

„Es ist wahr – es ist wahr", versetzte der Weise, dem ein Blitz der Erinnerung mit einemmal das wahre Bild von der Geschichte seines Volkes wiedergab. „Unsere weisen Männer haben oft gesagt, daß zwei Krieger aus unserem Geschlecht noch in den Bergen der Yankees weilten. Warum sind ihre Sitze bei den Versammlungsfeuern der Delawaren so lange leer geblieben?"

Bei diesen Worten richtete der junge Mann sein Haupt empor, das er noch ehrerbietig ein wenig gesenkt gehalten hatte, erhob seine Stimme und sprach: „Es war eine Zeit, da schliefen wir an einem Ort, wo wir den Salzsee in seiner Wut sprechen hören konnten. Wir waren Herrscher und Sagamoren über das Land. Als sich aber an jedem Bach ein Bleichgesicht zeigte, folgten wir dem Wild zum Fluß unserer Nation. Die Delawaren waren inzwischen fortgezogen, der untergehenden Sonne entgegen. Wenige Krieger nur blieben, um von dem Strom zu trinken, den sie liebten. Dann sagten meine Väter: ‚Hier wollen wir jagen. Die Wasser des Flusses gehen in den Salzsee. Gehen wir dem Untergang der Sonne zu, so finden wir Ströme, die in die großen Seen von süßem Wasser fließen. Da würde ein Mohikaner sterben gleich dem Fisch der See, wenn er ins klare Wasser kommt.

Wenn Manitu bereit ist und spricht: ‚Kommet!‘, so folgen wir dem Fluß zum Meer und nehmen wieder, was unser ist.‘ Das, Delawaren, ist der Glaube der Kinder der Schildkröte. Unsere Augen blicken zur aufgehenden, nicht zur niedergehenden Sonne. Es ist genug!“

Die Männer der Lenapen hatte seinen Worten mit Achtung zugehört, und Unkas bemerkte, daß sie zufrieden waren. Sein Blick, der über die Menge schweifte, traf Falkenauge in seinen Banden. Ungestüm vorschreitend, drängte er sich zu seinem Freund heran, durchschnitt mit schneller Hand die Riemen und führte den Kundschafter zu den Füßen des Patriarchen. „Vater“, sprach er, „sieh dieses Bleichgesicht an, es ist ein gerechter Mann und ein Freund der Delawaren, ein Krieger, bekannt unter den Yankees und gefürchtet von den Maquas. Wir nennen ihn Falkenauge. Bei den Mingos heißt er Die Lange Büchse.“

„La Longue Carabine!“ rief Tamenund ernst. „Mein Sohn hat nicht wohlgetan, ihn Freund zu nennen.“

„Ich nenne den so, der sich als solcher erweist“, entgegnete der junge Häuptling ruhig. „Wenn Unkas unter den Delawaren willkommen ist, so ist es auch Falkenauge mit seinen Freunden.“

„Das Bleichgesicht hat meine jungen Männer erschlagen; sein Name ist groß durch die Streiche, die er gegen die Lenapen geführt hat.“

„Wenn ein Mingo das geflüstert hat, so ist er ein Lügenvogel“, sprach jetzt der Kundschafter, der nun die Zeit gekommen glaubte, sich selbst von diesen Anschuldigungen zu reinigen. „Daß ich die Maquas erschlagen habe, leugne ich nicht, selbst nicht vor ihren eignen Versammlungsfeuern; aber daß wissentlich meine Hand jemals einem Delawaren etwas zuleide getan hat, dem widerspreche ich, denn ich bin ihnen und allen, die zu ihrer Nation gehören, freundlich gesinnt.“

Ein leiser Ausruf des Beifalls lief durch die Krieger hin, und sie wechselten Blicke miteinander wie Menschen, die ihres Irrtums innewerden.

„Wo ist der Hurone?“ fragte Tamenund.

Magua, dessen Gefühle während dieses Auftritts, in dem Unkas seinen Triumph feierte, leichter zu denken als zu beschreiben sind, trat keck vor. „Der gerechte Tamenund“, sprach er, „wird nicht behalten, was ein Hurone ihm geliehen hat. Er wird ihm die Gefangenen zurückgeben."

„Sag mir, Sohn meines Bruders", sagte der Weise zu Unkas, „hat der Fremde das Recht des Siegers über dich?"

„Er hat keines. Der Panther kann in Schlingen geraten, die ihm Weiber legten; aber er ist stark und weiß über sie zu springen."

„La Longue Carabine?"

„Er verlacht die Mingos. Geh, Hurone, frag deine Squaws nach der Farbe des Bären!"

„Der Fremde und das weiße Mädchen, die zusammen in mein Lager kamen?"

„Sie sollen auf offenem Pfade reisen."

„Und das Weib, das der Hurone hier zurückließ?"

Unkas erwiderte nichts.

„Das Weib, das der Mingo in mein Lager brachte?" wiederholte Tamenund.

„Sie ist mein!" schrie Magua triumphierend. „Mohikaner, du weißt, daß sie mein ist."

„Mein Sohn ist stumm", sprach Tamenund und bemühte sich, in dem Antlitz zu lesen, das der Jüngling bekümmert von ihm abwandte.

„Es ist so!" war seine leise Antwort.

Eine kurze Pause folgte, und es war offenbar, mit welchem Widerwillen die Menge das Recht von Maguas Ansprüchen anerkannte. Endlich sprach der Weise, von dem allein die Entscheidung abhing, mit fester Stimme: „Hurone, entferne dich!"

„Wie ich kam, gerechter Tamenund", fragte der Mingo, „oder mit gefüllten Händen? Der Wigwam von Le Renard Subtil ist leer!"

Der alte Mann wandte das Haupt gegen einen seiner Begleiter und fragte: „Ist dieser Mingo ein Häuptling?"

„Der Erste in seiner Nation!"

„Mädchen, was willst du?" sagte Tamenund zu Cora. „Ein großer Krieger nimmt dich zum Weib. Geh, dein Geschlecht wird nimmer enden."

„Tausendmal eher mag es enden", rief Cora, vor Entsetzen schaudernd, „als solcher Schmach begegnen!"

„Hurone, ihr Geist ist in den Zelten ihrer Väter. Ein Mädchen, das gegen seinen Willen den Wigwam betritt, bringt Unglück."

Magua antwortete mit bitterem Spott: „Sie ist aus einem Geschlecht von Krämern und feilscht mit einem freundlichen Blick. Tamenund spreche sein Urteil!"

„Nimm dir den Wampum und unsere Gunst!"

„Nichts will Magua mit sich nehmen, als was er hierhergebracht."

„So entferne dich mit dem, was dein ist! Der große Manitu verbietet dem Delawaren, ungerecht zu sein."

Magua trat vor und faßte seine Gefangene mit fester Hand am Arm; die Delawaren wichen schweigend zurück, und Cora, als fühlte sie, daß jede weitere Weigerung nutzlos sei, wollte sich ohne Widerstand in ihr Schicksal ergeben.

„Halt! halt!" rief Duncan vorstürzend, „Hurone, hab Erbarmen! Ihr Lösegeld soll dich reich machen."

„Magua bedarf des Flitters der Bleichgesichter nicht."

„Gold, Silber, Pulver, Blei – alles, wessen ein Krieger bedarf, soll in deinem Wigwam sein."

„Le Subtil ist stark ohne dies", rief Magua.

„Allmächtiger Lenker der Schicksale!" rief Heyward verzweifelt. „Kann das zugelassen werden? An dich, gerechter Tamenund, wende ich mich, hab Erbarmen!"

„Die Worte des Delawaren sind gesprochen!" entgegnete der Weise, die Augen erschöpft schließend. „Männer sprechen nicht zweimal!"

„Daß ein Häuptling seine Zeit nicht damit verschwendet, was er einmal gesprochen hat, zurückzunehmen, ist weise", sprach Falkenauge, Duncan winkend zu schweigen, „aber es ist auch klug von jedem Krieger, sich vorher wohl zu bedenken, ehe er den Tomahawk nach dem Haupte seines Gefangenen wirft. Hurone, es läßt sich wohl annehmen, daß mir noch mancher Krieger von euch in diesen Wäldern begegnet, wenn dieser Kampf nicht bald ein Ende nimmt. Bedenke, was wolltest du lieber: eine Gefangene wie dieses Mädchen in dein Lager nehmen oder einen Mann wie mich, den deine Nation mit Freuden empfangen würde, käme er mit nackten Händen?"

„Will Die Lange Büchse ihr Leben für ein Weib hingeben?"

„Ich muß früher oder später sterben! Laßt das Mädchen los! Ich bin dein Gefangener."

Ein Murmeln des Beifalls lief durch die Menge. Magua zögerte, und ängstliche Erwartung begleitete seine Unentschlossenheit; dann aber sprach er in festem Tone: „Le Renard Subtil ist ein großer Häuptling, er hat nur einen Sinn. Komm", fügte er hinzu, indem er seine Hand vertraulich auf die Schulter der Gefangenen legte, „wir wollen gehen."

Das Mädchen wich mit weiblicher Würde zurück, und ihre dunklen Augen funkelten, während ihr vor Unmut das Blut bis in die Schläfen schoß. „Ich bin deine Gefangene und werde zur rechten Zeit bereit sein, dir, sei es auch zum Tode, zu folgen, aber es bedarf keiner Gewalt", sagte sie kühl. Dann wandte sie sich an Falkenauge: „Edelmütiger Jäger, vom Grund meines Herzens dank ich Euch. Euer Anerbieten – es wär unmöglich gewesen, es anzunehmen." Die Stimme versagte ihr, und einen Augenblick schwieg sie. Dann trat sie einen Schritt auf Duncan zu, der ihre besinnungslose Schwester stützte, und fuhr in leisem Ton fort, in dem ihr Gefühl mit der Sitte ihres Geschlechtes kämpfte: „Ich brauche Ihnen nicht zu empfehlen, über den Schatz zu wachen, den Sie besitzen sollen. Sie lieben Alice, Heyward, aber ich will Sie und mich schonen –" Ihre Stimme wurde unhörbar, und sie beugte sich über die Schwester und küßte sie. Dann sprach sie, mit der Farbe des Todes auf den Zügen, so würdevoll als je zu dem Wilden: „Nun, wenn es dein Wille ist, will ich dir folgen!"

„Ja, geh!" schrie Duncan, indem er Alice den Armen eines Indianermädchens übergab, „geh, Magua, geh! Diese Delawaren haben ihre Gesetze, die ihnen verbieten, dich zurückzuhalten; aber mich – mich bindet kein solcher Zwang. Geh, boshaftes Ungeheuer – warum zögerst du noch?"

„Die Wälder sind offen", antwortete Magua kaltblütig, „die Offene Hand kann folgen."

„Halt!" rief Falkenauge, Duncan am Arm ergreifend. „Er würde Euch in einen Hinterhalt führen, und Euer Tod –"

„Hurone", unterbrach sie Unkas, der, der strengen Sitte seines Volkes treu, aufmerksam zugehört hatte, „Hurone, die Gerechtigkeit der Delawaren kommt von Manitu. Sieh nach der Sonne; noch ist sie in den oberen Ästen jener Schierlingstannen. Wenn sie über den Bäumen steht, werden Männer auf deiner Fährte sein!"

„Ich höre eine Krähe!" rief Magua mit höhnischem Gelächter. „Geht!" fuhr er fort, seine Hand gegen die Menge schüttelnd, die ihm nur mit Widerstreben einen Durchzug öffnete. „Wo sind die Weiberröcke der Delawaren? Hunde, Kaninchen, Diebe – Ich speie euch an!"

Mit Unheil weissagendem Schweigen wurde die Hohnrede angehört; und der triumphierende Magua, dem widerstandslos seine Gefangene folgte, trat unangefochten in den Wald, beschützt durch die unverletzlichen Gesetze indianischer Gastfreundschaft.

Zwölftes Kapitel

Solange ihr Feind und sein Schlachtopfer noch sichtbar waren, blieb die Menge regungslos; sobald er aber verschwunden war, schien alles von wilder Leidenschaft erfaßt. Unkas schritt durch das Gedränge und verschwand in der Hütte, die er vor kurzem erst verlassen hatte. Einige Krieger folgten ihm. Jetzt wurden Tamenund und Alice fortgeführt, die Weiber und Kinder zerstreuten sich. Während der Stunde, die nun folgte, glich das Lager einem Schwarm aufgestörter Bienen, die nur das Erscheinen der Führerin erwarteten, um einen wichtigen Flug in die Ferne zu unternehmen.

Ein junger Krieger trat endlich aus Unkas' Wohnung; er zog einer Zwergfichte, die aus den Spalten der Felsenterrasse wuchs, die Rinde ab. Ihm folgte bald ein zweiter, der den Baum seiner Äste beraubte und den Stamm kahl zurückließ. Ein dritter färbte den Pfosten mit einer dunkelroten Malerei. All das waren Anzeichen feindlicher Absicht, die die Führer der Nation hegten.

Schließlich erschien Unkas selber, er hatte seinen Anzug bis auf den Gürtel und die Beinkleider abgelegt, und die eine Hälfte seiner Gesichtszüge war mit tiefem Schwarz bedeckt. Langsam näherte er sich dem Pfosten und begann ihn alsbald gemessenen Schrittes zu umkreisen, nicht unähnlich einem Tanz des Altertums, während er seine Stimme zu einem wilden, regellosen Kriegsgesang erhob. Wenn es möglich wäre, die Wörter des Liedes zu übertragen, so würden sie etwa so lauten:

Manitu! Manitu! Manitu!
Du bist groß, du bist gut, du bist weise:
Manitu! Manitu!
Du bist gerecht!
In den Himmeln, in den Wolken, oh, da gewahr ich
Viele Flecken – viele schwarz, viele rot:
An den Himmeln, oh, da seh ich
Viele Wolken.
In den Wäldern, in der Luft, oh, da hör ich
Kriegsruf, Geschrei und langes Geheul.
In den Wäldern, oh, da hör ich
Lauten Kriegsruf!
Manitu! Manitu! Manitu!
Ich bin schwach – du bist stark; ich bin langsam:
Manitu! Manitu!
Leih mir Hilfe!

Dreimal wiederholte er diesen Gesang, und ebensooft umtanzte er den Pfosten. Krieger um Krieger schloß sich dem Tanze an, bis alle, die in einigem Ansehen standen, dabei versammelt waren. Das Schauspiel wurde jetzt wild und schreckenerregend; die grimmigen Gesichter der Häuptlinge erhielten einen noch drohenderen Ausdruck durch die grauenerregenden Töne, die sie aus tiefster Kehle stießen. Jetzt schlug Unkas seinen Tomahawk tief in den Pfosten und erhob die Stimme zu einem Schlachtgeschrei. Damit kündigte er an, daß er die oberste Leitung in dem beabsichtigten Kriegszug übernehme. Dieses Signal weckte alle schlummernden Leidenschaften des ganzen Stammes. Hundert Jünglinge, die bisher die Scheu der Jugend zurückgehalten hatte, stürzten auf den Pfosten, das Sinnbild des Feindes, und hieben ihn Splitter um Splitter zusammen.

Sobald Unkas den Streich geführt hatte, trat er aus dem Kreis und warf seine Augen zur Sonne empor, die eben den Punkt erreicht hatte, wo der Waffenstillstand mit Magua zu Ende ging. Ein entsprechendes Geschrei verkündete den Augenblick, und die ganze tobende Menge verließ unter durchdringenden Freudenrufen ihr mimisches Kampfspiel, um sich für die gefährlichere Wirklichkeit vorzubereiten.

Augenblicklich war das ganze Lager wie umgewandelt. Die Krieger, bereits bewaffnet und bemalt, wurden stumm. Die Frauen aber stürzten aus ihren Wohnungen. Die einen trugen ihre Kinder, wieder andere alte und gebrechliche Personen in den Wald, der den Abhang des Berges bedeckte. Hierher begab sich auch Tamenund nach einer kurzen und rührenden Unterredung mit Unkas. Mittlerweile hatte Duncan Alice in Sicherheit gebracht und suchte jetzt den Kundschafter auf. Er zeigte eine Miene, die deutlich verriet, wie sehr auch er nach dem Kampfe dürstete.

Falkenauge war an den Schlachtgesang der Eingeborenen zu sehr gewöhnt, um an der Szene Teilnahme zu zeigen. Gelegentlich nur hatte er einen Blick auf die Zahl und Tüchtigkeit der Krieger geworfen. Er sandte einen indianischen Knaben ab, seinen Wildtöter und Unkas' Büchse von der Stelle zu holen, wo sie die Waffen bei ihrer Annäherung an das Lager der Delawaren niedergelegt hatten. Diese Vorsicht war klug: Sie gab ihnen den Vorteil, unter den Fremden mehr als Notleidende denn als Männer zu erscheinen, die Mittel zur Verteidigung und zum Unterhalt besäßen.

Als der Junge mit den Waffen zurückkam, versammelte Unkas gerade seine Häuptlinge und verteilte seine Streitmacht. Er stellte ihnen Falkenauge als einen oft erprobten Krieger vor. Als er fand, daß sein Freund günstig aufgenommen wurde, stellte er zwanzig Krieger unter seinen Befehl. Dann bot er Heyward eine ebenso wichtige Stellung an. Duncan aber lehnte den Antrag ab und erklärte sich bereit, an der Seite des Kundschafters zu kämpfen. Danach wies der junge Mohikaner mehreren Häuptlingen ihre Obliegenheiten an und gab, da die Zeit drängte, das Zeichen zum Marsch. Mit Freuden gehorchten mehr als zweihundert Krieger.

Ihr Eintritt in den Wald blieb vollkommen unangefochten. Sie begegneten keinem lebenden Wesen, bis sie an die Verstecke ihrer eigenen Kundschafter gelangten. Hier wurde haltgemacht, und die Häuptlinge versammelten sich zu flüsternder Beratung. Verschiedene Operationspläne wurden vorgeschlagen. Wäre Unkas dem Drang seiner Neigung gefolgt, so hätte er, ohne einen Augenblick zu zögern, seine Gefährten zum Angriff geführt; ein solches Vorgehen aber hätte mit der Gewohnheit seiner Landsleute in zu starkem Widerspruch gestanden. Er war daher genötigt, eine Vorsicht zu gebrauchen, die er verwünschte, und Ratschläge anzuhören, die seinen feurigen Geist in Entrüstung versetzten, wenn er an Coras Gefahr und Maguas Übermut dachte.

Nach einer Beratung von einigen Minuten sahen sie von feindlicher Seite her einen einzelnen Mann so eilig zu sich herankommen, daß sie glaubten, er könne ein Bote mit Friedensvorschlägen sein. Als sich der Fremde aber auf etwa hundert Schritte genähert hatte, zögerte er und blieb stehen.

„Falkenauge", sprach der junge Häuptling, „er darf nie wieder mit den Huronen sprechen."

Der Kundschafter suchte sein Ziel. Statt aber abzudrücken, überließ er sich einem Ausbruch der ihm eigenen Heiterkeit. „Ich nahm den Schelm für einen Mingo", sagte er. „Als mein Auge aber an seinen Rippen hinschweifte, Unkas, da bekam ich unseres Musikers Blasinstrument zu Gesicht! Es ist Gamut."

Mit diesen Worten legte Falkenauge seine Büchse beiseite, kroch durch die Büsche, rief David leise an und führte ihn zu Unkas. „Hier sind wir sicher", sagte er. „Nun erzählt uns in gutem Englisch, was die Mingos alles vorhaben, aber ohne Eure Künsteleien mit der Stimme."

David gaffte die Häuptlinge in stummer Verwunderung an; aber durch den Anblick bekannter Gesichter wieder ermutigt, nahm er sich zusammen und gab Antwort. „Die Heiden sind in großer Anzahl ausgezogen, und ich fürchte, sie haben nichts Gutes im Sinn. Da war ein Geheul, ein gottloses Jauchzen unter ihnen, daß ich floh, um bei den Delawaren Frieden zu suchen."

„Eure Ohren hätten bei dem Wechsel nicht viel gewonnen, wenn Ihr schneller zu Fuß gewesen wäret", antwortete der Kundschafter trocken. „Doch lassen wir das – wo sind die Huronen?"

„Sie liegen zwischen diesem Platz und dem Dorfe zahlreich im Wald verborgen, so daß es der Klugheit gemäß wäre, sogleich umzukehren.“

Unkas schaute stolz die Baumreihe entlang, die seine Schar verborgen hielt, und fragte: „Magua?“

„Ist unter ihnen. Er brachte das Mädchen, das bei den Delawaren gewesen war, ließ sie in der Höhle zurück und stellte sich dann, einem wütenden Wolfe gleich, an die Spitze seiner Wilden.“

„Er hat sie, sagt Ihr, in der Höhle zurückgelassen?“ unterbrach ihn Heyward. „Es ist gut, daß wir deren Lage kennen! Können wir nicht sogleich etwas tun?“

Unkas sah den Kundschafter ernst an. „Was sagt Falkenauge?“

„Gib mir meine zwanzig Büchsen, dann wend ich mich rechts, dem Wasser nach, geh an den Biberhütten vorbei und nehm den Sagamoren und den Oberst zu mir. Dann sollst du das Schlachtgeschrei von jener Seite hören: Bei diesem Winde dringt es schon eine Meile weit. Dann, Unkas, greifst du sie von vorn an, und wenn sie uns in Schußweite kommen, sollen sie eine Salve haben, daß sich ihre Linie wie ein Bogen biegen soll. Danach gehen wir auf das Dorf los und befreien das Mädchen aus der Höhle. Dieser Plan ist zwar nicht sehr gelehrt, Major, aber mit Mut läßt er sich ausführen.“

„Er gefällt mir wohl!“ rief Duncan, sobald er sah, daß Coras Befreiung des Kundschafters wichtigstes Augenmerk war. „Nun sogleich zur Ausführung!“

Nach einer kurzen Besprechung war der Plan zur Reife gelangt. Signale wurden verabredet, und die Häuptlinge trennten sich, ein jeder eilte auf den ihm zugeteilten Posten. Als der Kundschafter seine kleine Schar zum Bach führte, deuteten einige Männer durch Zeichen an, daß nicht alles so sei, wie es sein solle. Falkenauge wandte sich um und gewahrte, daß ihnen der Singmeister gefolgt war.

„Wißt Ihr, Freund“, fragte der Kundschafter, „daß Ihr unter einer Bande von Streitern seid, die zu dem verwegensten Dienste erlesen sind? In den nächsten Minuten schon schreiten wir über den Leib eines lebendigen oder toten Huronen.“

„Ich bin mit dem Mädchen, das Ihr sucht, weit gewandert, in Freud und Leid, und obgleich ich kein Kriegsmann bin, so wollte ich für sie doch gerne einen Streich führen", versetzte David, dessen sonst ruhige Augen von ungewöhnlichem Feuer glänzten.

Der Kundschafter zögerte. „Ihr wißt ja keine Waffe zu gebrauchen!"

„Ich habe das Beispiel des jüdischen Knaben nicht vergessen", erwiderte David, eine Schleuder unter seiner Kleidung hervorziehend. „Mit diesem alten Kriegswerkzeug bin ich in meiner Jugend viel umgegangen."

„Nun", sprach Falkenauge, den Riemen mit kaltem Auge betrachtend, „das Ding möchte gegen Bogen und selbst gegen Messer seine Stelle ausfüllen, diese Mingos aber sind von den Franzmännern mit guten Büchsen versehen worden. Doch da es Euch einmal gegeben zu sein scheint, unversehrt im Feuer zu bleiben, und Ihr bisher so begünstigt wart – Sänger, Ihr mögt uns begleiten, wir können Euch beim Kriegsgeschrei brauchen. Merkt's Euch aber", setzte er hinzu, „es geht zum Kampf, nicht zum Musizieren. Ehe das allgemeine Kriegsgeschrei ertönt, darf hier nur die Büchse sprechen."

David nickte, dann warf Falkenauge noch einen Blick auf seine Gefährten und gab das Zeichen weiterzuziehen.

Ihr Marsch folgte eine Meile weit dem Bett des Gewässers, dann machte der Kundschafter wieder halt. „Wir werden allem Anschein nach einen guten Tag zum Gefecht haben", bemerkte er zu Heyward, während er zu den Wolken aufschaute, die am Firmament dahinzogen. „Eine glänzende Sonne und ein blinkendes Rohr sind keine Freunde eines richtigen Zielens. Alles begünstigt uns: Sie haben den Wind, der uns den Schall von ihnen herweht, und den Rauch dazu, was bedeutet, daß wir nach jedem Schuß freie Sicht haben. Aber hier ist's am Ende mit unserem Versteck; seit Jahrhunderten haben die Biber hier das Wasser innegehabt, und wie Ihr seht, sind wohl manche toten Stämme, aber nur wenig grünende Bäume zu erblicken."

Falkenauge wußte, daß das Huronenlager nur eine kurze halbe Meile weiter oben am Bache lag, und er fühlte große Unruhe darüber, daß er nicht die geringste Spur des Feindes finden konnte. Endlich beschloß er, seiner Ungeduld folgend, die Sache zu einer Entscheidung zu führen und mit seinen Leuten hervorzutreten.

Auf sein Signal schlich der ganze Trupp am Ufer herauf und sammelte sich um ihn. In die Richtung, die er gewählt hatte, weisend, ging Falkenauge voran; der Trupp folgte seinen Fußstapfen. Kaum aber hatten sie sich bloßgestellt, als sich in ihrem Rücken eine Salve von einem Dutzend Büchsen hören ließ. Ein Delaware sprang hoch in die Luft und stürzte tot zu Boden.

„Ach! Eine solche Teufelei hab ich gefürchtet!" rief der Kundschafter englisch und fuhr in delawarischer Sprache fort: „Geht in Deckung, Freunde, gebt Feuer!"

Der Trupp gehorchte, und ehe Heyward sich von seiner Überraschung erholt hatte, waren die Huronen bereits zurückgewichen. Der Kundschafter machte den Anfang, die Feinde immer weiter zurückzutreiben, indem er seine Büchse losschoß und von Baum zu Baum vorsprang.

Der Angriff wurde, wie es schien, nur von einer sehr kleinen Abteilung der Huronen gemacht; ihre Zahl nahm aber zu, als sie sich zu ihren Kameraden zurückzogen. Der Kampf wurde hitzig und blieb auf einer Stelle. Nur wenige wurden verwundet, da beide Parteien sich soviel wie möglich durch die Bäume gedeckt hielten. Falkenauge kam jedoch mit seinen Leuten allmählich immer mehr in Nachteil.

Sie mußten schon fürchten, von dem ganzen feindlichen Stamm eingeschlossen zu werden, da hörten sie Schlachtgeschrei. Es kam aus der Gegend, wo Unkas sich aufgestellt hatte. Dies entlastete Falkenauge und seine Freunde sehr. Es schien, als sei sein eigener Überfall vorausgesehen worden und deshalb fehlgeschlagen; dagegen mochte der Feind zu wenig Streitkräfte zurückgelassen haben, um dem Angriff des jungen Mohikaners zu widerstehen. Da sich der Kampf nun schnell aus dem Wald heraus zum Dorfe zog, eilten viele Huronen von Falkenauges gegnerischer Gruppe weg, um an diesem Hauptpunkt der Verteidigung zu kämpfen.

Falkenauge gab jetzt die Weisung, auf den Feind loszustürzen. Die Huronen mußten sich in ein Dickicht zurückziehen. Hier spann sich der Streit hartnäckig fort, es sah aus, als ob mit zweifelhaftem Ausgang. Von den Delawaren wurde zwar niemand getötet, aber ihr Blut floß reichlich. In diesem bedenklichen Augenblick gelang es Falkenauge, hinter den Baum zu schlüpfen, der auch Heyward deckte; die meisten seiner Krieger waren im Bereich seiner Stimme etwas zur Rechten, wo sie ein rasches, aber wirkungsloses Feuer auf ihre geschützten Feinde unterhielten.

„Ihr seid ein junger Mann, Major!“ sprach der Kundschafter, während er des Wildtöters Kolben auf die Erde senkte und sich etwas erschöpft auf das Rohr stützte, „und es kann Euch einmal beschieden werden, Truppen gegen diese Schelme zu führen. Hier habt Ihr die ganze Philosophie eines Indianerkampfes! Sie besteht hauptsächlich in einem scharfen Auge und einer guten Deckung. Ein Sturmangriff behagt mir nicht. Ein solcher Versuch kostet immer ein paar Skalpe. Und doch“, setzte er hinzu, während er den Kopf beiseite neigte, um den Tönen des Kampfes zu lauschen, „und doch müssen wir die Schelme vor uns loswerden, wenn wir Unkas etwas nützen wollen!“

Hierauf wandte er sich schnell und mit entschlossener Miene ab und rief laut seinen Indianern in ihrer Sprache etwas zu. Seine Worte wurden von einem Geschrei erwidert, und jeder Krieger glitt schnell um den Baum, hinter dem er stand. Der Anblick so vieler dunkler Gestalten veranlaßte die Huronen zu schnellem und deshalb unwirksamem Feuern. Ohne einen Augenblick zu verlieren, sprangen die Delawaren in langen Sätzen dem Walde zu wie Panther, die sich auf ihre Beute stürzen. Falkenauge war voran, seine furchtbare Büchse schwingend. Einige der älteren Huronen hatten sich durch die List, die sie zum Feuern hatte verleiten sollen, nicht betören lassen und gaben jetzt eine geschlossene und tödliche Salve ab. Die Besorgnis des Kundschafters bewahrheitete sich; denn drei seiner vordersten Krieger fielen. Allein dieser Schlag konnte die Angreifenden nicht aufhalten. Die Angegriffenen wichen zurück, bis sie den Rand des Dickichts erreicht hatten, unter dessen Schutz sie sich mit einer Hartnäckigkeit festsetzten, wie man sie bei gehetztem Wild oft findet.

In diesem Augenblick, da der Erfolg des Kampfes wieder zweifelhaft wurde, ließ sich ein Flintenknall vernehmen, und eine Kugel pfiff von den Biberhütten her, die an der Lichtung im Hintergrund standen, und gleich darauf ertönte ein wildes, schreckenerregendes Schlachtgeheul.

„Hier spricht der Sagamore!“ rief Falkenauge freudig, das Geschrei erwidernd, „wir haben sie jetzt von vorn und von hinten!“

Der Eindruck auf die Huronen zeigte sich augenblicklich. Entmutigt durch Angriffe von einer Seite her, die ihnen auch das letzte Versteck abschnitt, stießen sie ein Geschrei der Verzweiflung aus, stoben auseinander und eilten zerstreut über die Lichtung hin, auf nichts anderes als auf die Flucht bedacht. Manche fielen unter den Kugeln der verfolgenden Delawaren.

Wir halten uns nicht dabei auf, das Zusammentreffen des Kundschafters mit Chingachgook oder das noch rührendere Wiedersehen Duncans und Munros zu beschreiben. Wenige eilige Worte reichten hin, beide Teile mit dem Stand der Dinge bekannt zu machen; Falkenauge stellte den Sagamoren seine Gefährten vor und legte den Oberbefehl in die Hände des Mohikanerhäuptlings. Chingachgook übernahm diese Stellung, zu der ihn Geburt und Erfahrung berechtigten, und führte den Zug durch das Dickicht zurück auf eine kleine Fläche, auf der einzelne Bäume standen. Vor ihnen fiel das Land jäh ab, und unterhalb breitete sich ein enges Waldtal mehrere Meilen weit aus. In diesem dichten, finsteren Wald war Unkas mit der Hauptmacht der Huronen immer noch im Kampf begriffen.

Der Mohikaner und seine Freunde horchten mit geübtem Ohr auf das Getöse des Kampfes. „Das Gefecht kommt den Abhang herauf“, sagte Duncan. „Wir sind im Mittelpunkt ihrer Linie.“

„Sie werden sich nach dem Hohlweg zurückziehen, wo sie besser geschützt sind“, erklärte der Kundschafter, „und dann können wir sie gerade in der Flanke nehmen. Geh, Sagamore, führe die jungen Krieger voran. Ich will in diesem Scharmützel neben Kriegern von meiner eigenen Farbe fechten. Mohikaner, kein Hurone soll dir über die Anhöhe in den Rücken kommen, ohne daß mein Wildtöter dazwischentritt.“

Kugeln von Freund und Feind fielen jetzt klatschend ins Laub auf dem Boden. Falkenauge und seine drei Begleiter zogen sich einige Schritte in ein Dickicht zurück und erwarteten den

Ausgang mit Ruhe. Bald darauf verloren die Flintenschüsse das Echo der Wälder und klangen, als würden sie in die freie Luft abgefeuert. Dann erschienen vereinzelt Krieger, die bis zum Saum des Waldes getrieben worden waren und hier wieder Fuß faßten. Immer mehr sammelten sich, bis eine lange Linie schwarzer Gestalten hinter dieser letzten Deckung Schutz suchte. Heyward wurde ungeduldig und wandte sein Auge Chingachgook und seiner Gruppe zu. Der Häuptling saß auf einem Felsen und betrachtete das Schauspiel, als ob er hier nur als Zuschauer seine Stellung eingenommen hätte.

„Es ist Zeit für den Delawaren loszuschlagen", sagte Duncan.

„Nicht doch, nicht doch!" entgegnete der Kundschafter. „Wenn er seine Freunde wittert, wird er sie schon wissen lassen, daß er da ist. Seht! seht! die Schelme schließen sich dort in jenen Fichten zusammen wie Bienen nach dem Schwärmen. Bei Gott, eine Squaw könnte eine Kugel in die Mitte eines solchen Knäuels von dunkeln Häuten jagen!"

In diesem Augenblick erscholl Kriegsgeschrei, und ein Dutzend Huronen fielen durch Chingachgook und seiner Leute Feuer. Das Geschrei, das nun folgte, wurde von einem einzelnen Kriegsruf aus dem Wald beantwortet, und dann erfüllte ein Geheul die Luft, als ob tausend Kehlen sich dazu vereinigt hätten. Die Huronen stutzten, verließen das Zentrum ihrer Linie, und Unkas brach an der Spitze von hundert Kriegern aus dem Wald hervor in die entstandene Öffnung.

Mit den Händen rechts und links winkend, zeigte der junge Häuptling seinen Gefährten den Feind, und sie trennten sich sofort bei der Verfolgung. Der Kampf war jetzt geteilt, beide Flügel der durchbrochenen Huronenreihe suchten wieder Schutz im Wald, hart bedrängt von den Kriegern der Lenapen. Kaum war eine Minute vergangen, als sich das Getöse schon nach verschiedenen Richtungen hin unter dem Widerhall der Waldgewölbe entfernte. Eine kleine Schar Huronen hatte es jedoch verschmäht, einen Schutz zu suchen, und zog gleich bedrängten Löwen langsam und düster die Anhöhe hinan. Magua ragte unter ihnen durch sein wildes, trotziges Aussehen und die stolze Herrschermiene, die er noch immer behauptete, hervor.

In seiner Hast, die Verfolgung zu beschleunigen, war Unkas

fast allein geblieben; sobald aber sein Auge die Gestalt Le Subtils traf, war alle Vernunft vergessen. Er erhob sein Schlachtgeschrei, das sechs oder sieben Krieger an seine Seite rief, und stürzte auf den Feind. Le Renard hielt mit heimlicher Freude, um ihn zu erwarten. In dem Augenblick aber, da er den jungen Gegner durch ein so tollkühnes Ungestüm in seine Hände gegeben glaubte, ertönte ein neues Geschrei, und La Longue Carabine eilte, von seinen weißen Gefährten begleitet, zur Hilfe herbei. Der Hurone zog sich sogleich eilig zurück.

Zu Grüßen oder Glückwünschen war keine Zeit. Unkas setzte mit Windeseile die Verfolgung fort. Umsonst ermahnte ihn Falkenauge, sich gedeckt zu halten. Der junge Mohikaner trotzte dem gefährlichen Feuer seiner Feinde und zwang sie bald zu einer Flucht, die seiner Eile an Schnelligkeit gleichkam. Zum Glück war ihr Rennen von kurzer Dauer, sonst hätte der Delaware alle seine Begleiter zurückgelassen und wäre ein Opfer seiner Verwegenheit geworden. Aber ehe ein solches Unglück eintreten konnte, hatten Verfolger und Verfolgte das Dorf erreicht, einander so nahe, daß sie handgemein werden konnten.

Durch den Anblick ihrer Wohnungen aufgestachelt, machten die Huronen halt und fochten mit der Wut der Verzweiflung. Der Kampf glich einem zerstörenden Sturmwind, und bald bedeckte sich der Boden mit Feinden. Immer aber entging Magua, obgleich er sich unerschrocken bloßstellte, allen Angriffen auf sein Leben. Als er seine Genossen gefallen sah, stürzte er, nur von zwei Freunden begleitet, die allein noch am Leben waren, von dem Kampfplatz und überließ es den Delawaren, die Köpfe der Toten des blutigen Siegeszeichens zu berauben.

Unkas aber, der ihn vergeblich in dem Gewühl gesucht hatte, stürzte fort, um ihn zu verfolgen; Falkenauge, Heyward und David flogen ihm nach. Magua sprang in ein Dickicht, verfolgt von seinen Feinden, und schlüpfte plötzlich in die Höhle, die unsere Leser bereits kennen.

Falkenauge erhob jetzt ein Siegesgeschrei und erklärte laut, daß ihr Opfer ihnen jetzt gewiß sei. Die Verfolger stürzten in den langen Gang, um einen flüchtigen Schein von den forteilenden Huronen zu erhaschen. Während sie durch die Höhle stürmten, flohen unter Geschrei Hunderte von Weibern und Kindern vor ihnen her, die sich hierher gerettet hatten. Der Ort glich in dem ungewissen Dämmerlicht den Schattenregionen der Unterwelt, durch die Scharen unseliger Geister und wilder Dämonen durcheinanderjagten. Für einen Augenblick glaubten sie, die Spur verloren zu haben, als am fernen Ende eines Ganges, der auf den Berg zu führen schien, ein weißes flatterndes Kleid sichtbar wurde.

„Es ist Cora!" rief Heyward.

„Cora! Cora!" wiederholte Unkas, während er vorwärtsstürzte.

„Mut, Lady. Wir kommen!" schrie der Kundschafter.

Die Verfolgung erneuerte sich mit Eifer. Der Weg aber wurde rauh, an einigen Stellen beinahe ungangbar. Unkas warf seine Büchse weg und sprang mit Sturmeseile vorwärts. Heyward folgte rasch seinem Beispiel. Beide wurden aber augenblicklich daran erinnert, daß ihr Beginnen Torheit war; denn eine Kugel brachte dem jungen Mohikaner eine leichte Wunde bei.

„Wir müssen ihnen auf den Leib!" sprach der Kundschafter, während er mit einem verzweifelten Sprung seine Freunde hinter sich zurückließ: „Die Schufte schießen uns alle weg; und seht, sie halten das Mädchen als Schild vor sich!"

Sie konnten sehen, wie Cora von den zwei Kriegern fortgetragen wurde, während Magua voranging. Unkas und Heyward machten Anstrengungen, die übermenschlich zu nennen waren, und stürzten noch rechtzeitig genug aus der Höhle, um zu erkennen, daß der Weg die Anhöhe hinaufführte. Sie kamen in kurzer Zeit über Felsen weg, die unter anderen Umständen für unüberwindbar gehalten worden wären. Aber das Ungestüm der jungen Männer wurde belohnt: Die Huronen, durch Cora behindert, wurden langsamer.

„Halt, Hund von einem Huronen!" rief Unkas aus, seinen blinkenden Tomahawk gegen Magua schwingend. „Ein Delaware gebietet dir Halt!"

„Ich geh nicht weiter!" rief Cora, während sie unerwartet an einem Felsvorsprung stehenblieb, der über einem tiefen Abgrund nahe dem Gipfel des Berges hing. „Töte mich, wenn du willst, abscheulicher Hurone! Ich geh nicht weiter!"

Die Wilden, die das Mädchen trugen, erhoben bereitwillig

ihre Tomahawks mit ruchloser Freude, aber Magua wehrte ihren Armen. Er zog sein Messer und wandte sich an die Gefangene. „Weib“, sprach er, „wähle: Le Subtils Wigwam oder sein Messer!“

Cora achtete nicht auf ihn. Sie warf sich auf die Knie, erhob Augen und Arme zum Himmel und sprach mit sanfter, aber vertrauensvoller Stimme: „Dein bin ich! Tu mit mir nach Deinem Ratschluß!“

„Weib!“ wiederholte Magua, während er vergeblich einen Blick aus ihren Augen zu erhaschen suchte, „wähle!“

Aber Cora beachtete nicht, was er sprach. Jede Fiber zitterte an ihm; er hob seinen Arm, ließ ihn aber mit einem Ausdruck der Verwirrung wieder sinken wie einer, der zweifelte. Noch einmal kämpfte er mit sich und hob die scharfe Waffe empor – da hörte man aus der Höhe herab ein durchdringendes Geschrei. Unkas erschien und sprang wie ein Wahnsinniger von einer furchtbaren Höhe auf den Felsvorsprung herab. Magua fuhr einen Schritt zurück, und einer seiner Begleiter benutzte den Augenblick, Cora sein Messer ins Herz zu stoßen.

Der Hurone sprang wie ein Tiger auf seinen verwegenen Landsmann los; der herabstürzende Unkas aber trennte die unnatürlichen Gegner. Dadurch in Raserei versetzt, stieß Magua dem auf dem Boden liegenden Delawaren teuflisch jauchzend das Messer in den Rücken. Aber Unkas erhob sich von dem Stoß wie ein verwundeter Panther und streckte mit letzter Anstrengung Coras Mörder zu seinen Füßen nieder. Dann wandte er einen finstern Blick auf Le Subtil, und sein Auge verriet, was er getan haben würde, hätten ihn nicht seine Kräfte verlassen. Magua ergriff den kraftlosen Arm des Delawaren und stieß ihm dreimal sein Messer in die Brust; dann erst fiel das Opfer, den Blick immer noch mit einem Ausdruck tiefster Verachtung auf den Feind geheftet, tot zu seinen Füßen nieder.

„Erbarmen! Erbarmen, Hurone!“ rief Heyward von oben in Tönen, die vor Entsetzen beinahe erstickten, „hab Erbarmen, und du sollst Erbarmen finden!“

Der siegreiche Magua stieß ein so grimmiges, wildes, frohlockendes Geschrei aus, daß es bis zu den Ohren der Krieger drang, die tausend Fuß unter ihm im Tale waren. Ein Schrei aus dem Mund des Kundschafters antwortete. Dessen hohe Gestalt wurde in diesem Augenblick sichtbar, wie sie über die gefahrvollen Felsenklippen mit kühnem Schritt auf ihn zueilte. Als aber der Jäger die Szene des grauenhaften Mordes erreicht hatte, waren die Toten allein auf dem Felsvorsprung.

Sein kühnes Auge warf einen einzigen Blick auf die Schlachtopfer und überschaute dann die vor ihm ansteigende Felsenhöhe. Auf ihrem höchsten Rand stand in furchtbar drohender Haltung eine Gestalt mit hoch erhobenen Armen. Ohne die Person näher zu betrachten, erhob Falkenauge seine Büchse; aber ein Felsstück, das sie einem der zwei Flüchtlinge unten auf den Kopf warf, verriet, daß es der ehrliche Gamut war. Jetzt übersprang Magua einen weiteren Felsenriß und klomm an einer Stelle, wo Davids Arm ihn nicht erreichen konnte, den Felsen hinan. Noch ein einziger Sprung hätte ihn über den Abhang gebracht, und er wäre in Sicherheit gewesen. Ehe er jedoch den Anlauf nahm, hielt er inne, schüttelte die Hand gegen den Kundschafter und schrie: „Die Bleichgesichter sind Hunde! Die Delawaren sind Weiber! Magua läßt sie auf den Felsen, den Krähen zur Speise!“

Unter heiserem Gelächter tat er einen verzweifelten Sprung, erreichte aber das Ziel nicht, obwohl seine Hände im Fallen noch ein Gestrüpp am Rand der Höhe erreicht hatten. Falkenauge drückte sich zusammen wie ein wildes Tier, das im Begriff ist, einen Sprung zu machen; seine ganze Gestalt zitterte so gewaltig, daß die Mündung der halberhobenen Büchse wie ein Blatt im Winde spielte. Magua ließ seinen Leib auf Armeslänge heruntergleiten und fand ein Felsstück, auf dem seine Füße ruhen konnten. Dann bot er alle seine Kräfte zu einem neuen Versuch auf, der ihm auch soweit gelang, daß er sich mit den Knien auf den Rand des Berges zu schwingen vermochte. Jetzt zog der Kundschafter die Büchse an die Schulter und drückte ab. Die Arme des Huronen verließen ihren Halt, sein Leib fiel ein wenig zurück, während seine Knie noch in ihrer Lage blieben. Einen unversöhnlichen Blick auf den Feind wendend, schüttelte er in grimmigem Trotz die Hand. Aber sein letzter Halt schwand, und einen Augenblick später sah man die Gestalt kopfüber die Luft durchschneiden, dem Verderben entgegen.

Dreizehntes Kapitel

Die aufgehende Sonne fand die Lenapen am nächsten Tag als ein Volk voll Trauer. Die Töne der Schlacht waren verklungen. Ihr alter Haß gegen die Mingos war durch die Vernichtung einer ganzen Stammgemeinde reichlich gesättigt. Und doch war kein Jubellaut, kein Triumphgesang zu hören.

Die Wohnungen waren verlassen: Alle hatten sich in tiefem Schweigen versammelt – ein breiter Ring ernsthaft blickender Gesichter. Sechs delawarische Mädchen standen abseits und streuten von Zeit zu Zeit süß duftende Kräuter und Waldblumen auf eine Sänfte. Sie enthielt unter einem Leichentuch aus indianischen Gewändern die irdischen Überreste der hochsinnigen, edelmütigen Cora. Zu ihren Füßen saß der trostlose Munro, sein Haupt in Schmerz gebeugt, Gamut stand mit gesenktem Kopf an seiner Seite, und Heyward sah man nicht weit davon; er war bemüht, die Ausbrüche des Schmerzes niederzuhalten. Alice war nicht da, sie weinte einsam in einer Hütte.

Eine andere Trauergruppe nahm das entgegengesetzte Ende dieser Fläche ein. Dort saß Unkas, wie wenn er noch am Leben wäre, Gestalt und Haltung voll Würde und Anstand, mit dem glänzenden Zierat geschmückt. Reiche Federn rollten von seinem Haupte; Wampum, Hals- und Armgeschmeide, Denkmünzen schmückten ihn in verschwenderischer Fülle, aber sein erstorbenes Auge und seine leblosen Züge widersprachen nur zu sehr der stolzen Absicht eines so eitlen Schmuckes.

Gerade vor dem Toten saß Chingachgook und schaute fest und kummervoll auf das kalte, leblose Antlitz seines Sohnes. Der Kundschafter stand dicht daneben, in nachdenklicher Stellung auf seine todbringende Waffe gelehnt, während Tamenund einen erhöhten Platz einnahm, von dem er die von Gram gebeugte Versammlung überblicken konnte.

In dem inneren Rand des Kreises stand ein Offizier in französischer Uniform; außerhalb hielt sein Schlachtroß, von einer Anzahl berittener Diener umgeben, die sich, wie es schien, auf eine Reise bereitet hatten. Der Anzug des Fremden zeigte, daß er in der nächsten Umgebung des Statthalters von Kanada eine angesehene Stellung innehatte. Es war wohl seine Absicht gewesen, Frieden zu stiften, und er mußte nun ein schweigsamer Zeuge der traurigen Früchte eines Streites sein, dem vorzubeugen er zu spät gekommen war.

Die Menge verharrte in atemlosem Schweigen. Endlich streckte der Weise der Delawaren einen Arm aus, stützte sich auf die Schultern seiner Begleiter und erhob sich mit einem Ausdruck von Schwäche. „Männer der Lenapen!" sprach er in hohlen, fast weissagenden Tönen. „Manitus Gesicht ist hinter einer Wolke! Ihr seht ihn nicht, und doch ist sein Urteilsspruch vor euern Augen."

Als diese furchtbare Ankündigung in die Ohren der Zuhörer drang, begannen murmelnde Stimmen eine Art von Gesang zu Ehren der Toten. Die Worte hatten keinen geordneten Zusammenhang; wenn ein Mädchen aufhörte, setzte ein anderes die Wehklage fort. Das erste Mädchen, das nach ihrem Rang für diese Aufgabe ausgewählt worden war, begann die Qualitäten des toten Kriegers zu loben. Sie nannte ihn den Panther seines Stammes und schilderte ihn als einen, dessen Sprung dem des jungen Hirsches geglichen habe, dessen Auge glänzender als ein Stern in dunkler Nacht gewesen sei.

Dann wendeten sich die andern Mädchen mit sanfter, weicher Stimme Cora zu, die das irdische Leben mit ihm verlassen hatte, worin der Wille des Großen Geistes so klar zum Ausdruck komme, daß er nicht zu übersehen sei. Sie ermahnten ihn, gut zu ihr zu sein und Nachsicht walten zu lassen gegenüber ihrer Unwissenheit in jenen Künsten, die zum Wohle eines Kriegers seiner Qualität so nötig waren. Sie beschrieben ihre einmalige Schönheit, ihre edle Standhaftigkeit und fügten hinzu, daß diese Gaben irgendwelche kleine Mängel in ihrer Erziehung aufwiegen sollten. Nun sprachen die Mädchen in stetem Wechsel Cora wieder alleine an. Sie ermunterten sie, fröhlichen Sinnes zu sein und nichts zu fürchten. Ein Jäger werde ihr Gefährte sein und für sie sorgen, ein Krieger ihr zur Seite stehen, der sie gegen Gefahr zu schützen wisse. Sie versicherten ihr, die gesegneten Jagdgefilde der Lenapen enthielten so anmutige Täler, so liebliche Blumen wie der Himmel der Bleichgesichter. Wieder zu dem Mohikaner und dessen Tugenden übergehend, rühmten sie ihn als edel, männlich und großherzig. Danach gaben sie zu erkennen, daß sie die geheime Neigung seines Herzens erraten hatten. Die Delawarenmädchen hatten keine Gnade vor seinen Augen gefunden – die „weiße Lilie" zog ihn an. Und sie priesen die Liebe der beiden Verschiedenen, die nun für immer glücklich vereint waren.

Alle Delawaren lauschten wie verzaubert den Elegien. Der Kundschafter, der als einziger der anwesenden Weißen die Worte verstand, neigte den Kopf, um besser zu hören. Für Heywards und Munros Selbstbeherrschung war es gut, daß sie die Bedeutung des Gesagten nicht kannten.

Nachdem die Mädchen verstummt waren, trat einer der angesehensten Krieger vor Unkas hin und sprach ihn an: „Wer, der dich in der Schlacht gesehen hat, wollte glauben, du könntest sterben? Deine Beine waren wie Adlerschwingen, und dein Arm wog schwerer als fallende Fichtenäste. Warum hast du uns verlassen, Stolz der Wapanachki?"

Ihm folgten der Reihe nach andere, bis die meisten der hohen und begabten Männer der Nation durch die Rede oder im Gesang Lobpreisungen dargebracht hatten.

Einer der ältesten Häuptlinge gab jetzt den sechs Mädchen ein Zeichen. Dem Winke gehorchend, erhoben sie die Bahre, auf der Cora lag. Munro fuhr zusammen, dann erhob er sich und folgte dem Zug mit der Miene eines Soldaten. Seine Freunde drängten sich mit einem Ausdruck des Kummers um ihn her. Selbst der junge französische Offizier schloß sich an. Als sich aber die Weiber des Stammes dem Zuge angereiht hatten, bildeten die Männer der Lenapen den Kreis um Unkas' Leiche wieder so ernst, so regungslos wie zuvor.

Die Stelle, die sie für Coras Grab gewählt hatten, war ein kleiner Hügel, auf den junge Fichten Schatten warfen. An dem Platz angekommen, setzten die Mädchen ihre Last nieder und warteten auf irgendein Zeichen der Zustimmung zu dem Platz von denen, deren Gefühle am meisten beteiligt waren. Endlich sprach der Kundschafter, der allein ihre Gebräuche verstand, in ihrer Mundart: „Was meine Töchter getan haben, ist gut; die weißen Männer danken ihnen."

Zufrieden mit diesem Zeugnis, schickten sich die Mädchen an, die Leiche in eine Art Sarg aus Birkenrinde zu legen, und senkten ihn dann in die letzte Behausung hinab. Jetzt wandte sich der Kundschafter wieder an sie: „Meine jungen Weiber haben genug getan“, sprach er. „Der Geist eines Bleichgesichtes bedarf keiner Speise noch Kleidung. Sie haben, was sie in dem Himmel ihrer Farbe bedürfen. Ich sehe“, fuhr er fort, einen Blick auf David werfend, der mit seinem Buch beschäftigt war, „daß einer reden will, der die christlichen Gebräuche besser kennt als ich!“

Die Mädchen, die bisher eine Hauptrolle gespielt hatten, traten nun bescheiden beiseite und schauten zu, während David die frommen Gefühle seines Herzens im Gesange ergoß. Als jedoch der Schluß des Gesanges verhallt war, verrieten die schüchternen Blicke der Versammelten, daß man von dem Vater der Verstorbenen einige Worte erwartete. Munro schien dies zu fühlen. Er entblößte sein graues Haupt und schaute um sich. Dann winkte er dem Kundschafter und sprach:

„Sagt diesen guten, liebreichen Mädchen, daß ein schwacher Greis, dessen Herz gebrochen, ihnen seinen Dank abstattet. Sagt ihnen, daß das Wesen, das wir alle verehren, wenn auch unter verschiedenen Namen, ihrer Liebe gedenken wird: daß die Zeit nicht fern sein kann, wo wir alle ohne Unterschied des Ranges oder der Farbe um seinen Thron versammelt sein werden.“

Der Kundschafter hörte auf diese Worte und wandte sich dann den Weibern zu und drückte ihnen Munros Dankbarkeit aus. Munros Haupt war auf seine Brust gesunken, da wagte es der junge Franzose, seinen Ellbogen leicht zu berühren. Als er die Aufmerksamkeit des trauernden alten Mannes gewonnen hatte, wies er auf einen Trupp junger Indianer, die mit einer leichten, aber dicht verschlossenen Sänfte nahten, und deutete dann aufwärts zur Sonne.

„Ich verstehe Sie, mein Herr!“ versetzte Munro im Ton erzwungener Festigkeit. „Es ist der Wille des Himmels, und ich unterwerfe mich. Cora, mein Kind! Wenn die Gebete eines Vaters, dessen Herz gebrochen ist, dir jetzt helfen könnten, wie selig solltest du sein! – Kommen Sie, meine Herren!“ fuhr er fort, mit einer Stimme stolzer Fassung. „Wir haben hier nichts mehr zu tun; laßt uns gehen!“

Während seine Begleiter zu Pferde stiegen, fand Heyward aber noch Zeit, dem Kundschafter die Hand zu drücken und ihm ihre Übereinkunft noch einmal ins Gedächtnis zu rufen, sich wieder in den Forts des britischen Heeres zu treffen. Dann warf er sich in den Sattel und lenkte sein Schlachtroß an die Seite der Sänfte, aus der ihm ein leichtes, halb unterdrücktes Schluchzen die Gegenwart Alices verkündete. Munro senkte wieder das Haupt auf die Brust. Heyward und David folgten in düsterem Schweigen. So entschwanden alle Weißen mit Ausnahme Falkenauges den Augen der Delawaren und waren bald von den endlosen Wäldern des Landes verschluckt.

Das Band gemeinschaftlich erlittenen Unglücks aber, das diese einfachen Waldbewohner mit dem Fremden vereinte, konnte sich nicht so bald lösen. Jahre vergingen, ehe die sagenhafte Geschichte von dem weißen Mädchen und dem jungen Krieger der Mohikaner aufhörte, den Delawaren lange Nächte zu verkürzen. Auch diejenigen, die in diesen bedeutenden Erlebnissen eine weniger hervorragende Rolle gespielt hatten, wurden nicht vergessen. Durch den Kundschafter erfuhren sie nach Jahren, daß das Graue Haupt bald zu seinen Vätern versammelt worden sei und daß der junge Major seine Tochter weit hinweg nach den Niederlassungen der Bleichgesichter geführt habe, wo ihre Tränen endlich aufgehört hätten zu fließen, dem lieblichen Lächeln weichend, das ihrer heiteren Natur besser ziemte.

Doch zurück zur Geschichte. Als Falkenauge von den abreisenden Weißen Abschied genommen hatte, kam er noch eben zurecht, einen Abschiedsblick auf die Züge von Unkas zu werfen, den die Delawaren bereits in seine letzten Pelzgewänder hüllten. Sie hielten eine Weile inne, um dem Weidmann den Blick der Sehnsucht zu gönnen, und dann wurde der Leib eingehüllt, um nie mehr aufgedeckt zu werden. Es folgte ein zweiter feierlicher Zug, und die ganze Nation versammelte sich um das Grab des Häuptlings. Die Leiche wurde in ruhender Stellung niedergelassen, das Gesicht gegen die aufgehende Sonne gerichtet, neben ihm seine Kriegs- und Jagdgeräte, bereit für die letzte große Reise.

Die Wünsche des Volkes erratend, öffnete Chingachgook seine fest zusammengepreßten Lippen, und zum ersten Male während der langen Zeremonie ließ sich seine Stimme deutlich vernehmen. „Warum trauern meine Brüder?“ sprach er. „Warum weinen meine Töchter? Weil ein junger Krieger in die glücklichen Jagdgefilde gegangen ist – weil ein Häuptling seine Zeit mit Ehren erfüllt hat? Er war gut, er war pflichttreu, er war tapfer. Manitu hatte einen solchen Krieger nötig, und er hat ihn abgerufen. Was mich betrifft, den Sohn und den Vater eines Unkas', so bin ich eine abgeschälte Fichte in einer Lichtung der Bleichgesichter. Mein Geschlecht ist geschieden von den Gestaden des Salzsees und von den Bergen der Delawaren. Ich bin allein –“

„Nein, nein“, rief Falkenauge, der voller Teilnahme auf seinen Freund geschaut hatte, „nein, Sagamore, nicht allein. Unsre Gaben und unsere Farbe mögen verschieden sein, aber Gott hieß uns auf demselben Pfad miteinander wandeln. Ich habe keinen Verwandten und kann gleich dir sagen: Ich habe auch kein Volk. Er war dein Sohn, und es mag sein, daß dein Blut näher ist – aber wenn ich je den Jungen vergesse, der im Krieg so oft neben mir gefochten, im Frieden an meiner Seite geruht hat, so soll Er, der uns alle erschuf, wie auch unsere Farbe oder unsere Natur sein mag – meiner vergessen! Der Junge hat uns für eine Weile verlassen, aber, Sagamore, du bist nicht allein!“

Chingachgook ergriff die Hand, die ihm der Kundschafter in der Wärme seines Gefühls über die frische Erde hinüberstreckte, und in dieser Stellung der Freundschaft neigten die beiden unerschrockenen Weidmänner ihre Häupter, heiße Tränen rollten auf das Grab nieder.

Mitten in dem ehrfurchtsvollen Schweigen, mit dem ein solcher Ausbruch der Empfindung der zwei berühmten Krieger aufgenommen wurde, erhob Tamenund seine Stimme, um das Volk zu entfernen: „Es ist genug!“ rief er. „Geht, Kinder der Lenapen, der Zorn Manitus hat sich noch nicht gelegt. Warum sollte Tamenund weilen? Die Bleichgesichter sind Herren der Erde, und die Zeit der Rothäute ist noch nicht wiedergekommen. Mein Tag ist zu lange gewesen. Am Morgen sah ich die Söhne Unamis glücklich und mächtig, und jetzt, bevor die Nacht eingebrochen ist, mußte ich leben, um den letzten Krieger von dem weisen Geschlecht der Mohikaner zu schauen!“

Knulp

Drei Geschichten aus dem Leben Knulps
von HERMANN HESSE

Illustrationen von Niklaus Stoecklin
Abdruck der ungekürzten Ausgabe
mit Genehmigung des Suhrkamp Verlages.

„Wenn ich nicht im Grunde ein sehr arbeitsamer Mensch wäre", schrieb Hermann Hesse 1928 in einem Brief, „wie wäre ich je auf die Idee gekommen, Loblieder und Theorien des Müßiggangs auszudenken. Die geborenen, die genialen Müßiggänger tun dergleichen bekanntlich niemals." Der Fahrtenbruder Knulp war ein genialer und liebenswürdiger Müßiggänger, aber geboren war er dazu nicht. Kurz vor seinem Sterben sagt er in einem Gespräch mit Gott, daß es damit angefangen habe, als er vierzehn Jahre alt war und die Franziska ihn im Stich gelassen habe. „Und dann ist irgend etwas in mir kaputtgegangen oder verpfuscht worden." Doch in dem Zwiegespräch sieht Knulp ein, wie schön und nützlich sein Leben gewesen ist, und hierbei sagt Hermann Hesse viel von dem, was ihm die heutige Jugend wieder dankbar abnimmt.

Der Dichter war mit vierzehn Jahren Seminarist im evangelisch-theologischen Seminar Maulbronn. Er war es anfangs gern, floh dann aber und brach damit den ihm als Sohn eines Missionars bestimmten Lebensweg ab. In seiner Geburtsstadt Calw wurde er Lehrling in einer Turmuhrenfabrik; ab 1895 erlernte er in Tübingen den Beruf des Buchhändlers. Der einzelgängerische, schlanke, junge Mann war bis 1903 in Basel im Buchhandel tätig; dann ermöglichte ihm der Erfolg des „Peter Camenzind" ein Leben als freier Schriftsteller, und er zog nach seiner Heirat an den Bodensee. In diesen Gaienhofener Jahren erschienen „Unterm Rad" und „Gertrud". 1915 kam „Knulp" heraus, das war mitten im ersten Weltkrieg, und der Dichter lebte schon seit drei Jahren in Bern. Sein endgültiges Domizil wurde ab 1919 Montagnola. Dort – hoch über dem Luganer See – schrieb er seine großen Spätwerke: „Der Steppenwolf" (das wohl einflußreichste Buch Hesses erschien 1927, als der Autor fünfzig Jahre alt wurde), „Narziß und Goldmund" (1930), weitere Gedichte und vor allem „Das Glasperlenspiel"(1943). Hermann Hesse, der 1946 den Nobelpreis erhielt, ist 1962 gestorben. Den Fortbestand seines großen Werkes in unserer schnellebigen Zeit mag ein Satz von Hermann Kasack erklären: „Das Herz, nicht der Intellekt, ist der Motor, die Kraft seines Schaffens."

Vorfrühling

ANFANG der neunziger Jahre mußte unser Freund Knulp einmal mehrere Wochen im Spital liegen, und als er entlassen wurde, war es Mitte Februar und scheußliches Wetter, so daß er schon nach wenigen Wandertagen wieder Fieber spürte und auf ein Unterkommen bedacht sein mußte. An Freunden hat es ihm nie gefehlt, und er hätte fast in jedem Städtchen der Gegend leicht eine freundliche Aufnahme gefunden. Aber darin war er sonderbar stolz, so sehr, daß es für eine Ehre gelten konnte, wenn er von einem Freund etwas annahm.

Diesmal war es der Weißgerber Emil Rothfuß in Lächstetten, dessen er sich erinnerte und an dessen schon verschlossener Haustüre er abends bei Regen und Westwind anklopfte. Der Gerber tat den Fensterladen im Oberstock ein wenig auf und rief in die dunkle Gasse hinunter: „Wer ist draußen? Hat's nicht auch Zeit, bis es wieder Tag ist?"

Knulp, als er die Stimme des alten Freundes hörte, wurde trotz aller Müdigkeit sofort munter. Er erinnerte sich an ein Verschen, das er vor Jahren gemacht hatte, als er einmal vier Wochen mit Emil Rothfuß zusammen gewandert war, und sang alsbald am Hause hinauf:

Es sitzt ein müder Wandrer
In einer Restauration,
Das ist gewiß kein andrer
Als der verlorne Sohn.

Der Gerber stieß den Laden heftig auf und beugte sich weit aus dem Fenster.

„Knulp! Bist du's oder ist's ein Geist?"

„Ich bin's!" rief Knulp. „Du kannst aber auch über die Stiege herunterkommen, oder muß es durchs Fenster sein?"

Mit froher Eile kam der Freund herab, tat die Haustüre auf und leuchtete dem Ankömmling mit der kleinen rauchenden Öllampe ins Gesicht, daß er blinzeln mußte.

„Jetzt aber herein mit dir!“ rief er aufgeregt und zog den Freund ins Haus. „Erzählen kannst du später. Es ist noch was vom Nachtessen übrig, und ein Bett kriegst du auch. Lieber Gott, bei dem Sauwetter! Ja, hast du denn auch gute Stiefel, du?“

Knulp ließ ihn fragen und sich wundern, schlug auf der Treppe sorgfältig die umgelitzten Hosenbeine herab und stieg mit Sicherheit durch die Dämmerung empor, obwohl er das Haus seit vier Jahren nimmer betreten hatte.

Im Gang oben, vor der Wohnungstüre, blieb er einen Augenblick stehen und hielt den Gerber, der ihn eintreten hieß, an der Hand zurück.

„Du“, sagte er flüsternd, „gelt, du bist ja jetzt verheiratet?“

„Ja, freilich.“

„Eben drum. – Weißt du, deine Frau kennt mich nicht; es kann sein, sie hat keine Freude. Stören mag ich euch nicht.“

„Ach was stören!“ lachte Rothfuß, tat die Türe weit auf und drängte Knulp in die helle Stube. Da hing über einem großen Eßtisch an drei Ketten die Petroleumlampe, ein leichter Tabakrauch schwebte in der Luft und drängte in dünnen Zügen nach dem heißen Zylinder hin, wo er hastig emporwirbelte und verschwand. Auf dem Tisch lag eine Zeitung und eine Schweinsblase voll Rauchtabak, und von dem kleinen schmalen Kanapee an der Querwand sprang mit halber und verlegener Munterkeit, als sei sie in einem Schlummer gestört worden und wolle es nicht merken lassen, die junge Hausfrau auf. Knulp blinzelte einen Augenblick wie verwirrt am scharfen Licht, sah der Frau in die hellgrauen Augen und gab ihr mit einem höflichen Kompliment die Hand.

„So, das ist sie“, sagte der Meister lachend. „Und das ist der Knulp, mein Freund Knulp, weißt du, von dem wir auch schon gesprochen haben. Er ist natürlich unser Gast und kriegt das Gesellenbett. Es steht ja doch leer. Aber zuerst trinken wir einen Most miteinander, und der Knulp muß was zu essen haben. Es war doch noch eine Leberwurst da, nicht?“

Die Meisterin lief hinaus, und Knulp sah ihr nach.

„Ein bißchen erschrocken ist sie doch“, meinte er leise. Aber Rothfuß wollte das nicht zugeben.

„Kinder habet ihr noch keine?“ fragte Knulp.

Da kam sie schon wieder herein, brachte auf einem Zinnteller die Wurst und stellte das Brotbrett daneben, das in seiner Mitte einen halben Laib Schwarzbrot trug, sorglich mit dem Anschnitt nach unten gestellt, und um dessen Ründung im Kreise die erhaben geschnitzte Inschrift lief: Gib uns heute unser täglich Brot.

„Weißt du, Lis, was der Knulp mich gerade gefragt hat?“

„Laß doch!“ wehrte dieser ab. Und er wandte sich lächelnd an die Hausfrau: „Also, ich bin so frei, Frau Meisterin.“

Aber Rothfuß ließ nicht nach.

„Ob wir denn keine Kinder haben, hat er gefragt.“

„Ach was!“ rief sie lachend und lief sogleich wieder davon.

„Ihr habet keine?“ fragte Knulp, als sie draußen war.

„Nein, noch keine. Sie läßt sich Zeit, weißt du, und für die ersten Jahre ist es ja besser. Aber greif zu, gelt, und laß dir's schmecken!“

Nun brachte die Frau den grau und blauen steingutenen Mostkrug herein und stellte drei Gläser dazu auf, die sie alsbald vollschenkte. Sie machte es geschickt, Knulp sah ihr zu und lächelte.

„Zum Wohl, alter Freund!“ rief der Meister und streckte Knulp sein Glas entgegen. Der war aber galant und rief: „Zuerst die Damen. Ihr wertes Wohl, Frau Meisterin! Prosit, Alter!“

Sie stießen an und tranken, und Rothfuß leuchtete vor Freude und blinzelte seiner Frau zu, ob sie auch bemerke, was sein Freund für fabelhafte Manieren habe.

Sie hatte es aber längst bemerkt.

„Siehst du“, sagte sie, „der Herr Knulp ist höflicher als du, der weiß, was der Brauch ist.“

„O bitte“, meinte der Gast, „das hält eben jeder so, wie er's gelernt hat. Was Manieren betrifft, da könnten Sie mich leicht in Verlegenheit bringen, Frau Meisterin. Und wie schön Sie serviert haben, wie im feinsten Hotel!“

„Ja gelt“, lachte der Meister, „das hat sie aber auch gelernt.“

„So, wo denn? Ist Ihr Herr Vater Wirt?“

„Nein, der ist schon lang unterm Boden, ich hab ihn kaum mehr gekannt. Aber ich habe ein paar Jahre lang im Ochsen serviert, wenn Sie den kennen.“

„Im Ochsen? Der ist früher das feinste Gasthaus von Lächstetten gewesen“, lobte Knulp.

„Das ist er auch noch. Gelt, Emil? Wir haben fast nur Handlungsreisende und Touristen im Logis gehabt.“

„Ich glaub's, Frau Meisterin. Da haben Sie's sicher gut gehabt und was Schönes verdient! Aber ein eigener Haushalt ist doch besser, gelt?“

Langsam und genießerisch strich er die weiche Wurst auf sein Brot, legte die reinlich abgezogene Haut auf den Rand des Tellers und nahm zuweilen einen Schluck von dem guten gelben Apfelmost. Der Meister sah mit Behagen und Respekt ihm zu, wie er mit den schlanken feinen Händen das Notwendige so sauber und spielend tat, und auch die Hausfrau nahm es mit Gefallen wahr.

„Extra gut aussehen tust du aber nicht“, begann im weiteren Emil Rothfuß zu tadeln, und jetzt mußte Knulp bekennen, daß es ihm neuestens schlecht gegangen und daß er im Krankenhaus gewesen sei. Doch verschwieg er alles Peinliche. Als ihn darauf sein Freund fragte, was er denn jetzt anzufangen denke, und ihm mit Herzlichkeit Tisch und Lager für jede Dauer anbot, da war dies zwar genau das, was Knulp erwartet und womit er gerechnet hatte, aber er wich wie in einer Anwandlung von Schüchternheit aus, dankte flüchtig und verschob das Besprechen dieser Dinge bis morgen.

„Über das können wir morgen oder übermorgen auch noch reden“, meinte er nachlässig, „die Tage gehen ja gottlob nicht aus, und eine kleine Weile bleib ich auf alle Fälle hier.“

Er machte nicht gern Pläne oder Versprechungen auf lange Zeit. Wenn er nicht die freie Verfügung über den kommenden Tag in der Tasche hatte, fühlte er sich nicht wohl.

„Falls ich wirklich eine Zeitlang hierbleiben sollte“, begann er dann wieder, „so mußt du mich als deinen Gesellen anmelden.“

„Warum nicht gar!" lachte der Meister auf. „Du und mein Gesell! Außerdem bist du ja gar kein Weißgerber."

„Tut nichts, verstehst du denn nicht? Es liegt mir gar nichts am Gerben, es soll zwar ein schönes Handwerk sein, und zum Arbeiten habe ich kein Talent. Aber meinem Wanderbüchlein wird es gut tun, weißt du. Für das Krankengeld käme ich dann schon auf."

„Darf ich's einmal sehen, dein Büchlein?"

Knulp griff in die Brusttasche seines fast neuen Anzuges und zog das Ding heraus, das reinlich in einem Wachstuchfutteral steckte.

Der Gerbermeister sah es an und lachte: „Immer tadellos! Man meint, du seiest erst gestern früh von der Mutter fortgereist."

Dann studierte er die Einträge und Stempel und schüttelte in tiefer Bewunderung den Kopf: „Nein, ist das eine Ordnung! Bei dir muß halt alles nobel sein."

Das Wanderbüchlein so in Ordnung zu halten, war allerdings eine von Knulps Liebhabereien. Es stellte in seiner Tadellosigkeit eine anmutige Fiktion oder Dichtung dar, und seine amtlich beglaubigten Einträge bezeichneten lauter ruhmvolle Stationen eines ehrenwerten und arbeitsamen Lebens, in welchem nur die Wanderlust in Form sehr häufiger Ortswechsel auffiel. Das in diesem amtlichen Paß bescheinigte Leben hatte Knulp sich angedichtet und mit hundert Künsten diese Scheinexistenz am oft bedrohten Faden weitergeführt, während er in Wirklichkeit zwar wenig Verbotenes tat, aber als arbeitsloser Landstreicher ein ungesetzliches und mißachtetes Dasein hatte. Freilich wäre es ihm kaum geglückt, seine hübsche Dichtung so ungestört fortzusetzen, wären ihm nicht alle Gendarmen wohlgesinnt gewesen. Sie ließen den heiteren, unterhaltsamen Menschen, dessen geistige Überlegenheit und gelegentlichen Ernst sie achteten, nach Möglichkeit in Ruhe. Er war beinahe ohne Vorstrafen, es war ihm kein Diebstahl und kein Bettel nachgewiesen, angesehene Freunde hatte er auch überall; so ließ man ihn passieren, wie etwa in einem Hauswesen eine hübsche Katze mitleben mag, die jeder nachsichtig zu dulden meint, während sie unbekümmert zwischen allen den fleißigen und bedrückten

Menschen ein sorgenloses, elegantes, prachtvoll herrenmäßiges und arbeitsloses Dasein verlebt.

„Aber jetzt wäret ihr schon lang im Bett, wenn ich nicht gekommen wäre“, rief Knulp, indem er seine Papiere wieder an sich nahm. Er stand auf und machte der Hausfrau ein Kompliment.

„Komm, Rothfuß, und zeig mir, wo mein Bett steht.“

Der Meister begleitete ihn mit Licht die schmale Stiege zum Dachstock hinauf und in die Gesellenkammer. Da stand eine leere eiserne Bettstatt an der Wand und daneben eine hölzerne, die mit Bettzeug versehen war.

„Willst eine Bettflasche?“ fragte der Hauswirt väterlich.

„Das fehlt gerade noch“, lachte Knulp. „Der Herr Meister, der braucht freilich keine, wenn er so ein hübsches kleines Frauelein hat.“

„Ja, siehst du“, meinte Rothfuß ganz eifrig, „da steigst du jetzt in dein kaltes Gesellenbett in der Dachkammer, und manchmal hast du gar keins und mußt im Heu schlafen. Aber unsereiner hat Haus und Geschäft und eine nette Frau. Schau, du könntest doch schon lang Meister sein und weiter als ich, wenn du bloß gewollt hättest.“

Knulp hatte unterdessen in aller Eile die Kleider abgelegt und sich fröstelnd in das kühle Bettzeug verkrochen.

„Weißt du noch viel?“ fragte er. „Ich liege gut und kann zuhören.“

„Es ist mir Ernst gewesen, Knulp.“

„Mir auch, Rothfuß. Du mußt aber nicht meinen, das Heiraten sei eine Erfindung von dir. Also gut Nacht auch!“

Den anderen Tag blieb Knulp im Bett liegen. Er fühlte sich noch etwas schwach, und das Wetter war so, daß er doch das Haus kaum verlassen hätte. Den Gerber, der sich vormittags bei ihm einfand, bat er, er möge ihn ruhig liegenlassen und ihm nur am Mittag einen Teller Suppe heraufbringen.

So lag er in der dämmerigen Dachkammer den ganzen Tag still und zufrieden, fühlte Kälte und Wanderbeschwerden entschwinden und gab sich mit Lust dem Wohlgefühl warmer Geborgenheit hin. Er hörte dem fleißigen Klopfen des Regens auf dem Dache zu und dem Wind, der unruhig, weich und föhnig in launischen Stößen ging. Dazwischen schlief er halbe Stunden oder las, solange es licht genug war, in seiner Wanderbibliothek; die bestand aus Blättern, auf welche er sich Gedichte und Sprüche abgeschrieben hatte, und aus einem kleinen Bündel von Zeitungsausschnitten. Auch einige Bilder waren dazwischen, die er in Wochenblättern gefunden und ausgeschnitten hatte. Zwei davon waren seine Lieblinge und sahen vom öfteren Hervorziehen schon brüchig und zerfasert aus. Das eine stellte die Schauspielerin Eleonora Duse vor, das andere zeigte ein Segelschiff bei starkem Wind auf hoher See. Für den Norden und für das Meer hatte Knulp seit den Knabenjahren eine starke Vorliebe, und mehrmals hatte er sich dahin auf den Weg gemacht, war auch einmal bis ins Braunschweigische gekommen. Aber diesen Zugvogel, der immer unterwegs war und an keinem Orte lang verweilen konnte, hatte eine merkwürdige Bangigkeit und Heimatliebe immer wieder in raschen Märschen nach Süddeutschland zurückgetrieben. Es mag auch sein, daß ihm die Sorglosigkeit verlorenging, wenn er in Gegenden mit fremder Mundart und Sitte kam, wo niemand ihn kannte und wo es ihm schwerfiel, sein legendenhaftes Wanderbüchlein in Ordnung zu halten.

Um die Mittagszeit brachte der Gerber Suppe und Brot herauf. Er trat leise auf und sprach in einem erschrockenen Flüsterton, da er Knulp für krank hielt und selber seit der Zeit seiner Kinderkrankheiten niemals am hellen Tage im Bett gelegen war. Knulp, der sich sehr wohl fühlte, gab sich keine Mühe mit Erklärungen und versicherte nur, er werde morgen wieder aufstehen und gesund sein.

Im späteren Nachmittag klopfte es an der Kammertür, und da Knulp im Halbschlummer lag und keine Antwort gab, trat die Meistersfrau vorsichtig herein und stellte statt des leeren Suppentellers eine Schale Milchkaffee auf die Stabelle am Bett.

Knulp, der sie wohl hatte hereinkommen hören, blieb aus Müdigkeit oder Laune mit geschlossenen Augen liegen und ließ nichts davon merken, daß er wach sei. Die Meisterin, mit dem leeren Teller in der Hand, warf einen Blick auf den Schläfer, dessen Kopf auf dem halb vom blaugewürfelten Hemdärmel bedeckten Arme lag. Und da ihr die Feinheit des dunklen Haares und die fast kindliche Schönheit des sorgenlosen Gesichts auffiel, blieb sie eine Weile stehen und sah sich den hübschen Burschen an, von dem ihr der Meister viel Wunderliches erzählt hatte. Sie sah über den geschlossenen Augen die dichten Brauen auf der zarten, hellen Stirn und die schmalen, doch braunen Wangen, den feinen, hellroten Mund und den schlanken Hals, und alles gefiel ihr wohl, und sie dachte an die Zeit, da sie als Kellnerin im Ochsen je und je in Frühlingslaunen sich von einem solchen fremden, hübschen Buben hatte liebhaben lassen.

Indem sie sich träumerisch und leicht erregt ein wenig vorbeugte, um das ganze Gesicht zu sehen, glitt ihr der zinnerne Löffel vom Teller und fiel auf den Boden, worüber sie in der Stille und befangenen Heimlichkeit des Ortes heftig erschrak.

Nun schlug Knulp die Augen auf, langsam und unwissend, als habe er tief geschlafen. Er drehte den Kopf herüber, hielt einen Augenblick die Hand über die Augen und sagte mit Lächeln: „Eia, da ist ja die Frau Meisterin! Und hat mir einen Kaffee gebracht! Ein guter, warmer Kaffee, das ist gerade das, wovon ich in diesem Augenblick geträumt habe. Also schönen Dank, Frau Rothfuß! Was ist es denn auch für Zeit?“

„Viere“, sagte sie schnell. „Jetzt trinken Sie nur, solang er warm ist, nachher hol ich das Geschirr dann wieder.“

Damit lief sie hinaus, als habe sie keine Minute übrig. Knulp sah ihr nach und hörte zu, wie sie in Eile die Treppe hinabverschwand. Er machte nachdenkliche Augen und schüttelte mehrmals den Kopf, dann stieß er einen leisen, vogelartigen Pfiff aus und wendete sich zu seinem Kaffee.

Eine Stunde nach dem Dunkelwerden aber wurde es ihm langweilig, er fühlte sich wohl und prächtig ausgeruht und hatte Lust, wieder ein wenig unter Leute zu kommen. Behaglich stand er auf und zog sich an, schlich im Finstern leise wie ein Marder die Treppe hinab und schlüpfte unbemerkt aus dem Hause. Der Wind blies noch immer schwer und feucht aus Südwesten, aber es regnete nicht mehr, und am Himmel standen große Flecken licht und klar.

Schnuppernd flanierte Knulp durch die abendlichen Gassen und über den verödeten Marktplatz, stellte sich dann im offenen

Tor einer Hufschmiede auf, sah den Lehrlingen beim Aufräumen zu, fing ein Gespräch mit den Gesellen an und hielt die kühlen Hände über die dunkelrot verglosende Esse. Dabei erfragte er obenhin nach manchen Bekannten in der Stadt, erkundigte sich über Todesfälle und Heiraten und ließ sich von dem Hufschmied für einen Kollegen ansehen, denn es waren ihm die Sprachen und Erkennungszeichen aller Handwerke geläufig.

Während dieser Zeit setzte Frau Rothfuß ihre Abendsuppe an, klimperte mit den Eisenringen am kleinen Herd und schälte Kartoffeln, und als das getan war und die Suppe sicher auf schwachem Feuer stand, ging sie mit der Küchenlampe ins Wohnzimmer hinüber und stellte sich vor dem Spiegel auf. Sie fand darin, was sie suchte: ein volles, frischwangiges Gesicht mit bläulich-grauen Augen, und was ihr am Haar zu bessern schien, brachte sie schnell mit geschickten Fingern in Ordnung. Darauf strich sie die frischgewaschenen Hände noch einmal an der Schürze ab, nahm das Lämpchen zur Hand und stieg rasch ins Dach hinauf.

Sachte klopfte sie an die Türe der Gesellenkammer, und nochmals etwas lauter, und da keine Antwort kam, stellte sie die Leuchte an den Boden und machte mit beiden Händen vorsichtig die Tür auf, daß sie nicht knarre. Auf den Zehen ging sie hinein, tat einen Schritt und ertastete den Stuhl bei der Bettstatt.

„Schlafen Sie?“ fragte sie mit halber Stimme. Und noch einmal: „Schlafen Sie? Ich will nur das Geschirr abräumen.“

Da alles ruhig blieb und nicht einmal ein Atemzug zu hören war, streckte sie die Hand gegen das Bett hin aus, zog sie aber in einem Gefühl von Unheimlichkeit wieder zurück und lief nach der Lampe. Als sie nun die Kammer leer und das Bett mit Sorgfalt zugerichtet, auch Kissen und Federdecke tadellos aufgeschüttelt fand, lief sie verwirrt, zwischen Angst und Enttäuschung, in ihre Küche zurück.

Eine halbe Stunde später, als der Gerber zum Nachtessen heraufgekommen und der Tisch gedeckt war, fing die Frau schon an, sich Gedanken zu machen, fand aber nicht den Mut, dem Gerber von ihrem Besuch in der Dachkammer zu erzählen.

Da ging unten das Tor, ein leichter Schritt klang durch den gepflasterten Gang und die gebogene Stiege herauf, und Knulp stand da, nahm den hübschen braunen Filz vom Kopf und wünschte guten Abend.

„Ja, wo kommst denn du her?" rief der Meister erstaunt. „Ist krank und läuft in der Nacht herum! Du kannst dir ja den Tod holen."

„Ganz richtig", sagte Knulp. „Grüß Gott, Frau Rothfuß, ich komme ja gerade recht. Ihre gute Suppe habe ich schon vom Marktplatz her gerochen, die wird mir den Tod schon vertreiben."

Man setzte sich zum Essen. Der Hausherr war gesprächig und rühmte sich seiner Häuslichkeit und seines Meisterstandes. Er neckte den Gast und redete ihm dann wieder ernstlich zu, er solle doch das ewige Wandern und Nichtstun einmal aufgeben. Knulp hörte zu und gab wenig Antwort, und die Meisterin sagte kein Wort. Sie ärgerte sich über ihren Mann, der ihr neben dem manierlichen und hübschen Knulp grob erschien, und gab dem Gast ihre gute Meinung durch die Aufmerksamkeit ihrer Bewirtung kund. Als es zehn Uhr schlug, sagte Knulp gute Nacht und bat sich des Gerbers Rasiermesser aus.

„Sauber bist du", rühmte Rothfuß, indem er das Messer hergab. „Kaum kratzt's dich am Kinn, so muß der Bart herunter. Also gute Nacht, und gute Besserung!"

Ehe Knulp in seine Kammer trat, lehnte er sich in das kleine Fensterchen oben an der Bodentreppe, um noch einen Augenblick nach Wetter und Nachbarschaft auszuschauen. Es war beinahe windstill, und zwischen den Dächern stand ein schwarzes Stück Himmel, in welchem klare, feucht schimmernde Sterne brannten.

Eben wollte er den Kopf hereinziehen und das Fenster schließen, da wurde ein kleines Fenster ihm gegenüber im Nachbarhause plötzlich hell. Er sah eine kleine niedere Kammer, der seinen ganz ähnlich, durch deren Tür eine junge Dienstmagd hereintrat, eine Kerze im messingnen Leuchter in der Hand und in der Linken einen großen Wasserkrug, den sie am Boden abstellte. Dann leuchtete sie mit der Kerze über ihr schmales Mägdebett hin, das bescheiden und säuberlich mit einer groben roten Wollendecke zum Schlafen einlud. Sie stellte den Leuchter weg, man sah nicht wohin, und setzte sich auf eine niedere grünbemalte Kofferkiste, wie alle Dienstmägde eine haben.

Knulp hatte sofort, als die unerwartete Szene drüben zu spielen begann, sein eigenes Licht ausgeblasen, um nicht gesehen zu werden, und stand nun still und lauernd aus seiner Luke gebeugt.

Die junge Magd drüben war von der Art, die ihm gefiel. Sie war vielleicht achtzehn oder neunzehn Jahre, nicht eben groß gewachsen, und hatte ein bräunliches gutes Gesicht mit braunen Augen und dunklem dichtem Haar. Dies stille angenehme Gesicht sah gar nicht fröhlich aus, und die ganze Person saß auf ihrer harten grünen Kiste ziemlich bekümmert und traurig da, so daß Knulp, der die Welt und auch die Mädchen kannte, sich wohl denken konnte, das junge Ding sei noch nicht lange mit einer Kiste in der Fremde und habe Heimweh. Sie ließ die mageren braunen Hände im Schoß ruhen und suchte einen flüchtigen Trost darin, vor dem Schlafengehen noch eine Weile auf ihrem kleinen Eigentum zu sitzen und an die heimatliche Wohnstube zu denken.

Ebenso regungslos wie sie in ihrer Kammer verharrte Knulp in seinem Fensterloch und blickte mit wunderlicher Spannung in das kleine fremde Menschenleben hinüber, das so harmlos seinen hübschen Kummer im Kerzenlicht hütete und an keinen Zuschauer dachte. Er sah die braunen, gutmütigen Augen bald unverborgen herüberdunkeln, bald wieder von langen Wimpern bedeckt, und auf den braunen, kindlichen Wangen das rote Licht leise spielen, er sah den mageren jungen Händen zu, wie sie müde waren und die kleine letzte Arbeit des Entkleidens noch ein wenig hinausschoben, während sie auf dem dunkelblauen baumwollenen Kleide ruhten.

Endlich richtete das Jüngferlein mit einem Seufzer den Kopf mit den schweren, in ein Nest aufgesteckten Zöpfen empor, blickte gedankenvoll, doch nicht minder bekümmert ins Leere und bückte sich dann tief, um ihre Schuhnestel aufzulösen.

Knulp wäre ungern schon jetzt weggegangen, doch schien es ihm unrecht und fast grausam, dem armen Kinde beim Aus-

kleiden zuzuschauen. Gern hätte er sie angerufen, ein wenig mit ihr geschwatzt und sie mit einem Scherzwort ein wenig fröhlicher zu Bett gehen lassen. Aber er fürchtete, sie würde erschrecken und alsbald ihr Licht ausblasen, wenn er hinüberriefe.

Statt dessen begann er nun, eine seiner vielen kleinen Künste zu üben. Er hob an, unendlich fein und zart zu pfeifen, wie aus der Ferne her, und er pfiff das Lied „In einem kühlen Grunde, da geht ein Mühlenrad“, und es gelang ihm, es so fein und zart zu machen, daß das Mädchen eine ganze Weile zuhörte, ohne recht zu wissen, was es sei, und erst beim dritten Vers sich langsam aufrichtete, aufstand und horchend an ihr Fenster trat.

Sie streckte den Kopf heraus und lauschte, indes Knulp leise weiterpfiff. Sie wiegte den Kopf ein paar Takte lang der Melodie nach, schaute dann plötzlich auf und erkannte, woher die Musik komme. „Ist jemand da drüben?“ fragte sie halblaut.

„Nur ein Gerbergesell“, gab es ebenso leise Antwort. „Ich will die Jungfer nicht im Schlafen stören. Ich habe nur ein bißchen Heimweh gehabt und mir noch ein Lied gepfiffen. Ich kann aber auch lustige. – Bist du etwa auch fremd hier, Mädele?“

„Ich bin vom Schwarzwald.“

„Ja, vom Schwarzwald! Und ich auch, und da sind wir Landsleute. Wie gefällt's dir in Lächstetten? Mir gar nicht.“

„Oh, ich kann nichts sagen, ich bin erst acht Tage hier. Aber es gefällt mir auch nicht recht. Seid Ihr schon länger da?“

„Nein, drei Tage. Aber Landsleute sagen du zueinander, gelt?“

„Nein, ich kann nicht, wir kennen einander ja gar nicht.“

„Was nicht ist, kann werden. Berg und Tal kommen nicht zueinander, aber die Leute. Wo ist denn Euer Ort, Fräulein?“

„Das kennt Ihr doch nicht.“

„Wer weiß? Oder ist's ein Geheimnis?“

„Achthausen. Es ist bloß ein Weiler.“

„Aber ein schöner, gelt? Vorn am Eck steht eine Kapelle, und es ist auch eine Mühle da, oder eine Sägerei, und dort haben sie einen großen gelben Bernhardinerhund. Stimmt's oder stimmt's nicht?“

„Der Bello, herrje!"

Da sie sah, er kenne ihre Heimat und sei wirklich dort gewesen, fiel ein großes Teil Mißtrauen und Bedrücktheit von ihr ab, und sie wurde ganz eifrig.

„Kennet Ihr auch den Andres Flick?" fragte sie rasch.

„Nein, ich kenne niemand dort. Aber gelt, das ist Euer Vater?"

„Ja."

„So, so, also dann seid Ihr eine Jungfer Flick, und wenn ich jetzt noch den Vornamen dazu weiß, dann kann ich Euch eine Karte schreiben, wenn ich wieder einmal durch Achthausen komme."

„Wollet Ihr denn schon wieder fort?"

„Nein, ich will nicht, aber ich will Euern Namen wissen, Jungfer Flick."

„Ach was, ich weiß ja Euren auch nicht."

„Das tut mir leid, aber es läßt sich ändern. Ich heiße Karl Eberhard, und wenn wir uns einmal am Tag wieder begegnen, dann wisset Ihr, wie Ihr mich anrufen müßt, und wie muß ich dann zu Euch sagen?"

„Barbara."

„So ist's recht und danke schön. Er ist aber schwer zum Aussprechen, Euer Name, und ich möchte fast eine Wette machen, daß man Euch daheim Bärbel gerufen hat."

„Das hat man auch. Wenn Ihr doch alles schon wisset, warum fraget Ihr dann so viel? Aber jetzt müssen wir Feierabend machen. Gut Nacht, Gerber."

„Gut Nacht, Jungfer Bärbele. Schlafet auch gut, und weil Ihr's seid, will ich jetzt noch eins pfeifen. Laufet nicht fort, es kostet nichts."

Und alsbald setzte er ein und pfiff einen kunstvollen jodlerartigen Satz, mit Doppeltönen und Trillern, daß es funkelte wie eine Tanzmusik. Sie hörte mit Erstaunen dieser Kunstfertigkeit zu, und als es stille ward, zog sie leise den Fensterladen herein und machte ihn fest, während Knulp ohne Licht in seine Kammer fand.

Am Morgen stand Knulp diesmal zu guter Stunde auf und nahm des Gerbers Rasiermesser in Gebrauch. Der Gerber trug aber schon seit Jahren einen Vollbart, und das Messer war so verwahrlost, daß Knulp es wohl eine halbe Stunde lang über seinem Hosenträger abziehen mußte, ehe das Barbieren gelang. Als er fertig war, zog er den Rock an, nahm die Stiefel in die Hand und stieg in die Küche hinab, wo es warm war und schon nach Kaffee roch. Er bat die Meistersfrau um Bürste und Wichse zum Stiefelputzen.

„Ach was!“ rief sie, „das ist kein Männergeschäft. Lassen Sie mich das machen.“

Allein das gab er nicht zu, und als sie endlich mit ungeschicktem Lachen ihr Wichszeug vor ihn hinstellte, tat er die Arbeit, gründlich, reinlich und dabei spielend, als ein Mann, der nur gelegentlich und nach Laune, dann aber mit Sorgfalt und Freude eine Handarbeit verrichtet.

„Das lass' ich mir gefallen“, rühmte die Frau und sah ihn an. „Alles blank, wie wenn Sie grad zum Schatz gehen wollten.“

„Oh, das tät ich auch am liebsten.“

„Ich glaub's. Sie haben gewiß einen schönen.“ Sie lachte wieder zudringlich. „Vielleicht sogar mehr als einen?“

„Ei, das wäre nicht schön“, tadelte Knulp munter. „Ich kann Ihnen auch ein Bild von ihr zeigen.“

Begierig trat sie heran, während er sein Wachstuchmäpplein aus der Brusttasche zog und das Bildnis der Duse hervorsuchte. Interessiert betrachtete sie das Blatt.

„Die ist sehr fein“, begann sie vorsichtig zu loben, „das ist ja fast eine rechte Dame. Nur freilich, mager sieht sie aus. Ist sie denn auch gesund?“

„Soviel ich weiß, jawohl. So, und jetzt wollen wir nach dem Alten sehen, man hört ihn in der Stube.“

Er ging hinüber und begrüßte den Gerber. Die Wohnstube war gefegt und sah mit dem hellen Getäfel, mit der Uhr, dem Spiegel und den Photographien an der Wand freundlich und heimelig aus. So eine saubere Stube, dachte Knulp, ist im Winter nicht übel, aber darum heiraten, verlohnt doch nicht recht. Er hatte an dem Wohlgefallen, das die Meisterin ihm zeigte, keine Freude.

Nachdem der Milchkaffee getrunken war, begleitete er den Meister Rothfuß nach dem Hof und Schuppen und ließ sich die ganze Gerberei zeigen. Er kannte fast alle Handwerke und stellte so sachverständige Fragen, daß sein Freund ganz erstaunt war.

„Woher weißt du denn das alles?“ fragte er lebhaft. „Man könnte meinen, du seiest wirklich ein Gerbergesell oder einmal einer gewesen.“

„Man lernt allerlei, wenn man reist“, sagte Knulp gemessen. „Übrigens, was die Weißgerberei angeht, da bist du selber mein Lehrmeister gewesen, weißt du's nimmer: Vor sechs oder sieben Jahren, wie wir zusammen gewandert sind, hast du mir das alles erzählen müssen.“

„Und das weißt du alles noch?“

„Ein Stück davon, Rothfuß. Aber jetzt will ich dich nimmer stören. Schade, ich hätte dir gern ein bißchen geholfen, aber es ist da unten so feucht und stickig, und ich muß noch so viel husten. Also, Servus, Alter, ich geh ein wenig in die Stadt, solang es gerade nicht regnet.“

Als er das Haus verließ und langsam die Gerbergasse stadteinwärts bummelte, den braunen Filzhut etwas nach hinten gerückt, trat Rothfuß in die Tür und sah ihm nach, wie er leicht und genießerisch dahinging, sauber gebürstet und den Regenpfützen sorglich ausweichend.

Gut hat er's eigentlich, dachte der Meister mit einem kleinen Neidgefühl. Und während er zu seinen Gruben ging, dachte er dem Freund und Sonderling nach, der nichts vom Leben begehrte als das Zuschauen, und er wußte nicht, sollte er das anspruchsvoll oder bescheiden heißen. Einer, der arbeitete und sich vorwärts schaffte, hat es ja in vielem besser, aber er konnte nie so zarte hübsche Hände haben und so leicht und schlank einhergehen. Nein, der Knulp hatte recht, wenn er so tat, wie sein Wesen es brauchte und wie es ihm nicht viele nachtun konnten, wenn er wie ein Kind alle Leute ansprach und für sich gewann, allen Mädchen und Frauen hübsche Sachen sagte und jeden Tag für einen Sonntag nahm. Man mußte ihn laufen lassen, wie er war, und wenn es ihm schlecht ging und er einen Unterschlupf brauchte, so war es ein Vergnügen und eine Ehre, ihn aufzunehmen, und man mußte fast noch dankbar dafür sein, denn er machte es froh und hell im Haus.

Indessen schritt sein Gast neugierig und vergnügt durchs Städtchen, pfiff einen Soldatenmarsch durch die Zähne und begann ohne Eile die Orte und Menschen aufzusuchen, die er von früher her kannte. Zunächst wandte er sich nach der steil ansteigenden Vorstadt, wo er einen armen Flickschneider kannte, um den es schade war, daß er nichts als alte Hosen zu stopfen und kaum jemals einen neuen Anzug zu machen bekam, denn er konnte etwas und hatte einmal Hoffnungen gehabt und in guten Werkstätten gearbeitet. Aber er hatte früh geheiratet und schon ein paar Kinder, und die Frau hatte wenig Genie fürs Hauswesen.

Diesen Schneider Schlotterbeck suchte und fand Knulp im dritten Stockwerk eines Hinterhauses in der Vorstadt. Die kleine Werkstätte hing wie ein Vogelnest in den Lüften überm Bodenlosen, denn das Haus stand an der Talseite, und wenn man durch die Fenster senkrecht hinabschaute, hatte man nicht nur die drei Stockwerke unter sich, sondern unterm Hause floh der Berg mit kümmerlichen steilen Gärten und Grashalden schwindelnd abwärts, endigend in einem grauen Wirrwarr von Hinterhausvorsprüngen, Hühnerhöfen, Ziegen- und Kaninchenställen, und die nächsten Hausdächer, auf die man hinabsah, lagen jenseits dieses verwahrlosten Geländes schon tief und klein im Tale drunten. Dafür war die Schneiderwerkstatt taghell und luftig, und auf seinem breiten Tisch am Fenster hockte der fleißige Schlotterbeck hell und hoch über der Welt wie der Wächter in einem Leuchtturm.

„Servus, Schlotterbeck", sagte Knulp im Eintreten, und der Meister, vom Licht geblendet, spähte mit eingekniffenen Augen nach der Türe.

„Oha, der Knulp!" rief er aufleuchtend und streckte ihm die Hand entgegen. „Auch wieder im Land? Und wo fehlt's denn, daß du zu mir herauf steigst?"

Knulp zog einen dreibeinigen Stuhl heran und setzte sich nieder. „Gib eine Nadel her und ein bißchen Faden, aber braunen und vom feinsten, ich will Musterung halten."

Damit zog er Rock und Weste aus, suchte sich einen Zwirn heraus, fädelte ein und überging mit wachsamen Augen seinen ganzen Anzug, der noch sehr gut und fast neu aussah und an dem er jede blöde Stelle, jede lockere Litze, jeden halbwegs losen Knopf alsbald mit fleißigen Fingern wieder instand setzte.

„Und wie geht's sonst?" fragte Schlotterbeck. „Die Jahreszeit ist nicht zu loben. Aber schließlich, wenn man gesund ist und keine Familie hat –"

Knulp räusperte sich polemisch.

„Ja, ja", sagte er lässig. „Der Herr läßt regnen über Gerechte und Ungerechte, und nur die Schneider sitzen trocken. Hast du immer noch zu klagen, Schlotterbeck?"

„Ach, Knulp, ich will nichts sagen. Du hörst ja die Kinder nebendran schreien. Es sind jetzt fünf. Da sitzt man und schuftet bis in die Nacht hinein, und nirgends will's reichen. Und du tust nichts als spazierengehen!"

„Fehlgeschossen, alter Kunde. Vier oder fünf Wochen bin ich im Spital in Neustadt gelegen, und da behalten sie keinen länger, als er's bitter nötig hat, und es bleibt auch keiner länger drin. Des Herrn Wege sind wunderbar, Freund Schlotterbeck."

„Ach, laß diese Sprüche, du!"

„Bist du denn nimmer fromm, he? Ich will es gerade auch werden, und darum bin ich zu dir gekommen. Wie steht's damit, alter Stubenhocker?"

„Laß mich in Ruh mit der Frömmigkeit! Im Spital, sagst du? Da tust du mir aber leid."

„Ist nicht nötig, es ist vorbei. Und jetzt erzähl einmal: wie ist's mit dem Buch Sirach und mit der Offenbarung? Weißt du, im Spital hab ich Zeit gehabt, und eine Bibel war auch da, da hab ich fast alles gelesen und kann jetzt besser mitreden. Es ist ein kurioses Buch, die Bibel."

„Da hast du recht. Kurios, und die Hälfte muß verlogen sein, weil keins zum andern paßt. Du verstehst's vielleicht besser, du bist ja einmal in die Lateinschule gegangen."

„Davon ist mir wenig geblieben."

„Siehst du, Knulp –" Der Schneider spuckte zum offenen Fenster in die Tiefe hinunter und sah mit großen Augen und erbittertem Gesicht hinterdrein. „Sieh, Knulp, es ist nichts mit der Frömmigkeit. Es ist nichts damit, und ich pfeife drauf, sag ich dir. Ich pfeife drauf!"

Der Wanderer sah ihn nachdenklich an.

„So, so. Das ist aber viel gesagt, alter Kunde. Mir scheint, in der Bibel stehen ganz gescheite Sachen."

„Ja, und wenn du ein Stück weiterblätterst, dann steht immer irgendwo das Gegenteil. Nein, ich bin fertig damit, aus und fertig."

Knulp war aufgestanden und hatte nach einem Bügeleisen gegriffen.

„Du könntest mir ein paar Kohlen drein geben", bat er den Meister.

„Zu was denn auch?"

„Ich will die Weste ein wenig bügeln, weißt du, und dem Hut wird es auch gut tun, nach all dem Regen."

„Immer nobel!" rief Schlotterbeck etwas ärgerlich. „Was brauchst du so fein zu sein wie ein Graf, wenn du doch nur ein Hungerleider bist?"

Knulp lächelte ruhig. „Es sieht besser aus, und es macht mir eine Freude, und wenn du's nicht aus Frömmigkeit tun willst, so tust du's einfach aus Nettigkeit und einem alten Freund zuliebe, gelt?"

Der Schneider ging durch die Tür hinaus und kam bald mit dem heißen Eisen wieder.

„So ist's recht", lobte Knulp, „danke schön!"

Er begann vorsichtig den Rand seines Filzhutes zu glätten, und da er hierin nicht so geschickt war wie im Nähen, nahm ihm der Freund das Eisen aus der Hand und tat die Arbeit selber.

„Das laß ich mir gefallen", sagte Knulp dankbar. „Jetzt ist es wieder ein Sonntagshut. Aber schau, Schneider, von der Bibel verlangst du zuviel. Das, was wahr ist, und wie das Leben eigentlich eingerichtet ist, das muß ein jeder sich selber ausdenken und kann es aus keinem Buch lernen, das ist meine Meinung. Die Bibel ist alt, und früher hat man mancherlei noch nicht gewußt, was man heute kennt und weiß; aber darum steht doch viel Schönes und Braves drin und auch ganz viel Wahres. Stellenweise ist sie mir gerade wie ein schönes Bilderbuch vorgekommen, weißt du. Wie das Mädchen da, die Ruth, übers Feld geht und die übrigen Ähren sammelt, das ist fein, und man spürt den schönsten warmen Sommer drin, oder wie der Heiland sich zu den kleinen Kindern setzt und denkt: ihr seid mir doch viel lieber als die Alten mit ihrem Hochmut alle zusammen! Ich finde, da hat er recht, und da könnte man schon von ihm lernen."

„Ja, das wohl", gab Schlotterbeck zu und wollte ihn doch nicht recht haben lassen. „Aber einfacher ist es schon, wenn man das mit andrer Leute Kinder tut, als wenn man selber fünfe hat und weiß nicht, wie sie durchfüttern."

Er war wieder ganz verdrossen und bitter, und Knulp konnte das nicht ansehen. Er wünschte ihm, ehe er gehe, noch etwas Gutes zu sagen. Er besann sich ein wenig. Dann beugte er sich zu dem Schneider, sah ihm mit seinen hellen Augen nah und ernsthaft ins Gesicht und sagte leise: „Ja, hast du sie denn nicht lieb, deine Kinder?"

Ganz erschrocken riß der Schneider die Augen auf.

„Aber freilich, was denkst du auch! Natürlich hab ich sie lieb, den Größten am meisten."

Knulp nickte mit großem Ernst.

„Ich will jetzt gehen, Schlotterbeck, und ich sage dir schönen Dank. Die Weste ist jetzt das Doppelte wert. – Und dann, mit deinen Kindern mußt du lieb und lustig sein, das ist schon halb gegessen und getrunken. Paß auf, ich sage dir etwas, was niemand weiß und was du nicht weiter zu erzählen brauchst."

Der Meister sah ihm aufmerksam und überwunden in die klaren Augen, die sehr ernst geworden waren. Knulp sprach jetzt so leise, daß der Schneider Mühe hatte, ihn zu verstehen.

„Sieh mich an! Du beneidest mich und denkst: der hat es leicht, keine Familie und keine Sorgen! Aber es ist nichts damit. Ich habe ein Kind, denk dir, einen kleinen Buben von zwei Jahren, und der ist von fremden Leuten angenommen worden, weil man doch den Vater nicht kennt und weil die Mutter im Kindbett gestorben ist. Du brauchst die Stadt nicht zu wissen, wo er ist; aber ich weiß sie, und wenn ich dorthin komme, dann schleiche ich mich um das Haus herum und steh am Zaun und warte, und wenn ich Glück habe und sehe den kleinen Kerl, dann darf ich ihm keine Hand und keinen Kuß geben und ihm höchstens im Vorbeigehen was vorpfeifen. – Ja, so ist das, und jetzt adieu, und sei froh, daß du Kinder hast!"

Knulp setzte seinen Gang durch die Stadt fort, er stand eine Weile plaudernd am Werkstattfenster eines Drechslers und sah dem geschwinden Spiel der lockigen Holzspäne zu, er begrüßte unterwegs auch den Polizeidiener, der ihm gewogen war und ihn aus seiner Birkendose schnupfen ließ. Überall erfuhr er Großes und Kleines aus dem Leben der Familien und Gewerbe, er hörte vom frühen Tod der Stadtrechnersfrau und vom ungeratenen Sohn des Bürgermeisters, erzählte dafür Neues von anderen Orten und freute sich des schwachen, launigen Bandes, das ihn als Bekannten und Freund und Mitwisser da und dort mit dem Leben der Seßhaften und Ehrbaren verband. Es war Samstag, und er fragte in der Toreinfahrt einer Brauerei die Küfergesellen, wo es heute abend und morgen eine Tanzgelegenheit gebe.

Es gab mehrere, aber die schönste war die im Leuen von Gertelfingen, nur eine halbe Stunde weit. Dahin beschloß er das junge Bärbele aus dem Nachbarhaus mitzunehmen.

Es war bald Mittagszeit, und als Knulp die Treppe im Rothfußschen Hause erstieg, schlug ihm von der Küche her ein angenehm kräftiger Geruch entgegen. Er blieb stehen und sog in knabenhafter Lust und Neugierde mit spürenden Nüstern das Labsal ein. Aber so still er gekommen war, man hatte ihn schon gehört. Die Meistersfrau tat die Küchentüre auf und stand freundlich in der lichten Öffnung, vom Dampf der Speisen umwölkt.

„Grüß Gott, Herr Knulp“, sagte sie liebevoll, „das ist recht, daß Sie so zeitig kommen. Nämlich wir kriegen heut Leberspatzen, wissen Sie, und da hab ich mir gedacht, vielleicht könnte ich ein Stück Leber für Sie extra braten, wenn Sie es so lieber haben. Was meinen Sie?“

Knulp strich sich den Bart und machte eine Kavaliersbewegung.

„Ja, warum soll ich denn was Besonderes haben, ich bin froh, wenn's eine Suppe gibt.“

„Ach was, wenn einer krank gewesen ist, gehört er ordentlich gepflegt, wo soll sonst die Kraft herkommen? Aber vielleicht mögen Sie gar keine Leber? Es gibt solche.“

Er lachte bescheiden.

„Oh, von denen bin ich nicht, ein Teller voll Leberspatzen, das ist ein Sonntagsessen, und wenn ich's mein Lebtag jeden Sonntag essen könnte, wär ich schon zufrieden."

„Bei uns soll Ihnen nichts fehlen. Zu was hat man kochen gelernt! Aber sagen Sie's jetzt nur, es ist ein Stück Leber übrig, ich hab's Ihnen aufgespart. Es täte Ihnen gut."

Sie kam näher und lächelte ihm aufmunternd ins Gesicht. Er verstand gut, wie sie es meinte, und ziemlich hübsch war das Weiblein auch, aber er tat, als sehe er nichts. Er spielte mit seinem hübschen Filzhut, den ihm der arme Schneider aufgebügelt hatte, und sah nebenaus.

„Danke, Frau Meisterin, danke schön für den guten Willen. Aber Spatzen sind mir wirklich lieber. Ich werde schon genug verwöhnt von Ihnen."

Sie lächelte und drohte ihm mit dem Zeigefinger.

„Sie brauchen nicht so schüchtern zu tun, ich glaub's Ihnen doch nicht! Also Spatzen! und ordentlich Zwiebel dran, gelt?"

„Da kann ich nicht nein sagen."

Sie lief besorgt zu ihrem Herd zurück, und er setzte sich in die Stube, wo schon gedeckt war. Er las im gestrigen Wochenblatt, bis der Meister sich einfand und die Suppe aufgetragen wurde. Man aß, und nach Tisch wurde zu dreien eine Viertelstunde mit Karten gespielt, wobei Knulp seine Wirtin durch einige neue, verwegene und zierliche Kartenkunststücke in Erstaunen setzte. Er verstand auch mit spielerischer Nachlässigkeit die Karten zu mischen und blitzschnell zu ordnen, er warf sein Blatt mit Eleganz auf den Tisch und ließ zuweilen den Daumen über die Kartenränder laufen. Der Meister sah mit Bewunderung und Nachsicht zu, wie ein Arbeiter und Bürger brotlose Künste sich gefallen läßt. Die Meisterin aber beobachtete mit kennerhafter Teilnahme diese Anzeichen einer weltmännischen Lebenskunst. Ihr Blick ruhte aufmerksam auf seinen langen, zarten, von keiner schweren Arbeit entstellten Händen.

Durch die kleinen Fensterscheiben floß ein dünner, unsicherer Sonnenschein in die Stube, über den Tisch und die Karten, spielte launisch und kraftlos am Fußboden mit den schwachen Schlagschatten und zitterte kreiselnd an der blau getünchten Stubendecke. Knulp nahm dies alles mit blinzelnden Augen wahr: das Spiel der Februarsonne, den stillen Frieden des Hauses, das ernsthaft arbeitsame Handwerkergesicht seines Freundes und die verschleierten Blicke der hübschen Frau. Es gefiel ihm nicht, das war kein Ziel und Glück für ihn. Wäre ich gesund, dachte er, und wäre es Sommerszeit, ich blieb keine Stunde länger hier.

„Ich will ein wenig der Sonne nachgehen", sagte er, als Rothfuß die Karten zusammenstrich und auf die Uhr sah. Er ging mit dem Meister die Treppe hinunter, ließ ihn im Trockenschuppen bei seinen Fellen und verlor sich in den öden schmalen Grasgarten, der, von Lohgruben unterbrochen, bis an das Flüßchen hinabreichte. Dort hatte der Gerber einen kleinen Bretter-steg gebaut, an dem er seine Häute schwemmen konnte. Auf den Steg setzte sich Knulp, ließ die Sohlen knapp über dem still und rasch fließenden Wasser hängen, blickte belustigt den schnellen, dunklen Fischen nach, die unter ihm weg ihren Lauf hatten, und fing dann an, die Gegend neugierig zu studieren, denn er suchte eine Gelegenheit, mit der kleinen Dienstmagd von drüben zu sprechen.

Die Gärten stießen aneinander, durch einen schlecht erhaltenen Lattenzaun getrennt, und unten am Wasser, wo die Zaunpfähle längst vermodert und verschwunden waren, konnte man ungehindert vom einen Grundstück auf das andere hinübergehen. Der Nachbarsgarten schien mit mehr Sorgfalt gepflegt zu werden als der wüste Grasplatz des Weißgerbers. Man sah dort vier Reihen von Beeten liegen, vergrast und eingesunken, wie sie nach dem Winter sind. Ackerlattich und überwinterter Spinat wuchs spärlich in zwei Rabatten, Rosenbäumchen standen zur Erde gebogen mit eingegrabenen Kronen. Weiterhin standen, das Haus verbergend, ein paar hübsche Fichtenbäume.

Bis zu ihnen drang Knulp geräuschlos vor, nachdem er den fremden Garten betrachtet hatte, und sah nun zwischen den Bäumen hindurch das Haus liegen, die Küche nach hinten, und er hatte noch nicht lange gewartet, da sah er in der Küche auch das Mädchen mit aufgekrempelten Ärmeln wirtschaften. Die Hausfrau war dabei und hatte viel zu befehlen und zu lehren, wie es bei Weibern ist, die keine gelernte Magd bezahlen mögen und ihre jährlich wechselnden Lehrmädchen nachher, wenn sie aus dem Hause sind, nicht genug zu preisen wissen. Ihre Unterweisung und Klage geschah jedoch in einem Ton, der ohne Bosheit war, und die Kleine schien bereits daran gewöhnt, denn sie tat unbeirrt und mit glatter Miene ihre Arbeit.

Der Eindringling stand an einen Stamm gelehnt mit vorgestrecktem Kopf, neugierig und wachsam wie ein Jäger, und lauschte mit vergnügter Geduld als ein Mann, dessen Zeit wohlfeil ist und der gelernt hat, als Zuschauer und Zuhörer am Leben teilzunehmen. Er freute sich am Anblick des Mädchens, wenn es durchs Fenster sichtbar wurde, und er schloß aus der Mundart der Hausfrau, daß sie keine geborene Lächstetterin, sondern ein paar Stunden weiter oben im Tal daheim sei. Ruhig horchte er und kaute auf einem duftenden Tannenzweig eine halbe Stunde und eine ganze Stunde lang, bis die Frau verschwand und es still in der Küche wurde.

Er wartete noch eine kleine Weile, dann trat er behutsam vor und klopfte mit einem dürren Zweig ans Küchenfenster. Die Magd achtete nicht darauf, er mußte noch zweimal klopfen. Da kam sie ans halboffene Fenster, tat es vollends auf und schaute heraus.

„Ja, was tut denn Ihr da?“ rief sie halblaut. „Jetzt wäre ich fast erschrocken.“

„Vor mir doch nicht!“ meinte Knulp und lächelte. „Ich wollte bloß einmal Grüßgott sagen und sehen, wie's geht. Und weil nämlich heut Samstag ist, möchte ich fragen, ob Ihr morgen nachmittag etwa frei habet, zu einem kleinen Spaziergang.“

Sie sah ihn an und schüttelte den Kopf, und da machte er ein so trostlos betrübtes Gesicht, daß es ihr ganz leid tat.

„Nein“, sagte sie freundlich, „morgen hab ich nicht frei, nur vormittags für die Kirche.“

„So, so“, brummte Knulp. „Ja, dann könntet Ihr aber gewiß heute abend mitkommen.“

„Heut abend? Ja, frei hätte ich schon, aber da will ich einen Brief schreiben, an meine Leute daheim.“

„Oh, den schreibt Ihr eben eine Stunde später, er geht heut nacht doch nimmer fort. Sehet Ihr, ich hab mich schon so gefreut, bis ich wieder ein bißchen mit Euch reden kann, und heut abend, wenn's nicht gerade Katzen hagelt, hätten wir so schön spazierengehen können. Gelt, seiet lieb, Ihr werdet doch vor mir keine Angst haben!“

„Angst habe ich keine, einmal vor Euch nicht. Aber es geht halt nicht. Wenn man sieht, daß ich mit einem Mannsbild spazierengeh –“

„Aber Bärbel, es kennt Euch ja hier kein Mensch. Und es ist doch wahrhaftig keine Sünde und geht niemand was an. Ihr seid doch kein Schulmädchen mehr, gelt? Also vergesset es nicht, ich bin um acht Uhr bei der Turnhalle drunten, da wo die Schranken für den Viehmarkt sind. Oder soll ich früher kommen? Ich kann es schon richten.“

„Nein, nein, nicht früher. Überhaupt – Ihr müsset gar nicht kommen, es geht nicht, und ich darf nicht –“

Wieder zeigte er das knabenhaft betrübte Gesicht.

„Ja, wenn Ihr halt gar nicht möget!“ sagte er traurig. „Ich habe gedacht, Ihr seid hier fremd und allein und habet manchmal das Heimweh, und ich auch, und da hätten wir einander ein bißchen erzählen können, von Achthausen hätt ich gern noch mehr gehört, weil ich doch einmal dort war. Ja nun, zwingen kann ich Euch nicht, und Ihr müsset mir's auch nicht übelnehmen.“

„Ach was, übelnehmen! Aber wenn ich doch nicht kann.“

„Ihr habt ja frei heute abend, Bärbele. Ihr möget bloß nicht. Aber vielleicht überlegt Ihr's Euch noch. Ich muß jetzt gehen, und heut abend bin ich an der Turnhalle und warte, und wenn niemand kommt, dann geh ich allein spazieren und denk an Euch und daß Ihr jetzt nach Achthausen schreibet. Also adieu, und nichts für ungut!“

Er nickte kurz und war weg, ehe sie noch etwas sagen konnte. Sie sah ihn hinter den Bäumen verschwinden und machte ein ratloses Gesicht. Dann kehrte sie zur Arbeit zurück, und plötzlich begann sie – die Frau war ausgegangen – laut und schön dazu zu singen.

Knulp hörte es wohl. Er saß wieder auf dem Gerbersteg und machte kleine Kugeln aus einem Stückchen Brot, das er bei Tische zu sich gesteckt hatte. Die Brotkugeln ließ er sachte ins Wasser fallen, eine nach der andern, und schaute nachdenklich zu, wie sie untersanken, ein wenig von der Strömung abgetrieben, und wie sie unten auf dem dunklen Grunde von den stillen gespenstischen Fischen aufgeschnappt wurden.

„So", sagte der Gerbermeister beim Nachtessen, „jetzt ist's Samstagabend, und du weißt gar nicht, wie schön das ist, wenn man es die ganze Woche streng gehabt hat."

„Oh, ich kann's mir schon denken", lächelte Knulp, und die Meisterin lächelte mit und sah ihm schalkhaft ins Gesicht.

„Heut abend", fuhr Rothfuß in festlichem Tone fort, „heut abend trinken wir einen guten Krug Bier miteinander, meine Alte holt ihn gleich, gelt? Und morgen, wenn es gut Wetter ist, machen wir alle drei einen Ausflug. Was meinst du, alter Freund?"

Knulp schlug ihn kräftig auf die Schulter.

„Man hat es gut bei dir, das muß ich sagen, und auf den Ausflug freu ich mich schon. Hingegen heut abend habe ich eine Besorgung, es ist ein Freund von mir hier, den muß ich treffen, er hat in der oberen Schmiede gearbeitet und reist morgen fort. – Ja, es tut mir leid, aber morgen sind wir ja den ganzen Tag beieinander, sonst hätt ich mich auch gar nicht darauf eingelassen."

„Du wirst doch nicht jetzt in der Nacht herumlaufen wollen, wo du noch halb krank bist."

„Ach was, zu arg darf man sich auch nicht verwöhnen. Ich komme nicht spät heim. Wo tust du den Schlüssel hin, daß ich dann herein kann?"

„Du bist ein Eigensinn, Knulp. Also dann geh halt, und den Schlüssel findest du hinterm Kellerladen. Du weißt doch, wo?"

„Jawohl. Dann geh ich jetzt. Leget euch nur zeitig ins Bett! Gute Nacht. Gut Nacht, Frau Meisterin."

Er ging, und als er schon unten beim Haustor war, kam ihm hastig die Meistersfrau nachgelaufen. Sie brachte einen Regenschirm, den mußte Knulp mitnehmen, er mochte wollen oder nicht. „Sie müssen auch Sorge zu sich haben, Knulp", sagte sie. „Und jetzt will ich Ihnen zeigen, wo Sie nachher den Schlüssel finden."

Sie nahm ihn in der Dunkelheit bei der Hand und führte ihn um die Hausecke und machte vor einem Fensterchen halt, das mit Holzläden verschlossen war.

„Hinter den Laden legen wir den Schlüssel“, berichtete sie aufgeregt und flüsternd und streichelte Knulps Hand. „Sie müssen dann bloß durch den Ausschnitt langen, er liegt auf dem Simsen.“

„Ja, danke schön“, sagte Knulp verlegen und zog seine Hand zurück.

„Soll ich Ihnen ein Bier aufheben, bis Sie wiederkommen?“ fing sie wieder an und drückte sich leise gegen ihn.

„Nein, danke, ich trinke selten eins. Gut Nacht, Frau Rothfuß, und danke schön.“

„Pressiert's denn so?“ flüsterte sie zärtlich und kniff ihn in den Arm. Ihr Gesicht stand dicht vor dem seinen, und in einer verlegenen Stille, da er sie nicht mit Gewalt zurückstoßen mochte, strich er mit der Hand über ihr Haar.

„Aber jetzt muß ich weiter“, rief er plötzlich überlaut und trat zurück.

Sie lächelte ihn mit halbgeöffnetem Munde an, er konnte im Dunkeln ihre Zähne schimmern sehen. Und sie rief ganz leise: „Ich warte dann, bis du heimkommst. Du bist ein Lieber.“

Nun ging er rasch davon in die finstere Gasse hinein, den Schirm unterm Arme, und begann bei der nächsten Ecke, um der törichten Beklommenheit Herr zu werden, zu pfeifen. Es war das Lied:

Du meinst, ich werd dich nehmen,
Hab's aber nicht im Sinn,
Ich muß mich deiner schämen,
Wenn ich in G'sellschaft bin.

Die Luft ging lau, und zuweilen traten Sterne am schwarzen Himmel heraus. In einem Wirtshaus lärmte junges Volk, dem Sonntag entgegen, und im „Pfauen“ sah er hinter den Fenstern der neuen Kegelbahn eine bürgerliche Herrengesellschaft in Hemdärmeln beieinanderstehen, Kegelkugeln in den Händen wägend und Zigarren im Munde.

Bei der Turnhalle machte Knulp halt und schaute sich um. In den kahlen Kastanienbäumen sang schwach der feuchte Wind, der Fluß strömte unhörbar in tiefer Schwärze und spiegelte ein paar erleuchtete Fenster wider. Die milde Nacht tat dem Landstreicher in allen Fibern wohl, er atmete spürend und ahnte Frühling, Wärme, trockene Straßen und Wanderschaft. Sein unerschöpfliches Gedächtnis überschaute die Stadt, das Flußtal und die ganze Gegend, er wußte überall Bescheid, er kannte Straßen und Flußwege, Dörfer, Weiler, Höfe, befreundete Nachtherbergen. Scharf dachte er nach und stellte den Plan für seine nächste Wanderung auf, da hier in Lächstetten seines Bleibens doch nimmer sein konnte. Er wollte nur, wenn es ihm die Frau nicht zu schwer machte, dem Freunde zulieb noch über diesen Sonntag bleiben.

Vielleicht, dachte er, hätte er dem Gerber einen Wink geben sollen, seiner Meisterin wegen. Aber er liebte es nicht, seine Hände in anderer Leute Sorgen zu stecken, und er hatte kein Bedürfnis, die Menschen besser oder klüger machen zu helfen. Es tat ihm leid, daß es so gegangen war, und seine Gedanken an die ehemalige Ochsenkellnerin waren keineswegs freundlich; aber er dachte auch mit einem gewissen Spott an des Gerbers würdige Reden über Hausstand und Eheglück. Er kannte das, es war meistens nichts damit, wenn einer mit seinem Glück oder mit seiner Tugend sich rühmte und großtat, mit des Flickschneiders Frömmigkeit war es einst ebenso gewesen. Man konnte den Leuten in ihrer Dummheit zusehen, man konnte über sie lachen oder Mitleid mit ihnen haben, aber man mußte sie ihre Wege gehen lassen.

Mit einem gedankenvollen Seufzer tat er diese Sorgen beiseite. Er lehnte sich in die Höhlung einer alten Kastanie, der Brücke gegenüber, und dachte weiter seiner Wanderschaft nach. Er wäre gerne quer über den Schwarzwald gegangen, aber da oben war es jetzt kalt, und vermutlich lag noch viel Schnee, man verdarb sich die Stiefel, und die Schlafgelegenheiten waren weit auseinander. Nein, damit war es nichts, er mußte den Tälern nachgehen und sich an die Städtchen halten. Die Hirschenmühle, vier Stunden weiter unten am Fluß, war der erste sichere Rastort, dort würde man ihn bei schlechtem Wetter ein, zwei Tage behalten.

Wie er so in Gedanken stand und kaum mehr daran dachte, daß er auf jemanden warte, erschien in Dunkelheit und Zugwind auf der Brücke eine schmale, ängstliche Gestalt und kam zögernd näher. Er erkannte sie sofort, lief ihr freudig und dankbar entgegen und schwang den Hut.

„Das ist lieb, daß Ihr kommt, Bärbel, ich habe schon beinah nimmer dran geglaubt."

Er ging zu ihrer Linken und führte sie die Allee flußaufwärts. Sie war zaghaft und schämte sich.

„Es war doch nicht recht", sagte sie wieder und wieder. „Wenn uns nur niemand sieht!"

Knulp aber hatte eine Menge zu fragen, und bald wurden die Schritte des Mädchens ruhiger und gleichmäßiger, und schließlich ging sie leicht und munter neben ihm wie ein Kamerad und erzählte, von seinen Fragen und Einwürfen erwärmt, mit Begier und Eifer von ihrer Heimat, von Vater und Mutter, Bruder und Großmama, von den Enten und Hühnern, von Hagelschlag und Krankheiten, von Hochzeiten und Kirchweihfesten. Ihr kleiner Schatz an Erlebnissen tat sich auf und war größer, als sie selber geglaubt hätte, und schließlich kam die Geschichte ihrer Verdingung und ihres Abschieds von daheim, ihr jetziger Dienst und das Hauswesen ihres Dienstherren an die Reihe.

Sie waren längst weit vor dem Städtchen draußen, ohne daß Bärbele auf den Weg geachtet hatte. Nun hatte sie sich von einer langen trüben Woche des Fremdseins, Schweigens und Duldens im Plaudern erlöst und war ganz lustig geworden.

„Wo sind wir denn aber?" fragte sie plötzlich verwundert. „Wo laufen wir denn hin?"

„Wenn es Euch recht ist, gehen wir nach Gertelfingen hinein, wir sind gleich dort."

„Gertelfingen? Was sollen wir da? Wir wollen lieber umkehren, es wird spät."

„Wann müsset Ihr denn daheim sein, Bärbele?"

„Um zehne. Da wird's Zeit. Es ist ein netter Spaziergang gewesen."

„Bis zehne ist's noch lang", sagte Knulp, „und ich will gewiß dran denken, daß Ihr zur Zeit heimkommet. Aber weil wir doch nimmer so jung zusammenkommen, so könnten wir eigentlich heut noch einen Tanz miteinander riskieren. Oder möget Ihr nicht tanzen?"

Sie sah ihn gespannt und verwundert an.

„Oh, tanzen mag ich immer. Aber wo denn? Hier mitten in der Nacht draußen?"

„Ihr müsset wissen, wir sind gleich in Gertelfingen, und da ist Musik im Löwen. Wir können hineingehen, bloß einen einzigen Tanz, und dann gehen wir heim und haben einen schönen Abend gehabt."

Bärbele blieb zweifelnd stehen.

„Es wäre lustig", meinte sie langsam. „Aber was soll man von uns denken? Ich will nicht für so eine angeschaut werden, und ich will auch nicht, daß man meint, wir zwei gehören zusammen."

Und plötzlich lachte sie übermütig auf und rief: „Nämlich, wenn ich später einmal einen Schatz haben will, dann muß es kein Gerber sein. Ich will Euch nicht beleidigen, aber Gerber ist doch ein unsauberes Handwerk."

„Da habt Ihr vielleicht recht", sagte Knulp gutmütig. „Ihr solltet mich ja auch nicht heiraten. Es weiß kein Mensch, daß ich ein Gerber bin und daß Ihr so stolz seid, und die Hände habe ich mir gewaschen, und wenn Ihr also einmal mit mir herumtanzen wollt, so seid Ihr eingeladen. Sonst kehren wir um."

Sie sahen in der Nacht das erste Haus des Dorfes mit einem bleichen Giebel aus Gebüschen schauen, und Knulp sagte plötzlich „Bst!" und hob den Finger auf, und da hörten sie vom Dorfe her die Tanzmusik, eine Ziehharmonika und eine Geige, tönen.

„Also denn!" lachte das Mädchen, und sie gingen rascher.

Im Löwen tanzten nur vier oder fünf Paare, lauter junge Leute, die Knulp nicht kannte. Es ging still und anständig zu, und niemand belästigte das fremde Paar, das sich dem nächsten Tanz anschloß. Sie machten einen Ländler und eine Polka mit, dann kam ein Walzer, den Bärbele nicht konnte. Sie sahen zu und tranken einen Pfiff Bier, weiter reichte Knulps Barschaft nicht.

Bärbele war beim Tanzen warm geworden und blickte nun mit glänzenden Augen in den kleinen Saal.

„Jetzt wäre es eigentlich Zeit zum Heimgehen", sagte Knulp, als es halb zehn Uhr war.

Sie fuhr auf und sah ein wenig traurig aus.

„Ach schade!“ sagte sie leise.

„Wir können ja noch dableiben.“

„Nein, ich muß heim. Und schön war's.“

Sie gingen weg, aber unter der Tür fiel es dem Mädchen ein: „Wir haben ja der Musik gar nichts gegeben.“

„Ja“, meinte Knulp etwas verlegen, „sie hätten wohl einen Zwanziger verdient. Aber es steht leider so mit mir, daß ich keinen habe.“

Sie wurde eifrig und zog ihren kleinen gestrickten Geldbeutel aus der Tasche.

„Warum saget Ihr auch nichts? Da ist ein Zwanziger, gebet den!“

Er nahm das Geldstück und brachte es den Musikanten, dann gingen sie hinaus und mußten vor der Haustür einen Augenblick stehenbleiben, bis sie in der tiefen Dunkelheit den Weg sahen.

Der Wind ging stärker und führte einzelne Regentropfen.

„Soll ich den Schirm auftun?“ fragte Knulp.

„Nein, bei dem Wind, wir kämen ja nicht weiter. Es ist nett gewesen da drinnen. Ihr könnet's fast wie ein Tanzmeister, Gerber.“

Sie plauderte fröhlich fort. Ihr Freund aber war still geworden, vielleicht daß er müde war, vielleicht daß er den nahen Abschied fürchtete.

Plötzlich fing sie an zu singen: „Bald gras' ich am Neckar, bald gras' ich am Rhein.“ Ihre Stimme klang warm und rein, und beim zweiten Vers fiel Knulp mit ein und sang die zweite Stimme so sicher, tief und schön, daß sie mit Behagen darauf horchte.

„So, ist jetzt das Heimweh vergangen?“ fragte er am Ende.

„O ja“, lachte sie hell. „Wir müssen wieder einmal so einen Spaziergang machen.“

„Das tut mir leid“, antwortete er leiser. „Es wird wohl der letzte gewesen sein.“

Da blieb sie stehen. Sie hatte nicht genau zugehört, aber der betrübte Klang seiner Stimme war ihr aufgefallen.

„Ja, was ist denn?" fragte sie leicht erschrocken. „Habt Ihr was gegen mich?"

„Nein, Bärbele. Aber morgen muß ich fort, ich habe gekündigt."

„Was Ihr nicht saget! Ist's wahr? Das tut mir aber leid."

„Um mich muß es Euch nicht leid sein. Lang wär ich doch nicht geblieben, und ich bin ja auch bloß ein Gerber. Ihr müsset bald einen Schatz haben, einen recht schönen, dann kommt das Heimweh nimmer, Ihr werdet sehen!"

„Ach, redet nicht so! Ihr wisset, daß ich Euch ganz gern habe, wenn Ihr auch nicht mein Schatz seid."

Sie schwiegen beide, der Wind pfiff ihnen ins Gesicht. Knulp ging langsamer. Sie waren schon nah bei der Brücke. Schließlich blieb er stehen.

„Ich will Euch jetzt adieu sagen, es ist besser, Ihr gehet die paar Schritte noch allein."

Bärbele sah ihm mit aufrichtiger Betrübnis ins Gesicht.

„Es ist also Ernst? Dann sage ich Euch auch noch meinen Dank. Ich will es nicht vergessen. Und alles Gute auch!"

Er nahm ihre Hand und zog sie an sich, und während sie ängstlich und verwundert in seine Augen sah, nahm er ihren Kopf mit den vom Regen feuchten Zöpfen in beide Hände und sagte flüsternd: „Adieu denn, Bärbele. Ich will jetzt zum Abschied noch einen Kuß von Euch haben, daß Ihr mich nicht ganz vergesset."

Ein wenig zuckte sie und strebte zurück, aber sein Blick war gut und traurig, und sie sah erst jetzt, wie schöne Augen er habe. Ohne die ihren zu schließen, empfing sie ernsthaft seinen Kuß, und da er darauf mit einem schwachen Lächeln zögerte, bekam sie Tränen in die Augen und gab ihm den Kuß herzhaft zurück.

Dann ging sie schnell davon und war schon über der Brücke, da kehrte sie plötzlich um und kam wieder zurück. Er stand noch am selben Ort.

„Was ist, Bärbele?" fragte er. „Ihr müsset heim."

„Ja, ja, ich geh schon. Ihr dürfet nicht schlecht von mir denken!"

„Das tu ich gewiß nicht."

„Und wie ist denn das, Gerber? Ihr habet doch gesagt, Ihr hättet gar kein Geld mehr? Ihr krieget doch noch Lohn, eh Ihr fortgeht?"

„Nein, Lohn kriege ich keinen mehr. Aber es macht nichts, ich komme schon durch, da müsset Ihr Euch keine Gedanken machen."

„Nein, nein! Ihr müsset etwas im Sack haben. Da!"

Sie steckte ihm ein großes Geldstück in die Hand, er spürte, daß es ein Taler war.

„Ihr könnet mir's einmal wiedergeben oder schicken, später einmal."

Er hielt sie an der Hand zurück.

„Das geht nicht. So dürfet Ihr nicht mit Eurem Geldlein umgehen! Das ist ja ein ganzer Taler. Nehmt ihn wieder! Nein, Ihr müsset! So. Man muß nicht unvernünftig sein. Wenn Ihr was Kleines bei Euch habt, einen Fünfziger oder so, den nehm ich gerne, weil ich in der Not bin. Aber mehr nicht."

Sie stritten noch ein wenig, und Bärbel mußte ihren Geldbeutel herzeigen, weil sie sagte, sie habe nichts als den Taler. Es war aber nicht so, sie hatte auch noch eine Mark und einen kleinen silbernen Zwanziger, die damals noch galten. Den wollte er haben, aber das war ihr zu wenig, und dann wollte er gar nichts nehmen und fortgehen, aber schließlich behielt er das Markstück, und sie lief nun im Trabe heimwärts.

Unterwegs dachte sie beständig darüber nach, warum er sie jetzt nicht noch einmal geküßt habe. Bald wollte es ihr leid tun, bald fand sie es gerade besonders lieb und anständig, und dabei blieb sie schließlich.

Eine gute Stunde später kam Knulp nach Hause. Er sah im Wohnzimmer droben noch Licht brennen, also saß die Meisterin noch auf und wartete auf ihn. Er spuckte ärgerlich aus und wäre beinahe davongelaufen, gleich jetzt in die Nacht hinein. Aber er war müde, und es würde regnen, und dem Weißgerber wollte er das auch nicht antun, und außerdem spürte er auf diesen Abend hin noch Lust zu einem bescheidenen Schabernack.

So fischte er denn den Schlüssel aus seinem Versteck heraus, schloß vorsichtig wie ein Dieb die Haustüre auf, zog sie hinter sich zu, schloß mit zusammengepreßten Lippen geräuschlos ab und versorgte den Schlüssel sorgfältig am alten Platz. Dann stieg er auf Socken, die Schuhe in der Hand, die Stiege hinauf, sah Licht durch eine Ritze der angelehnten Stubentür und hörte die beim langen Warten eingeschlafene Meisterin drinnen auf dem Kanapee tief in langen Zügen atmen. Darauf stieg er unhörbar in seine Kammer hinauf, schloß sie von innen fest ab und ging ins Bett. Aber morgen, das war beschlossen, wurde abgereist.

Meine Erinnerung an Knulp

Es war noch mitten in der fröhlichen Jugendzeit, und Knulp war noch am Leben. Wir wanderten damals, er und ich, in der glühenden Sommerszeit durch eine fruchtbare Gegend und hatten wenig Sorgen. Tagsüber schlenderten wir an den gelben Kornfeldern hin oder lagen unter einem kühlen Nußbaum oder am Waldesrand, am Abend aber hörte ich zu, wie Knulp den Bauern Geschichten erzählte, den Kindern Schattenspiele vormachte und für die Mädchen seine vielen Lieder sang. Ich hörte mit Freude zu und ohne Neid, nur wenn er unter den Mädchen stand und sein braunes Gesicht wetterleuchtete und die Jungfern zwar viel lachten und spotteten, aber mit unverwandten Blicken an ihm hingen, da schien es mir zuweilen, er sei doch ein seltener Glücksvogel oder ich das Gegenteil, und dann ging ich manchmal zur Seite, um nicht so überflüssig dabeizustehen, und begrüßte entweder den Pfarrer in seiner Wohnstube um ein gescheites Abendgespräch und ein Nachtlager, oder ich setzte mich ins Gasthaus zu einem stillen Wein.

Eines Nachmittags, erinnerte ich mich, kamen wir an einem Kirchhof vorüber, der samt einer kleinen Kapelle verlassen zwischen den Feldern lag, weit weg vom nächsten Dorf, und mit seinen dunklen Gebüschen überm Mauerkranz recht friedvoll und heimatlich in dem heißen Lande ruhte. Am Eingangsgitter standen zwei große Kastanienbäume, es war aber verschlossen, und ich wollte weitergehen. Doch Knulp mochte nicht, er schickte sich an, über die Mauer zu steigen.

Ich fragte: „Schon wieder Feierabend?“

AUER

„Wohl, wohl, sonst tun mir bald die Sohlen weh."

„Ja, muß es denn gerade ein Kirchhof sein?"

„Ganz gern, komm du nur mit. Die Bauern gönnen sich nicht viel, das weiß ich wohl, aber unter der Erde wollen sie's doch gut haben. Darum lassen sie sich's gern eine Mühe kosten und pflanzen was Sauberes auf die Gräber und daneben."

Da stieg ich mit hinüber und sah, daß er recht hatte, denn es lohnte sich wohl, über das Mäuerlein zu klettern. Da innen lagen in geraden und in krummen Reihen die Gräber nebeneinander, die meisten mit einem weißen Kreuz von Holz versehen, und darauf und darüber war es grün und blumenfarbig. Da glühte freudig Winde und Geranium, im tiefern Schatten auch noch später Goldlack, und Rosenbüsche hingen voller Rosen, und Fliederbäume und Holunderbäume standen dick im Holz und Laub.

Wir schauten alles ein wenig an und setzten uns dann im Grase, das stellenweise hoch und in Blüte stand, ruhten aus und wurden kühl und zufrieden.

Knulp las den Namen auf dem nächsten Kreuz und sagte: „Der heißt Engelbert Auer und ist über sechzig Jahre alt geworden. Dafür liegt er jetzt unter Reseden, was eine feine Blume ist, und hat es ruhig. Reseden möcht ich auch schon einmal haben, und einstweilen nehm ich eine von den hiesigen mit."

Ich sagte: „Laß sie nur und nimm was anderes, Reseden welken bald."

Er brach doch eine ab und steckte sie auf seinen Hut, der neben ihm im Grase lag.

„Wie es da schön still ist!" sagte ich.

Und er: „Ja, schon. Und wenn es noch ein wenig stiller wäre, so könnten wir wohl die da drunten reden hören."

„Das nicht. Die haben ausgeredet."

„Weiß man's? Man sagt doch immer, der Tod ist ein Schlaf, und im Schlaf redet man oft und singt auch mitunter."

„Du vielleicht schon."

„Ja, warum nicht? Und wenn ich verstorben wär, da würd ich warten, bis am Sonntag die Mädlein herüberkommen und herumstehen und sich von einem Grab ein Blümlein abbrechen, und dann würde ich ganz leis anfangen singen."

„So, und was denn?"

„Was? Irgendein Lied."

Er legte sich lang auf den Boden, machte die Augen zu und fing bald mit einer leisen, kindlichen Stimme an zu singen:

Weil ich früh gestorben bin,
Drum singet mir, ihr Jüngferlein,
Ein Abschiedslied.
Wenn ich wiederkomm,
Wenn ich wiederkomm,
Bin ich ein schöner Knabe.

Ich mußte lachen, obwohl das Lied mir gut gefiel. Er sang schön und zart, und wenn manchmal die Worte keinen völligen Sinn hatten, war doch die Melodie recht fein und machte es schön.

„Knulp", sagte ich, „versprich den Jungfern nicht zu viel, sonst hören sie dir bald nimmer zu. Das mit dem Wiederkommen ist schon recht, aber gewiß weiß das kein Mensch, und ob du dann gerade ein schöner Knabe wirst, das ist erst recht nicht sicher."

„Sicher ist es nicht, das stimmt. Aber es wäre mir lieb. Weißt du noch, vorgestern, der kleine Bub mit der Kuh, den wir nach dem Weg gefragt haben? So wär ich gern wieder einer. Du nicht auch?"

„Nein, ich nicht. Ich habe einmal einen alten Mann gekannt, wohl über siebzig, der hat so still und gut geblickt, und mir kam es vor, als könne an ihm nur Gutes und Kluges und Stilles sein. Und seither denk ich hie und da, so möchte ich gern auch einer werden."

„Ja, da fehlt dir noch ein Stückchen dran, weißt du. Und es ist überhaupt komisch mit dem Wünschen. Wenn ich jetzt im Augenblick bloß zu nicken brauchte und wäre dann so ein netter kleiner Bub, und du brauchtest bloß zu nicken und wärst ein feiner milder alter Kerl, so würde doch keiner von uns nicken. Sondern wir würden ganz gern bleiben, wie wir sind."

„Das ist auch wahr."

„Wohl. Und auch sonst, schau. Oft denke ich mir: das Allerschönste und Allerfeinste, was es überhaupt gibt, das ist ein schlankes, junges Fräulein mit einem blonden Haar. Stimmt aber nicht, denn man sieht oft genug, daß eine Schwarze fast noch schöner ist. Und außerdem, es geschieht auch wieder, daß mir so scheint: das Allerschönste und das Feinste von allem ist doch ein schöner Vogel, wenn man ihn so frei in der Höhe sieht schweben. Und ein andermal ist gar nichts so wundersam wie ein Schmetterling, ein weißer zum Beispiel mit roten Augen auf den Flügeln, oder auch ein Sonnenschein am Abend in den Wolken droben, wenn alles glänzt und doch nicht blendet, und alles dann so froh und unschuldig aussieht."

„Ganz recht, Knulp. Es ist eben alles schön, wenn man es in der guten Stunde anschaut."

„Ja. Aber ich denke noch anders. Ich denke, das Schönste ist immer so, daß man dabei außer dem Vergnügen auch noch eine Trauer hat oder eine Angst."

„Ja wie denn?"

„Ich meine so: eine recht schöne Jungfer würde man vielleicht nicht gar so fein finden, wenn man nicht wüßte, sie hat ihre Zeit und danach muß sie alt werden und sterben. Wenn etwas Schönes immerfort in alle Ewigkeit gleichbleiben sollte, das würde mich wohl freuen, aber ich würd es dann kälter anschauen und denken: das siehst du immer noch, es muß nicht heute sein. Dagegen was hinfällig ist und nicht gleichbleiben kann, das schaue ich an und habe nicht bloß Freude, sondern auch ein Mitleid dabei."

„Nun ja."

„Darum weiß ich auch nichts Feineres, als wenn irgendwo bei Nacht ein Feuerwerk angestellt wird. Da gibt es blaue und grüne Leuchtkugeln, die steigen in die Finsternis hinauf, und wenn sie gerade am schönsten sind, dann machen sie einen kleinen Bogen und sind aus. Und wenn man dabei zuschaut, so hat man die Freude und auch zu gleicher Zeit die Angst: gleich ist's wieder aus, und das gehört zueinander und ist viel schöner, als wenn es länger dauern würde. Nicht?"

„Doch, wohl. Aber das stimmt auch wieder nicht für alles."

„Warum nicht?"

„Zum Beispiel, wenn zwei einander gern haben und heiraten,

oder wenn zwei miteinander eine Freundschaft schließen, so ist das doch gerade deswegen schön, weil es für die Dauer ist und nicht gleich wieder ein Ende haben soll."

Knulp sah mich aufmerksam an, dann blinzelte er mit seinen schwarzen Wimpern und sagte nachdenklich: „Mir ist es auch recht. Aber auch das hat doch einmal sein Ende, wie alles. Da gibt es vielerlei, was einer Freundschaft den Hals brechen kann, und einer Liebe auch."

„Schon recht, aber daran denkt man nicht, bevor es kommt."

„Ich weiß nicht. – Sieh, du, ich habe zweimal in meinem Leben eine Liebschaft gehabt, ich meine eine richtige, und beidemal wußte ich gewiß, daß das für immer sei und nur mit dem Tod aufhören könne, und beidemal hat es ein Ende gefunden, und ich bin nicht gestorben. Auch einen Freund hab ich gehabt, daheim noch in unsrer Stadt, und hätte nicht gedacht, daß wir beide bei Lebzeiten auseinander kommen könnten. Aber wir sind doch auseinander gekommen, schon lang."

Er schwieg, und ich wußte nichts dazu zu sagen. Das Schmerzliche, das in jedem Verhältnis zwischen Menschen ruht, war mir noch nicht zum Erlebnis geworden, und ich hatte es noch nicht erfahren, daß zwischen zwei Menschen, sie seien noch so eng verbunden, immer ein Abgrund offen bleibt, den nur die Liebe und auch die nur von Stunde zu Stunde mit einem Notsteg überbrücken kann. Ich dachte über die vorigen Worte meines Kameraden nach, von denen mir das über die Leuchtkugeln am besten gefiel, denn ich hatte das selber schon manches Mal empfunden. Die leise lockende Farbenflamme, in die Finsternis aufsteigend und allzubald darin ertrinkend, schien mir ein Sinnbild aller menschlichen Lust, die, je schöner sie ist, desto weniger befriedigt und desto rascher wieder verglühen muß. Das sagte ich auch zu Knulp.

Aber er ging nicht darauf ein.

„Ja, ja", sagte er nur. Und dann, nach einer guten Weile, mit gedämpfter Stimme: „Das Sinnen und Gedankenmachen hat keinen Wert, und man tut ja auch nicht, wie man denkt, sondern tut jeden Schritt eigentlich ganz unüberlegt so, wie das Herz gerade will. Aber das mit dem Freundsein und Verlieben ist vielleicht doch so, wie ich meine. Am Ende hat doch ein jeder

Mensch das Seinige ganz für sich und kann es nicht mit anderen gemein haben. Man sieht es auch, wenn einer stirbt. Da wird geheult und getrauert, einen Tag und einen Monat und auch ein Jahr, aber dann ist der Tote tot und fort, und es könnte in seinem Sarge drin gerade so gut ein heimatloser und unbekannter Handwerksbursch liegen."

„Du, das behagt mir aber nicht, Knulp. Wir haben doch oft geredet, daß das Leben schließlich einen Sinn haben muß und daß es einen Wert hat, wenn einer gut und freundlich statt schlecht und feindlich ist. Aber so, wie du jetzt sagst, ist eigentlich alles einerlei, und wir könnten gerade so gut stehlen und totschlagen."

„Nein, das könnten wir nicht, mein Lieber. Schlag doch einmal die paar nächsten Leute tot, die wir treffen, wenn du's vermagst! Oder verlang einmal von einem gelben Schmetterling, er soll blau sein. Der lacht dich aus."

„So mein ich's auch nicht. Aber wenn doch alles einerlei ist, dann hat es keinen Sinn, daß man gut und redlich sein will. Dann gibt es ja kein Gutsein, wenn blau so gut wie gelb und bös so gut wie gut ist. Dann ist eben jeder wie ein Tier im Wald und tut nach seiner Natur und hat weder ein Verdienst noch eine Schuld dabei."

Knulp seufzte.

„Ja, was soll man darüber sagen! Vielleicht ist es so, wie du sagst. Dann wird man auch deswegen oft so dumm betrübt, weil man spürt, daß das Wollen keinen Wert hat und daß alles ganz ohne uns seinen Weg geht. Aber eine Schuld gibt es deswegen doch, auch wenn einer nicht anders hat können als schlecht sein. Denn er spürt es doch in sich. Und darum muß auch das Gute das Richtige sein, weil man dabei zufrieden bleibt und sein gutes Gewissen hat."

Ich sah es seinem Gesicht an, daß er dieser Gespräche satt war. Es ging ihm oft so, er kam ins Philosophieren hinein, stellte Sätze auf, redete für sie und wider sie und hörte plötzlich wieder auf. Früher hatte ich gemeint, er sei dann meiner unzulänglichen Antworten und Einwürfe müde. Aber es war nicht so, sondern er fühlte, daß seine Neigung zum Spekulieren ihn auf Gelände führte, wo seine Kenntnisse und Redemittel

nicht ausreichten. Denn er hatte zwar recht viel gelesen, unter anderem Tolstoi, aber er konnte zwischen richtigen und Trugschlüssen nicht immer genau unterscheiden und fühlte das selber. Von den Gelehrten redete er, wie ein begabtes Kind von den Erwachsenen redet: er mußte anerkennen, daß sie mehr Macht und Mittel hatten als er, aber er verachtete sie, daß sie doch damit nichts Rechtes anfingen und mit allen ihren Künsten doch keine Rätsel lösen konnten.

Nun lag er wieder, den Kopf auf beiden Händen, starrte durch das schwarze Holunderlaub in den blauen heißen Himmel und summte ein altes Volkslied vom Rhein vor sich hin. Ich weiß noch den letzten Vers:

Nun hab ich getragen den roten Rock,
Nun muß ich tragen den schwarzen Rock,
Sechs, sieben Jahr,
Bis daß mein Lieb verweset war.

Spät am Abend saßen wir am dunklen Rand eines Gehölzes einander gegenüber, jeder mit einem großen Stück Brot und einer halben Schützenwurst, aßen und sahen dem Nachtwerden zu. Vor Augenblicken noch waren die Hügel vom gelben Widerschein des Späthimmels beglänzt und in flaumig schwimmendem Lichtrauch aufgelöst gewesen, nun aber standen sie schon dunkel und scharf und malten ihre Bäume, Felderrücken und Gebüsche schwarz auf den Himmel, der noch ein wenig lichtes Tagesblau, aber schon viel mehr tiefes Nachtblau hatte.

Solange es noch licht gewesen war, hatten wir einander drollige Sachen aus einem kleinen Büchlein vorgelesen, das hieß „Musenklänge aus Deutschlands Leierkasten" und enthielt lauter dumme lustige Schundlieder mit kleinen Holzschnitten. Das hatte nun mit dem Tageslicht sein Ende gefunden. Als wir fertig gegessen hatten, wünschte Knulp Musik zu hören, und ich zog die Mundharfe aus der Tasche, die voller Brosamen war, putzte sie aus und spielte die paar oft gehörten Melodien wieder. Die Dunkelheit, in der wir schon eine Weile saßen, hatte sich vor uns nun weit in das vielfältig gewölbte Land hinein verbreitet, auch der Himmel hatte seinen bleichen Schein verloren und ließ im Schwärzerwerden langsam einen Stern um den andern hervorglühen. Die Töne unserer Harmonika flogen leicht und dünn feldeinwärts und verloren sich bald in den weiten Lüften.

„Wir können doch noch nicht gleich schlafen“, sagte ich zu Knulp. „Erzähl mir noch eine Geschichte, sie braucht nicht wahr zu sein, oder ein Märchen.“

Knulp besann sich.

„Ja“, sagte er, „eine Geschichte und auch ein Märchen, beides beieinander. Es ist nämlich ein Traum. Vorigen Herbst hat es mir so geträumt und seither zweimal ganz ähnlich, das will ich dir erzählen:

Da war eine Gasse in einem Städtlein, ähnlich wie bei mir daheim, alle Häuser streckten die Giebel auf die Gassenseite, aber sie waren höher, als man sie sonst sieht. Da ging ich hindurch, und es war, wie wenn ich nach einer langen, langen Zeit endlich wieder heimkehrte; aber ich hatte nur eine halbe Freude, denn es war nicht alles in Ordnung, und ich wußte nicht ganz sicher, ob ich nicht doch am falschen Ort und gar nicht in der Heimat sei. Manche Ecke war ganz, wie es sein sollte, und ich kannte sie sofort wieder, aber viele Häuser waren fremd und ungewohnt, auch fand ich die Brücke und den Weg zum Marktplatz nicht und kam statt dessen an einem unbekannten Garten und an einer Kirche vorbei, die war wie in Köln oder in Basel, mit zwei großen Türmen. Unsre Kirche daheim aber hat keine Türme gehabt, sondern nur einen kurzen Stumpen mit einem Notdach, weil sie früher sich verbaut haben und den Turm nicht fertig machen konnten.

So war es auch mit den Leuten. Manche, die ich von weitem sah, waren mir ganz wohlbekannt, ich wußte ihre Namen und hatte sie schon im Mund, um sie damit anzurufen. Aber die einen gingen vorher in ein Haus oder in eine Seitengasse und waren fort, und wenn einer näher kam und an mir vorbeiging, verwandelte er sich und wurde fremd; aber wenn er vorüber und wieder weiter weg war, meinte ich im Nachsehen, er sei es doch und ich müsse ihn kennen. Ich sah auch ein paar Weiber vor einem Laden beieinander stehen, und eine davon, schien mir's, war sogar meine verstorbene Tante; aber wie ich zu ihnen gehe, kenne ich sie wieder nimmer und höre auch, daß sie eine ganz fremde Mundart reden, die ich kaum verstehen kann.

Schließlich dachte ich: Wenn ich nur wieder aus der Stadt draußen wäre, sie ist's und ist's doch nicht. Doch lief ich immer wieder auf ein bekanntes Haus zu oder einem bekannten Gesicht entgegen, die mich alle auch wieder für Narren hatten. Dabei wurde ich nicht zornig und verdrießlich, sondern nur traurig und voller Angst; ich wollte ein Gebet hersagen und besann mich mit aller Kraft, aber es fielen mir nichts als unnütze, dumme Redensarten ein – zum Beispiel ‚Sehr geehrter Herr' und ‚Unter den obwaltenden Umständen' – und die sagte ich verwirrt und traurig vor mich hin.

Das ging, schien mir, ein paar Stunden lang so weiter, bis ich ganz warm und müd war und willenlos immer weiterstolperte. Es war schon Abend, und ich nahm mir vor, den nächsten Menschen nach der Herberge oder nach der Landstraße zu fragen, aber ich konnte keinen anreden, und alle gingen an mir vorbei, wie wenn ich Luft wäre. Bald hätte ich vor Müdigkeit und Verzweiflung geweint.

Da auf einmal ging es wieder um eine Ecke, und da sah ich unsere alte Gasse vor mir liegen, ein wenig gemodelt und verziert zwar, aber das störte mich jetzt nimmer viel. Ich ging darauf los und kannte ein Haus ums andere trotz der Traumschnörkel deutlich wieder, und endlich auch unser altes väterliches Haus. Es war ebenfalls übernatürlich hoch, sonst aber fast ganz wie in alten Zeiten, und die Freude und Aufregung lief mir wie ein Grausen den Rücken hinauf.

Unter dem Tor aber stand meine erste Liebste, die hat Henriette geheißen. Nur sah sie größer und etwas anders aus als früher, war aber nur noch schöner geworden. Im Näherkommen sah ich sogar, daß ihre Schönheit wie ein Wunderwerk war und ganz engelhaft erschien, doch merkte ich nun auch, daß sie hellblond war und nicht braun wie die Henriette, und doch war sie es auf und nieder, wenn auch verklärt.

‚Henriette!' rief ich hinüber und zog den Hut ab, weil sie so fein aussah, daß ich nicht wußte, ob sie mich noch werde erkennen wollen.

Sie drehte sich ganz herum und sah mir in die Augen. Aber

wie sie mir so ins Auge sieht, mußte ich mich verwundern und schämen, denn es war gar nicht die, für die ich sie angesprochen hatte, sondern es war die Lisabeth, meine zweite Liebste, mit der ich lange gegangen war.

‚Lisabeth!' rief ich also jetzt und streckte ihr die Hand hinab. Sie sah mich an, das ging bis ins Herz, wie wenn Gott einen anschauen würde, nicht streng und etwa hochmütig, sondern ganz ruhig und klar, aber so geistig und überlegen, daß ich mir wie ein Hund vorkam. Und sie wurde im Anschauen ernst und traurig, dann schüttelte sie den Kopf wie auf eine vorlaute Frage, nahm auch meine Hand nicht an, sondern ging ins Haus zurück und zog das Tor still hinter sich zu. Ich hörte noch das Schloß einschnappen.

Da kehrte ich um und ging fort, obschon ich vor Tränen und Leidwesen kaum aus den Augen sah, war es doch merkwürdig, wie die Stadt sich wieder verwandelt hatte. Es war jetzt nämlich jede Gasse und jedes Haus und alles genau wie in früherer Zeit und das Unwesen ganz verschwunden. Die Giebel waren nicht mehr so hoch und hatten die alten Farben, die Leute waren es wirklich und schauten mich froh und verwundert an, wenn sie mich wieder kannten, auch riefen manche mich mit meinem Namen an. Aber ich konnte keine Antwort geben und auch nicht stehenbleiben. Statt dessen lief ich mit aller Macht den wohlbekannten Weg über die Brücke und vor die Stadt hinaus und sah alles nur aus nassen Augen vor Herzweh. Ich wußte nicht warum, mir schien nur, es sei hier für mich alles verloren, und ich müsse in Schande fortlaufen.

Dann, wie ich vor der Stadt draußen unter den Pappeln war und ein wenig anhalten mußte, fiel mir's erst ein, daß ich daheim und vor unserem Haus gewesen sei und an Vater und Mutter, Geschwister und Freunde und alles mit keinem Gedanken gedacht habe. Es war eine Verwirrung, Kümmernis und Scham in meinem Herzen wie noch niemals. Aber ich konnte nicht umkehren und alles gutmachen, denn der Traum war aus, und ich wurde wach."

KNULP sagte: „Ein jeder Mensch hat seine Seele, die kann er mit keiner anderen vermischen. Zwei Menschen können zueinander gehen, sie können miteinander reden und nah beieinander sein. Aber ihre Seelen sind wie Blumen, jede an ihrem Ort angewurzelt, und keine kann zu der anderen kommen, sonst müßte sie ihre Wurzel verlassen, und das kann sie eben nicht. Die Blumen schicken ihren Duft und ihren Samen aus, weil sie gern zueinander möchten; aber daß ein Same an seine rechte Stelle kommt, dazu kann die Blume nichts tun, das tut der Wind, und der kommt her und geht hin, wie und wo er will."

Und später: „Der Traum, den ich dir erzählt habe, hat vielleicht die gleiche Bedeutung. Ich habe weder der Henriette mit Wissen unrecht getan noch der Lisabeth. Aber durch das, daß ich beide einmal liebgehabt und zu eigen habe nehmen wollen, sind sie für mich zu einer solchen Traumgestalt geworden, die beiden ähnlich sieht und doch keine ist. Die Gestalt gehört mir eigen, aber sie ist nichts Lebendiges mehr. So habe ich auch oft über meine Eltern nachdenken müssen. Die meinen, ich sei ihr Kind und ich sei wie sie. Aber wenn ich sie auch lieben muß, bin ich doch ihnen ein fremder Mensch, den sie nicht verstehen können. Und das, was die Hauptsache an mir und vielleicht gerade meine Seele ist, das finden sie nebensächlich und schreiben es meiner Jugend oder Laune zu. Dabei haben sie mich gern und täten mir gern alles Liebe. Ein Vater kann seinem Kind die Nase und die Augen und sogar den Verstand zum Erbe mitgeben, aber nicht die Seele. Die ist in jedem Menschen neu."

Ich hatte nichts zu sagen, da ich diese Gedankenwege damals noch nicht, wenigstens nicht aus eigenem Bedürfnis, gegangen war. Mir war bei diesem Spintisieren eigentlich recht wohl zumute, da es mir nicht bis ans Herz ging und ich deshalb vermutete, es werde auch für Knulp mehr ein Spiel als ein Kampf sein. Außerdem war es friedsam schön, da zu zweien im trokkenen Gras zu liegen, auf die Nacht und den Schlaf zu warten und die frühen Sterne zu betrachten.

Ich sagte: „Knulp, du bist ein Denker. Du hättest sollen Professor werden."

Er lachte und schüttelte den Kopf.

„Viel eher könnt es sein, daß ich noch einmal zur Heilsarmee ginge", meinte er dann nachdenklich.

Das war mir zuviel. „Du“, sagte ich, „spiel mir doch nichts vor! Willst du nicht auch noch ein Heiliger werden?“

„Doch, das will ich auch. Jeder Mensch ist heilig, wenn es ihm mit seinen Gedanken und Taten wirklich Ernst ist. Wenn man etwas für recht hält, muß man es tun. Und wenn ich es einmal für das richtige halte, daß ich zur Heilsarmee gehe, dann werde ich's hoffentlich auch tun.“

„Immer die Heilsarmee!“

„Jawohl. Ich will dir sagen, warum. Ich habe schon mit vielen Leuten gesprochen und auch viele Reden halten hören. Ich habe Pfarrer und Lehrer und Bürgermeister und Sozialdemokraten und Liberale reden hören; aber es war keiner dabei, dem es ganz bis ins Herz hinein Ernst war und dem ich zugetraut hätte, daß er im Notfall für seine Weisheit sich selber geopfert hätte. Bei der Heilsarmee aber, mit allem Musikmachen und Radau, hab ich schon drei-, viermal Leute gesehen und gehört, denen ist es Ernst gewesen.“

„Woher weißt du das denn?“

„Das sieht man schon. Der eine zum Beispiel, der hat in einem Dorf eine Rede gehalten, am Sonntag, im Freien bei einem Staub und einer Hitze, daß er bald ganz heiser war. Kräftig hat er ohnedas nicht ausgesehen. Wenn er kein Wort mehr herausbrachte, ließ er seine drei Kameraden einen Vers singen und nahm derweil einen Schluck Wasser. Das halbe Dorf ist um ihn herumgestanden, Kinder und Große, und haben ihn für Narren gehabt und kritisiert. Hinten stand ein junger Knecht, der hatte eine Peitsche und ließ von Zeit zu Zeit einen Mordsknaller los, um den Redner recht zu ärgern, und dann lachten jedesmal alle. Aber der arme Kerl ist nicht bös geworden, obwohl er gar nicht dumm war, sondern hat sich mit seinem Stimmlein in dem Spektakel durchgefochten und hat gelächelt, wo ein andrer geheult oder geflucht hätte. Weißt du, das tut einer nicht um einen Hungerlohn und um des Vergnügens willen, sondern er muß eine große Helligkeit und Gewißheit in sich haben.“

„Meinetwegen. Aber eins paßt nicht für alle. Und wer ein feiner und empfindsamer Mensch ist wie du, der tut bei dem Spektakel nicht mit.“

„Vielleicht doch. Wenn er etwas weiß und hat, was noch viel

besser ist als die ganze Feinheit und Empfindsamkeit. Es paßt freilich nicht eins für alle, aber die Wahrheit, die muß für alle passen."

„Ach Wahrheit! Woher weiß man, ob gerade die mit ihrem Halleluja die Wahrheit haben."

„Das weiß man nicht, ganz richtig. Aber ich sage ja nur: Wenn ich einmal finde, daß das die Wahrheit ist, dann will ich ihr auch folgen."

„Ja, wenn! Aber du findest ja jeden Tag eine Weisheit, und morgen läßt du sie nimmer gelten."

Er sah mich betroffen an.

„Da hast du etwas Schlimmes gesagt."

Ich wollte mich entschuldigen, doch wehrte er ab und blieb still. Bald sagte er leise gut Nacht und legte sich ruhig hin, aber ich glaube nicht, daß er schon schlief. Auch ich war noch zu lebhaft und lag noch weit über eine Stunde lang mit aufgestützten Ellbogen da und schaute in das nächtliche Land hinein.

AM MORGEN sah ich gleich, daß Knulp heute seinen guten Tag habe. Ich sagte ihm das, und er strahlte mich mit seinen kinderhaften Augen an und sagte: „Richtig geraten. Und weißt du auch, wo es herkommt, wenn einer so einen guten Tag hat?"

„Nein, woher?"

„Es kommt davon, daß man nachts gut geschlafen und recht viel Schönes geträumt hat. Aber man darf es nimmer wissen. So geht mir's heute. Ich habe lauter Pracht und Lustbarkeit zusammengeträumt, aber alles vergessen; ich weiß nur noch, daß es herrlich schön gewesen ist."

Und noch eh wir das nächste Dorf erreicht und eine Morgenmilch im Leibe hatten, sang er schon mit seiner warmen, leichten, mühelosen Stimme drei, vier nagelneue Lieder in die nüchterne Frühe hinein. Aufgeschrieben und abgedruckt würden diese Lieder vielleicht recht wenig vorstellen. Aber wenn Knulp kein großer Dichter war, so war er doch ein kleiner, und während er sie selber sang, sahen seine Liedchen den schönsten anderen oft ähnlich wie hübsche Geschwister. Und einzelne Stellen und Verse, die ich behalten habe, sind wahrhaft schön und mir noch immer wert. Es ist nichts davon aufgeschrieben worden, und seine Verse kamen, lebten und starben harmlos und verantwortungslos, wie die Lüfte wehen, aber sie haben nicht nur mir und ihm, sondern vielen anderen, Kindern und Alten, manche Viertelstunde schön und lieb gemacht.

Hell und sonntagsangetan
Wie ein Fräulein aus dem Tor
Kommt sie rot und aber stolz
Überm Tannenwald hervor

so sang er an jenem Tage von der Sonne, die in seinen Liedern fast immer vorkam und gepriesen wurde. Und sonderbar, so wenig er im Gespräch das Spekulieren lassen konnte, so unbefangen waren seine Verslein, die wie saubere Kinder in hellen Sommerkleidern dahinsprangen. Oft waren sie auch sinnlos drollig und dienten nur dazu, den vorhandenen Übermut entströmen zu lassen.

Den damaligen Tag wurde ich ganz von seiner Laune angesteckt. Wir begrüßten und neckten alle Leute, die uns begegneten, so daß hinter uns her bald gelacht, bald geschimpft wurde, und der ganze Tag verging uns wie eine Festlichkeit. Wir erzählten einander Streiche und Witze aus der Schulzeit, hingen den vorübergehenden Bauern und oft auch ihren Rossen und Ochsen Spitznamen an, aßen uns an einem verborgenen Gartenzaun an gestohlenen Stachelbeeren satt und schonten unsere Kräfte und Stiefelsohlen, indem wir beinahe jede Stunde eine Rast hielten.

Mir schien, seit meiner noch jungen Bekanntschaft mit Knulp hätte ich ihn noch nie so fein und lieb und unterhaltsam gefunden, und ich freute mich darauf, daß von heute an das eigentliche Zusammenleben und Wandern und Lustigsein erst anheben sollte.

Der Mittag wurde schwül, und wir lagen mehr im Grase, als wir marschierten, und gegen den Abend hin zog sich Gewitterdunst und drange Luft zusammen, so daß wir beschlossen, für die Nacht ein Dach zu suchen.

Knulp war nun allmählich stiller und ein wenig müde, doch merkte ich es kaum, denn er lachte noch immer herzlich mit und stimmte oft in meinen Gesang ein, und ich selber ward noch ausgelassener und fühlte ein Freudenfeuer um das andere in mir angehen. Vielleicht war es bei Knulp umgekehrt, daß in ihm die festlichen Lichter schon zu verglimmen begannen. Mir ist es damals immer so gegangen, daß ich an frohen Tagen gegen die Nacht hin immer lebhafter wurde und kein Ende finden konnte, ja, oft trieb ich mich nach einer Lustbarkeit nachts noch ganze Stunden allein herum, wenn die anderen längst ermüdet waren und schliefen.

Dieses abendliche Freudenfieber befiel mich auch damals, und ich freute mich, als wir talabwärts gegen ein stattliches Dorf kamen, auf eine lustige Nacht. Vorerst bestimmten wir eine abseits stehende, leicht zugängliche Scheuer zu unserer Nachtherberge, dann zogen wir in das Dorf ein und in einen schönen Wirtsgarten, denn ich hatte meinen Freund für heute als meinen Gast geladen und dachte einen Eierkuchen und ein paar Flaschen Bier zu spendieren, weil es doch ein Freudentag war.

Knulp hatte die Einladung auch willig angenommen. Doch als wir unter einem schönen Platanenbaum an unsrem Gartentisch Platz nahmen, sagte er halb verlegen: „Du, wir wollen aber keine Trinkerei anfangen, gelt? Eine Flasche Bier trink ich gern, das tut gut und ist mir ein Vergnügen, aber mehr mag ich kaum vertragen.“

Ich ließ es gut sein und dachte: Wir werden schon zu so viel oder wenig kommen, als uns Freude macht. Wir aßen den heißen Eierkuchen und ein kräftig frisches braunes Roggenbrot dazu, und allerdings ließ ich mir bald eine zweite Flasche Bier bringen, während Knulp seine erste noch halbvoll hatte. Mir war, da ich wieder üppig und herrschaftlich an einem guten Tische saß, herzlich wohl zumute, und ich dachte das heute abend noch eine Weile zu genießen.

Als Knulp mit seiner Flasche zu Ende war, nahm er trotz meinen Bitten keine zweite an und schlug mir vor, jetzt noch ein wenig durchs Dorf zu schlendern und dann zeitig schlafen zu gehen. Das war nun gar nicht meine Absicht, doch mochte ich nicht geradezu widersprechen. Und da meine Flasche noch nicht leer war, hatte ich auch nichts dagegen, daß er einstweilen vorausging, wir würden uns nachher schon wieder treffen.

Er ging denn auch. Ich sah ihm nach, wie er mit seinem bequemen, genießenden Feierabendschritt, eine Sternblume hinterm Ohr, die paar Treppen hinab auf die breite Gasse und langsam dorfeinwärts bummelte. Und wenn es mir auch leid tat, daß er nicht noch eine Flasche mit mir leeren wollte, dachte ich im Nachschauen doch froh und zärtlich: Du lieber Kerl!

Inzwischen nahm die Schwüle, trotzdem die Sonne schon verschwunden war, noch immer zu. Ich hatte das gern, bei solchem Wetter in Ruhe bei einem frischen Abendtrunk zu sitzen, und richtete mich an meinem Tische noch auf einiges Bleiben ein. Da ich beinahe der einzige Gast war, fand die Kellnerin reichlich Zeit, mit mir ein Gespräch zu pflegen. Ich ließ mir von ihr auch noch zwei Zigarren bringen, von denen ich eine anfänglich für Knulp bestimmte, doch rauchte ich sie nachher in der Vergeßlichkeit selber.

Einmal, etwa nach einer Stunde, kam Knulp wieder und wollte mich abholen. Ich war jedoch seßhaft geworden, und da er müde war und Schlaf hatte, wurden wir einig, daß er an unsere Schlafstätte gehen und sich hinlegen sollte. So ging er denn. Die Kellnerin aber fing sofort an, mich nach ihm auszufragen, denn er stach allen Mädchen in die Augen. Ich hatte nichts dagegen, er war ja mein Freund und sie nicht mein Schatz, und ich pries ihn sogar noch mächtig, denn mir war wohl, und ich meinte es mit jedermann gut.

Es fing zu donnern und leis im Platanenbaum zu winden an, als ich endlich spät aufbrach. Ich zahlte, schenkte dem Mädchen einen Zehner und machte mich ohne Eile auf den Weg. Im Gehen spürte ich wohl, daß ich eine Flasche zuviel getrunken hatte, denn ich hatte die letzte Zeit ganz ohne starkes Getränk gelebt. Doch machte mich das nur vergnügt, denn ich konnte etwas vertragen, und ich sang noch den ganzen Weg vor mich hin, bis ich unser Quartier wiederfand. Da stieg ich leise hinein und fand richtig den Knulp im Schlaf liegen. Ich sah ihn an, wie er hemdärmlig auf seiner ausgebreiteten braunen Jacke lag und gleichmäßig atmete. Seine Stirn und der bloße Hals und die eine Hand, die er von sich weggestreckt hielt, gaben in dem trüben Halbdunkel einen bleichen Schein.

Dann legte ich mich in den Kleidern nieder, doch machte die

Erregung und der eingenommene Kopf mich immer wieder wach, und es wurde draußen schon Zwielicht, als ich endlich fest und tief und dumpf einschlief. Es war ein fester, doch kein guter Schlaf, ich war schwer und matt geworden und hatte undeutliche, plagende Träume.

Am Morgen erwachte ich erst spät, es war schon voller Tag, und das helle Licht tat mir in den Augen weh. Mein Kopf war leer und trüb und die Glieder müde. Ich gähnte lange, rieb mir die Augen und streckte die Arme, daß die Gelenke knackten. Aber trotz der Müdigkeit hatte ich noch einen Rest und Nachklang von der gestrigen Laune in mir und dachte, den kleinen Jammer am nächsten klaren Brunnen von mir zu spülen.

Es kam jedoch anders. Als ich mich umsah, war Knulp nicht vorhanden. Ich rief und pfiff nach ihm und war im Anfang arglos. Als jedoch Rufen, Pfeifen und Suchen vergeblich blieb, kam mir plötzlich die Erkenntnis, daß er mich verlassen habe. Ja, er war fort, heimlich fortgegangen, er hatte nicht länger bei mir bleiben mögen. Vielleicht weil ihm mein gestriges Trinken zuwider war, vielleicht weil er sich heute seiner eigenen gestrigen Ausgelassenheit schämte, vielleicht nur aus einer Laune, vielleicht aus Zweifel an meiner Gesellschaft oder aus einem plötzlich erwachten Bedürfnis nach Einsamkeit. Aber wahrscheinlich war doch mein Trinken daran schuld.

Die Freude wich von mir, Scham und Trauer erfüllten mich ganz. Wo war jetzt mein Freund? Ich hatte, seinen Reden zum Trotz, gemeint, seine Seele ein wenig zu verstehen und teil an ihm zu haben. Nun war er fort, ich stand allein und enttäuscht, mußte mich mehr als anklagen und hatte nur die Einsamkeit, in welcher nach Knulps Ansicht jeder lebt und an die ich nie ganz hatte glauben mögen, selber zu kosten. Sie war bitter, nicht nur an jenem ersten Tag, und sie ist inzwischen wohl manches Mal lichter geworden, aber völlig will sie mich seither nicht mehr verlassen.

Das Ende

Es war ein heller Tag im Oktober; die leichte, durchsonnte Luft wurde von launigen kurzen Windzügen bewegt, aus Feldern und Gärten zog in dünnen, zögernden Bändern der hellblaue Rauch von Herbstfeuern und erfüllte die lichte Landschaft mit einem scharfsüßen Geruch von verbranntem Kraut und Grünholz. In den Dorfgärten blühten sattfarbige Buschastern, späte bläßliche Rosen und Georginen, und an den Zäunen brannte noch hier und dort eine feurige Kapuzinerblüte aus dem schon matt und weißlich schimmernden Gekräut.

Auf der Landstraße nach Bulach fuhr langsam der Einspänner des Doktors Machold. Der Weg ging sachte bergan, links abgemähte Äcker und Kartoffelfelder, in denen noch geerntet wurde, rechts junger enger Fichtenwald halb erstickt, eine braune Wand von dichtgedrängten Stangen und dürren Zweigen, der Boden gleichfarbig trockenbraun, voll dick gelagerter welker Nadeln. Geradeaus führte die Straße einfach in den zartblauen Herbsthimmel hinein, als habe da oben die Welt ein Ende.

Der Doktor hielt die Zügel lose in den Händen und ließ das alte Pferdchen gehen, wie es wollte. Er kam von einer sterbenden Frau, der nicht mehr zu helfen war und die doch zäh ums Leben gekämpft hatte bis zur letzten Stunde. Nun war er müde und genoß die stille Fahrt durch den freundlichen Tag; seine Gedanken waren eingeschlafen und folgten leicht betäubt und willenlos den Zurufen, die aus dem Geruch der Feldfeuerchen aufstiegen, angenehme verschwommene Erinnerungen an Herbstferientage der Schülerzeit und weiter zurück in klangvolle, gestaltlose Kindheitsdämmerung. Denn er war auf dem Lande aufgewachsen, und seine Sinne folgten erfahren und willig allen ländlichen Zeichen der Jahreszeit und ihrer Geschäfte.

Er war nahe am Einschlafen, da weckte ihn das Stehenbleiben des Wagens. Eine Wasserrinne lief quer über die Straße, darin fanden die Vorderräder einen Halt, und das Roß blieb dankbar stehen, senkte den Kopf und genoß wartend die Rast.

Machold ermunterte sich über dem plötzlichen Verstummen der Räder, nahm die Zügel zusammen, sah lächelnd nach verdämmerten Minuten Wald und Himmel wie zuvor in sonniger Klarheit stehen und trieb den Gaul mit vertraulichem Zungenschnalzen zum Weitersteigen an. Darauf setzte er sich aufrecht, er liebte es nicht, am Tage zu schlummern, und steckte sich eine Zigarre an. Die Fahrt ging im langsamen Schritt weiter, zwei Weiber grüßten vom Felde in Schattenhüten hinter einer langen Front von gefüllten Kartoffelsäcken hervor.

Die Höhe war jetzt nahe, und das Pferdchen hob den Kopf, ermuntert und voll Erwartung, nächstens den langen Sattel des heimatlichen Hügels hinabzutraben. Da erschien im nahen lichten Horizont von drüben her ein Mensch, ein Wanderer, stand einen Augenblick vom Blau umlodert frei und hoch, stieg nieder und wurde grau und klein. Er kam näher, ein magerer Mann mit kleinem Bart in schlechten Kleidern, sichtlich auf der Landstraße daheim, er ging müde und mühevoll, aber er zog den Hut mit Artigkeit und Grüß Gott.

„Grüß Gott", sagte der Doktor Machold und sah dem Fremden nach, der schon vorüber war, und plötzlich hielt er den Gaul an, wandte sich stehend über das knarrende Lederdach zurück und rief: „Heda, Sie! Kommen Sie einmal her!"

Der staubige Wanderer blieb stehen und sah zurück. Er lächelte schwach herüber, wandte sich wieder ab und schien weitergehen zu wollen, dann besann er sich dennoch und kehrte gehorsam um.

Jetzt stand er neben dem niederen Wagen und hatte den Hut in der Hand.

„Wohinaus, wenn man fragen darf?" rief Machold.

„Der Straße nach, gegen Berchtoldsegg."

„Kennen wir einander nicht? Ich kann bloß nicht auf den Namen kommen. Sie wissen doch, wer ich bin?"

„Sie sind der Doktor Machold, will mir scheinen."

„Na also? Und Sie? Wie heißen Sie?"

„Der Herr Doktor wird mich schon kennen. Wir sind einmal nebeneinander beim Präzeptor Plocher gesessen, Herr Doktor, und Sie haben damals die lateinischen Präparationen von mir abgeschrieben."

Machold war schnell ausgestiegen und sah dem Mann in die Augen. Dann klopfte er ihm auflachend auf die Schulter.

„Stimmt!" sagte er. „Dann bist du also der berühmte Knulp, und wir sind Schulkameraden. So laß dir doch die Hand schütteln, alter Kerl! Wir haben uns sicher zehn Jahre nimmer gesehen. Immer noch auf der Wanderschaft?"

„Immer noch. Man bleibt gern beim Gewohnten, wenn man älter wird."

„Da hast du recht. Und wohin geht die Reise? Wieder einmal der Heimat zu?"

„Richtig geraten. Ich will nach Gerbersau, ich habe eine Kleinigkeit dort zu tun."

„So, so. Lebt denn noch jemand von deinen Leuten?"

„Niemand mehr."

„Gerade jugendlich schaust du nimmer aus, Knulp. Wir sind doch erst Vierziger, wir zwei. Und daß du so einfach an mir vorbei hast laufen wollen, ist nicht recht von dir. – Weißt du, mir scheint, du könntest vielleicht einen Doktor brauchen."

„Ach was. Mir fehlt weiter nichts, und was mir fehlt, das kann doch kein Doktor kurieren."

„Das wird sich ja zeigen. Jetzt steig einmal ein und komm mit mir, dann können wir besser reden."

Knulp trat ein wenig zurück und setzte den Hut wieder auf. Mit verlegenem Gesicht wehrte er sich, als der Doktor ihm in den Wagen helfen wollte.

„Ach, wegen dessen, das wäre nicht nötig. Das Rößlein rennt dir nicht fort, solange wir dastehen."

Indessen faßte ihn ein Anfall von Husten, und der Arzt, der schon Bescheid wußte, packte ihn kurzerhand und setzte ihn in das Gefährt.

„So", sagte er im Weiterfahren, „gleich sind wir droben, und dann geht's Trab, in einer halben Stunde sind wir daheim. Du brauchst keine Unterhaltung zu machen, mit deinem Husten, wir können dann daheim weiter reden. – Was? – Nein, das hilft dir jetzt nichts mehr, kranke Leute gehören ins Bett und nicht auf die Landstraße. Weißt du, damals im Latein hast du mir oft genug geholfen, jetzt bin ich einmal an der Reihe."

Sie fuhren über den Höhenrücken und mit pfeifender Bremse den langen Sattel hinab; gegenüber sah man schon die Dächer von Bulach über den Obstbäumen. Machold hielt die Zügel kurz und paßte auf den Weg, und Knulp ergab sich müde in halbem Behagen dem Genuß des Fahrens und der gewaltsamen Gastfreundschaft. Morgen, dachte er, oder spätestens übermorgen walze ich weiter nach Gerbersau, wenn die Knochen noch zusammenhalten. Er war kein Springinsfeld mehr, der die Tage und Jahre verschwendete. Er war ein kranker, alter Mann, der keinen Wunsch mehr hatte, als vor dem Ende noch einmal die Heimat zu sehen.

In Bulach nahm ihn sein Freund zuerst in die Wohnstube und gab ihm Milch zu trinken und Brot mit Schinken zu essen. Dabei plauderten sie und fanden langsam die Vertrautheit wieder. Dann erst nahm ihn der Arzt ins Verhör, das der Kranke gutmütig und etwas spöttisch über sich ergehen ließ.

„Weißt du eigentlich, was dir fehlt?“ fragte Machold am Ende seiner Untersuchung. Er sagte es leicht und ohne Wichtigkeit, und Knulp war ihm dafür dankbar.

„Ja, ich weiß schon, Machold. Es ist die Auszehrung, und ich weiß auch, daß es nimmer lang gehen kann.“

„Na, wer weiß! Aber dann mußt du also auch einsehen, daß du in ein Bett und in eine Pflege gehörst. Einstweilen kannst du ja hier bei mir bleiben, ich sorge inzwischen für einen Platz im nächsten Spital. Es spukt bei dir, mein Lieber, und du mußt dich zusammennehmen, daß du's noch einmal durchhaust.“

Knulp zog seinen Rock wieder an. Er wandte sein hageres und graues Gesicht mit einem Ausdruck von Schelmerei dem Doktor zu und sagte gutmütig: „Du machst dir viele Mühe, Machold. Also meinetwegen. Aber von mir darfst du nimmer viel erwarten.“

„Wir werden ja sehen. Jetzt setzest du dich in die Sonne, solang sie noch in den Garten scheint. Die Lina macht dir das Gastbett zurecht. Wir müssen dir auf die Finger sehen, Knülplein. Daß so ein Mensch, der sein ganzes Leben in der Sonne und Luft zugebracht hat, sich dabei ausgerechnet die Lungen kaputt macht, ist eigentlich nicht in Ordnung.“

Damit ging er weg.

Die Haushälterin Lina war nicht erfreut und wehrte sich dagegen, so einen Landstreicher ins Gastzimmer zu lassen. Aber der Doktor schnitt ihr das Wort ab.

„Lassen Sie gut sein, Lina. Der Mann hat nimmer lang zu leben, er muß es bei uns noch ein bißchen gut haben. Sauber ist er übrigens immer gewesen, und ehe er zu Bett geht, stecken wir ihn ins Bad. Tun Sie ihm eines von meinen Nachthemden heraus und vielleicht meine Winterpantoffeln. Und vergessen Sie nicht: der Mann ist ein Freund von mir."

KNULP hatte elf Stunden geschlafen und den nebligen Morgen im Bett verdämmert, wo er sich erst allmählich besinnen konnte, bei wem er sei. Als die Sonne herausgekommen war, hatte Machold ihm das Aufstehen erlaubt, und nun saßen sie beide nach Tisch bei einem Glas Rotwein auf der sonnigen Altane. Knulp war vom guten Essen und von seinem halben Glas Wein munter und gesprächig geworden, und der Doktor hatte sich eine Stunde frei gemacht, um noch einmal mit dem seltsamen Schulkameraden zu plaudern und vielleicht etwas über dieses nicht gewöhnliche Menschenleben zu erfahren.

„Du bist also zufrieden mit dem Leben, das du gehabt hast", sagte er lächelnd. „Dann ist ja alles gut. Sonst hätte ich aber doch gesagt, es ist eigentlich schade um so einen Kerl wie dich. Du hättest ja kein Pfarrer oder Lehrer zu werden brauchen, vielleicht aber wäre ein Naturforscher oder auch etwa ein Dichter aus dir geworden. Ich weiß nicht, ob du deine Gaben benutzt und weitergebildet hast, aber du hast sie für dich allein verbraucht. Oder nicht?"

Knulp stützte das Kinn mit dem dünnen Bärtchen in die hohle Hand und sah auf die roten Lichter, die hinterm Weinglas auf dem besonnten Tischtuch spielten.

„Es stimmt nicht ganz", sagte er langsam. „Die Gaben, wie du es nennst, damit ist es nicht so weit her. Ich kann ein bißchen kunstpfeifen, auch Handorgel spielen und manchmal Verslein machen, früher bin ich auch ein guter Läufer gewesen und habe nicht schlecht getanzt. Das ist alles. Und daran habe ich ja nicht allein Freude gehabt, es waren meistens Kameraden dabei, oder junge Mädel oder Kinder, die haben ihren Spaß daran gehabt und sind mir manchmal dafür dankbar gewesen. Wir wollen es gut sein lassen und damit zufrieden sein."

„Ja", sagte der Doktor, „das wollen wir. Aber eins muß ich dich noch fragen. Du bist damals bis in die fünfte Klasse mit mir in die Lateinschule gegangen, ich weiß es noch genau, und bist ein guter Schüler gewesen, wenn auch kein Musterbub. Und dann auf einmal warst du weg, und es hieß, du gehest jetzt in die Volksschule, und da waren wir auseinander, ich durfte ja als Lateiner nicht mit einem Freund sein, der in die Volksschule ging. Wie ist nun das zugegangen? Später, wenn ich von dir hörte, habe ich immer gedacht, wenn er damals bei uns in der Schule geblieben wäre, hätte alles anders kommen müssen. Also, wie war's damit? War es dir verleidet, oder hat dein Alter das Schulgeld nimmer zahlen mögen, oder was sonst?"

Der Kranke nahm sein Glas in die braune, magere Hand, doch trank er nicht, er blickte nur durch den Wein gegen das grüne Gartenlicht und stellte dann den Kelch vorsichtig auf den Tisch zurück. Schweigend schloß er dann die Augen und versank in Gedanken.

„Ist es dir zuwider, davon zu reden?" fragte sein Freund. „Es muß ja nicht sein."

Da tat Knulp die Augen auf und sah ihm lange und prüfend ins Gesicht.

„Doch", sagte er, noch zögernd, „ich glaube, es muß sein. Ich habe das nämlich noch nie einem Menschen erzählt. Aber jetzt ist es vielleicht ganz gut, wenn jemand es hört. Es ist ja bloß eine Kindergeschichte, aber für mich ist sie doch wichtig gewesen, es hat mir jahrelang zu schaffen gemacht. Sonderbar, daß du gerade danach fragst!"

„Warum?"

„Ich habe die letzte Zeit wieder viel daran denken müssen, und deswegen bin ich auch wieder auf dem Weg nach Gerbersau."

„Ja, dann erzähle."

„Siehst du, Machold, wir sind ja damals gute Freunde gewesen, wenigstens bis in die dritte oder vierte Klasse. Nachher kamen wir weniger zusammen, und du hast manchmal vergebens vor unserem Haus gepfiffen."

„Herrgott ja, das stimmt! Daran habe ich seit mehr als zwanzig Jahren nimmer gedacht. Mensch, was hast du für ein Gedächtnis! Und weiter?"

„Ich kann dir jetzt sagen, wie es gegangen ist. Die Mädchen waren daran schuld. Ich bin ziemlich früh auf sie neugierig geworden, und du hast noch an den Storch und an den Kindlesbrunnen geglaubt, da wußte ich schon so ziemlich, wie es mit Buben und Mädeln beschaffen ist. Das war mir damals die Hauptsache, darum bin ich nimmer viel bei eurem Indianerspiel dabeigewesen."

„Da warst du zwölf Jahre alt, nicht?"

„Fast dreizehn, ich bin ein Jahr älter als du. Wie ich einmal krank war und im Bett lag, da hatten wir eine Base zum Besuch da, die war drei oder vier Jahre älter als ich, und die fing an, mit mir zu spielen, und als ich wieder gesund und auf war, bin ich einmal nachts zu ihr in die Stube gegangen. Da wurde mir bekannt, wie ein Frauenzimmer aussieht, und ich war elend erschrocken und bin davongelaufen. Mit der Base wollte ich jetzt kein Wort mehr reden, sie war mir verleidet, und ich hatte Angst vor ihr, aber die Sache war mir halt einmal im Kopf, und von da an bin ich eine Zeitlang bloß den Mädchen nachgegangen. Beim Rotgerber Haasis waren zwei Töchter in meinem Alter, und da kamen auch andere Mädchen aus der Nachbarschaft hin, wir spielten auf den dunklen Böden Verstecken und hatten immer viel zu kichern und zu kitzeln und geheim zu tun. Ich war meistens der einzige Bub in dieser Gesellschaft, und manchmal durfte ich einer von ihnen die Zöpfe flechten oder eine gab mir einen Kuß, wir waren alle noch unerwachsen und wußten nicht recht Bescheid, aber es war alles voll von Verliebtheit, und beim Baden versteckte ich mich in die Büsche und sah ihnen zu. – Und eines Tages war eine Neue da, eine aus der Vorstadt, ihr Vater war Arbeiter in der Strikkerei. Sie hat Franziska geheißen, und sie hat mir gleich beim erstenmal gut gefallen."

Der Doktor unterbrach ihn. „Wie hat ihr Vater geheißen? Vielleicht kenn ich sie."

„Verzeih, ich möchte dir das lieber nicht sagen, Machold. Es gehört nicht zur Geschichte, und ich will auch nicht, daß jemand das von ihr weiß. – Nun also! Sie ist größer und stärker gewesen als ich, wir haben hier und da miteinander gehändelt und gerauft, und wenn sie mich dann an sich drückte, bis es mir weh tat, dann war mir schwindlig und wohl wie in einem Rausch. In die wurde ich verliebt, und weil sie zwei Jahre älter war und schon davon redete, daß sie jetzt bald einen Schatz haben wolle, da wurde es mein einziger Wunsch, der möchte ich sein. – Einmal saß sie allein im Lohgarten am Fluß und hatte die Füße ins Wasser hängen, sie hatte gebadet und bloß das Leibchen an. Da kam ich und setzte mich zu ihr. Auf einmal bekam ich Mut und sagte ihr, ich wolle und müsse ihr Schatz werden. Aber sie sah mich mit den braunen Augen mitleidig an und sagte: ‚Du bist ja noch ein Büble und hast kurze Hosen an, was weißt denn du von Schatz und Liebhaben?' Doch, sagte ich, ich wisse alles, und wenn sie nicht mein Schatz werden möge, dann werfe ich sie ins Wasser und mich mit. Da schaute sie mich aufmerksam an, mit einem Blick wie eine Frau, und sagte: ‚Wir wollen einmal sehen. Kannst du denn schon küssen?' Ich sagte ja und gab ihr schnell einen Kuß auf den Mund und dachte, damit wäre es gut, aber sie hatte meinen Kopf gepackt und hielt ihn fest und küßte mich jetzt richtig wie ein Weib, daß mir Hören und Sehen verging. Dann lachte sie mit ihrer tiefen Stimme und sagte: ‚Du würdest mir schon passen, Bub. Aber es geht doch nicht. Ich kann keinen Schatz brauchen, der in die Lateinschule geht, das gibt keine rechten Leute. Ich muß einen richtigen Mann zum Schatz haben, einen Handwerker oder einen Arbeiter, keinen Studierten. Es ist also nichts damit.' Sie hatte mich aber auf ihren Schoß gezogen und war in ihrer festen Wärme so schön und gut in den Armen zu halten, daß ich gar nicht daran denken konnte, von ihr zu lassen. Also habe ich der Franziska versprochen, ich wolle nimmer in die Lateinschule gehen und ein Handwerker werden. Sie lachte nur, aber ich ließ nicht nach, und zuletzt küßte sie mich wieder und versprach mir, wenn ich kein Lateinschüler mehr sei, dann wolle sie mein Schatz sein, und ich solle es gut bei ihr haben."

Knulp hielt inne und hustete eine Weile. Sein Freund sah aufmerksam herüber, beide schwiegen eine kleine Zeit. Dann fuhr er fort: „Also, jetzt weißt du die Geschichte. Es ist natürlich nicht so geschwind gegangen, wie ich gemeint hatte. Mein Vater gab mir ein paar Ohrfeigen, als ich ihm mitteilte, ich wolle und könne jetzt nimmer in die Lateinschule gehen. Ich wußte nicht gleich Rat; oft habe ich mir vorgenommen, ich wolle unsere Schule anzünden. Das waren Kindergedanken, aber mit der Hauptsache ist es mir Ernst gewesen. Schließlich fiel mir der einzige Ausweg ein. Ich tat einfach in der Schule nicht mehr gut. Weißt du's nimmer?"

„Wahrhaftig, es dämmert mir wieder. Du hast eine Zeitlang fast jeden Tag Arrest gehabt."

„Ja. Ich habe Stunden geschwänzt und schlechte Antworten gegeben, ich habe die Aufgaben nicht gemacht und meine Schulhefte verloren, es war jeden Tag etwas los, und schließlich bekam ich Freude dran und habe jedenfalls den Lehrern damals das Leben nicht leicht gemacht. Das Latein und das Zeug alles war mir sowieso jetzt nimmer extra wichtig. Du weißt, ich habe immer eine gute Nase gehabt, und wenn ich hinter etwas Neuem her war, dann gab's eine Weile nichts anderes für mich auf der Welt. So war mir's mit dem Turnen gegangen, und dann mit dem Forellenfangen, und mit der Botanik. Und gerade so hatte ich's halt damals mit den Mädchen, und eh ich da die Hörner abgelaufen und meine Erfahrung gewonnen hatte, war mir nichts andres wichtig. Es ist ja auch blöd, so als Schulbub in der Bank zu hocken und Konjugationen zu üben, wenn man heimlich mit allen Sinnen doch nur bei dem ist, was man gestern abend beim Baden von den Mädchen ausspioniert hat. – Na, item! Die Lehrer merkten das vielleicht, sie hatten mich im ganzen gern und schonten mich solang wie möglich, und es wäre nichts aus meinen Absichten geworden, aber ich fing jetzt eine Freundschaft mit dem Bruder der Franziska an. Er ging in die Volksschule, in die letzte Klasse, und war ein schlechter Kerl; ich habe viel von ihm gelernt, aber nichts Gutes, und habe viel von ihm zu leiden gehabt. In einem halben Jahr war mein Ziel endlich erreicht, mein Vater hat mich halbtot geschlagen, aber ich war aus der Schule ausgewiesen und saß jetzt in der gleichen Volksschulstube wie der Bruder der Franziska."

„Und sie? Das Mädel?" fragte Machold.

„Ja, das war eben der Jammer. Sie ist doch nicht mein Schatz geworden. Seit ich manchmal mit ihrem Bruder heimkam, wurde ich schlechter von ihr behandelt, wie wenn ich jetzt weniger wäre als früher, und erst als ich schon zwei Monate in der Volksschule saß und mir angewöhnte, öfter am Abend mich aus dem Haus zu stehlen, da wurde mir die Wahrheit bekannt. Ich streunte eines Abends spät im Rieder Wald herum, und wie ich's schon mehrmals getan hatte, behorchte ich ein Liebespaar auf einer Bank, und als ich schließlich mich näher drückte, da war es die Franziska mit einem Mechanikergesellen. Sie haben gar nicht auf mich geachtet, er hatte den Arm um ihren Hals gelegt und in der Hand eine Zigarette, und ihre Bluse stand offen, und kurz, es war scheußlich. Da war also alles vergebens gewesen."

Machold klopfte seinem Freund auf die Schultern.

„Na, vielleicht war's für dich doch das beste."

Aber Knulp schüttelte energisch den scharfen Kopf.

„Nein, gar nicht. Ich möchte heut noch meine rechte Hand drum geben, wenn das anders gegangen wäre. Sag mir nichts über die Franziska, ich lasse nichts auf sie kommen. Und wenn es richtig gegangen wäre, dann hätte ich die Liebe auf eine schöne und glückliche Art kennengelernt, und vielleicht hätte mir das geholfen, daß ich auch mit der Volksschule und mit meinem Vater im guten zurechtgekommen wäre. Denn – wie soll ich's sagen? – schau, seither habe ich manche Freunde und Bekannte und Kameraden und auch Liebschaften gehabt; aber ich habe nie mehr mich auf das Wort eines Menschen verlassen oder mich selber durch ein Wort gebunden. Niemals mehr. Ich habe mein Leben gehabt, wie es mir paßte, und es hat mir nicht an Freiheit und an Schönem gefehlt, aber ich bin doch immer allein geblieben."

Er griff nach dem Glase, sog mit Sorgfalt den letzten kleinen Schluck Wein und stand auf.

„Wenn du erlaubst, leg ich mich wieder hin, ich mag nimmer davon reden. Du hast gewiß auch noch zu tun."

Der Doktor nickte.

„Noch etwas, du! Ich will heut um einen Platz im Spital für dich schreiben. Es paßt dir vielleicht nicht, aber da ist nichts zu ändern. Du gehst kaputt, wenn du nicht schnell in eine Pflege kommst."

„Ach was", rief Knulp mit ungewohnter Heftigkeit, „so laß mich halt kaputtgehen! Es nützt ja doch nichts mehr, das weißt du selber. Warum soll ich mich jetzt noch einsperren lassen?"

„Nicht so, Knulp, sei doch vernünftig! Ich wäre ein miserabler Doktor, wenn ich dich so herumlaufen ließe. In Oberstetten fänden wir sicher Platz für dich, und du kriegst extra einen Brief von mir mit, und nach acht Tagen komm ich selber einmal und seh nach dir. Ich verspreche dir's."

Der Landstreicher sank auf seinen Sitz zurück, es schien fast, als wäre er nahe am Weinen, und rieb seine dünnen Hände ineinander wie ein Frierender. Dann sah er dem Doktor flehentlich und kindlich in die Augen.

„Also denn", sagte er ganz leise. „Es ist ja nicht recht von mir, du hast so viel für mich getan, und sogar Rotwein – es war alles viel zu gut und fein für mich. Du mußt mir nicht bös sein, ich habe noch eine große Bitte an dich."

Machold klopfte ihm begütigend auf die Schulter.

„Sei gescheit, Alter! Es will dir niemand an den Kragen. Also, was ist's?"

„Bist du mir nicht bös?"

„Gar nicht, warum auch?"

„Dann bitt ich dich, Machold, dann mußt du mir einen großen Gefallen tun. Schicke mich nicht nach Oberstetten! Wenn ich doch in so einen Spittel muß, dann möchte ich wenigstens nach Gerbersau, da kennt man mich, und ich bin dort daheim. Vielleicht ist es auch wegen der Armenpflege besser, ich bin ja dort geboren, und überhaupt –"

Seine Augen bettelten mit Inbrunst, er konnte vor Erregung kaum sprechen.

Er hat Fieber, dachte Machold. Und er sagte ruhig: „Wenn das alles ist, was du zu bitten hast – das wird bald in Ordnung sein. Du hast ganz recht, ich will nach Gerbersau schreiben. Geh du jetzt und leg dich hin, du bist müde und hast zuviel gesprochen."

Er sah ihm nach, wie er schleppend ins Haus ging, und mußte plötzlich an den Sommer denken, da Knulp ihn im Forellenfang unterrichtet hatte, an seine kluge, beherrschende Art, mit Kameraden umzugehen, an die hübsche zwölfjährige Glut des rassigen Buben.

Armer Kerl, dachte er mit einer Rührung, die ihn störte, und erhob sich rasch, um an die Arbeit zu gehen.

Der nächste Morgen brachte Nebel, und Knulp blieb den ganzen Tag im Bett. Der Doktor legte ihm einige Bücher hin, die er aber kaum berührte. Er war verdrossen und bedrückt, denn seit er Sorgfalt, Pflege, gutes Bett und zarte Kost genoß, spürte er deutlicher als zuvor, daß es mit ihm zu Ende gehe.

Wenn ich noch eine Weile so liege, dachte er unmutig, dann komme ich nicht mehr auf. Es war ihm wenig mehr ums Leben zu tun, die Landstraße hatte in den letzten Jahren viel von ihrem Zauber verloren. Aber sterben wollte er nicht, ehe er Gerbersau wiedergesehen und allerlei heimlichen Abschied genommen hätte, von Fluß und Brücke, vom Marktplatz und vom einstigen Garten seines Vaters, und auch von jener Franziska. Seine späteren Liebschaften waren vergessen, wie denn überhaupt die lange Reihe seiner Wanderjahre ihm jetzt klein und unwesentlich erschien, während die geheimnisvollen Zeiten der Knabenschaft einen neuen Glanz und Zauber gewannen.

Aufmerksam betrachtete er das einfache Gastzimmer; er hatte in vielen Jahren nicht so prächtig gewohnt. Er studierte mit sachlichem Blick und tastenden Fingern das Gewebe der Bettleinwand, die weiche, ungefärbte Wolldecke, die feinen Kissenbezüge. Auch der hartholzene Fußboden interessierte ihn, und die Photographie an der Wand, die den Dogenpalast in Venedig vorstellte und in Glasmosaik gerahmt war.

Dann lag er wieder lange mit offenen Augen, ohne etwas zu sehen, müde und nur mit dem beschäftigt, was still in seinem kranken Leib vorging. Aber plötzlich fuhr er wieder auf, beugte sich schnell aus dem Bett und angelte mit hastigen Fingern seine Stiefel her, um sie sorgfältig und sachkundig zu untersuchen. Gut waren sie nicht mehr, aber es war Oktober, und bis zum ersten Schnee würden sie noch aushalten. Und nachher war doch alles aus. Es kam ihm der Gedanke, er könnte Machold um ein paar alte Schuhe bitten. Aber nein, der würde nur mißtrauisch

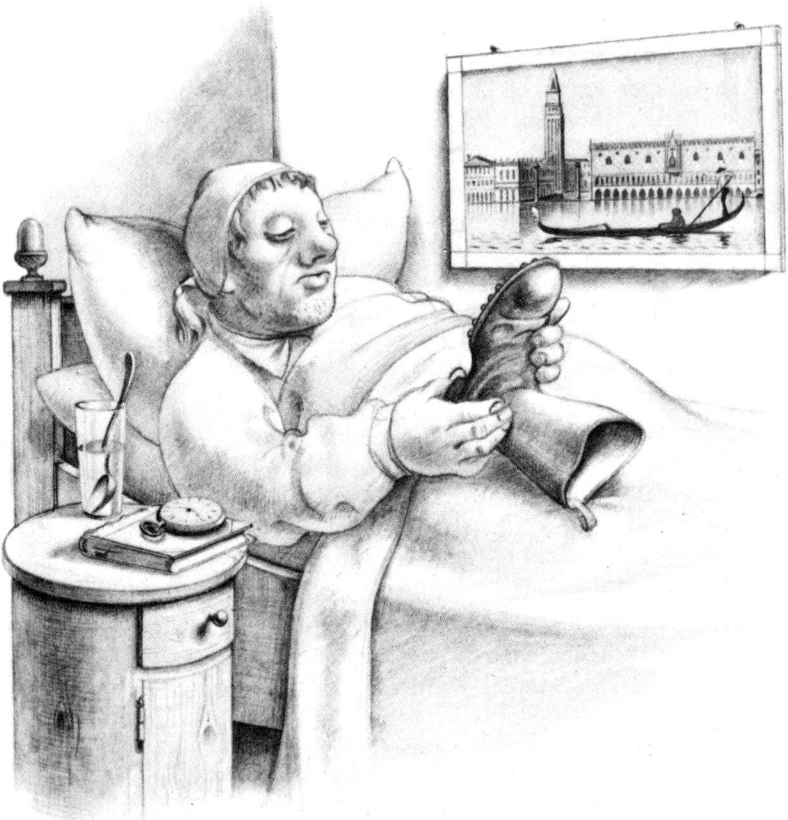

werden; ins Spital braucht man kein Schuhwerk. Vorsichtig tastete er die brüchigen Stellen im Oberleder ab. Wenn das gut mit Fett behandelt wurde, mußte es mindestens noch einen Monat halten. Die Sorge war überflüssig; vermutlich würde dies alte Paar Schuhe ihn überdauern und noch im Dienste sein, wenn er selbst schon von der Landstraße verschwunden war.

Er ließ die Stiefel fallen und versuchte tief zu atmen, es tat ihm aber weh und machte ihn husten. Da blieb er still und wartend liegen, atmete in kleinen Zügen und hatte Angst, es möchte schlimm mit ihm werden, ehe er sich seine letzten Wünsche erfüllt hätte.

Er versuchte an den Tod zu denken, wie schon manchmal, aber sein Kopf ermüdete daran, und er fiel in Halbschlummer. Nach einer Stunde erwachend, meinte er tagelang geschlafen zu haben und fühlte sich frisch und still. Er dachte an Machold, und es fiel ihm ein, er müsse ihm ein Zeichen seiner Dankbarkeit dalassen, wenn er fortginge. Er wollte ihm eins von seinen Gedichten aufschreiben, weil der Doktor gestern einmal danach gefragt hatte. Aber er konnte sich auf keines ganz besinnen, und keines gefiel ihm. Durchs Fenster sah er im nahen Wald den Nebel stehen und starrte lange hinüber, bis ihm ein Gedanke kam. Mit einem Bleistiftende, das er gestern im Hause gefunden und mitgenommen hatte, schrieb er auf das saubere weiße Papier, mit dem die Schublade seines Nachttisches ausgelegt war, einige Zeilen:

Die Blumen müssen
Alle verdorren,
Wenn der Nebel kommt,
Und die Menschen
Müssen sterben,
Man legt sie ins Grab.
Auch die Menschen sind Blumen,
Sie kommen alle wieder,
Wenn ihr Frühling ist.
Dann sind sie nimmer krank,
Und alles wird verziehen.

Er hielt inne und las, was er geschrieben hatte. Es war kein richtiges Lied, die Reime fehlten, aber es stand doch das darin, was er hatte sagen wollen. Und er netzte den Bleistift an den Lippen und schrieb darunter: „Für Herrn Doktor Machold, Wohlgeboren, von seinem dankbaren Freunde K."

Dann legte er das Blatt in die kleine Schublade.

Andern Tages war der Nebel noch dicker geworden, aber es war eine strengkühle Luft, und man konnte am Mittag auf Sonne hoffen. Der Doktor ließ Knulp aufstehen, da er flehentlich danach verlangte, und erzählte, daß im Gerbersauer Spital Platz für ihn sei und er dort erwartet werde.

„Da will ich gleich nach dem Mittagessen marschieren", meinte Knulp, „vier Stunden brauche ich doch, vielleicht fünf."

„Das fehlt noch!" rief Machold lachend. „Fußwandern ist jetzt nichts für dich. Du fährst mit mir im Wagen, wenn wir sonst keine Gelegenheit finden. Ich schicke einmal zum Schulzen hinüber, der fährt vielleicht mit Obst oder mit Kartoffeln in die Stadt. Auf einen Tag kommt es jetzt auch nimmer an."

Der Gast fügte sich, und als man erfuhr, daß morgen der Schulzenknecht mit zwei Kälbern nach Gerbersau fahre, wurde beschlossen, Knulp sollte mit ihm fahren.

„Einen wärmeren Rock könntest du aber auch brauchen", sagte Machold, „kannst du einen von mir tragen? Oder ist er zu weit?"

Er hatte nichts dagegen, der Rock wurde geholt, probiert und gut befunden. Knulp aber, da der Rock von gutem Tuch und wohlbehalten war, machte sich in seiner alten Kindereitelkeit sogleich daran, die Knöpfe zu versetzen. Belustigt ließ ihn der Doktor machen und gab ihm noch einen Hemdkragen dazu.

Am Nachmittag probierte Knulp in aller Heimlichkeit seine neue Kleidung, und da er nun wieder so gut aussah, begann es ihm leid zu tun, daß er sich in letzter Zeit nicht mehr rasiert hatte. Er wagte nicht, die Haushälterin um des Doktors Rasierzeug zu bitten, aber er kannte den Schmied im Dorf und wollte dort einen Versuch machen.

Bald hatte er die Schmiede gefunden; er trat in die Werkstatt und sagte den alten Handwerksgruß: „Fremder Schmied spricht um Arbeit zu."

Der Meister sah ihn kalt und prüfend an.

„Du bist kein Schmied", sagte er gelassen. „Das mußt du einem andern weismachen."

„Richtig", lachte der Landstreicher. „Du hast noch gute Augen, Meister, und doch kennst du mich nicht. Weißt du, ich bin früher Musikant gewesen, und du hast in Haiterbach manchen Samstagabend zu meiner Handorgel getanzt."

Der Schmied zog die Augenbrauen zusammen und tat noch ein paar Stöße mit der Feile, dann führte er Knulp ans Licht und sah ihn mit Aufmerksamkeit an.

„Ja, jetzt weiß ich", lachte er kurz. „Du bist also der Knulp. Man wird halt älter, wenn man sich so lange nicht sieht. Was willst du in Bulach? Auf einen Zehner und auf ein Glas Most soll's mir nicht ankommen."

„Das ist recht von dir, Schmied, und ich nehm's für genossen an. Aber ich will was anders. Du könntest mir dein Rasiermesser für eine Viertelstunde leihen, ich will heute abend zum Tanzen gehen."

Der Meister drohte ihm mit dem Zeigefinger.

„Du bist doch ein Lugenbeutel, ein alter. Ich meine, mit dem Tanzen wirst du's nimmer wichtig haben, so wie du aussiehst."

Knulp kicherte vergnügt.

„Du merkst doch alles! Schad, daß du kein Amtmann geworden bist. Ja, ich muß also morgen ins Spital, der Machold schickt mich hin, und da wirst du begreifen, daß ich nicht so wie ein Zottelbär antreten mag. Gib mir dein Messer, in einer halben Stunde hast du's wieder."

„So? Und wo willst du denn hin damit?"

„Zum Doktor hinüber, ich schlafe bei ihm. Gelt, du gibst mir's?"

Das schien dem Schmied nicht sehr glaubwürdig. Er blieb mißtrauisch.

„Ich geb dir's schon. Aber weißt du, es ist kein so gewöhnliches Messer, es ist eine echte Solinger Hohlklinge. Die möcht ich gern wiedersehen."

„Verlaß dich drauf."

„Ja, schon. Du hast ja einen guten Rock an, Freundlein. Den brauchst du zum Rasieren nicht. Ich will dir was sagen: zieh ihn aus und laß ihn da, und wenn du mit dem Messer wiederkommst, kriegst du auch den Rock wieder."

Der Landstreicher verzog das Gesicht.

„Also gut. Extra nobel bist du nicht, Schmied. Aber es soll meinetwegen gelten."

Nun holte der Schmied das Messer, Knulp gab den Rock zum Pfande, duldete aber nicht, daß der rußige Schmied ihn anfasse. Und nach einer halben Stunde kam er wieder und gab das Solinger Messer zurück, und sein struppiges Kinnbärtchen war weg, er sah ganz anders aus.

„Jetzt noch ein Nägelein hinters Ohr, dann kannst du weibern gehen", sagte der Schmied voll Anerkennung.

Aber Knulp war nicht mehr zu Scherzen gelaunt, er zog seinen Rock wieder an, sagte kurzen Dank und ging davon.

Auf dem Heimweg traf er vor dem Hause den Doktor, der ihn verwundert anhielt.

„Wo läufst denn du herum? Ja, und wie siehst du aus! – Aha, rasiert! Mensch, du bist doch ein Kindskopf!"

Aber es gefiel ihm, und Knulp bekam diesen Abend wieder einen Rotwein zu trinken. Die beiden Schulkameraden feierten Abschied, und jeder war so aufgeräumt wie möglich, und keiner wollte sich etwas wie eine Beklemmung anmerken lassen.

Zeitig am Morgen kam der Knecht des Schulzen mit dem Wagen vorgefahren, auf dem in Lattenverschlägen zwei Kälber standen, mit den Knien zitterten und grell in den kalten Morgen starrten. Es lag zum erstenmal Reif auf den Wiesen. Knulp wurde zu dem Knecht auf den Bock gesetzt und bekam eine Decke über die Knie, der Doktor drückte ihm die Hand und schenkte dem Knecht eine halbe Mark; der Wagen rasselte weg und dem Wald entgegen, während der Knecht seine Pfeife anzündete und Knulp mit verschlafenen Augen in die hellblaue Morgenkühle blinzelte.

Aber später kam die Sonne, und der Mittag wurde ganz warm. Die zwei auf dem Bock unterhielten sich ausgezeichnet, und als sie in Gerbersau ankamen, wollte der Knecht durchaus samt seinem Wagen und den Kälbern den Umweg machen und am Krankenhaus vorfahren. Indessen hatte Knulp ihm das bald ausgeredet, und sie trennten sich freundschaftlich vor der Einfahrt in die Stadt. Da blieb Knulp stehen und sah dem Wagen nach, bis er unter den Ahornen beim Viehmarkt verschwand.

Er lächelte und schlug einen Heckenpfad zwischen den Gärten ein, den nur Einheimische kannten. Er war wieder frei! Im Spital mochten sie warten.

Noch einmal kostete der Heimgekehrte das Licht und den Duft, die Geräusche und Gerüche der Heimat und die ganze erregende und sättigende Vertrautheit des Daheimseins: Gewühl der Bauern und Bürger auf dem Viehmarkt, durchsonnte Schatten brauner Kastanienbäume, Trauerflug später dunkler Herbstfalter an der Stadtmauer, Klang des vierstrahligen Marktbrunnens, Weingeruch und hohes hölzernes Gehämmer aus der gewölbten Kellereinfahrt des Küfermeisters, wohlbekannte Gassennamen, jeder dicht behängt von einem unruhigen Schwarm von Erinnerungen. Mit allen Sinnen schlürfte der Heimatlose den vielfältigen Zauber des Zuhauseseins, des Kennens, des Wissens, des Sicherinnerns, der Kameradschaft mit jeder Straßenecke und jedem Prellstein. Schlendernd und unermüdet war er den ganzen Nachmittag in allen Gassen unterwegs, belauschte den Messerschleifer am Fluß, sah dem Drechsler durchs Fenster seiner Werkstatt zu, las auf neugemalten Schildern die alten Namen wohlbekannter Familien. Er tauchte die Hand in den steinernen Trog des Marktbrunnens, seinen Durst aber löschte er erst unten am kleinen Abtsbrünnlein, das noch immer geheimnisvoll wie vor all den verflossenen Jahren im Erdgeschoß eines uralten Hauses entsprang und in der seltsam klaren Dämmerung seiner Quellstube zwischen den Steinplatten rauschte. Am Flusse stand er lange und lehnte an der hölzernen Brüstung überm ziehenden Wasser, worin das dunkle Seegras langhaarig wallte und die schmalen Rücken der Fische schwarz und stille über den zitternden Kieseln standen. Er ging über den alten Steg und ließ sich in der Mitte in die Kniekehlen sinken, um wie als Knabe den feinen, lebendig elastischen Gegenschwung des Brückleins in sich zu spüren.

Ohne Eile spazierte er weiter und vergaß nichts, nicht die Kirchenlinde mit dem kleinen Rasenstück und nicht das Wehr der oberen Mühle, seinen einstigen Lieblingsbadeplatz. Er blieb vor dem Häuschen stehen, in dem vor Zeiten sein Vater gewohnt hatte, und lehnte sich eine kleine Weile zärtlich mit dem Rücken an die alte Haustür, suchte auch den Garten auf und sah über einen lieblos neuen Drahtzaun weg in eine neu angelegte Pflanzung hinein – aber die vom Regenwasser abgerundeten Steinstufen und der runde, feiste Quittenbaum neben der Tür waren noch die alten. Hier hatte Knulp seine besten Tage gehabt, noch ehe er sich aus der Lateinschule hatte wegjagen lassen, hier hatte er einst ein volles Glück, Erfüllung ohne Rest, Seligkeiten ohne Bitternisse gekostet, diebesselige Kirschensommer, versunkenes flüchtiges Gärtnerglück im Belauschen und Pflegen seiner Blumen: geliebter Goldlack, lustige Winde, zärtlich samtenes Stiefmütterchen, und Kaninchenställe und Werkstatt und Drachenbau, Wasserleitungen aus dem Markrohr des Holunders und Mühlräder aus Fadenrollen mit Schaufeln aus Schindelstücken. Kein Dach, dessen Katzen er nicht gekannt, kein Garten, dessen Früchte er nicht versucht, kein Baum, den er nicht bestiegen, in dessen Krone er nicht ein grünes Traumnest besessen hatte. Dieses Stück Welt hatte ihm gehört, war von ihm in tiefster Vertrautheit gekannt und geliebt worden; hier hatte jeder Strauch und jeder Gartenhag Bedeutung, Sinn, Geschichten für ihn gehabt, jeder Regen- und Schneefall zu ihm gesprochen, hier hatte Luft und Erde in seinen Träumen und Wünschen gelebt, sie erwidert und ihr Leben mitgeatmet.

Und heute noch, dachte Knulp, war vielleicht hier ringsum kein Hausbewohner und kein Gartenbesitzer, dem dies alles mehr angehört hätte als ihm, dem es mehr wert war, mehr sagte, mehr Antwort gab, mehr Erinnerungen weckte.

Zwischen nahen Dächern stach hoch und spitzig der graue Giebel eines schmächtigen Hauses empor. Dort hatte vor Zeiten der Rotgerber Haasis gewohnt, und dort hatten Knulps Kinderspiele und Knabenwonnen ihr Ende gefunden in den ersten Heimlichkeiten und zärtlichen Händeln mit Mädchen. Von dort war er manchen Abend über die dämmernde Gasse heimgekehrt mit keimenden Ahnungen der Liebeslust, dort hatte er den Gerberstöchtern die Zöpfe aufgelöst und unter den Küssen der schönen Franziska getaumelt. Er wollte hinübergehen, später am Abend, oder vielleicht morgen. Jetzt aber lockten diese Erinnerungen ihn wenig, er hätte sie alle zusammen gerne hingegeben für das Gedächtnis einer einzigen Stunde der früheren, der Knabenzeit.

Eine Stunde und länger verweilte er am Gartenzaun und schaute hinunter, und was er sah, war nicht der neue, fremde Garten, der dalag und mit dem jungen Beerengesträuch schon ganz leer und herbstlich aussah. Er sah den Garten seines Vaters, und seine Kinderblumen im kleinen Beet, am Ostersonntag gepflanzte Aurikeln und glasige Balsaminen, und kleine Gebirge aus Steinchen, auf welchen er hundertmal gefangene Eidechsen ausgesetzt hatte, unglücklich, daß keine dort bleiben und wohnen und sein Haustier sein wollte, und dennoch immer wieder voll Erwartung und Hoffnung, wenn er eine neue mitbrachte. Alle Häuser und Gärten, alle Blumen und Eidechsen und Vögel der Welt konnte man ihm heute schenken, und es wäre nichts gegen den zaubervollen Glanz einer einzigen Sommerblume, wie sie damals in seinem Gärtchen wuchs und die köstlichen Blumenblätter leise aus der Knospe rollte. Und die Johannisbeerbüsche von damals, deren jeden er noch genau im Gedächtnis hatte! Sie waren fort, sie waren nicht ewig und unzerstörbar gewesen, irgendein Mann hatte sie ausgerissen und ausgegraben und ein Feuer daraus gemacht, Holz und Wurzeln und welke Blätter waren miteinander verbrannt, und niemand hatte darum geklagt.

Ja, hier hatte er oft den Machold bei sich gehabt. Der war jetzt ein Doktor und Herr und fuhr im Einspänner bei den kranken Leuten herum, und er war wohl auch ein guter und aufrichtiger Mensch geblieben; aber auch er, auch dieser kluge und stramme Mann, was war er gegen damals, gegen den gläubigen, scheuen, erwartungsvoll zärtlichen Knaben von damals? Hier hatte ihm Knulp gezeigt, wie man Käfige für Fliegen baut und Schindeltürme für Heuschrecken, und er war Macholds Lehrer und sein größerer, klügerer, bewunderter Freund gewesen.

Der nachbarliche Fliederbaum war alt und moosig dürr geworden, und das Lattenhaus im andern Garten war zerfallen, und man mochte an seine Stelle bauen, was man wollte, es wurde nie mehr so schön und beglückend und richtig, wie alles einmal gewesen war.

Es begann zu dämmern und kühl zu werden, als Knulp den vergrasten Gartenweg verließ. Vom neuen Kirchturm, der das Bild der Stadt veränderte, rief eine neue Glocke laut herüber.

Er schlich durchs Tor der Rotgerberei in den Gerbergarten, es war Feierabend und niemand zu sehen. Unhörbar schritt er über den weichen Lohboden an den gähnenden Löchern vorüber, wo die Häute in der Lauge lagen, und bis zum Mäuerchen, wo der Fluß schon dunkel an den moosig grünen Steinen hintrieb. Da war der Ort, an dem er einmal eine Abendstunde mit Franziska gesessen war, die bloßen Füße im Wasser plätschernd.

Und wenn sie mich nicht vergebens hätte warten lassen, dachte Knulp, dann wäre alles anders gekommen. Wenn auch die Lateinschule und das Studieren versäumt war, ich hätte Kraft und Willen genug gehabt, um doch etwas zu werden. Wie einfach und klar war das Leben! Damals hatte er sich weggeworfen und von allem nichts mehr wissen wollen, und das Leben war darauf eingegangen und hatte nichts von ihm verlangt. Er war außerhalb gestanden, ein Bummler und Zaungast, beliebt in den guten jungen Jahren und allein im Kranksein und Altern.

Es ergriff ihn eine große Müdigkeit, er setzte sich auf dem Mäuerchen nieder, und der Fluß rauschte dunkel in seine Gedanken. Da wurde über ihm ein Fenster hell, das mahnte ihn, es sei spät, und man dürfe ihn hier nicht finden. Er schlüpfte lautlos aus dem Lohgarten und aus dem Tor, knöpfte den Rock zu und dachte ans Schlafen. Er hatte Geld, der Doktor hatte ihn beschenkt, und nach kurzem Besinnen verschwand er in einer Herberge. Er hätte in den „Engel“ oder „Schwanen“ gehen können, wo man ihn kannte und wo er Freunde gefunden hätte. Aber daran war ihm jetzt nicht gelegen.

Vieles hatte sich im Städtchen verändert, was ihn früher bis ins kleinste interessiert hätte, aber diesmal wollte er nichts sehen und wissen, als was zur alten Zeit gehörte. Und als er nach kurzem Fragen erfuhr, daß die Franziska nicht mehr lebe, da verblaßte alles, und ihm schien, er sei einzig ihretwegen hergekommen. Nein, es hatte keinen Sinn, hier in den Gassen und

zwischen den Gärten herumzustrolchen und sich von denen, die ihn kannten, mitleidige Späße zurufen zu lassen. Und als er zufällig in dem engen Postgäßlein dem Oberamtsarzt begegnete, fiel ihm plötzlich ein, man könnte ihn am Ende droben im Krankenhaus vermissen und nach ihm fahnden. Alsbald kaufte er bei einem Bäcker zwei Wecken, stopfte sie in seine Rocktaschen und stieg noch vor Mittag zur Stadt hinaus eine steile Bergstraße hinan.

Da saß hoch oben am Waldrand, an der letzten großen Straßenbiegung, ein staubiger Mann auf einem Steinhaufen und klopfte mit einem langstieligen Hammer den graublauen Muschelkalk in Stücke.

Knulp sah ihn an, grüßte und blieb stehen.

„Grüß Gott", sagte der Mann und klopfte weiter, ohne den Kopf zu heben.

„Ich meine, das Wetter bleibt nimmer lang", probierte Knulp.

„Kann schon sein", brummte der Steinklopfer und sah einen Augenblick empor, vom Mittagslicht auf der hellen Straße geblendet. „Wo wollet Ihr hinaus?"

„Nach Rom zum Papst", sagte Knulp. „Ist's wohl noch weit?"

„Heut kommet Ihr nimmer hin. Wenn Ihr überall stehenbleiben müsset und die Leute in der Arbeit stören, dann erlaufet Ihr's in keinem Jahr."

„So, meinet Ihr? Na, eilig hab ich's nicht. Gott sei Dank. Ihr seid ein fleißiger Mann, Herr Andres Schaible."

Der Steinklopfer hielt die Hand über die Augen und musterte den Wanderer.

„Ihr kennt mich also", sagte er bedächtig, „und ich kenn Euch auch, will mir scheinen. Bloß auf den Namen muß ich noch kommen."

„Da müsset Ihr den alten Krabbenwirt fragen, wo wir Anno neunzig allemal unseren Sitz gehabt haben. Aber der wird nimmer leben."

„Schon lang nimmer. Aber jetzt tagt mir's, alter Kunde. Du bist der Knulp. Setz dich ein bißchen her, und grüß Gott auch!"

Knulp setzte sich, er war zu rasch gestiegen und atmete mit

Beschwerden; er sah erst jetzt, wie schön in der Tiefe das Städtchen lag, blaublanker Fluß, rotbraunes Dächergewimmel und kleine grüne Bauminseln dazwischen.

„Du hast es nett hier droben", sagte er aufatmend.

„Es geht so, ich kann nicht klagen. Und du? Früher ist's leichter den Berg raufgegangen, gelt? Du schnaufst ja heillos, Knulp. Hast wieder einmal die Heimat besucht?"

„Jawohl, Schaible, es wird das letztemal sein."

„Und warum denn?"

„Weil halt die Lunge kaputt ist. Weißt du nix dagegen?"

„Daheim geblieben wenn du wärst, mein Lieber, und hättest brav geschafft und hättest Weib und Kinder und jeden Abend dein Bett, dann wär's vielleicht anders mit dir. Na, darüber weißt du meine Meinung von früher her. Da kann man jetzt nichts machen. Ist's denn so schlimm?"

„Ach, ich weiß nicht. – Oder doch, ich weiß schon. Es geht halt den Berg hinunter, und jeden Tag ein bißchen schneller. Da ist's dann wieder ganz gut, wenn man für sich allein ist und niemand zur Last fällt."

„Wie man's nimmt; das ist deine Sache. Es tut mir aber leid."

„Ist nicht nötig. Gestorben muß einmal sein, es kommt sogar an die Steinklopfer. Ja, alter Kunde, da sitzen jetzt wir zwei und können uns beide nicht viel einbilden. Du hast ja auch einmal andere Gedanken im Kopf gehabt. Hast du nicht damals zur Eisenbahn gewollt?"

„Ach, das sind alte Geschichten."

„Und deine Kinder sind gesund?"

„Ich weiß nichts andres. Der Jakob verdient jetzt schon."

„So? Ha, die Zeit vergeht. Ich will, glaub ich, jetzt auch ein wenig weiter."

„Es pressiert nicht so. Wenn man sich so lang nimmer gesehen hat! Sag, Knulp, kann ich dir mit etwas helfen? Viel hab ich nicht bei mir, es wird eine halbe Mark sein."

„Die kannst du selber brauchen, Alterle. Nein, danke schön."

Er wollte noch etwas sagen, aber es wurde ihm elend ums Herz, und er schwieg, und der Steinklopfer gab ihm aus seiner Mostflasche zu trinken. Sie blickten eine Weile auf die Stadt hinunter, ein Sonnenspiegel im Mühlkanal blitzte kräftig herauf, über die Steinbrücke fuhr langsam ein Lastwagen, und unterm Wehr schwamm lässig ein weißes Gänsegeschwader.

„Jetzt hab ich ausgeruht und muß weiter", fing Knulp wieder an.

Der Steinklopfer saß in Gedanken und schüttelte den Kopf.

„Hör, du, du hättest mehr werden können als so ein armer Teufel von Pennbruder", sagte er langsam. „Es ist doch sündenschad um dich. Weißt du, Knulp, ich bin gewiß kein Stündeler, aber ich glaube halt doch, was in der Bibel steht. Du mußt auch daran denken. Du wirst dich verantworten müssen, es wird nicht so leicht gehn. Du hast Gaben gehabt, bessere als ein anderer, und es ist doch nichts aus dir geworden. Du darfst mir's nicht zürnen, wenn ich das sage."

Jetzt lächelte Knulp, und ein Schimmer von der alten harmlosen Schelmerei stand in seinen Augen. Er klopfte seinem Kameraden freundlich auf den Arm und stand auf.

„Wir werden ja sehen, Schaible. Der liebe Gott fragt mich vielleicht gar nicht: Warum bist du nicht Amtsrichter geworden? Vielleicht sagt er auch bloß: Bist du wieder da, du Kindskopf? und gibt mir droben eine leichte Arbeit, Kinderhüten oder so."

Andres Schaible zuckte die Achseln unter dem blau und weiß gewürfelten Hemde.

„Mit dir kann man nicht im Ernst reden. Du meinst, wenn der Knulp kommt, da wird der Herrgott nichts als Späße machen."

„Ach nein. Aber es könnte doch sein, nicht?"

„Red nicht so!"

Sie gaben sich die Hände, und dabei steckte der Steinklopfer ihm ein kleines Geldstück zu, das er verstohlen aus seiner Hosentasche gegraben hatte. Und Knulp nahm es an und wehrte sich nimmer, um dem anderen nicht seine Freude zu verderben.

Er warf noch einen Blick in das alte heimatliche Tal, nickte noch einmal zu Andres Schaible zurück, dann begann er zu husten und machte schnellere Schritte und war alsbald um die obere Waldecke verschwunden.

Vierzehn Tage später, nachdem es auf nebelkalte Tage noch sonnige mit späten Glockenblumen und kühlreifen Brombeeren gegeben hatte, brach plötzlich der Winter herein. Es gab strengen Frost und darauf am dritten Tage bei milderer Luft einen schweren, hastigen Schneefall.

Knulp war diese ganze Zeit unterwegs gewesen, auf zielloser Streife immer im Umkreis der Heimat, und noch zweimal hatte er aus nächster Nähe, im Walde verborgen, den Steinklopfer Schaible gesehen und beobachtet, ohne ihn nochmals anzurufen. Er hatte zu viel zu denken gehabt und war auf allen den langen, mühsamen, nutzlosen Wegen immer tiefer in das Gewirr seines verfehlten Lebens geraten wie in zähe Dornranken, ohne den Sinn und Trost dazu zu finden. Dann war die Krankheit von neuem über ihn gekommen, und wenig fehlte, so wäre er eines Tages trotz allem doch noch in Gerbersau erschienen und hätte am Krankenhaus angeklopft. Aber als er nach tagelangem Alleinsein wieder die Stadt unten liegen sah, da klang ihm alles fremd und feindlich entgegen, und es ward ihm klar, daß er nimmer dorthin gehöre. Zuweilen kaufte er in einem Dorf ein Stück Brot, auch gab es noch Haselnüsse genug. Die Nächte brachte er in den Blockhütten der Waldarbeiter oder zwischen Strohbündeln auf dem Felde zu.

Jetzt kam er im dichten Schneetreiben vom Wolfsberg herüber gegen die Talmühle gegangen, verfallen und todesmüde und dennoch immerzu auf den Beinen, als müsse er den kleinen Rest seiner Tage noch mächtig ausnützen und laufen, laufen, allen Waldrändern und Schneisen nach. So krank und müde er war, seine Augen und seine Nüstern hatten die alte Beweglichkeit behalten; äugend und schnuppernd wie ein feinfühliger Jagdhund stellte er auch jetzt noch, da es keine Ziele mehr für ihn gab, jede Bodensenkung, jeden Windhauch, jede Tierspur fest. Sein Wille war nicht dabei, und seine Beine gingen von selber.

In seinen Gedanken aber stand er jetzt wieder, wie seit einigen Tagen fast immerzu, vor dem lieben Gott und sprach unaufhörlich mit ihm. Furcht hatte er keine; er wußte, daß Gott uns nichts tun kann. Aber sie sprachen miteinander, Gott und Knulp, über die Zwecklosigkeit seines Lebens, und wie das hätte anders eingerichtet werden können, und warum dies und jenes so und nicht anders habe gehen müssen.

„Damals ist es gewesen“, beharrte Knulp immer wieder, „damals, wie ich vierzehn Jahre alt war und die Franziska mich im Stich gelassen hat. Da hätte noch alles aus mir werden können. Und dann ist irgend etwas in mir kaputtgegangen oder verpfuscht worden, und von da an habe ich eben nichts mehr getaugt. – Ach was, der Fehler ist einfach der gewesen, daß du mich nicht mit vierzehn Jahren hast sterben lassen! Dann wäre mein Leben so schön und vollkommen gewesen wie ein reifer Apfel.“

Der liebe Gott aber lächelte immerzu, und manchmal verschwand sein Gesicht ganz in dem Schneetreiben.

„Na, Knulp“, sagt er ermahnend, „denk einmal an deine Jungeburschenzeit, und an den Sommer im Odenwald, und an die Lächstettener Zeiten! Hast du da nicht getanzt wie ein Reh und hast das schöne Leben in allen Gedanken zucken gefühlt? Hast du nicht singen können und Harmonika spielen, daß den Mädchen die Augen übergelaufen sind? Weißt du noch die Sonnentage in Bauerswil? Und deinen ersten Schatz, die Henriette? Ja, ist denn das alles nichts gewesen?“

Knulp mußte nachdenken, und wie ferne Bergfeuer strahlten ihm die Freuden seiner Jugend dunkelschön herüber und dufteten schwer und süß wie Honig und Wein, und klangen tieftönig wie Tauwind in der Vorfrühlingsnacht. Herrgott, es war schön gewesen, schön die Lust und schön die Trauer, und es wäre jammerschade um jeden Tag gewesen, der gefehlt hätte!

„Ach ja, es war schön“, gab er zu und war doch voll Weinerlichkeit und Widerspruch wie ein müdes Kind. „Es war schön damals. Freilich, Schuld und Traurigkeit ist auch schon dabei gewesen. Aber es ist wahr, es sind gute Jahre gewesen, und vielleicht haben nicht viele solche Becher ausgetrunken und solche Tänze angeführt und solche Liebesnächte gefeiert, wie ich dazumal. Aber dann, dann hätte es aus sein sollen! Schon dort war ein Stachel im Glück, ich weiß noch wohl, und dann sind niemals mehr so gute Zeiten gekommen. Nein, niemals mehr.“

Der liebe Gott war weit im Schneegewehe verschwunden. Nun, da Knulp ein wenig stehenblieb, um wieder zu Atem zu kommen und ein paar kleine Blutflecke in den Schnee zu spucken, nun war Gott unversehens wieder da und gab Antwort.

„Sag einmal, Knulp, bist du nicht ein wenig undankbar? Ich muß lachen, wie vergeßlich du geworden bist! Wir haben uns an die Zeit erinnert, wo du der Tanzbodenkönig warst, und an deine Henriette, und du hast zugeben müssen: es war gut und schön, es hat wohlgetan und einen Sinn gehabt. Und wenn du so an die Henriette denkst, mein Lieber, wie willst du dann gar an Lisabeth denken? Ja, hast du denn die ganz vergessen können?"

Und wieder stand wie ein fernes Gebirge ein Stück Vergangenheit vor Knulps Augen, und wenn es nicht ganz so froh und lustig aussah wie das vorige, so glänzte es dafür viel heimlicher und inniger, wie Frauen lächeln zwischen Tränen, und es standen Tage und Stunden aus ihren Gräbern auf, an die er lange nimmer gedacht hatte. Und mitten inne stand Lisabeth, mit schönen, traurigen Augen, den kleinen Buben auf dem Arm.

„Was für ein schlechter Kerl bin ich gewesen!" fing er wieder zu klagen an. „Nein, seit die Lisabeth tot ist, hätte ich auch nimmer leben dürfen."

Aber Gott ließ ihn nicht weiterreden. Er sah ihn durchdringend aus den hellen Augen an und fuhr fort: „Hör auf, Knulp! Du hast der Lisabeth sehr weh getan, das ist nicht anders, aber du weißt wohl, sie hat doch mehr Zartes und Schönes von dir empfangen als Böses, und sie hat dir nicht einen Augenblick gezürnt. Siehst du denn immer noch nicht, du Kindskopf, was der Sinn von dem allen war? Siehst du nicht, daß du deswegen ein Leichtfuß und ein Vagabund sein mußtest, damit du überall ein Stück Kindertorheit und Kinderlachen hintragen konntest? Damit überall die Menschen dich ein wenig lieben und dich ein wenig hänseln und dir ein wenig dankbar sein mußten?"

„Es ist am Ende wahr", gab Knulp nach einigem Schweigen halblaut zu. „Aber das ist alles früher gewesen, da war ich noch jung! Warum hab ich aus dem allen nichts gelernt und bin kein rechter Mensch geworden? Es wäre noch Zeit gewesen."

Es gab eine Pause im Schneefall. Knulp rastete wieder einen Augenblick und wollte den dicken Schnee von Hut und Kleidern schütteln. Aber er kam nicht dazu, er war zerstreut und müde, und Gott stand jetzt nahe vor ihm, seine lichten Augen waren weit offen und strahlten wie die Sonne.

„Nun sei einmal zufrieden", mahnte Gott, „was soll das Klagen nützen? Kannst du wirklich nicht sehen, daß alles gut und richtig zugegangen ist und daß nichts hätte anders sein dürfen? Ja, möchtest du denn jetzt ein Herr oder ein Handwerksmeister sein und Frau und Kinder haben und am Abend das Wochenblatt lesen? Würdest du nicht sofort wieder davonlaufen und im Wald bei den Füchsen schlafen und Vogelfallen stellen und Eidechsen zähmen?"

Wieder fing Knulp zu gehen an, er schwankte vor Müdigkeit und spürte doch nichts davon. Es war ihm viel wohler zumute geworden, und er nickte dankbar zu allem, was Gott ihm sagte.

„Sieh", sprach Gott, „ich habe dich nicht anders brauchen können, als wie du bist. In meinem Namen bist du gewandert und hast den seßhaften Leuten immer wieder ein wenig Heimweh nach Freiheit mitbringen müssen. In meinem Namen hast du Dummheiten gemacht und dich verspotten lassen; ich selber bin in dir verspottet und bin in dir geliebt worden. Du bist ja mein Kind und mein Bruder und ein Stück von mir, und du hast nichts gekostet und nichts gelitten, was ich nicht mit dir erlebt habe."

„Ja", sagte Knulp und nickte schwer mit dem Kopf. „Ja, es ist so, ich habe es eigentlich immer gewußt."

Er lag ruhend im Schnee, und seine müden Glieder waren ganz leicht geworden, und seine entzündeten Augen lächelten.

Und als er sie schloß, um ein wenig zu schlafen, hörte er noch immer Gottes Stimme reden und sah noch immer in seine hellen Augen. „Also ist nichts mehr zu klagen?" fragte Gottes Stimme.

„Nichts mehr", nickte Knulp und lachte schüchtern.

„Und alles ist gut? Alles ist, wie es sein soll?"

„Ja", nickte er, „es ist alles, wie es sein soll."

Gottes Stimme wurde leiser und tönte bald wie die seiner Mutter, bald wie Henriettes Stimme, bald wie die gute, sanfte Stimme der Lisabeth. Als Knulp die Augen nochmals auftat, schien die Sonne und blendete so sehr, daß er schnell die Lider senken mußte. Er spürte den Schnee schwer auf seinen Händen liegen und wollte ihn abschütteln, aber der Wille zum Schlaf war schon stärker als jeder andere Wille in ihm geworden.

IRGENDWO IN TIBET

IRGENDWO IN Tibet

Eine Kurzfassung des Romans von
JAMES HILTON

Nach der Übersetzung von Herberth E. Herlitschka
Illustrationen von Darrell Sweet
Deutsche Buchausgabe: „Irgendwo in Tibet“

„Irgendwo in Tibet" verbindet die Spannung und Prägnanz eines Abenteuerbuches mit den Träumen und Vorstellungen, die wir wohl alle manchmal um eine sehr kultivierte, durchaus irdische, aber ferne und friedliche Welt spinnen.

Vier Personen werden zu Beginn der dreißiger Jahre von einem kleinen Flugzeug im Hochland nördlich des Himalaja abgesetzt. Scheinbar durch Zufall gelangen sie in die auserwählte Gemeinschaft des abgeschiedenen Lamaklosters Schangri-La, das ihnen ein müheloses Leben bietet, „mit Zeit", so sagt es der Hohelama, „ungestörter und unbegrenzter Zeit".

Wie sich die Neuankömmlinge – jeder unterscheidet sich wesentlich vom anderen – dort einfügen, wie sie versuchen, sich zu lösen, ist mit solcher Überzeugungskraft geschildert, daß auch der Leser ganz in den eigentümlichen Zauber Schangri-Las gerät.

Der Autor, der das in bester englischer Romantradition fertigbringt, wurde 1900 in einer Bergbaustadt in Lancashire als Sohn eines Lehrers geboren. Den ersten Roman schrieb er während seiner Studentenjahre, und schon früh brachten Zeitungen Artikel von ihm. Doch nach dem Studium mußte sich James Hilton mühsam in London durchschlagen, unter dem vielen, das er damals geschrieben hat, war nach seinen eigenen Worten nichts, „was die Themse in Brand gesteckt hätte".

Damit mußte er bis 1934 warten, als „Leb wohl, Mister Chips" erschien und über Nacht ein rauschender Erfolg wurde. Die Leser fragten nun nach anderen Büchern des Autors. „Irgendwo in Tibet" war im Jahr zuvor herausgekommen, fast unbeachtet, jetzt wurde es entdeckt und rasch ein zweiter Bucherfolg. James Hilton hat seine letzten Lebensjahre als amerikanischer Staatsbürger in Kalifornien verbracht, dort ist er 1954 gestorben. Er galt als liebenswürdiger, bescheidener, ja überraschend temperamentloser Herr. Sich selbst ließ er nur als einen Geschichtenerzähler gelten, dessen Wunsch es war, den Lesern eine schöne Zeit zu bereiten.

VORSPIEL

Unsere Zigarren waren fast zu Ende geraucht. Langsam beschlich uns die Enttäuschung, die alte Schulkameraden meistens befällt, wenn sie als Männer wieder zusammenkommen und entdecken, daß sie weniger miteinander gemein haben, als sie annahmen. Rutherford schrieb Romane, und Wyland war Botschaftssekretär; er hatte uns soeben ein Abendessen in Tempelhof gegeben, nicht sehr freudig, wie mir vorkam, aber mit dem Gleichmut, den ein Diplomat für solche Gelegenheiten immer bereit haben muß. Wahrscheinlich hatte uns nur der Umstand, daß wir drei unverheiratete Engländer in einer fremden Hauptstadt waren, zusammengeführt. Ich war bereits zu dem Schluß gelangt, daß der leichte Anflug von Dünkelhaftigkeit, dessen ich mich bei Wyland entsann, mit den Jahren nicht geringer geworden war. Rutherford gefiel mir besser: er hatte sich ganz gut aus dem mageren, frühreifen Kind herausgemausert, das ich abwechselnd begrobst und beschützt hatte. Daß er wahrscheinlich viel mehr Geld verdiente und ein viel interessanteres Leben führte als wir beiden andern, verursachte Wyland und mir das einzige gemeinsame Gefühl – eine Spur von Neid.

Dennoch war der Abend keineswegs langweilig. Wir hatten einen guten Ausblick auf die großen Lufthansamaschinen, die aus allen Teilen Mitteleuropas auf dem Flugplatz eintrafen, und als es dunkel wurde und die Scheinwerfer aufflammten, nahm die Szene einen üppigen Theaterzauber an. Eins der Flugzeuge war britisch; sein Pilot kam, in voller Fliegerausrüstung, an unserm Tisch vorbei und grüßte Wyland, der ihn zunächst nicht erkannte. Dann aber folgten allseitige Vorstellungen, und der Fremde wurde aufgefordert, sich zu uns zu setzen. Er war ein angenehmer, munterer junger Mann namens Sanders. Wyland bemerkte entschuldigend, wie schwer es sei, Leute zu erkennen, wenn sie Fliegeranzüge und Fliegerhelme trügen, worauf Sanders lachend antwortete: „Ach, natürlich, ich weiß gut. Vergessen Sie nicht, ich war in Baskul.“ Auch Wyland lachte, aber weniger ungezwungen, und dann nahm das Gespräch eine andere Wendung.

Etwa gegen zehn Uhr verließ uns Wyland für einen Augenblick, um mit jemand an einem Tisch in der Nähe zu sprechen, und Rutherford bemerkte in die plötzliche Gesprächspause hinein: „Sie haben vorhin Baskul erwähnt. Ich kenne den Ort ein wenig. Worauf haben Sie denn angespielt?“

Sanders lächelte etwas verlegen. „Ach, nur eine kleine Aufregung, die wir einmal dort hatten.“ Aber er war ein junger Mann, der nicht lange an sich halten konnte. „Muß ungefähr vor einem Jahr gewesen sein. Ja, im Mai einunddreißig. Ein Afghane oder ein Afridi oder sonst so ein Kerl ging mit einer unsrer Kisten durch. Der unverschämteste Streich, der mir je unterkam. Der Gauner lauerte dem Piloten auf, schlug ihn nieder, stahl seine Ausrüstung und kletterte in den Führersitz, ohne daß eine Menschenseele etwas merkte. Gab überdies den Mechanikern die richtigen Zeichen und flog in großartigem Stil davon. Wir evakuierten gerade die Zivilbevölkerung aus Baskul nach Peschawar wegen des Aufstands. Es ging dort ein bißchen drunter und drüber, sonst hätte das Ganze wohl nicht geschehen können.“

Rutherfords Blick verriet Interesse. „Ich hätte gedacht, daß ihr bei einer solchen Gelegenheit mehr als einen einzigen Mann für jedes Flugzeug zur Verfügung hattet.“

„Hatten wir auch, für alle gewöhnlichen Truppentransportflugzeuge, aber das war eine Spezialmaschine, ursprünglich für einen Maharadscha gebaut. Die Leute vom Indischen Vermessungsamt hatten sie für Flüge in großen Höhen über Kaschmir benützt. Doch sie kam nie in Peschawar an, und das Seltsame war, daß sie auch sonst nirgends landete, soweit wir in Erfahrung bringen konnten. Natürlich, wenn der Kerl von irgendeinem Eingeborenenstamm war, wollte er vielleicht in die Berge fliegen und dann von den Passagieren Lösegeld erpressen. Sie kamen wohl alle irgendwie um. Es ist an der Grenze kein Mangel an Gelegenheiten zum Abstürzen, ohne daß man je etwas davon erfährt. Es waren vier Passagiere, drei Männer und eine Missionarin."

„Hieß einer der Männer vielleicht Conway?"

Sanders machte ein überraschtes Gesicht. „Allerdings, das stimmt. ‚Conway der Glorreiche' – kannten Sie ihn?"

„Wir waren auf derselben Schule", sagte Rutherford.

„Er war ein feiner Kerl, nach allem zu urteilen, was er in Baskul leistete", fuhr Sanders fort.

Rutherford nickte. „Ja, zweifellos ... aber es ist sehr merkwürdig ..." Seine Gedanken schienen eine Weile abzuschweifen, dann sammelte er sich und sagte: „Es stand nie in den Zeitungen, sonst hätte ich wohl etwas darüber lesen müssen. Wie kam das?"

Sanders war plötzlich sehr betreten. „Ich fürchte", erwiderte er, „ich habe anscheinend mehr verraten, als ich hätte sollen. Aber vielleicht macht es jetzt nichts mehr. Es wurde vertuscht, wissen Sie. Hätte einen schlechten Eindruck gemacht. Die Leute von der Regierung ließen nur verlauten, daß eine ihrer Maschinen abgängig sei, und nannten die Namen. So was macht nicht gar so schrecklich viel Aufsehen bei Außenstehenden."

In diesem Augenblick kam Wyland an unsern Tisch zurück, und Sanders sagte, sich fast entschuldigend, zu ihm: „Hören Sie, Wyland, Ihre Freunde hier redeten von ‚Conway dem Glorreichen', und ich habe die Baskul-Geschichte ausgeplaudert. Hoffentlich finden Sie nicht, daß das was schadet, wie?"

Wyland hüllte sich für einen Augenblick in strenges Schweigen. Dann sagte er: „Ich kann mir nicht helfen, ich habe das Gefühl, daß man aus so etwas nicht einfach eine Anekdote machen darf. Ich dachte immer, ihr Fliegerleute seid auf Ehre verpflichtet, nicht aus der Schule zu schwatzen."

Nachdem er den jungen Mann so angeblasen hatte, wandte er sich bedeutend gnädiger an Rutherford: „Selbstverständlich ist in deinem Fall weiter nichts dabei. Kanntest du Conway gut – ich meine, seit der Schulzeit?"

„Nur ein wenig in Oxford und von ein paar zufälligen Begegnungen seither. Hast du ihn oft getroffen?"

„Als ich in Angora stationiert war, trafen wir einander ein paarmal. Ich fand ihn gescheit, aber ziemlich schlapp."

Rutherford lächelte. „Er war sicherlich gescheit und kam an der Universität geradezu zum Staunen vorwärts – bis der Krieg ausbrach. Überdies war er wohl der beste Klavierspieler, den ich je außerhalb des Konzertsaals gehört habe. Erstaunlich vielseitig. Aber nach seiner Oxforder Zeit hörte man nicht mehr viel von ihm. Natürlich unterbrach der Krieg seine Laufbahn; er hat ihn, glaube ich, fast ganz mitgemacht."

„Er wurde bei einer Sprengung verschüttet oder so etwas", erwiderte Wyland, „aber nichts sehr Ernstes. Hat sich gar nicht schlecht gehalten, bekam den Verdienstorden in Frankreich. Kehrte dann, glaube ich, für einige Zeit nach Oxford zurück – als eine Art Lektor. Ich weiß, daß er im Jahre einundzwanzig nach dem Osten ging. Er konnte orientalische Sprachen, dadurch bekam er eine Position im konsularischen Dienst. Dann war er auf verschiedenen Posten."

Es war ersichtlich, daß Wyland nicht länger darüber sprechen wollte, und er erhob keinen Einspruch, als Rutherford nach kurzer Zeit zum Abschied aufstand. Es war auch schon spät geworden, und ich erklärte ebenfalls, gehn zu wollen.

Ich mußte zu schauderhaft früher Morgenstunde einen transkontinentalen Zug erreichen, und als wir auf ein Taxi warteten, fragte mich Rutherford, ob ich vielleicht die Zwischenzeit in seinem Hotel verbringen wolle. Ich sagte bereitwilligst zu, und er antwortete: „Schön, dann können wir über Conway reden – falls dir diese Geschichte nicht schon zum Hals herauswächst."

Ich verneinte das lebhaft mit dem Bemerken, daß ich Conway allerdings kaum gekannt habe. „Er ging am Ende meines ersten Trimesters von der Schule ab, und nachher bin ich ihm nie wieder begegnet. Aber einmal war er mir außerordentlich behilflich: Ich war ein Neuer, und es bestand für ihn nicht der geringste Grund, für mich das zu tun, was er damals tat. Es war weiter nichts von Bedeutung, aber ich habe es nie vergessen."

Rutherford stimmte mir bei. „Ja, auch ich hatte ihn sehr gern, obgleich auch ich überraschend wenig von ihm sah, wenn man's in Zeit ausrechnet."

Während des etwas sonderbaren Schweigens, das nun folgte, wurde uns klar, daß wir beide an jemand dachten, der uns viel mehr bedeutet hatte, als einer so beiläufigen Bekanntschaft entsprach. Ich fand seither wiederholt, daß andere Leute, auch wenn sie Conway nur ganz förmlich und flüchtig kennengelernt hatten, ihn immer in lebhaftester Erinnerung behielten. Er war in seinen Jünglingsjahren zweifellos eine bemerkenswerte Erscheinung und ist mir, der ich ihn kennenlernte, als ich noch für Helden schwärmte, ganz deutlich in romantischer Erinnerung. Er war hoch gewachsen und außerordentlich hübsch und zeichnete sich nicht nur in jedem Sport aus, sondern trug auch alle Schulpreise davon, die es zu erringen gab. Ein etwas rührseliger Schulleiter sprach einmal von seinen „glorreichen" Leistungen, und daher stammte Conways Spitzname. Vielleicht hätte einen andern dieses Spottwort erledigt.

Wir fuhren schweigend ein paar Straßen weiter, dann sagte Rutherford: „Es war ein eigenartiges Erlebnis für mich, Sanders von dieser Geschichte in Baskul erzählen zu hören. Weißt du, ich hatte sie nämlich schon vorher gehört. Sie ist nur Teil einer noch viel phantastischeren Geschichte, die zu glauben ich überhaupt keinen Grund sah – oder doch nur einen einzigen, allerdings sehr schwachen Grund. Jetzt gibt es zwei sehr schwache Gründe, sie zu glauben. Ich bin kein besonders leichtgläubiger Mensch. Ich habe einen schönen Teil meines Lebens auf Reisen verbracht und weiß, daß es viele wunderliche Dinge auf der Welt gibt – wenn man sie mit eigenen Augen sieht, aber nicht gar so viele, wenn man nur aus zweiter Hand von ihnen erfährt. Trotzdem ..."

Wir hatten das Hotel erreicht, und er mußte den Zimmerschlüssel vom Empfang holen. Als wir in den fünften Stock hinauffuhren, sagte er: „Tatsächlich ist Conway nicht tot, wenigstens lebte er vor ein paar Monaten noch."

Eine Bemerkung dazu verbot sich wegen der Enge des Raums und der Kürze der Liftfahrt. Im Korridor, ein paar Sekunden später, entgegnete ich: „Bist du dessen sicher? Und woher weißt du es?"

Während er die Tür seines Zimmers aufschloß, antwortete er: „Weil ich im vergangenen November mit ihm auf einem japanischen Dampfer von Schanghai nach Honolulu fuhr." Er sprach erst wieder, als wir uns in Lehnstühlen niedergelassen und mit Getränken und Zigaretten versorgt hatten. „Ich war letzten

Herbst in China, weißt du – auf Ferien. Im Zug von Hankau nach Peking geriet ich ins Gespräch mit einer ganz reizenden Mutter Oberin irgendwelcher französischer Barmherziger Schwestern. Sie reiste nach Tschung-Kiang, wo ihr Kloster stand, und weil ich ein wenig Französisch kann, schien sie gern mit mir über ihre Arbeit in ihrem Missionshospital zu plaudern. Sie erzählte mir von einem Fieberfall, der dort einige Wochen zuvor eingebracht worden war, einem Mann, den sie für einen Europäer hielt, obgleich er keine Angaben über sich machen konnte und keinerlei Papiere besaß. Er war wie die allerärmsten Eingeborenen gekleidet und bei seiner Aufnahme wirklich schwer krank. Er sprach fließend Chinesisch und recht gut Französisch und hatte die Nonnen auch auf englisch angeredet. Wir sprachen über das und anderes; zum Schluß lud sie mich ein, die Mission zu besuchen, falls ich je in die Gegend käme. Das hielt ich natürlich für unwahrscheinlich, und als der Zug in Tschung-Kiang einfuhr, verabschiedete ich mich von ihr mit aufrichtigem Bedauern, daß unsere zufällige Bekanntschaft schon zu Ende sei.

Es fügte sich aber, daß die Lokomotive nach ein paar Meilen einen Defekt bekommen hatte und uns nur mit Mühe in den Bahnhof zurückschob, wo wir erfuhren, daß eine Ersatzlokomotive frühestens in zwölf Stunden eintreffen werde. Es gab also einen halben Tag in Tschung-Kiang zu überstehen – und das veranlaßte mich, der Mission einen Besuch abzustatten.

Ich wurde herzlich, wenngleich ein wenig erstaunt, willkommen geheißen. Ich war noch keine Stunde bei den Nonnen, da hatten sie mir schon eine Mahlzeit zubereiten lassen; ein junger, christlicher chinesischer Arzt setzte sich dazu und unterhielt sich mit mir in einem lustigen Französisch-Englisch. Nachher führten er und die Mutter Oberin mich durch das ganze Hospital, auf das sie sehr stolz waren. Ich hatte den geheimnisvollen Patienten völlig vergessen, bis mich die Mutter Oberin darauf aufmerksam machte, daß wir nun zu ihm kämen. Ich konnte nur den Hinterkopf des Mannes sehen, der offenbar schlief. Ich sagte auf englisch: ‚Guten Nachmittag.' Der Mann sah plötzlich zu uns her und antwortete auf englisch: ‚Guten Nachmittag.' Trotz seinem Bart und ganz veränderten Äußeren hatte ich Conway sofort erkannt. Ich rief meinen Namen und den seinen, und obgleich er mich ohne ein bestimmtes Zeichen des Wiedererkennens ansah, war ich doch überzeugt, mich nicht geirrt zu haben. Er war ein Mann, den man einfach nicht verwechseln konnte; wenn man ihn einmal gesehn hatte, mußte man ihn jederzeit wiedererkennen.

Der Arzt und die Mutter Oberin gerieten natürlich in große Aufregung. Ich sagte ihnen, daß ich den Mann kenne, er sei Engländer und ein Freund von mir, und daß er mich nur deshalb nicht erkenne, weil er sein Gedächtnis völlig verloren habe. Sie bejahten das ziemlich verdutzt, und wir berieten lange über den Fall. Sie hatten nicht einmal Vermutungen darüber, wie Conway in einem solchen Zustand nach Tschung-Kiang hatte gelangen können.

Kurz und gut, ich blieb länger als zwei Wochen dort und hoffte, Conway irgendwie so weit zu bringen, daß er sich wieder an etwas erinnerte. Damit hatte ich keinen Erfolg, aber er gewann seine körperlichen Kräfte wieder, und wir sprachen ziemlich viel miteinander. Als ich ihm ganz offen sagte, wer er sei und wer ich sei, war er fügsam genug, es nicht zu bestreiten. Auf meinen Vorschlag, ihn nach England heimzubringen, antwortete er einfach, daß er nichts dagegen habe. Dieser offenkundige Mangel jeglichen persönlichen Wunsches brachte einen etwas aus der Fassung. Sobald ich konnte, traf ich Anstalten für unsere Abreise. Ich zog einen Bekannten im Konsulat in Hankau ins Vertrauen, und so wurde der erforderliche Paß ausgestellt und alles übrige ohne die Plackereien erledigt, die es sonst vielleicht gegeben hätte. Ich war überhaupt der Meinung, daß um Conways willen die ganze Sache vor der Öffentlichkeit bewahrt werden müsse. Das wäre natürlich ein Fressen für die Presse gewesen.

Wir verließen China ohne Zwischenfälle, fuhren den Jangtse hinunter nach Nanking und dann mit der Bahn nach Schanghai. Ein japanischer Dampfer ging noch in derselben Nacht nach San Francisco ab, es war eine rechte Hetzjagd, aber wir kamen noch rechtzeitig an Bord."

„Du hast ungeheuer viel für ihn getan", sagte ich.

„Für einen andern hätte ich wohl kaum so viel getan", antwortete er, „aber es war etwas an Conway, seit jeher schon –

was, läßt sich schwer erklären, aber es bewirkte, daß man gern sein möglichstes tat."

„Ja", stimmte ich bei. „Er besaß einen eigenartigen Zauber, etwas Gewinnendes, an das ich mich auch heute mit Vergnügen erinnere, obgleich er mir noch immer als Schuljunge im weißflanellenen Kricketanzug vor Augen steht."

„Schade, daß du ihn nicht in Oxford kanntest. Er war einfach blendend – es gibt kein andres Wort dafür. Nach dem Krieg sagten die Leute, er sei verändert. So war es wohl, ich glaube das auch. Aber ich kann mich des Gefühls nicht erwehren, daß er mit all seiner Begabung Größeres hätte leisten müssen. Conway war bedeutend – oder er hätte es sein sollen. Sogar als ich im innersten China auf ihn stieß und sein Gedächtnis ein leerer Fleck, seine Vergangenheit ein Rätsel war, blieb noch immer diese wunderliche Anziehungskraft in ihm."

Rutherford schwieg, in Erinnerung verloren, dann fuhr er fort: „Auf dem Schiff erzählte ich ihm, soviel ich wußte, über ihn selbst, und er hörte mir mit einer Neugier zu, die fast ein wenig widersinnig scheinen konnte. Er erinnerte sich ganz deutlich an alles seit seiner Ankunft in Tschung-Kiang, und auch Sprachen hatte er nicht vergessen. Er sagte mir zum Beispiel, er wisse, daß er etwas mit Indien zu tun gehabt haben müsse, weil er Hindostani sprechen könne.

In Yokohama füllte sich das Schiff. Unter den neuen Passagieren war Sieveking, der Pianist, unterwegs zu einer Konzertreise durch die Vereinigten Staaten. Ein paar Abende nach der Abreise von Japan wurde Sieveking gebeten, ein Konzert an Bord zu geben. Conway und ich gingen hin. Mehrmals blickte ich verstohlen auf Conway und glaubte zu erkennen, daß ihm das Ganze Freude machte, was mir bei seiner musikalischen Vergangenheit nur ganz natürlich schien. Sieveking spielte gut, einige Stücke von Brahms und Scarlatti und vor allem Chopin, du weißt, auf den ist er geradezu spezialisiert. Als er schließlich vom Klavier aufstand und zur Tür ging, setzte sich Conway an die Tasten und spielte ein lebhaftes Stück, das mir nicht bekannt war, aber Sieveking veranlaßte, sehr aufgeregt zurückzukommen und zu fragen, was es sei. Conway vermochte nach einem langen und recht befremdlichen Schweigen nur zu antworten, daß er es nicht wisse. Sieveking rief, das sei doch unmöglich, und geriet in noch größere Aufregung. Conway machte dann, wie es schien, gewaltige körperliche und geistige Anstrengungen, sich zu erinnern, und sagte endlich, das Stück sei eine Chopin-Etüde. Sieveking bestritt es entschieden. Conway jedoch geriet plötzlich in wahre Entrüstung darüber, was mich sehr verwunderte, denn bis dahin hatte er wenig Gemütsbewegung aus irgendwelchem Anlaß gezeigt. ‚Mein lieber Freund‘, widersprach Sieveking, ‚ich kenne alles von Chopin und kann Sie dessen versichern, daß er das, was Sie da spielten, nie geschrieben hat. Er hätte es ganz gut schreiben können, denn es ist durchaus in seinem Stil, aber er hat's eben nicht geschrieben. Ich wette, Sie können es mir in keiner Ausgabe gedruckt zeigen.‘ Worauf Conway endlich antwortete: ‚Ach ja, ich erinnere mich schon – es erschien nie im Druck. Ich selbst kenne es nur durch eine Begegnung mit einem Mann, der ein Schüler Chopins war ... Hören Sie sich ein anderes unveröffentlichtes Stück an, das ich von ihm lernte.‘“

Rutherford bedeutete mir mit den Augen, ihn nicht zu unterbrechen, und sprach weiter: „Ich weiß nicht, ob du dir Sievekings Aufregung – und auch meine – ein wenig vorstellen kannst, als Conway weiterspielte. Für mich war es natürlich ein jäher und recht rätselhafter Einblick in seine Vergangenheit, die erste Spur eines Schlüssels zu ihrem Verständnis. Sieveking war dagegen ganz von dem musikalischen Problem gefangengenommen – das verblüffend genug war, da Chopin schon 1849 gestorben ist.

Der ganze Vorfall war unergründlich, und ich sollte daher vielleicht hinzufügen, daß wenigstens ein Dutzend Zeugen zugegen waren, unter ihnen ein Universitätsprofessor aus Kalifornien von einigem Ruf. Es ließ sich natürlich leicht einwenden, daß Conways Angabe geschichtlich unmöglich oder fast unmöglich sei, aber dann bleiben immer noch die Musikstücke selbst zu erklären. Wenn sie nicht von Chopin waren, wie Conway behauptete, von wem waren sie dann? Sieveking beteuerte mir, wenn diese beiden Stücke veröffentlicht würden, stünden sie binnen eines halben Jahres im Repertoire jedes Virtuosen. Wir stritten damals viel hin und her, konnten aber zu keinem Ergebnis kommen, denn Conway blieb bei seiner Geschichte, und als er Ermüdung zu zeigen begann, dachte ich nur noch daran, ihn aus dem Gedränge weg und ins Bett zu bringen."

Rutherford warf einen Blick auf seine Uhr und beruhigte mich, ich hätte noch reichlich Zeit, meinen Zug zu erreichen; seine Geschichte sei fast zu Ende. „Denn in dieser Nacht – der Nacht nach dem Konzert – erwachte endlich Conways Gedächtnis. Wir waren beide zu Bett gegangen, und ich lag noch wach, als er in meine Kajüte kam und es mir sagte. Sein Gesicht war, ich kann es nicht anders beschreiben, wie in überwältigender Traurigkeit erstarrt, einer Art Weltschmerz – wenn du verstehst, was ich meine –, in einer fernen, unpersönlichen Wehmut. Er sagte, er könne sich nun alles ins Gedächtnis zurückrufen, es habe begonnen, zu ihm zurückzukehren, während Sieveking spielte. Er saß lange auf dem Rand meines Bettes; ich ließ ihm Zeit, es mir auf seine Weise zu erzählen, und sagte nur, ich freue mich, daß sein Gedächtnis zurückgekehrt sei, würde es aber bedauern, wenn er schon jetzt wünschte, es wäre nicht der Fall gewesen. Da sah er auf und sagte etwas, das ich stets als ein großes Kompliment betrachten werde. ‚Gott sei Dank, Rutherford', sagte er, ‚daß du genug Phantasie hast!'

Nach einer Weile zogen wir uns an und gingen auf dem Deck auf und ab. Die Nacht war windstill und sehr warm, das Meer sah bleich und klebrig aus wie Kondensmilch. Wäre die Erschütterung durch die Maschinen nicht gewesen, hätte man glauben können, auf einer Promenade spazierenzugehn. Ich ließ Conway anfangs ruhig sprechen, ohne Fragen zu stellen. Gegen Morgen begann er zusammenhängend zu erzählen, und die Sonne schien heiß, als er zu Ende war. Er ergänzte in den nächsten vierundzwanzig Stunden noch recht viele Lücken. Er fühlte sich tief unglücklich und hätte ohnehin nicht schlafen können, also verplauderten wir fast die ganze Zeit. Mitte der nächsten Nacht sollte das Schiff in Honolulu landen. Um ungefähr zehn Uhr verließ er mich, und ich sah ihn nie wieder."

„Du willst doch nicht sagen ..." Ich mußte an einen wohlüberlegten, in aller Ruhe ausgeführten Selbstmord denken, dessen Zeuge ich einmal auf dem Postdampfer Holyhead–Kingstown wurde.

Rutherford lachte. „Ach Gott, nein! Er entwischte mir nur, aber er schrieb mir drei Monate später aus Bangkok und schloß einen Scheck bei für die Auslagen, die ich seinetwegen gehabt hatte. Er dankte mir und berichtete, daß er sich völlig wohl befinde. Am Schluß schrieb er, er breche soeben zu einer langen Reise auf – nach Nordwesten. Das war alles."

„Was meinte er damit?"

„Ja, es klingt recht unbestimmt, nicht wahr? Nordwestlich von Bangkok muß es eine ganze Menge Orte geben. Sogar Berlin liegt nordwestlich davon."

Es war eine wunderliche Geschichte gewesen. Der musikalische Teil, obgleich höchst rätselhaft, interessierte mich weniger als das geheimnisvolle Auftauchen Conways in jenem chinesischen Missionshospital. Das sagte ich Rutherford, und er antwortete, beide seien Teile ein und desselben Problems. „Schön, aber wie kam er nun eigentlich nach Tschung-Kiang?"

„Es ist eine längere Geschichte, die ich dir nicht einmal in Umrissen erzählen könnte, ohne daß du deinen Zug versäumtest. Es gibt aber einen viel bequemeren Weg. Ich bin vorsichtig, wenn es gilt, die Kniffe meines Gewerbes zu enthüllen. Aber die Wahrheit ist, daß mich Conways Geschichte unerhört anzog. Nach unseren verschiedenen Gesprächen auf dem Schiff hatte ich mir nur ganz kurze Aufzeichnungen gemacht, um Einzelheiten nicht zu vergessen. Später fühlte ich mich gedrängt, doch etwas mehr zu tun und aus den Bruchstücken meiner Notizen und meiner Erinnerungen eine zusammenhängende Erzählung zu formen. Das soll nicht heißen, daß ich irgend etwas erfand oder abänderte. Was Conway mir erzählte, ist Material genug: Er war ein guter Erzähler und besaß eine natürliche Gabe, dem Hörer die Stimmung des Augenblicks zu vermitteln. Auch fühlte ich vermutlich, daß ich den Mann selbst zu verstehen begann." Er ging zu einer kleinen Mappe und nahm ein maschinegeschriebenes Manuskript heraus. „Da hast du die Geschichte. Du kannst daraus entnehmen, was du willst."

„Was heißen soll: du erwartest von mir nicht, daß ich sie glaube?"

„Oh, es sollte keineswegs eine so ausgesprochene Warnung sein. Laß mich jedenfalls hören, was du davon hältst."

Ich nahm das Manuskript mit, las den größten Teil davon im Ostende-Expreß und beabsichtigte, es mit einem langen Brief zurückzusenden, sobald ich nach England käme. Aber bevor ich es noch zur Post geben konnte, erhielt ich eine kurze Mitteilung von Rutherford, daß er sich wieder auf eine seiner Wanderfahrten begebe und für etliche Monate keine ständige Anschrift haben werde. Er gehe nach Kaschmir, schrieb er, und von dort „nach Osten“. Das überraschte mich nicht.

ERSTES KAPITEL

Während jener dritten Maiwoche hatte sich die Lage in Baskul bedrohlich verschlimmert, und am 20. trafen weisungsgemäß aus Peschawar Truppenflugzeuge ein, um die Europäer zu evakuieren. Maschinen verschiedener Bauart wurden verwendet, darunter ein Kabinenflugzeug, das der Maharadscha von Tschandapur geliehen hatte. Etwa um zehn Uhr vormittags bestiegen es vier Passagiere: Miß Roberta Brinklow von der Fernost-Mission, Henry D. Barnard, amerikanischer Staatsbürger, Captain Hugh Conway, königlich britischer Konsul, und Charles Mallinson, königlich britischer Vizekonsul. Diese Namen erschienen später in indischen und englischen Zeitungen.

Conway war siebenunddreißig. In Baskul hatte er zwei Jahre lang einen Posten bekleidet, und in einigen Wochen würde er anderswohin gesandt werden: nach Tokio oder Teheran, Manila oder Maskat; Menschen seines Berufs wissen ja nie, was kommt. Er hatte zehn Jahre im Konsulatsdienst gestanden, lange genug, um die eigenen Aussichten klug abschätzen zu können. Er wußte, daß die Rosinen im Kuchen nicht für ihn bestimmt waren. Er zog die weniger förmlichen, dafür aber malerischen Posten vor, die zu haben waren, und da das fast nie gute Pöstchen waren, schien er andern zweifellos ein herzlich schlechter Kartenspieler zu sein, während er die Karten, nach seinem Geschmack, gar nicht übel ausgespielt zu haben glaubte; er hatte ein abwechslungsreiches und nicht unerfreuliches Jahrzehnt verlebt.

Conway war hoch gewachsen, dunkelgebräunt, mit kurzgeschorenem braunem Haar und schiefergrauen Augen. Er neigte dazu, streng und grüblerisch dreinzusehn, bis er lachte, und dann – aber das war selten – sah er jungenhaft aus. Nahe seinem linken Auge saß ein leichtes nervöses Zucken, meist bemerkbar, wenn er zu angestrengt arbeitete oder zuviel trank. Und da er einen ganzen Tag und eine ganze Nacht vor der Evakuierung Schriftstücke verpackt und vernichtet hatte, war dieses Zucken sehr auffällig, als er das Flugzeug bestieg. Er war erschöpft und froh, daß er in dem luxuriösen Eindecker des Maharadschas Platz gefunden hatte statt in einem der überfüllten Truppentransportflugzeuge. Er gehörte zu den Menschen, die sozusagen als Entschädigung für die großen Strapazen, an die sie gewöhnt sind, kleine Annehmlichkeiten erwarten.

Sie waren schon über eine Stunde geflogen, als Mallinson sagte, er glaube, der Pilot halte keinen geraden Kurs. Mallinson, der ganz vorn saß, war ein junger Mensch Mitte Zwanzig, mit rosigen Wangen, intelligent, ohne ein Intellektueller zu sein. Eine nicht bestandene Prüfung war der Hauptgrund, daß er nach Baskul gesandt wurde, wo Conway sechs Monate lang viel mit ihm beisammen gewesen war und begonnen hatte, ihn gern zu haben.

Aber Conway hatte keine Lust zu der Anstrengung, die ein Gespräch im Flugzeug erforderte. Schläfrig öffnete er die Augen und erwiderte, der Pilot werde wohl am besten wissen, welchen Kurs er einzuhalten habe.

Eine halbe Stunde später, als Müdigkeit und das Dröhnen des Motors ihn fast in Schlaf gelullt hatten, störte ihn Mallinson abermals. „Hören Sie, Conway, ich dachte, Fenner führe unser Flugzeug. Der Mann wandte soeben den Kopf, und ich könnte schwören, daß es nicht Fenner ist."

„Tja, dann muß es wohl ein andrer sein."

„Aber Fenner sagte mir, daß er diese Maschine ganz bestimmt fliegen werde."

„Es wird eben eine Änderung getroffen und ihm eine andere gegeben worden sein."

„Wer ist dann der Mann vorn?"

„Mein lieber Junge, woher soll ich das wissen? Sie glauben

doch nicht, daß ich mir das Gesicht eines jeden Fliegerleutnants genau merke?"

„Ich kenne jedenfalls eine ganze Menge, aber diesen Menschen da nicht."

„Dann gehört er eben zu der winzigen Minderheit, die Sie nicht kennen", lächelte Conway. „Wir werden ja bald in Peschawar sein, da können Sie seine Bekanntschaft machen und ihn über ihn selbst ausfragen."

„Auf diese Art werden wir überhaupt nicht nach Peschawar kommen. Der Mann ist ganz von seinem Kurs abgewichen."

Conway war an Luftreisen gewöhnt und nahm alle diese Dinge für gegeben. Überdies war es ihm ganz gleichgültig, ob die Reise vier oder sechs Stunden dauerte. Er war unverheiratet, keine zärtliche Begrüßung erwartete ihn bei der Ankunft. Er hatte Freunde dort, und ein paar von ihnen nahmen ihn dann wohl in den Klub auf einige Drinks mit; das war eine ganz angenehme Aussicht, aber nicht gerade eine, nach der man im Vorgefühl seufzte.

Auch der Rückblick auf das ebenso angenehme, aber nicht ganz befriedigende vergangene Jahrzehnt entlockte ihm keinen Seufzer. Er dachte an Baskul, Peking, Makao und die andern Städte – er hatte ganz hübsch oft den Standort gewechselt. Am allerfernsten lag Oxford, wo er nach dem Krieg zwei Jahre Lektor gewesen war, über Geschichte des Orients gelesen, in sonnigen Bibliotheksräumen Staub geatmet und sein Fahrrad durch die Straßen gelenkt hatte. Dieser Rückblick zog ihn an, ohne ihn zu erregen. In gewissem Sinn fühlte er sich noch immer als ein Teil von alledem, was er hätte sein können.

Ein wohlbekannter Ruck in den Eingeweiden sagte ihm, daß das Flugzeug tiefer zu gehn begann. „Um Himmels willen", rief Mallinson, durch das Fenster blickend, „sehen Sie da hinunter!"

Conway sah hinunter. Statt der säuberlich geometrisch angelegten Baracken und der größeren Rechtecke der Flugzeughallen war nichts zu sehn als trüber Dunst, der eine ungeheure sonnigbraune Einöde verschleierte. Das Flugzeug sank zwar mit großer Geschwindigkeit, befand sich aber noch immer in einer für gewöhnliche Flüge außerordentlichen Höhe. Lange, zackige Bergketten wurden wahrnehmbar, fast zwei Kilometer näher als die wolkigen Kleckse der Täler: die unverkennbare Grenzlandschaft, obgleich Conway sie nie zuvor aus solcher Höhe gesehn hatte. Es fiel ihm auf, daß diese Gegend, soweit er sich erinnerte, nirgends in der Nähe von Peschawar sein konnte. „Diesen Teil der Welt kenne ich nicht", bemerkte er, und dann flüsterte er leiser, um die andern nicht zu beunruhigen, Mallinson ins Ohr: „Sieht aus, als hätten Sie recht. Der Mann hat sich verflogen."

Das Flugzeug sauste mit gewaltiger Geschwindigkeit abwärts. Die Luft wurde immer heißer; die versengte Erde unten war wie ein Backofen, dessen Tür plötzlich geöffnet wird. Eine Bergspitze nach der andern erhob sich in zackigem Schattenriß über den Horizont. Der Flug ging nun längs eines gewundenen Tals, dessen Boden mit Felsblöcken und dem Geröll ausgetrockneter Wasserläufe bedeckt war. Das Flugzeug schwankte und rüttelte, wenn es in die Luftlöcher geriet, so unangenehm wie ein Ruderboot bei Wogengang. Alle vier Passagiere mußten sich an den Sitzen festhalten.

„Mir scheint, er will landen", rief der Amerikaner heiser.

„Kann er nicht!" gab Mallinson zurück. „Wenn er das versucht, ist er einfach verrückt! Er wird abstürzen, und dann –"

Aber der Pilot landete doch. Eine kleine freie Fläche öffnete sich neben einer Schlucht, und mit beträchtlicher Geschicklichkeit wurde die Maschine dort zum Stillstand gebracht. Aber was danach geschah, war noch verwunderlicher und beunruhigender. Ein Schwarm bärtiger, beturbanter Eingeborener kam von allen Seiten herbei und umzingelte das Flugzeug. Der Pilot kletterte auf die Erde und begann ein erregtes Gespräch mit ihnen; es wurde klar, daß er jedenfalls nicht Fenner, ja nicht einmal Engländer und wahrscheinlich überhaupt kein Europäer war. Inzwischen wurden aus einer nahen Hütte Benzinkannen herbeigeschleppt und in die außergewöhnlich geräumigen Tanks gefüllt. Die Rufe der vier eingeschlossenen Passagiere wurden nur mit Grinsen und schweigender Nichtbeachtung beantwortet, während der leiseste Versuch auszusteigen ein Dutzend Gewehre in drohende Bewegung brachte. Die Mittagssonne, die auf das Dach brannte, grillte die Luft in der Kabine, so daß die Insassen fast ohnmächtig wurden. Sie waren völlig machtlos. Eine der

Bedingungen der Evakuierung war gewesen, daß sie keine Waffen tragen durften.

Als die Tanks endlich wieder zugeschraubt waren, wurde eine Benzinkanne mit fast lauwarmem Wasser durch ein Kabinenfenster gereicht. Dann kletterte der Pilot in den Führersitz zurück, einer der Eingeborenen drehte ungeschickt den Propeller, und der Flug ging weiter. Der Abflug wurde noch geschickter durchgeführt als die Landung. Das Flugzeug erhob sich, schraubte sich immer höher in die Dunstschleier hinauf und wandte sich dann nach Osten. Es war Nachmittag.

Eine ungewöhnliche und beunruhigende Sache. Die Passagiere vermochten, während die kühlere Luft sie ein wenig erfrischte, kaum zu glauben, daß sie sich wirklich ereignet hatte. Es war eine Ungeheuerlichkeit ohnegleichen; keiner konnte sich an einen ähnlichen Übergriff in der ganzen Geschichte der Grenzwirren erinnern. Mallinson meinte, sie seien entführt worden, damit Lösegeld erpreßt werden konnte. Das war an sich nichts Neues. Aber die Art, wie es hier geschah, mußte man immerhin als originell bezeichnen. Es war ein gewisser Trost, daß solcher Menschenraub schon früher vorgekommen und meist ganz gut ausgegangen war. Die Eingeborenen hielten einen in irgendeinem Versteck in den Bergen verborgen, bis die Regierung zahlte, dann wurde man wieder freigelassen. Die Behandlung war ganz anständig, und man konnte für den Rest seines Lebens eine gute Geschichte erzählen.

„Nun, meine Herren, da hat jemand eine sehr gescheite Idee gehabt, aber es macht mir nicht gerade den Eindruck, als hätte sich Ihre Luftflotte mit Ruhm bedeckt.“ Barnard gähnte. Er war ein breitschultriger, muskulöser Mann mit einem hartgeschnittenen Gesicht, in dem gutmütige Fältchen nicht ganz von pessimistischen Säcken unter den Augen verdrängt wurden. Niemand in Baskul hatte Näheres über ihn gewußt, als daß er aus Persien gekommen war, wo er vermutlich irgend etwas mit Erdöl zu tun gehabt hatte.

Miß Brinklow saß mit zusammengepreßten Lippen steif da; sie machte wenig Bemerkungen und klagte nicht. Sie war eine kleine, ziemlich lederne Person mit einer Miene, als müßte sie an einer Gesellschaft teilnehmen, in der Dinge vorgingen, die sie nicht ganz billigen konnte.

Conway hatte in gewissem Maß Barnards Kritik an der Luftflotte beigepflichtet. „Man kann sich allerdings ausmalen, wie das Ganze geschehen ist. Bei dem Durcheinander, das dort herrschte, sah ein Mann im Fliegeranzug wohl genauso aus wie der andere."

„Nun, ich muß sagen", erwiderte Barnard, „ich bewundere wirklich die Art, wie Sie beide Seiten des Falls zu sehn vermögen. Das ist zweifellos die richtige Art, ihn zu nehmen, auch wenn man wider Willen geflogen wird."

Conway lächelte nachsichtig, setzte aber das Gespräch nicht fort. Seine Müdigkeit war so gewaltig, daß selbst die größte Gefahr sie nicht hätte verscheuchen können. Als Barnard und Mallinson, die über irgend etwas nicht einig werden konnten, sich wenig später um eine Entscheidung an ihn wandten, ergab es sich, daß er eingeschlafen war.

„Total fertig", bemerkte Mallinson. „Wundert mich auch gar nicht. Die letzten vier Nächte ist er nicht ins Bett gekommen. Wir können wirklich von großem Glück sagen, daß in einer solchen Klemme Conway bei uns ist. Er hat so eine eigene Art, Menschen zu behandeln. Wenn irgendwer uns aus dieser Patsche herausbringen kann, dann ist er's. Conway behält fast immer kühlen Kopf."

„Na, dann lassen Sie ihn lieber schlafen", meinte Barnard.

Miß Brinklow machte eine ihrer spärlichen Bemerkungen. „Ich finde, er sieht aus wie ein sehr tapferer Mann", sagte sie.

Conway war keineswegs so überzeugt, daß er ein sehr tapferer Mann sei. Aus rein körperlicher Müdigkeit hatte er die Augen geschlossen, ohne aber wirklich zu schlafen. Er konnte jede Bewegung des Flugzeugs wahrnehmen, und er hörte auch, mit gemischten Gefühlen, die Lobrede Mallinsons auf ihn. Er gehörte, wie er aus Erfahrung wußte, nicht zu den Leuten, die Gefahr um ihrer selbst willen lieben. Zwölf Jahre früher hatte er die Gefahren der Schützengräben in Frankreich hassen gelernt. Sogar seinen Verdienstorden hatte er sich nicht so sehr durch blindes Draufgängertum als durch eine gewisse, kaum entwickelte Technik des Ausharrens erworben. Und seit dem

Krieg war er, wo immer es Gefahren gab, ihnen mit wachsendem Mißbehagen entgegengetreten, wenn sie nicht ganz übermäßige Ausbeute an Nervenkitzel verhießen. Jetzt erkannte er, daß sie alle in einer verdammt unangenehmen Lage waren, und er fühlte alles eher als mutige Entschlossenheit in sich, sondern empfand einen ungeheuren Widerwillen gegen das Unangenehme, das ihnen bevorstehn mochte.

Als er wieder Zeichen von Wachsein gab, richtete er das Wort zuerst an Miß Brinklow. Er gewahrte, daß sie weder jung noch hübsch war – negative Vorzüge, aber äußerst nützlich in solchen Schwierigkeiten, wie sie sie vielleicht bald zu bestehn hätten. Er beugte sich zu ihr vor und sagte: „Wir sind, so scheint es, in einer sonderbaren Patsche, aber ich glaube wirklich nicht, daß uns etwas Schreckliches widerfahren wird."

„Sicher nicht, solange Sie es verhindern können", antwortete sie, und das tröstete ihn gar nicht.

„Sie müssen es mich wissen lassen, wenn ich es Ihnen irgendwie behaglicher machen kann."

Barnard fing das Wort auf. „Behaglich", echote er rauh, „aber natürlich haben wir's behaglich. Wir genießen unsern Ausflug mächtig. Schade, daß wir keine Spielkarten haben – wir wären grade vier zum Bridge."

Conway war die gute Laune, mit der die Bemerkung gemacht wurde, willkommen, obgleich er kein Freund des Bridgespiels war. „Miß Brinklow spielt wohl nicht, wie?" sagte er lächelnd.

Aber die Missionarin wandte sich lebhaft herum: „Doch, ich spiele, und ich konnte auch nie etwas Schlechtes am Kartenspiel sehn. In der Bibel steht nichts dagegen."

Alle lachten und schienen ihr dankbar, daß sie ihnen Anlaß zum Lachen gegeben hatte. Jedenfalls ist sie nicht hysterisch, dachte Conway.

Den ganzen Nachmittag war das Flugzeug durch die dünnen Dunstschleier der höheren Luftschichten gejagt, viel zu hoch, um eine klare Sicht zu ermöglichen. Manchmal, in großen Abständen, riß der Schleier auf und enthüllte dann den zackigen Umriß eines Berges oder das Glitzern eines unbekannten Flusses. Die Richtung ließ sich nach der Sonne annähernd bestimmen. Sie flogen noch immer nach Osten, mit gelegentlichen Abschwenkungen nach Norden. Aber wo sie sich befanden, hing von der Fluggeschwindigkeit ab, die Conway auch nicht mit entfernter Genauigkeit abschätzen konnte. Es war jedoch wahrscheinlich, daß der Flug einen beträchtlichen Teil des Benzins verbraucht hatte, obgleich auch das von unbekannten Faktoren abhing. Conway besaß keine flugtechnischen Kenntnisse, aber er war überzeugt, daß der Pilot ein außergewöhnlich tüchtiger Mann sein mußte. Die Landung in dem mit Felsbrocken übersäten Tal hatte das gezeigt. Conway war so daran gewöhnt, um Hilfe angegangen zu werden, daß schon das Bewußtsein, jemand werde sie weder fordern noch brauchen, etwas Beruhigendes hatte. Aber er sah ein, daß seine Gefährten wahrscheinlich viel persönlichere Gründe zur Besorgnis hatten als er selbst. Mallinson war mit einem Mädchen in England verlobt; Barnard war vielleicht verheiratet; Miß Brinklow hatte ihren Beruf, ihre Sendung oder wofür sonst sie es hielt. Mallinson war übrigens am wenigsten gefaßt. Über dem Brausen des Motors rief er einmal zornig: „Nun hören Sie mal, müssen wir wirklich hier stillsitzen und Daumen drehn, während der Wahnsinnige dort vorn einfach tut, was ihm paßt? Warum schlagen wir nicht die Glasscheibe ein und rechnen mit ihm ab?"

„Einfach deswegen", erwiderte Conway, „weil er bewaffnet ist und wir nicht und weil keiner von uns nachher die Maschine zu Boden bringen könnte."

„Na, er ist doch da, nicht wahr. Keine zwei Meter von uns entfernt, und wir sind drei Mann gegen einen. Wir könnten ihn doch wenigstens zwingen, uns zu sagen, was das Ganze soll."

„Na schön, wollen sehn!" Conway machte ein paar Schritte bis zu der Scheidewand zwischen der Kabine und dem Führersitz. Durch eine verschiebbare, ungefähr fünfzehn Quadratzentimeter große Glasscheibe konnte der Pilot, wenn er den Kopf wandte und sich ein wenig duckte, mit den Passagieren sprechen. Conway klopfte an die Scheibe. Die Wirkung war fast komisch. Die Glasscheibe glitt zur Seite, und ein Revolverlauf kam zum Vorschein, sonst nichts, kein Wort. Conway zog sich widerspruchslos zurück, und die Scheibe glitt an ihren alten Platz.

„Ich glaube kaum, daß er zu schießen gewagt hätte", bemerkte Mallinson, nicht ganz befriedigt. „Es ist wahrscheinlich nur Bluff."

„Gewiß", stimmte Conway bei, „aber ich überlasse es Ihnen, sich zu überzeugen."

„Na, ich finde nur, daß wir uns doch irgendwie unserer Haut wehren sollten, bevor wir so zahm beigeben."

Conway hatte Verständnis für dieses Gefühl. Er erkannte darin die alte Überlieferung mit all ihrem Beiwerk von rotröckigen Soldaten und Geschichtslesebüchern: Engländer fürchten nichts, ergeben sich nie und werden nie besiegt. Er sagte: „Kämpfen ohne anständige Aussicht auf Erfolg ist ein armseliges Spiel, und ich gehöre nicht zu dieser Art von Helden."

Mallinsons Erregung hatte sich ein wenig abgekühlt, und um zu beweisen, daß er nichts nachtrug, bot Conway ihm eine Zigarette an. „Ich weiß, wie Ihnen zumute ist", sagte er beschwichtigend. „Die Sache sieht schlimm aus und ist um so schlimmer, als wir nichts dagegen tun können."

Und darum anderseits um so besser, fügte er im stillen hinzu, denn er fühlte sich noch immer unendlich müde. Auch lag in seinem Wesen ein Zug, den manche Leute Trägheit genannt hätten, obgleich es nicht ganz das war. Niemand konnte angestrengter arbeiten, wenn es sein mußte, und wenige vermochten besser, Verantwortung auf sich zu nehmen; aber die Tatsache blieb, daß er Betätigung nicht gerade leidenschaftlich liebte und Verantwortlichkeit nicht ausstehn konnte. Dies war zweifellos eine der Ursachen, daß sein Erfolg im Dienst nicht so auffällig war, wie er hätte sein können. Conway war nicht ehrgeizig genug, sich an andern vorbeizudrängen oder sein Nichtstun als wichtig hinzustellen, wenn es wirklich nichts zu tun gab. Seine Ruhe in kritischen Lagen wurde zwar bewundert, aber manchmal war der dunkle Argwohn im Umlauf gewesen, er mache sich aus allem, was geschehn mochte, keinen Deut. Aber auch dies, wie Trägheit, war eine unvollständige Auslegung. Den meisten Beobachtern entging etwas ganz verblüffend Einfaches an ihm: eine Vorliebe für Ruhe, stille Betrachtung und Alleinsein.

Nun lehnte er sich, da es nichts andres zu tun gab, in den

Korbstuhl zurück und schlief wirklich ein. Als er erwachte, bemerkte er, daß auch die andern trotz ihren verschiedenen Befürchtungen ebenso nachgegeben hatten. Sehr vernünftig von ihnen allen, dachte Conway. Aber gleich darauf nahm er gewisse physische Empfindungen in sich wahr: leichte Benommenheit, Herzklopfen und ein Verlangen, heftig und mit Anstrengung einzuatmen. Er erinnerte sich, schon einmal ähnliche Symptome gehabt zu haben – in den Schweizer Alpen.

Dann blickte er zum Fenster hinaus, und im Licht des Spätnachmittags bot sich ihm ein Bild, das ihm für den Augenblick den letzten Rest von Atem benahm. Ganz fern, an der äußersten Grenze der Sicht, lag Kette über Kette von Schneebergen, von Gletschern bekränzt und scheinbar auf riesigen Wolken schwimmend. Sie umfaßten den ganzen Kreisbogen und gingen gegen Westen in einen Horizont von krassen, fast schreienden Farben über. Unterdessen dröhnte das Flugzeug über einen Abgrund vor einer jähen, weißen Wand, die ein Teil des Himmels selbst zu sein schien, bis das Sonnenlicht sich an ihr fing und sie in funkelnder, blendender Weißglut aufflammte. Conway überlegte, rief sich Landkarten ins Gedächtnis, berechnete Entfernungen, schätzte Zeiten und Geschwindigkeiten. Dann merkte er, daß auch Mallinson erwacht war. Er berührte den jungen Mann am Arm.

ZWEITES KAPITEL

SPÄTER, als Barnard Conway nach seiner Meinung fragte, sagte er, er halte es für wahrscheinlich, daß sie in Kaschmir seien. Sie flögen seit mehreren Stunden nach Osten, und der Kurs gehe wahrscheinlich ein Flußtal entlang. „Nach meinem Eindruck paßt alles ganz gut auf das obere Indus-Tal. Das müßte uns nunmehr zu einem der größten Schaustücke der Welt gebracht haben – und wie Sie sehn, ist es der Fall. Es sollte mich nicht überraschen, wenn dieser Berg da der Nanga Parbat wäre. Der ganzen Beschaffenheit und allgemeinen Gestalt nach scheint er mit allem übereinzustimmen, was ich über ihn gehört habe.“

Mallinson mischte sich verdrießlich ein: „Es wäre mir lieber, jemand könnte uns sagen, wohin wir fliegen."

Conway sagte: „Ich glaube, die Kette da vorn muß der Karakorum sein. Es gibt dort mehrere Pässe, wenn unser Mann sie zu überqueren beabsichtigt."

„Unser Mann?" rief Mallinson. „Sie meinen: unser Verrückter. Ich glaube, es ist Zeit, die Menschenraub-Theorie fallenzulassen. Wir sind schon weit über das Grenzgebiet hinaus. Hier herum leben keine Eingeborenenstämme. Würde irgendein Mensch, außer einem Irren, in eine solche Gegend fliegen?"

„Ich weiß, daß einzig und allein ein verdammt tüchtiger Flieger das kann", gab Barnard zurück. „Wie ich höre, sind dies die höchsten Berge der Welt, und wenn das stimmt, ist es schon eine recht erstklassige Leistung, sie zu überfliegen."

Das Licht über dem ganzen Berg nahm eine bläuliche Färbung an, während sich die untern Hänge zu Violett verdunkelten. Etwas Tieferes als Conways gewohnte Abseitigkeit erwachte in ihm – nicht ganz Erregung, noch weniger Furcht, sondern eine aufs schärfste gespannte Erwartung. Er sagte: „Sie haben ganz recht, Barnard, die Geschichte wird immer merkwürdiger."

„Merkwürdig oder nicht, ich habe keine Lust, eine Dankadresse dafür vorzuschlagen", beharrte Mallinson. „Wir haben nicht gebeten, hierhergebracht zu werden. Ich sehe keineswegs ein, daß es ein geringeres Verbrechen ist, weil der Bursche zufällig eine Fliegerkanone ist. Auch wenn er's ist, kann er schließlich doch wahnsinnig sein."

Conway fand es lästig, fortwährend das Getöse des Motors überschreien zu müssen, aber als Mallinson durchaus seine Meinung hören wollte, sagte er: „Sehr gut organisierter Wahnsinn, wissen Sie. Denken Sie an die Landung, um Benzin nachzufüllen, und daran, daß es die einzige Maschine war, die bis in solche Höhen aufsteigen kann."

„Nun, dann müssen wir uns über einen Aktionsplan klarwerden. Was werden wir tun, wenn er gelandet ist? Zu ihm hinstürzen und ihn zu seinem wundervollen Flug beglückwünschen, vermutlich?"

„Nicht ums Leben!" antwortete Barnard. „Ich überlasse Ihnen das Hinstürzen."

Wieder verdroß es Conway, den Meinungsstreit weiterzuführen, besonders da der Amerikaner ganz gut selber damit fertigzuwerden schien. Conway sagte sich bereits, daß die kleine Reisegesellschaft viel unharmonischer hätte zusammengesetzt sein können. Nur Mallinson neigte zur Zanksucht, und daran war vielleicht zum Teil die große Höhe schuld. Dünne Luft wirkt verschieden auf die Menschen: Conway zum Beispiel gewann ihr die nicht unangenehme Verknüpfung von geistiger Klarheit mit körperlicher Reglosigkeit ab. Ja, er atmete die klare Luft in kleinen, krampfhaften Zügen voll Zufriedenheit. Und es kam auch, während er auf diesen prachtvollen Berg starrte, eine warme Woge von Befriedigung über ihn, daß es solche Orte auf der Erde gab – fern, unnahbar und noch nicht vom Menschen berührt.

Noch während er das eisige Bollwerk des Karakorums betrachtete, fiel Zwielicht ein und tauchte die Tiefen in ein üppiges Samtdüster, das sich wie ein Farbstoff nach oben verbreitete. Dann ging der Vollmond auf und berührte nacheinander jeden Gipfel, bis sich der langgestreckte Horizont glitzernd von einem blau-schwarzen Himmel abhob. Es wurde kalt, Wind sprang auf und warf das Flugzeug unangenehm hin und her. Die Stimmung der Passagiere wurde dadurch nicht besser. Sie hatten auch nicht geglaubt, daß der Flug bis in die Dunkelheit fortdauern werde.

„Wenn dies das Karakorumgebirge ist, liegt Tibet dahinter", sagte Conway. „Einer der Gipfel muß übrigens der K 2 sein, der allgemein als der zweithöchste Berg der Erde gilt."

„Aber was sollen wir unternehmen?" drängte Mallinson. „Warum sind wir hier? Der Pilot muß verrückt sein. Ich kann mir keine andre Erklärung denken. Wissen Sie eine, Conway?"

Conway schüttelte den Kopf.

Miß Brinklow wandte sich an ihn. „Da Sie mich nicht um meine Meinung gefragt haben, sollte ich sie vielleicht nicht äußern", begann sie, „aber ich möchte nur sagen, daß ich Mr. Mallinson beistimme. Ich bin überzeugt, der arme Mensch kann nicht ganz richtig im Kopf sein." Den Lärm des Motors übertönend, fügte sie vertraulich schreiend hinzu: „Und wissen Sie, es ist meine erste Luftreise, die allererste. Nichts hätte mich früher dazu bewegen können, obwohl eine Freundin mich um jeden Preis überreden wollte, von London nach Paris zu fliegen."

„Und nun fliegen Sie statt dessen von Indien nach Tibet", sagte Barnard. „Es kommt immer anders, als man denkt."

„Ich kannte einmal einen Missionar", fuhr Miß Brinklow fort, „der in Tibet gewesen war. Er sagte, die Tibetaner glauben, wir stammen von Affen ab. Ich meine nicht auf die moderne Art. Sie haben diesen Glauben seit Jahrhunderten, es ist nur so ein Aberglaube von ihnen. Ich selbst bin natürlich gegen alles das, und ich finde Darwin weit ärger als jeden Tibetaner. Ich halte es mit der Bibel."

Conway fand, daß Miß Brinklow beinahe etwas Fesselndes hatte. Er fragte sich sogar, ob er ihr vielleicht eins seiner Kleidungsstücke für die Nacht anbieten sollte, entschied aber dann, daß sie wahrscheinlich abgehärteter war als er. Also kauerte er sich zusammen, schloß die Augen und schlief ganz mühelos und friedlich ein.

Und der Flug ging weiter.

Plötzlich wurden sie alle durch einen Ruck des Flugzeugs geweckt. Das erste, was Conway ganz mechanisch tat, war, auf seine Uhr zu sehn. Sie zeigte halb zwei – er mußte längere Zeit geschlafen haben. Dann spähte er durchs Fenster und erblickte die Erde ganz nahe; undeutlich und schneckengrau jagte sie unter ihm dahin. „Er wird landen!" rief Mallinson, und Barnard, der aus seinem Sitz geschleudert worden war, antwortete mit einem düsteren: „Wenn er Glück hat." Miß Brinklow, die von der ganzen Sache am wenigsten beunruhigt schien, rückte ihren Hut.

Plötzlich berührte das Flugzeug den Boden. Aber diesmal war es eine schlechte Landung. „O mein Gott, verflucht schlecht, verflucht schlecht", stöhnte Mallinson, als er sich während zehn Sekunden des Aufprallens und Schwankens an seinen Sitz klammerte. Etwas knirschte und brach, und der Luftreifen eines Laufrads platzte. „Das hat noch gefehlt", fügte er im Ton ängstlichen Schwarzsehens hinzu. „Eine gebrochene Fahrwerkstrebe; wir werden bleiben müssen, wo wir jetzt sind, das ist sicher."

Conway, der in kritischen Zeiten nie gesprächig war, streckte die steifen Beine. Er mußte etwas tun, um den andern zu helfen, aber er war der letzte der vier, der aufstand, als das Flugzeug zur Ruhe kam. „Vorsicht!" rief er Mallinson zu, der die Tür der Kabine aufriß und auf die Erde hinunterspringen wollte. Durch die plötzliche Stille klang fast geisterhaft die Antwort des jungen Mannes zurück: „Wozu Vorsicht – das sieht hier aus wie das Ende der Welt – keine Menschenseele weit und breit."

Einen Augenblick später, durchkältet und bebend, merkten sie alle, daß dies richtig war. Ohne einen andern Laut zu hören als die wütenden Windstöße und ihre eignen knirschenden Schritte, fühlten sie sich an etwas Unerbittliches und wild Melancholisches ausgeliefert. Es sah aus, als wäre der Mond hinter Wolken verschwunden, und das Sternenlicht erhellte eine ungeheure Öde, die im Wind erschauerte. Eine Kette von Bergen schimmerte am fernen Horizont wie eine Reihe Hundezähne.

Mallinson kletterte bereits hastig in den Führersitz. „Ich fürcht mich nicht vor dem Kerl auf der Erde, wer immer er ist!" rief er. „Den werde ich mir gleich vornehmen!"

Conway eilte ihm nach, aber zu spät, um ihn zu hindern, ins Flugzeug zu springen. Nach ein paar Sekunden jedoch ließ sich der junge Mann wieder herabgleiten, ergriff ihn am Arm und stammelte heiser und nüchtern: „Hören Sie, Conway, das ist merkwürdig ... ich glaube, der Kerl ist krank oder tot oder sonst was ... Ich habe jedenfalls seinen Revolver mitgenommen."

„Geben Sie ihn lieber mir", sagte Conway und raffte sich auf zu handeln. Er zog sich steif auf eine Stelle hinauf, von der er allerdings nicht sehr gut in den geschlossenen Führersitz sehen konnte. Da er starken Benzingeruch verspürte, wagte er nicht, ein Streichholz anzuzünden. Er konnte grade noch den Piloten wahrnehmen, dessen Körper nach vorn gesunken war und dessen Kopf über die Hebel hing. Einen Augenblick später wandte er sich um und berichtete: „Ja, es ist ihm irgendwas zugestoßen, wir müssen ihn herauskriegen." Aber auch Conway war etwas zugestoßen. Seine Stimme war schärfer, schneidender, sie klang nicht mehr, als zögerte er an der Schwelle eines tiefen Zweifels. Es gab da eine Aufgabe, die einfach erfüllt werden mußte, und der pflichtverbundenere Teil seines Wesens war obenauf und bereitete sich darauf vor, sie zu erfüllen.

Unter Mithilfe von Barnard und Mallinson wurde der Pilot aus seinem Sitz gezogen und auf die Erde heruntergehoben. Er war bewußtlos, nicht tot. „Wahrscheinlich ein Herzanfall infolge der großen Höhe", stellte Conway fest, während er sich über den Unbekannten beugte. „Wir können ihm hier draußen nicht viel helfen – nirgends·Schutz vor diesem höllischen Wind. In die Kabine mit ihm und mit uns auch! Wir haben keine Ahnung, wo wir sind, und bevor es licht wird, ist es aussichtslos, etwas zu unternehmen."

Sie legten den Mann in die Kabine zwischen die Sitze auf den Boden. Im Innern war es nicht wärmer als draußen, aber sie waren hier wenigstens vor dem Wind geschützt, der bald ihre Hauptsorge wurde. Es war kein gewöhnlicher, nicht einfach ein starker oder ein kalter Sturm, es war eine Raserei, die rings um sie wütete. Er riß am belasteten Flugzeug und schüttelte es böswillig, und als Conway durch das Fenster blickte, hatte er den Eindruck, daß derselbe Sturm Lichtsplitter aus den Sternen wirbelte.

Der Fremde lag regungslos, während Conway ihn, so gut er beim Schein der Streichhölzer konnte, untersuchte. „Das Herz schlägt schwach", sagte er endlich, und da verursachte Miß Brinklow, nachdem sie in ihrer Handtasche umhergetastet hatte, eine Sensation. „Vielleicht hilft das dem Armen ein wenig", sagte sie herablassend. „Ich selbst rühre so etwas nicht an, aber ich hab's immer bei mir für Unglücksfälle."

Conway schraubte die Flasche auf, roch daran und träufelte dem Mann ein paar Tropfen Kognak zwischen die Lippen. „Grade das Richtige für ihn, danke. Mit ein wenig Glück werden wir ihn wohl zu sich bringen."

Bei diesen Worten lachte Mallinson plötzlich wild auf.

„Glück? Für ihn, nicht für uns."

„Seien Sie dessen nicht so sicher, und vorläufig halten Sie jedenfalls den Mund!"

Conway tat er zwar leid, aber die Aufgabe, die der Pilot bot, war wichtiger, da dieser als einziger von ihnen vielleicht eine Erklärung für ihre mißliche Lage zu geben vermochte.

Während er in dieser sturmgepeitschten Nacht Wache hielt, nahm er fast mit Sicherheit an, daß der Flug weit über die westlichen Ketten des Himalaja hinaus bis über die weniger bekannten Höhen des Kuen-Lun gegangen war. In diesem Fall hatten sie nun den höchsten und unwirtlichsten Teil der Erdoberfläche erreicht – das Hochland von Tibet, dessen tiefste Talsohlen noch in einer Höhe von dreitausend Metern liegen –, ein ungeheures, unbewohntes und zum größten Teil unerforschtes Gebiet winddurchwehten Hochlands. Dann brach plötzlich der Mond durch, und Conway konnte die Umrisse eines langgestreckten Tals erkennen, mit gerundeten Anhöhen zu beiden Seiten, die tiefschwarz gegen das tiefe, elektrische Blau des Nachthimmels standen. Aber der Ursprung dieses Tals war es, was seinen Blick unwiderstehlich anzog, denn hier in dieser Lücke erhob sich, ragend und prachtvoll im vollen Glanz des Mondlichts, ein Berg, der ihm als der schönste auf Erden erschien. Es war ein fast vollkommener Schneekegel und unmöglich auf Größe, Höhe oder Nähe abzuschätzen. Er war so strahlend, so voll heiterer Ruhe, daß Conway sich einen Augenblick fragte, ob er wirklich sei. Aber da verschleierte ein kleines Wölkchen, während er hinsah, die Kante der Pyramide und verlieh der Erscheinung vor ihm Leben, bevor das Donnern der Lawine es bestätigte.

Er fühlte sich versucht, die andern zu wecken, damit auch sie dieses Schaustück genössen, entschied aber nach einiger Überlegung, daß die Wirkung vielleicht nicht beruhigend wäre. Solche jungfräuliche Pracht vertiefte nur noch das Gefühl der Einsamkeit und Gefahr. Aller Wahrscheinlichkeit nach waren die nächsten menschlichen Siedlungen Hunderte von Kilometern entfernt. Und sie hatten keine Lebensmittel, keine Waffen, außer einem Revolver; auch war das Flugzeug beschädigt und fast ohne Betriebsstoff, selbst wenn einer von ihnen es zu lenken verstanden hätte; sie besaßen keine für die schreckliche Kälte und die Stürme geeignete Kleidung. Angesichts solcher niederschmetternder Aussichten konnte Conway einen Blick der Bewunderung für Miß Brinklow nicht unterdrücken. Sie war, überlegte er, kein normaler Mensch. Eine Frau, die Afghanen Kirchenlieder singen lehrte, konnte man nicht als normal bezeichnen. Aber sie war nach all diesen Mißgeschicken doch normal nichtnormal geblieben, und er war ihr dafür tief dankbar.

Während die Nacht sich hinschleppte, richtete Conway seine Aufmerksamkeit auf den Piloten, der nun stoßweise atmete und sich manchmal ein wenig regte. Wahrscheinlich hatte Mallinson mit seiner Vermutung, daß der Mann Chinese war, recht. Nase und Backenknochen waren, ungeachtet der geglückten Verkörperung eines britischen Fliegerleutnants, typisch mongolisch.

Das Mondlicht verblaßte nach einiger Zeit und mit ihm die ferne, geisterhafte Bergkette. Dann, beim Morgengrauen, flaute der Wind ab und ließ die Welt in mitleidiger Stille verharren. Vorn, in dem bleichen Dreieck, zeigte sich der Berg abermals, anfangs grau, dann silbern und später, als die ersten Sonnenstrahlen den Gipfel trafen, rosig. In dem abnehmenden Düster gewann das Tal selbst Gestalt, enthüllte seinen ansteigenden Boden von Felsbrocken und Steinen. Es war kein freundliches Bild, aber Conway fand, als er es überblickte, eine seltsame Feinheit darin, und als sich die Sonne endlich an einem tief delphinblauen Himmel erhob, fühlte er sich wiederum fast wohlig.

Als es wärmer wurde, erwachten die andern, und Conway schlug vor, den Piloten ins Freie zu tragen, wo die scharfe, trockene Luft und der Sonnenschein vielleicht helfen würden, ihn zu beleben. Sie taten das und begannen so eine zweite, weniger unangenehme Wacht. Endlich öffnete der Mann die Augen und begann stoßweise zu sprechen. Seine vier Passagiere neigten sich über ihn und lauschten angestrengt den Lauten, die unverständlich für sie waren, außer für Conway, der bisweilen antwortete. Nach einiger Zeit wurde der Mann kraftloser, sprach mit zunehmender Mühe und starb schließlich. Das war um die Mitte des Vormittags.

Conway wandte sich an seine Gefährten: „Leider teilte er mir sehr wenig mit. Nur, daß wir in Tibet seien, was ja klar ist. Er gab keinen zusammenhängenden Bericht, warum er uns hierhergebracht hat, aber er schien die Örtlichkeit zu kennen. Er sprach eine Art Chinesisch, das ich nicht sehr gut verstehe, aber er sagte wohl etwas von einem Lama-Kloster hier in der

Nähe – weiter oben im Tal, wo wir Nahrung und Obdach finden könnten. Schangri-La nannte er es. La ist das tibetanische Wort für Gebirgspaß. Er legte großen Nachdruck darauf, daß wir dorthin gehn sollten."

„Was mir gar kein Grund zu sein scheint hinzugehen", sagte Mallinson. „Verdammt noch mal, Mensch, wollen Sie uns denn nicht zurückführen?"

Conway antwortete geduldig: „Ich glaube, Sie verstehn die Lage nicht ganz richtig, Mallinson. Da wir in einem Teil der Welt sind, der schwierig und gefährlich ist, sogar für eine wohlausgerüstete Expedition, erscheint es nicht sehr aussichtsreich, nach Peschawar zurückzumarschieren."

Barnard nickte. „Sieht aus, als hätten wir noch verdammtes Glück, wenn dieses Kloster wirklich nur um die Ecke liegt."

„Und wenn's eine Falle ist?" fragte Mallinson, aber Barnard lieferte die Antwort. „Eine nette, warme Falle", sagte er, „mit einem Stück Käse darin, das wäre genau das Richtige für mich."

Alle lachten, mit Ausnahme Mallinsons, dem Verzweiflung anzumerken war. Endlich fuhr Conway fort: „Das Tal bietet uns einen vorgezeichneten Weg; es sieht nicht zu steil aus. Ich schlage vor, wir brechen sogleich auf, damit wir, falls wir den Ort bis zum Spätnachmittag nicht feststellen können, noch Zeit haben, für die nächste Nacht in die Kabine zurückzukommen."

„Und wenn wir ihn feststellen?" bemerkte Mallinson zweiflerisch. „Haben wir eine Sicherheit, daß wir nicht ermordet werden?"

„Nein. Aber ich glaube, es ist eine geringere und vielleicht auch annehmbarere Gefahr, als zu verhungern oder zu erfrieren." Und er fügte hinzu: „Tatsächlich ist Mord wohl das allerletzte, was man in einem buddhistischen Kloster erwarten würde."

Mallinson zuckte die Achseln und erwiderte mit bekümmerter Gereiztheit: „Na schön, dann auf nach Schangri-La! Aber hoffentlich liegt es nicht auf halbem Weg zum Gipfel."

Seine Worte ließen alle die Blicke dem glitzernden Kegel zuwenden, auf den das Tal hinwies. Im vollen Tageslicht sah er schlechtweg großartig aus. Und dann verwandelte sich ihr Blick in ein Starren, denn sie sahen, ganz in der Ferne, das Tal herabsteigende und sich ihnen nähernde Gestalten von Menschen. „Vorsehung“, flüsterte Miß Brinklow.

DRITTES KAPITEL

Während der Zug sich weiter das Tal herabbewegte, enthüllte er sich als ein Trupp von etwa zwölf Menschen, die eine überdachte Sänfte mitführten, in der bald darauf eine blaugekleidete Gestalt wahrnehmbar wurde. Sobald die Fremden in Rufweite waren, verließ Conway seine Gefährten und ging voraus, wenn auch nicht eilig, denn er wußte, daß Orientalen das Zeremoniell einer Begegnung lieben und sich gern dabei Zeit lassen. Als er nur noch einige Schritte entfernt war, blieb er stehn und verneigte sich mit gebührender Höflichkeit. Zu seiner großen Überraschung stieg die blaugewandete Gestalt aus der Sänfte, kam mit würdevoller Bedächtigkeit auf ihn zu und reichte ihm die Hand. Conway erwiderte den Händedruck und gewahrte einen ältlichen Chinesen, grauhaarig, glattrasiert und in seinem bestickten Seidengewand unauffällig dekorativ. Er sagte in exaktem Englisch: „Ich komme vom Lama-Kloster Schangri-La.“

Conway verneigte sich abermals und begann nach einer angemessenen Pause kurz die Umstände zu erklären, die ihn und seine drei Gefährten hierhergeführt hatten. Der Chinese blickte nachdenklich auf das beschädigte Flugzeug. „Es ist wirklich merkwürdig“, sagte er und fügte dann hinzu: „Mein Name ist Tschang, falls Sie so gütig wären, mich Ihren Freunden vorzustellen.“

Conway brachte ein verbindliches Lächeln fertig. Er fand eigentlich viel Gefallen an dieser neuen Erscheinung – einem Chinesen, der perfekt Englisch sprach und die gesellschaftlichen Formen der Bond Street in der Wildnis Tibets einhielt. Er wandte sich zu den andern, die inzwischen herangekommen waren und mehr oder weniger Erstaunen über diese Begegnung zeigten. „Miß Brinklow – Mr. Barnard, er ist Amerikaner – Mr. Mallinson – und ich selbst heiße Conway. Wir wollten gerade nach Ihrem Kloster aufbrechen, und es ist daher ein doppelt glückliches Zusammentreffen. Wenn Sie uns Weisungen für den Weg geben könnten –"

„Es wird mir ein Vergnügen sein, Ihren Führer zu machen."

„Aber ich darf gar nicht daran denken, Ihnen so viel Mühe zu bereiten. Es ist außerordentlich gütig von Ihnen, aber wenn der Weg nicht weit ist –"

„Er ist nicht weit, aber er ist auch nicht leicht. Es wird mir eine Ehre sein, Sie und Ihre Freunde zu begleiten."

„Gut", erwiderte Conway. „Wir sind Ihnen gewiß alle sehr dankbar."

Mallinson, der düster diesen Austausch von Höflichkeiten über sich hatte ergehen lassen, mischte sich nun mit schriller Stimme ein: „Wir werden uns nicht lange aufhalten. Wir möchten gern einige Ihrer Leute mieten, damit sie uns auf der Rückreise helfen. Wir wollen so bald als möglich zur Zivilisation zurückkehren."

„Sind Sie so überzeugt, daß Sie fern von ihr sind?" Die sehr sanft geäußerte Frage stachelte den jungen Mann zu nur noch größerer Schärfe auf. „Ich bin ganz überzeugt, sehr weit von dort zu sein, wo ich zu sein wünsche. Wir werden für ein zeitweiliges Obdach sehr dankbar sein, aber noch viel dankbarer, wenn Sie uns zur Rückreise verhelfen. Wie lange, schätzen Sie, wird die Reise nach Indien dauern?"

„Das wüßte ich wirklich nicht zu sagen. Ich kann Ihnen nur versichern, Mr. Mallinson, daß man Sie ehrenvoll behandeln wird und daß Sie letztlich nichts bedauern werden."

„Letztlich?" rief Mallinson, aber nun ließ sich eine Szene leichter vermeiden, weil inzwischen Wein und Obst dargeboten worden waren, die die andere Reisegesellschaft ausgepackt hatte, stämmige Tibetaner in Schafspelzen, Pelzmützen und Stiefeln aus Jakleder. Der Wein schmeckte angenehm, nicht unähnlich gutem Rheinwein, während sich unter dem Obst gut ausgereifte Mangofrüchte befanden, die nach so vielen Stunden des Fastens fast schmerzhaft köstlich schmeckten. Mallinson aß und trank mit Genuß und ohne Neugierde. Conway aber fragte sich, wie Mangofrüchte in solcher Höhe gezogen werden konnten. Außerdem fesselte der Berg am Ende des Tales sein Inter-

esse. Es war ein in jeder Hinsicht auffallender Gipfel, und er wunderte sich, daß noch kein Reisender ihn gepriesen hatte. Er wandte sich um und gewahrte, daß der Chinese ihn aufmerksam musterte. „Sie haben den Berg betrachtet, Mr. Conway? Er wird Karakal genannt."

„Ich glaube nicht, von ihm gehört zu haben. Ist er sehr hoch?"

„Über achttausend Meter."

„Wirklich? Ich war mir nie bewußt, daß es einen so hohen außerhalb des Himalaja geben könnte. Von wem stammen die Höhenangaben?"

„Von wem erwarten Sie wohl, mein Herr? Ist Klosterleben mit Trigonometrie etwa unvereinbar?" Conway lachte höflich und erwiderte: „Oh, keineswegs, keineswegs." Bald darauf wurde der Weg nach Schangri-La angetreten.

Den ganzen Vormittag stiegen sie bergauf, langsam und in leichten Etappen, aber in solcher Höhe war die körperliche Anstrengung beträchtlich, und niemand hatte Kraft zum Sprechen übrig. Der Chinese saß behaglich in seinem Tragstuhl, was ungalant gewirkt hätte, wäre es nicht lächerlich gewesen, sich Miß Brinklow in so königlichem Staat vorzustellen.

Es war warm in der Sonne, und die Luft, so rein, als käme sie von einem andern Planeten, wurde mit jedem Atemzug köstlicher. Man mußte bewußt und überlegt atmen, was zwar anfangs beklemmend war, nach einer Weile aber eine fast ekstatische Gemütsruhe bewirkte. Conway, in dem ein mystischer Zug sich seltsam mit Skeptizismus verband, wunderte sich über diese beglückende Empfindung. Ein paarmal richtete er ein aufheiterndes Wort an Mallinson, dem der anstrengende Aufstieg sehr zu schaffen machte. Auch Barnard keuchte kurzatmig, während Miß Brinklow in eine Art ingrimmigen Lungenkriegs verwickelt war.

„Wir sind schon fast oben", sagte Conway.

„Ich bin einmal gelaufen, um einen Zug zu erreichen, dabei ist mir genauso gewesen", antwortete sie.

Es gibt auch Leute, dachte Conway, die finden, daß Apfelwein genau wie Champagner schmeckt. Es ist eine Sache des Gaumens.

Nach einigen Kilometern talaufwärts wurde der Anstieg steiler, und ein silbriger Nebel verdunkelte die Aussicht. Von den Schneefeldern droben donnerten Lawinen. Die Luft wurde bitter kalt. Wäßriges Schneegestöber zog herauf, durchnäßte sie alle; sogar Conway hatte einen Augenblick lang das Gefühl, daß es unmöglich sei, noch viel weiter zu gehn. Aber bald darauf schien die Höhe des Kammes erreicht zu sein, und die Tibetaner deuteten durch Zeichen an, daß der Rest des Wegs weniger ermüdend sein werde.

Nach diesen Beteuerungen war es um so enttäuschender, daß sie plötzlich Seile entrollten. „Wollen sie uns schon jetzt hängen?“ brachte Barnard mit verzweifelter Lustigkeit hervor. Die Führer aber bewiesen bald, daß ihre Absicht nur dahin ging, die Gesellschaft auf übliche Bergsteigerart anzuseilen. Als sie gewahrten, daß Conway mit der Seiltechnik vertraut war, gestatteten sie ihm, seine Begleiter nach Gutdünken zu verteilen. Er reihte sich hinter Mallinson ein, ein paar Tibetaner vor und hinter sich und Barnard, Miß Brinklow und etliche Tibetaner noch weiter hinten. Er verspürte dieses wohlbekannte Anerkennen seiner Autorität. Wenn es irgendwelche Schwierigkeiten gäbe, würde er leisten, was er leisten zu können glaubte: Vertrauen einflößen und die Führung übernehmen.

Die nächste Strecke jedoch war, obgleich zuweilen aufregend, weniger schwierig, als er erwartet hatte, und eine Erlösung von der lungensprengenden Anstrengung des Aufstiegs. Der Pfad bestand aus einer in die Felswand gehauenen Traverse. Oben war die Wand von Nebeln verdeckt, die vielleicht barmherzig auch den Abgrund unter ihnen verhüllten. Der Pfad war stellenweise kaum mehr als einen halben Meter breit, und die Art, wie die Träger an solchen Stellen mit der Sänfte umgingen, erweckte Conways Bewunderung. Als der Pfad breiter wurde und sich ein wenig senkte, begannen die Tibetaner zu singen, auf- und absteigende, fremde Melodien. Der Schneeregen hörte auf, die Luft wurde wärmer. Es ging jetzt steiler bergab, und an einer Stelle fand Conway einige Edelweiße, die ersten willkommenen Anzeichen wirtlicherer Zonen. Er sagte das Mallinson, den das aber noch weit weniger tröstete. „Du lieber Gott, Conway, bilden Sie sich ein, daß Sie in den Alpen herumsteigen? In was für einen Höllenschlund geraten wir da? Und wenn wir hineingelangen, *was werden wir tun?*"

Conway erwiderte ruhig: „Es gibt Augenblicke im Leben, wo einem Dinge widerfahren, und man läßt sie sich einfach widerfahren. Mit dem Krieg war es so ähnlich. Man hat schon Glück, wenn, wie es hier der Fall ist, eine Spur von Neuheit die Unannehmlichkeit würzt."

„Sie sind mir zu verdammt philosophisch. Während der Unruhen in Baskul waren Sie nicht in solcher Stimmung."

„Natürlich nicht. Denn damals bestand einige Aussicht, daß ich durch mein Eingreifen die Ereignisse beeinflussen könnte. Hier aber, wenigstens für den Augenblick, besteht eine solche Aussicht nicht. Wir sind hier, weil wir hier sind, wenn Sie unbedingt einen Grund brauchen. Ich habe den gewöhnlich beruhigend gefunden."

„Vermutlich sagen Sie sich doch selber, was für eine schauerliche Mühe wir haben werden, wieder zurückzukehren." Mallinson räusperte sich erregt. „Ich gebe zu, daß ich Ihnen lästig werde, aber ich kann nichts dafür. Wir tun viel zu sehr, was diese Kerle wollen. Sie drängen uns in die Ecke."

„Wir hatten doch nur noch die Wahl, draußen zu bleiben und zugrunde zu gehn."

„Das ist ganz logisch, ich weiß, aber es hilft uns offenbar nicht. Ich möchte nur wissen, wie Sie es fertigbringen, bei alledem so kühl zu bleiben."

„Möchten Sie das wirklich wissen? Ich werde es Ihnen sagen, wenn Sie es wollen, aber Sie werden mich vielleicht für einen Zyniker halten. So vieles andre, worauf ich zurückblicken kann, erscheint mir nämlich auch wie ein Alptraum. Dies hier ist nicht der einzige verrückte Teil der Welt, Mallinson. Schließlich, wenn Sie durchaus an Baskul denken wollen, erinnern Sie sich, wie, gerade bevor wir abflogen, die Revolutionäre ihre Gefangenen folterten, um ihnen Informationen abzupressen? Eine ganz gewöhnliche Wäschemangel – durchaus wirksam, selbstverständlich, aber ich habe wohl kaum je eine komischere Grausamkeit gesehn. Und erinnern Sie sich an die letzte Depesche, die uns erreichte, bevor wir abgeschnitten waren? Sie betraf die Anfrage einer Textilfirma in Manchester, ob in Baskul Absatzmöglichkeiten für Schnürleibchen seien. Scheint Ihnen das nicht verrückt genug? Glauben Sie mir, das Schlimmste, was uns widerfahren konnte, indem wir hierherkamen, ist, daß wir die eine Form von Wahnsinn für eine andre eingetauscht haben."

Sie waren noch im Gespräch, als ein jäher, aber kurzer Anstieg ihnen den Atem raubte. Bald darauf wurde der Grund jedoch eben, und sie traten aus dem Nebel in klare, sonnige Luft. Vor ihnen, in geringer Entfernung, lag Schangri-La.

FÜR CONWAY war es wahrhaftig ein seltsamer, fast unglaublicher Anblick. Eine Gruppe bunt bemalter Pavillons klammerte sich an den Berghang wie Blumenblätter, die sich an einem Felszacken verfangen hatten, herrlich und unvergleichlich. Eine erhabene Empfindung trug den Blick aufwärts von milchblauen Dächern zu der grauen Felsenbastion darüber. Und darüber wieder – eine blendende Pyramide – erhoben sich die Schneeflanken des Karakal. Die Bergwand stürzte fast senkrecht ab in den fernen, dunstigen Talboden. Conway hielt es für möglich, daß dies die furchterregendste Gebirgslandschaft der Erde sei.

Er fühlte bei dem ganzen Anblick, daß sich seine Befürchtungen ein wenig verdichteten. Mallinsons Argwohn war vielleicht nicht ganz außer acht zu lassen. Aber dieses Gefühl war nur vorübergehend und ging bald in dem tiefern, halb mystischen, halb augenfälligen Eindruck auf, endlich einen Ort erreicht zu haben, der einen Abschluß darstellte, etwas Endgültiges.

Er erinnerte sich nachher nie genau daran, wie er und die andern in dem Kloster eintrafen und mit welchen Förmlichkeiten sie empfangen wurden. Diese dünne Luft hatte etwas traumhaft Wirkendes und glich darin dem Porzellanblau des Himmels. Mit jedem Atemzug und jedem Blick schlürfte er eine tiefe, betäubende Stille. Er erinnerte sich dunkel seiner Überraschung, als sich das Innere geräumig, gut erwärmt und völlig sauber zeigte. Aber es blieb grade nur Zeit, das alles flüchtig wahrzunehmen, denn der Chinese hatte seinen Tragstuhl verlassen und führte sie bereits durch mehrere Vorräume. „Ich werde Ihnen nun Ihre Zimmer zeigen", sagte er. „Sicher nehmen Sie alle gern ein Bad. Die Unterkunft bei uns ist einfach, aber, wie ich hoffe, genügend."

In diesem Augenblick stieß Barnard, der noch immer unter der Anstrengung des Luftschöpfens litt, ein kurzatmiges Lachen aus. „Na“, keuchte er, „ich kann nicht behaupten, daß ich euer Klima schon liebgewonnen habe, aber Sie haben sicher eine famose Aussicht aus Ihren Vorderfenstern. Müssen wir alle Schlange stehn vor dem Badezimmer, oder ist das ein amerikanisches Hotel?“

„Ich hoffe, Sie werden alles zu Ihrer Zufriedenheit finden, Mr. Barnard. Und nachher“, fuhr der Chinese liebenswürdig fort, „wird es mir eine große Ehre sein, Sie alle zum Abendessen bei mir zu sehn.“

VIERTES KAPITEL

Sie sehn also“, schloß Tschang, „daß wir keine solchen Barbaren sind, wie Sie erwarteten.“

Conway war später an diesem Abend keineswegs geneigt, das zu bestreiten. Er genoß die wohltätige Mischung körperlichen Behagens und geistiger Regsamkeit, die ihn unter allen Empfindungen die wahrhaft kultivierteste dünkte. Soviel er bisher wahrgenommen hatte, war die Ausstattung von Schangri-La ganz so, wie er sie sich nur wünschen konnte, weit besser, als er es hätte erwarten können. Daß ein tibetanisches Kloster die Technik westlicher Hygiene mit vielem andern verband, was ganz dem Osten und alter Überlieferung entsprach, das fiel ihm als etwas völlig Einzigartiges auf. Die Badewanne zum Beispiel war aus zartgrünem Porzellan gewesen, der Beschriftung nach das Erzeugnis einer Fabrik in Akron, Ohio. Der einheimische Wärter jedoch hatte ihn auf chinesische Art bedient, ihm Ohren und Nase gereinigt und mit einem dünnen Seidenbäuschchen über die unteren Augenlider gewischt.

Conway hatte fast zehn Jahre lang in China gelebt und betrachtete diese Zeit als die glücklichste seines Lebens. Er hatte die Chinesen gern und fühlte sich in chinesischen Bräuchen zu Hause. Eine ganz besondere Vorliebe hatte er für die chinesische Küche; und seine erste Mahlzeit in Schangri-La hatte daher für ihn etwas willkommen Vertrautes. Tschang aß, wie er gewahrte, nur etwas grünen Salat und trank keinen Wein. „Sie werden mich wohl entschuldigen", hatte er gleich zu Anfang erklärt, „aber meine Diät ist sehr karg; ich bin gezwungen, auf mich zu achten."

Conway fragte sich, woran er wohl leiden mochte. Als er ihn nun genauer betrachtete, fand er es schwer, sein Alter zu schätzen. Seine kleinen und gewissermaßen der Einzelheiten entbehrenden Züge zusammen mit der feuchtlehmigen Beschaffenheit der Haut gaben ihm ein Aussehn, das sowohl das eines jungen, vorzeitig gealterten als auch das eines bemerkenswert gut erhaltenen alten Mannes sein konnte. Eine gewisse, in strenge Formen gebannte Höflichkeit umgab ihn wie ein Duft, zu zart, als daß man sie entdeckt hätte, solange man nicht aufgehört hatte, an sie zu denken. In seinem bestickten Überkleid aus blauer Seide mit dem üblichen an der Seite geschlitzten Rock und den eng um die Knöchel schließenden Hosen in allen Himmelsfarben besaß er einen kühl metallischen Reiz, der Conway wohlgefiel.

Das Zimmer selbst gefiel ihm; es war bewundernswert in den Ausmaßen und nur spärlich mit Wandbehängen und ein paar edlen Lackschränken geschmückt. Das Licht kam aus Papierlaternen, die regungslos in der stillen Luft hingen. Er fühlte ein beruhigendes Wohlbehagen an Leib und Seele und fragte sich wiederum, ob es vielleicht auf irgendein Kraut oder eine Droge in den Speisen zurückzuführen sei. Barnards Atemnot und Malinsons Wildheit waren vergangen. Conway hatte es nicht bedauert, daß die Landessitte nur allmählich die Annäherung an Dinge von Wichtigkeit gestattete. Erst als er sich eine Zigarette angezündet hatte, ließ er seiner Neugier sacht den Zügel lockerer und bemerkte, zu Tschang gewendet: „Sie scheinen hier eine vom Glück sehr begünstigte Gemeinschaft zu sein und höchst gastfreundlich gegen Fremde. Ich kann mir allerdings nicht vorstellen, daß Sie oft welche empfangen."

„Tatsächlich nur selten", erwiderte der Chinese gemessen. „Dieser Teil der Welt ist kaum bereist."

Conway lächelte darüber. „Mir schien es, als ich herkam, der abgeschiedenste Ort, den ich je erblickte. Hier könnte eine eigene Kultur blühen, ohne Verseuchung durch die Außenwelt."

„Verseuchung würden Sie es nennen?“

„Ich beziehe das Wort auf Tanzorchester, Kinos, Lichtreklamen und so weiter. Ihre hygienischen Einrichtungen sind so modern, als Sie sie nur kriegen können: sie sind die einzige nicht fragwürdige Gabe, die – meiner Meinung nach – der Osten vom Westen übernehmen kann.“

Conway verstummte, Miß Brinklow hingegen sagte: „Bitte, wollen Sie uns einiges über das Kloster mitteilen?“

Tschang hob in sehr sanfter Mißbilligung solcher Unvermitteltheit die Brauen. „Es wird mir das größte Vergnügen machen, Madam. Was wünschen Sie denn zu wissen?“

„Zunächst einmal, wie viele Sie hier sind und welcher Nation Sie angehören.“ Es war klar, daß ihr ordnungsliebender Geist hier nicht weniger berufsmäßig arbeitete als im Missionshaus in Baskul.

Tschang erwiderte: „Etwa fünfzig von uns besitzen die volle Lamawürde; außerdem gibt es noch ein paar andere, die, wie ich selbst, noch nicht die letzten Weihen erlangt haben. Bis dahin sind wir Halblamas – Anwärter, könnte man sagen. Es sind Angehörige vieler Nationen unter uns, obgleich, wie es vielleicht naturgemäß ist, Tibetaner und Chinesen die Mehrzahl ausmachen.“

„Ist Ihr Oberlama Tibetaner oder Chinese?“

„Keines von beiden.“

„Sind auch Engländer hier?“

„Mehrere.“

„Ach, wirklich? Das ist doch sehr merkwürdig.“

Der Wein, der die andern geruhsamer gemacht hatte, schien Miß Brinklow besondere Lebhaftigkeit verliehen zu haben. „Selbstverständlich“, sagte sie mit einer großmütigen Gebärde, „glaube ich selbst an die wahre Religion, aber ich bin vorurteilsfrei genug zuzugestehn, daß andre Menschen sehr häufig ganz ehrlich in ihrem Glauben sind.“

Ihr Zugeständnis rief eine formvollendete Verneigung des Chinesen hervor. „Aber, Madam, müssen wir denn, weil eine Religion wahr ist, alle andern für unbedingt falsch halten?“

„Nun, das ist doch wohl einleuchtend, nicht?“ Und nun sagen Sie mir, woran Sie glauben.“

Tschang antwortete ziemlich langsam und fast im Flüsterton: „Wenn ich es in wenige Worte fassen soll, dann möchte ich sagen, daß wir vor allem ans Maßhalten glauben. Wir lehren die Tugend der Vermeidung jeglichen Übermaßes, ein Übermaß an Tugend selbst inbegriffen – wenn Sie das Paradoxon gestatten wollen. In dem Tal, das Sie gesehn haben, worin mehrere tausend Bewohner unter der Leitung unseres Ordens leben, hat es sich herausgestellt, daß dieser Grundsatz ein beträchtliches Maß von Glück bewirkt. Wir herrschen mit mäßiger Strenge und sind dafür mit mäßigem Gehorsam zufrieden, und ich kann wohl rühmend behaupten, daß unser Volk mäßig nüchtern, mäßig keusch und mäßig ehrlich ist."

Conway lächelte. „Ich glaube zu verstehn. Sie sagten ausdrücklich, dieser Regel der Mäßigung unterstehn die Leute aus dem Tal. Darf ich daraus folgern, daß sie nicht auch auf die Priesterschaft zutrifft?"

Darauf antwortete Tschang nur mit einem Kopfschütteln. „Ich bedaure, mein Herr, daß Sie einen Punkt berühren, über den ich nicht sprechen darf. Ich kann nur hinzufügen, daß unsere Gemeinschaft verschiedene Glaubensrichtungen und Rituale pflegt, aber die meisten von uns sind in dieser Hinsicht mäßige Ketzer."

„Keine Entschuldigung, bitte. Es bleiben mir die angenehmsten Vermutungen überlassen." Etwas in seiner eigenen Stimme, ja in seinen körperlichen Empfindungen gab Conway von neuem das Gefühl, daß man ihm ein leichtes Betäubungsmittel gegeben habe. Mallinson schien unter einem ähnlichen Einfluß zu stehn, obgleich er die Gelegenheit benützte zu sagen: „Das alles war sehr interessant, aber ich glaube wirklich, es wäre Zeit, wir begännen zu besprechen, wie wir von hier wegkommen."

Erst nach einer langen Pause erklang Tschangs Antwort: „Leider, Mr. Mallinson, bin nicht ich es, an den Sie sich da wenden müssen. Allerdings glaube ich kaum, daß sich die Sache sogleich bewerkstelligen läßt."

„Aber irgend etwas muß sich bewerkstelligen lassen. Wir sind Ihnen sehr verbunden für die Aufnahme, die wir gefunden haben, aber wir möchten spätestens morgen aufbrechen."

Mallinson vermochte jedoch von Tschang nicht mehr herauszubekommen als ein gelassenes und fast vorwurfsvolles: „Das alles, müssen Sie wissen, fällt kaum in meinen Wirkungskreis."

„Nun ja, aber vielleicht können Sie doch irgend etwas tun. Wenn Sie uns etwa eine Landkarte in großem Maßstab verschaffen würden, wäre das schon eine Hilfe. Sie besitzen doch vermutlich Karten."

„O ja, wir haben sehr viele."

„Dann möchten wir eine entleihen, wenn Sie nichts dagegen haben. Es wäre auch ein guter Gedanke, Nachrichten vorauszusenden, um unsre Freunde und Verwandten zu beruhigen. Wie weit ist es bis zur nächsten Telegraphenlinie?"

Tschangs runzliges Gesicht schien den Ausdruck unendlicher Geduld angenommen zu haben, aber er antwortete nicht.

„Nun, wohin senden Sie Botschaften, wenn Sie etwas brauchen?" Eine Spur von Verängstigung verriet sich in Mallinsons Stimme. Plötzlich stieß er seinen Stuhl zurück und stand auf. Er war bleich und strich sich erschöpft über die Stirn. „Ich bin so müde", stammelte er. „Es kommt mir vor, daß nicht ein einziger von Ihnen mir wirklich zu helfen versucht. Ich stelle doch nur eine einfache Frage. Es ist klar, daß Sie die Antwort darauf wissen müssen. Als Sie alle diese modernen Badezimmer einrichteten, wie wurde damals das Zeugs hergeschafft?"

Es folgte wieder ein Schweigen.

„Sie wollen es mir also nicht sagen. Conway, warum bringen Sie nicht die Wahrheit an den Tag? Ich bin vorläufig ganz kaputt – aber morgen, wissen Sie – morgen müssen wir weg." Er fiel in einen Stuhl.

„Morgen wird ihm schon viel besser sein", sagte Tschang sanft. „Die Luft hier bereitet Fremden anfangs Schwierigkeiten."

Conway fühlte sich aus einer Trance erwachen. „Es war alles ein wenig zu anstrengend für ihn", bemerkte er. „Wir sollten vielleicht diese Unterredung vertagen und zu Bett gehn. Barnard, wollen Sie sich um Mallinson kümmern? Und auch Sie, Miß Brinklow, werden Schlaf nötig haben." Conway schob die andern fast heftig aus dem Zimmer. Dann wandte er sich mit so wenig Förmlichkeit, daß sie auffällig von seinem früheren Benehmen abstach, an den Gastgeber.

„Nun, ich will Sie nicht lange aufhalten und möchte daher zur Sache selbst kommen. Mein Freund ist ein wenig ungestüm, daß es unmöglich ist, schon morgen abzureisen, und was mich selbst betrifft, so hoffe ich, einen kurzen Aufenthalt recht interessant zu finden. Aber unsre Rückreise muß vorbereitet werden, und wir können das nicht ohne Ihre Hilfe tun. Wenn es also wahr ist, was Sie sagen, daß Sie selbst für uns nichts tun können, dann bringen Sie uns, bitte, mit jemand in Verbindung, der es vermag."

Darauf antwortete der Chinese: „Sie sind weiser als Ihre Freunde, mein werter Herr, und daher weniger ungeduldig. Das freut mich."

„Das ist keine Antwort."

„Zweifellos werden wir zu gegebener Zeit imstande sein, Ihnen zu helfen", kam nach einer Pause die Antwort. „Wie Sie sich vorstellen können, sind Schwierigkeiten vorhanden, aber wir alle gehn mit Vernunft an die Frage heran und ohne ungebührliche Hast –"

„Ich dränge nicht zur Eile. Ich möchte nur Erkundigungen einholen – über Träger zum Beispiel."

„Nun ja, das bringt uns auf einen andern Punkt. Ich zweifle sehr, ob Sie so leicht Männer finden werden, die gewillt sind, die lange und anstrengende Reise aus dem Tal anzutreten."

„Warum und wohin haben sie Sie dann heute morgen begleitet?"

„Heute morgen? Ach, das war etwas andres."

„Inwiefern? Traten Sie nicht soeben eine Reise an, als ich und meine Freunde Ihnen zufällig begegneten?"

Darauf folgte keine Antwort, und alsbald fuhr Conway ruhiger fort: „So war es *keine* zufällige Begegnung. Sie kamen also mit der Absicht, uns abzufangen. Sie müssen im voraus von unsrer Ankunft gewußt haben. Und die interessante Frage ist: woher?"

Das Laternenlicht enthüllte das Gesicht des Chinesen; es war unbewegt und statuenhaft. Plötzlich, mit einer kleinen Handbewegung, schob er einen seidenen Wandbehang beiseite und öffnete eine Glastür, die auf einen Balkon führte. Er ging mit Conway in die kalte, kristallklare Luft hinaus. „Sie sind klug", sagte er träumerisch, „aber Sie haben nicht ganz recht. Aus diesem Grund würde ich Ihnen raten, Ihre Freunde nicht mit solchen rein abstrakten Erwägungen zu plagen. Weder Sie selbst noch Ihre Freunde sind in Schangri-La in Gefahr."

„Aber es ist nicht die Gefahr, die uns Sorge macht, sondern die Verzögerung."

„Natürlich kann eine gewisse Verzögerung eintreten, das ist ganz unvermeidlich."

„Wenn es nur für kurze Zeit und wirklich unvermeidlich ist, dann werden wir uns damit abfinden. Es ist eine neue und interessante Erfahrung, und auf jeden Fall brauchen wir einige Erholung."

„Morgen", sagte Tschang, „werden Sie es vielleicht noch interessanter finden, und im übrigen gibt es, wenn Sie ermüdet sind, zum Ausruhen nicht viele bessere Orte in der Welt."

Conway starrte zu der leuchtenden Pyramide des Karakal empor. In dem Augenblick schien es, als ob im hellen Mondlicht eine hochgehaltene Hand ihn berühren könnte, so klar hob sich der Gipfel gegen die blaue Unermeßlichkeit ab. Irgend etwas trieb ihn dann, nach der wörtlichen Bedeutung des Namens zu fragen, und Tschangs Antwort kam wie das geflüsterte Echo seines eigenen Sinnens. „Karakal heißt im Dialekt dieses Tals Blauer Mond", sagte der Chinese.

CONWAY LIESS SEINE Gefährten nichts wissen von seiner Schlußfolgerung, daß ihre und seine Ankunft in Schangri-La auf irgendeine Weise von dessen Bewohnern erwartet worden war. Der Ort hatte etwas ausgesprochen Unheimliches, und die Haltung Tschangs am vergangenen Abend schien keineswegs beruhigend. Daß die Insassen eines tibetanischen Klosters ihm, einem Vertreter der britischen Regierung, ernsthafte Nachforschungen abschlugen, war schändlich. Das wäre zweifellos die normale amtliche Ansicht, die die Behörden hegen würden, und ein Teil von Conways Wesen war normal und amtlich. Diese Eigenschaften hatten ihm Mallinsons glühende Bewunderung eingetragen. Daher mußte der junge Mann nun leider doppelt von ihm enttäuscht sein.

Als Conway sich am Morgen erhob und durchs Fenster das

weiche Lasurblau des Himmels erblickte, hätte er an keinem andern Ort der Erde sein mögen, und persönliche Zweifel lagen ihm ferne. Er freute sich, daß die Nachtruhe auch auf die andern ermutigend gewirkt hatte. Barnard war wieder soweit der alte, und Miß Brinklow gab zu, daß das gründliche Absuchen ihres Zimmers keine der Unannehmlichkeiten zutage gefördert hatte, auf die sie durchaus gefaßt gewesen war. Sogar Mallinson hatte einen Anflug von halb verdrossener Zufriedenheit. „Vermutlich werden wir heute doch nicht wegkommen", murmelte er, „wenn nicht jemand sehr dahinterher ist."

„Ich glaube, wir warten lieber ab, was der heutige Tag bringt", sagte Conway. „Inzwischen wollen wir uns diesem ausgezeichneten Frühstück zuwenden." Es bestand aus Pampelmusen, Tee und Kuchen, und alles war vorzüglich zubereitet und angerichtet. Gegen Ende der Mahlzeit trat Tschang ein und begann mit einer leichten Verneigung den Austausch höflicher Begrüßungsformeln, die auf englisch doch ein wenig schwerfällig klangen. Conway hätte lieber chinesisch gesprochen, aber bisher hatte er nichts davon verlauten lassen, daß er eine östliche Sprache beherrschte, denn es konnte vielleicht von Nutzen sein, sie als fünftes As im Ärmel zu haben. Er lauschte mit ernster Miene Tschangs Höflichkeiten und beteuerte dann, daß er gut geschlafen habe und sich viel wohler fühle. Tschang gab seiner Freude darüber Ausdruck und fügte hinzu: „Wahrlich, wie Ihr Nationaldichter sagte: ‚Schlaf, der des Grams zerschlissenen Ärmel flickt.'"

Diese Schaustellung von Bildung wurde nicht sehr günstig aufgenommen. Mallinson beantwortete sie mit der üblichen leisen Verachtung, die jeder gesund denkende junge Engländer bei der Erwähnung von Poesie fühlt. „Sie meinen vermutlich Shakespeare, obgleich ich das Zitat nicht erkenne, aber ich kenne ein andres, das lautet: ‚Beim Weggehn haltet nicht auf euren Rang, doch geht sogleich!' Ohne unhöflich sein zu wollen: das ist es, was wir alle gern möchten. Ich bitte, unverzüglich nach Trägern Umschau halten zu dürfen, noch diesen Vormittag, wenn Sie nichts dagegen haben."

Der Chinese empfing dieses Ultimatum ganz unbewegt und erwiderte endlich: „Es tut mir leid, Ihnen sagen zu müssen, daß das wenig Zweck hätte. Ich fürchte, wir haben keine Leute verfügbar, die gewillt wären, Sie so weit weg von ihrer Heimat zu begleiten."

„Sie scheinen sich das alles seit gestern abend ausgetüftelt zu haben", warf Barnard ein. „Gestern waren Sie der Sache auch nicht annähernd so sicher."

„Ich wollte Sie nicht enttäuschen, solange Sie von der Reise so ermüdet waren. Nun, nach einer erfrischenden Nachtruhe, darf ich hoffen, daß Sie die Dinge in etwas vernünftigerem Licht sehn werden."

„Nun hören Sie mal", mengte sich Conway ein. „Sie wissen, wir können nicht endlos hier bleiben, und ebenso klar ist es, daß wir ohne Hilfe nicht wegkommen. Was schlagen Sie also vor?"

Tschang antwortete mit einem strahlenden Lächeln, das sichtlich für Conway allein bestimmt war. „Mein Herr, auf die Haltung Ihres Freundes gab es keine Antwort, aber das Begehren eines weisen Mannes findet immer Erwiderung. Es wurde gestern die Bemerkung gemacht – ebenfalls von Ihrem Freund –, daß wir bisweilen Verbindung mit der Außenwelt haben müssen. So verhält es sich auch in der Tat. Von Zeit zu Zeit erhalten wir gewisse Dinge aus entfernten Lagerhäusern, auf welche Weise, damit will ich Sie nicht weiter bemühn. Wichtig ist nur, daß eine solche Sendung in Kürze erwartet wird, und da die Männer, die sie bringen, nachher zurückkehren, erscheint es mir durchaus möglich, daß Sie ein Übereinkommen mit ihnen werden treffen können."

Wieder schaltete sich Conway ein: „Das ist kein schlechter Gedanke. Aber wann werden die Leute hier sein? Ich frage nicht nach dem Tag, ich möchte nur ungefähr wissen, ob es nächste Woche oder nächstes Jahr sein kann."

„Es kann von heute an noch einen Monat dauern, wahrscheinlich nicht mehr als zwei Monate."

„*Zwei Monate*", fuhr Mallinson hitzig dazwischen. „Das ist absurd! Conway, darauf können Sie doch nicht ernstlich eingehn. Zwei Wochen wären das Äußerste."

Tschang raffte mit einer kleinen Gebärde der Endgültigkeit sein Gewand enger. „Ich bedaure sehr, ich wollte niemand kränken. Das Kloster bietet Ihnen auch weiterhin umfassende Gastfreundschaft, solange Sie das Unglück haben, hierbleiben zu müssen. Mehr kann ich nicht sagen."

„Gar nicht nötig!" gab Mallinson wütend zurück. „Und wenn Sie glauben, daß Sie uns in der Hand haben, so werden Sie verdammt schnell entdecken, daß Sie sich irren! Wir werden uns so viele Träger verschaffen, wie wir brauchen, verlassen Sie sich darauf! Da können Sie Verneigungen und Kratzfüße machen, soviel Sie wollen –"

Conway legte ihm beschwichtigend die Hand auf den Arm. Wenn Mallinson in Wut geriet, war er imstande, alles zu sagen, was ihm gerade einfiel, unbekümmert darum, ob es unsinnig oder taktlos war. Conway fürchtete, es könnte die zartere Empfindlichkeit eines Chinesen kränken. Glücklicherweise hatte sich Tschang mit bewundernswertem Takt schon hinausbegeben und entging so dem Schlimmsten.

FÜNFTES KAPITEL

SIE VERBRACHTEN den Rest des Vormittags mit Besprechungen über die Sache. Schließlich sagte Conway: „Wenn die Leute hier erklären, daß sie uns die nötigen Träger nicht geben können oder wollen, bleibt nichts übrig, als zu warten, bis die andern Burschen kommen."

Mallinson schnippte mit erkünstelter Gleichgültigkeit die Asche von seiner Zigarette. „Na schön. Also zwei Monate. Da können wir ja alle Hurra schreien."

Conway fuhr fort: „Ich sehe nicht ein, warum das viel schlimmer sein sollte, als zwei Monate in irgendeinem andern entlegenen Winkel der Welt zu sein. Leute in unsern Berufen sind es gewohnt, in die wunderlichsten Gegenden geschickt zu werden, das kann ich, glaube ich, von uns allen behaupten. Es ist natürlich schlimm für diejenigen, die Freunde und Verwandte haben. Ich für meine Person habe es in dieser Hinsicht gut, ich wüßte niemand, der sich um mich besonders sorgen wird."

Er wandte sich an die übrigen, wie um sie aufzufordern, für sich selbst zu sprechen. Mallinson äußerte sich nicht, aber Conway wußte ungefähr, wie es um ihn stand. Er hatte Eltern und eine Braut in England, das erschwerte die Sache für ihn.

Barnard hingegen nahm die Lage in einer Stimmung hin, die Conway als gewohnheitsmäßige Gutgelauntheit anzusehn gelernt hatte. „Na, ich schätze, ich bin soweit ganz gut gefahren – zwei Monate in der Strafanstalt werden mich nicht umbringen. Und die Leute bei mir daheim, die werden nicht mit der Wimper zucken. Ich war schon immer ein schlechter Briefeschreiber.“

„Sie vergessen, daß unsre Namen in den Zeitungen stehn werden“, erinnerte ihn Conway. „Man wird uns als vermißt melden, und die Leute werden natürlich das Schlimmste annehmen.“

Barnard sah einen Augenblick verdutzt drein und erwiderte dann mit einem leichten Grinsen: „Tja, das stimmt, aber mich berührt das nicht, seien Sie versichert!“

Conway wandte sich an Miß Brinklow, die munter sagte: „Wie Mr. Barnard bemerkt, ist ein Aufenthalt von zwei Monaten hier kein Anlaß, sich aufzuregen. Es ist ganz gleich, wo man ist, wenn man im Dienste des Herrn steht. Die Vorsehung hat mich hergesandt, ich betrachte es als eine Berufung.“

Conway war ziemlich überrascht und erleichtert, wie gut Barnard und Miß Brinklow sich den neuen Aussichten angepaßt hatten. Er hatte es jetzt nur noch mit einem einzigen Unzufriedenen zu tun, aber sogar Mallinson zeigte einen gewissen Umschwung. „Der Himmel mag wissen, was wir mit uns anfangen werden“, rief er, aber schon diese Bemerkung zeigte, daß er sich mit seiner Lage auszusöhnen suchte.

„Die erste Regel muß sein: vermeiden Sie, einander auf die Nerven zu gehn“, sagte Conway. „Glücklicherweise scheint hier Raum genug vorhanden zu sein und keineswegs Überfüllung zu herrschen, denn – mit Ausnahme der Diener – haben wir bisher nur einen einzigen Bewohner zu Gesicht bekommen.“

Barnard fand noch einen andern Grund zu Optimismus: „Wir werden jedenfalls nicht verhungern, wenn unsre bisherigen Mahlzeiten eine richtige Kostprobe waren. Wissen Sie, Conway, dieser Gasthof hier wird nicht ohne reichliche Moneten betrieben. Solche Badezimmer zum Beispiel – die kosten einen Haufen Geld, und ich sehe nichts davon, daß hier irgend jemand

Geld verdient, außer diese Kerle unten im Tal arbeiten was. Und auch dann würden sie nicht genug für einen Export erzeugen. Möchte wissen, ob sie irgendein Mineral abbauen!"

„Der ganze Ort ist ein einziges verdammtes Geheimnis", erwiderte Mallinson. „Allerdings muß ich sagen, daß die Aussicht vom Fenster in ihrer Art wirklich nicht schlecht ist. Ein guter Höhenluftkurort, wenn's eine andre Gegend wäre. Ob man wohl auf diesen Abhängen dort drüben Ski fahren könnte?"

„Oder ob man am Ende nicht einmal ein Eishockeyspiel machen könnte", ging Conway auf den Scherz ein. „Sie können versuchen, zwei Mannschaften aufzustellen. Wie wär's mit ‚Angelsachsen gegen Lamas'?"

Später, als Tschang eintrat und vorschlug, ihnen die Baulichkeiten des Klosters näher zu zeigen, wurde sein Anerbieten bereitwillig angenommen.

SCHANGRI-LA war nicht die erste klösterliche Anstalt, die Conway besichtigte, aber gewiß die größte und, nicht nur ihrer Lage nach, die merkwürdigste. Er gewahrte, daß sie an vielen Gemächern nur vorbeigingen, ja daß es ganze Gebäude gab, zu deren Besichtigung Tschang sie nicht einlud. Der kleinen Gruppe wurde jedoch genug gezeigt, um den Eindruck zu bestätigen, der sich bei jedem einzelnen schon gebildet hatte. Barnard war mehr denn je überzeugt, daß die Lamas sehr reiche Leute seien; Miß Brinklow entdeckte übergenug Beweise, daß sie unmoralisch seien. Und Mallinson fühlte sich, nachdem der erste Reiz der Neuheit verschwunden war, genauso ermüdet wie nach Besichtigungsrundgängen in geringeren Höhenlagen.

Conway allein ergab sich einer üppigen Verzauberung, die ständig zunahm. Es waren nicht so sehr Einzelheiten, die ihn anzogen, als die allmähliche Enthüllung von Vornehmheit, unauffälligem und untadeligem Geschmack und einer zarten Harmonie, die das Auge zu beglücken schien, ohne es auf sich zu ziehn. Nur mit bewußter Anstrengung konnte er sich aus der Stimmung des Künstlers in die des Kunstkenners versetzen, und da erkannte er Schätze, für die Museen und Millionäre ein Vermögen geboten hätten: köstliche perlenblaue Sung-Gefäße, seit über tausend Jahren bewahrte Gemälde in farbigen Tuschen, Lackarbeiten, in denen das kühle, liebliche Detail des Märchenlandes nicht so sehr abgebildet als orchestriert war.

Eine der Sehenswürdigkeiten war eine geräumige Bibliothek. Während Conway rasch die Regale überflog, fand er vieles, was ihn in Erstaunen setzte. Hier stand neben dem Besten der Weltliteratur eine Unmenge verschollenes und wunderliches Zeugs, Bände in englischer, französischer, deutscher und russischer Sprache waren im Überfluß vorhanden, ebenso eine ungeheure Zahl chinesischer und andrer östlicher Manuskripte. Eine Abteilung, die ihn besonders anzog, war den Tibetanica gewidmet, wenn man so sagen konnte. Er blätterte in mehreren Seltenheiten, als ihn Mallinson, der ein Buch aufgegriffen hatte, unterbrach: „Hier ist etwas für Sie. Eine Landkarte dieses Gebiets."

„Wir besitzen eine Sammlung von mehreren hundert", sagte Tschang. „Sie stehen Ihnen alle zur Verfügung. Aber vielleicht kann ich Ihnen in einem Punkt Mühe ersparen: Sie werden Schangri-La in keiner einzigen eingezeichnet finden."

„Merkwürdig", ließ sich Conway vernehmen. „Ich wüßte gern, warum?"

„Das hat seinen guten Grund, doch bedaure ich, nicht mehr sagen zu können."

Conway lächelte, aber Mallinson machte wieder ein mürrisches Gesicht. „Noch mehr Geheimnisvolles", sagte er.

Miß Brinklow erwachte plötzlich aus einer stummen Starre. „Werden Sie uns denn nicht die Lamas bei der Arbeit zeigen?" flötete sie. Man hatte das Gefühl, daß ihr Kopf wahrscheinlich mit nebelhaften Vorstellungen von einheimischer Hausindustrie angefüllt war – Gebetmattenweben oder sonst etwas malerisch Urtümlichem –, wovon sie dann daheim erzählen könnte.

„Leider ist das unmöglich", sagte Tschang. „Die Lamas zeigen sich nur sehr selten Nichtangehörigen des Lamatums."

Miß Brinklow ließ sich jedoch noch nicht ablenken. „Was treiben die Lamas eigentlich?" fuhr sie fort.

„Sie widmen sich der Betrachtung, Madam, und dem Streben nach Weisheit."

„Aber das ist doch keine Tätigkeit."

„Dann also, Madam, tun sie nichts."

Tschang besaß, obgleich er sehr mäßig im Essen war, die bezeichnende Vorliebe des Chinesen, häufig Tee zu trinken. Als er nun der Gesellschaft diese Abwechslung vorschlug, ging sie gerne darauf ein und folgte Tschang durch mehrere Höfe zu einer Szene von ganz unerwarteter und unvergleichlicher Schönheit. Von einem Säulengang führten Stufen in einen Garten hinab, in den ein Lotosteich eingebettet war. Um den Rand war ein bronzener Tiergarten von Löwen, Drachen und Einhörnern aufgestellt, deren Wildheit die Friedlichkeit der Umgebung eher betonte als verletzte. Das ganze Bild war so makellos abgestimmt, daß selbst der Gipfel des Karakal, unvergleichlich über den blauen Ziegeldächern aufragend, sich in den Rahmen dieses erlesenen Kunstwerks zu fügen schien.

„Ein hübsches Plätzchen“, bemerkte Barnard, als Tschang sie in einen offenen Pavillon führte, der zu Conways weiterem Entzücken ein Cembalo und einen modernen Konzertflügel enthielt. Das erschien ihm aus irgendeinem Grund als das krönende Wunder dieses erstaunlichen Tages. Tschang beantwortete alle seine Fragen bis zu einer gewissen Grenze mit völliger Offenheit. Die Lamas, so erklärte er, schätzen westliche Musik sehr hoch, besonders Mozart, und manche seien geübte Spieler auf verschiedenen Instrumenten.

Auf Barnard machte die Frage des Transports den größten Eindruck. „Wollen Sie etwa sagen, daß dieses Klavier auf demselben Weg hergeschafft wurde, auf dem wir gestern kamen?“

„Es gibt keinen andern.“

„Na, das schlägt alles!“ Barnard lachte laut und fuhr dann fort: „Wie wird denn vorgegangen? Die Erzeuger werden nicht hierher liefern, das ist einmal sicher. Da haben Sie wohl einen Agenten in Peking oder Schanghai oder sonstwo, und ich wette, alles kostet eine mächtige Summe Dollars, bevor es in Ihre Hände gelangt.“

Aber Tschang ließ sich ebensowenig ausholen wie bei früheren Gelegenheiten. „Ihre Vermutungen sind sehr klug, Mr. Barnard, aber ich fürchte, ich kann nicht auf sie eingehn.“

Da waren sie also wieder einmal soweit, dachte Conway: an der unsichtbaren Grenzlinie zwischen dem, was enthüllt werden durfte, und dem, was Geheimnis bleiben mußte. Diener brachten

bereits die flachen Schalen duftenden Tees, und zugleich mit den beweglichen, schlankgliedrigen Tibetanern war auch ganz unauffällig ein Mädchen in chinesischer Tracht eingetreten. Sie ging geradewegs zu dem Spinett und begann eine Gavotte von Rameau zu spielen. Das erste bezaubernde Zirpen erweckte in Conway ein Entzücken, das sein Erstaunen weit überflügelte. Diese silberigen Weisen aus dem Frankreich des achtzehnten Jahrhunderts schienen an Eleganz den Sungvasen und den köstlichen Lackarbeiten und dem Lotosteich dort drüben gleichzukommen; dieselbe dem Tode Trotz bietende Zartheit umschwebte sie.

Die Spielerin hatte die lange, schmale Nase, die hohen Backenknochen und die Eierschalenblässe der Mandschu, ihr schwarzes Haar war straff zurückgenommen und geflochten; sie sah sehr vollendet und miniaturenhaft aus. Ihr Mund glich einer blaßroten Windenblüte; sie saß ganz still, nur die schmalen Hände bewegten sich. Sobald die Gavotte zu Ende war, machte sie eine kleine Verneigung und ging. Tschang lächelte ihr nach und wandte sich dann mit einer Spur persönlichen Triumphs an Conway. „Fand das Ihren Beifall?“ fragte er.

„Wer ist sie?“ fragte Mallinson, bevor Conway antworten konnte.

„Ihr Name ist Lo-Tsen. Sie besitzt große Geschicklichkeit auf westlichen Tasteninstrumenten. Gleich mir selbst hat sie noch nicht die letzten Weihen erlangt.“

„Das wird wohl stimmen“, rief Miß Brinklow. „Sie sieht kaum älter aus als ein Kind. Wie alt mag sie wohl sein?“

„Ich bedaure, Ihnen das nicht sagen zu können.“

Barnard lachte. „Sie verraten das Alter einer Dame nicht, was?“

„Erraten!“ antwortete Tschang mit einem leise verschatteten Lächeln.

Der Tee wurde vollends schweigend eingenommen; der Nachhall der Klänge des Spinetts schien noch in der Luft zu liegen und einen seltsamen Zauber auszuüben. Tschang führte seine Gäste aus dem Pavillon und brachte zum Ausdruck, er wünsche, sie hätten den Rundgang alle genossen, und der Musikraum und die Bibliothek stünden ihnen jederzeit zu ihrer Verfügung.

An diesem Abend schlenderte Conway nach dem Essen durch die stillen, in Mondlicht getauchten Höfe. Schangri-La war um diese Zeit bezaubernd angeweht vom Geheimnis, das im Kern aller Schönheit ruht. Die Luft war kalt und still. Der mächtige Spitzturm des Karakal schien viel näher als bei Tageslicht. Conway fühlte sich körperlich wohl, im Gemüt befriedigt und geistig beruhigt. Die erstaunlichen Erlebnisse sammelten sich nun sozusagen in einem Brennpunkt; er konnte sie noch nicht verstehn, aber sie schienen ihm nicht unverständlich.

Einen Kreuzgang durchschreitend, gelangte er auf die Terrasse, die über das Tal hinausragte. Der Duft von Tuberosen drang voll zarter Gedankenverbindung auf ihn ein; in China hieß er der „Duft des Mondscheins". Es kam ihm der wunderliche Gedanke, wenn auch das Mondlicht einen Klang hätte, könnte es ganz gut der Klang der Rameau-Gavotte sein, die er eben erst gehört hatte, und das erinnerte ihn an die kleine Mandschu. Er hatte sich nicht vorgestellt, daß Frauen in Schangri-La sein könnten; man verband ihre Anwesenheit nicht mit dem Begriff des Klosterlebens. Immerhin war eine Cembalospielerin wohl ein Gewinn für eine Gemeinschaft, die es sich gestattete, gemäßigt ketzerisch zu sein.

Er blickte über die Brüstung in die blauschwarze Leere. Der Absturz war vielleicht tiefer als zwölfhundert Meter. Ob man ihm wohl gestatten würde hinabzusteigen, um das Tal und das Leben seiner Bewohner zu besichtigen? Diese seltsame Kulturinsel, versteckt zwischen unerforschten Bergketten und beherrscht von einer unbestimmten Theokratie, fesselte ihn.

Plötzlich trug ein Windhauch Laute von weit unten herauf. Angespannt lauschend, vernahm er Gongs und Trompeten und vielstimmigen Klagegesang. Dann verklang alles, als der Wind sich drehte, kam wieder und schwand abermals. Aber diese Andeutung von Leben in den verschleierten Tiefen erhöhte nur noch die erhabene Abgeklärtheit von Schangri-La. Dann gewahrte er in einem Fenster hoch über der Terrasse den rosig goldenen Lichtschein einer Laterne. Widmeten sich etwa dort die Lamas der Betrachtung und dem Streben nach Weisheit, und waren diese Andachten eben jetzt in Gang? Die Frage schien sich nur so lösen zu lassen, daß er durch die nächste Tür einträte und durch Galerien und Gänge forschte, bis er der Wahrheit auf den Grund käme; aber er wußte, daß solche Freiheit nur scheinbar war und in Wirklichkeit jeder seiner Schritte beobachtet wurde. Zwei Tibetaner waren auf weichen Sohlen über die Terrasse gekommen, und Conway hörte den einen von ihnen sagen: „Sie haben Talu begraben." Conway hoffte, sie würden weitersprechen; aus einer einzelnen Bemerkung konnte er nicht viel entnehmen. Nach einer Pause setzte der Frager, der unverständlich blieb, das Gespräch fort. Die Antworten aber konnte Conway hören und annähernd verstehn.

„Er starb draußen."

„Er gehorchte den Hohen von Schangri-La."

„Er kam durch die Luft über die großen Berge auf einem Vogel, der ihn trug."

„Er hat auch Fremde gebracht."

„Talu fürchtete sich nicht vor dem Sturmwind draußen noch vor der Kälte draußen."

„Es ist zwar schon lange her, daß er nach draußen ging, aber das Tal des Blauen Monds gedenkt seiner noch."

Weiter wurde nichts gesprochen, was Conway sich auslegen konnte, und nachdem er noch eine Weile gewartet hatte, ging er zurück in sein Quartier. Er hatte genug gehört, um wieder einen Schlüssel zu dem Geheimnis umzudrehn. Der Flug von Baskul her war nicht das sinnlose Abenteuer eines Wahnsinnigen, sondern geplant und vorbereitet gewesen und auf Anstiftung von Schangri-La ausgeführt worden. Die hier lebten, kannten den toten Piloten mit Namen, sein Tod wurde betrauert. Alles wies auf einen höheren leitenden Geist, der seine eigenen Zwecke verfolgte. Aber welcher Zweck war das?

SECHSTES KAPITEL

Gegen Ende ihrer ersten Woche in Schangri-La hatte sich die Gesellschaft auf eine feste Tageseinteilung eingestellt. Sie hatten sich alle an die dünne Höhenluft gewöhnt. Ihre Erfahrung hatte ihnen gezeigt, daß die Tage warm und die Nächte kalt waren, daß die Lawinen auf dem Karakal meist zu Mittag niedergingen, daß im Tal eine recht gute Tabaksorte gebaut wurde, manche Speisen und Getränke angenehmer schmeckten als andre und daß jeder von ihnen vieren seine ausgeprägten Vorlieben und Eigenheiten besaß.

Tschang führte unermüdlich Ausflüge, regte zu Beschäftigungen an, empfahl Bücher. Er war bei jeder Gelegenheit wohlwollend und höflich und wußte immer Rat. Die Grenzlinie zwischen willig erteilter und höflich verweigerter Auskunft war so deutlich geworden, daß Ablehnung keinen Groll mehr erregte, außer gelegentlichen Aufwallungen bei Mallinson.

Conway entdeckte zu seiner Freude, daß das Tal nicht verbotenes Gebiet war, obgleich die Schwierigkeiten des Abstiegs einen Besuch ohne Führung unmöglich machten. In Gesellschaft Tschangs verbrachten sie alle einen ganzen Tag mit der Besichtigung des grünen Talbodens. Das Tal selbst war nichts Geringeres als ein eingeschlossenes Paradies, dessen Höhenunterschied von mehreren hundert Metern den ganzen Abstand von der gemäßigten zur tropischen Zone umspannte. Ernten von ungewöhnlicher Mannigfaltigkeit wuchsen hier in üppiger Fülle heran. Das ganze bebaute Gelände erstreckte sich etwa zwanzig Kilometer weit, in der Breite von etwa anderthalb bis zu acht Kilometern wechselnd, und jeder Quadratzentimeter Boden war bepflanzt. Die Luft war sogar im Schatten angenehm warm, die kleinen Bäche, die den Boden bewässerten und die Wasserspeicher füllten, waren jedoch eiskalt, da sie von den Schneefeldern herabkamen.

Wiederum war Conway völlig gefangengenommen, und zwar durch dieselbe Anmut und Einfallsfülle, die seine Jahre in China glücklicher gestaltet hatten als die übrigen. Das gewaltige umschließende Gebirge bot einen völligen Gegensatz zu den winzigen Rasenflächen und unkrautfreien Gärten, den bemalten Teehäusern am Bach und den gradezu leichtfertig aussehenden, spielzeuggleichen Häuschen. Die Einwohner waren gutgelaunte, ein wenig neugierige Menschen, höflich und sorglos. Alles in allem, so fand Conway, eine der erfreulichsten Gemeinschaften, die er je gesehn, und sogar Miß Brinklow, die nach Anzeichen heidnischer Entartung gefahndet hatte, mußte zugeben, daß „oberflächlich“ alles sehr gut aussah.

Tschang erklärte, daß jeder buddhistische Tempel seine eigenen Lamas habe, die unter der losen Oberaufsicht Schangri-Las standen, aber nicht demselben Orden angehörten. Es gab auch einen taoistischen und einen konfuzianischen Tempel weiter unten im Tal. „Jedes Juwel hat Facetten“, sagte er, „und es ist möglich, daß viele Religionen die gemäßigte Wahrheit enthalten.“

„Ihr Leute droben auf dem Berg seid wirklich kluge Köpfe, daß ihr euch so was ausgedacht habt“, fiel Barnard herzlich ein, „und Sie haben überdies recht, dessen bin ich ganz gewiß.“

„Aber wir“, erwiderte Tschang versonnen, „sind dessen nur *mäßig* gewiß.“

„Wenn ich zurückkehre“, sagte Miß Brinklow mit schmal werdenden Lippen, „werde ich meine Gesellschaft bitten, einen Missionar hierherzusenden.“

Mallinson, sowenig er auch mit der Äußeren Mission sympathisierte, konnte seine Bewunderung nicht zurückhalten. „Die Gesellschaft sollte *Sie* hersenden“, sagte er, „das heißt natürlich, wenn Ihnen ein solcher Ort gefällt.“

„Es ist kaum eine Frage des Gefallens“, gab Miß Brinklow zurück. „Es handelt sich vielmehr darum, das zu tun, wozu man sich berufen fühlt.“

„Ich glaube“, sagte Conway, „wenn ich Missionar wäre, würde ich lieber diesen als so manchen andern Ort wählen.“

„In diesem Fall“, sagte Miß Brinklow spitz, „läge selbstverständlich kein Verdienst darin. Immerhin“, fügte sie hinzu, „kann es nicht schaden, wenn ich den Anfang damit mache, daß ich die Sprache lerne. Können Sie mir ein Buch darüber leihen, Mr. Tschang?“

„Ganz gewiß, Madam, mit dem allergrößten Vergnügen. Und wenn ich so sagen darf, dieser Gedanke scheint mir ganz ausgezeichnet.“

Als sie am Abend dann wieder nach Schangri-La hinauf zurückgekehrt waren, behandelte Tschang die Sache, als wäre sie von dringender Wichtigkeit. Miß Brinklow war zuerst ein wenig eingeschüchtert von dem dicken Wälzer, den ein rühriger Deutscher des neunzehnten Jahrhunderts verfaßt hatte (sie hatte sich wahrscheinlich eher ein Werkchen von der Art „1000 Wörter

Tibetanisch“ vorgestellt), aber mit Hilfe des Chinesen und ermutigt von Conway machte sie einen guten Anfang, und man sah bald, daß sie ihrer Aufgabe eine ingrimmige Befriedigung abgewann.

Während der warmen, sonnenhellen Tage machte Conway vollen Gebrauch von der Bibliothek und dem Musikzimmer und wurde in seinem Eindruck bestärkt, daß die Lamas ganz außergewöhnlich kultiviert waren. Ihr Geschmack in Büchern war allumfassend, und er schätzte die Zahl aller Bände auf zwanzig- bis dreißigtausend und fühlte sich versucht, über die Methode der Auswahl und Erwerbung Vermutungen anzustellen. Tschang sagte ihm, daß auch schon Bücher, die bis 1930 veröffentlicht worden waren, vorhanden seien und zweifellos später einmal in die Regale eingestellt würden.

„Sie interessieren sich also nicht für die neueste Entwicklung der Weltkrise?“

„Nichts von Bedeutung, mein werter Herr, was sich 1920 nicht voraussehen lassen oder was 1940 nicht besser verstanden werden würde. Mein Interesse wird sehr tief gehn – wenn die Zeit dafür kommt.“

„Wissen Sie, Tschang, ich glaube, ich fange an, Sie zu verstehn“, erwiderte Conway lächelnd. „Sie sind auf eine andre Geschwindigkeit eingestellt, das ist’s. Die Zeit bedeutet Ihnen weniger als den meisten Menschen. Wäre ich in London, so wäre ich auch nicht immer darauf erpicht, die neuste, eine Stunde alte Zeitung zu sehn, und Sie in Schangri-La sind ebensowenig darauf erpicht, eine vom vorigen Jahr zu lesen. Beide Haltungen erscheinen mir ganz vernünftig. Übrigens, wie lange ist es her, seit Sie das letzte Mal hier Besuch hatten?“

„Das zu sagen, Mr. Conway, bin ich leider nicht in der Lage.“

Tschang gefiel Conway immer besser, je öfter sie zusammenkamen. Es war ihm aber immer noch rätselhaft, daß er so wenigen Bewohnern des Lama-Klosters begegnete. Angenommen sogar, daß die Lamas selbst unnahbar waren, gab es denn nicht andere Anwärter als Tschang?

Natürlich war noch die kleine Mandschu da. Er sah sie manchmal im Musikzimmer, aber sie konnte nicht Englisch, und er war noch immer nicht gewillt, seine Kenntnis des Chinesi-

schen zu enthüllen. Ihr Spiel wie ja auch ihr ganzes Benehmen war von erlesener Vollendung. Es war unmöglich zu erkennen, was in ihrem Geist vorging, und sogar schwierig, auch nur ihr Alter zu erraten. Er hätte wohl bezweifelt, daß sie über dreißig oder unter dreizehn war, aber seltsamerweise ließen sich solche offenkundigen Unwahrscheinlichkeiten nicht ganz von der Hand weisen.

Mallinson, der manchmal kam, um zuzuhören, weil er nichts Besseres zu tun fand, zerbrach sich über sie den Kopf. „Ich kann mir nicht denken, was sie hier zu suchen hat“, sagte er mehrmals zu Conway. „Wie lange ist sie wohl schon hier?“

„Das frage ich mich auch, aber es gehört zu den Dingen, die man uns wahrscheinlich nicht sagen wird.“

„Sie gleicht mehr einer Elfenbeinpuppe als einem Menschenwesen.“

„Jedenfalls ein reizendes Ding.“ Conway lächelte. „Schließlich, Mallinson, hat die Elfenbeinpuppe Manieren, guten Geschmack in Kleidern, ein anziehendes Äußeres, einen sehr netten Anschlag auf dem Cembalo, und sie bewegt sich im Zimmer nicht wie beim Hockeyspiel. Westeuropa hat, soviel ich mich erinnere, eine außerordentlich große Zahl von weiblichen Wesen, denen diese Vorzüge fehlen.“

„Sie sind ein schrecklicher Zyniker, was Frauen betrifft, Conway.“

Conway war diese Beschuldigung gewohnt. Er hatte tatsächlich mehrere entzückende Freundschaften mit Frauen gehabt, die ihn nur allzugern geheiratet hätten, wenn er ihnen den Antrag gemacht hätte – aber er hatte ihn nicht gemacht. Es war einmal fast bis zu einer Verlobungsanzeige in der „Morning Post“ gekommen, aber das Mädchen hatte keine Lust gehabt, in Peking zu leben, und er keine, sein Leben in dem kleinen englischen Kurort zu verbringen; Hindernisse beiderseits, die sich als unüberwindbar erwiesen. Soweit er Erlebnisse mit Frauen gehabt hatte, waren sie meist Versuche, häufig unterbrochen und einigermaßen unentschieden gewesen, aber bei alledem war er kein Zyniker, was Frauen betraf.

Lachend sagte er: „Ich bin siebenunddreißig – Sie sind vierundzwanzig, das ist der ganze Unterschied.“

Nach einer Pause fragte Mallinson plötzlich: „Oh, übrigens, für wie alt würden Sie Tschang halten?"

„Ach", erwiderte Conway leichthin, „der kann ebensogut neunundvierzig wie hundertneunundvierzig sein."

Der Umstand, daß ihre Neugier manchmal unbefriedigt blieb, überschattete bisweilen ein wenig die wirklich ungeheure Fülle von Einzelheiten, mit denen Tschang den Neulingen aufzuwarten stets bereit war. Conway interessierte sich besonders dafür, wie die Talbevölkerung regiert wurde. Bei näherer Prüfung ergab sich eine ziemlich lockere und dehnbare Autokratie, die von Schangri-La mit einem fast nachlässigen Wohlwollen ausgeübt wurde. Aber die letzte Grundlage von Gesetz und Ordnung blieb Conway ein Rätsel; es schien weder Militär noch Polizei zu geben, und doch mußte für die Unverbesserlichen irgendeine Vorsorge getroffen sein.

Tschang erwiderte, daß Verbrechen sehr selten seien, teils weil nur wirklich ernste Missetaten für Verbrechen angesehen würden, teils weil jeder einzelne alles, was er vernünftigerweise begehren könne, in ausreichendem Maß genieße. Als letztes Mittel seien die besonderen Diener des Lama-Klosters ermächtigt, einen Übeltäter aus dem Tal zu vertreiben – allerdings werde dies für die höchste und allerschrecklichste Strafe gehalten und nur sehr selten angewendet. Aber das Hauptgewicht, so fuhr Tschang fort, liege in der Einimpfung guter Manieren, durch die die Menschen ein sicheres Gefühl dafür bekämen, daß man gewisse Dinge einfach nicht tue und an Ansehn verliere, wenn man sie tue. „Die Einwohner unseres Tals haben zum Beispiel das Gefühl, zu den Dingen, die man nicht tun könne, gehöre es, ungastlich gegen Fremde zu sein, einen Meinungsstreit mit Schärfe auszutragen oder untereinander um Vorrang zu kämpfen. Der Gedanke, sich an dem zu erfreuen, was eure Schuldirektoren die kriegerische Ertüchtigung durch Sport nennen, erschiene unseren Leuten als barbarisch, ja als eine ganz mutwillige Anspornung aller niedrigen Triebe."

Conway fragte, ob es niemals Streit um Frauen gebe.

„Nur sehr selten, denn es wird nicht für gute Sitte gehalten, eine Frau zu nehmen, die ein andrer Mann begehrt."

„Angenommen, jemand begehrte sie so heftig, daß er keinen Deut darum gäbe, ob es manierlich sei oder nicht."

„Dann erfordert die gute Sitte von dem andern, zurückzutreten, und von der Frau, ebenso entgegenkommend zu sein. Sie wären wirklich überrascht zu sehen, wie ein bißchen Höflichkeit aller in allem dazu beiträgt, diese Fragen reibungslos zu lösen."

INZWISCHEN gewann Miß Brinklow dem Studium des Tibetanischen eine eigene Art von Befriedigung ab, Mallinson war ungeduldig und murrte, und Barnard verharrte in einem Gleichmut, der fast ebenso bemerkenswert blieb, ob er nun echt oder geheuchelt war.

„Um Ihnen die Wahrheit zu gestehn", sagte Mallinson, „die Gutgelauntheit dieses Menschen geht mir auf die Nerven. Ich kann es verstehn, daß er gute Miene zum bösen Spiel zu machen sucht. Aber dieses ständige Witzereißen fängt an, mich aufzubringen. Was wissen Sie denn Näheres über ihn, Conway? Ich meine, wer ist er?"

„Nicht viel. Soviel ich hörte, kam er aus Persien, wo er angeblich Ölvorkommen suchte. Es ist nun einmal seine Art, die Dinge leichtzunehmen. Als die Evakuierung angeordnet worden war, konnte ich ihn nur mit Mühe dazu überreden, sich uns anzuschließen. Er willigte erst ein, als ich ihm sagte, daß ein amerikanischer Paß eine Kugel nicht aufhalten würde."

Mallinson lachte. „Ich fürchte, Sie werden glauben, daß ich mich zuviel um andrer Leute Angelegenheiten gekümmert habe. Aber es war reiner Zufall, und ich habe natürlich zu niemand ein Wort gesagt. Ich wollte es nicht einmal Ihnen anvertrauen, aber da wir nun doch auf dieses Thema gekommen sind, kann ich's ja schließlich tun. Barnard reist mit einem gefälschten Paß und ist gar nicht Barnard. Er ist Chalmers Bryant."

„Alle Wetter, was bringt Sie auf den Gedanken?"

„Er ließ heute vormittag seine Brieftasche liegen oder verlor sie. Tschang fand sie und gab sie mir, weil er glaubte, sie gehöre mir. Einige Zeitungsausschnitte fielen heraus, als ich das Ding in den Händen drehte, und ich gebe ruhig zu, daß ich sie mir ansah. Schließlich sind Zeitungsausschnitte nichts Privates oder sollten's nicht sein. Sie handelten alle von Bryant und der Suche nach ihm. Und auf einem war ein Bild, das Barnard völlig glich, bis auf den Schnurrbart."

„Haben Sie Barnard gegenüber etwas von Ihrer Entdeckung erwähnt?"

„Nein, ich hab ihm nur sein Eigentum ohne jede Bemerkung zurückgegeben."

„Also die ganze Sache fußt darauf, daß Sie ein Zeitungsphoto erkannten? Ich möchte niemand nur deswegen verurteilen, obgleich ich nicht behaupte, daß er unmöglich Bryant sein kann. Wenn er's wäre, würde das zum größten Teil erklären, warum er so zufrieden ist, hier zu sein – er hätte kaum ein besseres Versteck finden können."

Mallinson zeigte sich ein wenig enttäuscht von dieser beiläufigen Aufnahme einer Neuigkeit, die er selbst offenbar für höchst sensationell hielt. „Nun, was werden Sie jetzt in der Sache unternehmen?" fragte er.

Conway dachte einen Augenblick nach und antwortete dann: „Wahrscheinlich gar nichts. Was läßt sich schließlich in einem solchen Falle unternehmen? Heiliger oder Sünder – wir müssen jeder mit der Gesellschaft des andern so gut als möglich zurechtkommen, solange wir hier sind."

„Finden Sie eine solche Auffassung nicht recht schlapp?"

„Ist mir gleich, ob sie schlapp ist, solange sie vernünftig ist, und ich bin überzeugt, wir könnten's beide für uns behalten. Nicht aus Rücksicht auf Barnard oder Bryant oder wer er sonst ist, sondern um uns eine verdammt unangenehme Lage zu ersparen, sobald wir von hier wegkommen. Wenn man ein paar Monate ganz gesellig mit einem Menschen gelebt hat, scheint es nicht recht am Platz zu sein, nach Handschellen zu rufen."

„Damit bin ich nicht einverstanden. Der Mann ist nichts anderes als ein Dieb großen Stils – ich kenne eine Menge Leute, die durch ihn ihr Geld verloren haben."

Conway zuckte die Achseln. Er bewunderte die einfachen Schwarzweißregeln Mallinsons. Wenn ein Mensch das Gesetz übertrat, war es jedermanns Pflicht, ihn der Gerechtigkeit auszuliefern – immer vorausgesetzt, daß es die Art von Gesetz war, deren Übertretung nicht gestattet war. Und das Gesetz, das sich auf Schecks und Aktien und Bilanzen bezog, war entschieden von dieser Art. Bryant hatte es übertreten, und obgleich Conway sich nicht für den Fall interessiert hatte, war ihm doch der Eindruck geblieben, daß es ein recht schlimmer Fall gewesen sein mußte. Der Bankrott der riesigen Bryant-Gruppe in New York hatte Verluste von etwa hundert Millionen Dollar verursacht – ein Rekordkrach, sogar in einer Welt, die von Rekorden triefte. Auf irgendeine Weise hatte Bryant in Wallstreet manipuliert, und die Folge war ein Haftbefehl gegen ihn, seine Flucht nach Europa und ein Auslieferungsbegehren an ein halbes Dutzend Länder gewesen.

Conway sagte abschließend: „Also, wenn Sie meinen Rat annehmen wollen, lassen Sie nichts darüber verlauten. Handeln Sie natürlich nach Ihrem Gutdünken, nur vergessen Sie die Möglichkeit nicht, daß er vielleicht gar nicht der Mann ist.“

Er war es aber, und die Enthüllung erfolgte am selben Abend nach dem Essen. Tschang war soeben gegangen. Das Gespräch während der Mahlzeit wäre ohne den Takt und die Liebenswürdigkeit des Chinesen mehr als einmal eingeschlafen. Nun schlich sich ein recht unbehagliches Schweigen ein. Barnard waren diesmal die Witze ausgegangen. Conway war es klar, daß es über Mallinsons Kraft ging, den Amerikaner zu behandeln, als wäre nichts geschehen, und ebenso klar, daß Barnard zu klug war, nicht zu merken, daß etwas geschehen war.

Der Amerikaner warf plötzlich seine Zigarre weg. „Ich schätze, Sie wissen alle, wer ich bin“, sagte er.

Mallinson errötete wie ein junges Mädchen, aber Conway erwiderte in demselben ruhigen Ton: „Ja, Mallinson und ich glauben, es zu wissen.“

„Na, Sie nehmen's ja sehr gut auf, das ist immerhin etwas.“

Es folgte wieder ein Schweigen, das endlich von Miß Brinklows schriller Stimme unterbrochen wurde. „Ich weiß bestimmt nicht, wer Sie sind, Mr. Barnard, aber ich muß sagen, ich erriet schon längst, daß Sie inkognito reisen. Ich erinnere mich, wie Mr. Conway sagte, unsre Namen würden in den Zeitungen stehn, und Sie antworteten, das berühre Sie nicht. Ich dachte mir, daß Barnard wahrscheinlich nicht Ihr richtiger Name sei.“

Der Missetäter lächelte bedächtig, während er sich eine frische Zigarre anzündete. „Madam", sagte er dann, „Sie sind nicht nur ein scharfsinniger Detektiv, sondern Sie haben auch eine wirklich höfliche Bezeichnung für meine gegenwärtige Lage gefunden. Ich reise inkognito. Und ihr Jungen, na, es tut mir nicht leid, daß ihr mich entlarvt habt. Ihr wart so riesig nett zu mir, daß ich euch nicht einen Haufen Scherereien machen will. Sieht so aus, als wären wir alle noch für eine kleine Weile aneinandergeschmiedet, und es liegt an uns, einander zu helfen. Was dann später geschieht – ich schätze, darauf können wir es vorläufig ankommen lassen."

Das alles erschien Conway so ungemein vernünftig, daß er Barnard mit wesentlich größerem Interesse betrachtete und auch – was vielleicht in einem solchen Augenblick wunderlich war – mit einer Spur echter Hochschätzung. „Ja, ganz gewiß, das ist weitaus das beste", sagte er.

Da lachte Barnard. „Es war schon sehr kurios", rief er. „Die ganze vertrackte Geschichte, meine ich. Mitten durch ganz Europa und weiter durch die Türkei und Persien zu diesem Felsennest. Baskul! Ich dachte mir, ich wäre da in Sicherheit, mitten in einer Revolution."

„Das waren Sie auch", sagte Conway, „nur nicht vor Kugeln."

„Ja, ich kann Ihnen sagen, es war eine mächtig schwere Wahl – ob ich in Baskul bleiben und mir ein paar Löcher in den Leib schießen lassen sollte, oder mich auf eine Vergnügungsreise in einem Regierungsflugzeug einzulassen und bei der Landung zu entdecken, daß die Armbänder auf mich warteten. Ich war auf beides nicht sehr erpicht."

„Ich erinnere mich, daß Sie es nicht waren."

Barnard lachte wieder. „Tja, Sie können sich leicht ausrechnen, daß diese Abänderung des Reiseplans, die mich hierherbrachte, mir keine allzu schrecklichen Sorgen machte. Das Ganze ist eine erstklassig rätselhafte Sache, aber für mich persönlich hätte es gar nichts Besseres geben können. Es ist gar kein so übler Ort, wenn man sich daran gewöhnt hat. Es ist nett und ruhig hier. Ich brauche nicht auf den Börsentelegraphen zu schauen, und mein Makler kann mich nicht am Telephon erreichen."

„Ich wage zu behaupten, er wünscht das sehr."

„Na und ob. Ein hübsches Durcheinander gibt's da aufzuräumen."

Er sagte das mit solcher Einfachheit, daß Conway gar nicht anders konnte, als darauf einzugehen. „Ich verstehe zwar nicht viel von dem, was man große Finanztransaktionen nennt..."

Es war ein Köder, und der Amerikaner schnappte ihn ohne Zögern. „Große Finanztransaktionen sind meistens großer Mumpitz. Ein Kerl tut, was er seit Jahren getan hat und Dutzende andrer Kerle auch getan haben, und plötzlich wendet sich der Markt gegen ihn. Er kann nichts dagegen tun, aber er faßt sich und wartet darauf, daß wieder ein Umschwung kommt. Aber aus irgendeinem Grunde kommt der Umschwung nicht, wie er doch sonst immer kam, und dann hat er schon zehn Millionen Dollar verloren und ist noch immer da, bis die Polizei kommt – wenn er so lange wartet. Ich hab nicht gewartet. Und ich hatte jedenfalls einen hübschen Packen Pech."

„Sie hatten aber auch das Geld andrer Leute", sagte Mallinson scharf.

„Jawohl, das hatte ich. Weil sie alle etwas für nichts wollten und nicht das Hirn hatten, es selbst zu kriegen."

„Ich bin nicht Ihrer Meinung. Die Leute taten es, weil sie Ihnen vertrauten und glaubten, ihr Geld sei bei Ihnen sicher."

„Na, und es war eben nicht sicher, konnte nicht sicher sein. Es gibt nirgends Sicherheit. Und Leute, die glauben, es gebe eine, sind wie ein paar Schwachköpfe, die sich vor einem Taifun unter einen Regenschirm verkriechen."

Conway meinte begütigend: „Also, wir wollen sagen, daß Sie nichts gegen den Taifun tun konnten."

„Ich konnte nicht einmal so tun, als unternähme ich was dagegen."

„Das ist Unsinn", rief Mallinson. „Kein Mensch muß schwindeln. Es kommt eben darauf an, ob man das Spiel nach den Regeln spielt."

„Und das ist verdammt schwer, wenn das ganze Spiel in Stücke geht. Übrigens, wer weiß, welches die Regeln sind?"

Mallinson erwiderte ziemlich verachtungsvoll: „Ich meine ein paar ganz einfache Regeln für das tägliche Leben."

„Dann schätze ich, daß Ihr tägliches Leben nicht die Leitung von Finanzkonzernen umfaßt."

Conway legte sich ins Mittel. „Wir wollen lieber nicht streiten. Jetzt sind wir hier, das ist das wichtige. Es ist doch merkwürdig, daß von vier zufällig aufgelesenen, fünfzehnhundert Kilometer weit entführten Menschen drei imstande sind, einigen Trost in der Sache zu finden. Sie, Barnard, wollen ein sicheres Versteck, und Miß Brinklow fühlt eine Berufung, den heidnischen Tibetanern das Evangelium zu bringen."

„Wer ist der dritte, den Sie da mitzählen?" unterbrach ihn Mallinson. „Hoffentlich nicht ich."

„Ich habe mich selbst eingerechnet", antwortete Conway, „und mein Grund ist vielleicht der allereinfachste – es gefällt mir recht gut hier."

Tatsächlich empfand er, als er ein wenig später seinen nun schon gewohnten einsamen Abendspaziergang auf der Terrasse oder am Lotosteich unternahm, ein außerordentliches Gefühl körperlicher und geistiger Befriedung. Es war vollkommen wahr, daß es ihm recht gut in Schangri-La gefiel. Die Atmosphäre beruhigte, während das Geheimnisvolle befeuernd wirkte – und die Gesamtempfindung war äußerst angenehm. Seit einigen Tagen war er allmählich und tastend zu einem seltsamen Schluß über das Lama-Kloster gekommen. Er beschäftigte sich noch immer damit, blieb aber in seinem tiefsten Innern ganz sicher darüber. Er war wie ein Mathematiker vor einem verworrenen Problem – grübelte darüber, grübelte jedoch sehr gefaßt und unpersönlich.

Was Bryant betraf – er hatte beschlossen, ihn auch weiter im Denken und Sprechen Barnard zu nennen –, so trat, was er getan und wer er war, sogleich wieder in den Hintergrund, bis auf einen einzigen Satz, den er ausgesprochen hatte – „das ganze Spiel geht in Stücke". Conway entdeckte, daß er mit einer viel weiteren Bedeutung in ihm widerhallte, als der Amerikaner vermutlich hineingelegt hatte. Er fühlte, daß dieses Wort nicht nur auf amerikanisches Bankwesen zutraf, es paßte auch auf Baskul und Delhi und London, auf Kriegsvorbereitungen und Weltreichspläne. Ein Modergeruch von Auflösung schwebte in seiner Erinnerung über dieser ganzen Welt. Das ganze Spiel ging in Stücke, aber die Spieler wurden glücklicherweise in der Regel nicht vor Gericht gestellt wegen der Stücke, die zu retten sie unterlassen hatten. In dieser Hinsicht waren Finanzleute übel dran.

Hier aber, in Schangri-La, war alles in tiefster Ruhe. Conway mußte sich sagen, daß er nicht restlos erfreut wäre, wenn die Träger aus der Außenwelt sogleich einträfen. Auch Barnard wäre nicht erfreut, dachte er mit stillem Lächeln. Es war wirklich belustigend, und plötzlich wußte er, daß er Barnard noch immer gern hatte, sonst hätte er es nicht belustigend gefunden. Irgendwie schien der Verlust von zehn Millionen Dollar zu groß, als daß man einen Menschen deswegen hätte schneiden können; es wäre leichter gewesen, wenn er einem nur die Uhr gestohlen hätte.

Plötzlich merkte er mitten in seinem Nachsinnen, daß Tschang sich näherte. „Mein Herr", begann der Chinese, „ich bin stolz, Ihnen eine wichtige Nachricht überbringen zu können ..."

Also waren die Träger doch vor der Zeit gekommen, war Conways erster Gedanke, und er fühlte den Stich, auf den er halb vorbereitet war. „Nun?" fragte er.

Tschang war in einem Zustand, der so nahe an Aufregung grenzte, als es körperlich für ihn möglich war. „Mein werter Herr, ich beglückwünsche Sie", fuhr er fort, „und der Gedanke erfüllt mich mit Freude, daß ich in gewissem Maß dafür verantwortlich bin – es geschah auf meine dringenden und wiederholten Empfehlungen, daß der Hohelama seine Entscheidung traf. Er wünscht Sie zu sprechen. Es ist außerordentlich und noch nie dagewesen", fuhr er fort. „Vor vierzehn Tagen waren Sie noch nicht einmal eingetroffen, und nun sollen Sie schon von ihm empfangen werden. Noch nie ist das so bald geschehn."

Conways Blick war ein wenig ironisch. „Ihre Rede ist weniger zusammenhängend als sonst, Tschang. Ich soll euren Hohenlama sprechen – soweit begreife ich ganz gut. Aber steckt da noch etwas dahinter?"

„Ist es nicht genug?"

Conway lachte. „Vollkommen – glauben Sie nicht, ich sei unhöflich. Anfangs kam mir etwas ganz andres in den Sinn, aber das tut jetzt nichts zur Sache. Selbstverständlich fühle ich mich sowohl geehrt als auch entzückt, den Herrn kennenzulernen. Wann soll ich vorgestellt werden?“

„Sogleich. Ich erhielt den Auftrag, Sie zu ihm zu führen.“

„Ist es nicht schon recht spät?“

„Das hat nichts zu sagen, mein werter Herr. Sie werden sehr bald vieles verstehn. Und ich möchte meiner persönlichen Freude Ausdruck geben, daß diese Zwischenzeit nun ihr Ende gefunden hat. Glauben Sie mir, es war mir sehr unangenehm, Ihnen so oft Auskunft verweigern zu müssen. Das Bewußtsein, daß solche Ungefälligkeit nicht mehr nötig sein wird, beglückt mich.“

SIEBTES KAPITEL

Conway blieb ganz gelassen, aber dahinter lag eine erwartungsvolle Erregung, die immer stärker wurde, als er Tschang durch die leeren Höfe folgte. Wenn die Worte des Chinesen ernst gemeint waren, so stand er nun auf der Schwelle der Enthüllung.

Tschang führte ihn durch Räume, die er noch nicht gesehn hatte, alle nur matt erhellt und äußerst reizvoll im Licht der Laternen. Dann stiegen sie eine Wendeltreppe zu einer Tür empor, an die der Chinese pochte, worauf sie von einem Tibetaner so unverzüglich geöffnet wurde, daß Conway vermutete, der Mann habe dicht dahinter gewartet. Dieser Teil des Klosters war von einer trockenen, kribbelnden Wärme erfüllt, als wären alle Fenster dicht geschlossen und irgendeine Dampfheizungsanlage in vollem Betrieb. Diese Luftlosigkeit nahm zu, als sie weiterschritten, bis der Chinese zuletzt vor einer Tür innehielt, die, wenn dem körperlichen Empfinden zu trauen war, in ein türkisches Bad hätte führen können.

„Der Hohelama wird Sie allein empfangen“, flüsterte Tschang. Er öffnete die Tür und schloß sie leise hinter Conway. Der war zögernd stehngeblieben und atmete die Luft, die nicht nur schwül war, sondern auch so dämmrig, daß es mehrere Sekunden dauerte, bevor seine Augen sich an das Düster gewöhnten. Langsam setzte sich ihm der Eindruck eines niedrigen, dunkel verhangenen Raums zusammen, der einfach und fast nur mit Tisch und Stühlen eingerichtet war. Auf einem von diesen saß eine kleine, blasse, runzelige Gestalt regungslos in den verfließenden Schatten und wirkte wie ein nachgedunkeltes altes Bild. Wenn es so etwas wie Wesenheit getrennt von Anwesenheit gab, dann hatte er sie hier vor sich, in eine klassische Würde gehüllt, die mehr eine Ausstrahlung als eine Eigenschaft war. Conway fühlte sich unter dem Blick dieser uralten Augen schwindlig werden, machte ein paar Schritte vorwärts und blieb dann stehn. Die Erscheinung in dem Lehnstuhl wurde nun weniger unscharf in ihren Umrissen, jedoch kaum körperlicher. Sie war die eines kleinen, alten Mannes in chinesischer Kleidung, deren Falten lose um eine flache, ausgemergelte Gestalt fielen. „Sie sind Mr. Conway?" flüsterte er in vorzüglichem Englisch.

Die Stimme war wohltuend sanft und von milder Melancholie gefärbt, die Conway mit seltenem Wohlgefühl erfüllte. „Der bin ich", antwortete er.

„Es ist mir ein Vergnügen, Sie zu sehn, Mr. Conway. Ich ließ Sie rufen, weil ich mir dachte, wir täten gut daran, miteinander zu sprechen. Setzen Sie sich zu mir und haben Sie keine Furcht. Ich bin ein alter Mann und kann niemand etwas zuleide tun."

„Ich empfinde es als besondere Ehre, von Ihnen empfangen zu werden."

„Ich danke Ihnen, mein lieber Conway, ich werde Sie nach Ihrer englischen Sitte so nennen. Mein Sehvermögen ist schlecht, aber glauben Sie mir, ich kann Sie im Geiste ebenso gut sehn wie mit Augen. Ich darf wohl annehmen, daß Sie es in Schangri-La behaglich gehabt haben?"

„Ganz außerordentlich."

„Das freut mich. Tschang hat zweifellos sein möglichstes für Sie getan. Es war auch ihm ein großes Vergnügen. Er sagte mir, Sie hätten viele Fragen nach unsrer Gemeinschaft und ihren Angelegenheiten gestellt."

„Ich nehme großen Anteil daran."

„Dann werde ich Ihnen gern einen kurzen Bericht über unsere Gründung geben."

Er machte eine kaum merkliche Handbewegung, und sogleich – Conway konnte nicht entdecken, wie es bewirkt wurde – trat ein Diener ein und bereitete das vornehme Ritual des Teetrinkens vor. Die eierschalendünnen Täßchen mit dem fast farblosen Getränk wurden auf ein Lacktablett gestellt. Wieder ertönte die Stimme: „Unsere Gebräuche sind Ihnen vertraut?"

Einem Antrieb gehorchend, über den er sich keine Rechenschaft geben konnte, den er aber auch nicht zu unterdrücken vermochte, antwortete Conway: „Ich habe einige Jahre in China gelebt."

„Davon haben Sie Tschang nichts gesagt. Was verschafft mir diese Ehre?"

Conway war selten darum verlegen, seine Beweggründe zu erklären, allein bei dieser Gelegenheit fiel ihm überhaupt kein Grund ein. Endlich erwiderte er: „Um ganz aufrichtig zu sein – ich habe nicht die leiseste Ahnung. Ich muß offenbar gewünscht haben, es Ihnen zu sagen."

„Ganz gewiß der beste aller Gründe zwischen Menschen, die Freunde werden sollen ... Nun sagen Sie mir, ist das nicht ein köstliches Aroma? Es gibt in China viele und sehr feine Teesorten, aber diese, ein Erzeugnis unseres Tals, kommt ihnen meiner Meinung nach gleich."

Conway führte seine Tasse an die Lippen und kostete. Der Geschmack war zart und schwer festzuhalten. Ein geisterhaftes Bukett.

„Außerordentlich köstlich", sagte er, „und überdies mir ganz neu."

„Ja, gleich vielen Kräutern unseres Tals ist es einzigartig und kostbar. Dieser Tee sollte sehr langsam getrunken werden – nicht nur mit Verehrung und Liebe, sondern auch, um das vollste Maß von Genuß daraus zu ziehen. Das ist eine berühmte Lehre, die wir von Kau-Kai-Tschau lernen können, der vor etlichen fünfzehnhundert Jahren lebte. Er zögerte stets, bevor er an das saftige Mark kam, wenn er ein Stück Zuckerrohr aß, ‚denn', so erklärte er, ‚ich führe mich allmählich in die Gebiete der Wonnen ein'."

Conway wußte, daß dieses anspielungsreiche Gespräch, der Etikette gehorchend, fortdauern werde, bis die Teetassen weggenommen würden. Aber es machte ihn keineswegs ungeduldig, trotz seiner Neugier, die Geschichte Schangri-Las zu hören.

Endlich wurde das Zeichen gegeben. Wieder kam auf geheimnisvolle Weise der Diener fast unhörbar herein und ging wieder, und ohne weitere Einleitung begann der Hohelama von Schangri-La: „Sie sind vielleicht, mein lieber Conway, mit den allgemeinen Umrissen der Geschichte Tibets vertraut. Ich höre von Tschang, daß Sie ausgiebig Gebrauch von unserer Bibliothek hier gemacht haben. Sie werden jedenfalls wissen, daß das nestorianische Christentum während des Mittelalters in ganz Asien weit verbreitet war und daß die Erinnerung daran noch lange nach seinem tatsächlichen Verfall fortlebte. Im siebzehnten Jahrhundert wurde unmittelbar von Rom der Anstoß zur Wiederbelebung des Christentums durch heldenhafte Jesuitenmissionare gegeben. Allmählich verbreitete sich die Kirche über ein gewaltiges Gebiet, und im Jahre 1719 brachen in Peking vier Kapuzinermönche auf, um die Überreste des nestorianischen Glaubens zu suchen, die vielleicht im Landesinnern noch fortlebten.

Sie zogen viele Monate lang nach Südwesten und bestanden Strapazen, die Sie sich wohl vorstellen können. Drei starben unterwegs, und der vierte war dem Tod nicht mehr fern, als er zufällig in den Engpaß stolperte, der auch heute noch den einzigen Zugang zum Tal des Blauen Monds bildet. Hier fand er zu seiner Freude und Überraschung eine freundliche und wohlhabende Bevölkerung vor, die sich beeilte, das zu beweisen, was ich stets als unsere älteste Tradition angesehn habe – Gastlichkeit gegenüber Fremden. Er gewann bald seine Gesundheit zurück und begann seine Tätigkeit als Missionsprediger. Die Einwohner waren Buddhisten, aber sie hörten ihn an, und er hatte beträchtlichen Erfolg. Es bestand damals ein tibetanisches Kloster auf dieser selben Bergterrasse, aber es war in einem Zustand äußern wie geistigen Verfalls. Und der Kapuziner faßte den Gedanken, auf derselben großartigen Stätte ein christliches Kloster zu errichten. Unter seiner Aufsicht wurden die alten Gebäude ausgebessert und zu einem großen Teil neu errichtet, und er selbst begann im Jahre 1734 hier zu leben, als er dreiundfünfzig Jahre zählte.

Der Name dieses Mannes war Perrault, und er war von Geburt Luxemburger. Bevor er sich der fernöstlichen Mission widmete, hatte er in Paris, Bologna und an andern Universitäten

studiert; er war so etwas wie ein Gelehrter. Er war ein Freund der Musik und der Künste, hatte eine besondere Begabung für Sprachen, und bevor er von seiner Berufung überzeugt war, hatte er alle Freuden der Welt gekostet. Die Schlacht von Malplaquet wurde geschlagen, als er noch in Europa war, und er kannte aus eigener Anschauung die Greuel des Krieges und der Besetzung. Perrault war körperlich kräftig und widerstandsfähig. Während seiner ersten Jahre hier leistete er mit seinen Händen Arbeit wie jeder andere, bestellte seinen Garten und lernte von den Einwohnern ebenso, wie er sie lehrte. Er fand Goldlager längs des Tals, aber weit mehr interessierte er sich für Pflanzen und Kräuter. Er war bescheiden und keineswegs fanatisch. Er mißbilligte die Vielweiberei, aber er sah keinen Grund, gegen die vorherrschende Vorliebe für die Tangatse-Beere zu predigen, die als mildes Rauschmittel beliebt war. Perrault gab sich tatsächlich in gewissem Maß ihrem Genuß hin. Er nahm vom Leben der Eingeborenen alles an, was er harmlos und angenehm fand, und bot dafür die geistigen Schätze des Westens.

Als das Kloster sicheren Bestand erlangt hatte, war Perrault, dieser arbeitsame, gelehrte, begeisterungsfähige Mann, schon bei vollen Jahren. Von einem strengen Gesichtspunkt aus gesehn, hatte er nicht ganz nach den Regeln gehandelt, obgleich natürlich einem Mann, dessen kirchliche Vorgesetzte sich in einer Entfernung befinden, die eher nach Jahren als nach Meilen zu messen ist, ein gewisser Spielraum zugestanden werden muß. Aber die Talbevölkerung und die Mönche selbst liebten ihn und gehorchten ihm; als die Jahre vergingen, verehrten sie ihn auch. Es war seine Gewohnheit, von Zeit zu Zeit Berichte an den Bischof von Peking zu senden, aber oft erreichten sie ihn gar nicht, und da angenommen werden mußte, daß die Überbringer den Gefahren der Reise erlegen waren, wurde Perrault immer abgeneigter, ihr Leben aufs Spiel zu setzen, und etwa um 1750 gab er diese Gepflogenheit auf. Einige seiner früheren Berichte jedoch mußten an ihr Ziel gelangt sein und Zweifel über seine Tätigkeit erweckt haben, denn im Jahre 1769 brachte ein Fremder einen zwölf Jahre zuvor geschriebenen Brief, der Perrault nach Rom berief.

Er wäre weit über siebzig Jahre alt gewesen, wenn der Befehl ihn ohne Verzug erreicht hätte, so aber war er schon neunundachtzig geworden. Den langen Karawanenweg über Berge und Hochflächen, die wütenden Stürme und heftigen Fröste der Wildnis draußen hätte er nie überstehen können. Er sandte daher eine wohlgesetzte Antwort, in der er die Lage erklärte, aber es gibt keinen Beweis, daß diese Antwort je über die großen Gebirgsketten gelangte.

So blieb Perrault in Schangri-La, nicht gerade in Mißachtung der Befehle seiner Oberen, sondern weil es ihm körperlich unmöglich war, ihnen Folge zu leisten. Um diese Zeit begann die von ihm begründete Anstalt eine fast unmerkliche Veränderung durchzumachen. Das war wirklich nicht sehr zu verwundern, denn es ließ sich kaum erwarten, daß ein einziger Mann die Gewohnheiten und Überlieferungen jener Epoche ausrotten könnte. Er hatte keine Mitarbeiter aus dem Westen, die hätten festhalten können, als sein Griff erschlaffte, und es war vielleicht ein Fehler gewesen, auf einer Stätte zu bauen, an der um soviel ältere und ganz andere Erinnerungen hingen. Perrault jedenfalls war viel zu alt und zu glücklich, um den Fehler zu begreifen, den er begangen hatte. Seine Anhänger waren ihm ergeben, auch wenn sie seine Lehren vergaßen, und die Talbewohner hegten solche liebevolle Verehrung für ihn, daß er ihnen mit immer größerer Leichtigkeit verzieh, wenn sie in ihre früheren Gewohnheiten zurückfielen. Er war noch immer tatkräftig, und seine Fähigkeiten hatten nicht nachgelassen, obgleich er damals rund hundert Jahre alt war.

Inzwischen waren viele seiner ersten Schüler gestorben, und die Zahl der nach der alten Kapuzinerregel Lebenden schrumpfte auf ein Dutzend zusammen, und von diesem waren die meisten schon Greise. Perraults Leben wurde ein sehr stilles und friedliches Warten auf das Ende. Er war viel zu alt für Krankheit oder Unzufriedenheit, nur der ewige Schlaf konnte ihn noch befallen, und er fürchtete sich nicht davor. Die Talbewohner lieferten ihm aus Güte Nahrung und Kleidung; seine Bibliothek gab ihm Arbeit. Er war recht gebrechlich geworden, behielt aber Tatkraft genug, die wichtigeren Zeremonien seines Amtes zu vollziehen. Den Rest der friedlichen Tage verbrachte er mit seinen Büchern, seinen Erinnerungen und den milden Wonnen des Rauschmittels. Er verlegte sich sogar auf das Studium gewisser mystischer Übungen, die die Inder Yoga nennen und die auf verschiedene Methoden des Atmens gegründet sind. Für einen Mann dieses Alters mochte das Unterfangen wohl gefährlich erscheinen, und bald darauf, in dem denkwürdigen Jahr 1789, gelangte die Nachricht ins Tal hinab, Perrault liege endlich im Sterben.

Er lag in diesem Zimmer, wo er durchs Fenster eine weiße Verschwommenheit erblicken konnte, das einzige, was seine schwindende Sehkraft ihm noch vom Karakal vermittelte. Aber er vermochte mit seinem Geist sich die klaren und unvergleichlichen Umrisse vorzustellen, die er vor mehr als einem halben Jahrhundert zum erstenmal erblickt hatte. Er war bereit, willig und froh zu sterben, und versammelte seine Freunde und Diener um sich und sagte ihnen Lebewohl. Dann verlangte er, eine Weile alleingelassen zu werden. Er hatte gehofft, während eines solchen Alleinseins, wo sein Körper immer schwächer wurde und sein Geist sich zur Seligkeit erhob, seine Seele auszuhauchen ... Aber es kam anders. Er lag viele Wochen, ohne zu sprechen oder sich zu bewegen, und dann begann er sich zu erholen. Er war hundertundacht Jahre alt."

Die flüsternde Stimme hielt für einen Augenblick inne, und Conway, der sich kaum regte, hatte den Eindruck, der Hohelama habe geläufig aus einem fernen, urgeheimen Traum übersetzt. Endlich fuhr der Greis fort: „Perraults Verhalten war in der Tat bemerkenswert. Denn er stürzte sich unverzüglich in eine strenge Selbstzucht, die ein wenig sonderbar mit dem Schwelgen in dem Rauschmittel verbunden war. Rauschmittel genießen und Atemübungen vornehmen – das schien keine Lebensweise zu sein, die dem Tod wirksam Trotz bot, aber als der letzte der alten Mönche im Jahre 1794 starb, war Perrault noch am Leben.

Der verrunzelte Kapuziner wurde für das Volk im Tal bald eine von Geheimnis umhüllte Gestalt, ein Einsiedler von unheimlichen Kräften, der allein auf dieser schauerlichen Felswand hauste. Aber es war noch immer eine überlieferte Zuneigung zu ihm lebendig, und es wurde als verdienstlich und glückbringend angesehn, nach Schangri-La hinaufzusteigen und eine schlichte Gabe dort zu lassen oder eine nötig gewordene Handwerksarbeit zu leisten. Allen solchen Pilgern erteilte Perrault seinen Segen – er hatte vielleicht ganz vergessen, daß es verlorene und verirrte Schafe waren.

Als das neue Jahrhundert herannahte, wurde die Legende zu einer üppig ausgeschmückten phantastischen Volkssage – es hieß, daß Perrault ein Gott geworden sei, daß er Wunder wirke und daß er in gewissen Nächten zur Spitze des Karakal fliege, um eine Kerze in den Himmel zu halten. Zur Zeit des Vollmonds liegt immer ein bleicher Schimmer auf dem Berg, aber ich brauche Ihnen nicht zu versichern, daß weder Perrault noch sonst ein Mensch jemals dort hinaufkletterte. Perrault entdeckte allerdings, daß die Schwächung der gewöhnlichen Sinne einigermaßen durch die Entwicklung anderer aufgehoben werden könne; er erwarb Geschicklichkeit in der Telepathie, und obgleich er nicht behauptete, irgendwelche besonderen Heilkräfte zu besitzen, lag doch in seiner bloßen Anwesenheit etwas, das in gewissen Fällen zu helfen vermochte.

Während dieser beispiellosen Jahre begann er sein Dasein so zu führen, wie er sich es stets ersehnt, aber so selten möglich gefunden hatte. Bei allen Schicksalsfügungen hatte er sich nämlich die Vorliebe für die stillen Freuden des Gelehrten bewahrt. Sein Gedächtnis war erstaunlich; es dünkte ihn fast, er könnte nun wirklich alle Wissenszweige leichter erlernen, als er während seiner Studienzeit auch nur ein einziges Wissensgebiet bewältigt hatte. Er stand allerdings bald vor der Notwendigkeit, Bücher zu besitzen, aber einige Werke hatte er von Anfang an bei sich gehabt, darunter – was Sie vielleicht interessieren wird – eine englische Sprachlehre samt Wörterbuch und Florios Übersetzung des Montaigne. Mit diesen Hilfsmitteln gelang es ihm, die Feinheiten des Englischen zu meistern und Montaignes Essay ‚Über die Eitelkeit‘ ins Tibetanische zu übersetzen.

Es war, wie Sie vielleicht finden werden, eine Leistung, die gar keinen praktischen Wert hatte, aber Perrault hätte sich ohne irgendeine solche Beschäftigung sehr einsam gefühlt – jedenfalls bis zum vierten Jahr des neunzehnten Jahrhunderts, das einen Markstein in der Geschichte dieser Gründung bildet. Denn in diesem Jahr gelangte ein junger Österreicher, er hieß Henschell, ins Tal des Blauen Mondes. Er war ein Mann von vornehmer Geburt, hoher Kultur und bezauberndem Wesen, der gegen Napoleon in Italien gekämpft hatte. Die Kriegsjahre hatten sein Vermögen vernichtet, und mit der Absicht, sich ein neues zu erwerben, war er nach Rußland gegangen und dann nach Asien verschlagen worden. Aber er hatte selber keine sehr klare Erinnerung daran, wie er die Hochfläche erreicht hatte, ja er war, als er hier eintraf, dem Tod so nahe wie einst Perrault selbst. Wieder gewährte das Tal Gastfreundschaft, und der Fremde erholte sich – aber während Perrault hierhergekommen war, um zu predigen und Menschen zu bekehren, bekundete Henschell ein unmittelbares Interesse für die Goldlager. Sein oberstes Bestreben war, sich zu bereichern und so bald als möglich nach Europa zurückzukehren.

Aber er kehrte nicht dahin zurück. Das Tal mit seiner völligen Freiheit von weltlichen Sorgen verlockte ihn immer wieder, seine Abreise hinauszuschieben, und eines Tages stieg er nach Schangri-La hinauf und hatte seine erste Zusammenkunft mit Perrault.

Diese Begegnung war im wahrsten Sinn geschichtlich denkwürdig. Perrault war zwar schon ein wenig über solche menschlichen Gemütsbewegungen wie Freundschaft oder Zuneigung hinaus, aber doch noch immer mit großer Seelengüte begabt, die auf den jungen Mann wie Wasser auf ausgedörrte Erde wirkte. Ich will nicht versuchen, die Gemeinschaft zu beschreiben, die sich zwischen den beiden bildete. Der eine gab äußerste Verehrung, während der andere mit ihm sein Wissen, seine Ekstasen und den wilden Traum teilte, der für ihn die einzige Wirklichkeit geworden war, die ihm in der Welt blieb."

Es trat eine Pause ein, und Conway sagte sehr ruhig: „Entschuldigen Sie die Unterbrechung, aber das ist mir nicht ganz klar."

„Ich weiß." Die geflüsterte Antwort war voll Mitgefühl. „Es wäre auch wirklich ein Wunder, wenn es sich anders verhielte. Es ist das etwas, das ich Ihnen mit Vergnügen erklären werde, bevor unser Gespräch zu Ende ist. Aber für den Augenblick will ich mich auf einfachere Dinge beschränken. Es wird Sie gewiß interessieren, daß es Henschell war, der unsere Sammlungen chinesischer Kunst wie auch unsre Bücherei und Musikbibliothek anzulegen begann. Er unternahm eine bemerkenswerte Reise nach Peking und brachte die erste Ladung im Jahre 1809 zurück. Er verließ das Tal nicht wieder, aber es war sein erfinderischer Geist, der das komplizierte System erdachte, durch das unser Kloster bisher immer imstande war, alles Nötige aus der Außenwelt zu erhalten."

„Ich vermute, es fiel ihnen leicht, in Gold zu bezahlen."

„Ja, wir waren vom Glück begünstigt, Vorräte eines Metalls zu besitzen, das in andern Teilen der Welt hoch geschätzt wird."

„So hoch, daß Sie großes Glück gehabt haben müssen, einem Goldfieber zu entgehn."

Der Hohelama machte eine kaum merkliche bejahende Kopfbewegung. „Das, mein lieber Conway, war es, was Henschell immer befürchtete. Er sorgte dafür, daß keiner der Träger, welche Bücher und Kunstschätze brachten, allzu nahe kam. Er ließ sie alle ihre Lasten eine Tagreise entfernt abladen, wo sie dann von den Leuten unseres Tals geholt werden konnten. Er richtete sogar einen ständigen Wachtdienst am Eingang des Passes ein. Aber es kam ihm bald der Gedanke, daß es eine leichtere und endgültige Sicherung gab."

„Ja?" Conways Stimme klang vorsichtig gespannt.

„Sehen Sie, ein Einmarsch feindlicher Truppen wird infolge der Beschaffenheit der Gegend und der riesigen Entfernungen nicht möglich sein. Das Äußerste, was je im Bereich der Möglichkeit lag, war die Ankunft einiger halb verirrter Reisender, die, auch wenn sie bewaffnet wären, sich in so geschwächtem Zustand befänden, daß sie keine Gefahr bilden könnten. Es wurde daher beschlossen, daß fortan Fremde ganz frei und nach Belieben kommen könnten – nur mit einem wichtigen Vorbehalt.

Und während einer Reihe von Jahren kamen solche Fremde auch wirklich. Chinesische Kaufleute, die die Hochebene überquerten, gerieten manchmal zufällig auf diesen Weg; tibetanische Nomaden, die von ihren Stämmen weggewandert waren, kamen manchmal vereinzelt her wie erschöpfte Tiere. Allen wurde ein Willkommen bereitet, obgleich manche dieses Tal nur erreichten, um hier zu sterben. Im Jahre von Waterloo überstiegen zwei englische Missionare auf dem Weg von Peking her die Gebirgsketten über einen unbekannten Paß und kamen hier so frisch an, als machten sie einen Besuch. Im Jahre 1820 wurde ein griechischer Händler, von kranken und halbverhungerten Dienern begleitet, auf dem höchsten Punkt des Passes aufgefunden. 1830 vollbrachten zwei Deutsche, ein Russe, ein Engländer und ein Schwede die gefürchtete Überschreitung des Tien-Schan, getrieben von einem Beweggrund, der nun immer häufiger wurde – wissenschaftliche Erforschung des Landes. Zu der Zeit, als sie kamen, war es üblich geworden, fremden Besuchern entgegenzugehn, wenn sie bis in einen bestimmten Umkreis gelangten. Das alles geschah aus einem Grund, den ich später besprechen werde. Aber es ist von Wichtigkeit, weil es zeigt, daß das Kloster bereits das Bedürfnis hatte, neue Ankömmlinge aufzunehmen.

Inzwischen hatte Schangri-La begonnen, vieles von dem, was es heute kennzeichnet, anzunehmen. Henschell war ein äußerst begabter und tüchtiger Mann, und das Kloster verdankt ihm fast ebensoviel wie seinem Gründer. Denn er besaß die feste und doch gütige Hand, deren jede Anstalt auf einer gewissen Stufe ihrer Entwicklung bedarf, und sein Verlust wäre ganz unersetzlich gewesen, wenn er nicht mehr als ein volles Lebenswerk vollbracht hätte, bevor er starb."

Conway sah auf und wiederholte mehr wie ein Echo als wie eine Frage diese letzten Worte. *„Er starb!"*

„Ja. Er wurde getötet. Es war im Jahr eures indischen Aufstands. Kurz vor seinem Tod hatte ein chinesischer Künstler ihn skizziert, und ich kann Ihnen diese Skizze jetzt zeigen."

Die leichte Handbewegung wurde wiederholt, und wieder trat ein Diener ein. Der Mann schob einen kleinen Vorhang am andern Ende des Raums beiseite und hängte eine leise schwingende Laterne zwischen die Schatten. Conway erhob sich ungeschickt und schritt auf den zitternden Lichtkreis zu. Die Skizze war klein, kaum mehr als eine farbig getuschte Miniatur, aber der Künstler hatte doch vermocht, den Fleischtönen die zarte Struktur einer Wachsbossierung zu geben. Die Züge waren von großer Schönheit, fast mädchenhaft geformt, und Conway fand in ihrem gewinnenden Zauber etwas ihn sogleich persönlich Anziehendes. Aber das allerseltsamste, etwas, das ihm erst nach der ersten staunenden Bewunderung bewußt wurde, war dies: es war das Gesicht eines jungen Mannes.

Er stammelte, während er sich davon entfernte: „Aber – Sie sagten doch, das sei kurz vor seinem Tod angefertigt worden?“

„Ja, es ist sehr lebensähnlich.“

„Also, wenn er, wie Sie sagten, im Jahre 1857 starb – und er kam 1803 als junger Mann hierher?“

„Ja, ganz richtig.“

Conway antwortete einen Augenblick nicht. Dann aber raffte er sich mit einiger Anstrengung zu der Frage auf: „Und er wurde getötet, sagten Sie?“

„Ja, ein Engländer erschoß ihn. Er war auch Forschungsreisender. Es hatte Streit gegeben – wegen irgendwelcher Träger. Henschell hatte ihm gerade von dem wichtigen Vorbehalt gesagt, von dem die Aufnahme von Gästen bei uns abhängt. Es war eine Aufgabe von einiger Schwierigkeit, und seither habe ich mich, ungeachtet meiner Schwäche, immer bemüßigt gefühlt, sie selber zu vollziehen.“

Der Hohelama machte eine Pause. Dann sagte er: „Vielleicht fragen Sie sich, mein lieber Conway, was dieser Vorbehalt sein mag?“

Conway antwortete langsam und mit leiser Stimme: „Ich glaube, ich kann das bereits erraten.“

„Können Sie das wirklich? Und können Sie nach meiner langen und wunderlichen Geschichte noch etwas anderes erraten?“

Während der ganzen Erzählung hatte Conway mit einer Gespanntheit zugehört, die ihn vielleicht davor geschützt hatte, die volle Bedeutung des Ganzen zu erfassen. Nun aber wurde er von Staunen überflutet und erlangte Gewißheit. „Es scheint unmöglich“, stammelte er, „und doch kann ich nicht gegen den Gedanken an – es ist erstaunlich – und ganz außergewöhnlich – und völlig unglaublich – und doch nicht so außerhalb meines Glaubensvermögens –“

„Was ist so, mein Sohn?“

Und Conway antwortete, von einem Gefühl erschüttert, für das er keinen Grund wußte und das er nicht zu verbergen suchte: „Daß Sie noch am Leben sind, Vater Perrault.“

ACHTES KAPITEL

Es war eine Unterbrechung gefolgt, weil der Hohelama abermals Erfrischungen befohlen hatte; und Conway war nicht undankbar für diese Atempause. Zwischen bedächtigen Schlukken Tees begann der Hohelama über Musik zu sprechen und seiner Freude darüber Ausdruck zu geben, daß Conways Geschmack in dieser Richtung in Schangri-La nicht ganz unbefriedigt geblieben war. Conway dankte mit geziemender Höflichkeit und fügte hinzu, er sei überrascht gewesen, das Kloster im Besitz eines so vollständigen Notenschatzes europäischer Tonwerke zu finden.

„Ah, mein lieber Conway, wir haben das Glück, einen begabten Musiker zu den Unsern zu zählen – er war in der Tat ein Schüler Chopins –, und wir haben in seine berufenen Hände die ganze Leitung unserer Musikpflege gelegt. Sie müssen ihn unbedingt demnächst kennenlernen."

„Es wird mir ein Vergnügen sein. Tschang hat mir übrigens gesagt, daß Ihr westlicher Lieblingskomponist Mozart ist."

„So ist es. Mozart hat eine strenge Eleganz, die uns ungemein zusagt. Er baut ein Haus, das weder zu groß noch zu klein ist, und richtet es mit vollendetem Geschmack ein."

Der Austausch solcher Bemerkungen dauerte fort, bis die Teetassen weggeräumt waren. Inzwischen hatte sich Conway wieder so weit gesammelt, daß er ganz gelassen bemerken konnte: „Also, um unser früheres Gespräch wiederaufzunehmen, Sie beabsichtigen, uns für immer hierzubehalten? Das ist, nehme ich an, der wichtige Vorbehalt."

„Sie haben richtig geraten, mein Sohn, obgleich ich es lieber so ausdrücken würde, daß Sie bis zu guter Letzt hier sind."

„Mir ist nur rätselhaft, warum gerade wir vier von allen Menschen auf der Welt ausgewählt worden sind."

„Wir haben immer danach getrachtet, soweit als möglich unsere Zahl beständig und gleichmäßig zu ergänzen", erwiderte der Hohelama, „da es, von andern Gründen abgesehen, eine Annehmlichkeit ist, Leute verschiedenen Alters und Vertreter verschiedener Zeiten hier zu vereinen. Unglücklicherweise sind seit dem letzten europäischen Krieg und der russischen Revolution Reisen und Forschungsexpeditionen in Tibet fast vollkommen unterbunden gewesen. Tatsächlich traf unser letzter Besucher, ein Japaner, im Jahr 1912 ein und war, um ganz aufrichtig zu sein, keine sehr wertvolle Bereicherung. Sehen Sie, mein lieber Conway, wir können keinen Erfolg gewährleisten. Manche unserer Besucher ziehen gar keinen Nutzen aus ihrem Aufenthalt bei uns, andere leben nur bis zu einem, wie man es nennen könnte, normal hohen Alter und sterben dann an irgendeinem unbedeutenden Leiden. Im allgemeinen fanden wir stets, daß Tibetaner infolge ihrer angeborenen Anpassung an die bedeutende Höhe und die übrigen Lebensumstände viel weniger empfindlich sind als andere Rassen. Sie sind reizende Menschen, und wir haben viele von ihnen aufgenommen, aber ich bezweifle, ob mehr als ein halbes Dutzend ihren hundertsten Geburtstag überleben werden. Die Chinesen sind ein wenig besser, aber auch von ihnen versagen viele. Am besten bewähren sich zweifellos die nordischen und lateinischen Völker Europas. Die Amerikaner wären vielleicht ebenso anpassungsfähig, und ich halte es für ein großes Glück, daß wir uns endlich einen Angehörigen dieser Nation gesichert haben. Allein ich muß nun in der Beantwortung Ihrer Frage fortfahren.

Seit fast zwanzig Jahren hatten wir keine Neuankömmlinge mehr willkommen heißen können, und da während dieser Zeit mehrere Todesfälle eintraten, begann die Lage problematisch zu werden. Vor einigen Jahren jedoch kam uns einer aus unserer Mitte durch einen neuartigen Einfall zu Hilfe. Er war ein vertrauenswürdiger junger Mensch, der durchaus mit unseren Zielen übereinstimmte und aus unserem Tal gebürtig war. Er machte den Vorschlag, sich in eines der angrenzenden Länder zu begeben, um uns neue Gefährten auf eine Weise zuzuführen, die in einem früheren Zeitalter unmöglich gewesen wäre. Es war ein umwälzender Vorschlag, aber wir gaben nach gebührender Erwägung unsre Zustimmung, denn wir müssen mit der Zeit gehn, sogar in Schangri-La."

„Sie meinen, daß er ausgeschickt wurde, um Leute auf dem Luftweg herzubringen?"

„Nun ja, Sie müssen wissen, daß er außerordentlich begabt und findig war, und wir ließen ihm freie Hand, seine Idee durchzuführen. Mit Bestimmtheit war uns nur soviel bekannt, daß sein Plan zunächst eine Lehrzeit in einer amerikanischen Fliegerschule voraussetzte."

„Aber wie konnte er das übrige zuwege bringen? Es war doch nur Zufall, daß dieses Flugzeug in Baskul –"

„Gewiß, mein lieber Conway – sehr vieles ist nur Zufall. Aber gerade das war der Zufall, nach dem Talu Ausschau hielt. Ich gestehe, ich war überrascht, als unsere Wachtposten uns seine Landung auf der Hochfläche meldeten. Ich hatte gedacht, daß es wahrscheinlich viel länger dauern werde, bis ein durchschnittliches Flugzeug eine solche Gebirgsüberquerung vollbringen könnte."

„Es war kein durchschnittliches, sondern ein ganz ungewöhnliches Flugzeug, eigens für Gebirgsflüge gebaut."

„Auch durch Zufall? Da hatte unser junger Freund wirklich Glück."

Conway nickte leicht. Nach einem Schweigen fragte er: „Aber welcher Gedanke steht hinter alledem?"

„Mein Sohn, die Art, wie Sie diese Frage stellen, bereitet mir unendliche Freude. Im Laufe einer ziemlich langen Erfahrung wurde sie noch nie in solcher Ruhe an mich gerichtet. Meine Enthüllung wurde auf jede erdenkliche Weise aufgenommen – mit Entrüstung, Verzweiflung, Wut, Unglauben und Hysterie –, aber bis heute noch nie mit bloßem Interesse. Das ist jedoch eine Haltung, die ich aufs herzlichste begrüße. Heute haben Sie Interesse, morgen werden Sie Anteilnahme fühlen, und zuletzt werden wir vielleicht über Ihre Ergebenheit verfügen."

„Das ist mehr, als ich versprechen möchte."

„Gerade Ihr Zweifel freut mich – er ist Grundlage tiefen und bedeutungsvollen Glaubens ... Aber wir wollen darüber jetzt nicht rechten. Sie haben Interesse, und das ist bei Ihnen schon viel. Ich muß nur noch verlangen, daß das, was ich Ihnen jetzt sagen werde, vorläufig Ihren drei Gefährten unbekannt bleibt."

Conway wartete schweigend.

„Die Zeit wird kommen, wo sie es gleich Ihnen erfahren werden, aber dieser Augenblick sollte, um ihrer selbst willen, lieber nicht beschleunigt werden. Ich bin von Ihrer Klugheit in dieser Sache so überzeugt, daß ich kein Versprechen verlange... Nun lassen Sie mich Ihnen zunächst ein sehr angenehmes Bild entwerfen. Sie sind noch immer ein nach dem Maßstab der Welt verhältnismäßig junger Mann; im gewöhnlichen Verlauf der Dinge können Sie noch mit zwei oder drei Jahrzehnten nur wenig und allmählich abnehmender Tatkraft rechnen. Keineswegs eine freudlose Aussicht, und ich kann wohl nicht von Ihnen erwarten, diese Jahre so zu sehn wie ich – als ein dürftiges, atemloses und viel zu gehetztes Zwischenspiel. Das erste Vierteljahrhundert Ihres Lebens verlebten Sie zweifellos überschattet von der Wolke, noch zu jung für alles zu sein, während das letzte Vierteljahrhundert normalerweise von der noch dunkleren Wolke verdüstert wäre, zu alt für alles zu sein. Und welch schmaler und schwacher Sonnenstreifen erhellt ein Menschenleben zwischen diesen beiden Wolken? Aber nach dem Maßstab von Schangri-La haben Ihre Jahre des Sonnenlichts noch kaum begonnen. Es mag vielleicht geschehen, daß Sie sich nach Jahrzehnten nicht älter fühlen werden, als Sie heute sind – aber das ist nur ein frühes Übergangsstadium. Es wird eine Zeit kommen, wo Sie zu altern beginnen gleich andern, aber weit langsamer, und einen viel würdigeren Zustand erreichen werden. Mit achtzig Jahren werden Sie noch jugendlichen Schritts zum Paß hinaufsteigen können, aber wenn Sie einmal doppelt so alt sind, dürfen Sie nicht erwarten, daß sich gar nichts geändert haben wird. Wir haben weder den Tod besiegt noch den Verfall. Alles, was wir manchmal getan haben und tun können, ist, den Ablauf dieses kurzen, ‚Leben' genannten Zwischenspiels zu verlangsamen. Wir bewirken dies durch Methoden, die hier so einfach wie anderswo unmöglich sind. Aber geben Sie sich keinen Illusionen hin: das Ende erwartet uns alle.

Es ist jedoch eine Aussicht von bestechendem Zauber, die ich vor Ihnen entfalte. Die Jahre werden kommen und gehen, und Sie werden von fleischlichen Genüssen auf erhabenere, aber nicht weniger lustvolle Gebiete übergehen. Sie werden Gemütsruhe und Tiefgründigkeit und die zauberhafte Klarheit des Gedächtnisses erlangen. Und was das Kostbarste von allem ist, Sie werden Zeit haben – diese seltene und wunderschöne Gabe, die Ihre westlichen Länder unwiederbringlicher verloren, je mehr sie hinter ihr her waren. Bedenken Sie für einen Augenblick: Sie werden Zeit zum Lesen haben – nie wieder werden Sie Seiten überfliegen, um Minuten zu ersparen, oder ein Studium vermeiden, weil es Sie allzusehr beanspruchen könnte. Sie haben auch Vorliebe für Musik – hier finden Sie Noten und Instrumente, aber überdies ungestörte und ungemessene Zeit, ihnen den üppigsten Genuß abzugewinnen."

Die Stimme machte eine Pause, die Conway nicht auszufüllen suchte.

„Sie bemerken nichts dazu, mein lieber Conway? Vielleicht denken Sie an eine Frau, an Eltern, an Kinder, die in der Welt zurückblieben? Oder etwa an ehrgeiziges Streben nach diesem und jenem? Obgleich Sie tatsächlich, wenn ich Ihre Gedanken richtig zu lesen weiß, keinen derartigen Kummer haben."

Conway war verblüfft durch die Richtigkeit dieses Urteils. „Das stimmt. Ich bin nicht verheiratet, habe nur wenige nahe Freunde und keinerlei Ehrgeiz. Ich bin von Natur ziemlich träge."

Die Runzeln vertieften und kräuselten sich, bis Conway begriff, daß der Hohelama wahrscheinlich lächelte. „Trägheit in gewissen Dingen kann eine große Tugend sein", begann die Flüsterstimme wieder. „Tschang erklärte Ihnen, glaube ich, unsern Grundsatz der Mäßigung. Und eins von den Dingen, worin wir immer mäßig sind, ist Tätigkeit. Ich habe zehn Sprachen erlernt, es hätten leicht zwanzig sein können, wenn ich unmäßig gearbeitet hätte. Und ebenso ist es in vieler andrer Hinsicht. Sie werden bei uns weder Wüstlinge noch Asketen finden. Bis wir ein Alter erreichen, in dem Vorsicht ratsam ist, genießen wir unbedenklich die Freuden der Tafel, während – zum Nutzen unserer jüngeren Gefährten – die Frauen des Tals glücklicherweise den Grundsatz der Mäßigung auf ihre Keuschheit anwenden. Ich bin überzeugt, daß Sie sich ohne große Mühe an unsere Lebensweise gewöhnen werden. Tschang war darin sehr optimistisch, und das bin auch ich nach dieser Zusammenkunft. Aber ich habe eine sehr seltsame Eigenschaft bei Ihnen bemerkt, die ich bisher noch bei keinem unserer Besucher antraf. Es ist nicht gerade Zynismus, noch weniger Verbitterung, sondern vielleicht zum Teil Ernüchterung, aber dabei auch eine Geistesklarheit, die ich bei einem Menschen, der nicht – sagen wir – ein Jahrhundert alt ist, nicht erwartet hätte. Es ist, wenn ich es in ein einziges Wort fassen soll, Leidenschaftslosigkeit."

„Ich weiß nicht", antwortete Conway, „ob Sie die Menschen, die hierherkommen, klassifizieren. Aber wenn Sie es tun, dann können Sie mich mit ‚1914–1918' beschriften. Das macht mich zu einem einzigartigen Exemplar in Ihrem Museum von Altertümern – die drei anderen, die mit mir eintrafen, gehören nicht in diese Kategorie. Ich verbrauchte die meisten meiner Leidenschaften und Energien während jener Jahre, und seither habe ich von der Welt vor allem eines verlangt, daß sie mich in Ruhe lasse. Ich finde hier einen gewissen Reiz und eine Stille, die mich ansprechen, und zweifellos werde ich mich, wie Sie sagten, eingewöhnen."

„Ist das alles, mein Sohn?"

„Ich hoffe, ich halte mich gut genug an Ihre eigene Regel der Mäßigung."

„Sie sind klug – das hat mir schon Tschang gesagt –, Sie sind sehr klug. Aber gibt es gar nichts an der Aussicht, die ich entwarf, was Sie zu irgendeinem stärkeren Gefühl verlockt?"

Conway schwieg eine Weile und erwiderte dann: „Ihre Erzählung über die Vergangenheit hat mir tiefen Eindruck gemacht, aber um aufrichtig zu sein, interessiert mich Ihre Skizze der Zukunft nur theoretisch. Es täte mir gewiß leid, wenn ich Schangri-La morgen verlassen müßte oder nächste Woche oder vielleicht sogar nächstes Jahr. Aber was ich empfinden werde, wenn ich mein hundertstes Jahr erlebe, läßt sich nicht vorhersagen. Ich kann dieser Aussicht entgegensehen wie jeder anderen Zukunft, aber um mich darauf erpicht zu machen, müßte sie einen tieferen Sinn haben. Ich habe manchmal bezweifelt, ob das Leben selbst einen hat. Und wenn nicht, dann muß ein langes Leben doch noch sinnloser sein."

„Mein Freund, die Traditionen dieses Gebäudes, die buddhistischen wie die christlichen, sind sehr beruhigend."

„Möglich. Aber ich verlange noch immer nach einem bestimmteren Grund, einen Hundertjährigen zu beneiden."

„Einen solchen Grund gibt es, und einen sehr bestimmten obendrein. Wir verfolgen kein müßiges Experiment, keine bloße Laune. Wir hegen einen Traum, eine Vision. Es ist eine Vision, die zum erstenmal der alte Perrault hatte, als er im Jahre 1789 sterbend in diesem Zimmer lag. Er blickte damals zurück auf sein langes Leben, und es schien ihm, daß gerade die schönsten Dinge am zerbrechlichsten seien und daß Krieg, Gier und Roheit eines Tages sie zermalmen könnten, bis nichts mehr von ihnen auf der Welt übrigbliebe. Er sah die Völker mächtig erstarken, nicht an Weisheit, sondern an niedrigen Leidenschaften und Vernichtungswillen. Und er sah voraus, daß sie, wenn sie Land und Meer mit Vernichtung erfüllt hätten, sich in die Luft erhöben ... Aber das war nicht alles. Er sah eine Zeit voraus, wo die Menschen mit ihrer triumphierenden Technik des Mordens so hitzig auf der ganzen Welt wüten würden, daß alles Kostbare in Gefahr geriete, jedes Buch und jedes Bild und alle Harmonien, alle durch zwei Jahrtausende gesammelten Schätze, das Kleine, Zarte, Wehrlose – alles wäre dem Untergang verfallen. Glauben Sie mir, diese Vision des alten Perrault wird Wirklichkeit werden. Und das, mein Sohn, ist es, warum ich hier bin und warum Sie hier sind und warum wir darum beten dürfen, das Verderben, das sich rings um uns ansammelt, zu überleben."

„Ihn zu überleben?"

„Es gibt eine Möglichkeit. Die Aussicht besteht. Es wird sich alles ereignen, bevor Sie so alt sind wie ich."

„Und sie glauben, Schangri-La werde dem entgehn?"

„Vielleicht. Wir haben keine Gnade zu erwarten, aber wir dürfen ein wenig auf Gleichgültigkeit hoffen. Hier wollen wir bleiben, mit unsern Büchern und unserer Musik und unsern Meditationen, um die gebrechlichen Verfeinerungen eines sterbenden Zeitalters zu bewahren und jene Weisheit zu suchen, die einst den Menschen nottun wird, wenn alle ihre Leidenschaften verbraucht sind. Wir haben ein Erbe zu hüten und zu hinterlassen, und bis diese Zeit kommt, wollen wir so viel Freude genießen, als wir können."

„Und dann?"

„Dann, mein Sohn, wenn die Starken einander verschlungen

haben, wird die christliche Lehre vielleicht endlich erfüllt sein, und die Sanftmütigen werden die Welt erben."

Ein Hauch von Begeisterung hatte sich auf das Flüstern gelegt, und Conway fühlte wieder das Heranwogen der Dunkelheit, nun aber symbolisch, als zöge sich in der Welt draußen schon das Unwetter zusammen. Und dann sah er, daß der Hohelama von Schangri-La sich wirklich regte, sich von seinem Sitz erhob und aufrecht stand wie die Verkörperung eines Geistes. Aus bloßer Höflichkeit wollte Conway ihm behilflich sein, aber plötzlich überwältigte ihn ein tieferer Antrieb, und er tat, was er noch nie vor einem Mann getan hatte – er kniete nieder, kaum wissend, warum.

„Ich verstehe Sie, Vater", sagte er.

Er wußte nicht ganz genau, wie er sich endlich verabschiedete. Er war in einem Traum befangen, aus dem er erst viel später erwachte. Er erinnerte sich der eisigen Nachtluft nach der Hitze jener oberen Gemächer und auch der Anwesenheit Tschangs, der schweigenden Abgeklärtheit, als sie miteinander die sternenhellen Höfe durchschritten. Noch nie hatte Schangri-La seinen Augen verdichtetere Schönheit dargeboten. Jenseits des Felsenrandes dachte er sich das Tal als einen tiefen, ungekräuselten Teich, friedlich wie seine eigenen Gedanken. Denn Conway war nun über alles Erstaunen hinaus. Das lange Gespräch mit seinen wechselnden Phasen hinterließ in ihm nur eine tiefe Befriedigung, die gleicherweise des Geistes wie des Gemütes war und ebensosehr der Seele. Sogar seine Zweifel waren nicht länger quälend, sondern Teil einer subtilen Harmonie. Es war sehr spät, und Conway war froh, daß die andern alle schon schliefen.

NEUNTES KAPITEL

Am Morgen fragte er sich, ob alles, was er sich ins Gedächtnis zurückrufen konnte, einer im Wachen oder Schlafen gehabten Vision angehöre.

Es wurde ihm bald in Erinnerung gebracht. Ein Chor von Fragen begrüßte ihn, als er zum Frühstück erschien. „Was für eine Sorte Mensch ist der Boß?" begann der Amerikaner.

„Sagte er etwas über die Träger?“ fragte Mallinson. „Sie erwähnten hoffentlich, daß er einen Missionar hier stationiert haben sollte“, sagte Miß Brinklow.

„Ich fürchte, ich werde Sie wahrscheinlich alle enttäuschen müssen“, erwiderte Conway. „Über die Mission sprach ich nicht mit ihm, die Träger erwähnte er gar nicht, und was sein Aussehn betrifft, so kann ich nur sagen, daß er ein sehr alter Mann ist, der ausgezeichnet Englisch spricht und recht intelligent ist.“

Mallinson unterbrach ihn mit einiger Gereiztheit: „Die Hauptsache für uns ist, ob man ihm trauen kann. Glauben Sie, daß er uns im Stich lassen wird?“

„Er machte mir nicht den Eindruck eines unehrlichen Menschen.“

„Warum in aller Welt haben Sie ihm nicht wegen der Träger zugesetzt?“

„Es fiel mir nicht ein.“

Mallinson starrte ihn ungläubig an. „Ich kann Sie nicht verstehn, Conway. Sie haben sich bei dieser Geschichte in Baskul so verdammt gut bewährt, daß ich fast zweifle, ob Sie noch derselbe Mensch sind.“

„Das tut mir leid.“ Conways Stimme klang schroff, eine vorsätzliche Maske für seine gemischten Gefühle. Er war ein wenig erstaunt, mit welcher Selbstverständlichkeit er eine Haltung annahm, die seine Gefährten, nicht ohne Berechtigung, für verräterisch halten mußten; und er empfand plötzlich eine halb bedauernde Zuneigung für Mallinson.

Die Stimme des jungen Mannes wurde schrill: „Diese ganze Geheimnistuerei kann ich nicht ausstehen. Die junge Chinesin zum Beispiel – wie kam *sie* hierher? Ist es so alltäglich, ein junges Mädchen unter einer Schar alter Mönche zu finden?“

„Es ist kein gewöhnliches Kloster“, war die beste Antwort, die Conway nach kurzer Überlegung zu geben vermochte.

„Weiß Gott, das ist es nicht.“

Ein Schweigen folgte, denn das Gespräch war offenbar auf einem toten Punkt angelangt. Für Conway lag die kleine Mandschu so still in seiner Erinnerung, daß ihre Gegenwart ihm kaum zum Bewußtsein kam. Aber bei ihrer Erwähnung hatte Miß Brinklow plötzlich aufgeblickt. Solche Reden von Mädchen und Mönchen erinnerten sie an die Geschichten über indische Tempel, die Missionare ihren Gattinnen erzählten und diese dann unverheirateten Kolleginnen weitererzählten. „Selbstverständlich“, sagte sie durch zusammengepreßte Lippen, „sind die moralischen Zustände hier ganz abscheulich – das war zu erwarten.“

Sie wandte sich wie um Unterstützung an Barnard, aber der Amerikaner grinste nur. „Ich schätzte, ihr Leutchen werdet nicht viel auf meine Meinung in Dingen der Moral geben“, bemerkte er trocken. „Aber für mein Teil möchte ich sagen, daß Streitigkeiten ebenso schlimm sind.“

Conway sah ihn anerkennend an, aber ganz unvermittelt hatte er dann das Gefühl, daß sie alle auf einer ungeheuren Bühne agierten, von deren Hintergrund nur er selbst eine Ahnung hatte. Und dieses unmittelbare Wissen flößte ihm den Wunsch ein, allein zu sein. Er nickte den andern zu und ging in den Hof hinaus. Angesichts des Karakals schwanden seine Befürchtungen, die Bedenken wegen seiner drei Gefährten gingen unter in einer willigen Hinnahme der neuen Welt, die so weit jenseits ihres Ahnungsvermögens lag.

Er brauchte Gleichmut, schon um sich in das Doppelleben zu finden, das zu führen er gezwungen war. In Gegenwart seiner Mitverbannten lebte er hinfort in einer durch die Ankunft von Trägern und die Rückkehr nach Indien bedingten Welt; sonst aber hob sich der Horizont wie ein Vorhang, die Zeit dehnte sich aus, der Raum zog sich zusammen, und der Name Blauer Mond nahm symbolische Bedeutung an, als wäre die Zukunft etwas, das nur einmal in einem Blauen Mond vorkommen könnte.

Tschang sprach jetzt mit ihm ganz ohne Rückhalt, und Conway erfuhr, daß er während seiner ersten fünf Jahre ein normales Leben ohne besondere Vorschriften führen werde; das geschah immer, wie Tschang sagte, „um dem Körper zu ermöglichen, sich an die Höhe zu gewöhnen, und auch, um die nötige Zeit zu gewähren, damit sich jedes geistige und gefühlsmäßige Bedauern verlöre“.

Nach den fünf Probejahren, so erklärte Tschang weiter, begann dann jene Prozedur, das Altern zu verzögern, die – wenn erfolgreich – Conway etwa ein halbes Jahrhundert im scheinbaren vierzigsten Lebensjahr schenken würde – kein übles Alter, darin stehnzubleiben.

„Wie ist's mit Ihnen selbst?" fragte Conway.

„Ah, werter Herr, ich war so glücklich, schon mit zweiundzwanzig herzukommen, ich bin seit fünfundsiebzig Jahren hier."

„Zweiundzwanzig, fünfundsiebzig", wiederholte Conway. „Also sind Sie jetzt siebenundneunzig."

„Ja. Ich werde sehr bald, wenn die Lamas ihre Zustimmung geben werden, die letzten Weihen erhalten."

„Ich verstehe. Sie müssen bis zur runden Zahl warten?"

„Nein, wir sind nicht auf eine bestimmte Altersgrenze beschränkt, aber ein Jahrhundert wird im allgemeinen als das Alter angesehn, jenseits dessen die Leidenschaften und Stimmungen des gewöhnlichen Lebens aller Wahrscheinlichkeit nach verschwunden sind."

„Das kann ich mir wohl denken. Und was geschieht dann? Wie lange, erwarten Sie, wird es weitergehn?"

„Es besteht Grund zu der Hoffnung, daß ich in die Lamaschaft mit jenen Aussichten eintreten werde, die Schangri-La möglich gemacht hat. In Zeitbegriffen ausgedrückt, vielleicht noch ein Jahrhundert oder mehr."

„Es scheint Ihnen das Beste aus beiden Welten gewährt worden zu sein. Sie haben eine lange, angenehme Jugend hinter sich und ein ebenso langes und angenehmes Alter vor sich. Wann begannen Sie, dem Aussehen nach, alt zu werden?"

„Als ich über siebzig war. Das ist oft der Fall. Aber ich glaube noch immer behaupten zu dürfen, daß ich für mein Alter jung aussehe."

Conway nickte. „Ganz entschieden. Und angenommen, Sie würden nun das Tal verlassen, was geschähe dann?"

„Ich würde sterben, wenn ich länger als ein paar Tage wegbliebe."

„Ja, aber was wäre geschehn, wenn Sie das Tal, sagen wir, vor dreißig Jahren, während Ihrer verlängerten Jugend, verlassen hätten?"

„Auch dann wäre ich wahrscheinlich gestorben. Jedenfalls hätte ich sehr bald das Aussehn, das meinem vollen Alter entsprach, angenommen. Wir erlebten ein merkwürdiges Beispiel davon vor einigen Jahren. Einer der Unsern verließ das Tal, um nach einer Reisegesellschaft Ausschau zu halten, deren Nahen uns gemeldet worden war. Dieser Mann, ein Russe, war seinerzeit im besten Mannesalter hierhergekommen und hatte sich so gut in unsre Lebensweise gefunden, daß er mit fast achtzig Jahren kaum wie vierzig aussah. Er hätte nicht länger als eine Woche abwesend sein sollen, wurde aber unglücklicherweise von Nomadenstämmen gefangengenommen. Drei Monate später jedoch kehrte er zu uns zurück, da es ihm gelungen war zu entfliehn. Aber jedes Jahr seines Lebens stand ihm im Gesicht geschrieben, und er starb bald darauf, wie ein Greis stirbt."

Sie führten dieses Gespräch in der Bibliothek, und Conway hatte unterdessen meist durch ein Fenster zu dem Paß hinübergeblickt, der in die Außenwelt führte. „Eine ziemlich grausige Geschichte, Tschang", sagte er endlich. „Sie gibt einem das Gefühl, daß die Zeit etwas wie ein ausgesperrtes Untier ist, das außerhalb des Tals lauert und sich auf die Schlappschwänze stürzt, denen es gelungen ist, sich länger vor ihr zu drücken, als sie sollten."

„Schlappschwänze?" wiederholte Tschang fragend. Seine englischen Sprachkenntnisse waren zwar sehr gut, aber manchmal war ihm ein Wort aus der Umgangssprache nicht vertraut.

„Schlappschwanz", erklärte Conway, „ist ein volkstümlicher Ausdruck für einen faulen Kerl, einen Taugenichts. Ich habe ihn natürlich nicht im Ernst gebraucht."

Tschang dankte mit einer Verneigung für die Auskunft. Er hegte großes Interesse für alles Sprachliche und wog ein Wort gern philosophisch ab. „Es ist bezeichnend", sagte er, „daß die Europäer Schlappheit als Laster bezeichnen. Wir hingegen ziehen sie der Spannung bei weitem vor. Besteht nicht gegenwärtig in der Welt viel zuviel Spannung, und stünde es nicht besser, wenn mehr Menschen Schlappschwänze wären?"

„Ich bin geneigt, Ihnen beizustimmen", antwortete Conway mit feierlicher Belustigung.

UNGEFÄHR im Lauf einer Woche nach seiner Unterredung mit dem Hohenlama lernte Conway mehrere seiner künftigen Kollegen kennen. Der erste, mit dem er bekannt wurde, war ein freundlicher Deutscher namens Meister, der in den achtziger Jahren als einziger Überlebender einer Forschungsexpedition in das Kloster gekommen war. Zwei oder drei Tage später genoß Conway sein erstes Gespräch mit dem Mann, den der Hohelama besonders erwähnt hatte – mit Alphonse Briac, einem sehnigen, kleinen Franzosen, der nicht besonders alt aussah, obgleich er sich als einen Schüler Chopins bezeichnete. Conway glaubte, daß er und der Deutsche sich als angenehme Gesellschafter erweisen würden. Nach ein paar weiteren Begegnungen gewahrte er, daß die Lamas, die er traf, zwar individuelle Verschiedenheiten aufwiesen, aber alle eine Eigenschaft besaßen, für die Alterslosigkeit kein sonderlich glücklicher Name war, jedoch der einzige, den er finden konnte. Sie waren ferner alle mit einem abgeklärten Verstand begabt, der auf höchst gefällige Art in gemessene und wohlabgewogene Meinungen überfloß.

Wenn Conway in der Bibliothek las oder im Musikzimmer saß, hatte er oft das Gefühl, als wäre Schangri-La in der Tat eine lebende Essenz, destilliert aus allem Reiz der Zeitalter und auf wunderbare Weise vor Vergänglichkeit und Tod geschützt. Er lauschte, während Lo-Tsen einen schwierig fugierten Rhythmus bewältigte, und fragte sich, was hinter dem schwachen, unpersönlichen Lächeln lag.

Er hatte einmal Tschang nach ihrer Geschichte gefragt und erfahren, daß sie aus einem königlichen Mandschu-Geschlecht stammte. „Sie war 1884 mit achtzehn Jahren einem turkestanischen Prinzen angelobt und reiste ihm nach Kaschgar entgegen; ihre Träger verirrten sich im Gebirge, und die ganze Schar wäre zweifellos umgekommen, wenn unsre Abgesandten nicht auf gewohnte Weise ein Zusammentreffen herbeigeführt hätten."

„Achtzehn war sie damals?"

Tschang neigte den Kopf. „Ja, es gelingt uns gut mit ihr."

„1884! Wie hat sie es aufgenommen, anfangs, als sie hierherkam?"

„Sie erhob keinen Widerspruch, aber wir merkten, daß sie einige Zeit verstört war. Es war natürlich etwas Ungewöhnliches, ein junges Mädchen auf dem Weg zu ihrer Hochzeit abzufangen... Wir waren alle besonders darauf bedacht, daß sie sich hier glücklich fühlen möge."

Conway nickte und dachte nicht ohne zärtliche Regung an Lo-Tsen. Er malte sich aus, wie sie vor einem halben Jahrhundert gewesen sein mochte, statuenhaft in ihrer verzierten Sänfte, mit der die Träger über die Hochfläche keuchten. „Armes Kind", sagte er, als er daran dachte, wie solche vornehme Schönheit alle diese Jahre gefangengehalten wurde. Die Kenntnis ihrer Vergangenheit verminderte keineswegs, sondern vermehrte eher seine Befriedigung über ihre Schweigsamkeit.

Er war auch befriedigt, wenn Briac ihm von Chopin erzählte. Es stellte sich heraus, daß der Franzose mehrere Kompositionen Chopins kannte, die nie veröffentlicht worden waren, und da er sie niedergeschrieben hatte, verbrachte Conway angenehme Stunden damit, sie auswendig zu lernen.

„Briac", erklärte Tschang, „ist noch nicht lange ein Eingeweihter, und daher müssen Sie Nachsicht haben, wenn er so viel über Chopin spricht. Die jüngeren Lamas sind natürlich noch sehr mit ihrer Vergangenheit beschäftigt. Das ist eine notwendige Vorstufe zur Vergegenwärtigung der Zukunft."

„Was vermutlich die Aufgabe der Älteren ist."

„Ja, der Hohelama zum Beispiel verbringt fast die ganze Zeit in hellseherischer Betrachtung."

Conway dachte einen Augenblick nach und sagte dann: „Was meinen Sie, wann werde ich ihn wiedersehn?"

„Zweifellos am Ende der ersten fünf Jahre, mein werter Herr."

Aber diese Voraussage Tschangs war falsch, denn kaum einen Monat nach seiner Ankunft in Schangri-La wurde Conway ein zweites Mal in jenes überhitzte obere Gemach beschieden. Conway, der diesmal darauf vorbereitet war, wurde durch die veränderte Atmosphäre weniger aus der Fassung gebracht als das erstemal. Er vermochte tatsächlich ganz leicht zu atmen, sobald er seine Verneigung gemacht hatte und durch das allerleisest erwidernde Aufleuchten der eingesunkenen Augen begrüßt worden war. Er fühlte eine Verwandtschaft mit dem Geist hinter diesen Augen, und obgleich er wußte, daß diese zweite Unterredung sobald nach der ersten eine große Ehrung darstellte, war er nicht erregt. Sie tauschten die üblichen Artigkeiten, und Conway sagte, daß er das Leben sehr angenehm finde und schon mehrere Freundschaften geschlossen habe.

„Und Sie haben gewisse Dinge vor Ihren drei Gefährten geheimgehalten?"

„Bisher, ja. Es war bisweilen ein wenig schwierig, aber wahrscheinlich nicht so sehr, wie wenn ich sie ihnen gesagt hätte."

„Ganz, wie ich vermutete. Sie haben klug gehandelt, und die Lage ist schließlich nur vorübergehend schwierig. Tschang sagte mir, er glaube, zwei von ihnen würden uns wenig Unannehmlichkeiten bereiten."

„Das wage auch ich zu behaupten."

„Und der dritte?"

„Mallinson", erwiderte Conway, „ist ein leicht erregbarer junger Mensch und sehr auf die Rückkehr versessen."

In diesem Augenblick wurden die Tassen gebracht, und das Gespräch wurde weniger ernst, während sie den duftenden Tee schlürften. Als der Hohelama fragte, ob die westliche Welt etwas auch nur im entferntesten mit Schangri-La Ähnliches zu bieten vermöge, antwortete er mit einem Lächeln: „Hm, ja doch. Um ganz aufrichtig zu sein, erinnert es mich ein klein wenig an Oxford, wo ich Vorlesungen gehalten habe. Die Landschaft dort ist nicht so schön, aber die Studiengegenstände sind oft von fast ebenso geringem praktischem Wert, und wenngleich selbst der älteste der Professoren nicht ganz so alt ist, scheinen sie auf eine etwas ähnliche Art zu altern."

„Sie haben Sinn für Humor, mein lieber Conway", erwiderte der alte Lama, „und dafür werden wir in den kommenden Jahren dankbar sein."

ZEHNTES KAPITEL

AUSSERORDENTLICH!" sagte Tschang, als er hörte, daß Conway abermals zum Hohenlama gerufen worden war. Noch nie habe der Hohelama eine zweite Unterredung gewünscht, bevor die fünfjährige Probezeit eine Läuterung von allen möglichen Gefühlen des Novizen bewirkt hatte. „Denn, sehn Sie, es ist eine große Anstrengung für ihn, mit dem durchschnittlichen Neuling zu sprechen. Schon die Nähe menschlicher Leidenschaften ist in seinem Alter fast unerträglich. Nicht, als ob ich bezweifelte, daß er auch darin mit vollkommener Weisheit handelt. Es lehrt uns nur, daß sogar die festen Regeln unserer Gemeinschaft nur mäßig fest sind."

Conway schien, nachdem er den Hohenlama ein drittes und viertes Mal besucht hatte, geradezu etwas fast Vorbestimmtes in der Leichtigkeit zu liegen, mit der sich ihre Geister einander näherten. Ihre Gespräche wanderten weit und ohne Scheu umher; ganze philosophische Systeme wurden entfaltet, und die langen Durchblicke der Geschichte boten sich der Besichtigung dar und erhielten neue Verständlichkeit. Für Conway war es ein bezauberndes Erlebnis, aber er schaltete seine kritische Haltung nicht aus, und einmal, als er einen Punkt bestritten hatte, erwiderte der Hohelama: „Mein Sohn, Sie sind jung an Jahren, aber Ihre Weisheit hat die Reife des Alters. Ganz gewiß müssen Sie etwas Ungewöhnliches erlebt haben."

„Nichts Ungewöhnlicheres, als was die meisten meiner Generation erlebt haben. Der Teil meiner selbst, der Ihnen alt erscheint, wurde durch tiefwirkende und vorzeitige Erfahrungen angegriffen. Die Zeit vom neunzehnten bis zum zweiundzwanzigsten Lebensjahr war für mich eine ganz hervorragende Erziehung, aber zweifellos auch verbrauchend."

„Sie waren sehr unglücklich im Krieg?"

Conway zuckte die Achseln. „Nicht besonders. Ich war aufgeregt, verängstigt, tollkühn und bisweilen, wie tatsächlich ein paar Millionen andrer auch, rasend vor Wut. Ich betrank mich manchmal bis zur Sinnlosigkeit und tötete und hurte im großen Stil. Es war der Mißbrauch aller Gefühle, und man überstand ihn, wenn überhaupt, mit einer Empfindung von allmächtiger Langeweile und Ruhelosigkeit. Glauben Sie nicht, daß ich mich als allzu tragisch hinstelle – es ging mir seither im großen und ganzen gar nicht so schlecht. Vielleicht ist die Erschöpfung der Leidenschaften der Beginn der Weisheit."

„Das, mein Sohn, ist auch die Lehre von Schangri-La."

„Ich weiß. Darum fühle ich mich hier auch ganz zu Hause."

Er hatte die volle Wahrheit gesagt. Als die Tage und Wochen vergingen, fühlte er eine fast schmerzhafte Zufriedenheit, Geist und Körper zu vereinen. Er verfiel dem Zauber des

Blauen Mondes, und es gab kein Entrinnen. Die Berge schimmerten ringsumher, ein Gehege von unnahbarer Reinheit, von dem sich sein Blick geblendet zu den grünen Tiefen des Tals hinabsenkte. Wenn er die gleichmäßig silbrigen Töne des Cembalos über den Lotosteich her schwingen hörte, hatte er die Empfindung, daß sie ein makelloses Muster aus Klängen, Farben und Formen woben.

Er war – und er wußte das – auf eine sehr stille Weise in die kleine Mandschu verliebt. Seine Liebe forderte nicht, nicht einmal eine Antwort. Sie stellte für ihn ein Sinnbild alles Zarten und Zerbrechlichen dar; ihre stilisierten Verneigungen und der Anschlag ihrer Finger auf den Tasten gewährten ihm eine völlig befriedigende Vertraulichkeit. Manchmal sprach er sie auf eine Weise an, die, wenn sie gewollt hätte, zu weniger förmlichem Gespräch hätte führen können, aber ihre Antworten durchbrachen nie die köstliche Heimlichkeit ihrer Gedanken, und in gewissem Sinn wünschte er das auch nicht. Es war ihm plötzlich eine Facette des verheißenen Kleinods deutlich geworden: er hatte Zeit für alles, dessen Verwirklichung er wünschte, so viel Zeit, daß das Verlangen schon durch die Gewißheit der Erfüllung gestillt wurde.

Dazwischen trat er immer wieder in das andre Leben, wo er Mallinsons Ungeduld, Barnards Herzlichkeit und Miß Brinklows robuster Zielbewußtheit begegnete. Er fühlte, daß er froh sein würde, wenn sie alle so viel wüßten wie er, und gleich Tschang konnte er sich vorstellen, daß weder der Amerikaner noch die Missionarin sich als schwierige Fälle erweisen würden. Er war sogar belustigt, als Barnard einmal sagte: „Wissen Sie, Conway, ich bin gar nicht so sicher, daß das hier nicht ein nettes Plätzchen ist, wo man sich niederlassen könnte. Ich dachte anfangs, ich würde die Zeitungen und die Kinos vermissen, aber ich schätze, man kann sich an alles gewöhnen."

Er erfuhr später, daß Tschang Barnard auf dessen Wunsch ins Tal hinunter mitgenommen hatte, wo der Amerikaner mit Hilfe dessen, was die Örtlichkeiten bieten konnten, eine Nacht hatte durchludern wollen. Mallinson äußerte sich, als er davon hörte, ziemlich verachtungsvoll: „Er hat sich vermutlich sternhagelvoll gesoffen", bemerkte er zu Conway. Und zu Barnard selbst sagte er: „Es geht mich natürlich nichts an, aber Sie werden sich tüchtig und frisch erhalten müssen, wissen Sie. Der Rückmarsch wird nicht gerade eine Vergnügungsreise sein.“

Barnard nickte gleichmütig. „Ich glaube, seit Jahren war ich nicht so gut in Form. Ich kann meinen täglichen Spaziergang machen, ich habe keine Sorgen, und die Kneipen unten im Tal lassen einen nicht über die Schnur hauen. Mäßigung, wissen Sie – der Wahlspruch der Firma.“

„Ja, ich zweifle nicht, daß Sie es fertigbrachten, sich mäßig zu unterhalten“, sagte Mallinson beißend.

„Gewiß, gewiß. Und das bringt mich auf etwas andres, was ich euch Leutchen gleich erzählen möchte. Ich habe beschlossen, diese Träger sich ruhig wieder trollen zu lassen. Sie kommen ziemlich regelmäßig hierher, und ich werde bis zum nächstenmal warten oder vielleicht bis zum übernächsten. Wenn *Sie* nach Hause kommen, wird die Musikkapelle spielen, aber ich werde von einer Ehrenkompanie Kriminalbeamter empfangen.“

„Es ist Ihre Sache, und niemand kann Sie hindern, Ihr Leben lang hier zu bleiben, wenn Sie dazu Lust haben“, sagte Mallinson mit kalter Verachtung, aber er sah sich wie nach Hilfe um. „Eine solche Wahl ist nicht grade jedermanns Ideal. Aber die Ideale sind verschieden. Was meinen Sie, Conway?“

„Ich stimme Ihnen vollkommen bei. Die Ideale *sind* verschieden.“

Mallinson wandte sich an Miß Brinklow, die plötzlich ihr Buch hinlegte und sagte: „Um Sie nicht länger im Zweifel zu lassen: ich glaube, ich bleibe auch hier.“

„Was?“ riefen die andern überrascht.

Mit einem hellen Lächeln, das mehr wie ein Anhängsel ihres Gesichts als wie eine Aufhellung ihrer Züge aussah, fuhr sie fort: „Ja, ich habe darüber nachgedacht, wie es geschah, daß wir hierhergerieten, und ich kann nur zu einem einzigen Schluß kommen: Es muß da eine geheimnisvolle Macht hinter den Kulissen walten. Glauben Sie nicht auch, Mr. Conway?“

Conway hätte es schwer gefunden zu antworten, aber Miß Brinklow ließ ihm keine Zeit dazu. „Wer bin ich“, fuhr sie noch hastiger fort, „daß ich die Befehle der Vorsehung in Frage ziehen dürfte? Ich muß zu einem Zweck hierhergesandt worden sein. Und darum bleibe ich und eröffne eine Missionsstation. Sie mögen diese Idee der Mäßigung Weitherzigkeit nennen, aber nach meiner Ansicht führt sie nur zu den ärgsten Arten der Lauheit, und ich gedenke diese mit allen meinen Kräften zu bekämpfen."

Barnard lachte: „Dieses Etablissement sorgt für jeden Geschmack."

„Möglich, wenn Sie just eine Vorliebe für Gefängnisse haben", versetzte Mallinson.

„Na, wenn Sie an alle die Leute in der Welt denken, die ihr ganzes Hab und Gut dafür geben würden, aus der Tretmühle herauszukommen und an einem Ort wie diesem zu sein! Sind wir im Gefängnis oder die andern?"

Der Entschluss Barnards und Miß Brinklows, in Schangri-La zu bleiben, schien Conway Gutes für die Zukunft zu verheißen, obgleich er und Mallinson dadurch scheinbar in ein feindliches Lager gerieten, zumindest vorläufig. Solange die zwei Monate nicht um waren, konnte zum Glück nicht viel geschehen. Aus diesen und andern Gründen war er nicht geneigt, sich um das Unvermeidliche Sorgen zu machen, aber einmal sagte er doch zu Tschang: „Wissen Sie, ich mache mir Gedanken über den jungen Mallinson. Ich fürchte, er wird es sehr übel aufnehmen, wenn er dahinterkommt."

Tschang nickte mit einiger Anteilnahme: „Ja, es wird nicht leicht sein, ihn davon zu überzeugen, wie gut es das Schicksal mit ihm gemeint hat. Aber in zwanzig Jahren wird unser Freund ganz damit ausgesöhnt sein."

Conway fand diese Art, die Sache zu betrachten, fast allzu philosophisch. „Ich möchte nur wissen", sagte er, „wie man ihm die Wahrheit eröffnen wird. Er zählt die Tage bis zur Ankunft der Träger, und wenn sie nicht kommen –"

„Aber sie werden kommen. Es ist unsre Gewohnheit, mäßig wahrheitsliebend zu sein. Wir erwarten die Männer ungefähr um diese Zeit. Mallinson wird nur entdecken, daß die Träger nicht in der Lage sind, irgend jemand auf dem Rückweg mitzunehmen."

„Ach so, das ist die Methode. Und was geschieht nachher?"

„Dann, mein werter Herr, nach einer Zeit der Enttäuschung, wird er – da er jung und optimistisch ist – zu hoffen beginnen, daß die nächste, neun oder zehn Monate später fällige Trägerkolonne sich seinen Vorschlägen zugänglicher erweisen wird."

„Ich glaube, er wird viel eher versuchen, auf eigene Faust zu entfliehn", sagte Conway scharf.

„*Entfliehn?* Sollte man *wirklich* dieses Wort hier gebrauchen? Schließlich steht der Paß doch jedermann und jederzeit offen. Wir haben keine Wächter außer denen, die die Natur selbst bestellt."

Conway lächelte. „Nun, Sie müssen doch zugeben, daß die ihr Amt recht gut auszufüllen wissen. Aber was war's mit den verschiedenen Forschungsexpeditionen, die hierherkamen? Stand der Paß *ihnen* ebenso offen, wenn sie wegwollten?"

Nun war die Reihe zu lächeln an Tschang. „Besondere Umstände, mein werter Herr, erforderten manchmal besondere Maßnahmen."

„Also geben Sie den Leuten nur dann die Möglichkeit zur Flucht, wenn Sie wissen, daß sie Narren sein müßten, von ihr Gebrauch zu machen. Trotzdem, glaube ich, werden es manche versuchen."

„Nun ja. In einigen sehr seltenen Fällen kam es vor. Aber in der Regel sind die Ausreißer froh, zurückkehren zu können, wenn sie eine einzige Nacht auf dem Plateau durchlebt haben."

Conway fand diese Antwort nicht durchaus beruhigend, doch die übrige irdische Welt wurde allmählich von der üppigen, alles durchdringenden Welt Schangri-Las aus seinen Gedanken verdrängt. Wenn er nicht grade an Mallinson dachte, fühlte er sich außerordentlich zufrieden; das ihm allmählich enthüllte Wesen seiner neuen Umgebung setzte ihn auch weiter dadurch in Erstaunen, wie sehr es seinem eigenen Bedürfnis und Geschmack entgegenkam.

Einmal sagte er zu Tschang: „Wie bewirkt ihr übrigens, daß sich die Liebe in das Leben, wie ihr es eingerichtet habt, einfügt? Es kommt doch vermutlich manchmal vor, daß diejenigen, die hierhergeraten, eine solche Neigung fassen."

„Recht oft sogar", erwiderte Tschang mit einem breiten Lächeln. „Die Lamas sind natürlich gefeit, ebenso die meisten von uns, sobald sie in die reiferen Jahre kommen. Aber bis dahin sind wir wie andre Männer auch, nur glaube ich behaupten zu können, daß wir uns vernünftiger benehmen. Und das gibt mir Gelegenheit, Mr. Conway, Ihnen zu beteuern, daß die Gastfreundschaft Schangri-Las umfassend ist. Mr. Barnard hat sich ihrer bereits bedient."

Conway erwiderte das Lächeln. „Danke", antwortete er trocken. „Aber meine Neigungen sind – augenblicklich – nicht so aufdringlich. Es ist mehr die seelische als die physische Seite."

„Sie finden es leicht, die beiden zu trennen? Wäre es möglich, daß Sie sich in Lo-Tsen verliebten?"

Conway war ein wenig verdutzt, hoffte aber, daß er es nicht merken ließ. „Was bringt Sie auf diese Frage?"

„Weil es, mein werter Herr, durchaus passend wäre, wenn Sie das täten – immer natürlich mit Mäßigung. Lo-Tsen würde darauf mit keinerlei Leidenschaft eingehn – das wäre mehr, als Sie erwarten könnten –, aber das Erlebnis wäre ein sehr köstliches, dessen kann ich Sie versichern, und ich spreche mit einiger Berechtigung, denn auch ich selbst war in sie verliebt, als ich noch viel jünger war."

„Wirklich? Und ging sie darauf ein?"

„Nur durch bezauberndste Kenntnisnahme des Kompliments, das ich ihr zollte, und durch eine Freundschaft, die mit den Jahren immer kostbarer wurde."

Conway lachte. „Das ist alles ganz schön in Ihrem Fall und vielleicht auch in dem meinen. Aber welche Haltung nimmt ein heißblütiger junger Mensch wie Mallinson dazu ein?"

„Mein werter Herr, das wäre das Allerbeste, was geschehn könnte. Nicht zum erstenmal würde Lo-Tsen einen traurigen Verbannten trösten, sobald er erfährt, daß es keine Rückkehr gibt."

„Trösten?"

„Ja, aber Sie dürfen meine Anwendung des Wortes nicht mißverstehn. Lo-Tsen schenkt keine Liebkosungen, außer solchen, die das verwundete Herz schon bei ihrer Anwesenheit empfindet. Es ist ihre Art, das Keuchen der Begierde zu einem Flüstern zu beschwichtigen, das nicht weniger angenehm ist, wenn es unbeantwortet bleibt."

„In diesem Sinn also könnte man sie als einen Teil der Vorbereitungsmannschaft des Unternehmens betrachten?“

„*Sie* könnten sie als das betrachten, wenn Sie wollten“, erwiderte Tschang mit offener Mißbilligung, „aber es wäre anmutiger und ebenso wahr, sie dem in einer Glaskugel gespiegelten Regenbogen zu vergleichen oder dem Tautropfen an der Blüte eines Obstbaums.“

„Ich bin durchaus Ihrer Meinung, Tschang. Das wäre bei weitem anmutiger.“ Conway erfreute sich an der gemessenen und doch beweglichen Schlagfertigkeit, die seine gutmütige Neckerei bei dem Chinesen sehr häufig hervorrief.

Als er das nächstemal mit der kleinen Mandschu allein war, fühlte er, daß Tschangs Bemerkungen ein gut Teil Scharfsinn enthielten. Es war ein Hauch um sie, der sich seinen eigenen Gefühlen mitteilte und die glosende Asche zu einer Glut entfachte, die nicht versengte, sondern nur wärmte. Und da erkannte er plötzlich, daß Schangri-La und Lo-Tsen in ihrer Art ganz vollkommen waren und daß er nicht mehr begehrte, als eine leise Antwort in all dieser Stille zu wecken. Seit Jahren waren seine Leidenschaften wie ein Nerv gewesen, an dem die Welt zerrte; nun war der Schmerz endlich eingeschläfert, und er konnte sich einer Liebe hingeben, die weder quälend noch langweilig war. Wenn er des Nachts an dem Lotosteich vorbeikam, stellte er sie sich manchmal in seinen Armen vor, aber das Zeitgefühl flutete über seine Vision hinweg und beruhigte ihn zu einem endlosen, zärtlichen Zögern.

Er glaubte, noch nie so glücklich gewesen zu sein. Er liebte die abgeklärte Welt, die Schangri-La ihm bot, diese von ihrer gewaltigen Idee mehr befriedete als beherrschte Welt. Er liebte die von Gesittung und Muße durchdrungene Atmosphäre, in der ein Gespräch eine Kunstfertigkeit, nicht nur eine Gewohnheit war, und er sagte sich gern, daß nun die müßigsten Dinge, vom Fluch der Zeitvergeudung befreit, die zartesten Träume vom Geist willkommen geheißen werden konnten. Conway wurde mit keinem andern Lama mehr bekannt, doch er erfaßte allmählich den Umfang und die Mannigfaltigkeit ihrer Beschäftigungen. Viele waren damit beschäftigt, Werke verschiedener Art zu schreiben; ein Lama hatte wertvolle Untersuchungen über reine Mathematik vorgenommen, ein andrer arbeitete über die Geschichte der europäischen Kultur. Aber es gab viele gezeitenlose Meeresarme, in die sie ganz nach Laune tauchten und, wie Briac, Bruchstücke alter Melodien heraufholten.

Conway gefiel es, sich zu vergegenwärtigen, daß die abgeklärte Zielbewußtheit Schangri-Las eine unendliche Zahl wunderlicher und anscheinend nebensächlicher Beschäftigungen umfassen konnte, denn er hatte selber schon immer an solchen Dingen Geschmack gefunden, und er war weit davon entfernt zu spotten, als Barnard ihm anvertraute, daß auch er in Schangri-La eine interessante Zukunft für sich voraussehe.

Es ergab sich, daß Barnards Ausflüge ins Tal, die in letzter Zeit häufiger geworden waren, nicht ausschließlich Wein und Weibern galten. „Sehn Sie, Conway, ich erzähle Ihnen das, weil wir nüchterne Männer sind – wir nehmen die Dinge, wie wir sie finden. Dieses Etablissement hier zum Beispiel – wir können noch immer nicht verstehn, was für eine Bewandtnis es damit hat und warum wir hier gelandet sind, aber wissen wir denn überhaupt, warum wir auf der Welt sind?“

„Vielleicht wissen es manche von uns nicht, aber worauf soll das alles hinaus?“

Barnard dämpfte seine Stimme: „Gold, mein Lieber“, antwortete er mit einer gewissen Verzückung. „In meiner Jugend war ich Bergwerksingenieur, und ich habe nicht vergessen, wie eine Goldader aussieht. Ich vermute, Sie dachten, ich sei auf dem Bummel, sooft ich mich in meinem kleinen Lehnstuhl hinuntertragen ließ. Keine Spur! Ich hatte es mir längst ausgerechnet, daß diese Burschen hier sich nicht ihr ganzes Zeugs von draußen herschicken lassen könnten, ohne mächtig dafür zu zahlen. Und womit sonst könnten sie zahlen als mit Gold oder Silber oder Diamanten? Und als ich ein bißchen umherzuspüren begann, brauchte ich nicht lange dazu, den ganzen Hokuspokus zu entdecken.“

„Sie haben das Ganze auf eigene Faust entdeckt?“ fragte Conway.

„Nun, ich hatte meine Vermutungen, und dann habe ich sie Tschang auf den Kopf zu gesagt – von Mann zu Mann, und glauben Sie mir, wir kamen großartig miteinander aus. Er führte mich überall umher, und ich habe volle Erlaubnis, in dem Tal Schürfproben zu machen und einen umfassenden Bericht zu erstatten. Was sagen Sie dazu, mein Lieber?"

„Ich sehe schon, daß Sie sich hier ganz zu Hause fühlen werden", sagte Conway.

„Tja, ich habe eine Beschäftigung gefunden, und man kann nie wissen, was am Ende aus einer Sache wird. Vielleicht werden die Leute daheim gar nicht so darauf versessen sein, mich ins Kittchen zu stecken, wenn sie erfahren, daß ich ihnen den Weg zu einem neuen Goldfeld zeigen kann. Die einzige Schwierigkeit ist – ob sie mir auf mein bloßes Wort glauben werden. Und da können Sie und ich ein Geschäft eingehn. Wir werden selbstverständlich Halbpart in allem machen. Sie haben nichts anderes zu tun, als Ihren Namen unter meinen Bericht zu setzen – britischer Konsul und so weiter. Das hat den nötigen Nachdruck!"

Conway lächelte. „Na, darüber können wir noch sprechen. Machen Sie nur erst Ihren Bericht."

Es belustigte ihn, eine Möglichkeit ins Auge zu fassen, deren Verwirklichung so unwahrscheinlich war. Zugleich war er froh, daß Barnard etwas gefunden hatte, was ihm rasch Trost brachte.

AUCH DER HOHELAMA, den Conway immer häufiger zu sehn bekam, war froh darüber. Conway besuchte ihn oft am späten Abend und blieb viele Stunden, noch lange, nachdem die Diener die letzten Teeschalen abgetragen hatten und schlafen geschickt worden waren. Der Hohelama unterließ nie, ihn über die Fortschritte und das Wohlbefinden seiner drei Gefährten zu befragen, und einmal erkundigte er sich eigens, welche Art von Laufbahn durch ihre Ankunft in Schangri-La so unvermeidlich unterbrochen worden sei.

Conway antwortete nachdenklich: „Mallinson hätte es auf seinem Weg ganz schön weit gebracht – er ist energisch und besitzt Ehrgeiz. Die beiden andern" – er zuckte die Achseln –, „zufällig paßt es beiden recht gut hierzubleiben – für eine Weile jedenfalls."

„Ja", kam die Antwort, „wir haben unser möglichstes getan, damit sich beide hier heimisch fühlen. Miß Brinklow wünscht uns zu bekehren, und auch Mr. Barnard möchte uns umwandeln – in eine Gesellschaft mit beschränkter Haftung. Harmlose Projekte – sie werden ihnen die Zeit ganz angenehm vertreiben. Aber Ihr junger Freund, dem weder Gold noch Religion Trost zu bieten vermag, was ist mit *ihm?*"

„Ja, er wird wohl ein Problem werden."

„Ich fürchte, er wird für *Sie* ein Problem werden."

„Warum für mich?"

Es erfolgte nicht sogleich eine Antwort, denn in diesem Augenblick wurde der Tee gebracht. Hinter dem verhängten Fenster zuckten Blitze, und der Hohelama bemerkte: „Der Karakal sendet um diese Jahreszeit Stürme. Die Leute im Tal des Blauen Monds glauben, diese Stürme würden von Dämonen verursacht, die in den weiten Räumen jenseits des Passes toben. Sie glauben, daß sich im ‚Draußen', so nennen sie es, die schauerliche Hochebene, was ja fast der Fall ist, ins Unendliche erstreckt. Diesen Menschen, die es in ihrem warmen, windstillen Winkel so behaglich haben, erscheint es undenkbar, daß jemand, der sich in ihrem Tal befindet, je wünschen könnte, es zu verlassen. Ja, sie bilden sich ein, daß die unglückseligen Leute von ‚draußen' alle leidenschaftlich danach verlangen, hier Zugang zu finden. Es ist einfach eine Sache des Gesichtspunkts, nicht?"

Conway wurde durch diese Worte an Barnards einigermaßen ähnliche Bemerkungen gemahnt und wiederholte sie. „Wie ungemein vernünftig", bemerkte der Hohelama dazu, „und dabei ist er unser erster Amerikaner – wir sind wirklich vom Glück begünstigt."

Conway fand es reizvoll, sich zu vergegenwärtigen, daß das Glück des Klosters darin bestand, einen Mann zur Stelle geschafft zu haben, den die Polizei von einem Dutzend Länder eifrig suchte, aber er sagte nichts, weil er fühlte, daß Barnard seine Geschichte zu gegebener Zeit lieber selber erzählen sollte.

Erst als die Teeschalen weggeräumt waren, wagte Conway die unbeantwortet gebliebene Frage zu wiederholen: „Wir sprachen über Mallinson, und Sie sagten, daß er für mich ein Problem sein werde. Warum gerade für mich?"

Da antwortete der Hohelama sehr schlicht: „Weil ich, mein Sohn, sterben werde."

Das war eine ganz außerordentliche Eröffnung, und für einige Zeit blieb Conway sprachlos. Endlich fuhr der Hohelama fort: „Sie sind überrascht? Aber mein Freund, wir sind doch gewiß alle sterblich, sogar in Schangri-La, und es ist immerhin möglich, daß ich noch kurze Zeit zu leben habe – oder sogar ein paar Jahre. Ich teile Ihnen nur die einfache Wahrheit mit, daß ich das Ende schon vor mir sehe. Ich will nicht leugnen, daß sogar in meinem Alter die Betrachtung des Todes einen Zug von Schwermut hat. Zum Glück ist körperlich wenig von mir übrig, was sterben kann, und was das übrige betrifft, so zeigen unsere Religionen eine erfreuliche Übereinstimmung in ihrem Optimismus. Ich bin ganz zufrieden, aber ich muß während der Stunden, die mir noch gegönnt sind, mir klarmachen, daß mir nur noch für eines Zeit bleibt. Können Sie sich vorstellen, was dieses eine ist?"

Conway schwieg.

„Es betrifft Sie, mein Sohn."

Conway verneigte sich leicht, sprach aber nicht, und der Hohelama fuhr nach einer Weile fort: „Sie wissen wahrscheinlich, daß die Häufigkeit unserer Unterredungen hier als etwas ganz Ungewöhnliches gilt. Aber es ist unsre Tradition, daß wir, wenn ich mir diesen paradoxen Ausspruch gestatten darf, niemals Sklaven der Tradition sind. Wir handeln, wie wir es für notwendig halten, ein wenig durch das Beispiel der Vergangenheit geleitet, aber mehr durch unsere gegenwärtige Weisheit und durch unseren hellseherischen Blick in die Zukunft. Und so kommt es, daß ich mich dazu ermutigt fühle, dieses Letzte zu tun."

Conway schwieg noch immer.

„Ich lege in Ihre Hände, mein Sohn, das Erbe und das Schicksal von Schangri-La."

Die Spannung war endlich gerissen, und Conway spürte dahinter die Macht einer milden, wohlwollenden Überredung. Der Widerhall der Worte verklang in Stille, bis nichts mehr übrig war als sein eigener Herzschlag, hämmernd wie ein Gong. Und dann unterbrachen diesen Rhythmus die Worte:

„Ich habe in diesem Zimmer gesessen und die Gesichter der Neuankömmlinge gesehn und hoffte immer, eines Tages Sie zu finden. Meine Gefährten sind alt und weise geworden, aber Sie, wiewohl noch jung an Jahren, sind schon heute weise. Mein Freund, es ist keine mühsame Aufgabe, die ich Ihnen hinterlasse. Gütig und geduldig zu sein, mit Weisheit und im geheimen alles zu leiten, während draußen der Sturm tobt – das sind lauter Dinge, die höchst angenehm einfach für Sie sein und Ihnen zweifellos große Glückseligkeit gewähren werden."

Wieder versuchte Conway zu antworten, vermochte es aber nicht, bis endlich ein heftiger Blitz die Schatten erblassen ließ und ihn zu dem Ausruf brachte: „Der Sturm ... dieser Wettersturm, von dem Sie sprachen ..."

„Es wird ein Sturm sein, mein Sohn, wie die Welt ihn noch nie gesehn hat. Er wird toben, bis jede Blume der Kultur zertrampelt und alles Menschliche einem ungeheuren Chaos gleichgemacht ist."

„Ich glaube, Sie könnten recht haben", antwortete Conway. „Ein ähnlicher Zusammenbruch erfolgte schon einmal, und dann kam das frühe Mittelalter und dauerte fünfhundert Jahre."

„Die Parallele ist nicht ganz genau, denn diese finsteren Zeiten waren voll flackernder Laternen, und auch wenn das Licht in Europa ganz erloschen wäre, hätte es andere Strahlen gegeben, von China bis nach Peru, an denen es wieder hätte entzündet werden können. Aber das finstere Zeitalter, das kommen wird, wird die ganze Welt in ein einziges Leichentuch hüllen. Es wird weder einen Ausweg noch Zufluchtsstätten geben, außer solchen, die zu geheim sind, um gefunden, oder zu bescheiden, um bemerkt zu werden. Und Schangri-La darf hoffen, beides zu sein. Der Flieger, der Ladungen von Tod über die großen Städte bringt, wird nicht unsres Wegs kommen. Und wenn es durch Zufall doch geschehn sollte, wird er uns vielleicht keiner Bombe wert halten."

„Und Sie meinen, das alles wird sich während meiner Lebenszeit ereignen?"

„Ich glaube, daß Sie das Unwetter überleben werden und nachher das lange Zeitalter der Verödung. Sie werden das Wesentliche unserer Geschichte aufbewahren und um den Hauch Ihres eigenen Geistes vermehren. Sie werden den Fremden willkommen heißen und ihm die Lehren des Alters und der Weisheit vermitteln. Und einer dieser Fremden wird vielleicht Ihr Nachfolger werden. Darüber hinaus verblaßt meine Vision, aber ich sehe in großer Ferne eine neue Welt sich inmitten der Ruinen erheben, ungelenk, aber hoffnungsvoll sich regen und nach ihren verlorenen, sagenhaften Schätzen für eine neue Renaissance suchen."

Die Worte verstummten, und Conway sah das Antlitz vor sich erleuchtet von einer fernen, überströmenden Schönheit. Dann verblaßte der Glanz, und es blieb nichts übrig als eine regungslose Maske, die Augen geschlossen. Er betrachtete sie eine Weile, und dann kam ihm, wie das Bruchstück eines Traums, zum Bewußtsein, daß der Hohelama tot war.

Mit unwillkürlicher Mechanik von Hand und Auge blickte Conway auf seine Armbanduhr. Es war eine Viertelstunde nach Mitternacht. Plötzlich, während er zur Tür schritt, fiel ihm ein, daß er ganz und gar nicht wußte, wie oder woher er Hilfe herbeirufen sollte. Er stand unschlüssig auf der Schwelle zu dem dunklen Flur; durch ein Fenster konnte er sehn, daß der Himmel klar war, obgleich die Berge noch immer im Licht der Blitze aufleuchteten. Und dann, inmitten des Traumes, der ihn noch immer umfangen hielt, fühlte er sich als Herr von Schangri-La. Hier waren alle die Dinge, die er liebte, hier umgaben sie ihn, die Dinge jenes inneren Geistes. Sein Blick wanderte in die Schatten und wurde festgehalten von goldenen Lichtpunkten, die in satten, gewölbten Lackflächen flimmerten. Und der Duft von Tuberosen, so schwach, daß er schon auf der Schwelle der Wahrnehmung verging, lockte ihn von einem Raum zum andern. Endlich kam er fast taumelnd in den Hof und am Rand des Lotosteiches vorbei. Der Vollmond schwamm hinter dem Karakal hervor. Es war zwanzig Minuten vor zwei.

Später bemerkte er, daß Mallinson neben ihm war, ihn am Arm hielt und ihn in großer Hast wegführte. Er begriff nicht, was das alles sollte, aber er konnte hören, daß der junge Mensch aufgeregt auf ihn einredete.

ELFTES KAPITEL

Sie gelangten in das Balkonzimmer, wo sie ihre Mahlzeiten einzunehmen pflegten. Mallinson hielt ihn noch immer am Arm fest und zerrte ihn fast mit Gewalt weiter. „Kommen Sie, Conway. Wir haben nur bis Tagesanbruch Zeit, einzupacken, was wir können, und uns davonzumachen. Große Neuigkeiten, mein Lieber. Ich möchte wissen, was Barnard und Miß Brinklow sagen werden, wenn sie morgen entdecken, daß wir weg sind... Aber die bleiben ja aus freier Wahl, und wir werden ohne sie wahrscheinlich viel besser weiterkommen... Die Träger sind ungefähr acht Kilometer jenseits des Passes – sie kamen gestern mit Lasten von Büchern und andern Dingen... Morgen beginnen sie den Rückweg... Das beweist doch, daß diese Kerle hier beabsichtigen, uns hereinzulegen – sie haben uns kein Wort davon gesagt – wir wären hier noch, weiß Gott, wie lange, gestrandet geblieben... Sagen Sie, was ist los mit Ihnen? Sind Sie krank?"

Conway hatte sich auf einen Sitz sinken lassen und fuhr sich mit der Hand über die Augen. „Krank? Nein, ich glaube nicht. Nur – sehr – müde."

„Wahrscheinlich das Gewitter. Wo haben Sie die ganze Zeit gesteckt? Ich habe schon stundenlang auf Sie gewartet."

„Ich – besuchte den Hohenlama."

„Ach, *den!* Na, das war jedenfalls das letzte Mal, Gott sei Dank."

„Ja, Mallinson, es war das letzte Mal."

Irgend etwas in Conways Stimme und noch mehr in seinem Schweigen nachher brachte Mallinson in Zorn. „Mein Gott, wenn Sie nur das Ganze nicht so verdammt gelassen nähmen – wir müssen uns doch beeilen!"

Conway versuchte, sich zu klarem Bewußtsein aufzuraffen. „Entschuldigen Sie", sagte er. „Ich fürchte, ich kann Ihnen nicht ganz folgen... Sie sagen, die Träger..."

„Ja, die Träger, Mensch – nehmen Sie sich doch zusammen!"

„Sie planen, zu ihnen hinauszugehn?"

„Ich *plane?* Ich werde gehn! Sie sind dicht hinter dem Kamm, und wir müssen gleich aufbrechen."

„Gleich?" Conway machte einen zweiten Versuch, sich aus der einen Welt in die andre zu versetzen. „Sie vergegenwärtigen sich doch wohl, daß das vielleicht nicht so einfach sein wird, wie es klingt?"

Mallinson schnürte ein paar kniehohe tibetanische Bergstiefel, während er abgerissen antwortete: „Herrgott noch einmal, Conway, müssen Sie immer allem ausweichen? Haben Sie denn gar keinen Schneid mehr in sich?"

Dieses halb leidenschaftliche, halb höhnische Flehen half Conway, sich zu sammeln. „Darauf kommt es nicht an. Nehmen Sie an, Sie gelangen über den Paß und finden die Träger dort, woher wissen Sie, daß die Sie mitnehmen werden?"

„Glücklicherweise brauche ich mich wegen der Vorbereitungen nicht auf Sie zu verlassen", rief Mallinson erbittert, „denn es ist alles vorbereitet worden – die Träger sind vorausbezahlt und haben eingewilligt, uns mitzunehmen. Und hier sind Kleider und Ausrüstung für die Reise, alles schon bereitgelegt. Kommen Sie, jetzt ist's Zeit zum Handeln."

„Aber – ich verstehe nicht. Wer hat das alles ausgedacht?"

Mallinson antwortete schroff: „Lo-Tsen, wenn Sie es wirklich wissen müssen. Sie ist jetzt bei den Trägern. Sie wartet."

„Wartet?"

„Ja. Sie kommt mit uns. Ich nehme an, Sie haben nichts dagegen."

Bei der Erwähnung Lo-Tsens berührten sich die beiden Welten in Conways Geist und verschmolzen. Er rief heftig, fast verachtungsvoll: „Das ist Unsinn. Es ist unmöglich. Nehmen Sie mein Wort dafür. Es ist schon unglaublich genug, daß sie jetzt wirklich dort draußen sein soll, aber der Gedanke, daß sie mitgeht, ist einfach verrückt."

„Ich sehe gar nicht ein, warum es verrückt ist. Es ist ebenso natürlich, daß sie weg will, wie, daß ich weg will."

„Aber sie will gar nicht weg."

„Warum sagte sie dann, sie wolle mitkommen?"

„Das hat sie gesagt? Wie konnte sie das, sie spricht doch nicht Englisch."

„Ich fragte sie auf tibetanisch – Miß Brinklow hat mir die Worte zusammengesetzt. Es war kein sehr fließendes Gespräch, aber es genügte vollkommen, um – um zu einem Einverständnis zu führen.“ Mallinson errötete ein wenig. „Verdammt noch mal, Conway, starren Sie mich nicht so an! – Jeder Mensch würde glauben, ich hätte auf Ihrem Jagdgrund gewildert.“

Conway fühlte sich erschöpft, verärgert und voll tiefer, widerspruchsvoller Zärtlichkeit. Er sagte sanft: „Lo-Tsen ist sehr reizend, ich weiß, aber warum sollten wir deswegen streiten?“

„Reizend?“ wiederholte Mallinson verächtlich. „Sie ist wohl viel mehr als das. Sie dürfen nicht glauben, daß jeder Mensch so fischblütig ist wie Sie. Lo-Tsen zu bewundern wie ein Ausstellungsstück in einem Museum, das entspricht vielleicht Ihrer Auffassung dessen, was sich ihr gegenüber gehört, aber meine ist praktischer. Wenn ich jemand, den ich gern habe, in einer elenden Lage sehe, dann versuche ich eben, etwas zu tun.“

„Aber wohin soll sie gehn, wenn sie Schangri-La verläßt?“

„Sie muß doch Freunde in China oder irgendwo haben. Ich werde mich darum kümmern, daß sie versorgt ist, wenn niemand sonst es tun will. Schließlich, wenn man Menschen aus einer geradezu höllischen Lage errettet, dann zieht man nicht erst lange Erkundigungen ein, wohin sie sich wenden sollen.“

„Sie finden also Schangri-La höllisch?“

„Unbedingt! Es liegt etwas Finsteres und Böses über dem Ort und der Art, wie wir hierhergebracht wurden, ohne jeden Grund, von irgendeinem Verrückten – und wie man uns hier unter allerhand Vorwänden festhielt. Aber das Entsetzlichste daran ist für mich die Wirkung, die es auf Sie hatte. Conway, was ist denn nur mit Ihnen geschehn? Können Sie denn nicht wieder der alte sein? Wir haben uns in Baskul so gut vertragen – Sie waren damals ganz anders.“

„Mein *lieber* Junge!“

Conway streckte ihm die Hand hin, und Mallinsons Händedruck antwortete heiß und voll lebhafter Zuneigung. Der junge Mann fuhr fort: „Es ist Ihnen wahrscheinlich nicht zum Bewußtsein gekommen, aber ich war schrecklich allein in diesen letzten Wochen. Niemand gab anscheinend auch nur einen Pfifferling um das einzige, das wirklich wichtig war – Barnard und Miß Brinklow hatten ja gewissermaßen Grund dazu, aber es war schon recht scheußlich, als ich dahinterkam, daß auch *Sie* gegen mich waren."

Conway erwiderte, einem plötzlichen Antrieb folgend: „Lassen Sie mich Ihnen dadurch helfen, daß ich Ihnen etwas erzähle. Wenn Sie mich angehört haben, werden Sie hoffentlich vieles von dem verstehn, was Ihnen jetzt sonderbar scheint. Jedenfalls werden Sie dann einsehn, warum Lo-Tsen Sie unmöglich begleiten kann."

„Ich glaube nicht, daß irgend etwas mich zu dieser Einsicht bringen könnte. Außerdem: Machen Sie's so kurz wie möglich, denn wir haben wirklich keine Zeit zu verlieren."

Da berichtete ihm Conway, so knapp er konnte, die ganze Geschichte Schangri-Las, wie sie der Hohelama erzählt hatte. Nicht im entferntesten hatte er je beabsichtigt, diese Dinge mitzuteilen, aber er fühlte, daß es unter diesen Umständen unerläßlich war. Er berichtete schnell und fließend, und während er sprach, geriet er neuerlich in den Bann dieser seltsamen, zeitlosen Welt. Nur eines verschwieg er, um sich ein Gefühl vom Leib zu halten, dem er noch nicht gewachsen war: den Tod des Hohenlamas in dieser Nacht und seine Nachfolge. Nach seinen letzten Worten blickte er ruhig auf, überzeugt, etwas Gutes geschaffen zu haben.

Aber Mallinson trommelte mit den Fingern auf die Tischplatte und sagte nach einer langen Pause: „Ich weiß wirklich nicht, was ich sagen soll, Conway ... außer, daß Sie völlig verrückt sein müssen ..."

Langes Schweigen. Die beiden Männer starrten einander an. Conway, in sich gekehrt und enttäuscht, Mallinson in glühender Ungeduld und Verlegenheit. „Sie halten mich also für verrückt?" fragte Conway endlich.

Mallinson lachte nervös auf. „Na ja, nach einer solchen Geschichte muß ich das wohl sagen. Ich meine ... wirklich ... so ein Unsinn!"

Conway antwortete mit einem Blick und in einem Ton unendlicher Überraschung: „Für Unsinn halten Sie es? Sie glauben also immer noch, daß uns blinder Zufall hierherbrachte, ein

Wahnsinniger, der mit einem Flugzeug durchzubrennen und fünfzehnhundert Kilometer zu fliegen plante – nur als Jux?"

Conway bot ihm eine Zigarette an, Mallinson nahm sie; beide waren dankbar für die dadurch entstandene Pause. Schließlich erwiderte Mallinson: „Hören Sie, es hat doch keinen Zweck, das Ganze, Einzelheit für Einzelheit, durchzugehn. Ihre Theorie, daß die Leute hier irgendwen irgendwohin in die Welt entsandten, damit er Fremde kapere, und daß der Kerl fliegen lernte und wartete, bis es sich traf, daß ein geeignetes Flugzeug Baskul mit vier Passagieren verlassen sollte... Also ich will nicht sagen, daß dies schlankweg unmöglich ist, aber wenn Sie es mit allen möglichen anderen Dingen koppeln, die ganz und gar unmöglich sind – dem Alter der Lamas von ein paar hundert Jahren, dem Jugendelixier oder wie Sie es nennen wollen, das die hier entdeckt haben –, nun, dann kann ich mich nur fragen, von welchem Bazillus Sie gebissen worden sind!"

Conway lächelte. „Gewiß, es *ist* wirklich eine außergewöhnliche Geschichte, aber ich sollte doch meinen, Sie müßten mit eigenen Augen Beweise genug gesehn haben, daß dies hier ein außergewöhnlicher Ort ist. Ein weltabgeschiedenes, blühendes Tal inmitten unerforschter Gebirgsketten, ein Lama-Kloster mit einer europäischen Bibliothek –"

„Ja, ja, und Zentralheizung und moderne Warmwasserleitungen und Nachmittagstee – das alles ist ein großes Wunder. An Badezimmer zu glauben, weil man selber in ihnen gebadet hat, ist etwas andres, als den Leuten ihr Alter von ein paar hundert Jahren zu glauben, weil sie es einem eingeredet haben. Hören Sie doch, Conway, dieser Ort hat Ihre Nerven angegriffen, und das wundert mich auch gar nicht. Packen Sie Ihre Sachen und verschwinden wir! Wir können diese Debatte in ein paar Monaten nach einem netten kleinen Abendessen im Kolonialklub fortsetzen."

Ruhig erwiderte Conway: „Ich habe nicht den Wunsch, in jenes Leben zurückzukehren."

„Heißt das, daß Sie hierbleiben wollen? Aber mich werden Sie nicht abhalten können!" Mallinson warf seine Zigarette weg und war mit einem Satz bei der Tür. „Sie haben den Verstand verloren!" rief er wild. „Ich weiß, Sie sind immer gelassen, und ich gehe immer gleich hoch, aber ich bin jedenfalls bei Vernunft, und Sie sind's nicht! Ich geh' jetzt. Ich muß gehn. Ich habe mein Wort gegeben."

„Lo-Tsen?"

„Wenn Sie es wissen wollen – ja."

Conway stand auf und streckte ihm die Hand hin. „Leben Sie wohl, Mallinson!"

„Zum letztenmal: Kommen Sie mit?"

„Ich kann nicht."

„Dann – leben Sie wohl!"

Sie drückten einander die Hand. Mallinson ging.

Conway blieb im Laternenschimmer sitzen. Es schien ihm, daß die schönsten Dinge die zarten und vergänglichen und daß die beiden Welten letztlich unversöhnbar seien und eine von ihnen, wie eh und je, an einem Faden hänge. Er grübelte eine Weile, dann sah er auf die Uhr; es war zehn Minuten vor drei.

Er rauchte seine letzte Zigarette, als Mallinson zurückkam. Der junge Mann blieb, als er Conway sah, im Schatten stehn, wie um seine Gedanken zu sammeln. Conway fragte: „Hallo, was ist los? Warum sind Sie wieder da?"

Mallinson trat näher; er schälte sich aus seinem schweren Schafspelz und ließ sich auf einen Stuhl sinken, das Gesicht aschfahl, am ganzen Körper zitternd. „Ich hatte nicht den Mut", rief er, dem Schluchzen nahe. „Dort, wo wir alle angeseilt wurden – erinnern Sie sich? So weit kam ich... Ich brachte es nicht fertig. Ich vertrage keine Abgründe, und im Mondschein sah es furchtbar aus." Er verlor völlig die Fassung und brach verzweifelt zusammen, bis Conway ihn beruhigte. Dann fuhr er fort: „Die brauchen keine Angst zu haben, die hier – niemand wird sie je zu Land angreifen. Aber, mein Gott, ich gäbe viel drum, wenn ich hier mit einer Ladung Bomben rüberfliegen könnte!"

„Warum wollen Sie das, Mallinson?"

„Weil dieser Ort dem Erdboden gleichgemacht gehört. Er ist ungesund und unrein – und übrigens, wenn Ihr Lügengarn auch wirklich wahr wäre, würde ihn das nur um so hassenswerter machen! Eine Schar von Hutzelgreisen, die hier wie Spinnen auf jeden lauern, der in die Nähe kommt... Es ist dreckig ... Wer will schon überhaupt so alt werden, he? Oh, Conway, warum wollen Sie nicht mit mir weg? Verflucht noch mal, ich bin jung, und wir waren doch gute Freunde – gilt Ihnen mein ganzes Leben gar nichts gegen die Lügenreden dieser grauenhaften Kreaturen? Und Lo-Tsen – auch *sie* ist jung –, zählt *sie* gar nicht?"

„Lo-Tsen ist nicht jung", sagte Conway.

Mallinson blickte auf und begann unnatürlich zu kichern. „Nein, nicht jung, natürlich. Sie sieht aus wie siebzehn, aber Sie werden mir wahrscheinlich verraten wollen, daß sie eine gut erhaltene Neunzigerin ist."

„Mallinson, sie kam im Jahre 1884 hierher!"

„Mensch, Sie sind von Sinnen!"

„Lo-Tsens Schönheit ist, wie alle andere Schönheit auf Erden, ein zerbrechliches Ding, das nur leben kann, wo man zerbrechliche Dinge liebt. Nehmen Sie sie aus diesem Tal hier, und sie wird sich verflüchtigen wie ein Echo!"

Mallinson lachte rauh. „Davor hab ich keine Angst. Nur hier ist sie ein Echo, wenn man das überhaupt von ihr sagen kann. Aber mit solchem poetischem Gerede kommen wir ja nicht weiter. Conway, ich will Ihnen helfen – ich weiß, es ist alles reiner Unsinn, aber ich bin bereit, mit Ihnen darüber zu debattieren, wenn Ihnen das was nützt. Und nun erklären Sie mir, welche Beweise haben Sie für Ihre Geschichte? Hat Ihnen Lo-Tsen je ihre Geschichte erzählt?"

„Nein, aber –"

„Warum glauben Sie sie dann aus einem andern Mund? Und diese ganze Geschichte mit der Lebensverlängerung – können Sie auch nur einen einzigen Tatbestand zur Bekräftigung erbringen?"

Conway überlegte einen Augenblick und wies dann auf die unbekannten Chopinstücke hin, die Briac gespielt hatte.

„Also das sagt mir gar nichts – ich bin kein Musiker. Aber selbst wenn sie echt sind – kann er nicht irgendwie auf sie gestoßen sein, und ohne daß seine Geschichte deshalb wahr sein muß?"

„Das ist gewiß möglich."

„Und dann diese Kunst, das Leben zu verlängern. Sie sagen, es handle sich um ein Mittel. Hat Ihnen jemand haltbare Angaben gemacht?"

„Einzelheiten nicht, das gebe ich zu."

„Und Sie fragten nie nach Einzelheiten?" Mallinson nahm seinen Vorteil wahr und fuhr fort: „Wie weit geht Ihre wirkliche Kenntnis dieses Ortes, abgesehen von dem, was man Ihnen erzählt hat? Sie haben ein paar alte Männer gesehn – sonst kann man nur sagen, daß hier alles gut eingerichtet ist und offenbar nach ziemlich hochgeistigen Grundsätzen geleitet wird. Aber das ist noch lange keine gute Ausrede, um jede alte Legende zu glauben. Und Sie sind doch ein kritischer Kopf!"

Conway nickte beifällig zu einer gut gelungenen Beweisführung. „Das war eine treffende Bemerkung, Mallinson. Ich glaube, die Wahrheit ist die: wenn es sich darum handelt, Dinge zu glauben, für die kein augenfälliger Beweis erbracht wird, neigen wir alle dazu, das zu glauben, was uns am meisten anzieht."

„Also hol mich der Kuckuck, wenn ich etwas Anziehendes daran finden kann, so lange zu leben, bis man eine halbe Leiche ist. Wenn ich die Wahl habe, dann lieber ein kurzes und frohes Leben! Übrigens, dieses Gewäsch vom Zukunftskrieg kommt mir sehr dürftig vor." Und als Conway schwieg, fuhr er fort: „Gleichviel, ich glaube nicht, daß gewisse Dinge unvermeidlich sind. Und wenn sie's wären, brauchte man deswegen noch nicht die Hosen voll zu haben. Gott weiß, ich würde es höchstwahrscheinlich mit der Angst kriegen, wenn ich in einem Krieg mitkämpfen müßte – aber lieber das als mich hier begraben!"

Conway lächelte. „Mallinson, Sie haben eine unerhörte Gabe, mich mißzuverstehn. In Baskul dachten Sie, ich wäre ein Held – hier halten Sie mich für einen Feigling. Tatsächlich bin ich weder das eine noch das andre. Wenn Sie wieder in Indien sind, können Sie den Leuten, wenn Sie wollen, erzählen, daß ich in einem tibetanischen Kloster geblieben bin, weil ich Angst vor einem neuen Kriege habe. Das ist zwar keineswegs mein wahrer Grund, aber sicherlich werden ihn alle Leute glauben."

Mallinson antwortete ziemlich bedrückt: „Wissen Sie, es ist ja dumm, solche Reden zu führen. Soll kommen, was will, ich werde nie ein Wort gegen Sie sagen. Ich verstehe Sie nicht – das gebe ich zu –, aber ich – ich wollte, ich könnte Sie verstehn. Oh, ich wollte, ich könnte es! Conway, kann ich Ihnen denn gar nicht helfen?"

Ein langes Schweigen trat ein. Conway brach es endlich: „Nur eine Frage hätte ich an Sie, wenn Sie mir's nicht verübeln, daß ich so rein persönlich spreche."

„Ja?"

„Lieben Sie Lo-Tsen?"

Die Blässe des jungen Mannes wich schnell einem tiefen Erröten. „Ich weiß, Sie werden es unsinnig finden, was es vielleicht auch ist, aber ich kann nicht gegen meine Gefühle an."

„Ich kann das gar nicht unsinnig finden."

Ihr Streit schien nun, nach reichlichem Umherschlingern, im Hafen gelandet zu sein, und Conway ergänzte: „Auch ich kann nicht gegen *meine* Gefühle an. Sie, Mallinson, und das Mädchen sind zufällig die einzigen zwei Menschen auf der Welt, an denen mir am meisten liegt... was Sie vielleicht komisch finden werden." Unvermittelt stand er auf und durchschritt das Zimmer. „Nun dürften wir wohl alles gesagt haben, was sich sagen läßt, wie?"

„Ja, ich glaube auch." Aber Mallinson fuhr mit plötzlich erwachter Lebhaftigkeit fort: „Sie soll nicht jung sein! Welch ein gemeiner, scheußlicher Unsinn! Conway, das *können* Sie doch nicht glauben?"

„Woher wollen Sie denn Gewißheit haben, daß sie jung ist?"

Mallinson wandte sich halb ab, das Gesicht von scheuem Ernst erhellt. „Weil ich es eben weiß. Vielleicht sinke ich dadurch in Ihrer Achtung, aber ich weiß es nun einmal. Ich fürchte, Conway, Sie haben sie niemals richtig verstanden. Äußerlich war sie kalt, aber das war nur die Folge ihres Lebens hier – es hatte ihre innere Glut in Frost verwandelt. Aber die Glut war da."

„Um aufgetaut zu werden?"

„Ja ... man kann auch so sagen."

„Und sie ist *jung*, Mallinson? Sie sind dessen wirklich so sicher?"

Mallinson entgegnete ruhig und sehr leise: „Mein Gott, ja, natürlich – sie ist ein Mädchen. Sie tat mir schrecklich leid, und es zog uns zueinander, denke ich. Dessen braucht man sich doch nicht zu schämen."

Conway trat auf den Balkon und blickte auf die strahlende mondbeschienene Helmzier des Karakal. Es kam ihm zum Bewußtsein, daß ein Traum sich – wie alles, was zu schön ist – bei der ersten Berührung mit der Wirklichkeit in Nichts aufgelöst hatte und daß die Zukunft der ganzen Welt, gewogen gegen Jugend und Liebe, leicht wie Luft war. Und ferner wußte er, daß sein Geist in einer eigenen Welt weilte, einem Schangri-La als Mikrokosmos, und daß auch diese Welt bedroht war. Denn als er sich zu einem Entschluß stählte, sah er im Geist die Wandelgänge sich winden und dehnen unter dem Stoß, die Pavillons wanken, alles war nahe daran, in Trümmer zu gehn. Er wußte nicht, ob er verrückt gewesen und nun wieder zur Vernunft gekommen oder aber eine Zeitlang bei Verstand gewesen und nun wieder verrückt geworden war.

Als er sich umwandte, schien er verändert zu sein, seine Stimme klang schärfer, fast barsch, und sein Gesicht zuckte ein wenig; er glich nun weit mehr Conway, dem Helden von Baskul. Zum Handeln entschlossen, sah er Mallinson mit plötzlich erwachter Lebhaftigkeit an. „Glauben Sie, daß Sie am Seil über die schwierige Stelle kommen können, wenn ich mit Ihnen gehe?" fragte er.

Mallinson stürzte auf ihn zu. „Conway!" rief er halb erstickt. „Sie wollen mitkommen? Haben Sie sich endlich entschlossen?"

Sie verliessen Schangri-La, nachdem Conway eilig seine Reisevorbereitungen getroffen hatte. Es ging verblüffend einfach und war mehr eine Abreise als eine Flucht; es gab keinerlei Zwischenfälle, als sie das Netz von Mondstrahlen und Schatten auf den Höfen überquerten. Kaum eine Stunde später hielten sie schon atemlos an einer Biegung des Pfads und erblickten Schangri-La zum letztenmal. Tief unter ihnen lag, einer Wolke gleich, das Tal des Blauen Monds, und Conway war es, als schwebten die verstreuten Dächer ihm durch den Dunst nach. Der Augenblick des Abschieds war da. Mallinson, den der steile Anstieg eine Zeitlang zum Schweigen gebracht hatte, stieß hervor: „Tüchtiger Mann, wir halten uns glänzend; nur weiter so!"

Conway antwortete nicht; er knotete schon das Seil für die schwindelnd schmale Traverse. Der junge Mann hatte recht gehabt: Conway hatte den Entschluß seinem Geist abgerungen – das heißt, dem Rest seines Geistes, und dieses kleine, regsame Bruchstück hatte nun die Oberhand; der übrige Teil verharrte in kaum erträglicher Abwesenheit. Er war ein Wanderer zwischen zwei Welten, der immerdar wandern mußte, aber für den Augenblick fühlte er in der wachsenden inneren Leere nichts, als daß er Mallinson gut leiden mochte und ihm helfen mußte, daß es ihm, gleich Millionen andern, bestimmt war, die Weisheit zu fliehen und ein Held zu sein.

Vor dem Abgrund wurde Mallinson nervös, aber Conway schaffte ihn nach bewährter Bergsteigerweise hinüber. Später neigten sie über Mallinsons Zigaretten einander die Köpfe zu. „Conway, es ist verflucht anständig von Ihnen, das muß ich sagen ... Vielleicht können Sie sich vorstellen, was in mir vorgeht ... Ich kann Ihnen gar nicht sagen, wie froh ich bin ...“

„Dann würde ich es an Ihrer Stelle nicht sagen.“

„Ich bin aber nun einmal froh“, fügte Mallinson hinzu, „nicht nur meinetwegen, sondern auch um Ihretwillen ... Daß Sie endlich einsehen, was für reiner Unsinn das ganze Zeug war ... Es ist einfach wundervoll, daß Sie wieder der alte sind ...“

„Wie man's nimmt“, versetzte Conway mit einer schmerzlichen Bitterkeit, die ihn über seine Zweifel hinwegtrösten sollte.

Im Morgengrauen überschritten sie die Wasserscheide, ohne von Wachen angerufen zu werden; es fiel Conway ein, daß der Weg – ganz im Geist des Ortes – wohl nur mäßig bewacht war. Bald darauf erreichten sie die Hochfläche, die von brüllenden Stürmen blankgefegt war wie ein Knochen, und das Lager der Träger kam in Sicht. Dann ging alles nach Mallinsons Vorhersage; die Männer, feste Kerle in Fellmützen und Schafspelzen, waren vor dem Sturm zusammengekrochen und erwarteten sie, eifrig bereit, sich auf den Weg nach Tatsien-Fu zu machen, das siebzehnhundert Kilometer ostwärts an der chinesischen Grenze lag.

„Er kommt mit uns!“ rief Mallinson erregt, als sie Lo-Tsen trafen. Er vergaß, daß sie nicht Englisch sprach, aber Conway übersetzte seine Worte.

Ihm schien es, daß die kleine Mandschu noch nie so strahland ausgesehn hatte. Sie grüßte ihn mit einem bezaubernden Lächeln, aber ihre Blicke galten nur dem jüngeren Mann.

NACHSPIEL

In Delhi traf ich Rutherford wieder. Wir waren Gäste bei einem Bankett des Vizekönigs gewesen, aber den ganzen Abend infolge der voneinander entfernten Sitze und des Zeremoniells, nicht eher zusammengekommen als bis uns nachher die beturbanten Diener unsere Hüte reichten. „Komm mit in mein Hotel, trinken wir etwas“, lud er mich ein.

Ich wußte aus den Zeitungen, daß Rutherford soeben aus Kaschgar zurückgekehrt war. Mir war Rutherfords Reise, im Gegensatz zu den Pressestimmen, nicht besonders sensationell erschienen; die versunkenen Städte von Khotan waren altbekanntes Zeug. Ich stand mit Rutherford auf genügend vertrautem Fuß, daß ich ihn damit aufziehn durfte, und er lachte. „Ja, aus der Wahrheit hätte sich eine bessere Geschichte machen lassen“, gab er geheimnisvoll zu.

„Du gingst also auf die Suche nach Conway?“ fragte ich.

„Suche ist ein viel zu starkes Wort. Ich habe lediglich Orte aufgesucht, wo ich erwartete, ihn zu treffen oder etwas von ihm zu erfahren. Seine letzte Nachricht war, du erinnerst dich, daß er von Bangkok nach Nordwesten gehe. Einige Spuren fanden sich in dieser Richtung; meiner Meinung nach hat er sich zu den Volksstämmen an der chinesischen Grenze aufgemacht. Ich glaube kaum, daß er Birma zu betreten beabsichtigte, denn dort hätte er britischen Beamten in die Arme laufen können. Jedenfalls verliert sich seine Spur irgendwo im obern Siam, aber ich habe natürlich nie daran gedacht, sie dort viel weiter zu verfolgen.“

„Du hieltest es für leichter, das Tal des Blauen Monds zu finden?“

„Nun“, sagte Rutherford, „das schien mir immerhin ein greifbareres Ziel. Du hast dir vermutlich mein Manuskript angesehn? Ich bin neugierig, welchen Eindruck es auf dich gemacht hat.“

„Ich fand es sehr bemerkenswert – vorausgesetzt, daß alles wirklich auf authentischen Erzählungen Conways beruht."

„Darauf gebe ich dir mein feierliches Wort. Mein Gedächtnis ist gut, und Conway verstand sich auf Beschreibungen. Vergiß auch nicht, daß wir etwa vierundzwanzig Stunden fast unaufhörlich miteinander sprachen."

„Also, wie gesagt, höchst bemerkenswert."

Er lehnte sich lächelnd zurück. „Wenn das alles ist, was du darüber zu sagen hast, werde ich selber reden müssen, wie ich sehe. Du hältst mich vermutlich für einen ziemlich leichtgläubigen Menschen. Ich glaube wirklich nicht, daß ich das bin. Man begeht im Leben oft Fehler, weil man zuviel glaubt, aber man führt ein verdammt langweiliges Dasein, wenn man zuwenig glaubt. Ich war von Conways Geschichte in mehr als einer Hinsicht gefesselt, und darum ging ich ihr soweit als möglich nach."

Er zündete sich eine Zigarre an und fuhr fort: „Es erfordert eine Menge Reisen, kreuz und quer, aber mein Verleger kann nichts dagegen haben, wenn er auch einmal ein Reisebuch von mir erhält. Alles in allem müssen es einige tausend Kilometer gewesen sein – Baskul, Bangkok, Tschung-Kiang, Kaschgar – alle diese Städte habe ich besucht, und das Geheimnis steckt irgendwo in dem Gebiet zwischen ihnen. Aber das umfaßt eine beträchtliche Fläche, und meine ganzen Nachforschungen führten höchstens bis an seinen Rand – und an den des Geheimnisses. Alles, was ich von Conways Abenteuern nachprüfen konnte, ist, daß er seinerzeit Baskul am 20. Mai verließ, in Tschung-Kiang am 5. Oktober eintraf und Bangkok am 3. Februar wieder verließ. Der Rest ist Wahrscheinlichkeit, Möglichkeit, Mutmaßung, Mythe, Legende oder wie du es nennen magst."

„Du hast also gar nichts in Tibet gefunden?"

„Mein Lieber, ich kam gar nicht bis nach Tibet. Die Leute von der Regierung wollten nichts davon hören, daß ich das Kuen-Lun-Gebirge auf eigene Faust durchstreifte. Das Äußerste, was sie genehmigen, ist eine Everest-Expedition. Tatsächlich verstanden sie mehr davon als ich. Streifzüge durch Tibet sind nichts für einen einzelnen; dazu gehört eine gut ausgerüstete Expedition, geleitet von jemand, der wenigstens ein paar Wörter der Sprache kann. Ich kam gerade so weit, daß ich das Kuen-Lun-Gebirge aus einer Entfernung von etwa fünfundsiebzig Kilometern an einem klaren Tag sehn konnte. Nicht viele Europäer können sich dessen rühmen."

„Ist es so unzugänglich?"

„Die Bergketten glichen einem weißen Fries am Horizont, mehr sah ich nicht. In Jarkand und Kaschgar fragte ich alle Leute über sie aus, aber es war zum Staunen, wie wenig ich herausbekommen konnte; es muß der unerforschteste Gebirgszug der Welt sein. Glücklicherweise traf ich einen Amerikaner, der ihn einmal zu durchqueren versucht hatte, aber keinen Paßübergang hatte finden können. Es gebe Pässe, sagte er, aber schrecklich hoch gelegene und auf keiner Landkarte verzeichnete. Ich fragte ihn, ob er je von einem kegelförmigen Berg, fast so hoch wie der höchste Gipfel des Himalaja, gehört habe, und seine Antwort darauf stimmte mich nachdenklich. Es gebe eine Legende von einem solchen Berg, erklärte er, aber er halte sie für unbegründet. ‚Ich bezweifle', sagte er, ‚daß irgendeine Erhebung im Kuen-Lun-Gebirge mehr als achttausend Meter Höhe hat.' Er fügte aber hinzu, daß es nie regelrecht vermessen worden ist.

Dann holte ich ihn aus, was er über tibetanische Klöster wisse, und er gab mir die üblichen Schilderungen, die man in allen einschlägigen Werken lesen kann. Sie seien keine hübschen Plätzchen, versicherte er mir, und die Mönche in der Regel verkommen und schmutzig. ‚Leben sie lange?' fragte ich, und er sagte: ‚Ja, oft, wenn sie nicht an irgendeiner scheußlichen Krankheit sterben.' Nun ging ich kühn auf das Wesentliche los und erkundigte mich, ob sie seiner Meinung nach irgendein okkultes oder medizinisches Mittel zur Verlängerung des Lebens und Erhaltung der Jugend besäßen, und er sagte, man schreibe ihnen eine Menge höchst sonderbarer Kenntnisse dieser Art zu, aber er habe den Verdacht, daß sie im Grund auf dasselbe hinausliefen wie der indische Seiltrick – es sei immer etwas, was ein andrer gesehn habe.

Da haben wir's also", schloß Rutherford. „So wenig Beweismaterial, daß man deswegen nicht einmal einen Hund hängen lassen könnte."

Ich fragte, ob die Namen Karakal und Schangri-La dem Amerikaner irgend etwas gesagt hätten.

„Gar nichts. Ich versuchte es. Als ich ihn eine Weile ausgefragt hatte, erklärte er: ‚Offen gesagt, mache ich mir nicht viel aus Klöstern. Ich habe sogar einmal einem Mann, den ich in Tibet traf, erklärt, wenn ich jemals eine besondere Anstrengung machen würde, wäre es, um den Klöstern auszuweichen, nicht, um sie zu besuchen.‘ Diese hingeworfene Bemerkung weckte einen sonderbaren Gedanken in mir; ich fragte ihn, wann diese Begegnung in Tibet stattgefunden habe. ‚Ach, das ist schon lange her‘, erwiderte er. ‚Vor dem Krieg, ich glaube 1911.‘ Ich drängte ihn, um weitere Einzelheiten zu erfahren, und er erzählte sie, soweit er sie noch im Gedächtnis hatte. Anscheinend reiste er im Auftrag einer amerikanischen geographischen Gesellschaft mit mehreren Mitarbeitern, Trägern und so weiter. Irgendwo im Kuen-Lun-Gebirge traf er den andern, einen Chinesen, den Eingeborene in einer Sänfte trugen. Es ergab sich, daß der Mann sehr gut Englisch sprach und den Teilnehmern der Expedition wärmstens empfahl, ein bestimmtes Lama-Kloster in der Nähe zu besuchen, ja sich sogar als Führer anbot. Der Amerikaner sagte, sie hätten keine Zeit und auch kein Interesse.“ Nach einer Weile fügte Rutherford hinzu: „Wenn sich jemand an ein nebensächliches Erlebnis vor zwanzig Jahren zu erinnern sucht, kann man dem unmöglich viel Bedeutung beimessen. Immerhin führt es zu verlockenden Schlußfolgerungen.“

Wir dachten darüber nach, aber es schien uns zu unbestimmt zu sein, um es weiter zu erörtern, und ich stellte daher die Frage, ob in Baskul sonst etwas entdeckt worden sei.

„Baskul war aussichtslos und Peschawar noch aussichtsloser. Niemand konnte mir eine Auskunft geben, außer daß die Entführung des Flugzeugs sich tatsächlich ereignet hatte. Sie gaben das nicht gern zu.“

„Und man hörte nichts mehr von dem Flugzeug?“

„Kein Wort, kein Gerücht, auch von den vier Insassen nicht.“ Nach einer Pause fuhr Rutherford fort: „Dagegen machte ich eine recht merkwürdige Entdeckung. Um die Mitte des neunzehnten Jahrhunderts gab es in Jena einen deutschen Professor, der auf Weltreise ging und 1887 Tibet besuchte. Er kehrte niemals wieder, und es hieß, er sei beim Übergang über einen Fluß ertrunken. Sein Name war Friedrich Meister."

„Himmel! Einer der Namen, die Conway nannte!"

„Ja, wenn es auch nur Zufall sein kann. Jedenfalls ist es kein Beweis für die ganze Geschichte."

„Hast du eine Spur der andern gefunden?"

„Nein. Leider hatte ich kein ausführliches Verzeichnis. Ich konnte keinen Bericht über einen Chopin-Schüler namens Briac entdecken, was allerdings nicht beweist, daß er nicht gelebt hat. Conway machte einen recht sparsamen Gebrauch von Namen, wenn man's recht überlegt – von rund fünfzig Lamas, die dort gelebt haben sollen, nannte er nur ganz wenige. Nebenbei bemerkt, war über Perrault und Henschell ebenfalls nicht das geringste in Erfahrung zu bringen."

„Und Mallinson?" fragte ich. „Hast du dich bemüht herauszukriegen, was aus ihm wurde? Und aus dem Mädchen – der Chinesin?"

„Lieber Freund, natürlich bemühte ich mich. Das Mißliche war, daß Conways Geschichte damit schließt, wie die drei mit den Trägern das Tal verlassen. Was weiter geschah, konnte oder wollte er mir nicht erzählen. Mein Gefühl sagt mir, daß sich eine Tragödie ereignet hat. Wir werden wohl kaum je erfahren, was geschehn ist, aber es scheint ziemlich sicher, daß Mallinson nie nach China gelangte. Ich habe alle möglichen Erkundigungen eingezogen, aber es ergab sich nicht ein einziger Anhaltspunkt dafür, daß Conways Reisegesellschaft dort eingetroffen war."

„Also ist es noch immer unaufgeklärt, wie Conway nach Tschung-Kiang kam?"

„Die einzige Schlußfolgerung ist die, daß er dorthin geriet, wie er eben auch anderswohin hätte geraten können. Jedenfalls haben wir wieder den Boden der Tatsachen unter den Füßen, sobald wir nach Tschung-Kiang kommen. Die Klosterschwestern im Missionshospital waren unanzweifelbar, und das war auch Sievekings Aufregung auf dem Schiff, als Conway das angebliche Chopinstück spielte." Rutherford schwieg eine Weile, dann setzte er nachdenklich hinzu: „Das Ganze ist eine gute Übung im Auswägen von Möglichkeiten, und ich muß sagen, die Waagschalen neigen sich weder auf die eine noch auf die andere Seite.

Wenn man Conways Geschichte ablehnt, muß man entweder an seiner Ehrlichkeit oder an seinem Verstand zweifeln – seien wir aufrichtig!"

Er schwieg abermals, und ich sagte: „Wie ich hörte, war er durch den Krieg sehr verändert."

Rutherford bestätigte: „Ja, das war er unbedingt, man kann es nicht leugnen. Man kann einen Menschen, der fast noch ein Knabe ist, nicht drei Jahre lang körperlicher und seelischer Höchstspannung aussetzen, ohne daß etwas in ihm in Fransen geht. Die Leute würden allerdings wohl sagen, daß er es überstand, ohne eine Schramme davonzutragen. Aber die Schrammen waren da – innen."

Wir sprachen noch kurze Zeit über den Krieg und seine Wirkung auf verschiedene Menschen, bis er endlich fortfuhr: „Aber eins muß ich noch erwähnen – in gewisser Hinsicht vielleicht das Allermerkwürdigste. Ich erfuhr es im Laufe meiner Nachforschungen in der Mission. Eine meiner Fragen ging dahin, wie Conway überhaupt ins Hospital gelangt war – ob er allein gewesen oder ob er von jemand hingebracht worden sei. Sie konnten sich zuerst nicht genau entsinnen, schließlich lag es ja auch schon lange zurück, aber plötzlich warf eine der geistlichen Schwestern hin: ‚Ich glaube, der Arzt sagte, er sei von einer Frau hierhergebracht worden.' Mehr konnte sie mir nicht mitteilen, und der Arzt weilte nicht mehr bei der Mission.

Da ich nun aber schon so weit gelangt war, hatte ich keine Lust, die Sache aufzugeben. Wie sich erwies, war der Arzt an ein größeres Spital in Schanghai gekommen; so verschaffte ich mir seine Anschrift und suchte ihn auf. Ja, gewiß, sagte er sogleich, er erinnere sich an den Fall des Engländers, der sein Gedächtnis verloren hatte. Ob er wirklich von einer Frau ins Missionshospital gebracht worden sei, fragte ich. Ja, gewiß, von einer Frau, einer Chinesin. Ob er sich an sie erinnere? Nein, er wisse nur, daß sie selbst fieberkrank gewesen und fast unmittelbar darauf gestorben sei. Er hatte viel zu tun, und ich wollte ihm seine Zeit nicht stehlen. So stellte ich ihm noch die letzte Frage. Du kannst dir wohl denken, welche. ‚Diese Chinesin', sagte ich, ‚war sie jung?'"

Rutherford streifte die Asche von der Zigarre, als hätte ihn der Bericht ebenso aufgeregt, wie er mich dadurch aufgeregt zu haben hoffte. Dann fuhr er fort: „Der kleine Mann sah mich einen Augenblick lang feierlich an, bis er in dem komisch abgehackten Englisch aller gebildeten Chinesen sagte: ‚O nein, sie war sehr alt – älter als alle, die ich je gesehn habe.'"

LANGE SASSEN WIR in tiefem Schweigen. Dann sprachen wir wieder von Conway, wie er mir in der Erinnerung noch vor Augen stand, knabenhaft und begabt und voll unwiderstehlichen Zaubers; vom Krieg, der ihn verändert hatte; von vielen Rätseln der Zeit und des Geistes; und von der kleinen Mandschu, die sehr alt gewesen war; und von dem seltsamen, über jeden Horizont hinausgehenden Traum vom Tal des Blauen Mondes.

„Glaubst du, daß er jemals wieder hinfinden wird?" fragte ich.